Die Reform des Ehescheidungsrechts von 1976

Rechtshistorische Reihe

Band 338

Peter Lang
Frankfurt am Main · Berlin · Bern · Bruxelles · New York · Oxford · Wien

Die Reform des Ehescheidungsrechts von 1976

Quellen
zum Ersten Gesetz vom 14. 6. 1976
zur Reform des Ehe- und Familienrechts
(Parlamentarische Ausschussprotokolle –
Anglikanische Denkschrift von 1966
zur Scheidungsrechtsreform –
Schlussabstimmung 1969
in der Eherechtskommission
des Bundesministeriums der Justiz)

Eingeleitet und herausgegeben
von Werner Schubert

Peter Lang
Europäischer Verlag der Wissenschaften

Bibliografische Information der Deutschen Nationalbibliothek
Die Deutsche Nationalbibliothek verzeichnet diese Publikation in der Deutschen Nationalbibliografie; detaillierte bibliografische Daten sind im Internet über <http://www.d-nb.de> abrufbar.

Umschlagabbildung:
Justitia – Sinnbild der Gerechtigkeit.
Dieser Bildausschnitt wurde einem Buch
aus dem 17. Jahrhundert entnommen.

ISSN 0344-290X
ISBN-10: 3-631-55909-7
ISBN-13: 978-3-631-55909-3

www.peterlang.de

Inhaltsverzeichnis

Einleitung

I. Übersicht über die Quellen

Mit dem Ersten Gesetz vom 14.6.1976 zur Reform des Ehe- und Familienrechts (1. EheRG), das am 1.1.1977 in Kraft trat, wurde das Ehescheidungsrecht völlig neu gestaltet und kehrte nach fast 40 Jahren wieder in das BGB zurück. Der Herausgeber hat zum Familienrecht des BGB 1983 „Die Vorlagen der Redaktoren für die Erste Kommission zur Ausarbeitung des Entwurfs eines Bürgerlichen Gesetzbuchs, Familienrecht, Teile 1-3", und 1989 (zus. mit H.H. Jakobs) „Die Beratung des BGB in systematischer Zusammenstellung der unveröffentlichten Quellen, Familienrecht" ediert. 1985 sind erschienen: „Die Projekte der Weimarer Zeit zur Reform des Nichtehelichen-, des Adoptions- und des Ehescheidungsrechts" und 1993: „Das Familien- und Erbrecht unter dem Nationalsozialismus", darunter auch die Materialien zum Ehegesetz von 1938.

Der vorliegende Band bringt die parlamentarischen Quellen, soweit sie unveröffentlicht geblieben sind, zum Ehescheidungsrecht (§§ 1564-1586 b, 1671 f., 1933, 2077, 2268, 2335 BGB). Nicht berücksichtigt werden die umfangreichen Beratungen zum Versorgungsausgleich, deren Materialien einen eigenen Band erfordern würden. Nicht einbezogen sind aus Platzgründen auch die Materialien zu den sonstigen Änderungen des BGB, der ZPO und weiterer Gesetze. Über wichtige, für das Scheidungsrecht relevante, nicht durch die Edition erschlossene Vorschriften bringt Kapitel IX der Einleitung weiterführende Hinweise. Die Edition beschränkt sich auf die Materialien der 7. Legislaturperiode des Bundestages (1972-1976), d.h. die Regierungsvorlagen zum 1. u. 2. EheRG von 1971/72, die weitgehend mit der Regierungsvorlage von 1973 übereinstimmen und nur im Bundesrat behandelt worden sind, bleiben im Quellenteil unberücksichtigt. Nicht einbezogen sind in die Edition ferner die zahlreichen Stellungnahmen der Kirchen und Verbände sowie die Arbeiten des Bundesministeriums der Justiz, die, soweit sie für den Regierungsentwurf von 1972 von Bedeutung sind, in meiner Abhandlung von

2004[1] beschrieben worden sind. Soweit die Materialien des BMJ in die 7. Legislaturperiode fallen, sind sie wenig ergiebig, da alle wichtigen Entscheidungen im Bundesrat und im Bundestag bzw. in den Parteigremien sowie im Vermittlungsausschuss fielen.

Die Scheidungsrechtsreform bzw. die Entwürfe des BMJ zum 1. EheRG beruhen zu einem großen Teil auf den Arbeiten der Eherechtskommission des BMJ (1968-1971), die wiederum von den Beschlüssen der Familienrechtskommission der Evangelischen Kirche Deutschlands – schon wegen der Überschneidung der Mitgliedschaft in beiden Kommissionen – beeinflusst waren. Die Familienrechtskommission der EKD war wiederum, wie überhaupt die deutsche Scheidungsrechtsdiskussion, unter Vermittlung von *Müller-Freienfels*, stark beeindruckt von der Denkschrift der 1964 eingesetzten anglikanischen Kommission zur Reform des Scheidungsrechts. Diese Denkschrift erschien Ende Juli 1966 unter dem Titel „Putting asunder. A Divorce Law for Contemporary Society" und wurde 1967 im Auftrag der EKD von *Hans-Joachim Götz* ins Deutsche übersetzt[2]. Die Übersetzung wurde nicht nur den Mitgliedern der Familienrechtskommission der EKD, sondern auch den Mitgliedern der Eherechtskommission des BMJ zugänglich gemacht. Dies lässt es gerechtfertigt erscheinen, diese Denkschrift in der damaligen deutschen Übersetzung als Zeitdokument wiederzugeben, die insgesamt die Mitglieder der genannten beiden Kommissionen bei ihren Beratungen und Abstimmungen begleitet hat. – Als weiteres für das Verständnis der Scheidungsrechtsreform wichtiges Dokument bringt die Edition das Protokoll der 9. Sitzung (12.-14.2.1970) der Eherechtskommission des BMJ über die Schlussberatungen und Abstimmungen, soweit sie die sog. Leitsätze (Thesen) betreffen.

---

1 Sav.-Zeitschrift für Rechtsgeschichte, Germ. Abt., Bd. 120 (19 2203), S. 233 ff.

2 Ich danke Herrn Dr. Götz (zur Zeit an der Deutschen Botschaft beim Heiligen Stuhl) für sein Einverständnis mit der Wiedergabe der Übersetzung; zur Denkschrift unten bei Fn. 13.

II. Die Arbeiten der Familienrechtskommission der Evangelischen Kirche Deutschlands

Die Ev. FRK befürwortete bereits 1966[3], die Zerrüttung der Ehe als alleinigen Scheidungsgrund in das neue Scheidungsrecht zu übernehmen[4]. Die Kommission war 1950 von dem Theologen *Friedrich Karl Schumann*[5] als Kommission der Christopherus-Akademie in Hemer begründet und 1951 von der EKD übernommen worden. Sie erarbeitete Stellungnahmen zu familienrechtlichen und auch strafrechtlichen Fragen, die meist vom Rat der EKD übernommen wurden[6]. Neben einer festen Zahl weniger Vollmitglieder nahmen als Gäste Mediziner, Psychologen, Soziologen und Vertreter der Wohlfahrtsverbände an den Sitzungen teil. Die Kommission befasste sich seit 1952 kontinuierlich mit dem Ehescheidungsrecht[7] und beriet unter dem Vorsitz von *Ranke* zwischen 1962 und 1965 eine Denkschrift zum Scheidungsrecht, bei der es um kleinere Korrekturen der §§ 43-48 EheG ging[8]. Der Umschwung zu einer umfassenden Reformdiskussion erfolgte in den Sitzungen vom 31.3.-2.4. und vom 1./2.7.1966[9]. An der ersteren Sitzung[10] nahmen als Gäste der Münsteraner Psychologe *Mauz* und *Scharfenberg* sowie *Müller-Freienfels* teil, der über Probleme der einverständlichen Scheidung referierte unter Hin-

3 Vgl. *Schubert,* aaO. (Fn. 1), S. 282 ff.

4 Zur Geschichte der Familienrechtskommission der EKD (Bericht vom 18.3.1973) *Hans Dombois,* in: Kirche und Eherecht, Studien und Abhandlungen 1953-1972, Stuttgart 1974, S. 332 ff.

5 Zur Biographie von *Friedrich Karl Schumann* (geb. 15.6.1886 in Meßkirch/Baden; gest. 21.5.1960 in Münster/Westf.). Abitur in Lörrach. Studium der Theologie in Basel, Berlin, Greifswald und Heidelberg. 1911 Promotion zum Dr. phil. in Greifswald (bei J. Rehmke). 1914 Pfarrer in Triberg. 1924 nach der Promotion zum D. theol. Habilitation in Tübingen für Systematische Theologie. 1929 ord. Prof. in Gießen, 1932 in Halle; 1938 in Debrečen; 1948 Leiter der Akademie Hemer, 1951 Honorarprof. in Münster (Quellen: Gelehrtenkalender; *K.M. Rengsdorf,* in: *Schumann,* Wort und Wirklichkeit, 1971, S. IX ff.; Bibliographie in: *Schumann,* Wort und Gestalt, Gesammelte Aufsätze, Witten/Ruhr 1956, S. 393 ff.).

6 Die Sitzungsniederschriften und weitere Unterlagen befinden sich im Ev. Zentralarchiv (ZA) Berlin 99/565 ff.

7 Hierzu *Dombois,* (Fn. 4), S. 349 ff. (Beitrag von 1963), S. 353 ff.

8 Hierzu die Prot. von 1962-1966 (Ev. ZA Berlin 99/583, 586, 587, 589, 590, 591).

9 Ev. ZA Berlin 99/592, 593.

10 Im Übrigen nahmen teil: Ranke (Vors.), Lohff, Frau Schwarzhaupt, Wüstenberg; als Gäste Goebel und Frau Dr. Sommer.

weis auf einen Vortrag, den er vor der anglikanischen Eherechts-Kommission gehalten hatte. Scharfenberg formulierte den von Mauz bestätigten „eindrücklichen Satz“[11], dass gerade die Ehen oft nicht unheilbar zerstört seien, in denen triftige Verschuldenstatbestände (z.B. Ehebruch) vorlägen, und dass die am unheilvollsten zerrütteten Ehen diejenigen seien, bei denen man weder bei dem einen noch bei dem anderen Ehegatten eindeutige Verschuldenstatbestände vorbringen könne; das Verschuldenssystem sei lebensfremd. Daraufhin gab *v. Heyl* (damals Referent der Kommission) zu bedenken, „dass diese übereinstimmende Aussage von Scharfenberg und Mauz das System des bisherigen Ehescheidungsrechts massiv in Frage stelle“. In dem Kurzprotokoll heißt es dann weiter: „Der Gesichtspunkt, dass gerade die Herausstellung des Verschuldens in der Ehescheidung vom christlichen Verständnis her bedeutsam sei, der vom Vorsitzenden [Ranke] immer wieder betont wurde, behält nach Meinung der anwesenden Kommissionsmitglieder seine Berechtigung. Man könne nicht von Scheidung sprechen, ohne von Schuld zu sprechen. Die Frage sei, ob die Scheidung aus Verschulden nach § 43 EheG für das Ansprechen und Erkennen des Verschuldens in der Ehe wirklich hilfreich sei. Die Kommission neigte auch unter dem Eindruck des Votums Prof. Mauz zu der Auffassung, dass die beim Scheitern einer Ehe vorliegende Schuld oft jenseits der Grenze der Judiziabilität liege. Jedenfalls werde das Ansprechen von Schuld in den Regelfällen eines vorgeschobenen Ehescheidungsgrundes nach § 43 EheG unmöglich. Die ‚Praxis der großen Lüge‘ schade der Institution Ehe mehr, als der dabei erfolgende Schuldspruch des Gerichtes ihr nützen könne.“ In einem Diskussionsbeitrag von *Prof. Lohff* „schien etwa die erreichte Übereinstimmung der Kommission ausgedrückt: Grund für eine Ehescheidung ist nicht das Verschulden, sondern die wirkliche Zerrüttung der Ehe. Trotzdem sei es wichtig, die Verantwortung der Ehepartner für die Ehe anzusprechen, dies sei im geltenden Scheidungsrecht etwas misslich durch den Begriff der schweren Eheverfehlung geschehen. Man müsse dabei berücksichtigen, dass die Ehe nicht eine abstrakte Ordnungsstruktur, sondern eine lebendige Institution sei. Deswegen müsste auch in der Denkschrift der EKD zum Ehescheidungsrecht die Ehewirklichkeit unserer Zeit angesprochen werden. Dazu reichten die bisherigen mehr oder weniger deduzierenden Überlegungen nicht aus. Es fehle den bisherigen Arbeiten der

---

11 Das Folgende aus der Niederschrift der Sitzung.

Kommission eine ganze Dimension. Dies sei mit darin begründet, dass in der Kommission bisher nur Juristen und Theologen zusammengearbeitet haben. Der Blick auf die Wirklichkeit sei aber gerade für unseren Begriff der Institution wesentlich." Nur wenn von der Ehewirklichkeit, so *Prof. Rengstorf*, geredet werde, „könne das moralische Missverständnis der Institution vermieden werden, das jetzt noch besonders durch die Ausführungen zum Verschulden provoziert sei." Das Gespräch ergab eine „Einigung" der Kommission dahin, „daß für die Scheidung nicht nach der Schuld, sondern nach der Zerrüttung gefragt werden müsse. Die Schuld, oder besser gesagt, die Verantwortung für das Scheitern der Ehe sei nur dann wesentlich, wenn ein Partner noch an der Ehe festhält, und in jedem Fall auch für die gerechte Regelung der Scheidungsfolgen".

In der Juli-Sitzung[12] befasste man sich mit der Frage, ob neben dem Zerrüttungs- auch das Verschuldensprinzip zum Zuge kommen sollte. Nach *Ranke* war vom Standpunkt des Christen das Verschulden wesentlich, während *Schwarzhaupt* Verschulden nur im Hinblick auf die Erheblichkeit des Widerspruchs für nötig hielt. *Wüstenberg* sprach sich für die Möglichkeit aus, dass nach Feststellung der Zerrüttung auch ein Schuldspruch sollte erwirkt werden können. *Müller-Freienfels* und *Heyl* lehnten einen Schuldausspruch dagegen ab. Im Verlauf der Debatte kam es zu einer „Annäherung der Standpunkte". Es bestand Einigkeit darüber, dass die „Schuld" kein geeignetes Kriterium abgebe, sondern die objektive Zerrüttung ausschlaggebend sei. Die Beratungsergebnisse wurden wie folgt formuliert: 1. Die Ehe dürfe nur geschieden werden, „wenn infolge einer tiefgreifenden, unheilbaren Zerrüttung des ehelichen Verhältnisses die Wiederherstellung einer dem Wesen der Ehe entsprechenden Lebensgemeinschaft nicht zu erwarten ist." 2. Eine Scheidung sei „nicht gerechtfertigt, wenn der Beklagte der Scheidung widerspricht, der Kläger die Scheidung überwiegend zu verantworten hat und sein Scheidungsbegehren bei Würdigung aller Umstände als Rechtsmissbrauch erscheint" (Einbeziehung einer Kinderklausel). Noch nicht abgeschlossen war die Diskussion über den Vorschlag von Ranke, dass, wenn die Ehe geschieden werde, das Gericht unter Berücksichtigung der Verantwortlichkeit an der Zerrüttung die Unterhaltsansprüche festsetze.

---

12 Teilnehmer: Ranke, Dombois, Schwarzhaupt, Wüstenberg, v. Heyl; als Gäste: Müller-Freienfels und Goebel.

Inzwischen war am 27.7.1966 das Gutachten einer anglikanischen Studiengruppe über eine Reform des englischen Scheidungsrechts unter dem Titel „Putting asunder" erschienen[13], die besonders unter der Vermittlung von Müller-Freienfels[14] einen großen Einfluss auf die deutsche Scheidungsrechtsdiskussion hatte. Diese Kommission wollte als einzigen Scheidungsgrund die Zerrüttung anerkennen und forderte die Abschaffung der Verschuldenstatbestände, und zwar ohne Rücksicht auf einen Widerspruch der beklagten Partei[15]: Es liege „im öffentlichen Interesse, dass jeder Ehe, die empirisch aufgehört hat zu bestehen, grundsätzlich die rechtliche Anerkennung entzogen werden sollte". Dasselbe öffentliche Interesse fordere aber, „dass immer da Ausnahmen gemacht werden, wo die Beseitigung der Ehe das Recht in Verruf bringen würde. Das Recht darf nicht so erscheinen, als füge es unverdientes Unrecht zu, als pflichte es abscheulichem Verhalten in der Ehe bei, als habe es Nachsicht beim Umgehen deutlicher Verpflichtungen, oder als versage es dem Institut seinen Schutz. Ebenso wenig darf es scheinbar Versuche zulassen, es durch Täuschung zu vereiteln. Die Vorenthaltung eines Scheidungsurteils ist die einzige Sanktion, die das Scheidungsrecht anwenden kann, um das Recht vor dem Anschein, so Etwas zuzulassen, zu bewahren."

In der Kommissionssitzung vom 6.-8.10.1966[16] führte *Greeven* aus, der Begriff der schweren Eheverfehlung dürfe nur wegfallen, wenn die

---

13 Putting asunder, A Divorce Law for Contemporary Society, The report of a group appointed by the Archbishop of Canterbury, London 1966 (besprochen von *D. Giesen,* FamRZ 1966, S. 524 ff.). Eine anonyme deutsche Übersetzung (unten Anhang I) findet sich unter den Materialien der amtl. FRK (Bd. 9). – Im Nov. 1966 erschien das Gutachten der Law Commission für England und Wales: Reform of the Grounds of Divorce, The filed of Choise (deutsch in: *E. Wolf/G. Lüke,* Eheverfehlung, Ehezerrüttung und einverständliche Scheidung in den Vorschlägen zur Reform des Ehescheidungsrechts in England, übersetzt von *D. Seiler,* 1969). Es folgten die Vorschläge beider Kommissionen, der Gesetzesvorschlag des Abgeordneten William Wilson von 1967, aus dem der Divorce Reform Act 1969 (in Kraft getreten am 11.1.1970) hervorgegangen ist. Ausführlich dazu (z.T. mit Übersetzungen) *Hans-Joachim Goetz,* Der Übergang vom Schuldspruch zum Zerrüttungsprinzip im englischen Scheidungsrecht, Diss. iur. Tübingen 1980, 599 ff.

14 Müller-Freienfels hatte als Gutachter ein Referat in der Canterbury-Kommission gehalten.

15 Nach der Übersetzung von Putting asunder, unten S. 318 f.

16 Teilnehmer der Sitzung: Ranke, Beitzke, Greeven, Wüstenberg, v. Heyl; als Gäste Goebel und Müller-Freienfels.

Verantwortung der beiden Partner für ihre Ehe weiterhin im Mittelpunkt des Scheidungsrechts stehe. Man könne von der Ehescheidung theologisch nicht sprechen, ohne von Schuld und Verantwortung zu sprechen. Übereinstimmung bestand darüber, dass auch bei einer Zerrüttung die Ehe nicht geschieden werden durfte, wenn der eine Partner die Zerrüttung überwiegend zu verantworten hatte, der andere jedoch an der Ehe festhielt. Es gebe aber auch Fälle, in denen trotzdem sollte geschieden werden müssen. Eine Einigung erfolgte auf die folgende vorläufige Formulierung: „Wenn der Beklagte an der Ehe festhält und der Kläger die Zerrüttung überwiegend zu verantworten hat, so kann nicht geschieden werden, es sei denn, dass von dem Kläger unter Berücksichtigung aller Umstände die Fortsetzung der Ehe nicht verlangt werden kann.“ - Rechtsgrund für die Unterhaltsverpflichtung sei nicht die Schuld an der Scheidung oder diese selbst, sondern die mit der Scheidung getrennte Ehe, die Direktwirkungen auch über die Scheidung hinaus habe, also nicht die Trennung, sondern das vorherige gemeinsame Leben. Als Kriterien wurden genannt: Dauer der Ehe, Mitarbeit der Frau, Güterstand, Vermögen, aber durchaus auch die Verantwortung für die Zerrüttung. Eine eigene Prüfung der Schuld über das hinaus, was zur Begründung der Scheidung zur Sprache gekommen sei, werde sich, so die Kommission, meist erübrigen lassen.

In der Kommissionssitzung vom 18.-20.5.1967[17] referierte *Lohff* über den theologischen Inhalt der angl. Denkschrift. Ihre theologische Grundlage bilde eine extreme Zwei-Reiche-Lehre und betone die völlige Eigengesetzlichkeit des weltlichen Bereichs der Rechtssetzung. Der theologische Hintergrund bleibe unbeachtet; die evangelische Gruppenethik werde von den Maßstäben der christlichen Ethik geschieden. *Beitzke* bestätigte dies in seinem Referat zur juristischen Seite der Denkschrift und stellte fest, daß nach Meinung der Ev. FRK die Zerrüttungsscheidung gerade der christlichen Ethik entspreche. Die Scheidung sei nicht die Auflösung der Ehe, sondern Bescheinigung einer schon erfolgten unheilbaren Zerstörung. Beitzke hob hervor, dass der Schuldspruch, der das Anspruchsdenken fördere, den Partner moralisch diskriminiere. Bei der Scheidung gehe es um das öffentliche Interesse, Totes für tot zu erklären, und um das Interesse der Gesellschaft, zur Erhaltung des Ansehens der

17 Teilnehmer der Sitzung: Beitzke, Ranke, Greeven, Lohff, Rengstorf, Schwarzhaupt, Wüstenberg; als Gäste: Goebel, Müller-Freienfels, Dr. Sommer, v. Heyl als Referent.

Institution Ehe unheilbar zerrütteten Ehen die Anerkennung zu entziehen. Die Kommission war sich darüber einig, dass in der von v. Heyl auszuarbeitenden Denkschrift die Möglichkeit der Ehescheidung nach dem Zerrüttungsprinzip auch theologisch zu begründen sei[18]. Diskutiert wurde noch eine von Wüstenberg entworfene Fassung für das Scheidungs- und Widerspruchsrecht: „1. Ist das eheliche Verhältnis auf der Seite eines oder beider Ehegatten völlig zerstört, so dass keine Aussicht auf eine Wiederherstellung ehegemeinschaftlicher Beziehungen besteht, so wird die Ehe auf den Antrag eines Ehegatten geschieden. – 2. Ein Ehegatte kann die Scheidung nicht beantragen, wenn es unter Berücksichtigung der Dauer der Ehe, des Verhaltens und der Gesinnung beider Ehegatten und ihres Schicksals und der daraus sich ergebenden Verantwortung des einen für den anderen sittlich untragbar wäre, dass er die Auflösung der Ehe durchsetzen könnte. – 3. Die Ehe kann nicht geschieden werden, wenn das wohlverstandene Interesse eines oder mehrerer minderjähriger Kinder, die aus der Ehe hervorgegangen sind, die Aufrechterhaltung der Ehe erfordert.“ Über eine eventuelle Trennungsfrist war noch ausführlich zu beraten. Lohff und v. Heyl bemerkten, es gebe Situationen, in denen die Scheidung auch auf den Antrag des für die Scheidung Verantwortlichen und gegen den Widerspruch des anderen Partners gewährt werden müsse.

1968 befasste sich die Kommission[19], die unter dem Vorsitz von *Greeven* von der EKD neu formiert wurde, mit der Ausarbeitung einer Denkschrift, mit Fragen der Versorgung der geschiedenen Frau, mit der Härteklausel und der Trennungsfrist. Im Juli 1968 fand eine vorläufige Einigung auf folgende Formel statt: „Ein Ehegatte kann Scheidung nicht begehren, wenn sie für den anderen Ehegatten mit Rücksicht auf die fort-

---

18 Rengstorf wies darauf hin, dass der von der anglikanischen Kommission verwendete Begriff „breakdown“ aus der medizinischen Terminologie stamme; im Gegensatz zum deutschen Ausdruck „Zerrüttung“ bezeichne er etwas Endgültiges und Unheilbares.

19 Es fanden 1968 Sitzungen statt: vom 22.-24.2. (Teilnehmer: Greeven als Vors., Beitzke, Dombois, Katzenstein, Dr. Krapp, Lohff, Müller-Freienfels, Ranke, Schwarzhaupt und als Gast Dr. Jaedicke. Referenten: v. Heyl und Wilkens), vom 1.-2.7.1968 und vom 6.-7.12.1968 (Teilnehmer: Greeven, Beitzke, Dombois, Katzenstein, Lohff, Ranke, Schwarzhaupt, Wüstenberg; *Berater:* Dieckmann, Dr. Jaedicke). In der Sitzung vom 4.-6.1.1969 wurde eine Redaktionskommission gebildet (Krapp, Dombois und v. Heyl).

dauernde Verantwortung füreinander, insbesondere auf die Opfer, die der andere Ehegatte für ihn und für gemeinsame Kinder gebracht hat, auf das Alter und die Gesundheit des anderen Ehegatten und seine wirtschaftliche Sicherung eine unbillige Härte bedeuten würde“. Im März 1969 entschied sich die ERK des BMJ in einer ersten Abstimmung für das Zerrüttungsprinzip, nachdem sich am 20.2.1969 Mitglieder der Ev. FRK mit dem kath. Eherechtsarbeitskreis getroffen hatten[20]. Eine weitere Sitzung beider Kommissionen fand am 19.4.1969 statt[21], in der *Bosch* sich zunächst kritisch mit der im Entwurf vorliegenden Denkschrift der Ev. FRK auseinandersetzte. Bosch stellte fest[22], dass der Arbeitskreis sich „aus Überzeugung“ der „grundsätzlichen Sicht“ der Ev. FRK „vorläufig“ angeschlossen habe; man sei allerdings noch keineswegs am Ende der Überlegungen. Er für seinen Teil bekannte: „Erst wenn ich überzeugt worden bin, dass dieses neue Prinzip *auch in seiner Einzelausführung* verständig und nicht ehefeindlich sich auswirken muss, werde ich endgültig ‚ja‘ sagen. Dieser Nachweis ist bisher noch nicht geführt, auch nicht auf der Freiburger Konferenz“ (der ERK). Die Aussagen der Denkschrift über die Härteklausel bezeichnete Bosch zu allgemein[23]. Demgegenüber wies Greeven darauf hin[24], dass man geglaubt habe, „in den

---

20 Vermerk über diese Sitzung in der Akte des Ev. ZA 99/601, Teilnehmer von kath. Seite: Niemeyer, Elisabeth Zillken, Bosch, Grasnick, Große-Schönepauck, Hirschmann, Hammerschmidt (Kath. Nachrichtenagentur), Jansen und Wolf (BMJ), Kuchtner, Mikat, Mgs. Adenauer, Wuermeling, Lissek, Watzka.

21 Vermerk von kath. Seite in der Akte des Ev. ZA Berlin 99/601. Teilnehmer von ev. Seite: Krapp, Schwarzhaupt, Beitzke, Dieckmann, Greeven, v. Heyl, Jaedicke, Katzenstein und Rengstorf; von kath. Seite: Grasnick, Grosse-Schöenepauck, Pitz-Savelsberg, Bosch, Jansen, Mikat, Weber und Watzka.

22 Das folgende Zitat aus dem separat überlieferten Referat von *Bosch* zu Beginn der Sitzung, Ev. ZA Berlin 99/601, S. 3. Nach einem Exposé des Kath. Arbeitskreises in den Akten der Ev. FRK ergibt sich, dass eine Ehe sollte auf Antrag geschieden werden können, wenn infolge einer tiefgreifenden, unheilbaren Zerrüttung des ehelichen Verhältnisses eine Wiederherstellung einer dem Wesen der Ehe entsprechenden Lebensgemeinschaft nicht zu erwarten war. Eine Scheidung sollte ausgeschlossen sein bei Herbeiführung der Zerrüttung durch „schwer ehewidriges Verhalten“ und entsprechenden Widerspruch des anderen Ehegatten.

23 Wenn man eine Härteklausel wolle, genüge es nicht, so Bosch, wenn man sage, „unverhältnismäßige immaterielle Härten können in menschlichen Folgen liegen“, vielmehr sei es „in diesem Falle erforderlich, klarer Stellung zu nehmen“.

24 Zitate aus dem Sitzungsvermerk aaO. (Fn. 21), S. 5; hieraus auch die folgenden Zitate.

theologischen und juristischen Fragen weitgehend auf die präzise Sprache der Wissenschaft verzichten zu müssen. Man habe sich im Übrigen auf das Wesentliche konzentriert und bemüht, dies unmissverständlich darzustellen". Nach *Mikat* erhob sich die Frage, „ob man die Säkularisierungstendenzen aus Opportunität mitmachen wolle, oder ob es angebracht sei, ein ernstes Wort zu sagen". Hierzu betonte Rengstorf, dass man dieses Problem von evangelischer Seite sehe und beabsichtige, „ein ernstes Wort zu sprechen". Greeven ergänzte, „dass man auf evangelischer Seite das Gefühl, ein Rückzugsgefecht zu führen, überwunden habe. Aus den Strukturen heraus wolle man hinweisen, dass die Ehe mehr sei als ein Privatvertrag. Die Ehe sei als Institution gemeint, auch wenn man diesen Ausdruck in der Denkschrift nicht gebraucht habe." Wichtig war die Feststellung von *v. Heyl*, dass nach Ansicht der ev. Kommission keine gesetzlichen Vermutungen dafür aufgestellt werden sollten, wann das Vorliegen einer zerrütteten Ehe anzunehmen sei, vielmehr sollte der Richter den Tatbestand der Zerrüttung in jedem Einzelfall besonders zu prüfen haben. Insbesondere in der Unterhaltsfrage nahmen die Mitglieder der kath. Kommission eine entschiedenere Haltung ein als die Ev. FRK.

Die Endredaktion der Denkschrift wurde in der Sitzung am 16./17.6.1969[25] abschließend beraten und noch 1969 unter dem Titel veröffentlicht:[26] „Zur Reform des Ehescheidungsrechts in der Bundesrepublik Deutschland". Als Mitglieder der Kommission waren angegeben: *Greeven, Beitzke, Dombois, Katzenstein, Krapp, Lohff, Müller-Freienfels, Ranke, Rengstorf, Schwarzhaupt und Wüstenberg;* als Geschäftsführer wurde *v. Heyl* genannt. Die Denkschrift, die zu den grundlegenden Dokumenten der Scheidungsrechtsreform von 1976 gehört, behandelt zunächst das christlich-theologische Verständnis der Ehe und der Ehescheidung: „Das evangelische Verständnis der Ehe rechnet mit der Scheidung um der Herzenshärtigkeit willen. Hier muss die Kirche von der Schuld des Menschen und vom Gericht Gottes reden, dem der Mensch auch als verantwortungslos Handelnder verantwortlich bleibt. Die christliche Rede von der Schuld ist zu unterscheiden von einer ge-

---

25 Niederschrift über die Sitzung im Ev. ZA Berlin, R 99/601. Die Endredaktion stammt von Greeven und v. Heyl.

26 Enthalten in: Die Denkschriften der Evang. Kirche in Deutschland, Bd. 3: Ehe, Familie, Sexualität, Jugend, mit einer Einf. von *Wilkens,* 1981, S. 23 ff., Zitate S. 28, 34, 37 und 39.

richtlichen Feststellung der Schuld: Der Seelsorger sieht beide Partner und ihre Umwelt oft unlösbar in Schuld verstrickt (und häufig sehen die Partner dies selbst so), während es gleichzeitig nicht möglich erscheint, diese Schuld in zulänglicher Abwägung zuzumessen.“ Es folgt eine Analyse des geltenden Ehescheidungsrechts, anschließend die Begründung der „Zerrüttung als einzigen Scheidungsgrund“: „Ist das eheliche Verhältnis der Ehegatten so weit zerstört, dass keine Aussicht auf eine Wiederherstellung ehegemäßer Beziehungen besteht, so kann die Ehe auf den Antrag eines Ehegatten geschieden werden“. Die Ehe sollte nicht geschieden werden, „wenn die Scheidung für den Partner, der an der Ehe festhält, eine unverhältnismäßige und unbillige Härte sein würde. Unverhältnismäßige Härten können in menschlichen Folgen liegen sowie in wirtschaftlichen Folgen, nämlich in der Preisgabe an soziale und ökonomische Verelendung oder an eine unzumutbare Unsicherheit der Existenz.“ Hinsichtlich der Scheidungsfolgen heißt es: „Ein Scheidungsrecht ohne Schuldspruch wird auch in Zukunft die Frage der Verantwortung nicht unberücksichtigt lassen können, soweit es sich um die Regelung der Folgeprobleme handelt. Dabei wird weniger auf die Verantwortung an dem Scheitern der Ehe“ – an einer anderen Stelle heißt es, dass der erkennende Richter „das Verschulden an dem Scheitern der Ehe mitberücksichtigt“ – „gesehen werden müssen, mehr hingegen auf die fortwirkende Verantwortung füreinander, die in dem bisherigen gemeinsamen Leben begründet ist.“

III. Die Eherechtskommission des Bundesministeriums der Justiz (1968-1972)

Am 8.11.1967 beschloss der Bundestag auf Antrag der SPD-Fraktion[27], eine Kommission zur Vorbereitung der Reform des Ehe- und Scheidungsrechts, die Änderungsvorschläge ausarbeiten sollte, einzusetzen. Der vom BMJ einberufenen Kommission[28], die von März 1968 bis Oktober 1972 ihre Beratungen abhielt, gehörten an:[29] Die Prof. Beitzke, Bosch und Müller-Freienfels, insgesamt fünf Frauen (OLG-Rätin Cuny;

27 BT-Drucksache V/21612 (Bd. 115 der Ds.); Sten. Berichte BT, Bd. 65, S. 7603.
28 Vgl. die Akte des BA Koblenz B 141/25119.
29 Zur Biographie dieser Personen vgl. unter XI der Einleitung.

Rechtsanwältin Fettweis, Ministerialrätin Partikel, sämtlich Mitglieder des Deutschen Juristinnenbundes, sowie die BT-Abgeordneten Diemer-Nicolaus für die FDP und Schwarzhaupt (für die CDU), der SPD-Abgeordnete Hirsch, von der katholischen Seite kam der Theologe Prof. Hirschmann (später Listl), von evangelischer Seite Wilkens, vom IV. (familienrechtlichen) Senat des BGH Bundesrichter Wüstenberg, als erstinstanzlicher Scheidungsrichter LG-Rat Klemm, ferner kamen in die Kommission der Soziologe Prof. König (später Helge Pross), der medizinische Psychotherapeut Prof. Mauz und der württembergische Ministerialdirektor Rebmann, der den Vorsitz übernahm. Die Sitzungen waren in der Regel von allen Sitzungsteilnehmern besucht. Regelmäßig nahmen an ihnen jeweils mehrere Beamte des BMJ teil, u.a. bis zur 14. Sitzung im Dezember 1970 Spreckelsen, bis April 1970 Jansen, bis zur 16. Sitzung (Juli 1971) Böhmer, und insbesondere in der 13., 15. und 18. Sitzung, von der 3. bis zur 16. Sitzung ferner Wolf[30].

In der konstituierenden Sitzung der ERK am 11.3.1968[31] in Bonn gab der Justizminister *Gustav Heinemann*[32] der Kommission ziemlich genaue Direktiven: Sie habe den Auftrag, die Bundesregierung bei der Reform des Eherechts zu beraten: „Uns wäre sehr daran gelegen, wenn sie die Ergebnisse ihrer Beratungen jeweils in einem Teilbericht zusammenfasst, in dem ihre Vorschläge für die Gesetzgebungsarbeiten in der Form von Thesen wiedergegeben sind. Die Berichte sollten auch abweichende Meinungen einer Minderheit oder einzelner Mitglieder aufzeigen. Denn sie sind für unsere Arbeiten nicht minder wertvoll als die Meinung der Mehrheit.“ Gegenstand der Beratungen sollten sein „alle Gebiete des Eherechts, auf denen Änderungen erwünscht sind“. Die Reihenfolge der Themenbehandlung liege jedoch im Ermessen der Kommission; es wäre jedoch zweckmäßig, wenn sie mit dem Scheidungsrecht beginnen würde. Als problematisch werde empfunden, „dass eine kirchlich geschiedene Ehe, die faktisch nicht mehr besteht, nicht auch staatlich geschieden

---

30 Über Spreckelsen, Jansen und Böhmer die Kurzbiographien bei *W. Schubert*, Die Reform des Nichtehelichenrechts (1961-1969), 2003.

31 Benutzt wurde das Exemplar der „Protokolle“ der Bibliothek des BGH (Sig.: B 9628, 7 Bde., 2 Bde. Beilagen). Die folgenden Zitate aus der Anlage zum 1. Prot. (Rede von *Heinemann*). Die Originale der Protokolle und sonstige Unterlagen im BA Koblenz, B 141/25146-25159; 29355-29359).

32 Über Heinemann *Udo Kempf/Hans-Georg Merz* (Hrsg.), Kanzler und Minister 1949-1998, Biographisches Lexikon der deutschen Bundesregierungen, Opladen 2000.

wird, weil die beklagte Ehefrau der Scheidung widerspricht. Als problematisch wird ferner empfunden, daß der Ehegattenunterhalt und das Sorgerecht für die Kinder nach der Scheidung von der Feststellung der Schuld an der Ehezerrüttung abhängen. Jeder Praktiker weiß, wie gerade bei der Schuldfeststellung Urteil und objektive Wirklichkeit voneinander abweichen können". Als letztes bat Heinemann die Kommissionsmitglieder, dass sie „das BMJ nicht über Jahr und Tag auf die Folter spannen mit der Erwartung, zu welchen Ergebnissen Sie kommen werden. Seien Sie bitte so freundlich, dass Sie jeweils Teilberichte vorlegen, wenn Sie einen Abschnitt soweit behandelt haben, daß er aus der Sicht Ihrer Kommission als abgeschlossen gilt. Wir möchten mit dem Entwurf von neuen Gesetzen nicht erst anfangen, wenn Sie alles hinter sich gebracht haben, wenn Sie die ganze Fülle der Aufgaben bewältigt haben, die dieser Kommission zugedacht sind, sondern wir möchten ehestens mit dem Entwurf von neuen Gesetzen beginnen."

Jansen gab bekannt, dass beim BMJ eine Geschäftsstelle der Kommission gebildet werde, welche den laufenden Schriftverkehr erledige, die Arbeitssitzungen vorbereite und die Sitzungsniederschriften anfertige. Sodann erläuterte *von Spreckelsen* die Vorstellung des BMJ zur Themenaufgliederung. Zugleich wurden die Referate, und zwar in erster Linie an die Mitglieder der Kommission vergeben. Die rechtsvergleichenden Gutachter sollten aus dem Max-Planck-Institut für ausländisches und internationales Privatrecht in Hamburg sowie aus der Abteilung für Ostrechtforschung im Seminar für deutsches und nordisches Recht der Universität Hamburg kommen. Die Referate sollten nicht nur Fakten oder den gegenwärtigen Rechtszustand wiedergeben, sondern auch ein eigenes Urteil enthalten.

Grundlegend für die Arbeiten waren die *Referate von Müller-Freienfels, Martin Hirsch* und *Karola Fettweis*[33]. Nach *Müller-Freienfels* sollte künftig das Zerrüttungsprinzip im Ehescheidungsprozess maßgebend sein. Vor dem Scheidungsurteil sollten, soweit möglich, grundsätzlich die Nebenfolgen unter anwaltschaftlicher Vertretung der Parteien geklärt sein. Die Zerrüttung sollte vermutet werden bei Getrenntleben nach Ablauf einer Mindestfrist, die bei einem Streit der Gatten fünf Jahre, sonst ein Jahr betragen sollte. Die Vermutung sollte entkräftet werden können; in unvermeidbaren Grenzfällen sollte eine eingehende Untersuchung un-

33 Anlagen 5, 6 und 7. des 4. Prot.

ter Hinzuziehung von Psychologen, Medizinern und Soziologen stattfinden. Vorzusehen war eine Härteklausel für Beklagte insbesondere aus wirtschaftlichen Gründen, jedoch nur für eine Übergangszeit. – *Hirsch* sprach sich ebenfalls für den Zerrüttungsgrundsatz aus. *Fettweis* befürwortete für die Konventionalscheidung ein besonderes Verfahren, in dem die Scheidung ohne Nachweis von Verschulden und Zerrüttung erfolgen sollte. – Nach dem Referat von *Cuny*[34] sollte die im geltenden Eherecht festgelegte starre Verknüpfung von Verschulden und Unterhaltspflicht gelöst werden: „Ausgehend von dem Gedanken, dass nach der Scheidung jeder der Ehegatten die wirtschaftliche Verantwortung für sich selbst trägt, ist in Nachwirkung der Ehe ein Unterhaltsanspruch des geschiedenen Ehegatten aus Billigkeitsgründen einzuführen, der sich an der Lebensleistung orientiert, wobei auch die Gründe der Trennung eine Rolle spielen können." - Im Laufe der Diskussion führte *Rebmann* bereits einige informatorische Abstimmungen durch. Einstimmig wurde das Zerrüttungsprinzip gebilligt. Besondere Verschuldenstatbestände sollten nicht mehr vorgesehen werden. Eine Scheidung sollte jedoch erst zwei Jahre nach der Eheschließung zulässig sein (7:4:1 Stimmen); für die einverständliche Scheidung war eine Frist von einem Jahr vorgesehen (3 Stimmen für eine längere Frist). Auch für das Unterhaltsrecht erfolgten einige Abstimmungen, deren Ergebnis Rebmann als „Vorläufige Meinung der Kommission" formulierte. In Anlehnung an diese Ergebnisse stellte Rebmann Thesen für die Ehescheidung auf, die in der 6. Sitzung (Juli 1969) zusammen mit Thesenvorschlägen von Hirsch beraten wurden und über die Rebmann erneut eine Abstimmung durchführte. In der 7. Sitzung (Oktober 1969) erfolgte dann die Meinungsbildung der Kommission über das Unterhaltsrecht nach der Scheidung. Weitere Einzelheiten des Scheidungs- und Unterhaltsrechts klärte die ERK in der 8. Sitzung (Dezember 1969). In der 9. Sitzung (Februar 1970) wurden die Thesen zum 1. Teilbericht der Kommission, in der 10. Sitzung (April 1970) der Teilbericht selbst verabschiedet, wobei bereits vorher einige Mitglieder Veränderungen und Ergänzungen des Berichtsentwurfs angeregt hatten[35]. Auf der 11. Sitzung am 8.5.1970 wurde der 1. Teilbericht der Kommission dem Justizminister überreicht.

---

34 Anlage 1 a zum 4. Prot., Zitat S. 28.

35 Vgl. die Anlage 4 zum 10. Prot.

Die Referate zum ausländischen Recht erfolgten in der 5. und 6. (16./17.5. und 17.-19.7.1969) Sitzung. Es berichteten Prof. Hans Hinderling (Basel), über die Auslegung und gerichtliche Praxis des § 142 ZGB, die Ministerialrätin Große-Schönepauck über die Eheberatung (Umfang, Organisation, Erfahrungen, Erfolge) in Deutschland und in anderen Ländern, Prof. L. C. B. Gower (London) über die Arbeiten zur Reform des Ehescheidungsrechts in England, die zu dieser Zeit (Mai 1969) kurz vor dem Abschluss standen[36]. Im Juli 1969 folgten ein Überblick über das Scheidungsrecht in den skandinavischen Staaten und in den westlichen Ländern (Dr. H. P. Dopffel vom MPI in Hamburg) sowie ein Bericht von Prof. Ake Malström (Uppsala) über die Vermittlung in Ehesachen nach schwedischem Recht. Ferner standen der Kommission noch Gutachten bzw. Berichte zum Scheidungs- und Unterhaltsrecht[37] in einigen osteuropäischen Staaten (von Georg Geilke), zur „Ehetrennung und Scheidungen in Italien" (Dez. 1969; von Gerhard Luther) und „Rechtsvergleichende Bemerkungen zur Ehescheidung" (von H. P. Dopffel) zur Verfügung. Auch einige Übersetzungen ausländischer Gesetze und Entwürfe wurden als Kommissionsmaterialien verteilt. Auf der 7. Sitzung (6.-8.10.1969) referierte die Verwaltungsdirektorin Luise Joppe (Bundesanstalt für Arbeit) über die Wiedereingliederung von geschiedenen Ehefrauen in das Erwerbsleben. Zur 8. Sitzung lagen vor: Referate von Bosch über „Erwägungen zur Frage ‚Versorgung des geschiedenen Ehegatten gemäß öffentlichem Recht'."

Der 2. Teilbericht der ERK von 1971 umfasste das Verfahrensrecht in Ehesachen, die Neuregelung des Rechts der Kinder geschiedener und getrennt lebender Ehegatten, die Behandlung der Ehewohnung und des Hausrats sowie das ehe- und familiengerechte Steuerrecht. Zum Verfahrensrecht lagen Gutachten von Peter Schlosser und Peter Bender (Senatspräsident am OLG Stuttgart) vor, die in der 9. Sitzung vom 12.-14.2.1970 besprochen wurden. In der 12. Sitzung vom 16.-18.6.1970 lagen Reformvorschläge einer Arbeitsgruppe vor, die nach ausführlicher Beratung verabschiedet wurden. Eine erste kurze Aussprache über die Neuregelung des Rechts der Kinder fand in der 9. Sitzung auf Grund eines Referats von Klemm statt. Sie wurde in der 11. Sitzung (8.5.1970) fortgesetzt und

36 Das Referat von *Gower* ist im 5. Prot. enthalten, die anderen Referate in den Anlagen zum 5. und 6. Prot.

37 Enthalten in den Bdn. 8 und 9 des Protokollexemplars des BGH.

in der 14. Sitzung (11./12.12.1970) abgeschlossen. Fragen der Hausratsverordnung kamen ebenfalls in der Dezember-Sitzung 1970 zur Sprache, während die steuerrechtlichen Fragen zunächst auf der Grundlage eines Gutachtens „Familiengerechtes Steuerrecht" des Steuerberaters Claus Osthövener (Wilhelmshaven) auf der 12. und abschließend auf der 14. Sitzung behandelt wurden. Die Verabschiedung des 2. Teilberichts erfolgte in der 15. Sitzung (März 1971).

Der 3. Teilbericht von 1972 enthielt Vorschläge zur Verbesserung der sozialen Sicherung der Ehegatten, zur Neuregelung des Verlöbnisrechts, zur Reform des formellen und materiellen Eheschließungsrechts sowie zur Ehemündigkeit der Frau. Die soziale Sicherung der Ehegatten wurde beraten in der 5. Sitzung vom Mai 1969 (Referat von Prof. Dr. Bogs über die Verbesserung der sozialrechtlichen Sicherung der nichtberufstätigen Frau [Hausfrau] während und nach der Ehe), in der 8. Sitzung vom Dezember 1969 auf Grund der Referate von Bosch, in der 9. Sitzung (Februar 1970), in der 13. Sitzung (Oktober 1970) mit Referaten von Zacher und Walter Bogs, in der 16. Sitzung (Juli 1971, Stellungnahme des Bundesarbeitsministeriums sowie der Arbeitsgruppe zur Verbesserung der sozialen Sicherung der Ehegatten und Thesenvorschläge von Ruland) und abschließend auf der 19. Sitzung (April 1972). – Die Beratungen über eine Neuregelung des Verlöbnis- und Eheschließungsrechts erfolgten in der 17., 18., 19. und 20. Sitzung (Oktober 1971, Januar 1972, April und Juli 1972). Gutachten bzw. Thesenvorschläge lagen vor von Neuhaus, Beitzke sowie von Partikel und Pross (letztere über die Ehemündigkeit).

Die Eherechtskommission des BMJ gehört zu den wohl effektivsten Reformkommissionen des BMJ. Zurückzuführen war dies auf die straffe Verhandlungsführung des Vorsitzenden, der die Sitzungen durch Referate, vor allem aber durch Thesen – sofern ein erstes Beratungsergebnis vorlag – vorbereitete und strukturierte. Vor allem gewährleistete die Zusammensetzung der Kommission schnelle Ergebnisse der Beratungen. Denn die Ev. Familienrechtskommission hatte sich bereits 1966 für das Zerrüttungsprinzip, nicht ohne die Einflüsse der anglikanischen Denkschrift für das Zerrüttungsprinzip, entschieden, was auch der Gesamtkommission von Anfang an bekannt gewesen sein dürfte, zumal mehrere Mitglieder dieser Kommission auch der Ev. FRK angehörten oder an deren Beratungen teilgenommen hatten. Auch Partikel, Cuny und Fettweis, die dem Deutschen Juristinnenbund angehörten, befürworteten von Anfang an das Zerrüttungsprinzip. Beachtenswert ist, dass sich die Kommission wie auch sogleich der erste amtliche Entwurf (Diskussionsentwurf) zum reinen Zerrüttungsprinzip bekannten und die Lösung des englischen Scheidungsgesetzes von 1970[38], das Zerrüttungsprinzip mit fest umrissenen Vermutungstatbeständen zu verbinden, ablehnten. Umstritten waren in der Kommission zum Schluss lediglich die Trennungsfristen und die Frage des Umfangs und der Befristung der Härteklausel. Die Bedeutung der Beschlüsse ist darin zu sehen, dass die Kommission bereits in der ersten Etappe des Eherechtsänderungsgesetzes von 1976 nach den „Vorarbeiten" der Ev. Familienrechtskommission den entscheidenden Schritt zur allgemeinen Akzeptanz des Zerrüttungsprinzips im deutschen Scheidungsrecht getan hat.

Vergleichsweise unproblematisch waren auch die Beratungen über das nacheheliche Unterhaltsrecht verlaufen. Hier ist im Laufe der späteren Arbeiten eine Ausweitung der Unterhaltspflichten festzustellen, jedoch waren die Beschlüsse im Vergleich zum 1. Regierungsentwurf und zum endgültigen Gesetz immer noch weitgehend frei von Einseitigkeiten. Aufschlussreich erscheint in diesem Zusammenhang die Beschreibung der „vorläufigen Meinungen" in der Kommission nach der ersten Beratung des Unterhaltsrechts in der 4. Sitzung. Hier heißt es:[39] Voraussetzung des Unterhaltsanspruchs sei „die Bedürftigkeit des Berechtigten und die Leistungsfähigkeit des Verpflichteten, wobei die beiden Begriffe nach dem Grundgedanken des geltenden Rechts auszulegen sind". In Anlehnung an den § 56 Abs. 4 des norwegischen Ehegesetzes sollten die besonderen Umstände des Falles über eine Härteklausel berücksichtigt werden können. Allgemein sollten das „Alter der Ehegatten, die Dauer der Ehe und die Betreuung von Kindern berücksichtigt werden können". Weiter war die Kommission der Meinung, dass ein Anspruch auf Ausbildungsbeihilfe nach der Ehescheidung vorgesehen werden sollte; hierbei „sind die Dauer der Ehe, die Fähigkeiten des Ehegatten, eine begonnene Ausbildung und sonstige Umstände zu berücksichtigen". Der generelle Vorrang der ersten Ehefrau war durch eine „Unbilligkeitsklausel in besonderen Fällen einzuschränken". Die Kommission, die allerdings die Brisanz der Regelung des nachehelichen Unterhalts nicht voll erkannt hatte, präzisierte nach drei weiteren Beratungen ihre Meinung in detail-

---

38 Vgl. unten bei Fn. 59.

39 4. Prot. der ERK, S. 72 f. Der Text stammt von Rebmann.

lierten Thesen, die aber noch nicht die Rigorosität des Regierungsentwurfs und des späteren Gesetzes aufwiesen. So waren bei der Entscheidung über das Eingreifen der Härteklausel auch die „besonderen persönlichen Verhältnisse der Ehegatten" zu berücksichtigen.

IV. Die Regierungsentwürfe von 1971/72 zur Eherechtsreform

Die Referenten des BMJ stellten Anfang April 1970 in der „vorläufigen Formulierung von Gesetzesbestimmungen zur Änderung des Scheidungsrechts" auch Bestimmungen zum Unterhaltsrecht auf, die auf der bisher diskutierten Linie lagen:[40]

§ f (Grundsatz). Einem Ehegatten, der im Zeitpunkt der Scheidung unterhaltsbedürftig ist oder nach der Scheidung wegen Pflege oder Erziehung eines gemeinschaftlichen Kindes unterhaltsbedürftig wird, hat der andere Ehegatte Unterhalt zu gewähren, solange die Bedürftigkeit fortbesteht. Der Unterhalt ist für die Zeit der voraussichtlichen Bedürftigkeit festzusetzen.

§ g (Unterhaltsbedürftigkeit). Ein Ehegatte ist unterhaltsbedürftig, soweit die Erträgnisse einer Erwerbstätigkeit und sein Vermögen zum Unterhalt nicht ausreichen. Er braucht den Stamm des Vermögens nicht zu verwerten, soweit die Verwertung unwirtschaftlich wäre oder eine unbillige Härte bedeuten würde. – Zu einer Erwerbstätigkeit ist ein Ehegatte nicht verpflichtet, wenn sie ihm nach seiner Ausbildung und den erworbenen Fähigkeiten nicht zugemutet werden kann oder wenn er zu ihrer Ausübung nicht in der Lage ist.

§ m (Härteklausel). Der Verpflichtete hat Unterhalt nur in der Höhe zu leisten, die der Billigkeit entspricht, 1. wenn die Ehe von besonders kurzer Dauer war, 2. wenn der Berechtigte sich eines Verbrechens oder eines schweren vorsätzlichen Vergehens gegen den Verpflichteten oder einen nahen Angehörigen des Verpflichteten schuldig gemacht hat, 3. oder aus anderen besonders schwerwiegenden Gründen. – Absatz 1 Nr. 1 gilt nicht, wenn der berechtigte Ehegatte ein gemeinschaftliches Kind zu pflegen oder zu erziehen hat.

Diese allerdings noch kaum ausgereiften Vorschläge wurden auf einer Besprechung mit dem Justizminister *Jahn* am 29.4.1970 abgeändert. So

40 BA Koblenz, B 141/29193.

beanstandete Jahn[41], „dass in § f kein Grundsatz stehe. Man müsse sagen, dass die wirtschaftlichen Beziehungen der Ehegatten mit der Scheidung beendet würden und in der Regel kein Unterhaltsanspruch bestehe, es sei denn, die Frau erziehe Kinder aus der Ehe, sie sei alt und krank oder sie durchlaufe eine Ausbildung, um eine angemessene Erwerbstätigkeit zu finden. Eine Generalklausel im Unterhaltsrecht gehe von der Ehe als Versorgungsinstitut aus, davon müsse man abkommen. Im § g werde nicht genug deutlich, dass von der Frau Erwerbstätigkeit verlangt werde." Auch der Staatssekretär vertrat die Meinung, dass eine Gegenvorschrift zu § 1360 BGB formuliert werden müsse. Jahn lehnte auch die Möglichkeit ab, „anstelle eines Unterhaltsanspruchs einen Anspruch auf Ersatz der Verluste zu geben, die eine Frau durch die Ehe in ihrer beruflichen Entwicklung erleide. Das sei praktisch nicht möglich. Man könne den Anspruch der Frau als Ausgleichsanspruch bezeichnen". Im Ergebnis lehnte Jahn damit eine Generalklausel im Unterhaltsrecht ab; der Begriff der Bedürftigkeit sollte vermieden werden. Ferner hielt Jahn eine feste Altersgrenze für die Arbeitspflicht der Frau für gefährlich, wenn sie unterhalb des Rentenalters liege: „Eine Altersgrenze halte die Frau in höherem Alter davon ab, berufstätig zu werden." Im übrigen konnte man nach Meinung des Ministers die Frage, wann eine geschiedene Frau arbeiten müsse, nicht der Rechtsprechung überlassen. Diese habe die Frage nicht gut gelöst; es sei nicht voraussehbar, von welchen Grundsätzen die Rechtsprechung ausgehen werde.

Im August 1970 veröffentlichte das BMJ den Diskussionsentwurf eines Gesetzes über die Neuregelung des Rechts der Ehescheidung und der Scheidungsfolgen[42], dessen Unterhaltsrecht in der Presse sehr scharf kritisiert wurde. Als Grundsatz stellte der Entwurf in § 8 Abs. 1 heraus: „Nach der Scheidung hat jeder Ehegatte selbst für seinen Unterhalt zu sorgen." Nach § 9 konnte ein geschiedener Ehegatte von dem anderen Ehegatten Unterhalt verlangen, „bis er nach der Scheidung eine zumutbare Erwerbstätigkeit findet, aus der er seinen angemessenen Unterhalt bestreiten kann." Ihm war jede Tätigkeit zuzumuten, „die mit Rücksicht auf seine Ausbildung und seine Fähigkeiten angemessen war". Der Un-

41 BA Koblenz, B 141/29193.

42 August 1970. Nach § 3 waren die Trennungsfristen hinsichtlich des Scheiterns der Ehe unwiderlegbar ausgestaltet. Wirtschaftliche Belange sollten bei Anwendung der Härteklausel des § 5 außer Betracht bleiben.

terhalt war für die Zeit festzusetzen, „in welcher der Berechtigte voraussichtlich eine Erwerbstätigkeit“ nicht erlangen konnte. Das Maß des Unterhalts sollte sich nach § 14 Abs. 3 „nach den Lebensverhältnissen des berechtigten Ehegatten vor der Eheschließung, seinen Fähigkeiten und den ehelichen Lebensverhältnissen unter Berücksichtigung der Dauer der Ehe“ bestimmen. In einem für den Minister bestimmten Vergleich der wichtigsten Abweichungen des Diskussionsentwurfs von den Vorschlägen der ERK stellte der zuständige Referent heraus[43], dass die These 2 b darauf abstelle, ob die Wiederaufnahme in das Erwerbsleben mit einem „unzumutbaren körperlichen oder seelischen Kräfteaufwand“ verbunden sei: „Die Zumutbarkeit einer Erwerbstätigkeit wird dagegen im Entwurf durch Anknüpfung an zwei objektive Kriterien geregelt: Ausbildung und Fähigkeiten der Ehegatten“. Der „körperliche und seelische Kräfteaufwand“ werde, sofern er aus gesundheitlichen Gründen nicht vertretbar sei, bei dem Unterhalt wegen Krankheit angemessen berücksichtigt. Anders als die Thesen der ERK sah der DE keine Umstellungsbeihilfe und auch keinen Übergangsunterhalt vor. Der Entwurf berücksichtigte ferner in seiner Härteklausel nicht die „persönlichen Verhältnisse der Ehegatten“; „denn dies würde zur Prüfung der Scheidungsschuld führen“. Im Übrigen ging der Entwurf weiterhin vom Gleichrang des früheren mit einem späteren Ehegatten aus: „Vorrang des früheren Ehegatten würde die neue Ehe in ihrer Entwicklungsmöglichkeit beeinträchtigen und damit dem Anspruch auch der neuen Ehe auf Schutz zuwiderlaufen.“ Im Ergebnis dürfte es das Ziel des Diskussionsentwurfs gewesen sein, die Unterhaltsverpflichtungen gegenüber den Vorschlägen der ERK zu verringern[44].

Bis zum Frühjahr 1971 arbeitete das BMJ den Regierungsentwurf zu einem „Ersten Gesetz zur Reform des Ehe- und Familienrechts“ aus, der nur die materiellrechtlichen Bestimmungen enthielt und am 28.5.1971 an den Bundesrat gelangte[45]. Der in § 1570 enthaltene Grundsatz lautete nunmehr: „Kann ein Ehegatte nach der Scheidung nicht selbst für seinen Unterhalt sorgen, so hat er gegen den anderen Ehegatten einen Anspruch

---

43 BA Koblenz, B 141/29201 (Referent war Böhmer).

44 Vgl. insbesondere die Materialien im Archiv der Sozialen Demokratie, Bonn-Bad Godesberg, SPD-Fraktion, 6. Wahlperiode, Nr. 1295 (u.a. Bild vom 29.1.1970, Handelsblatt vom 28.11.1970; Spiegel vom 30.11.1970).

45 Ds. des Bundesrats 266/71.

auf Unterhalt nach den folgenden Vorschriften." Ferner sprach der Entwurf von einer „angemessenen Erwerbstätigkeit", die in § 1575 Abs. 2 BGB genau umschrieben wurde. Das Maß des Unterhalts sollte sich nach § 1579 S. 1 des Entwurfs „nach den ehelichen Lebensverhältnissen" bestimmen. Der Entwurf wurde zunächst in den Ausschüssen beraten[46], an welche die Vorlage überwiesen worden war. Zu den Plenarberatungen lagen u.a. folgende Ausschuss-Vorschläge vor:[47] Ausgestaltung der dreijährigen Trennungsfrist (Vermutung für das Scheitern der Ehe) als widerlegbar und Erschwerung der Ehescheidung, wenn die Ehe noch kein Jahr bestanden hatte. Die Voraussetzungen für das Getrenntleben sollten im Übrigen präzisiert werden. Zu den Beratungen im Plenum des Bundesrats[48] stellten Bayern, Rheinland-Pfalz, Saarland und Schleswig-Holstein den Antrag, für die einseitige Scheidung eine (widerlegbare) Trennungsfrist von fünf Jahren vorzusehen. Auch für die einverständliche Scheidung sollte die Jahresfrist widerlegbar sein. Schließlich sollte die Härteklausel des § 1568 BGB auch das Kindeswohl berücksichtigen. Württemberg wollte das Scheitern der Ehe bei fünfjähriger Trennung als unwiderlegbar ausgestalten. Nach den hessischen, 1973 wiederholten Anträgen[49] sollte die Ehescheidung erheblich erleichtert werden. Das Plenum folgte in seiner Sitzung vom 9.7.1971[50] dem Antrag der genannten vier Länder, im Gesetz statt von einem *Scheitern* der Ehe von deren *Zerrüttung* zu sprechen. Die Zerrüttungsvermutung wurde hinsichtlich der Dreijahresfrist widerlegbar ausgestaltet. Bei der Härteklausel sollten auch die Belange der gemeinschaftlichen Kinder berücksichtigt werden.

---

46 Die Materialien über die Beratungen im Bundesrat und seiner Ausschüsse befinden sich u.a. im Parlamentsarchiv des Deutschen Bundestages. Der Ausschuss des Bundesrats für Arbeit und Soziales beriet am 23.6.1971, der Ausschuss für Jugend, Familie und Gesundheit am 15.6.1971, der Innenausschuss am 23.6.1971, der Finanzausschuss am 24.6.1971, der Unterausschuss des Rechtsausschusses am 14./15.6.1971 und der Rechtsausschuss am 24.6.1971.

47 Beschlussempfehlungen der Ausschüsse (Ds. 266/1/71)

48 Es lagen folgende Anträge für die Plenarberatungen vor: 266/2/71 von Hessen; 3/71 von NRW (Namensrecht), 4/71 von Baden-Württemberg, 5/71 von den 4 Ländern, - 6/71 von Bayern, - 7/71 von Bayern (zu § 1565).

49 Vgl. hierzu die mit den Anträgen von 1971 weitgehend übereinstimmenden Anträge von 1973, unten S. 44.

50 Protokoll des Bundesrats 1971, S. 193 ff. (Ansprachen des Bundesministers der Justiz, des Hessischen Justizministers, des Justizministers von Schleswig-Holstein sowie des Hamburger Senators Heinsen).

Die Unterhaltsregelung des Entwurfs sollte nach den Anträgen des Rechts- und des Gesundheitsausschusses nur geringfügig geändert werden. Nach dem Vorschlag des Gesundheitsausschusses, dem der Rechtsausschuss widersprach, sollte in § 1571 BGB auch „ein eigenes, nicht gemeinschaftliches Kind“ des unterhaltsbedürftigen Ehegatten berücksichtigt werden. Ferner schlug der Gesundheitsausschuss auf Antrag Hamburgs vor, den Unterhaltsanspruch ruhen zu lassen, „solange der Berechtigte mit einem Dritten in eheähnlicher Gemeinschaft lebt“, mit der Begründung, die im Regierungsentwurf vorgesehene Regelung begünstige den Unterhaltsberechtigten, der mit einem Dritten in eheähnlicher Gemeinschaft lebe, gegenüber demjenigen, der eine neue Ehe eingehe. Dieses Ergebnis erscheine unbillig[51]. Demgegenüber stellte der Rechtsausschuss[52] fest, dass es keinen ausreichenden Grund für ein Ruhen des Unterhaltsanspruch darstelle, dass der Berechtigte mit einem Dritten in eheähnlicher Gemeinschaft zusammenlebe. Der Vier-Länder-Antrag sah eine Unterhaltsregelung vor, die im Wesentlichen mit dem späteren Fünf-Länder-Antrag von 1973 übereinstimmte[53], also neben einer Generalklausel auch eine negative Härteklausel (§ 1576) enthielt. Hilfsweise, für den Fall der Ablehnung des Vier-Länder-Antrags, beantragte Bayern die Einfügung einer positiven und einer negativen Unterhaltsklausel. – Die Beratungen im Plenum führten zu folgenden Abänderungen: In § 1571 sollte auch das „eigene, nicht gemeinschaftliche Kind“ berücksichtigt werden. § 1572 wurde dahin ergänzt, dass ehebedingte Bedürftigkeit auch dann vorliegen sollte, wenn zunächst die Voraussetzungen der Unterhaltstatbestände der §§ 1573 und 1574 vorlagen und der „Unterhaltsberechtigte bei deren Wegfall ein so hohes Alter erreicht hat, dass von ihm eine Erwerbstätigkeit nicht mehr erwartet werden kann“. In § 1580 wurde in Ziff. 4 von *gröblicher* Verletzung der Pflicht zum Familienunterhalt gesprochen und als negative Härteklausel eingefügt: „Die Ver-

---

51 Der Vertreter des BMJ erklärte zu dem Vorschlag, eine solche Bestimmung sei unzweckmäßig: „Wenn in solchen Fällen der Berechtigte Unterhaltsansprüche erheben würde, so würde dies als eine unzulässige Rechtsausübung anzusehen sein. Man solle es der Rechtsprechung überlassen, in diesen Fällen den Ausschluss des Rechts auf Unterhalt festzustellen.“ (Zitiert nach dem Sitzungsprotokoll vom 15.6.1971.)

52 Ablehnung des Vorschlags auf Antrag von Rebmann (zu dieser Zeit noch Ministerialrat) gegen die Stimmen von Bayern, Rheinland-Pfalz und des Saarlandes.

53 Ds. 260/6/73, unten S. 44 f.

pflichtung, Unterhalt zu leisten, entfällt teilweise oder ganz, wenn und soweit die Inanspruchnahme des Verpflichteten grob unbillig wäre."

Nach dem Entwurf sollten die §§ 1933, 2077 Abs. 2 wegfallen und § 2268 Abs. 2 an das Zerrüttungsprinzip angepasst werden, d.h. die bisher an die berechtigte Erhebung der Ehescheidungsklage geknüpften Folgen sollten erst mit der Rechtskraft der Ehescheidung eintreten. Ferner sollte die Möglichkeit, dem Ehegatten den Pflichtteil zu entziehen (§ 2335 BGB), entfallen; demgegenüber wollte der Rechtsausschuss die bisherige Regelung unter Abänderung der Nr. 4 des § 2335 beibehalten. Zur Plenarberatung schlug der Vier-Länder-Antrag vor, die §§ 1933, 2077 und 2268 nicht wegfallen zu lassen bzw. abzuändern, sondern sie beizubehalten und dabei auf den Eintritt der „Lösungskrise" (Antrag auf Ehescheidung) abzustellen. Das Plenum lehnte diesen Antrag ab, folgte jedoch dem Vorschlag des Rechtsausschusses zu § 2335.

Mit der *Stellungnahme der Bundesregierung* zu den Empfehlungen des Bundesrats gelangte der Entwurf am 20.9.1971 an den Bundestag, der die Vorlage am 13.10.1971 in erster Lesung beriet[54] und an den Rechtsausschuss als federführenden Ausschuss überwies.

Am 9.2.1972 brachte die Bundesregierung den *Entwurf eines 2. EheRG*[55], der die Zuständigkeiten und das Verfahren in familienrechtlichen Angelegenheiten regelte, im Bundesrat ein. Am 29.2.1972 befasste sich der Unterausschuss des Rechtsausschusses und am 10.3.1972 dieser selbst mit der Vorlage. In der Plenarberatung am 24.3.1972 waren folgende Regelungen umstritten: § 23 b GVG des Entwurfs sah vor, die Familiengerichte mit Direktoren zu besetzen, was der Finanz- und Innenausschuss sowie ihm folgend das Plenum ablehnten. Keinen Erfolg hatte der Antrag Bayerns zu § 614 ZPO, die Höchstdauer der Aussetzung von sechs Monaten auf ein Jahr zu verlängern und auch eine Aussetzungsmöglichkeit für die einverständliche Scheidung vorzusehen. Auf Antrag von Baden-Württemberg sollte es für die Regelung der elterlichen Gewalt über ein gemeinschaftliches Kind und für die Regelung des persönlichen Verkehrs mit dem Kind keines Antrags bedürfen. Auch über die Unterhaltspflicht gegenüber einem gemeinschaftlichen Kind sollte zu-

---

54 Ds. VI/2577 ff.; Sten. Ber. BT 6. Leg.Per., S. 8090 ff. (Bd. 77); Reden des Bundesministers der Justiz, von Hirsch, Diemer-Nicolaus, Erhard und des hess. Justizministers Hempfler.

55 Ds. 77/72.

sammen mit der Scheidung entschieden werden. Diese Vorschläge wurden vom Rechtsausschuss und anschließend vom Plenum des Bundesrates mehrheitlich gebilligt[56]. Aufgrund eines Antrags von Schleswig-Holstein empfahlen die Ausschüsse und anschließend das Plenum des Bundesrats, die in § 625 ZPO angeordnete Zwangsbeiordnung eines Rechtsanwalts als Beistand des Antragsgegners abzulehnen. Nach einem bayerischen Antrag sollte die Verfahrenskonzentration gestärkt werden und deshalb die Auflösung des Verbunds auf außergewöhnliche Härtefälle beschränkt bleiben. Der Bundesrat folgte diesem Antrag, lehnte jedoch einen noch rigoroseren Vorschlag von Baden-Württemberg ab. Keinen Erfolg hatte der Antrag Hessens im Unterausschuss des Rechtsausschusses, bei der einverständlichen Scheidung den Zwang zu einem gemeinschaftlichen Vorschlag hinsichtlich der elterlichen Gewalt und zu einer Unterhaltsvereinbarung aufzugeben.

Am 25.5.1972 brachte die Bundesregierung den Entwurf zu einem 2. EheRG im Bundestag ein[57]. Dieser überwies die Vorlage nach der ersten Lesung am 14.6.1972[58] an die Ausschüsse.

Vom 6.-10.9.1971 hatten die dem Unterausschuss des Rechtsausschusses angehörenden Abgeordneten Lenz, Hauser und Erhard zur Vorbereitung der Beratungen eine *Studienreise nach London* unternommen, um sich dort über das am 1.1.1971 in Kraft getretene englische Scheidungs- und Scheidungsfolgenrecht[59] zu informieren. Das Protokoll unterrichtet präzise über die *Scheidungsgründe der Divorce Act:* „Der Divorce Reform Act hat das Prinzip der unheilbaren Zerrüttung als einzigen Scheidungsgrund angenommen. Die Zerrüttung wird vermutet, wenn der Kläger beweist, dass

a) der *Beklagte* die Ehe gebrochen hat und der Kläger es unzumutbar findet, weiterhin mit dem Beklagten zu leben. Außer dem Ehebruch muss der Kläger beweisen, dass für ihn die Fortsetzung der Ehe unzumutbar ist, wobei der Grund der Unzumutbarkeit keineswegs in dem vereinzelten Ehebruch zu liegen braucht;

---

56 Protokoll vom 24.3.1972, S. 501 ff.

57 Ds. VI/3453.

58 Prot. des BT, S. 11159 ff.

59 Über das damalige englische Scheidungs- und Scheidungsfolgenrecht *Götz,* aaO. (Fn. 13), S. 33 ff. m.w.N.).

b) sich der *Beklagte* derart verhalten hat, dass vom Kläger vernünftigerweise nicht erwartet werden kann, dass er weiterhin mit dem *Beklagten* lebt ...;

c) der *Beklagte* den Kläger für einen ununterbrochenen Zeitraum von wenigstens zwei Jahren unmittelbar vor der Klageerhebung böswillig verlassen hat (zwei statt bisher drei Jahre);

d) die Ehegatten für einen zusammenhängenden Zeitraum von mindestens zwei Jahren unmittelbar vor der Klageerhebung getrennt gelebt haben und der *Beklagte* mit der Scheidung einverstanden ist;

e) die Ehegatten während eines ununterbrochenen Zeitraumes von fünf Jahren unmittelbar vor der Klageerhebung getrennt gelebt haben. In diesem Falle kann der *Beklagte der Scheidung widersprechen* mit der Begründung, dass die Auflösung der Ehe für ihn eine schwere finanzielle oder sonstige Härte bedeutete und dass es unter den gegebenen Umständen unrecht sein würde, die Ehe aufzulösen.

Liegt einer oder mehrere dieser Gründe vor, so wird vermutet, dass die Ehe gescheitert ist. Der Gegenbeweis ist zulässig."

Die vermögensrechtlichen Folgen der Scheidung und die Verteilung der Kinder waren in dem „Matrimonial Proceedings und Property Act" von 1970 geregelt. Hiernach hatten die Gerichte die bei der Scheidung aufgetretenen vermögensrechtlichen Fragen in Bezug auf Unterhalt, Hausrat und Vermögen zu regeln. Der Klageschrift musste eine Erklärung des Anwaltes des Klägers beigefügt sein, ob er mit dem Kläger die *Möglichkeit der Versöhnung* erörtert und ihm Namen und Adressen geeigneter Persönlichkeiten genannt hat, die bei einer Versöhnung behilflich sein könnten. Es gab kein obligatorisches Versöhnungsverfahren.

Der Unterhaltsanspruch der geschiedenen Hausfrau war allgemein anerkannt. Die Höhe des Unterhalts betrug rund ein Drittel des Einkommens der Eheleute abzüglich der Einkünfte der Frau. Der Anteil des Unterhaltsberechtigten am Scheitern der Ehe wurde zugunsten des Zahlungspflichtigen berücksichtigt.

Zu einer Beratung der Entwürfe in den Ausschüssen kam es in der 6. Legislaturperiode des Bundestages nicht mehr, der am 23.9.1972 aufgelöst wurde.

V. Der Regierungsentwurf zum 1. EheRG vom 13.4.1973 im Bundesrat

Nach den Bundestagswahlen am 19.11.1972 aktualisierte das BMJ die Entwürfe von 1971/72 und vereinigte diese zu einer einzigen Vorlage, die als *Entwurf zu einem 1. Gesetz zur Reform des Ehe- und Familienrechts* dem Bundesrat am 13.4.1973 vorgelegt wurde[60]. In dem hier interessierenden Teil unterschied sich die neue Vorlage von den früheren Entwürfen nur geringfügig:

- Widerlegbarkeit des Scheiterns der Ehe nach dreijährigem Getrenntleben,
- in § 1567 waren folgende Bestimmungen neu eingefügt:[61] „Die häusliche Gemeinschaft besteht auch dann nicht mehr, wenn die Ehegatten innerhalb der ehelichen Wohnung getrennt leben. – Ein Zusammenleben über kürzere Zeit, dass der Versöhnung der Ehegatten dienen soll, unterbricht oder hemmt die in § 1566 bestimmten Fristen nicht.",
- in § 1572 war die Ziff. 3 neu,
- in § 1573 a.E. wurde eingefügt: „oder anderer Gebrechen oder Schwäche seiner körperlichen oder geistigen Kräfte."
- in § 1575 Abs. 2 sollte hinsichtlich der Angemessenheit der Erwerbstätigkeit auch auf den „Gesundheitszustand" des geschiedenen Ehegatten Rücksicht genommen werden,
- in § 1576 Abs. 1 wurde am Ende hinzugefügt: „Dabei sind eheliche Verzögerungen der Ausbildung zu berücksichtigen."
- in § 1580 Abs. 1 Ziff. 4 wurde eine *gröbliche* Verletzung der Pflicht, zum Familienunterhalt beizutragen, verlangt,
- die Besetzung der Abteilung für Familiensachen mit „Direktoren" war nicht mehr vorgesehen (vgl. § 23 b GVG i.d.F. des Entwurfs).

Der Entwurf wurde zunächst im Rechtsausschuss[62], im Ausschuss für Arbeit und Soziales, im Ausschuss für Jugend, Familie und Gesundheit sowie im Finanz- und Innenausschuss beraten. Die Beratungen im Unterausschuss des Rechtsausschusses erfolgten am 9. und 10.4.1973, im Rechtsausschuss am 9.5.1973. Über die Empfehlungen der Ausschüsse und die Anträge von Hessen sowie von Baden-Württemberg, Bayern,

---

60 Ds. 260/73.

61 Entspr. dem Vorschlag des Bundesrates von 1971.

62 Zum Folgenden den Quellenteil unter B.

Rheinland-Pfalz, Saarland, Schleswig-Holstein wurde im Plenum des Bundesrats am 25.5.1973 abgestimmt.

Erst im Plenum des Bundesrats konnten die genannten fünf Länder ihre bereits im Rechtsausschuss gestellten Anträge hinsichtlich der Ehescheidung durchsetzen. Danach sollte nicht von einem „Scheitern", sondern von einer „Zerrüttung" der Ehe gesprochen werden. Auch die einjährige Trennungsfrist als Voraussetzung für die einverständliche Scheidung sollte widerlegbar sein. Die Zerrüttungsvermutung sollte nicht schon mit einer dreijährigen, sondern erst mit einer fünfjährigen Trennung eingreifen. Die Härteregelung des § 1568 BGB wurde erweitert durch eine Kinderschutzklausel; auch materielle Härten sollten berücksichtigt werden dürfen. Keine Mehrheit fanden die Anträge von Hessen, die Trennungsfrist von drei auf zwei Jahre zu ermäßigen und die Härteklausel des § 1568 BGB zu streichen.

Während der Regierungsentwurf den geschiedenen Ehegatten einen Unterhaltsanspruch nur in bestimmten abschließend aufgezählten Einzelfällen gewähren wollte, stellten Rheinland-Pfalz und Schleswig-Holstein im Rechtsausschuss den Antrag, wonach ein Ehegatte dem anderen nach der Scheidung Unterhalt gewähren sollte, „soweit der andere Ehegatte außer Stande ist, sich von seinem Einkommen aus einer angemessenen Erwerbstätigkeit, seinen sonstigen Einkünften oder aus seinem Vermögen selbst zu unterhalten". Nur eine solche Regelung passe sich auch systematisch richtig in das unterhaltsrechtliche System des BGB ein. Das kasuistische System des Regierungsentwurfs sei wegen der Vielzahl der Tatbestände unübersichtlich. Der Antrag wurde von den Ausschüssen abgelehnt. Jedoch konnte Bayern im Unterausschuss des Rechtsausschusses eine positive und eine negative Härteklausel durchsetzen, von denen die letztere nicht die Mehrheit des Rechtsausschusses fand. Auf Antrag von Hessen beschlossen die Ausschüsse ferner, den Anschlussunterhalt entsprechend den §§ 1572, 1573 Ziff. 4 BGB auch dann zu gewähren, wenn vom Ehegatten wegen seines Alters bzw. seiner Krankheit eine Erwerbstätigkeit nicht erwartet werden konnte. Dagegen lehnten die Ausschüsse und später auch das Plenum den Antrag Hessens ab, die Angemessenheit der Erwerbstätigkeit des geschiedenen Ehegatten nicht von den ehelichen Erwerbsverhältnissen abhängig zu machen. – Im Plenum waren die Detailanträge des Rechtsausschusses zu den §§ 1570-1580 hinfällig, nachdem die in den Fünf-Länder-Antrag übernommene Unterhaltsrechtskonzeption von Rheinland-Pfalz und Schleswig-Holstein die

Mehrheit gefunden hatte. Damit war auch eine Änderung des § 1583 verbunden, wonach die Unterhaltspflicht gegenüber einem neuen Ehegatten nur zu berücksichtigen war, wenn dieser bei entsprechender Anwendung der §§ 1570-1576 unterhaltsberechtigt wäre und die Leistung von Unterhalt zur Vermeidung unbilliger Härten erforderlich war.

In den §§ 1671, 1672 hatte der Regierungsentwurf für die Entscheidung, welchem Elternteil die elterliche Gewalt über ein gemeinschaftliches Kind zustehen sollte, die Berücksichtigung des Kindeswohls vorgesehen. Auf Antrag Hamburgs sollte diese Frage nach Meinung des Bundesrates im vorgesehenen Gesetz über das Recht der elterlichen Sorge geregelt werden.

Nach den Vorschlägen des Entwurfs sollten die §§ 1933 und 2077 Abs. 1 S. 2 und in § 2268 Abs. 2 der Verweis auf § 2077 Abs. 1 S. 2 entfallen. Dies hätte bedeutet, dass das Erbrecht des überlebenden Ehegatten erst weggefallen wäre, wenn die Ehe rechtskräftig geschieden worden wäre. Nach einem, vom Bundesrat befürworteten Antrag sollte die bisherige Regelung beibehalten und an das Zerrüttungsprinzip angepasst werden. Danach sollten bei Eintritt der „Lösungskrise" das gesetzliche Erbrecht des überlebenden Ehegatten entfallen und Verfügungen von Todes wegen, durch die der überlebende Ehegatte bedacht war, unwirksam werden.

VI. Der Entwurf zum 1. EheRG im Bundestag (1973-1975)

Der Entwurf zum 1. EheRG gelangte mit den Empfehlungen des Bundesrates und der Stellungnahme der Bundesregierung zu diesen Empfehlungen am 1.6.1973 an den Bundestag[63]. In der ersten Lesung am 8.6.1973[64] sprachen der Bundesjustizminister Jahn und die Abgeordneten Engelhard (FDP), Erhard/Schwalbach (CDU/CSU), Schmude (SPD), Lenz und Frau Lepsius (SPD). Die Vorlage wurde an den Rechtsausschuss (federführend), den Innen- und den Haushaltsausschuss sowie den Ausschüssen für Arbeit und Soziales und für Jugend, Familie und Gesundheit überwiesen.

---

63 Ds. VII/650; zum Folgenden vgl. den Quellenteil unter C.

64 St. Ber. BT 7. Leg.Per., S. 2226 ff.

Im Gegensatz zu den früheren Entwürfen gingen dem Justizministerium und dem Bundestag zum neuen Entwurf nur noch wenige Stellungnahmen zu[65]. Die ASJ verlangte in einer Eingabe vom 1.8.1973, die Zerrüttungsvermutung hinsichtlich der Trennungsfrist von drei Jahren unwiderlegbar auszugestalten sowie auch die materielle Härteklausel aufzugeben. Die Angemessenheit der Erwerbstätigkeit sollte nicht mehr nach den ehelichen Lebensverhältnissen bestimmt werden und der weitgehende Unterhaltsvorrang des geschiedenen Ehegatten vor dem neuen Partner beseitigt werden. – Von den Besprechungen im Arbeitskreis VI (Rechtswesen) der SPD-Fraktion abgesehen befasste sich die Gesamtfraktion der SPD nur am 17.6.1975 mit dem Scheidungsrecht. Die Widerlegbarkeit der Zerrüttung auch nach drei Jahren Trennung wurde nach ausführlicher Diskussion mit Mehrheit abgelehnt. Billigung fand auch die Härteklausel des § 1568 i.d.F. der Regierungsvorlage. Der Versorgungsausgleich sollte ein integraler Bestandteil der Scheidungsrechtsreform sein.

Sehr schnell reagierte der Eherechtsausschuss des Deutschen Anwaltvereins, der unter dem 22.9.1973 anregte, die §§ 1565 und 1568 des Entwurfs zu streichen, die Dreijahresfrist des § 1566 Abs. 1 unwiderlegbar auszugestalten und bei einverständlicher Scheidung grundsätzlich keine Trennungszeit vorzusehen.

Die CDU-Fraktion forderte entsprechend den Vorschlägen ihres Arbeitskreises Ehe- und Familienrecht am 27.11.1975 u.a.:

- Der Erleichterung einer einseitigen Verstoßung dürfte nicht noch vom Gesetzgeber Vorschub geleistet werden,
- die Ehe dürfe nicht herabgewürdigt werden „zu einem einseitig aufkündbaren Rechtsverhältnis mit eingebauter Fristenautomatik“,
- die Härteklausel des § 1568 müsse auch das Wohl der Kinder und materielle Härten berücksichtigen,
- für das Unterhaltsrecht sei eine Generalklausel vorzusehen,
- der Versorgungsausgleich dürfe keine Zwangsregelung darstellen; vertragliche Vereinbarungen sollten möglich sein.

Bis zur Verabschiedung des Gesetzes durch den Bundestag am 11.12.1975 wandten sich zahlreiche katholische Organisationen und Gremien sowie das Zentralkomitee der Deutschen Katholiken (Arbeitskreis für Eherecht) wiederholt gegen wichtige Bestimmungen der Regie-

65 Zum Folgenden die Akten des BA Koblenz 141/29231-29244.

rungsvorlage. Das ZK der Deutschen Katholiken bezeichnete das neue Eherecht mehrmals als ungerecht, unsozial und unliberal. Als unsozial bezeichnete eine Eingabe vom 13.3. (7.3) 1975 die festen Trennungsfristen, die dem Partner eine einseitige Verstoßung ermöglichen würden. Unliberal sei das neue Recht, weil es dem anderen Ehegatten, der an der Ehe festhalten wolle, verwehre, Gründe gegen ein „rechtstechnisches Hilfsmittel" (Fristen) vorzulegen und weil durch „die Beseitigung des rechtlichen Schutzes gegen eine einseitige Auflösung der Ehe zwangsläufig eine Einstellung hervorgerufen wird, die die Solidarität für die Ehe und Familie unter den Vorbehalt ihrer Auflösung stellt". Dadurch werde „in letzter Konsequenz die Freiheit zur solidarischen Gestaltung in der Ehe erheblich eingeschränkt".

Eine Erklärung des Arbeitskreises vom 14.11.1974 für Eherecht beim Kommissariat der deutschen Bischöfe wandte sich gegen das „radikalisierte Zerrüttungsprinzip" des Entwurfs, der die Rechtsposition der Frau nicht stärke. Im Einzelnen sollte – so der Arbeitskreis am 24.2.1975 - ein Antrag auf Scheidung erst nach zweijähriger Ehedauer zulässig und die Zerrüttungsvermutung auch noch nach drei bis fünf Jahren Trennung widerlegbar sein. Die Härteklausel sollte auch materielle Gründe und das Kindeswohl berücksichtigen. Insgesamt enthalte das neue Recht eine „radikale Form des Zerrüttungsprinzips". Ein geschiedener Ehegatte sollte unterhaltsberechtigt sein, wenn er seinen Lebensunterhalt nicht aus einer ihm nach seiner Lebensstellung angemessenen Erwerbstätigkeit oder aus sonstigen Einkünften oder – soweit dies der Billigkeit entsprach – aus seinem Vermögen bestreiten konnte, trat der Unterhaltsbedarf eines Ehegatten erst nach der Scheidung ein, sei es infolge einer Erkrankung, sei es aus anderen Gründen, so sollte der Unterhaltsanspruch gegen den früheren Ehegatten grundsätzlich anerkannt werden.

Am 9.12.1975 stellte der Arbeitskreis fest, künftig hänge es vom Belieben des anderen Ehegatten ab, ob und wann er sich aus der Ehe löse. Die Härtefallregelung des § 1568 sei so gefasst, dass sie nur sehr selten zur Wirkung kommen werde. Der Entwurf stelle trotz einzelner Verbesserungen ein „Gesetz für den Stärkeren" dar und sei von einem „rigorosen Fristenautomatismus" geprägt. Die Ehe würde abgewertet, die Familie gelange unter das „Minimum von öffentlicher Anerkennung, deren sie für die Erfüllung ihrer gesellschaftlichen Aufgaben" brauche.

Die evangelische Kirche und deren Frauenverbände wandten sich lediglich gegen eine automatische Scheidung nach drei Jahren Trennung sowie teilweise gegen die ihrer Meinung nach zu enge Härteregelung des § 1568.

Zunächst befasste sich der *Unterausschuss des Rechtsausschusses,* bestehend aus den Abgeordneten *Schmude* (als Vorsitzenden; später: Emmerlich), Thürk, Engelhard, Lepsius, Schimschok und Will-Feld, mit der Vorlage in 45 Sitzungen zwischen dem Herbst 1973 und dem Herbst 1975. Ein Drittel der Beratungen befasste sich mit dem Versorgungsausgleich, zu dem der Ausschuss für Arbeit und Soziales[66] grundlegende Änderungsvorschläge unterbreitete.

Die Beratungen im Rechtsausschuss begannen am 16.10.1974 und endeten am 26.11.1975. Einen Tag später überreichte der Rechtsausschuss dem Plenum seinen Bericht[67] mit den Anträgen (Berichterstatter Emmerlich und Thürk). Nach einem früheren Beschluss des Rechtsausschusses sollten die namensrechtlichen Bestimmungen des Entwurfs in einem Gesetz über den Ehe- und Familiennamen zusammengefasst werden. Einem dahingehenden Beschluss des Bundestages versagte der Bundesrat jedoch seine Zustimmung.

Der Unterausschuss hatte vom 28. bis 30.1.1974 eine *Informationsreise nach Schweden* unternommen und erfuhr dort[68], dass seit 1974 eine Scheidung ohne Prüfung des Verschuldens – ohne dass Fristen eingehalten werden mussten – durchgeführt würde. Eine Härteklausel existiere nicht; der Unterhalt richtete sich nach der Bedürftigkeit (mit zeitlicher Begrenzung). Die Volksrente mache einen Versorgungsausgleich überflüssig. Der Schwedenreise schloss sich vom 28.-30.1.1974 eine *Informationsreise in die Niederlande* an. Hier erfuhren die Abgeordneten, dass auf Antrag beider Ehepartner die Ehe sofort geschieden werden könne; anderenfalls müsste das Vorliegen einer Zerrüttung bewiesen werden, es sei denn, die Eheleute lebten schon drei Jahre getrennt. Der Ehegatte, der die Zerrüttung nicht überwiegend verschuldet hätte, könnte vor Ablauf dieser Frist der Scheidung widersprechen. Im Übrigen gab es weder eine Härteklausel noch einen Versorgungsausgleich.

---

66 Dieser Ausschuss hatte die Vorlage am 4. und 11.12.1974 und am 25.2. und 12.3.1975 abschließend beraten; die „Stellungnahme" des Ausschusses datiert vom 16.3.1975.

67 Ds. VII/4361.

68 Das Folgende nach dem Bericht im BA Koblenz 141/29233. An der Reise nahmen auch die Ministerialräte Rolland, Böhmert und Belchaus teil.

Im Unterausschuss des Rechtsausschusses konnte die CDU/CSU nur wenige ihrer Forderungen durchsetzen. Gegen ihre Stimmen wurde die Vermutung eines Scheiterns der Ehe nach drei Jahren Getrenntleben unwiderlegbar ausgestaltet. Die Härteklausel sollte nicht mehr geltend gemacht werden können, wenn die Ehegatten drei Jahre getrennt lebten. Auch im Unterhaltsrecht konnte die Opposition nicht ihr mit dem Fünf-Länder-Antrag im Bundesrat übereinstimmendes Konzept durchsetzen. Geringe Erweiterungen erfolgten lediglich für die Tatbestände der §§ 1572 und 1573. Die Änderungen zu § 1578 Abs. 2 (Einkünfte aus nicht angemessener Erwerbstätigkeit) wurden einstimmig beschlossen. Keinen Erfolg hatten Anträge auf Einfügung einer negativen Härteklausel in § 1580. Längere Debatten fanden statt zu § 1581 (Auskunftsanspruch), zu § 1583 (Rangfolge der Ansprüche mehrerer Ehegatten) und zu § 1585 a. Zu den §§ 1933, 2077 und 2268 schloss sich der Unterausschuss den Vorschlägen des Bundesrates an. Jedoch sollte § 2335 (Pflichtteilsentziehung) entfallen.

Der *Ausschuss für Jugend, Familie und Gesundheit* nahm am 22.1.1975 zum Entwurf Stellung[69]. Als Berichterstatter sprachen zunächst Frau Schleicher (CDU/CSU) und Frau Fiebig (SPD). Obwohl man lediglich ein einziges Votum hatte abgeben wollen, das die „besonderen Anliegen des Ausschusses zum Ausdruck“ bringen sollte, kamen die Ausschussmitglieder nicht überein, eine einheitliche Stellungnahme abzugeben. Die von den SPD/FDP-Abgeordneten verabschiedete Ausschussstellungnahme befürwortete die zügige Verabschiedung eines Ersten Gesetzes zur Reform eines Ehe- und Familienrechts (im Wesentlichen) auf der Grundlage des Regierungsentwurfs. Zum Ehescheidungsrecht wurde der Übergang vom Schuld- zum Zerrüttungsprinzip begrüßt: „Dieses Prinzip sollte auch nicht durch eine sog. materielle Härteklausel, die dem anderen Ehegatten das Recht gäbe, die Scheidung wegen schwerwiegender wirtschaftlicher Härten für sich oder die gemeinschaftlichen Kinder zu verweigern, durchbrochen werden. Wirtschaftliche Härten müssen durch Verbesserungen im Unterhalts- und Versorgungsrecht vermieden werden.“ - Demgegenüber stellte der Entwurf der CDU/CSU-Mitglieder des Ausschusses für ein Votum zum Ehe- und Familienrecht u.a. fest:

---

69 Das Folgende nach dem Protokoll der Sitzung vom 22.1.1975, der Stellungnahme des Ausschusses und dem CDU/CSU-Entwurf zu einer solchen.

- "Ein sozial gestaltetes Ehe- und Familienrecht hat die Verpflichtung zur Solidarität der Ehepartner untereinander über die Durchsetzung von Einzelinteressen zu stellen."

- "Es muss im Gesetz unmissverständlich klargestellt werden, dass die Ehe auf Lebenszeit angelegt ist."

- "Der Rechtsgrundsatz, dass niemand aus eigener Rechtsverletzung für sich günstige Rechtsfolgen herleiten darf, muss auch für das Scheidungsrecht gelten."

- "Eine Ehe darf nicht gegen den Willen des anderen Ehegatten geschieden werden können, wenn dieser außergewöhnliche Umstände im Einzelfall geltend macht, nach denen die Scheidung für ihn eine unzumutbare Härte, auch unter Berücksichtigung der berechtigten Interessen des anderen Ehegatten darstellt. Die Geltendmachung wirtschaftlicher Umstände darf dabei nicht ausgeschlossen werden."

- "Einer Scheidung darf grundsätzlich nicht vor Ablauf von zwei Jahren nach der Eheschließung stattgegeben werden."

- "Der Richter muss in jedem Falle nachprüfen dürfen, ob die betreffende Ehe wirklich zerrüttet ist, insbesondere, wenn noch begründete Aussicht auf Versöhnung der Eheleute besteht."

- "Bei streitiger Entscheidung darf nur dann die Zerrüttung der Ehe vermutet werden, wenn die Ehegatten seit fünf Jahren getrennt leben."

- "Grundsätzlich besteht auch nach der Scheidung eine wechselseitige Unterhaltspflicht der Ehegatten füreinander. Ausnahmen sind festzulegen (u.a. Mindestdauer der Ehe)."

Nachdem der *Rechtsausschuss* am 16.10.1974 die Beratungen über den Entwurf zu einem 1. EheRG aufgenommen hatte, fand am 22.5.1975 in *Paris ein Arbeitstreffen der Rechtsausschüsse des Bundestages* und der *französischen Nationalversammlung* statt. Hier erfuhren die Abgeordneten[70], dass der Regierungsentwurf, welcher der Nationalversammlung vorlag, neben der einverständlichen Scheidung und der Scheidung nach sechsjährigem Getrenntleben auch die Scheidung wegen Verschuldens eines oder beider Ehegatten vorsah: „Die einzelnen Verschuldenstatbestände des geltenden Rechts sollen durch eine weitgefasste Generalklausel ersetzt werden. Als einziger Spezialtatbestand des Verschuldens

70 Das Folgende nach dem Bericht über die Reise (Ausschussdrucksache 7/174) vom 26.6.1975. An der Reise nahmen teil die Abg. Lenz, Arndt, Emmerlich, Engelhard und Thürk.

bleibt der Tatbestand der Verurteilung zu einer schweren Kriminalstrafe bestehen.“ Zu den wirtschaftlichen Folgen der Scheidung heißt es in dem Bericht: „Die Scheidungsfolgenregelung verfolgt den Zweck, einen Ausgleich der Unterschiede zu erreichen, die sich nach der Scheidung in den Lebensverhältnissen der Ehegatten ergeben. Grundsätzlich soll das Gericht dem wirtschaftlich schwächeren Ehegatten statt des bisher üblichen Unterhaltsbetrages eine einmalige Kapitalleistung zusprechen, die im Falle der Unmöglichkeit der Zahlung auch als Indexrente gewährt werden kann. Diese Leistung soll nicht nur den Unterhaltsbedarf des bedürftigen Ehegatten decken, sondern einen vom Gericht den Verhältnissen des Einzelfalls angepassten umfassenden wirtschaftlichen Ausgleich zwischen den Ehegatten bewirken. Im Fall der Scheidung wegen Zerrüttung der Ehe hat der Kläger neben der Leistung noch Unterhaltsbeiträge zu zahlen. Grundsätzlich hat derjenige Ehegatte, der die Scheidung allein oder überwiegend verschuldet hat, keinen Anspruch auf eine Leistung. Nur in Fällen grober Unbilligkeit soll etwas anderes gelten.“[71]

Der *Rechtsausschuss* befasste sich vom 16.10.1974 an mit allen strittigen Fragen ausführlich und übernahm im Wesentlichen die Beschlüsse seines Unterausschusses. Neu war die Einführung einer positiven Härteklausel im § 1577 a, die auch einige SPD-Abgeordnete befürworteten. § 1580 Ziff. 4 wurde ersetzt durch die Fassung: „ein anderer Grund vorliegt, der ebenso schwer wiegt wie ...“. Im Übrigen waren vor allem die §§ 1582, 1583, 1585 und 1586 Gegenstand langer Diskussionen. Die Beschlüsse des Unterausschusses zu den §§ 1671, 1672, 1933, 2077 und 2268 wurden übernommen. § 2335 sollte entsprechend dem Regierungsentwurf entfallen.

Am 11.12.1975 befasste sich der Bundestag[72] mit den Abänderungsanträgen der Opposition, die in teilweise namentlicher Abstimmung abgelehnt wurden. Die Ausschussvorlage wurde mit 228 gegen 192 Stimmen angenommen.

---

71 Zum franz. Ehescheidungsrecht *M. Ferid/H.J. Sonnenberger*, Franz. Zivilrecht, Bd. 3, 2. Aufl. 1987, S. 215 ff.

72 Sten. Ber. BT VII, S. 14403 ff.

VII. Die wiederholte Beratung des Entwurfs zum 1. EheRG im Bundesrat (1976)

Im Bundesrat befasste sich der Rechtsausschuss am 14.1.1976 mit den Beschlüssen des Bundestages[73]. Hier stellte Bayern zunächst die bekannten Anträge zu den §§ 1565, 1353 und zu den §§ 1566, 1567 a und 1568. Die Unterhaltsrechtskonzeption der CDU-regierten Länder stellte Rheinland-Pfalz zur Diskussion. Hessen wollte bei § 1579 (§ 1580 des Entwurfs) zur ursprünglichen Fassung zurückkehren. Sämtliche Anträge sowie weitere Anträge Bayerns zu den §§ 1582, 1586 e und 2335 wurden abgelehnt.

Am 30.1.1976 verhandelte das Plenum des Bundesrates über die Empfehlungen des Rechtsausschusses sowie über den Fünf-Länder-Antrag, der alle im Rechtsausschuss abgelehnten Anträge enthielt, über den Antrag von Baden-Württemberg, dem Familienrichter eine Zulage von 150 DM zu gewähren, und von Rheinland-Pfalz zu den §§ 1587 a und 1587 f Nr. 4. Der Bundesrat lehnte den Antrag von Baden-Württemberg ab und rief hinsichtlich der anderen Anträge den Vermittlungsausschuss an. Zusätzlich wurde der Vermittlungsausschuss noch angerufen zum Gesetz zur Änderung beamtenversorgungsrechtlicher Vorschriften.

VIII. Die Beratungen im Vermittlungsausschuss und die Verabschiedung des 1. EheRG durch das Parlament (April 1976)

Im BMJ wurde eine interne Stellungnahme zu den Beschlüssen des Bundesrats ausgearbeitet[74]. Den Vorschlag, statt den von der Eherechtskommission vorgeschlagenen Ausdruck „Scheitern“ der Ehe zu verwenden, von ihrer „Zerrüttung“ zu sprechen, lehnte die Stellungnahme ab, da die Abkehr vom bisherigen Recht auch terminologisch deutlich werden sollte. Während Scheitern einen objektiven Zustand bezeichne, hafte dem Ausdruck „Zerrüttung“ die Vorstellung an, die Ehe sei von einem oder beiden Ehegatten durch aktives Tun zerstört worden, was durchaus nicht der Fall zu sein brauche. Zum Vorschlag, die Ehe dürfe vor Ablauf der in § 1566 genannten Fristen nur geschieden werden, „wenn dem Antragstel-

73 Zum Folgenden die Quellen in Teil E der Edition.

74 Zum Folgenden BA Koblenz B 141/29259.

ler die Fortsetzung der Ehe aus Gründen, die in der Person des anderen Ehegatten oder in dessen Lebensbereich liegen, nicht zuzumuten ist", meinte der Sachbearbeiter des BMJ, dass damit untersucht werden müsste, wessen Verhalten für die Schuld am Scheitern der Ehe ursächlich sei. Das sei „praktisch der wesentliche Teil der Schuldfeststellung". Die Aussage des Richters über die persönliche Vorwerfbarkeit eines bestimmten Verhaltens als schuldhaft sei dann nur noch „der Punkt auf dem i". Eine solche Regelung laufe auf die Beibehaltung des § 48 EheG hinaus und tangiere das Zerrüttungsprinzip. Dagegen berühre der Vorschlag, die Vermutungen des § 1566 nicht unwiderlegbar auszugestalten, nicht den Kernbereich des genannten Prinzips. Zu einem grundsätzlichen Scheidungsverbot im ersten Ehejahr wurde angemerkt, der Vorschlag laufe auf eine Scheidung nach dem Verschuldensprinzip hinaus; er werde jedoch kaum praktische Bedeutung erlangen. Praktische Bedenken machte man gegen die Ausdehnung der Härteklausel des § 1568 geltend. Die vorgeschlagene Unterhaltsregelung unterschied sich nach Meinung BMJ nur geringfügig von der beschlossenen Fassung. Aber die Bundesratsfassung ginge eine Nuance weiter, da nach ihr möglicherweise in Einzelfällen ein Anspruch, der nach der Regierungsfassung nicht gegeben sei, bestehen würde. Hinsichtlich des Vorschlags zu § 1571 Ziff. 1 d – eine angemessene Erwerbstätigkeit könne nicht erwartet werden „aus anderen schwerwiegenden, in den ehelichen Lebensverhältnissen liegenden Gründen" – könnten bei der Prüfung Verschuldensmomente einfließen. Ähnliches gelte für die negative Härteklausel. Allgemein wurde gegen Vorschlag der fünf Länder eingewandt, dass nach ihm Unterhalt ohne Rücksicht darauf, wann die Unterhaltsbedürftigkeit eintrete, zu leisten war. Die Anträge zum Versorgungsausgleich hätten zum Ziel, diesen in die Hand der Eheleute zu geben, womit ein wesentliches Reformziel (eigenständige Sicherung der nicht erwerbstätigen Frau) aufgegeben würde.

Der Vermittlungsausschuss[75] unter seinem Vorsitzenden *Alex Möller*[76] kam zu folgendem Kompromiss: Nach dem neuen § 1565 Abs. 1 sollte eine Ehe, wenn die Ehegatten noch nicht ein Jahr getrennt lebten,

---

75 Zum Folgenden die Protokolle vom 8. und 9.4.1976. Zu den Mitgliedern des Vermittlungsausschusses *Sekretariat des Bundesrates* (Hrsg.), Protokolle des Vermittlungsausschusses des Deutschen Bundestages und des Bundesrates, Textband, 2000, S. 35 f.

76 Über Alex Möller (1903-1985) *Kempf/Merz* (Fn. 94), S. 424 ff.

nur in Ausnahmefällen geschieden werden. In § 1568 wurde die von der Opposition gewünschte Kinder- und materielle Härteklausel eingefügt, die Geltendmachung jedoch auf fünf Jahre seit Beginn des Getrenntlebens beschränkt. Die positive Härteklausel (§ 1576) wurde an zwei Stellen geändert und die Pflichtteilsentziehung wieder ermöglicht. Weitere Änderungen betrafen das Namensrecht sowie den Versorgungsausgleich.

Die Beschlüsse des Vermittlungsausschusses fanden am 8.4.1976 bei zwei Gegenstimmen die Billigung des Bundestags und am 9.4.1976 des Bundesrates. Dagegen stimmten Bayern und das Saarland vornehmlich wegen der zeitlichen Befristung der Härteklausel des § 1568, die nach Ansicht des bayerischen Justizministers *Hillermeier* „praktisch eine Ehe auf Zeit ermöglicht“, gegen das Gesetz.

IX. Die Entstehungsgeschichte weiterer wichtiger, nicht im Quellenteil berücksichtigter Bestimmungen des 1. EheRG[77]

1. Eheliche Lebensgemeinschaft. § 1353 S. 1 sollte nach dem Regierungsentwurf lauten:[78] „Die Ehegatten sind einander zur ehelichen Lebensgemeinschaft verpflichtet. Ein Ehegatte ist nicht verpflichtet, dem Verlangen des anderen Ehegatten nach Herstellung der Gemeinschaft Folge zu leisten, wenn sich das Verlangen als Missbrauch seines Rechtes darstellt oder wenn die Ehe gescheitert ist.“ Im UA RA (BT) beantragte *Arnold* im Anschluss an einen Vorschlag des Katholischen Arbeitskreises Ehe und Familie folgende Fassung: „Die Ehegatten sind einander zur ehelichen Lebensgemeinschaft, insbesondere zu Treue und Beistand verpflichtet“, die mit vier gegen drei Stimmen abgelehnt wurde. Zu § 1353 S. 2 (bisher Abs. 2) war von der Regierung vorgeschlagen: „Ein Ehegatte ist nicht verpflichtet, dem Verlangen des anderen Ehegatten nach Herstellung der Gemeinschaft Folge zu leisten, wenn sich das Verlangen als

77 Das Folgende nach den insoweit weitgehend nicht wiedergegebenen Teilen der Quellen unter A-D. Die Protokolle des Vermittlungsausschusses sind auch im Hinblick auf den Versorgungsausgleich nicht vollständig wiedergegeben.

78 § 1353 BGB lautet in der ursprünglichen Fassung: „Die Ehegatten sind einander zur ehelichen Lebensgemeinschaft verpflichtet. – Stellt sich das Verlangen eines Ehegatten nach Herstellung der Gemeinschaft als Missbrauch seines Rechtes dar, so ist der andere Ehegatte nicht verpflichtet, dem Verlangen Folge zu leisten. Das Gleiche gilt, wenn der andere Ehegatte berechtigt ist, auf Scheidung zu klagen.“

Missbrauch seines Rechtes darstellt oder wenn die Ehe gescheitert ist." Hierzu beantragte Arnold im UA RA (BT), den Wenn-Satz wie folgt zu fassen: „wenn sich das Verlangen als Rechtsmissbrauch darstellt oder wenn die Voraussetzungen für die Scheidung der Ehe auf Antrag des Ehegatten, der die Herstellung der Gemeinschaft ablehnt, gegeben sind". Auch dieser Antrag wurde mit drei gegen vier Stimmen abgelehnt. – Im Rechtsausschuss wiederholte Arnold seine Anträge zu § 1353 S. 1 u. S. 2 (Regierungsfassung) ohne Erfolg; jedoch sollte es nach einem Antrag von Thürk a.E. des S. 2 heißen: „oder wenn die Ehe unheilbar zerrüttet ist." Kurz vor Schluss der RA-Beratungen konzidierten die Koalitionsabgeordneten der Opposition, in § 1353 Abs. 1 einzufügen: „Die Ehe wird auf Lebenszeit geschlossen." Demgegenüber wollte die Opposition die Regelung wie folgt formulieren: „Die Ehe ist auf Lebenszeit angelegt", um den institutionellen Charakter der Ehe herauszustellen, was jedoch mit den Stimmen der Koalitionsabgeordneten abgelehnt wurde. Daraufhin wurde der neue Abs. 1 ohne Gegenstimmen bei einer Enthaltung beschlossen. Die Bedeutung dieses Satzes blieb umstritten.

Der Fünf-Länder-Antrag vom 29.1.1976 sah vor, den § 1353 Abs. 2 S. 2 zu fassen: „Die Ehegatten sind einander zur ehelichen Lebensgemeinschaft, insbesondere zu Treue und Beistand sowie zur Sorge für die gemeinsamen Kinder verpflichtet." Im Text, so die Antragsbegründung, müssten „die wichtigsten Verpflichtungen, die sich aus der Ehe ergeben, herausgestellt werden. Die Verpflichtung zur ehelichen Lebensgemeinschaft muss näher konkretisiert werden durch die Erwähnung der Verpflichtung zu Treue und Beistand und zur Sorge für die gemeinsamen Kinder, wenn sie nicht inhaltsleer sein soll." In der genannten Fassung kam der Antrag auch in den Vermittlungsausschuss, der den Antrag von Hillermeier, entsprechend dem Anrufsbegehren zu beschließen, mit 11 gegen 11 Stimmen ablehnte[79].

2. Namensrecht (§§ 1355, 1569 des Entwurfs). Nach § 1355 des Regierungsentwurfs von 1973 führten die Ehegatten einen gemeinsamen Namen (Ehenamen), der nach Abs. 2 als Ehename durch Erklärung ge-

79 Gesetz geworden ist mithin folgende Fassung des § 1353: (1) Die Ehe wird auf Lebenszeit geschlossen. Die Ehegatten sind einander zur ehelichen Lebensgemeinschaft verpflichtet. – (2) Ein Ehegatte ist nicht verpflichtet, dem Verlangen des anderen Ehegatten nach Herstellung der Gemeinschaft Folge zu leisten, wenn sich das Verlangen als Missbrauch seines Rechtes darstellt oder wenn die Ehe gescheitert ist.

genüber dem Standesbeamten zu bestimmen war. Zum Ehenamen konnten sie den Geburtsnamen des Mannes, den Geburtsnamen der Frau oder einen Doppelnamen bestimmen, der sich aus den Geburtsnamen beider Ehegatten zusammensetzte. Der Rechtsausschuss des Bundestages änderte diese Regelung insofern ab, als die Wahl eines Doppelnamens als Ehename nicht möglich sein sollte[80]. Der Bundesrat (Fünf-Länder-Antrag) lehnte im Januar 1976 einen Erklärungszwang ab. Trafen die Eheleute keine Bestimmung über den Ehenamen, so sollte dieser der Geburtsname des Mannes sein. Der Vermittlungsausschuss verzichtete auf den Erklärungszwang, nachdem sich der Justizminister *Vogel* nicht gegen diese Regelung ausgesprochen hatte. – Nach Abs. 3 des Regierungsentwurfs sollte ein Ehegatte, dessen Geburtsname nicht Ehename wurde, diesen dem Ehenamen anfügen dürfen. Der Rechtsausschuss des Bundestages änderte dies dahin ab, dass der Geburtsname vorangestellt werden konnte. Hiergegen wandte sich der Bundesrat aus Gründen der Namensklarheit und verlangte insoweit Rückkehr zur Regelung des Regierungsentwurfs. Auch diesem Vorschlag folgte der Vermittlungsausschuss. – Während der insoweit vom Bundestag gebilligte Regierungsentwurf eine Rückwirkung des neuen Namensrechts vorsah, lehnte dies der Vermittlungsausschuss auf Vorschlag der Opposition ab. – Der Name des geschiedenen Ehegatten war zunächst in § 1569 des Entwurfs geregelt. Danach behielt dieser den Ehenamen. Der geschiedene Ehegatte sollte aber auch das Recht haben, seinen Geburtsnamen oder den Namen wieder anzunehmen, den er bei Eingehung der geschiedenen Ehe geführt hatte. Diese Regelung wurde vom Rechtsausschuss des Bundestages unter Erweiterung auf das Namensrecht des verwitweten Ehegatten dem § 1355 hinzugefügt.

3. Haushaltsführung. Getrenntleben. Zu den §§ 1356, 1357, 1360, 1360 a und 1361. Zu § 1356 wurde im UA RA (BT) der Antrag von Thürk, zu sagen: „Die Ehegatten sind einander verpflichtet, die Beschaffung der Mittel für den Familienunterhalt sowie die Haushaltsführung in gegenseitigem Einvernehmen zu regeln.“, abgelehnt. Keine Billigung fand auch der Antrag von Arnold, dem § 1356 Abs. 2 anzufügen: „Die Rücksicht hat sich insbesondere auf Elternrecht und Elternpflicht gegenüber den gemeinsamen Kindern zu erstrecken.“ – Bei § 1357 konnte sich die Opposition nicht durchsetzen mit dem Formulierungsvorschlag:

---

80 Vgl. Ds. des Bundestags VII/3119.

„sachgerechte Sicherung des angemessenen Lebensbedarfs.“ Stattdessen wurde lediglich gesagt: „Geschäfte zur angemessenen Deckung des Lebensbedarfs ...“ (statt: „Geschäfte zur Deckung des angemessenen Lebensbedarfs“). Abgelehnt wurde einstimmig der Vorschlag der Regierung zu § 1360 a Abs. 4, wonach der Prozesskostenvorschuss nicht zu leisten war, wenn sich der Rechtsstreit gegen den anderen Ehegatten richtete. Stattdessen verblieb es bei der bisherigen Fassung. Dem § 1361 Abs. 1 wurde folgender S. 2 angefügt: „Ist zwischen den getrennt lebenden Ehegatten ein Scheidungsverfahren rechtshängig, so gehören zum Unterhalt vom Eintritt der Rechtshängigkeit an auch die Kosten einer angemessenen Versicherung für den Fall des Alters sowie der Berufs- oder Erwerbsunfähigkeit.“

4. Versorgungsausgleich. Die Regelung des Versorgungsausgleichs im 1. EheRG beruht in wesentlichen Teilen auf den Vorschlägen des Ausschusses des Bundestages für Arbeit und Sozialordnung, dessen Stellungnahme Grundlage für die Beratungen im UA RA und im RA war. Ohne dass hier auf weitere Einzelheiten eingegangen werden soll, sollen hier lediglich die im Vermittlungsausschuss behandelten Wünsche der Länder erwähnt werden. Diese bezogen sich auf die Zulässigkeit von Parteivereinbarungen, die nach § 1587 r d. E. „nahezu unbeschränkt“ zulässig sein sollten. Dagegen wollte der Ausschuss für Arbeit und Sozialordnung nur noch beim schuldrechtlichen Versorgungsausgleich und in den Fällen der Begründung von Anwartschaften durch Zahlungen des ausgleichspflichtigen Ehegatten Vereinbarungen zulassen[81]. Der UA RA und der RA erweiterten diese Möglichkeiten, folgten aber im Übrigen dem Arbeitsrechtsausschuss. Würde man den Ehegatten gestatten, weitere abweichende Regelungen zu treffen[82], „so würden in unerwünschter Weise Manipulationsmöglichkeiten zu Lasten der Solidargemeinschaft der in den gesetzlichen Rentenversicherungen Versicherten und der öffentlich-rechtlichen Dienstherren eröffnet“. Demgegenüber sollten nach dem Fünf-Länder-Antrag die Ehegatten im weiteren Umfang über den nach dem Gesetz zustehenden Anspruch auf Versorgungsausgleich verfügen dürfen[83]. Allerdings sollte, soweit möglich, Vorsorge dagegen ge-

81 Vorschläge des Ausschusses für Arbeit und Sozialordnung vom 22.3.1975 zu § 1787 o (S. 10 f., 41 f.).

82 Ds. des BT VII 4361, S. 48.

83 Zum Fünf-Länder-Antrag unten S. 204.

troffen werden, dass die Ehegatten Manipulationen zu Lasten des Trägers der Rentenversicherung oder Versorgungslast vornahmen. Im Einzelnen sollten die Ehegatten schon bei Eingehung der Ehe oder in deren Verlauf die Möglichkeit haben, durch einen Ehevertrag den Versorgungsausgleich auszuschließen. Um zu verhindern, „dass die Möglichkeit, den Versorgungsausgleich in einem Ehevertrag auszuschließen, mit Rücksicht auf eine bevorstehende Scheidung missbraucht wird“, war vorgesehen, dass der Ausschluss des Versorgungsausgleichs durch Ehevertrag unwirksam sein sollte, wenn innerhalb eines Jahres nach Vertragsschluss ein Antrag auf Scheidung der Ehe gestellt wurde. Ferner war es grundsätzlich nicht sinnvoll, „Gegenstände der güterrechtlichen Auseinandersetzung aus der güterrechtlichen Abwicklung herauszunehmen und in den Versorgungsausgleich einzubeziehen“. Über den Versorgungsausgleich sollte im Übrigen nur auf Antrag entschieden werden. Die Vereinbarung sollte allerdings hinsichtlich der Übertragung und Begründung von Rentenanwartschaften keine Gestaltungswirkung haben, sondern eine gerichtliche Entscheidung nach sich ziehen. Wie bereits in der Fassung des Bundestags waren Sicherungen dagegen vorgesehen, dass die Träger der gesetzlichen Rentenversicherung oder der Versorgungslast benachteiligt wurden. Die Vereinbarung war grundsätzlich vom Familiengericht zu genehmigen. Bei der einverständlichen Scheidung sollten die Ehegatten „gehalten“ sein, über den Versorgungsausgleich eine Vereinbarung zu treffen. Schließlich sollten die Billigkeitsklausel der §§ 1587 c und 1587 e erweitert werden.

Im Vermittlungsausschuss kam man zunächst dahin überein, den Ehegatten zu gestatten, „im Zusammenhang mit der Scheidung ihrer Ehe eine Vereinbarung zu schließen“ (§ 1587 o). Teilübertragungen und andere Zwischenformen sollten ausgeschlossen sein, da andernfalls der Träger der Rentenversicherung oder der Träger der Versorgungslast vor manipulativen Inanspruchnahmen nicht genügend geschützt gewesen wäre. Über die Frage, ob der Versorgungsausgleich auch durch Ehevertrag sollte ausgeschlossen werden können, waren die Meinungen zunächst sehr geteilt. Erst in der abschließenden Sitzung des Vermittlungsausschusses am 7.4.1976 gestand die Koalition der Opposition folgende Regelung zu: „In einem Ehevertrag können die Ehegatten durch ausdrückliche Vereinbarung auch den Versorgungsausgleich ausschließen. Der Ausschluss ist unwirksam, wenn innerhalb eines Jahres nach Vertragsschluss Antrag auf Scheidung der Ehe gestellt wird (§ 1408 Abs. 2).“

5. Familiengericht. Nach § 23 a GVG des Regierungsentwurfs sollten die Amtsgerichte „in bürgerlichen Rechtsstreitigkeiten“ auch zuständig sein in Streitigkeiten, die den Versorgungsausgleich betrafen. Nachdem der Ausschuss beschlossen hatte, den Versorgungsausgleich der freiwilligen Gerichtsbarkeit zuzuweisen, wurde dieser aus der Zuständigkeit des § 23 a wieder herausgenommen. Ferner wurde beschlossen, die Streitigkeiten über sonstige vermögensrechtliche Ansprüche der Ehegatten gegeneinander entgegen dem Vorschlag der Regierung nicht in den Zuständigkeitskatalog dieser Vorschrift aufzunehmen.

Im UA RA erhoben die Abgeordneten Thürk und Will-Feld Bedenken gegen die Besetzung des Familiengerichts mit nur einem Richter; auch fragten sie, weshalb eine Beteiligung von Laienrichtern nicht vorgesehen sei. Jedoch stellten die Abgeordneten keine Anträge, nachdem das BMJ und Bürgle (Bayern) die Regelung des Entwurfs verteidigt hatten. Im Rechtsausschuss stellte nach langer Diskussion Thürk am 16.10.1974 den Antrag, das Familiengericht beim Landgericht einzurichten, eventuell den Familienrichter am Amtsgericht im ersten Beförderungsamt einzustufen. Beide Anträge wurden mit den Stimmen der SPD- und der FDP-Mitglieder des Ausschusses abgelehnt.

Die Vorlage von 1972 hatte für das Familiengericht die Besetzung mit „Direktoren“ vorgesehen, die sich damit besser gestanden hätten als die übrigen Richter an den Amtsgerichten. Nachdem der Bundesrat diesen Vorschlag abgelehnt hatte, enthielt die Vorlage von 1973 keine dahingehende Regelung mehr. – Im Januar 1976 stellte Baden-Württemberg vergeblich den Antrag, den Familienrichtern eine ruhegehaltsfähige Zulage von 150 DM zu geben. In der Begründung führte Baden-Württemberg u.a. aus: „Die Zusammenfassung der Ehesachen und der Folgesachen beim Amtsgericht lässt sich deshalb nur rechtfertigen, wenn als Familienrichter besonders lebenserfahrene und besonders qualifizierte Richter tätig werden. Dieses Ziel kann nicht dadurch erreicht werden, dass es der Geschäftsverteilung allein überlassen bleibt, welchem von allen Richtern auf Lebenszeit am Amtsgericht die Aufgaben des Familienrichters übertragen wird. Es kann hierbei nicht übersehen werden, dass die derzeitige Besetzung der einzelnen Richterämter bei den verschiedenen Arten der Gerichte keine Gewähr dafür bietet, dass an den einzelnen Amtsgerichten stets die besonderen Anforderungen an den Familienrichter erfüllt werden können (Wegbeförderung der lebenserfahrenen und besonders qualifizierten Richter). Bei der Regelung des Entwurfs besteht die Gefahr, dass das Amt des Familienrichters zu einem Durchlaufamt wird, ein Ergebnis, das niemand wünschen kann. Es ist daher mit allen Reformvorschlägen, die sich bisher für die Bildung von Familiengerichten bei den Amtsgerichten eingesetzt haben, an der Heraushebung des Familienrichters beim Amtsgericht festzuhalten. Nur eine solche Regelung stellt sicher, dass alle Familiengerichte mit lebenserfahrenen und besonders qualifizierten Richtern besetzt werden können."

6. Verfahrensrechtliche Bestimmungen der ZPO. § 614 ZPO Abs. 2 des Entwurfs von 1973 sah vor, dass das Familiengericht das Scheidungsverfahren maximal für die Dauer von sechs Monaten sollte aussetzen können, wenn nach seiner freien Überzeugung „Aussicht auf Fortsetzung der Ehe" bestand. Demgegenüber verlangte der Bundesrat auf Antrag Bayerns gegen die Stimmen von Berlin, Bremen, Hamburg, Hessen und Niedersachsen die Ausdehnung der Dauer auf ein Jahr. – Der UA RA (BT) beschloss auf Antrag von Thürk, dass die Anordnung „im Ganzen" die Dauer von sechs Monaten nicht überschreiten sollte, dass jedoch das Verfahren in besonderen Fällen bis zu einem Jahr sollte ausgesetzt werden können (vier Stimmen gegen zwei Enthaltungen). Einstimmig wurde auf Antrag von Emmerlich zusätzlich beschlossen, dass bei einer mehr als dreijährigen Trennung das Verfahren gegen den Widerspruch eines Ehegatten nicht ausgesetzt werden durfte.

Im RA stellte Emmerlich für die SPD den Antrag, Abs. 2 S. 1 sowie Abs. 4 S. 1 u. 2 dahin zu ändern: „(2) Das Verfahren auf Scheidung soll das Gericht von Amts wegen aussetzen, wenn es nach den Umständen des Falles angezeigt erscheint. – (4) Die Aussetzung darf nur einmal wiederholt werden. Sie darf im Ganzen die Dauer von einem Jahr nicht überschreiten." Dieser Antrag stieß bei der CDU/CSU auf Ablehnung, da ihrer Meinung nach mit dem Wegfall der Worte: „Aussicht auf Fortsetzung der Ehe" dem Gericht die Möglichkeit gegeben wurde, auch andere Gründe zu berücksichtigen, die für eine Aussetzung sprächen. Es könnten sowohl positive als auch negative Gründe zur Aussetzung führen. Nachdem Engelhard (FDP) erklärt hatte, dass das bisher vorgesehene Motiv für die Aussetzung (Aussicht auf Fortsetzung der Ehe) nicht ausreiche, diesen Schutzgedanken zu tragen, war der Weg frei für einen Kompromiss. Nach einer kurzen Unterbrechung der Sitzung wurde folgender interfraktioneller Vorschlag vorgelegt: „Das Verfahren auf Scheidung soll das Gericht von Amts wegen aussetzen, wenn Aussicht auf Fortsetzung der Ehe besteht oder die Aussetzung aus anderen Gründen billig erscheint". Bei zwei Enthaltungen beschloss der Ausschuss folgenden Wortlaut des Abs. 2 S. 1: „Das Verfahren auf Scheidung soll das Gericht von Amts wegen aussetzen, wenn nach seiner freien Überzeugung Aussicht auf Fortsetzung der Ehe besteht oder die Aussetzung aus anderen Gründen billig erscheint." Zu Abs. 4 wurde einstimmig beschlossen: „Die Aussetzung darf nur einmal wiederholt werden und im Ganzen die Dauer von einem Jahr nicht überschreiten. Über den Ablauf einer dreijährigen Trennung der Ehegatten darf die Aussetzung nur hinausgehen, wenn keiner der Ehegatten widerspricht." – Die endgültige Fassung des Abs. 4 lautet: „Die Aussetzung darf nur einmal wiederholt werden. Sie darf insgesamt die Dauer von einem Jahr, bei einer mehr als dreijährigen Trennung die Dauer von sechs Monaten nicht überschreiten."

Als *neue Bestimmung (§ 621 d/1 ZPO)* schlug Emmerlich im UA RA (BT) vor: „Gegen die in der Berufungsinstanz erlassenen Endurteile über Familiensachen des § 621 Abs. 1 Nr. 4 bis 6, 8 findet die Revision nur statt, wenn das Oberlandesgericht sie in dem Urteil zugelassen hat oder insoweit es sich um die Unzulässigkeit der Berufung handelt." Mit diesem Beschluss war die Revision gegen Urteile in vermögensrechtlichen Folgesachen möglich, allerdings nur, wenn über diese im Verbund entschieden wurde. Im RA wurde die beschlossene Regelung an das neue Revisionsrecht angepasst: „Gegen die in der Berufungsinstanz erlassenen Endurteile über Vermögenssachen des § 621 Abs. 1 Nr. 4, 5, 8 findet die Revision nur statt, wenn das Oberlandesgericht sie in dem Urteil zugelassen hat; § 546 Abs. 1 S. 2, 3 gilt entsprechend. – Die Revision findet ferner statt, soweit das Berufungsgericht die Berufung als unzulässig verworfen hat." Der zweite Halbsatz des Abs. 1 und Abs. 2 wurde nur bei Stimmenthaltung der Opposition angenommen. Diese wollte die Regelung des Abs. 1 S. 2 nicht gelten lassen, wenn eine isolierte Entscheidung über eine Familiensache erging.

Der *Wegfall der weiteren Beschwerde im Verfahren,* die eine Regelung des *persönlichen Verkehrs* des nicht sorgeberechtigten Elternteils mit dem Kind zum Gegenstand hatte (§ 63 a FGG), war auf Kritik gestoßen. Der Bundesrat schlug auf Antrag Bayerns (im Ausschuss zunächst abgelehnt, im Plenum angenommen) vor, entweder die Grundsatzbeschwerde vorzusehen bzw. die Beschwerde in den genannten Fällen zuzulassen. Für den nicht sorgeberechtigten Elternteil sei das Recht des persönlichen Verkehrs von „außerordentlicher Bedeutung, vor allem dann, wenn es um den völligen Ausschluss des Rechts geht; hier wird sogar ein Grundrecht dieses Elternteils berührt". Die Entscheidung habe für die Beteiligten vielfach weit größeres Gewicht als andere Entscheidungen des Vormundschaftsgerichts, in denen auch weiterhin ohne Einschränkung die weitere Beschwerde zugelassen sei. Bereits der UA RA (BT) folgte der Anregung des Bundesrats und beschloss außerdem, die neue Regelung dem § 621 d/1 (ZPO) anzupassen.

Nach dem Regierungsentwurf 1973 sollte über den *Unterhalt eines gemeinschaftlichen Kindes* im Scheidungsverfahren nicht von Amts wegen entschieden werden. Demgegenüber schlug der Bundesrat auf Antrag Bayerns vor, in einem neuen § 1568 a Folgendes vorzusehen: „Die Scheidung der Ehe darf erst ausgesprochen werden, wenn gleichzeitig eine Regelung über die Zuordnung der Kinder, den persönlichen Verkehr mit den Kindern und den Unterhalt der Kinder getroffen wird (so auch schon der 1971 vom Bundesrat angenommene württembergische Antrag). Zur verfahrensrechtlichen Ausgestaltung dieser Regelung beantragte Württemberg im RA UA, Abs. 3 des § 623 ZPO zu fassen: „Für die Regelung der elterlichen Gewalt über ein gemeinschaftliches Kind und für die Regelung des persönlichen Verkehrs des nicht sorgeberechtigten Elternteils mit dem Kinde bedarf es keines Antrags ..."; ein Vorschlag, dem auch der Rechtsausschuss und das Plenum folgten. Die Bundesregierung lehnte die Empfehlungen sowohl zum materiellen als auch zum Prozessrecht ab. – Der UA des RA (BT) lehnte den Vorschlag des Bundesrats zu § 1568 a mit drei gegen vier Stimmen ab mit der Begründung, eine solche verfahrensrechtliche Bestimmung gehöre nicht in das BGB. Die verfahrensrechtliche Empfehlung des Bundesrats zu den §§ 622, 623 Abs. 2 fand im UA RA ebenfalls keine Mehrheit (zwei gegen drei Stimmen). Allerdings wurde im § 623 Abs. 3 a.E. klargestellt, dass der Familienrichter im geeigneten Falle auch von Amts wegen eine Regelung des persönlichen Verkehrs mit dem Kind sollte treffen können. Die Anträge der Opposition, das Verfahren über den Unterhalt und über den persönlichen Verkehr von Amts wegen einzuleiten, waren damit abgelehnt.

Nach *§ 625 des Entwurfs* von 1973 hatte das Gericht dem Antragsgegner einer Scheidungssache einen *Rechtsanwalt beizuordnen*, „wenn diese Maßnahme nach der freien Überzeugung des Gerichts zum Schutz des Antragsgegners unabweisbar erscheint". Gegen diese Regelung wandte sich Schleswig-Holstein im UA RA des Bundesrats mit der Begründung, dieser Vorschlag sei weder sachdienlich noch notwendig: „Der erstrebte Schutz des Antragsgegners wird nicht erreicht, weil ein

Rechtsanwalt, der gegen den Willen des Ehegatten diesem beigeordnet wird, weder das Vertrauen noch die zur sachgemäßen Beratung nötige Information von dem Ehegatten erhält. Auch ist er nur zum Beistand (§ 90 ZPO) und nicht zum Prozessbevollmächtigten berufen." Dieser Vorschlag fand im UA R und im RA Zustimmung, nicht jedoch im Plenum des Bundesrats. In den Ausschüssen des Bundestags wurde der Antrag von der Opposition nicht weiter verfolgt. Auch im zweiten Durchgang des Gesetzes im Bundesrat und im Vermittlungsausschuss tauchte dieser Antrag nicht mehr auf.

Nach *§ 627 a* sollte das Gericht dem Scheidungsantrag vor der Entscheidung über eine Folgesache stattgeben können, soweit über diese vor der Auflösung der Ehe eine Entscheidung nicht möglich war oder „die gleichzeitige Entscheidung den Scheidungsausspruch so außergewöhnlich verzögern würde, dass der Aufschub auch unter Berücksichtigung der Bedeutung der Folgesache als unangemessen anzusehen wäre." Der Bundesrat verschärfte den zweiten Fall auf Antrag Bayerns dahin, dass „die gleichzeitige Entscheidung den Scheidungsausspruch außergewöhnlich verzögern würde und aufgrund besonderer Umstände der Aufschub der Scheidung auch unter Berücksichtigung der Bedeutung der Folgesache sowie der Belange des anderen Ehegatten und der Kinder eine unzumutbare Härte darstellen würde". Im UA RA (BT) wurde die Bundesratsfassung als zu eng angesehen und mit drei gegen vier Stimmen abgelehnt. Dagegen fand Annahme der aus den Empfehlungen des Bundesrats entnommene Antrag von Thürk, anstelle von „als unangemessen anzusehen wäre" zu sagen „eine unzumutbare Härte darstellen würde", ein Beschluss, dem auch der Rechtsausschuss und das Plenum des Bundestags folgte.

X. Zusammenfassender Ausblick

In der letzten Phase des 1. EheRG-Entwurfs erschienen nur noch wenige Kritiken. Lediglich *Helmut Leonhardy* (Vorsitzender Richter am OLG Saarbrücken)[84] brachte in der Deutschen Richterzeitung im Februar 1976 eine detaillierte Analyse der von der CDU/CSU-Fraktion im Bundestag gestellten, von ihm teilweise befürworteten Anträge, die mit geringen

84 *Leonhardy*, DRiZ 1976, S. 37 ff.

Abweichungen im April 1976 Gegenstand der Beratungen des Vermittlungsausschusses waren. Wenn auch die Beschlüsse dieses Ausschusses, an deren Zustandekommen der Justizminister Vogel einen nicht geringen Anteil gehabt haben dürfte[85], nicht überall Zustimmung fanden, so bestand doch[86] allgemein Erleichterung darüber, dass das „langjährige Ringen“ um die Eherechtsreform einen positiven Abschluss gefunden hatte. Insgesamt konnte Bayern mit dem Kompromiss zufrieden sein, den Hillermeier in der FamRZ detailliert erläuterte mit dem Schlusssatz: „Fest steht allerdings das eine, dass Wissenschaft und Rechtsprechung durch das neue Gesetz vor ganz außerordentliche Schwierigkeiten gestellt werden; sie zu bewältigen wird viel Mühe und Zeit kosten“.

Erst Ende der 70er/Anfang der 80er Jahre vor allem im Zusammenhang mit den Entscheidungen des Bundesverfassungsgerichts[87] vom 21.10.1980 zu § 1568 Abs. 2 und vom 14.7.1981 zu § 1579 Abs. 2 setzte sich die Literatur mit dem neuen Ehescheidungsrecht, insbesondere mit dem nachehelichen Unterhaltsrecht detaillierter auseinander. Eine abgewogene Kritik zum Recht des Geschiedenenunterhalts brachte vor allem *Dieter Schwab* in einem Vortrag vor der Juristischen Studiengesellschaft in Karlsruhe am 31.1.1983. Schwab wies auf den Kompromisscharakter der Unterhaltsrechtsjudikatur hin[88], eine Folge des „ambivalenten Charakters der Unterhaltstatbestände“. Eine detaillierte Kritik des Unterhaltsrechts kam von *Willutzki* in seinem Referat auf dem Deutschen Familiengerichtstag 1983, auf dem er folgende Änderungen anregte:[89] zeitliche Begrenzung des Unterhaltsanspruchs wegen Erwerbslosigkeit (§ 1573 Abs. 2), geringere Bewertung der ehelichen Lebensverhältnisse (§§ 1574, 1578), Auflockerung der starren Grenzen bei Unterhaltsansprüchen wegen Alters und Krankheit, differenziertere Regelung des Aufstockungsunterhalts sowie Ausdehnung des Begriffs der „Ehe von kurzer Dauer“.

---

85 Vgl. *Vogel,* FamRZ 1976, S. 481 ff.

86 *Hillermeier,* FamRZ 1976, S. 577; das folgende Zitat S. 581.

87 BVerfGE 55, 134 und E 57, 361.

88 *D. Schwab,* Tendenzen im Recht des Geschiedenenunterhalts, Heidelberg 1983, S. 14; vgl. auch *Müller-Freienfels,* FS Beitzke, 1979, S. 311 ff.; *Hienstorfer,* NJW 1983, S. 204 ff.; *Willutzki,* ZfJ 1984, S. 1 ff.; *Dieckmann,* NJW 1984, S. 964 ff.

89 *Willutzki,* in: Fünfter Deutscher Familiengerichtstag 1983, Bielefeld 1984, S. 15 ff., 29.

Die Reformdiskussion führte 1986 zum Unterhaltsrechtsgesetz[90], das den Abs. 2 des § 1568 aufhob, in den §§ 1573 Abs. 5 und 1578 Abs. 1 eine zeitliche Begrenzung zuließ sowie Abs. 2 des § 1579 beseitigte und die Versagung des Unterhalts gegenüber der Fassung von 1976 in weiteren Härtefällen zuließ[91]. Seit dem 7.4.2006 liegt dem Bundesrat ein Regierungsentwurf zu einem Gesetz zur Änderung des Unterhaltsrechts vor[92], der in § 1569 den *„Grundsatz der Eigenverantwortung"*, wie dies bereits § 8 Abs. 1 des Diskussionsentwurfs getan hatte, stärker herausstellt: „Nach der Scheidung obliegt es jedem Ehegatten, selbst für seinen Unterhalt zu sorgen ...". § 1578 b des Entwurfs enthält eine Generalklausel zur Herabsetzung oder zeitlichen Beschränkung des Unterhaltsanspruchs wegen Unbilligkeit. Nach dem Vorschlag zu § 1578 soll der Unterhalt versagt oder beschränkt werden können, wenn der Berechtigte in einer verfestigten Lebensgemeinschaft lebt, ein Vorschlag, wie ihn ähnlich Hamburg bereits 1971 im Bundesrat unterbreitet hatte. Im Übrigen soll § 1582 aufgehoben werden und hinsichtlich der Rangfolge von Unterhaltsberechtigten nach dem neu gefassten § 1609 richten, wonach die Unterhaltsansprüche der minderjährigen Kinder absoluten Vorrang haben sollen[93].

XI. Kurzbiographien und Übersicht über die Landesregierungen

1. Mitglieder und Mitarbeiter der Evangelischen Familienrechtskommission der EKD

Beitzke, Günther (geb. 24.4.1909 in Freiburg i.Br. als Sohn eines Prof. der Medizin [Pathologie]; gest. 16.6.2004 in Bornheim bei Bonn). B. verbrachte die Jahre von 1911-1919 in Lausanne, von 1919-1922 in Düsseldorf und von 1923 an in Graz (hier 1927 Matura). Studium der Rechtswissenschaften in Berlin, München und Kiel (hier erstes Staatsexamen; 1933 Promotion bei Walther Schücking). 1935 Assessorexamen,

90 Unten S. 263 f. wiedergegeben.

91 Zur weiteren Diskussion über das Unterhaltsrecht u.a. *Renate Schuchmann,* Das nacheheliche Unterhaltsrecht in einem Scheidungsrecht ohne Verschulden, Frankfurt a.M. 1987; *Knöpfel,* AcP (1991), S. 107 ff.; *Diederichsen,* NJW 1993, S. 2265.

92 Ds. des Bundesrats 253/06.

93 Zum Entwurf *J. Krippenberg,* JZ 2006, S. 439 ff.

anschließend Richter im preuß. Justizdienst in Schleswig-Holstein. 1936/37 Assistent an der Universität Gießen. 1937 Habilitation unter Rolf Dietz. 1939 Extra Ordinarius in Jena, 1943-1959 ord. Prof. in Göttingen. 1941-1945 Kriegsdienst (1945 englische Kriegsgefangenschaft). 1959 Prof. in Bonn und Direktor des neu eingerichteten „Instituts für Internationales Privatrecht und Rechtsvergleichung". Mitglied einer Sachverständigenkommission des Internationalen Arbeitsamtes in Genf; seit 1952 Mitglied, seit 1956 Kommissionsvorsitzender im Deutschen Rat für Internationales Privatrecht. 1956-1966 Vorstand des „Deutschen Instituts für Vormundschaftswesen e.V." in Heidelberg. 1956 Mitglied des Deutschen Zweigs des Internationalen Sozialdienstes. Regierungsvertreter an den Haager Konferenzen für Internationales Privatrecht 1966, 1968 und 1976. Seit 1954 Mitglied der Familienrechtskommission der Evangelischen Kirche Deutschlands. 1968-1972 Mitglied der Eherechtskommission des BMJ. – *Quellen*: Biographie in der Festschrift von 1979 von O. *Sandrock;* hier auch Schriftenverzeichnis; FamRZ 2004, S. 1258 f. (*H.F. Gaul*).

Dieckmann, Albrecht (geb. 18.5.1926 in Liegnitz). 1965 Privatdozent in Frankfurt a.M., 1966 ord. Prof. in Gießen; 1971 in Freiburg (für bürgerliches Recht, Zivilprozessrecht und IPR). – *Quellen:* Gelehrtenkalender.

Dombois, Hans (geb. 15.10.1907; gest. 24.6.1997). Sohn eines Senatspräsidenten am Berliner OVG (die franz.-reformierte Familie stammt aus Nassau). 1933 Gerichtsassessor, 1937 Staatsanwalt in Potsdam. 1950 Promotion bei R. Smend (Göttingen). 1952 Eintritt in den Dienst der EKD (zunächst in Hemer; später in Heidelberg: Forschungsstätte der ev. angl. Studiengemeinschaft in Heidelberg). Vorsitzender der Strafrechtskommission der EKD von 1955-1969. – *Werke:* Schriftenverzeichnis in: ZevKR 32 (1987), S. 556 ff. (S. Riese); Festhefte dieser Zeitschrift 1978 u. 1987. Sein kirchenrechtliches Hauptwerk ist: Das Recht der Gnade. Ökumenisches Kirchenrecht (1961; Bd. 2: 1974, Bd. 3: 1983). Seine familienrechtlichen Schriften sind enthalten in: Kirche und Eherecht. Studien und Abhandlungen 1953-1972, Stuttgart 1974 – *Quellen:* P. *Landau,* ZevKR 42 (1997), S. 273 ff.; *ders.,* Lexikon für Kirchenrecht und Staatskirchenrecht, Paderborn 2000, S. 468 f.

Goebel, Hermann Eberhard (geb. 13.2.1920 in Wuppertal; gest. 18.1.1995 in Salzhemmendorf). Ordiniert am im Krieg in Hildesheim (hier zunächst Pastor; anschließend in Wehrstedt). 1955 Kirchenrat in

Hannover (1958 Oberkirchenrat). 1969-1983 Vorsteher des Annastiftes e.V. in Hannover. – *Quellen:* Auskunft der Ev.-luth. Landeskirche Hannover, Archiv.

Greeven, Heinrich (geb. 4.10.1906 in Thorn; gest. 4.7.1990). Verlebte die Jugendzeit bei Bad Kreuznach (hier 1926 Abitur). Studium der Theologie in Tübingen und Greifswald. 1. Theol. Prüfung 1929 (2. Prüfung 1936). 1930 Promotion, 1930 Habilitation mit der Schrift: „Das Hauptproblem der Sozialethik in der neueren Stoa und im Urchristentum", 1935. Das Hauptproblem bestand für Greeven in der Überwindung der sozialen Unterschiede. 1936 Dozent in Heidelberg; hier 1948 a.o. Prof.; 1950 Dozent an der kirchl. Hochschule in Bethel (1954 Prof.). 1956 ord. Prof. in Kiel, 1964 in Bochum (für Neues Testament). Vorsitzender der Ev. FRK von 1968-1970. – *Schriftenverzeichnis* in: Studien zum Text und zur Ethik des Neuen Testaments, FS zum 80. Geburtstag, hrsg. von W. *Schrage,* 1986 (Beiheft zur Zeitschrift für die neutestamentliche Wissenschaft, 47), S. 450 ff.; W. *Schrage,* in: D. Heinrich Greeven. D.D. 1906-1990. Akademische Gedenkfeier 7.11.1991, Bochum 1991, S. 9 ff.

Heyl zu Herrnsheim, von, Cornelius Adalbert (geb. 7.4.1933 in Worms). Abitur an der Odenwaldschule in Heppenheim. Studium der Rechtswissenschaften in Innsbruck, Freiburg i.Br., Marburg. Erste jur. Staatsprüfung 1956, zweite Staatsprüfung 1960. 1961-1970 Oberkirchenrat bei der Kanzlei der EKD. 1970-1976 Rechtsanwalt in Bonn. 1967-1973 Präsident der Ev. Aktionsgemeinschaft für Familienfragen; 1973-1985 Präses der Synode der Ev. Kirche in Deutschland. 1976 Ministerialrat im Sozialministerium Rheinland-Pfalz. – *Quellen:* Wer ist wer?

Jaedicke, Hans-Georg (geb. 2.9.1911 als Sohn eines Studienrates; gest. 13.2.2000 in Hahnenklee-Boxwiese). Abitur am Reform-Realgymnasium in Berlin-Wilmersdorf. 1930-1936 Studium der Medizin in Berlin. Promotion unter H. Zeiß (Hygienisches Institut) über das Thema: „Zur biologischen Gestaltung der Freizeit. Untersuchungen über die Wirkung verschiedener Feriengestaltung großstädtischer Schüler" (1937). Nach dem Krieg ab 1949 Leiter des von ihm psychotherapeutisch ausgerichteten Dr.-Schüssler-Sanatoriums in Hahnenklee-Bockswiese. Vorlesungen in Clausthal-Zellerfeld. Honorarprof. in Göttingen. In der evang. Kirche familienpolitisch engagiert. Umfangreiche Berater- und Vortragstätigkeit. – *Werke:* Zahlreiche Bearbeitungen von Dr. Schüsslers Biochemie, Bad Vilbel (ab 1950). – *Quellen:* Auskunft des Sohnes Prof. Dr. Wolf Jaedicke (Bochum).

Katzenstein, Dietrich Edgar (geb. 19.3.1923 in Hamburg). Studium der Rechtswissenschaften und der Theologie in Hamburg, Freiburg und Mainz. 1951 Gerichtsassessor, 1953 LG-Rat in Hamburg; 1962-1968 Richter am Verfassungsgerichtshof Hamburg. 1965-1975 Präsident des Landeskirchenamts Hamburg. 1984 Präsident des Verfassungsgerichts der VELDK, 1896 Honorarprof. der Universität Tübingen. 1987 Präsident der Seemannsmission. – *Werke:* Die föderale Struktur der Bundesrepublik Österreich, 1957; Die föderale Struktur der Schweiz, 1959. – *Quellen:* Wer ist wer?

Krapp, Helene-Marie (geb. 29.9.1920 in Göttingen als Tochter eines kgl.-preuß. Majors a.D.; gest. 4.2.1994 ebd.). 1939 Abitur in Göttingen. Studium der Fächer Geschichte, Englisch und Leibesübungen in Heidelberg und Göttingen (WS 1944/45 erstes Staatsexamen); hier 1945 Promotion unter Siegfried A. Kaehler (H.-M. *Conradi,* Die weltanschaulichen Grundlagen der politischen Gedanken der Königin und Kaiserin Augusta, Diss. phil. masch.). Anschließend Dolmetscherin beim Bürgermeister in Peine. Verheiratet mit Dr. Rolf Krapp (Studentenpfarrer in Köln; anschließend Studienleiter in den Ev. Akademien Bad Boll und Bad Segeberg; zuletzt Oberkirchenrat in Hannover bei der EKD). Zahlreiche Aktivitäten in der Ev. Frauenarbeit und in der Ev. Akademikerschaft. 1971-1984 im höheren Schuldienst von Niedersachsen. – *Quellen:* Auskünfte von Frau Dr. Christiane Krapp, Hannover, für die Verf. bestens dankt; Lebenslauf in der Diss.

Lohff, Wenzel (geb. 5.11.1925 in Bad Oeynhausen). Dr. phil. 1950, Dr. theol. 1954 in Erlangen; hier 1958 Habilitation. 1952 Religionslehrer, 1955 Assistent, 1958 Privatdozent a.d. Univ. Erlangen (Systemat. Theologie), 1959 a.o. Prof. Päd. Hochschule München, 1963 ord. Prof. in Hamburg, 1972 in Göttingen; 1973 Vorsitzender der Wiss. Gesellschaft für Theologie. 1976 Hauptpastor in Hamburg. 1980 Seminardirektor in Pullach. – *Werke:* Nachgewiesen bei W.L., Fundus des Glaubens, Zugänge zur Begründung elementaren Glaubenswissens, Göttingen 1986. – *Quellen:* Wer ist wer?; Gelehrtenkalender.

Mauz, Friedrich (geb. 1.5.1900 in Esslingen/Württemberg als Sohn eines praktischen Arztes; gest. 7.7.1979 in Münster/Westf.). 1922-1926 Assistent bei Robert Gaupp in Tübingen; 1926 Oberarzt von Ernst Kretschmer in Marburg; 1928 Habilitation („Die Prognostik der endogenen Psychosen"). 1938 ord. Prof. und Direktor der Psychiatrisch-Neurologischen Universitätsklinik in Königsberg; 1947 Direktor des

Krankenhauses Ochsenzoll in Hamburg. 1953-1968 ord. Prof. und Direktor der Psychiatrischen und Nervenklinik der Univ. Münster/Westf., 1958 Präsident der Deutschen Gesellschaft für Psychiatrie und Nervenheilkunde und zugleich Präsident der Allgemeinen Ärztlichen Gesellschaft für Psychiatrie. – Quellen: G. W. Schimmelpenning in der akademischen Trauerfeier am 17.5.1980 in Münster (als Broschüre hrsg.); R. Tölle, Nervenarzt, Bd. 51 (1980), S. 503 f.; Fr. Mauz, Psychiatrische Schriften, hrsg. von R. Tölle, 1985, S. 323 (mit Schriftenverzeichnis).

Müller-Freienfels, Wolfram (geb. 3.6.1916 in Konstanz). Studium der Rechts- und Wirtschaftswissenschaften in Berlin, Bonn, München, Marburg und Königsberg (hier 1941 Promotion zum Dr. rer. pol.); Promotion zum Dr. jur. 1939 in Marburg. 1943 Habilitation unter Gerhard Schiedermair in Königsberg mit der Arbeit: „Die Vertretung beim Rechtsgeschäft". 1943 ao. Prof. in Giessen, 1947 ord. Prof. in Marburg, 1955 in Frankfurt (Leitung des Instituts für vergleichendes Privat- und Prozeßrecht). 1963-1984 Ordinarius in Freiburg; hier Direktor des Instituts für ausländisches und internationales Privatrecht. Er gehörte sowohl der englischen und schottischen Law Commission als auch der 1964 vom Erzbischof von Canterbury berufenen Kommission zur Überprüfung des englischen Scheidungsrechts an. 30 Jahre lang Mitglied der Familienrechtskommission der Evang. Kirche; Mitglied der Eherechtskommission beim BMJ von 1968-1972; Referat auf dem 48. DJT von 1970 über die Neugestaltung der Ehescheidung. – *Quellen*: R. *Frank,* JZ 1991, S. 614; Schriftenverzeichnis in der Festschrift von 1986.

Ranke, Hansjürg (Hans-Georg) (geb. 9.6.1904 in Arosa/Schweiz; gest. 3.2.1987 in Berlin). 1930 jur. Hilfsreferent im Landeskirchenamt München, 1932 beim Kirchenbundesamt Berlin, 1933 Konsistorialassessor bei der Kirchenkanzlei der DEK; 1935-1937 persönl. Referent des Vorsitzenden des Reichskirchenausschusses. 1936 Konsistorialrat. 1938 Oberkirchenrat. Kriegsdienst und Kriegsgefangenschaft (hier der Dozent für Kirchenrecht und Geschäftsführer der theol. Schule in Northon Camp/Großbritannien). 1946 Oberkonsistorialrat bei der Kirchenkanzlei der EKD in Schwäbisch Gmünd. 1950 bei der Außenstelle der Kirchenkanzlei in Bonn. 1955 Sozialreferent der Kirchenkanzlei. 1960-1971 Konsistorialpräsident Berlin-Brandenburg. – *Quellen:* Carsten *Nicolaisen,* Die Protokolle des Rates der EKD, Bd. 2, 1995, S. 925.

Rengstorf, Karl Heinrich (geb. 1.10.1903 in Jembke bei Gifhorn; gest. 24.3.1992). Studium der Theologie in Tübingen, Göttingen und Greifswald (hier Promotion 1927). Nach dem 2. theologischen Examen Hilfspfarrer in Wittingen. 1930 Habilitation in Tübingen (unter dem Neutestamentler Gerhard Kittel). 1936 lernte er Otto von Harling (Prof. in Leipzig und Direktor des Institutum Judaicum Delitzschianum; letzteres begründet 1886 von Franz Delitzsch [1813-1890]) kennen. Wegen seines Engagements für das Judentum wurde 1936 seine Berufung zum Prof. für Neues Testament nach Kiel rückgängig gemacht; 1936-1948 Konventual-Studiendirektor am Predigerseminar im Kloster Loccum. 1945 Wiederbegründung des Ev.-luth. Zentralvereins für die Mission unter Israel (1985 Namensänderung: Ev.-luth. Zentralverein für Zeugnis und Dienst unter Juden und Christen e.V.). Rengstorf war von 1956 bis 1971 Vorsitzender dieses Vereins. 1948 ord. Prof. in Münster (für Neues Testament; hier Wiederbegründung des Delitzschianum). Regelmäßige rabbinische Übungen. 1946 wurde Rengstorf auch Vorsitzender des Deutschen Evangelischen Ausschusses für Dienst an Israel. – *Werke:* Apostolat und Predigtamt, 1934; Das Evangelium des Lukas (Kommentar), 1937; Herausgabe und Kommentierung klassischer jüdischer Literatur; umfassende Josephuskonkordanz (ab 1968); Bibliographie in der Reihe Theokrathia, 1973. – *Quellen:* W. *Monselewski,* in: A. Baumann, Auf dem Wege zum christlich-jüdischen Gespräch. 125 Jahre Evangelisch-lutherischer Zentralverein für Zeugnis und Dienst unter Juden und Christen, 1998, S. 120 ff.

Scharfenberg, Joachim (geb. 10.5.1927 in Erfurt; gest. 11.3.1996 in Neukönigsförde). Studium der Theologie und Psychologie an den Universitäten Jena, Halle, Tübingen, Kiel und Cambridge (USA). Theologische und psychotherapeutische Examina 1951, 1953. Promotion in Kiel 1954; Habilitation 1968 in Tübingen. 1957-1962 psychoanalytische Ausbildung beim Berliner Psychoanalytischen Institut. Gemeindepfarrer und Krankenhausseelsorger; Leiter der Ev. Beratungsstelle der Telefonseelsorge in Berlin; anschließend Leiter der Eheberatung in Stuttgart. 1971 ord. Prof. für praktische Theologie in Kiel; praktizierender Psychoanalytiker. – *Werke:* Johann Christoph Blumhardts Bedeutung für die Seelsorge, 1955; Siegmund Freud und seine Religionskritik als Herausforderung für den christlichen Glauben, 1968; Seelsorge als Gespräch. Zur Theorie und Praxis des seelsorgerlichen Gesprächs, 2. Aufl. 1974; Religion zwischen Wahn und Wirklichkeit, 1971; Mit Symbolen leben, 1975 (mit M. Kaempfer); Einführung in die Pastoralpsychologie, 1985. – *Quellen:*

Wer ist wer?; W. *Wahl,* in: Wege zum Menschen, Bd. 49 (1997), S. 439 ff.

Wilkens, Erwin (geb. 11.7.1914 in Lingen/Ems; gest. 28.1.2000). Studium der Theologie in Münster, Tübingen und Göttingen. Das Ende des 2. Weltkrieges erlebte er als Offizier im Generalstab des Heeres. Im Rückblick schrieb er: „Mit der Deutung der nationalsozialistischen Ära werden wir Älteren nie fertig werden. Immer wieder neu steht man ratlos vor diesen Absurditäten und Abgründen." Von 1945-1951 im Pfarramt. 1951-1964 im Dienst der Vereinigten Evangelisch-Lutherischen Kirche Deutschlands; 1964 Mitarbeiter der Kirchenkanzlei der EKD, 1974 deren Vizepräsident. Wilkens ging es besonders um die öffentliche Verantwortung der evangelischen Kirche, also des kirchlichen Dienstes in Politik, Staat und Gesellschaft: „Es ist und bleibt ein Erbe der Bekennenden Kirche, dass die evang. Kirche mit der Tradition einer unkritischen Staatskirche gebrochen hat. Nur aus einer Position der Unabhängigkeit heraus konnte sie ihren politischen Dienst durch Verkündigung von Gottes Gebot und Gerechtigkeit gegenüber den Regierenden und Regierten kritisch wahrnehmen." Sein Name ist verbunden mit der sog. Ostdenkschrift von 1965: „Die Lage der Vertriebenen und das Verhältnis des deutschen Volkes zu seinen östlichen Nachbarn." – *Quellen:* Pressemitteilung der EKD vom 29.1.2000; Biographie: Bekenntnis und Ordnung. Hannover 1993 (hier Schriftenverzeichnis, Auswahl).

Wüstenberg, Kurt (geb. 5.12.1906 in Grimmau; gest. 4.5.1997). Gerichtsassessor 1934; 1937 AG-Rat in München; nach dem Krieg OLG-Rat in Bamberg. 3.11.1952 bis Ende 1974 Richter am BGH. – *Quellen:* Kommentierung des Ehegesetzes im RGRK in der 10. u. 11. Aufl.; 50 Jahre BGH, 2000, S. 805.

2. Mitglieder und Mitarbeiter der Eherechtskommission des BMJ

Beitzke, Günther (vgl. unter Familienrechtskommission der EKD).

Bosch, Friedrich Wilhelm (geb. 2.12.1911 in Köln; gest. 20.3.2000). 1930-1933 Studium der Rechtswissenschaft an den Universitäten Genf, Freiburg i.Br., Bonn und Köln; Staatsexamina 1933 und 1937. 1935 Promotion zur Dr. iur. in Bonn. 1937-1940 Richter am AG und LG Bonn; später LG-Rat. 1943 Habilitation a.d. Universität Straßburg bei H. Dölle. 1945/46 Umhabilitation nach Bonn. 1950-1964 ord. Prof. in Bonn,

1964-1967 in Bochum, anschließend erneut bis 1980 in Bonn. 1954 Gründung der FamRZ (Schriftleitung bis 1976); 1979 Gründung der Wissenschaftlichen Vereinigung für Familienrecht e.V. (bis 1987 erster Vorsitzender; anschließend Ehrenmitglied des Vereins). – *Quellen*: D. *Schwab,* FamRZ 2000, S. 581 f.; Herwig *Schäfer,* Jur. Lehre und Forschung an der Reichsuniversität Straßburg 1941-1944, Tübingen 1999, S. 199 ff.; Schriftenverzeichnisse in: Gesammelte Abhandlungen zum Familien- und Erbrecht, Hrsg. von H. F. *Gaul* und W. J. *Habscheid,* 1991, Nachtrag 1994.

Cuny, Anneliese, Dr. jur. (geb. 4.5.1914 in Metz/Lothringen; gest. 6.11.1988). Promotion Okt. 1939. Staatsexamina 1936 und 1949. Zunächst beim AG Karlsruhe als Assessorin, 1951 AG-Rätin beim Amtsgericht Karlsruhe; 1958-1965 LG-Rätin beim LG Karlsruhe; zwischendurch Hilfsrichterin beim OLG Karlsruhe. 1.6.1965-31.5.1979 Rätin beim OLG Karlsruhe. Kommentierung der §§ 1361 u. 1569-1586 b BGB in der 12. Aufl. des RGRKomm. Herausgeberin des Werkes: Versorgung der geschiedenen Ehefrau, Beiträge zur Reform des Ehescheidungsrechts, 1970. – *Quellen*: Auskunft des Präsidenten des OLG Karlsruhe.

Diemer-Nicolaus, Emmy (geb. 31.1.1910 in Gießen). Jur. und volkswirtschaftl. Studium in Gießen. Jur. Mitarbeiterin von 1938-1940 an der Verwaltungszentrale der IG-Farben in Ludwigshafen; anschließend bis 1945 bei der Württembergischen Feuerversicherung (Stuttgart). 1946 Rechtsanwältin in Stuttgart; dort auch Gemeinderätin. 1949-1957 Mitglied des Landtags von Württemberg-Baden, des Bundestages von 1957-1972 (für die FDP, stellv. Vorsitzende des Rechtsausschusses). – *Quellen:* Amtl. Handbuch des Deutschen Bundestages, 4. Wahlperiode, S. 94.

Fettweis, Karola (geb. 14.12.1909 in Essen als Tochter eines Kaufmanns; gest. Mai 1997). 1929 Abitur in Essen. Zunächst Studium der Philologie, ab 1930 der Rechtswissenschaft in Hamburg, Marburg und Freiburg. 1933 erstes Staatsexamen in Kassel, 1937 zweites Staatsexamen in Stuttgart. Mitarbeiterin in der Freiburger Rechtsanwaltspraxis Dr. Plump. 1945 Zulassung zur Rechtsanwältin. 1970-1980 Präs. der Freiburger Rechtsanwaltskammer. Erfahrene Scheidungsanwältin. – *Quellen:* Lebenslauf in der von Prof. Großmann-Doerth betreuten Diss. iur. Freiburg i.Br. 1940: Der örtlich beschränkte Besitzstand an einer Warenausstattung; Auskunft der Rechtsanwaltspraxis Fettweis/Huber.

Hirsch, Martin (geb. 6.1.1913 in Breslau; gest. 12.4.1992). Abitur in Breslau 1932, anschließend Studium der Rechtswissenschaften in Breslau, Innsbruck und Berlin. 1936 Referendar, 1939 Assessor. Bis 1941 bei einem Kartell der Papierindustrie in Berlin tätig, 1941-1945 Kriegsteilnehmer. 1945 zunächst bei der Stadtverwaltung Marktredwitz; Nov. 1945 Rechtsanwalt ebd.; 1932 Mitglied des Sozialistischen Studentenbundes; seit 1945 Mitglied der SPD; 1954-1961 Mitglied des Bayer. Landtages. 1961 bis Dez. 1971 Mitglied des Bundestages. – *Quellen*: BT-Handbuch.

Hirschmann, Johannes Baptist (geb. 16.5.1908 in Püttlingen/Saar; gest. 8.2.1981 in Duisburg). 1926 Eintritt in den Jesuitenorden. Studium in Valkenburg, Rom, Münster/Westf.; zunächst Seelsorger, 1950-1976 Prof. für Moral- und Pastoraltheologie an der Philosophisch-Theologischen Hochschule St. Georgen in Frankfurt/Main. Umfangreiche Beratertätigkeit beim Wiederaufbau von Kirche und Gesellschaft in der Nachkriegszeit sowie auf dem Vaticanum II und bei der Gemeinsamen Synode der Bistümer in der Bundesrepublik (1975). – *Quellen:* Ja zu Gott im Dienst an der Welt, Hrsg. von J. *Beutler,* Würzburg 1984; „Dazu ist ein Dreifaches zu sagen". J. B. Hirschmann, Elemente eines Porträts, hrsg. von J. *Beutler,* Würzburg 1986; M. *Sievernich,* Lexikon für Theologie und Kirche, Bd. 5, 1996, Sp. 154 f.; Schriftenverzeichnisse in den von Beutler hrsg. Werken.

Klemm, Gerold (geb. 21.6.1919 in Hohenthurm bei Halle als Sohn eines Volksschullehrers und späteren Oberschullehrers). Besuch der Grundschule und des Reformrealgymnasiums in Naumburg/Saale (hier 1938 Reifeprüfung). 1938-1941 im Bezirk des OLG Naumburg Justizinspektor-Anwärter, nach freiwilligem Ausscheiden ein halbes Jahr studentischer Ausgleichsdienst in Königsberg; anschließend Einberufung in die Wehrmacht. Nach der Entlassung wegen Krankheit ab 1943 für drei Semester Studium der Rechtswissenschaft in Jena; anschließend erneut Einberufung zur Wehrmacht. Fortsetzung des Studiums ab 1945/46 in Kiel; Juni 1948 erste Staatsprüfung in Schleswig. Eintritt in den Justizdienst von Bayern; hier zunächst LG-Rat und 1965 LG-Direktor. – *Quellen:* Lebenslauf in der Diss. iur. masch. Kiel 1951: Gesetzmäßigkeit und Gleichmäßigkeit der Besteuerung.

König, René (geb. 5.7.1906 in Magdeburg; gest. 21.3.1992 in Köln). Als Sohn einer Industriellenfamilie wuchs K. in Frankreich auf, woher seine Mutter stammte. 1930 Studium der Islamischen Sprachwissenschaft, Philosophie und Soziologie in Wien und Berlin (Diss. bei Max Dessoir über „Die naturalistische Künstlerästhetik in Frankreich und ihre Auflösung", 1931). 1937 Emigration in die Schweiz, wo er sich in Zürich habilitierte; hier von 1947-1949 Prof.; 1949-1974 in Köln als Nachfolger von Leopold *von Wiese*. Er betrieb Sozialforschung in betont aufklärerischer Absicht (Gesellschaftsbeobachtung mit therapeutischen Zielen). 1955-1985 Hrsg. der „Kölner Zeitschrift für Soziologie und Sozialpsychologie"; Begründer der Sonderhefte. Mitbegründer der „International Sociological Association" (1962-1966 deren Präsident). Zahlreiche Werke zur empirischen Sozialforschung. – *Quellen:* Sven *Papcke*, DBE, Bd. 5 (1997), S. 662.

Listl, Joseph (geb. 21.10.1929 in Maria Ort bei Regensburg). 1970 Promotion zum Dr. iur.; 1971 Direktor des Instituts für Staatskirchenrecht der Diözesen Deutschlands; 1977 Habilitation im Staatskirchenrecht in Bochum, 1977 ord. Prof. in Augsburg.– *Quellen:* Bibliographie in: Dem Staate, was des Staates – der Kirche, was der Kirche ist, FS zum 70. Geburtstag, Berlin 1999; Gelehrtenkalender.

Mauz, Friedrich (vgl. Familienrechtskommission der EKD).

Müller-Freienfels, Wolfram (vgl. Familienrechtskommission der EKD).

Partikel, Helga-Christa (geb. 14.4.1926 in Stettin). Abitur in Sagan/Schlesien. 1946-1949 Studium der Rechtswissenschaften in Münster. 1949 erste, 1953 zweite jur. Staatsprüfung. 1954-1965 Staatsanwältin in Düsseldorf. Ab November 1965 Ministerialrätin im Justizministerium NRW, zuständig u.a. für Familien- und Erbrecht, Jugendrecht und Jugendwohlfahrtsrecht. 1969-1975 Erste Vorsitzende des Deutschen Juristinnenbundes. – *Quellen: Schubert,* Nichtehelichenrecht.

Pross, Helge (geb. 14.7.1927 in Düsseldorf als Tochter eines Unternehmers; gest. 2.10.1984 in Gießen). 1946 Abitur und Beginn des Studiums der Soziologie, neueren Geschichte und deutschen Literaturgeschichte in Heidelberg (hier 1950 Promotion zur Dr. phil.). 1952 Studium in Stanford, 1953/54 an der Columbia-Universität in New York. 1954-1959 Assistentin am Institut für Sozialforschung in Frankfurt a.M. (Adorno/Horkheimer). 1961-1963 freie Journalistin; 1963 Habilitation ebd., 1965 ord. Prof. der Soziologie in Gießen (Gründung des Seminars für Soziologie). 1976 verließ sie Gießen unter Hinweis auf den „kollektiv-ideologischen Druck" im Fachbereich Gesellschaftswissenschaften; Übernahme einer Soziologieprofessur an der Gesamthochschule Siegen. Schwerpunkte ihrer wissenschaftlichen Tätigkeit waren die politische Soziologie der Bundesrepublik Deutschland sowie theoretische und empirische Analysen gesellschafts- und wirtschaftspolitischer Probleme. –

Werke (u.a.): Über die Bildungschancen von Mädchen in der Bundesrepublik, 1969; Professorin in der Provinz, 1970; Manager des Kapitalismus, 1971; Gleichberechtigung im Beruf?, 1973; Die Wirklichkeit der Hausfrau, 1975; Die Männer – Eine repräsentative Untersuchung über die Selbstbilder von Männern und ihre Bilder von der Frau, 1978; Was ist heute deutsch? Wertorientierungen in der Bundesrepublik, 1982. – *Quellen:* Munzinger-Archiv; DBE Bd. 8 (1998), S. 80 f.; Gelehrtenlexikon.

Rebmann, Kurt (geb. 30.5.1924 in Heilbronn, gest. 21.4.2005 in Stuttgart). Nach schwerer Verwundung Beginn des Studiums der Rechtswissenschaften im Sommer 1944 in Tübingen, nach Kriegsende Fortsetzung des Studiums in Göttingen und Heidelberg (Promotion 1947). 1950-1957 im baden-württembergischen Justizdienst (1951 LG-Rat; 1952-1954 wiss. Mitarbeiter am BVerfG; anschließend Richter am Landessozialgericht). 1957-1959 Ministerialbeamter bei der Vertretung des Landes Baden-Württemberg in Bonn. 1959 Ministerialrat im Justizministerium in Stuttgart (öffentlichrechtliche Abteilung); anschließend Ministerialdirigent, Leiter der Hauptabteilung Bürgerliches Recht und öffentliches Recht. 1965 Ministerialdirektor und Vertreter des Ministers. 1968-1972 Vorsitzender der ERK des BMJ. 1977 Präsident der Deutschen Akademie für Verkehrswissenschaft in Hamburg. 1978 Honorarprof. an der Universität Konstanz. 1.7.1977-1990 Generalbundesanwalt. – *Werke:* Kommentar zum Gesetz über Ordnungswidrigkeiten, 1968; Begründer und Mithrsg. des Münchener Kommentars zum BGB, 1977; Kommentar zum Bundeszentralregistergesetz, 1985. – *Quellen: Letzgus*, NJW 1994, S. 459 f.; *Kinkel,* NJW 1999, S. 1616; *Säcker,* NJW 2005, S. 1629.

Schwarzhaupt, Elisabeth (geb. 7.1.1901 in Frankfurt a.M.; gest. 27.10.1986 ebd.). Mitglied des Bundestages von 1953-1969 für die CDU. *Quellen: Schubert,* Nichtehelichenrecht.

Wilkens, Erwin (vgl. Familienrechtskommission der EKD).

Wüstenberg, Kurt (vgl. Familienrechtskommission der EKD).

3. *Mitglieder (Bundestagsabgeordnete) des Rechtsausschusses und des Vermittlungsausschusses sowie Vorsitzende des Ausschusses für Arbeit und Sozialordnung sowie für Jugend, Familie und Gesundheit*[94]

Arndt, Claus (geb. 16.4.1927 in Marburg). Sohn von Adolf Arndt (MdB von 1949-1969). Nach der Rückkehr aus der Kriegsgefangenschaft (1949) Studium der Rechtswissenschaften in Hamburg, München, Speyer und Bonn; hier Promotion 1959 bei Ulrich Scheuner. Nach dem zweiten Staatsexamen in Düsseldorf Eintritt in den Hamburger Staatsdienst; bis 1973 Senatsdirektor und Leiter des Senatorenbüros der Innenbehörde für Völker-, Staats- und Verfassungsrecht; seit 1973 Senatsdirektor und Leiter der Allgem. Verwaltung der Justizbehörde Hamburg. Mitglied der SPD seit 1951; Juni 1968 bis 1976 Mitglied des Bundestages. – *Werke:* Nachweis in der FS von 1987. – *Quellen:* Tabula vitae in der FS von 1987, S. 197 f.

Arnold, Gottfried, Dr. iur. (geb. 10.2.1933 in Düsseldorf als Sohn des nordrhein-westfälischen Ministerpräsidenten Karl Arnold). Nach dem Studium der Rechtswissenschaften Rechtsanwalt und Mitherausgeber der Tageszeitung „Rheinische Post". Mitglied des Bundestages für die CDU von 1961-1983. 1965-1983 Mitglied des Rechtsausschusses. – *Quellen:* Vierhaus/Herbst, S. 21.

Dürr, Hermann (geb. 7.1.1925 in Konstanz als Sohn eines Luftschiffkonstrukteurs). Nach dem Abitur 1942 Teilnahme am Zweiten Weltkrieg. Studium der Rechtswissenschaften in Tübingen (1954 Assessorexamen), anschließend Rechtsanwalt in Calw. 1951 Eintritt in die FDP, 1966 in die SPD. 1957-1965 Mitglied des Bundestages für die FDP, 1969-1980 für die SPD, u.a. Mitglied des Vermittlungsausschusses. – *Quellen:* Vierhaus/Herbst, S. 160.

Emmerlich, Alfred, Dr. iur. (geb. 10.5.1928 in Osnabrück). 1944/45 Teilnahme am Zweiten Weltkrieg. Nach dem Abitur 1949 Studium der Rechtswissenschaften (1957 Assessorexamen). 1962 LG-Rat in Osnabrück (hier erneut ab 1972 Richter), 1970 OLG-Rat in Oldenburg. 1972-

94 Zu den folgenden *Kurzbiographien R. Vierhaus/L. Herbst,* Biographisches Handbuch der Mitglieder des Deutschen Bundestages 1949-2002, München 2003, und *U. Kempf/H.-G. Merz,* Kanzler und Minister 1998. Biographisches Handbuch Lexikon der deutschen Bundesregierungen, Wiesbaden 2001.

1990 Mitglied des Bundestages für die SPD. Von 1972 an Mitglied des Rechtsausschusses. – *Quellen:* Vierhaus/Herbst, S. 179.

Engelhardt, Hans Arnold (geb. 16.9.1934 in München als Sohn eines Ärztehepaares). 2. Jur. Staatsprüfung 1963; seitdem Rechtsanwalt in München. 1954 Eintritt in die FDP. 1972-1994 Mitglied des Bundestages für die FDP. 1972-1982 Mitglied des Rechtsausschusses. 1982-1990 Bundesminister der Justiz. – *Quellen:* Kempf/ Merz, Biographisches Lexikon der deutschen Bundesregierungen, S. 219 ff.; Vierhaus/Herbst, S. 180.

Erhard (Bad Schwalbach), *Benno* (geb. 22.2.1923 in Bad Schwalbach als Sohn eines Rechtsanwalts und Notars). Abitur in Wiesbaden. 1942-1945 Kriegsteilnehmer, anschließend in franz. Kriegsgefangenschaft bis 1946. Landwirtschaftliche Lehre (Abschluss durch Gehilfenprüfung). Studium der Rechtswissenschaften; seit 1957 Rechtsanwalt, seit Anfang 1964 Notar. 1954-1965 Mitglied des Hess. Landtages, 1965-1987 Mitglied des Bundestages für die CDU. 1967-1980 Mitglied des Rechtsausschusses. 1978-1980 Vorsitzender des Arbeitskreises I (Innen- und Rechtspolitik) und 1980-1982 Vorsitzender des Arbeitskreises Recht der CDU/CSU-Fraktion. 1983 Parlamentarischer Staatssekretär beim Bundesminister der Justiz. – *Quellen:* Vierhaus/Herbst, S. 186.

Gnädinger, Fritz-Joachim (geb. 18.4.1938 in Konstanz als Sohn eines Studienrats). Zweites Jur. Staatsexamen 1967. Staatsanwalt. 1957 Eintritt in die SPD. 1969-1976 und 1980-1983 Mitglied des Bundestages und des Rechtsausschusses (1973 dessen Stellvertr. Vorsitzender). – *Quellen:* Vierhaus/Herbst, S. 266.

Hauck, Rudolf (geb. 20.4.1924 in Schweinfurt, Sohn eines Arbeiters). 1938-1941 Lehre als Industriekaufmann, anschließend dienstverpflichtet bei einer Fliegerhorstkommandantur. Nach Ausbildung zum Jugendwohlfahrtspfleger 1962 Kreisjugendpfleger, 1956-1965 Leiter des Kreisjugendamtes Helmstedt. 1946 Eintritt in die SPD. 1965-1987 Mitglied des Bundestages und des Ausschusses für Jugend, Familie und Gesundheit (1969-1982 dessen Vorsitzender). – *Werke:* Der Wasserträger. Erinnerungen und Erkenntnisse eines Bundestagsabgeordneten 1965-1987, Marburg 1989. – *Quellen:* Vierhaus/Herbst, S. 312.

Höcherl, Hermann (geb. 31.3.1912 in Brennberg; gest. 18.5.1989 in Regensburg). Nach dem Abitur in Landshut studierte H. Rechtswissenschaft (1938 Assessor). 1942 Staatsanwalt in Regensburg. Teilnahme am Zweiten Weltkrieg. 1950 Staatsanwalt, 1951-1953 Amtsgerichtsrat. 1949

Eintritt in die CSU, 1953-1976 Mitglied des Bundestages. 1961 Innen-, 1965-1969 Landwirtschaftsminister. Mitglied des Vermittlungsausschusses. Seit 1976 Rechtsanwalt in Regensburg. – *Quellen:* Vierhaus/Herbst, S. 346 f. m.w.N.; Lexikon der Bundesregierungen, S. 320 ff.; Nachlass im Bundesarchiv Koblenz.

Kleinert, Detlef (geb. 26.7.1932 in Essen als Sohn eines Reichsbankbeamten). 1960 zweites Jur. Staatsexamen; anschließend Rechtsanwalt und Notar in Hannover; in der Wirtschaft tätig. 1957 Eintritt in die FDP. 1968-1998 Mitglied des Bundestages; in dieser Zeit auch Mitglied des Rechtsausschusses. – *Quellen:* Vierhaus/Herbst, S. 426.

Lenz, Carl Otto (geb. 5.6.1930 in Berlin). Besuch von Schulen in Berlin, Cochem (Mosel) und München. Nach dem Abitur 1948 Studium der Rechtswissenschaften in München, Freiburg i. Br. und Freiburg (Schweiz) sowie Bonn. 1959 Zweites Staatsexamen. 1955/56 Fulbright-Stipendium für die USA. 1961 Promotion zum Dr. iur. über: „Die Beratungsinstitutionen des amerikanischen Präsidenten in Fragen der allgemeinen Politik“ (Bonn). 1959 Generalsekretär der Christlich-Demokratischen Fraktion des Europäischen Parlaments in Luxemburg; seit 1963 auch Generalsekretär der genannten Fraktion der Versammlung der Westeuropäischen Union (Paris). BT-Abgeordneter für die CDU von 1965-1984. In der 5.-8. Wahlperiode Mitglied des Rechtsausschusses (ab 1972 Vorsitzender). – *Quellen:* Vierhaus/Herbst, S. 497.

Lepsius, Renate (geb. 21.6.1927 in Berlin als Tochter eines Oberstudiendirektors in Berlin-Pankow, der 1945 in Berlin die CDU mitbegründete). 1947 Aufnahme des Studiums der Geschichte, Literatur und Sozialwissenschaften in Berlin, 1958 Studium in Freiburg und anschließend in England. 1953 Promotion zur Dr. phil. in Berlin. 1958 beim DAAD, später bei Inter Nationes; nach ihrer Heirat wohnhaft in München. 1965 Eintritt in die SPD. 1972-1982, 1984-1986 Mitglied des Bundestages für die SPD. 1972-1976 Mitglied des Rechtsausschusses. – *Quellen:* Vierhaus/Herbst, S. 500.

Metzger, Günther (geb. 23.1.1933 in Heppenheim als Sohn eines Rechtsanwalts und Notars). Nach dem zweiten Jur. Staatsexamen beim Brockhaus-Verlag in Wiesbaden tätig. 1961 Rechtsanwalt, 1972 auch Notar. 1956 Eintritt in die SPD. 1981-1993 Oberbürgermeister von Darmstadt. 1969-1976 im Bundestag (gleichzeitig Mitglied des Rechtsausschusses). – *Quellen:* Vierhaus/Herbst, S. 559 f.

Müller, Adolf (geb. 13.5.1916 in Lennep [heute zu Remscheid] als Sohn eines Schleifers). Zunächst Facharbeiter in der Kleineisenindustrie. Nach Rückkehr aus der Kriegsgefangenschaft ab Mai 1947 im Deutschen Gewerkschaftsbund beschäftigt. 1945 Eintritt in die CDU. 1961-1987 Mitglied des Bundestages. 1969-1981 Mitglied des Ausschusses für Arbeit und Sozialordnung (zugleich stellvertretender Vorsitzender). – *Quellen:* Vierhaus/Herbst, S. 579.

Schimschok, Hildegard (geb. 22.4.1913 in Dortmund als Tochter eines Bergmanns; gest. 24.10.2001). Besuch einer Mädchen-Gewerbeschule. 1933 Staatsexamen als Säuglingsschwester; ab 1936 als private Wochenpflegerin tätig. Ab Kriegsbeginn in einer NSV-Kinderkrippe. 1958 Staatsexamen als Fürsorgerin (Hauptfach: Jugendwohlfahrt); anschließend bis 1950 Leiterin eines Kinderheims. Seit 1927 politisch tätig (1932 Eintritt in die SAJ). 1933 in der Widerstandsgruppe Paul Winzen. 1940 Verurteilung zu vier Jahren Zuchthaus. 1945 Eintritt in die SPD. 1965-1976 Mitglied des Bundestages; Okt. 1970-1976 Mitglied des Rechtsausschusses. – *Quellen:* H. Sch. Mutter der Adoptionsreform, in: R. Lepsius, Frauenpolitik als Beruf. Gespräche mit SPD-Parlamentarierinnen, Hamburg 1987, S. 178 ff.; Vierhaus/Herbst, S. 741 f.

Schmude, Jürgen (geb. 9.6.1936 in Insterburg/Ostpreußen). 1966 zweites Jur. Staatsexamen. 1968 Promotion zum Dr. iur. in Bonn. 1967 Rechtsanwalt in Essen. Eintritt in die SPD 1957. 1969-1994 Mitglied des Bundestages. 1969-1974 Mitglied des Rechtsausschusses. 1974-1976 Parlamentarischer Staatssekretär beim Bundesminister des Innern; 1978-1981 Bundesminister für Bildung und Wissenschaft, anschließend bis 1982 Bundesminister der Justiz; zugleich Sept./Okt. 1982 Bundesminister des Inneren. – *Quellen:* Vierhaus/Herbst, S. 579.

Stienen, Karl-Heinz (geb. 11.7.1932 in Duisburg). 1961 zweites Jur. Staatsexamen; Rechtsanwalt in Krefeld (bis 1976). 1963 Promotion zum Dr. iur. (Köln). 1977-1997 Beigeordneter, später Stadtdirektor der Stadt Krefeld. 1972-1976 Mitglied des Bundestages für die SPD (zuletzt fraktionslos); Mitglied des Rechtsausschusses. – *Quellen:* Vierhaus/Herbst, S. 847.

Thürk, Kurt (geb. 3.9.1926 in Saarbrücken als Sohn eines LG-Direktors; gest. 8.7.2002 ebd.). 1943 Kriegsabitur; anschließend Kriegsteilnahme. 1954 Zweite Jur. Staatsprüfung und Eintritt in den Justizdienst des Saarlandes. 1956 Staatsanwalt, 1959 LG-Direktor am LG Saarbrücken. 1964 am Oberverwaltungsgericht, 1966 Richter am Verfassungsgerichtshof des Saarlandes. 1980-1991 Präsident des Verwaltungsgerichts des Saarlandes. 1960 Eintritt in die CDU. 1972-1976 Mitglied des Bundestages und des Rechtsausschusses. – *Quellen:* Vierhaus/Herbst, S. 877.

Vogel, Friedrich (geb. 2.6.1929 in Hahnenknoop als Sohn eines Landwirts). 1949 Abitur. 1956 zweite Jur. Staatsprüfung und Eintritt in den Justizdienst von Nordrhein-Westfalen (1960 LG-Rat). 1977 Rechtsanwalt, 1980 auch Notar in Warendorf. 1953 Eintritt in die CDU; Okt.-Dez. 1966 Justizminister in NRW. 1965-Okt. 1966, 1969-1994 Mitglied des Bundestages; Mitglied des Vermittlungsausschusses. Okt. 1982-1987 Staatsminister beim Bundeskanzler. – *Quellen:* Vierhaus/Herbst, S. 899 f.

Will-Feld, Waltrud (geb. 11.6.1921 in Bernkastel-Kues). 1939 Abitur. 1940 Beginn eines Studiums der Mathematik und Physik (nicht abgeschlossen). 1950 Steuerbevollmächtigte, 1960 Steuerberaterin (seitdem selbstständig tätig). 1968 Eintritt in die CDU. 1972-1990 Mitglied des Bundestages (bis Mai 1976 Mitglied des Rechtsausschusses). – *Quellen:* Vierhaus/Herbst, S. 956.

4. *Übersicht über die Landesregierungen (Ministerpräsidenten) zwischen 1970/71 und 1976*

Baden-Württemberg: *Hans Filbinger* (CDU, ab 1972)
Bayern: *Alfons Goppel* (CDU, 1970-1978)
Berlin: *Klaus Schütz* (SPD, 1971-1975; ab 1975 SPD/FDP)
Bremen: *Hans Koschnick* (SPD, ab 1971)
Hamburg: *Peter Schulz* (SPD/FDP 1971-1974), *Hans-Ulrich Klose* (SPD/FDP ab Nov. 1974)
Hessen: *Albert Oswald* (SPD/FDP 1970-1976)
Niedersachsen: *Alfred Kubel* (SPD 1970-1974; SPD/FDP 1974 – Juni 1976), *Ernst Albrecht* (CDU 1976-1977)
Nordrhein-Westfalen: *Heinz Kühn* (SPD/FDP, 1970-1978)
Rheinland-Pfalz: *Helmut Kohl* (CDU, 1971-1976)
Saarland: *Franz-Josef Röder* (CDU, 1970-1977)
Schleswig-Holstein: *Gerhard Stoltenberg* (CDU, 1971-1982)

Zu den Justizministern der Bundesländer zwischen 1971 und 1976 vgl. das im Herbst 2007 im Sauer-Verlag erscheinende Werk: Biographisches Handbuch der deutschen Landesregierungen nach 1945.

A. Entwurf eines ersten Gesetzes zur Reform des Ehe- und Familienrechts vom 13.4./1.6.1973 (Regierungsvorlage)

...*14.* Im Ersten Abschnitt des Vierten Buches wird der Siebente Titel in folgender Fassung wieder eingefügt: „Siebenter Titel. Scheidung der Ehe –

I. Scheidungsgründe

§ 1564. Eine Ehe kann nur durch gerichtliches Urteil auf Antrag eines oder beider Ehegatten geschieden werden. Die Ehe ist mit der Rechtskraft des Urteils aufgelöst. Die Voraussetzungen, unter denen die Scheidung begehrt werden kann, ergeben sich aus den folgenden Vorschriften.

§ 1565. Eine Ehe kann geschieden werden, wenn sie gescheitert ist. Die Ehe ist gescheitert, wenn die Lebensgemeinschaft der Ehegatten nicht mehr besteht und nicht erwartet werden kann, dass die Ehegatten sie wieder herstellen.

§ 1566. (1) Es wird vermutet, dass die Ehe gescheitert ist, wenn die Ehegatten seit drei Jahren getrennt leben.

(2) Es wird unwiderlegbar vermutet, dass die Ehe gescheitert ist, wenn die Ehegatten seit einem Jahr getrennt leben und beide Ehegatten die Scheidung beantragen oder der Antragsgegner der Scheidung zustimmt.

§ 1567. (1) Die Ehegatten leben getrennt, wenn zwischen ihnen keine häusliche Gemeinschaft besteht und ein Ehegatte deren Herstellung erkennbar ablehnt. Die häusliche Gemeinschaft besteht auch dann nicht mehr, wenn die Ehegatten innerhalb der ehelichen Wohnung getrennt leben.

(2) Ein Zusammenleben über kürzere Zeit, das der Versöhnung der Ehegatten dienen soll, unterbricht oder hemmt die in § 1566 bestimmten Fristen nicht.

§ 1568. Die Ehe soll nicht geschieden werden, wenn der Antragsgegner die Scheidung ablehnt und außergewöhnliche Umstände geltend macht, nach denen die Scheidung für ihn eine so schwere Härte darstellen würde, dass die Aufrechterhaltung der Ehe auch unter Berücksichtigung der Belange des Antragstellers geboten erscheint, obwohl sie gescheitert ist. Wirtschaftliche Umstände bleiben außer Betracht.

II. Name des geschiedenen Ehegatten

§ 1569. Der geschiedene Ehegatte behält den Ehenamen. Er kann durch Erklärung gegenüber dem Standesbeamten seinen Geburtsnamen oder den Namen wieder annehmen, den er bei Eingehung der geschiedenen Ehe geführt hat; die Erklärung bedarf der öffentlichen Beglaubigung.

III. Unterhalt des geschiedenen Ehegatten

1. Grundsatz

§ 1570. Kann ein Ehegatte nach der Scheidung nicht selbst für seinen Unterhalt sorgen, so hat er gegen den anderen Ehegatten einen Anspruch auf Unterhalt nach den folgenden Vorschriften.

2. Unterhaltsberechtigung

§ 1571. Ein geschiedener Ehegatte kann von dem anderen Unterhalt verlangen, solange und soweit von ihm wegen der Pflege oder Erziehung eines gemeinschaftlichen Kindes eine Erwerbstätigkeit nicht erwartet werden kann.

§ 1572. Ein geschiedener Ehegatte kann von dem anderen Unterhalt verlangen, soweit von ihm im Zeitpunkt

1. der Scheidung,
2. der Beendigung der Pflege oder Erziehung eines gemeinschaftlichen Kindes oder
3. des Wegfalls der Voraussetzungen für einen Unterhaltsanspruch nach den §§ 1573 und 1574 Abs. 1, 2 und 4

wegen seines Alters eine Erwerbstätigkeit nicht mehr erwartet werden kann.

§ 1573. Ein geschiedener Ehegatte kann von dem anderen Unterhalt verlangen, solange und soweit von ihm vom Zeitpunkt

1. der Scheidung,
2. der Beendigung der Pflege oder Erziehung eines gemeinschaftlichen Kindes,
3. der Beendigung der Ausbildung, Fortbildung oder Umschulung oder
4. des Wegfalls der Voraussetzungen für einen Unterhaltsanspruch nach § 1574 Abs. 1, 2 und 4

an wegen Krankheit oder anderer Gebrechen oder Schwäche seiner körperlichen oder geistigen Kräfte eine Erwerbstätigkeit nicht erwartet werden kann.

§ 1574. (1) Soweit ein geschiedener Ehegatte keinen Unterhaltsanspruch nach den §§ 1571 bis 1573 hat, kann er gleichwohl Unterhalt verlangen, solange und soweit er nach der Scheidung keine angemessene Erwerbstätigkeit zu finden vermag.

(2) Reichen die Einkünfte aus einer angemessenen Erwerbstätigkeit zum vollen Unterhalt (§ 1579) nicht aus, kann er, soweit er nicht bereits einen Unterhaltsanspruch nach den §§ 1571 bis 1573 hat, den Unterschiedsbetrag zwischen den Einkünften und dem vollen Unterhalt verlangen.

(3) Absätze 1 und 2 gelten entsprechend, wenn Unterhalt nach den §§ 1571 bis 1573, 1576 zu gewähren war, die Voraussetzungen dieser Vorschriften aber entfallen sind.

(4) Der geschiedene Ehegatte kann auch dann Unterhalt verlangen, wenn die Einkünfte aus einer angemessenen Erwerbstätigkeit wegfallen und es ihm trotz seiner Bemühungen nicht gelungen war, den Unterhalt durch die Erwerbstätigkeit nach der Scheidung nachhaltig zu sichern. War es ihm gelungen, den Unterhalt teilweise nachhaltig zu sichern, so kann er den Unterschiedsbetrag zwischen dem nachhaltig gesicherten und dem vollen Unterhalt verlangen.

§ 1575. (1) Der geschiedene Ehegatte braucht nur eine ihm angemessene Erwerbstätigkeit auszuüben.

(2) Angemessen ist eine Erwerbstätigkeit, die der Ausbildung, den Fähigkeiten, dem Lebensalter und dem Gesundheitszustand des geschiedenen Ehegatten sowie den ehelichen Lebensverhältnissen entspricht; bei den ehelichen Lebensverhältnissen sind die Dauer der Ehe und die Dauer der Pflege oder Erziehung eines gemeinschaftlichen Kindes zu berücksichtigen.

(3) Soweit es zur Aufnahme einer angemessenen Erwerbstätigkeit erforderlich ist, obliegt es dem geschiedenen Ehegatten, sich ausbilden, fortbilden oder umschulen zu lassen, wenn er hierzu die Fähigkeiten besitzt.

§ 1576. (1) Ein geschiedener Ehegatte, der in Erwartung der Ehe oder während der Ehe eine Schul- oder Berufsausbildung nicht aufgenommen oder abgebrochen hat, kann von dem anderen Ehegatten Unterhalt verlangen, wenn er diese oder eine entsprechende Ausbildung sobald wie möglich aufnimmt und die Umstände, insbesondere die Fähigkeiten und das Alter des Berechtigten, den erfolgreichen Abschluss der Ausbildung erwarten lassen. Der Anspruch besteht längstens für die Zeit, in der eine solche Ausbildung im Allgemeinen abgeschlossen wird; dabei sind ehebedingte Verzögerungen der Ausbildung zu berücksichtigen.

(2) Entsprechendes gilt, wenn sich der geschiedene Ehegatte fortbilden oder umschulen lässt, um Nachteile auszugleichen, die durch die Ehe eingetreten sind.

(3) Verlangt der geschiedene Ehegatte nach Beendigung der Ausbildung, Fortbildung oder Umschulung Unterhalt nach § 1574, so bleibt bei der Bestimmung der ihm angemessenen Erwerbstätigkeit (§ 1575 Abs. 2) der erreichte höhere Ausbildungsstand außer Betracht.

§ 1577. (1) Ein geschiedener Ehegatte kann von dem anderen Unterhalt verlangen, soweit er keine oder eine geringere Versorgung wegen Alters oder Berufs- oder Erwerbsunfähigkeit der in § 1587 a Abs. 2 Nr. 1 bis 4 genannten Art erhält, weil er während der Ehe nicht oder nicht voll erwerbstätig war und dieser Nachteil nicht durch einen dem geschiedenen Ehegatten gewährten Versorgungsausgleich ausgeglichen wird. Das Gleiche gilt, soweit der Nachteil darauf beruht, dass der geschiedene Ehegatte nach der Scheidung eine angemessene Erwerbstätigkeit nicht gefunden hat oder wegen der Pflege oder Erziehung eines gemeinschaftlichen Kindes nicht oder nicht voll erwerbstätig sein konnte.

(2) Ob und in welcher Höhe ein Nachteil eingetreten ist, ist nach billigem Ermessen zu bestimmen. Hierbei ist zu berücksichtigen, welche Erwerbstätigkeit der Berechtigte in den nach Absatz 1 maßgeblichen Zeiten nach den zuvor oder nachher ausgeübten Tätigkeiten oder, wenn der Berechtigte nie erwerbstätig gewesen ist, auf Grund seiner Ausbildung und seinen Fähigkeiten mutmaßlich ausgeübt hätte, und welche Versorgung er auf Grund ausgeübter Tätigkeiten erlangt hat.

§ 1578. (1) Der geschiedene Ehegatte kann den Unterhalt nach den §§ 1571 bis 1574, 1576, 1577 nicht verlangen, solange und soweit er sich aus seinen Einkünften und seinem Vermögen selbst unterhalten kann.

(2) Einkünfte aus einer nicht angemessenen Erwerbstätigkeit sind nicht anzurechnen, wenn sich der Verpflichtete der Unterhaltspflicht entzieht oder trotz Aufforderung den

Unterhalt nicht gewährt. Das Gleiche gilt, wenn der Berechtigte eine Erwerbstätigkeit ausübt, obgleich sie von ihm nach den §§ 1571 bis 1573 nicht erwartet werden kann.

(3) Den Stamm des Vermögens braucht der Berechtigte nicht zu verwerten, soweit die Verwertung unwirtschaftlich wäre oder eine unbillige Härte bedeuten würde.

(4) Fällt das Vermögen später weg, so kann der geschiedene Ehegatte keinen Unterhalt verlangen, solange und soweit er sich aus seinem Vermögen hätte unterhalten können. Dies gilt nicht, wenn im Zeitpunkt des Vermögenswegfalls von dem Ehegatten wegen der Pflege oder Erziehung eines gemeinschaftlichen Kindes eine Erwerbstätigkeit nicht erwartet werden kann.

§ 1579. (1) Das Maß des Unterhalts bestimmt sich nach den ehelichen Lebensverhältnissen. Der Unterhalt umfasst den gesamten Lebensbedarf.

(2) Zum Lebensbedarf gehören auch die Kosten einer angemessenen Versicherung für den Fall der Krankheit sowie die Kosten einer Schul- oder Berufsausbildung, einer Fortbildung oder einer Umschulung der in den §§ 1575, 1576 genannten Art.

(3) Hat der geschiedene Ehegatte einen Unterhaltsanspruch nach den §§ 1571 bis 1574, so gehören zum Lebensbedarf auch die Kosten einer angemessenen Versicherung für den Fall des Alters sowie der Berufs- oder Erwerbsunfähigkeit.

§ 1580. (1) Ein Unterhaltsanspruch besteht nicht, soweit die Inanspruchnahme des Verpflichteten grob unbillig wäre, weil

1. die Ehe von kurzer Dauer war,

2. der Berechtigte sich eines Verbrechens oder eines schweren vorsätzlichen Vergehens gegen den Verpflichteten oder einen nahen Angehörigen des Verpflichteten schuldig gemacht hat,

3. der Berechtigte seine Bedürftigkeit mutwillig herbeigeführt hat oder

3. der Berechtigte während der Ehe längere Zeit hindurch seine Pflicht, zum Familienunterhalt beizutragen, gröblich verletzt hat.

(2) Absatz 1 gilt nicht, wenn von dem Berechtigten wegen der Pflege oder Erziehung eines gemeinschaftlichen Kindes eine Erwerbstätigkeit nicht erwartet werden kann.

§ 1581. Die geschiedenen Ehegatten sind einander verpflichtet, auf Verlangen über ihre Einkünfte und ihr Vermögen Auskunft zu erteilen. § 1605 ist entsprechend anzuwenden.

3. Leistungsfähigkeit und Rangfolge

§ 1582. (1) Bei mangelnder Leistungsfähigkeit braucht der Verpflichtete nur insoweit Unterhalt zu gewähren, als es mit Rücksicht auf die Bedürfnisse und die Erwerbs- und Vermögensverhältnisse der geschiedenen Ehegatten der Billigkeit entspricht. Hat der Verpflichtete einem minderjährigen unverheirateten Kinde oder einem neuen Ehegatten Unterhalt zu gewähren, so sind auch die Bedürfnisse und wirtschaftlichen Verhältnisse dieser Personen zu berücksichtigen.

(2) Mangelnde Leistungsfähigkeit liegt vor, wenn der Verpflichtete nach seinen Erwerbs- und Vermögensverhältnissen unter Berücksichtigung seiner sonstigen Verpflichtungen außerstande ist, ohne Gefährdung des eigenen angemessenen Unterhalts dem Berechtigten Unterhalt zu gewähren. Den Stamm seines Vermögens braucht er nicht zu ver-

werten, soweit die Verwertung unwirtschaftlich wäre oder eine unbillige Härte bedeuten würde.

§ 1583. Die Unterhaltspflicht gegenüber einem neuen Ehegatten ist nur zu berücksichtigen, wenn dieser bei entsprechender Anwendung der §§ 1570 bis 1573, § 1574 Abs. 1, 2, § 1575 und des § 1578 Abs. 1 unterhaltsberechtigt wäre. Sie bleibt jedoch auch in diesem Falle außer Betracht, wenn der geschiedene Ehegatte wegen der Pflege oder Erziehung eines gemeinschaftlichen Kindes nach § 1571 unterhaltsberechtigt ist oder die Ehe mit dem geschiedenen Ehegatten von langer Dauer war. Der Ehedauer steht die Zeit gleich, in der ein Ehegatte wegen der Pflege oder Erziehung eines gemeinschaftlichen Kindes nach § 1571 unterhaltsberechtigt war.

§ 1584. Lebt der Verpflichtete im Falle der Wiederheirat mit seinem neuen Ehegatten im Güterstand der Gütergemeinschaft, so ist § 1604 entsprechend anzuwenden.

§ 1584 a. Der unterhaltspflichtige geschiedene Ehegatte haftet vor den Verwandten des Berechtigten. Soweit jedoch der Verpflichtete nicht leistungsfähig ist, haften die Verwandten vor dem geschiedenen Ehegatten. § 1607 Abs. 2 ist entsprechend anzuwenden.

4. Gestaltung des Unterhaltsanspruchs

§ 1585. (1) Der laufende Unterhalt ist durch Zahlung einer Geldrente zu gewähren. Die Rente ist monatlich im voraus zu entrichten. Der Verpflichtete schuldet den vollen Monatsbetrag auch dann, wenn der Unterhaltsanspruch im Laufe des Monats durch Wiederheirat oder Tod des Berechtigten erlischt.

(2) Statt der Rente kann der Berechtigte eine Abfindung in Kapital verlangen, wenn ein wichtiger Grund vorliegt und der Verpflichtete dadurch nicht unbillig belastet wird.

§ 1585 a. (1) Der Verpflichtete hat auf Verlangen Sicherheit zu leisten, es sei denn, dass er dadurch unbillig belastet würde. Der Betrag, für den Sicherheit zu leisten ist, soll den zweifachen Jahresbeitrag der Unterhaltsrente nicht übersteigen, sofern nicht nach den besonderen Umständen des Falles eine höhere Sicherheitsleistung angemessen erscheint.

(2) Die Art der Sicherheitsleistung bestimmt sich nach den Umständen, die Beschränkung des § 232 gilt nicht.

§ 1585 b. (1) Wegen eines Sonderbedarfs (§ 1613 Abs. 2) kann der Berechtigte Unterhalt für die Vergangenheit verlangen.

(2) Im Übrigen kann der Berechtigte für die Vergangenheit Erfüllung oder Schadensersatz wegen Nichterfüllung erst von der Zeit an fordern, in der der Unterhaltspflichtige in Verzug gekommen oder der Unterhaltsanspruch rechtshängig geworden ist.

(3) Für eine mehr als ein Jahr vor der Rechtshängigkeit liegende Zeit kann Erfüllung oder Schadensersatz wegen Nichterfüllung nur verlangt werden, wenn anzunehmen ist, dass der Verpflichtete sich der Leistung absichtlich entzogen hat.

§ 1585 c. Die Ehegatten können über die Unterhaltspflicht für die Zeit nach der Scheidung Vereinbarungen treffen.

5. Ende des Unterhaltsanspruchs

§ 1586. (1) Der Unterhaltsanspruch erlischt mit der Wiederheirat oder dem Tod des Berechtigten.

(2) Ansprüche auf Erfüllung oder Schadensersatz wegen Nichterfüllung für die Vergangenheit bleiben bestehen. Das Gleiche gilt für den Anspruch auf den zur Zeit der Wiederheirat oder des Todes fälligen Monatsbetrag.

§ 1586 a. Geht ein geschiedener Ehegatte eine neue Ehe ein und wird die Ehe wieder aufgelöst, so kann er von dem früheren Ehegatten Unterhalt nach § 1577 verlangen. Hat er ein Kind aus der früheren Ehe zu pflegen oder zu erziehen, so kann er Unterhalt auch nach § 1571 und, wenn die Pflege oder Erziehung beendet ist, nach den §§ 1572 bis 1574, 1576 verlangen.

§ 1586 b. (1) Mit dem Tod des Verpflichteten geht die Unterhaltspflicht auf den Erben als Nachlassverbindlichkeit über. Die Beschränkungen nach § 1582 fallen weg. Der Erbe haftet jedoch nicht über einen Betrag hinaus, der dem Pflichtteil entspricht, welcher dem Berechtigten zustände, wenn die Ehe nicht geschieden worden wäre.

(2) Für die Berechnung des Pflichtteils bleiben Besonderheiten auf Grund des Güterstandes, in dem die geschiedenen Ehegatten gelebt haben, außer Betracht."

...21. § 1671 wird wie folgt gefasst:

„*§ 1671.* (1) Wird die Ehe der Eltern geschieden, so bestimmt das Familiengericht, welchem Elternteil die elterliche Gewalt über ein gemeinschaftliches Kind zustehen soll. Es trifft die Regelung, die unter Berücksichtigung der gesamten Verhältnisse dem Wohle des Kindes am besten entspricht.

(2) Von einem übereinstimmenden Vorschlag der Eltern soll das Gericht nur abweichen, wenn dies zum Wohle des Kindes erforderlich ist.

(3) Begehrt ein Kind, welches das vierzehnte Lebensjahr vollendet hat, die Übertragung der elterlichen Gewalt auf einen Elternteil, so soll das Familiengericht diesem Wunsche entsprechen, es sei denn, dass eine andere Regelung zum Wohle des Kindes erforderlich ist.

(4) Die elterliche Gewalt soll in der Regel einem Elternteil allein übertragen werden. Erfordert es das Wohl des Kindes, so kann die Vermögenssorge ganz oder teilweise dem anderen Elternteil übertragen werden.

(5) Das Familiengericht kann die Personensorge und die Vermögenssorge einem Vormund oder Pfleger übertragen, wenn die erforderlich ist, um eine Gefahr für das Wohl oder das Vermögen des Kindes abzuwenden. Es soll dem Kind für die Geltendmachung von Unterhaltsansprüchen einen Pfleger bestellen, wenn dies zum Wohle des Kindes erforderlich ist.

(6) Die vorstehenden Vorschriften gelten entsprechend, wenn die Ehe der Eltern für nichtig erklärt worden ist."

22. § 1672 wird wie folgt gefasst:

„*§ 1672.* Leben die Eltern nicht nur vorübergehend getrennt oder ist die Scheidung, die Aufhebung oder die Nichtigerklärung ihrer Ehe beantragt, so gilt § 1671 Abs. 1 bis 5 entsprechend. Das Gericht entscheidet auf Antrag eines Elternteils, es entscheidet von

Amts wegen, wenn andernfalls das Wohl oder das Vermögen des Kindes gefährdet wäre und die Eltern nicht gewillt oder in der Lage sind, die Gefahr abzuwenden."

...*34.* Die *§§ 1848, 1933, 2077 Abs. 1 Satz 2* fallen weg.

35. In *§ 2268 Abs. 2* werden die Worte „oder liegen die Voraussetzungen des § 2077 Abs. 1 Satz 2 vor" gestrichen.

36. In *§ 2279 Abs. 2* werden folgende Sätze angefügt: „Der Auflösung der Ehe steht es gleich, wenn die Ehe gescheitert war und der Erblasser zur Zeit seines Todes die Scheidung beantragt hatte. Das Gleiche gilt, wenn der Erblasser auf Aufhebung der Ehe zu klagen berechtigt war und die Klage erhoben hatte."

37. *§ 2335* fällt weg.

B. Beratungen im Bundesrat (1973)

I. Niederschrift über die Beratungen des Entwurfs im Unterausschuss des Rechtsausschusses (UA RA) am 9. und 10.4.1973

...*7. Zu Art. 1 Nr. 14 (§§ 1565, 1566 und 1567 BGB):* Der Vertreter von *Hessen* stellt folgenden Antrag: Die §§ 1565, 1566 und 1567 erhalten folgende Fassung:

„*§ 1565.* (1) Eine Ehe ist zu scheiden, wenn die Ehegatten seit zwei Jahren getrennt leben.

(2) Die Ehegatten leben getrennt, wenn zwischen ihnen keine häusliche Gemeinschaft besteht und ein Ehegatte deren Herstellung erkennbar ablehnt. Eine häusliche Gemeinschaft besteht auch dann nicht, wenn die Ehegatten innerhalb der ehelichen Wohnung getrennt leben.

§ 1566. Eine Ehe ist schon vor Ablauf der in § 1565 bestimmten Trennungsfrist zu scheiden, wenn dem Ehegatten, der die Scheidung beantragt, die Fortsetzung der Ehe nicht zuzumuten ist, weil der andere Ehegatte sich eines Verbrechens oder eines schweren vorsätzlichen Vergehens gegen den Antragsteller oder einen nahen Angehörigen des Antragstellers schuldig gemacht hat.

§ 1567. Beantragen beide Ehegatten die Scheidung oder stimmt der Antragsgegner der Scheidung zu, so ist die Ehe zu scheiden, wenn die Ehegatten seit einem Jahr getrennt leben."

Begründung: Nach § 1565 i.d.F. des Entwurfs soll eine Ehe geschieden werden können, wenn die Lebensgemeinschaft der Ehegatten nicht mehr besteht und nicht erwartet werden kann, dass die Ehegatten sie wieder herstellen. Die Zivilrechtliche Abteilung des 48. Deutschen Juristentags hat eine solche Generalklausel mit Recht abgelehnt, weil sie wesentliche Mängel des geltenden Rechts, die Anlass für die Reformbestrebungen gewesen sind, nicht beseitigt: Die Generalklausel wird dazu führen, dass der Richter im Falle der streitigen Scheidung auch in Zukunft über die gegenseitig vorgeworfenen Eheverfehlungen Beweis erheben und dabei den inneren Lebensbereich der Ehegatten erforschen muss. Denn nur so wird das Scheitern der Ehe festgestellt werden können. Die Generalklausel wird sogar zu einem noch tieferen Eindringen in die Intimsphäre der Ehegatten führen als das geltende Recht, da bei ihr das gesamte gegenseitige Verhältnis der Ehegatten geprüft werden muss, wie in der Begründung der Regierungsvorlage zutreffend ausgeführt wird.

Wenn die Ehegatten nicht bereits längere Zeit getrennt leben, gibt es keinen sicheren rechtlichen Maßstab für die Feststellung, dass die Lebensgemeinschaft der Ehegatten nicht mehr besteht und nicht erwartet werden kann, dass die Ehegatten sie wieder herstellen. Die unterschiedliche Spruchpraxis der Gerichte (Scheidungsgeographie) wird durch die im Entwurf vorgesehene Generalklausel daher eher noch vergrößert werden.

Sind die Ehegatten sich über die Scheidung einig, so werden sie wie im geltenden Recht dem Gericht die Zerrüttung der Ehe durch den Vertrag und das Zugestehen von Eheverfehlungen vorspiegeln, um das Erfordernis mindestens einjähriger Trennung bei einverständlicher Scheidung (§ 1566 Abs. 2) zu umgehen. – Das so genannte Scheidungstheater, das sich gegenwärtig vor unseren Scheidungskammern abspielt und das der Würde und dem Ansehen des Gerichts schadet, wird seinen Fortgang nehmen.

Die Scheidung sollte daher grundsätzlich nur zugelassen werden, wenn die Eheleute bereits längere Zeit getrennt leben. Längeres Getrenntleben ist das einzige sichere Indiz für eine unheilbare Zerrüttung der Ehe. Die Trennung wird von dem Ehegatten, der die Fortsetzung der ehelichen Lebensgemeinschaft ablehnt, unter den heutigen Verhältnissen ohne Schwierigkeiten herbeigeführt werden können, zumal sie notfalls auch innerhalb der ehelichen Wohnung möglich ist. Andererseits wird sich die nach der Generalklausel des § 1565 i.d.F. des Entwurfs erforderliche Feststellung, dass die Lebensgemeinschaft der Ehegatten nicht mehr besteht, kaum treffen lassen, solange die Eheleute noch zusammenleben.

Begehrt nur ein Ehegatte die Scheidung, so wird die Ehe stets als gescheitert angesehen werden können, wenn die häusliche Gemeinschaft der Ehegatten mindestens zwei Jahre aufgehoben ist (Empfehlung des 48. Deutschen Juristentags). Nach der Lebenserfahrung ist ein eheliches Zusammenfinden der Ehegatten nach Ablauf einer so langen Trennungszeit regelmäßig ausgeschlossen.

Die Aufrechterhaltung der Ehe bis zum Ablauf dieser Trennungszeit wird einem Ehegatten allerdings in der Regel nicht zugemutet werden können, wenn der andere Ehegatte sich eines Verbrechens oder eines schweren vorsätzlichen Vergehens gegen den Antragsteller oder einen nahen Angehörigen des Antragstellers schuldig gemacht hat. Der hier vorgeschlagene § 1566 lässt daher in diesen Fällen eine Scheidung auch dann zu, wenn die Ehegatten noch nicht oder jedenfalls nicht die vorgeschriebene Zeitspanne getrennt gelebt haben. Die Regelung knüpft insoweit zwar an einen Verschuldenstatbestand an. Dieser Tatbestand ist jedoch eng umgrenzt und wird nur selten vorkommen. Er kann daher sehr viel eher hingenommen werden als die vom Entwurf vorgeschlagene Generalklausel, bei der die Prüfung von Verschuldenstatbeständen die Regel sein wird.

Der Antrag wird gegen die Stimme des Vertreters Hessens *abgelehnt.*

8. Zu Art. 1 Nr. 14 (§ 1565 BGB) usw.: Der Vertreter *Bayerns* stellt folgenden Antrag: In Art. 1 Nr. 14 ist § 1565 wie folgt zu fassen:

„*§ 1565.* (1) Eine Ehe kann geschieden werden, wenn sie unheilbar zerrüttet ist. Vor Ablauf der in § 1566 genannten Fristen darf jedoch die Ehe nur geschieden werden, wenn dem Antragsteller die Fortsetzung der Ehe aus Gründen, die in der Person des anderen Ehegatten oder in dessen Lebensbereich liegen, nicht zuzumuten ist.

(2) Eine Ehe ist unheilbar zerrüttet, wenn die Lebensgemeinschaft der Ehegatten nicht mehr besteht und nicht erwartet werden kann, dass die Ehegatten sie wieder herstellen."

Daraus ergeben sich folgende Änderungen:

a) In Art. 1 Nr. 1 ist § 1353 Satz 2 wie folgt zu fassen: „Ein Ehegatte ist nicht verpflichtet, dem Verlangen des anderen Ehegatten nach Herstellung der Gemeinschaft Folge zu leisten, wenn sich das Verlangen als Rechtsmissbrauch darstellt oder wenn die Voraussetzungen für die Scheidung der Ehe auf Antrag des Ehegatten, der die Herstellung der Gemeinschaft ablehnt, gegeben sind".

b) In Art. 1 Nr. 9 ist § 1385 wie folgt zu fassen:

„*§ 1385.* Ein Ehegatte kann auf vorzeitigen Ausgleich des Zugewinns klagen, wenn die Voraussetzungen für die Scheidung der Ehe auf seinen Antrag gegeben sind."

c) Für den Fall, dass es bei der Aufhebung des § 2335 durch Art. 1 Nr. 37 des Entwurfs und folglich bei der Neufassung des § 1509 in Art. 1 bzw. 12 verbleibt, sind in § 1509 Satz 1 die Worte „wenn die Ehe gescheitert ist" durch die Worte „wenn die Voraussetzungen für die Scheidung der Ehe auf seinen Antrag gegeben sind" zu ersetzen.

d) In Art. 1 Nr. 14 ist in § 1566 Abs. 1 und 2 sowie in § 1568 Satz 1 das Wort „gescheitert" jeweils durch die Worte „unheilbar zerrüttet" zu ersetzen.

Begründung: Zum Begriff der Ehe: Der bisher gebräuchliche Begriff der „unheilbaren Zerrüttung" der Ehe ist nicht durch den Begriff „Scheitern" der Ehe zu ersetzen. Durch den vorliegenden Entwurf soll das Recht der Ehescheidung auf das Zerrüttungsprinzip gestellt werden. Dies sollte auch im Gesetzestext und nicht nur in der Begründung zum Ausdruck gebracht werden, die immer wieder – zutreffend – die „Zerrüttung" als Scheidungsvoraussetzung anführt. Zudem ist der Begriff der „unheilbaren Zerrüttung" schon bisher bekannt und von der Rechtsprechung im Einzelnen erläutert worden, so dass bei der Beibehaltung des bisherigen Begriffs auf die vorhandene Rechtsprechung zurückgegriffen werden kann.

Auch müsste der Begriff des „Scheiterns" dazu führen, einer Ehe, die über viele Jahre ihren bestimmungsmäßigen Zweck erfüllt hat, wenn sie nunmehr durch einen Wandel der Verhältnisse unheilbar zerrüttet ist, den Wert abzusprechen, den sie vor dem Eintritt der Zerrüttung hatte und der auch trotz der Zerrüttung fortdauern kann.

Einschränkung der Generalklausel: Eine uneingeschränkte Generalklausel, wie sie § 1565 i.d.F. des Regierungsentwurfs vorsieht, ermöglicht die sofortige einseitige Aufkündigung der Ehe. Denn die Zerrüttung einer Ehe kann auch einseitig herbeigeführt werden. Der Scheidungswillige hat es bei einer solchen Regelung in der Hand, durch sein eigenes Verhalten den Zerrüttungstatbestand selbst zu schaffen und so die sofortige Scheidung der Ehe zu erzwingen. Hat er auf diese Weise die Zerrüttung der Ehe herbeigeführt, so könnte der Richter bei einer uneingeschränkten Generalklausel die Scheidung der Ehe selbst in Fällen des Rechtsmissbrauchs nicht versagen. Hierzu muss ihm aber die Möglichkeit gegeben werden, um dem allgemeinen Rechtsgrundsatz Geltung zu verschaffen, dass niemand aus eigenen Rechtsverletzungen für sich günstige Rechtsfolgen herleiten kann.

Die Generalklausel soll daher in der Weise eingeschränkt werden, dass sie nur eingreift, wenn die Fortführung der Ehe dem Antragsteller aus Gründen unzumutbar ist, die in der Person des *anderen* Ehegatten oder in dessen Lebensbereich liegen. Die Unzumutbarkeit kann danach nicht nur auf solchen Gründen beruhen, die in persönlichen Eigenschaften (z.B. erhebliche geistige oder körperliche Gebrechen) oder im persönlichen Verhalten liegen, sondern auch auf Umständen, die zur Lebenssphäre des anderen Ehegatten gehören. Die Prüfung der Unzumutbarkeit erfordert keine zusätzliche Beweisaufnahme; denn die Gründe für die Unzumutbarkeit, die Ehe fortzusetzen, ergeben sich bereits bei der Prüfung der Ursachen der Zerrüttung, die bei Anwendung der Generalklausel ohnehin erforderlich ist. Die vorgeschlagene Einschränkung stellt auch keine Rückkehr zum Verschuldensprinzip dar. Die Unzumutbarkeit der Fortsetzung der Ehe ergibt sich aus dem vom Gericht festgestellten objektiven Sachverhalt, nicht aber aus einer Prüfung, ob den anderen Ehegatten ein Verschulden trifft.

Dadurch, dass die Scheidung infolge der Einschränkung der Generalklausel im Regelfall erst nach Ablauf der im § 1566 bestimmten Fristen ermöglicht werden soll, wird im Ergebnis auch der vielfach erhobenen Forderung Rechnung getragen, eine Scheidung vor Ablauf einer Mindestdauer der Ehe (etwa ein Jahr) nur aus schwerwiegenden Gründen zuzulassen, die in der Person des anderen Ehegatten liegen. Durch die Einschränkung wird schließlich auch erreicht, dass die Generalklausel nicht so leicht wie nach dem Regierungsentwurf für Konventionalscheidungen missbraucht werden kann. Die Einschränkung wird daher eher dazu führen, die einverständliche Scheidung nur auf dem in § 1566 Abs. 2 BGB i.d.F. des Entwurfs vorgesehenen Weg zu betreiben.

Folgeänderungen a) bis d): Als Folge der Änderung des § 1565 ergibt sich, dass in den neuen §§ 1353, 1509 nicht mehr auf das Scheitern der Ehe abgestellt werden kann, sondern darauf, ob die Voraussetzungen der Scheidung der Ehe auf Antrag desjenigen Ehegatten, der Rechte aus den genannten Bestimmungen herleitet, gegeben sind. § 1385 bedarf der Anpassung an die Einschränkung der Generalklausel sowie daran, dass eine Heimtrennung nach § 1566 Abs. 1 BGB i.d.F. des Entwurfs nur eine widerlegbare Vermutung der unheilbaren Zerrüttung der Ehe begründet. In den §§ 1566 und 1568 ist ebenfalls der Begriff der unheilbaren Zerrüttung zu verwenden.

Der Antrag wird gegen die Stimmen der Vertreter Baden-Württembergs, Bayerns, von Rheinland-Pfalz, des Saarlandes und Schleswig-Holsteins *abgelehnt.*

9. Zu Art. 1 Nr. 14 (§ 1566 Abs. 1 BGB): Der Vertreter *Bayerns* stellt folgenden Antrag: In § 1566 Abs. 1 ist das Wort „drei“ durch das Wort „fünf“ zu ersetzen.

Begründung: Eine Trennungsfrist von drei Jahren lässt in vielen Fällen noch keinen sicheren Schluss darauf zu, dass die Ehe unheilbar zerrüttet ist. Sie kann jedenfalls nicht mit einem Vergleich mit § 48 EheG gerechtfertigt werden, weil diese Bestimmung anders aufgebaut ist. Wie der Begründung des Regierungsentwurfs (Vorbemerkungen VIII Nr. 1) zu entnehmen ist, finden sich im ausländischen Recht Trennungszeiten von drei, fünf und sieben Jahren. Die Dreijahresfrist liegt daher an der untersten Grenze. Es erscheint notwendig, die Frist auf fünf Jahre auszudehnen, wie dies die Mehrheit der Eherechtskommission vorgeschlagen hat. Die Dreijahresfrist ist schon deshalb zu kurz, weil die Dauer des Scheidungsprozesses in die Frist eingerechnet wird, so dass die Klage schon vor Ablauf der Frist erhoben werden kann. Dagegen kann bei einer fünfjährigen Heimtrennung als Voraussetzung für eine Vermutung der Zerrüttung der Ehe eher damit gerechnet werden, dass nur vorübergehende Ehekrisen nicht zu einem Scheidungsantrag führen. Sowohl ein aus der Ehe herausstrebender Ehegatte als insbesondere auch sein neuer Partner werden nicht so leicht geneigt sein, bei einer fünfjährigen Wartezeit sich gegen eine bestehende Ehe zu wenden. Schließlich wird ein Ehegatte, der unter allen Umständen aus der Ehe herausstrebt, bei einer nur dreijährigen Frist kaum bereit sein, bei der Auseinandersetzung die Interessen des anderen Ehegatten ausreichend zu berücksichtigen. Dagegen besteht bei einer Fünfjahresfrist die Möglichkeit, dass er sich bemühen wird, zu einer für den anderen Ehegatten tragbaren Lösung zu kommen. Dadurch wird eher gewährleistet, dass die Ehe mit einem Maximum an Fairness und mit einem Minimum an Bitterkeit gelöst wird.

Der Antrag wird gegen die Stimmen der Vertreter Baden-Württembergs, Bayerns, von Rheinland-Pfalz, des Saarlandes und Schleswig-Holsteins *abgelehnt.*

10. Zu Art. 1 Nr. 14 (§ 1566 Abs. 2 BGB): Der Vertreter *Bayerns* stellt folgenden Antrag: In § 1566 Abs. 2 wird das Wort „unwiderlegbar“ gestrichen.

Begründung: Auch bei der einverständlichen Scheidung kann an die Trennung der Eheleute während der Dauer eines Jahres nicht die unwiderlegbare Vermutung der unheilbaren Zerrüttung der Ehe geknüpft werden. Auch in diesem Fall muss der Richter die Möglichkeit haben, den Ausspruch der Scheidung abzulehnen, wenn er erkennt, dass noch begründete Aussichten auf Versöhnung der Eheleute bestehen. andernfalls würde von dem Grundsatz der Ehe auf Lebenszeit abgegangen; denn die Ehe könnte dann durch gegenseitigen Vertrag auf jeden Fall aufgehoben werden.

Eine Regelung, die die gerichtliche Scheidung einer Ehe als automatische Folge des Einverständnisses der Ehegatten und des Ablaufs einer kurzen Frist ausgestaltet, ist weder mit der Bedeutung der Ehe noch mit dem Sinn des Erfordernisses einer richterlichen Entscheidung zu vereinbaren.

Allerdings bedeutet die Einführung einer widerlegbaren Vermutung nicht, dass der Richter verpflichtet ist, in jedem Fall gegen den Willen der Ehegatten Umstände zu ermitteln, die für die Aufrechterhaltung der Ehe sprechen. Die Erfahrungen bei der Konventionalscheidung unter dem geltenden Recht zeigen, dass die Befürchtung unbegründet ist, die Gerichte würden in jedem Fall einer Konventionalscheidung unangebrachtermaßen in die Intimsphäre der Ehegatten eindringen. Sie sollten jedoch nicht gezwungen sein, eine Ehe zu scheiden, wenn sich schon aus dem vorgetragenen Sachverhalt ergibt, dass die Ehe nicht unheilbar zerrüttet ist.

Der Antrag wird gegen die Stimmen der Vertreter Baden-Württembergs, Bayerns, von Rheinland-Pfalz, des Saarlandes und Schleswig-Holsteins *abgelehnt.*

11. Zu Art. 1 Nr. 14 (§ 1566 BGB), Art. 6 Nr. 19 (§ 630 ZPO): Der Vertreter *Hamburgs* stellt folgenden Antrag:

a) In Art. 1 Nr. 14 ist § 1566 BGB wie folgt zu fassen:

„*§ 1566.* Es wird unwiderlegbar vermutet, dass die Ehe gescheitert ist, wenn

1. die Ehegatten seit drei Jahren getrennt leben oder

2. die Ehegatten seit einem Jahr getrennt leben und beide Ehegatten die Scheidung beantragen oder der Antragsgegner der Scheidung zustimmt.“

b) In Art. 6 Nr. 19 sind in § 630 Abs. 1 ZPO die Worte „§ 1566 Abs. 2“ durch die Worte „§ 1566 Nr. 2“ zu ersetzen.

Begründung: Im Gegensatz zu den Vorschlägen der Eherechtskommission und des 48. Deutschen Juristentages sieht der Entwurf nur eine widerlegbare Vermutung für das Scheitern der Ehe nach dreijährigem Getrenntleben der Ehegatten vor. Dieser Vorschlag kann nicht befriedigen, weil er wesentliche Mängel des geltenden Rechts nicht beseitigt. Er gibt dem Ehegatten, der nicht geschieden sein will, die Möglichkeit, eine Beweisaufnahme über den Zustand der Ehe zu erzwingen. Der Richter wird in diesem Fall genötigt, in die Intimsphäre der Ehegatten einzudringen und ihre Ehe zu erforschen. Leben die Ehegatten drei Jahre getrennt und hat ein Ehegatte während der gesamten Trennungszeit die Absicht, die häusliche Gemeinschaft nicht wieder herzustellen, so entspricht die gesetzliche Vermutung, dass die eheliche Lebensgemeinschaft aufgehoben ist, und die Prognose, dass ihre Wiederherstellung nicht mehr erwartet werden kann, den tatsächlichen Gegebenheiten. Die Ausgestaltung der gesetzlichen Vermutung für das Scheitern der Ehe als unwiderlegbar ist deshalb allein sachgerecht. Sie schützt die Ehegatten vor nutzlosem gerichtlichen Streit, verhindert eine unnötige Verschärfung der Auseinandersetzung zwischen ihnen und bewahrt den die Scheidung ablehnenden Ehegatten vor der Enttäuschung, dass die Hoffnung trügt, mit dem dem Gericht gegenüber zu führenden Beweis, dass seine Ehe trotz dreijähriger Trennung nicht gescheitert sei, sei auch die tatsächliche Wiederherstellung der Ehe zu erreichen.

Der Antrag wird gegen die Stimmen der Vertreter Baden-Württembergs, Bayerns, von Rheinland-Pfalz, des Saarlandes und Schleswig-Holsteins *angenommen.*

12. Zu Art. 1 Nr. 14 (§ 1567 Abs. 1 BGB): Der Vertreter von *Rheinland-Pfalz* stellt folgenden Antrag: In § 1567 Abs. 1 sind die Worte „deren Herstellung" durch die Worte „die Herstellung der ehelichen Lebensgemeinschaft" zu ersetzen.

Begründung: Entgegen der Fassung des Regierungsentwurfs kann es nicht darauf ankommen, ob ein Ehegatte die Herstellung der häuslichen Gemeinschaft ablehnt, sondern nur darauf, ob er die Herstellung der ehelichen Lebensgemeinschaft ablehnt. Die Begründung des Regierungsentwurfs weist auf diesen Unterschied zutreffend schon bei § 1565 (unter II 1) hin. Es sind Fälle denkbar, bei denen ein Ehegatte aus beruflichen Gründen mit dem anderen Ehegatten nicht in häuslicher Gemeinschaft leben kann, aber trotzdem nicht die Herstellung der ehelichen Lebensgemeinschaft ablehnt. Die vorgeschlagene Fassung entspricht auch besser der zur Aufhebung der häuslichen Gemeinschaft vorliegenden, in Abschnitt I der Begründung zu § 1567 wiedergegebenen Rechtsprechung.

Der Antrag wird gegen die Stimmen der Vertreter Baden-Württembergs, Bayerns, von Rheinland-Pfalz, des Saarlandes und Schleswig-Holsteins *abgelehnt.*

13. Zu Art. 1 Nr. 14 (§ 1567 a –neu -): Der Vertreter *Bayerns* stellt folgenden Antrag: Nach § 1567 ist folgender § 1567 a einzufügen: *„§ 1567 a.* Der Antrag auf Scheidung der Ehe kann nur gestellt werden, wenn die Ehe mindestens ein Jahr bestanden hat. Vor Ablauf dieser Zeit kann sie nur geschieden werden, wenn die Fortsetzung der Ehe für den Antragsteller aus Gründen, die in der Person des anderen Ehegatten liegen, eine unzumutbare Härte bedeuten würde."

Begründung: Das Zerrüttungsprinzip erfordert für den Regelfall, dass die Ehe eine gewisse Mindestzeit bestanden hat, weil eine eben erst begonnene Ehe meist nicht in wenigen Tagen unheilbar zerrüttet sein kann. Zumindest wird die Ehe eine gewisse Zeit bestanden haben müssen, um eine sichere Feststellung darüber treffen zu können, ob die Ehe unheilbar zerrüttet ist. Auch muss vorschnellen Scheidungsanträgen entgegengewirkt werden, die unter dem Eindruck von Anfangsschwierigkeiten in der Ehe gestellt werden (so auch die Begründung in Abschnitt IV I zu § 1565).

Eine Ausnahme vom Erfordernis der Mindestdauer einer Ehe ist allerdings dann erforderlich, wenn die Fortsetzung der Ehe bis zur Erreichung der Mindestdauer für den Antragsteller eine unzumutbare Härte bedeuten würde; hierbei sind jedoch nur Gründe zu berücksichtigen, die in der Person des anderen Ehegatten liegen.

Eine Vorschrift über die Mindestdauer der Ehe ist nur sinnvoll, wenn die Dauer des Scheidungsprozesses in die Mindestdauer nicht eingerechnet wird; die Mindestdauer muss daher bereits beim Antrag auf Scheidung erreicht sein.

Der Antrag wird gegen die Stimmen der Vertreter Baden-Württembergs, Bayerns, von Rheinland-Pfalz und des Saarlandes *abgelehnt.*

14. Zu Art. 1 Nr. 14 (§ 1568 BGB) und Art. 6 Nr. 19 (§ 616 Abs. 3 ZPO):

a) Der Vertreter *Hessens* stellt folgenden Antrag: § 1568 BGB wird gestrichen.

Begründung: Das dem Entwurf zugrunde liegende Zerrüttungsprinzip basiert auf dem Grundsatz, dass unheilbar zerrüttete Ehen geschieden werden sollen, weil sie für die Ehegatten, die Kinder und die Allgemeinheit ihren Sinn verloren haben. Die immaterielle Härteklausel durchbricht diesen Grundsatz, ohne dass überzeugende Gründe hierfür bestehen.

Immaterielle Härten kann der Gesetzgeber nicht verhindern. Sie entstehen nicht durch die Scheidung als solche, sondern durch das Scheitern der Ehe. Besteht zwischen den Ehegatten keine Lebensgemeinschaft mehr und ist auch nicht zu erwarten, dass die Ehegatten sie wieder herstellen, so ist nicht ersichtlich, was der nicht scheidungsbereite Ehegatte dadurch gewinnen soll, dass dem anderen Ehegatten die Scheidung verweigert wird. Es besteht zudem die große Gefahr, dass die Härteklausel im Sinne einer Rechtsmissbrauchsklausel ausgelegt wird und so das Verschuldensprinzip wieder in die Scheidungspraxis eindringt. Die Begründung zu dem Gesetzentwurf bietet selbst hierfür den Ansatz, indem sie darlegt, es könne nicht ausgeschlossen werden, dass in Ausnahmefällen die planmäßige, einseitige und bewusste Zerstörung der Ehe durch einen der Ehegatten außergewöhnliche Umstände herbeiführe, deren Härte durch die Scheidung vermehrt werde.

Der Antrag wird gegen die Stimme des Vertreters Hessens *abgelehnt.*

b) Der Vertreter *Hamburgs* stellt folgenden Antrag: § 1568 Satz 1 BGB ist wie folgt zu fassen: „Lehnt der Antragsgegner die Scheidung ab, so soll die Ehe nicht geschieden werden, solange die Scheidung für den Antragsgegner wegen außergewöhnlicher Umstände eine so schwere Härte darstellen würde, dass die Aufrechterhaltung der Ehe auch unter Berücksichtigung der Belange des Antragstellers geboten erscheint, obwohl sie gescheitert ist."

Begründung: Eine schwere Härte, die im Einzelfall mit einer Scheidung verbunden sein würde und deshalb die Scheidung hindert, verliert regelmäßig durch Zeitablauf an Gewicht. Es sollte daher im Wortlaut der Härteklausel klar zum Ausdruck gebracht werden, dass die Scheidung nicht dauernd, sondern nur solange ausgeschlossen ist, wie die Härte fortbesteht.

Dass das Gericht nach außergewöhnlichen Umständen i.S. des § 1568 BGB nicht von Amts wegen zu forschen hat, sondern dass der die Scheidung ablehnende Ehegatte solche Umstände vorbringen muss, ergibt sich bereits aus § 616 Abs. 3 ZPO i.d.F. von Artikel 6 Nr. 19 des Entwurfs und gehört als verfahrensrechtliche Regelung nicht in das BGB.

Der Antrag wird gegen die Stimmen der Vertreter Berlins, Bremens, Hamburgs, Hessens und Niedersachsens *abgelehnt.*

c) Der Vertreter *Bayerns* stellt den Antrag:

aa) In Art. 1 Nr. 14 ist § 1568 BGB wie folgt zu fassen: „*§ 1568.* Die Ehe soll nicht geschieden werden, obwohl die unheilbar zerrüttet ist, wenn die Aufrechterhaltung der

Ehe im Interesse der aus der Ehe hervorgegangenen minderjährigen Kinder notwendig ist oder wenn die Scheidung für den Ehegatten, der sie ablehnt und noch eine innere Bindung an die Ehe hat, auch unter Berücksichtigung der Belange des anderen Ehegatten eine unzumutbare Härte darstellen würde."

bb) In Art. 6 Nr. 19 sind an § 616 Abs. 3 ZPO die Worte anzufügen: „oder wenn sie die gemeinschaftlichen Kinder betreffen."

Begründung: Berücksichtigung des Kindeswohls. Mit dem Regierungsentwurf ist anzunehmen, dass den Interessen der Kinder durch die Aufrechterhaltung einer unheilbar zerrütteten Ehe vielfach nicht gedient ist. Trotzdem sind aber Fälle denkbar, in denen es erforderlich ist, die Ehe im Interesse der Kinder aufrechtzuerhalten; das zeigen insbesondere die Erfahrungen im anderen Teil Deutschlands, in dem das Zerrüttungsprinzip schon seit mehr als 1 ½ Jahrzehnten gilt und wo es sich immer wieder als erforderlich erweist, die Scheidung einer unheilbar zerrütteten Ehe im Interesse minderjähriger Kinder abzulehnen.

Der Antrag wird gegen die Stimmen der Vertreter Baden-Württembergs, Bayerns, von Rheinland-Pfalz, des Saarlandes und Schleswig-Holsteins *abgelehnt.*

15. Zu Art. 1 Nr. 14 (§ 1568 a – neu -): Der Vertreter Bayerns stellt folgenden Antrag: Nach § 1568 ist folgender § 1568 a einzufügen: „*§ 1568 a.* (1) Die Scheidung der Ehe darf erst ausgesprochen werden, wenn gleichzeitig eine Regelung über die Zuordnung der Kinder, den persönlichen Verkehr mit den Kindern und den Unterhalt für die Kinder getroffen wird.

(2) Das Gleiche gilt, wenn ein Ehegatte den Antrag stellt, die gesetzliche Unterhaltspflicht der Ehegatten untereinander, den Versorgungsausgleich, die Regelung der Rechtsverhältnisse an der Ehewohnung und am Hausrat sowie Ansprüche aus dem ehelichen Güterrecht und sonstige vermögensrechtliche Ansprüche der Ehegatten gegeneinander zu regeln, sofern Dritte nicht am Verfahren beteiligt sind.

(3) Abweichend von den Absätzen 1 und 2 darf die Scheidung der Ehe vor der Entscheidung über die Folgesachen nur ausgesprochen werden, wenn die gleichzeitige Entscheidung den Scheidungsausspruch außergewöhnlich verzögern würde und aufgrund besonderer Umstände der Aufschub der Scheidung auch unter Berücksichtigung der Bedeutung der Folgesache sowie der Belange des anderen Ehegatten und der Kinder eine unzumutbare Härte darstellen würde. Die Regelung des Versorgungsausgleichs oder der Ansprüche aus dem ehelichen Güterrecht und sonstiger vermögensrechtlicher Ansprüche der Ehegatten gegeneinander kann ferner aufgeschoben werden, wenn sie vor der Auflösung der Ehe nicht möglich ist."

Begründung: Es ist ein besonders hervorstechender Mangel des geltenden Rechts, dass es danach möglich ist, die Scheidung der Ehe alsbald zu erreichen, dass sich aber die übrigen Auseinandersetzungen der Ehegatten lange Zeit hinziehen können; das ist besonders schädlich, soweit diese Auseinandersetzungen im Streit um die Zuordnung der Kinder und das Verkehrsrecht mit ihnen auf dem Rücken der Kinder ausgetragen werden. Auch für die Ehegatten selbst wird vielfach die Bedeutung der Scheidung erst richtig erkennbar, wenn deren Folgen im Einzelnen bekannt sind. Mit Recht sieht deshalb der Entwurf im Verfahrensrecht vor, dass über die Scheidung der Ehe und die Scheidungsfolgen möglichst gleichzeitig entschieden werden muss.

Unabhängig von der verfahrensrechtlichen Regelung muss aber auch das sachliche Recht eine entsprechende Vorschrift enthalten. Andernfalls ist es nicht möglich, die Scheidung einer Ehe zu versagen, wenn zwar deren Voraussetzungen vorliegen, aber die im Anschluss an die Scheidung erforderlichen Folgeregelungen noch nicht getroffen sind. Auch bedingen sich die Scheidung und die Regelung ihrer Folgen gegenseitig; dem muss auch das sachliche Recht in der Weise Rechnung tragen, dass es die enge Verbindung dieser Komplexe erkennbar werden lässt. Soweit Ausnahmen zulässig sein sollen, müssen sie im sachlichen und im Verfahrensrecht übereinstimmend geregelt werden.

Dadurch, dass die wesentlichen Grundsätze des Verfahrensverbundes zu einer Scheidungsvoraussetzung im materiellen Recht gemacht werden, wird auch erreicht, dass das Revisionsgericht eine Verletzung dieser Vorschriften auf die Sachrüge hin prüfen kann. Dies entspricht dem besonderen Gewicht, das dem Verfahrensverbund in der Reform des Scheidungsrechts zukommt.

Schließlich kann eine Regelung im sachlichen Recht über die jeweils anwendbaren kollisionsrechtlichen Vorschriften auch bewirken, dass bei im Ausland durchgeführten Scheidungsverfahren, in denen das deutsche materielle Scheidungsrecht angewandt wird, auch das Erfordernis der gleichzeitigen Entscheidung über die Nebenfolgen beachtet wird.

Der Antrag wird gegen die Stimmen der Vertreter Berlins, Hamburgs und Hessens bei Stimmenthaltung der Vertreter Bremens und Schleswig-Holsteins *angenommen.*

16. Zu Art. 1 Nr. 14 (§ 1569 BGB) und zu Art. 6 Nr. 19 (§ 628 ZPO): Der Vertreter *Bayerns* stellt zur Erörterung, ob dem Gericht, das für die Entscheidung über einen Antrag auf Ehescheidung und für die Folgesachen zuständig ist, nicht auch die Befugnis gegeben werden sollte, auf Antrag eines Ehegatten in dem Urteil auszusprechen, dass dieser nach der Scheidung der Ehe den in § 1569 Satz 2 bezeichneten Namen führen darf. Eine solche Regelung könnte in der Art getroffen werden, wie sie aus der *Anlage* zu diesem Protokoll ersichtlich ist.

Anlage:

1. In Artikel 1 Nr. 14 ist § 1569 BGB wie folgt zu fassen: „*§ 1569.* Der geschiedene Ehegatte behält den Ehenamen. Auf seinen Antrag spricht das Gericht zugleich mit der Scheidung aus, dass er mit der Rechtskraft des Urteils seinen Geburtsnamen oder den Namen, den er bei der Eingehung der geschiedenen Ehe geführt hat, wieder erhält. Er kann diesen Namen auch durch eine öffentlich beglaubigte Erklärung gegenüber dem Standesbeamten wieder annehmen."

2. In Artikel 6 Nr. 19 ist in *§ 628 ZPO* folgender Absatz 3 einzufügen: „(3) Ist dem Scheidungsantrag stattzugeben, so stellt das Gericht auf Antrag eines Ehegatten in dem Urteil fest, dass der Ehegatte seinen Geburtsnamen oder den Namen, den er bei der Eingehung der geschiedenen Ehe geführt hat, wieder erhält. Der Antrag kann zu Protokoll der Geschäftsstelle oder in der mündlichen Verhandlung zur Niederschrift des Gerichts erklärt werden. Die Feststellung ist unanfechtbar." – Der bisherige Absatz 3 wird Absatz 4.

Begründung: Der Entwurf strebt an, im Scheidungsverfahren zu einer Gesamtbereinigung aller sich aus der Scheidung ergebenden Rechtsfolgen zu kommen. Da hierzu auch die Namensführung der geschiedenen Ehegatten gehört, führt es zu einer Vereinfachung, wenn sie die in § 1569 Satz 2 vorgesehene Namensbestimmung auch in dem Scheidungsverfahren treffen können, ähnlich wie dies in §§ 1740 f., 1740 g BGB im Adoptionsverfahren und für den Fall der Scheidung auch in zahlreichen ausländischen Rechten vorgesehen ist.

Nach eingehender Erörterung durch den UA behält sich der Vertreter *Bayerns* vor, im RA eine entsprechende Prüfungsempfehlung zu beantragen.

17. Zu Art. 1 Nr. 14 (§§ 1570 ff. BGB), Nr. 7 (§ 1361 BGB), Art. 4 Nr. 1 Buchst. a (§ 592 RVO): Die Vertreter von *Rheinland-Pfalz* und *Schleswig-Holstein* stellen folgenden Antrag:

a) In Art. 1 Nr. 14 erhält die Überschrift vor § 1570 BGB folgende Fassung: „1. Unterhaltsberechtigung".

b) In Art. 1 Nr. 14 werden die §§ 1570 bis 1580 BGB durch folgende Vorschriften ersetzt: „*§ 1570.* Ein Ehegatte hat dem anderen nach der Scheidung Unterhalt zu gewähren, soweit der andere Ehegatte außer Stande ist, sich von seinem Einkommen aus einer angemessenen Erwerbstätigkeit, seinen sonstigen Einkünften oder aus seinem Vermögen selbst zu unterhalten.

§ 1571. (1) Angemessen ist eine Erwerbstätigkeit, die der Ausbildung des Ehegatten, seinen Fähigkeiten, seinem Lebensalter, seinem Gesundheitszustand und den ehelichen Lebensverhältnissen entspricht; ein nach der Ehe erreichter höherer Ausbildungsstand bleibt außer Betracht. Bei den ehelichen Lebensverhältnissen sind die Dauer der Ehe und die Dauer der Pflege oder Erziehung eines gemeinschaftlichen Kindes oder eines eigenen nicht gemeinschaftlichen Kindes zu berücksichtigen, das während der Ehe mit Zustimmung des anderen Ehegatten im gemeinschaftlichen Haushalt gelebt hat.

(2) Soweit es zur Aufnahme einer angemessenen Erwerbstätigkeit erforderlich ist, obliegt es dem geschiedenen Ehegatten, sich ausbilden, fortbilden oder umschulen zu lassen, wenn er hierzu die Fähigkeiten besitzt.

§ 1572. Auf eine Erwerbstätigkeit kann ein Ehegatte nicht verwiesen werden, wenn

1. von ihm

a) wegen der Pflege oder Erziehung eines in § 1571 Abs. 1 Satz 2 bezeichneten Kindes,

b) wegen Alters,

c) wegen Krankheit oder anderer Gebrechen oder Schwäche seiner körperlichen oder geistigen Kräfte oder

d) aus anderen schwerwiegenden, in den ehelichen Lebensverhältnissen liegenden Gründen

eine angemessene Erwerbstätigkeit nicht erwartet werden kann,

2. er, um eine angemessene Erwerbstätigkeit zu erlangen, eine Schul- oder Berufsausbildung, die er in Erwartung der Ehe oder während der Ehe nicht aufgenommen oder abgebrochen hat, oder eine entsprechende Ausbildung nach der Scheidung unverzüglich aufnimmt oder fortsetzt und die Umstände, insbesondere die Fähigkeiten und das Alter des Berechtigten, den erfolgreichen Abschluss der Ausbildung erwarten lassen, solange eine solche Ausbildung dauert; dabei sind ehebedingte Verzögerungen der Ausbildung zu berücksichtigen. Entsprechendes gilt, wenn der geschiedene Ehegatte eine vergleichbare

Ausbildung aufnimmt, sich fortbilden oder umschulen lässt, um Nachteile auszugleichen, die durch die Ehe eingetreten sind.

§ 1573. Auf Einkünfte aus einer nicht angemessenen Tätigkeit kann ein Ehegatte nicht verwiesen werden, wenn sich der Verpflichtete der Unterhaltspflicht entzieht. Das Gleiche gilt, wenn der Berechtigte eine Erwerbstätigkeit ausübt, obwohl er auf sie nach § 1572 nicht verwiesen werden kann.

§ 1574. (1) Auf die Verwertung des Stammes seines Vermögens kann ein Ehegatte nicht verwiesen werden, soweit sie eine unbillige Härte für ihn bedeuten würde.

(2) Fällt das Vermögen später aus Gründen weg, die der berechtigte Ehegatte zu vertreten hat, so entfällt der Unterhaltsanspruch, soweit der Berechtigte sich aus seinem Vermögen hätte unterhalten können. Dies gilt nicht, wenn im Zeitpunkt des Vermögenswegfalls von dem Ehegatten wegen der Pflege oder Erziehung eines gemeinschaftlichen Kindes eine Erwerbstätigkeit nicht erwartet werden kann.

§ 1575. (1) Das Maß des Unterhalts bestimmt sich nach den ehelichen Lebensverhältnissen. Der Unterhalt umfasst den gesamten Lebensbedarf.

(2) Zum Lebensbedarf gehören auch die Kosten einer angemessenen Versicherung für den Fall der Krankheit, die Kosten einer Schul- oder Berufsausbildung, einer Fortbildung oder Umschulung der in § 1572 Nr. 2 genannten Art sowie die Kosten einer angemessenen Versicherung für den Fall des Alters und der Berufs- und Erwerbsunfähigkeit.

§ 1576. (1) Ein Unterhaltsanspruch besteht nicht, soweit die Inanspruchnahme des Verpflichteten grob unbillig wäre. Dies gilt insbesondere, wenn

1. die Ehe von kurzer Dauer war,
2. der Berechtigte sich eines Verbrechens oder schweren vorsätzlichen Vergehens gegen den Verpflichteten oder einen nahen Angehörigen des Verpflichteten schuldig gemacht hat,
3. der Berechtigte seine Bedürftigkeit mutwillig herbeigeführt hat oder
4. der Berechtigte während der Ehe längere Zeit hindurch seine Pflicht, zum Familienunterhalt beizutragen, gröblich verletzt hat.

(2) Absatz 1 gilt nicht, wenn von dem Berechtigten wegen der Pflege oder Erziehung eines gemeinschaftlichen Kindes eine Erwerbstätigkeit nicht erwartet werden kann."

c) Die Überschrift von § 1582 BGB erhält die Nr. 2.

d) In § 1582 Abs. 2 Satz 2 BGB entfallen die Worte „unwirtschaftlich wäre oder".

e) § 1583 BGB ist wie folgt zu fassen:

„*§ 1583.* Die Unterhaltspflicht gegenüber einem neuen Ehegatten ist nur zu berücksichtigen, wenn dieser bei entsprechender Anwendung der §§ 1570 bis 1576 unterhaltsberechtigt wäre und die Leistung von Unterhalt zur Vermeidung unbilliger Härten erforderlich ist."

f) Die Überschriften vor den §§ 1585 und 1586 BGB erhalten die Nummern 3 und 4.

g) § 1586 a BGB ist wie folgt zu fassen:

„*§ 1586 a.* (1) Geht ein geschiedener Ehegatte eine neue Ehe ein und wird die Ehe wieder aufgelöst, so kann er von dem früheren Ehegatten Unterhalt verlangen, soweit er keine oder eine geringere Versorgung wegen Alters oder Berufs- oder Erwerbsunfähigkeit erhält, weil er während der Ehe nicht oder nicht voll erwerbstätig war und dieser Nachteil nicht durch einen Versorgungsausgleich ausgeglichen wird; das Gleiche gilt, soweit der

Nachteil darauf beruht, dass der geschiedene Ehegatte nach der Scheidung eine angemessene Erwerbstätigkeit nicht gefunden hat oder wegen der Pflege oder Erziehung eines in § 1571 Abs. 1 Satz 2 bezeichneten Kindes nicht oder nicht voll erwerbstätig sein konnte.

(2) Ob und in welcher Höhe ein Nachteil eingetreten ist, ist nach billigem Ermessen zu bestimmen. Hierbei ist zu berücksichtigen, welche Erwerbstätigkeit der Berechtigte in den nach Absatz 1 maßgeblichen Zeiten nach den zuvor oder nachher ausgeübten Tätigkeiten oder, wenn der Berechtigte nie erwerbstätig gewesen ist, auf Grund seiner Ausbildung und seiner Fähigkeiten mutmaßlich ausgeübt hätte, und welche Versorgung er aufgrund ausgeübter Tätigkeiten erlangt hat.

(3) Hat der geschiedene Ehegatte ein Kind aus der früheren Ehe zu pflegen oder zu erziehen, so finden die §§ 1570 bis 1575 entsprechende Anwendung."

h) In Art. 1 Nr. 7 werden in § 1361 Abs. 3 BGB die Worte „§ 1580 Abs. 1 Nr. 2 bis 4, Abs. 2" durch die Worte „§ 1576 Abs. 1 Satz 1, 2 Nr. 2 bis 4, Abs. 2" ersetzt.

i) In Art. 1 Nr. 14 werden in § 1587 k Nr. 1 BGB die Worte „§ 1578 Abs. 3" durch die Worte „§ 1574 Abs. 1" ersetzt.

j) In Art. 4 Nr. 1 Buchst. a wird der in § 592 Abs. 1 RVO anzufügende Satz wie folgt gefasst: „Beruhte der Unterhaltsanspruch auf den §§ 1570, 1572 des Bürgerlichen Gesetzbuchs, so wird Rente gewährt, solange die frühere Ehefrau ohne den Arbeitsunfall unterhaltsberechtigt gewesen wäre."

Begründung: Grundsatz. Der Regierungsentwurf gewährt dem geschiedenen Ehegatten nur in bestimmten, abschließend aufgeführten Einzelfällen einen Unterhaltsanspruch gegen den anderen Ehegatten. Kann der unterhaltsbedürftige Ehegatte im Einzelfall nicht dartun, dass sein Unterhaltsverlangen nach diesen abschließend aufgeführten Voraussetzungen berechtigt ist, so kann er den anderen Ehegatten auch dann nicht auf Unterhalt in Anspruch nehmen, wenn erhebliche Gesichtspunkte der Gerechtigkeit hierfür sprechen würden. Eine Regelungslücke, die bei einer abschließenden Aufführung der berechtigenden Tatbestände nicht ausgeschlossen werden kann, muss hiernach stets zum Nachteil des unterhaltsbedürftigen Ehegatten ausschlagen.

Die vom BR vorgeschlagene Fassung gewährt daher im Gegensatz zu dem Regierungsentwurf dem unterhaltsbedürftigen Ehegatten grundsätzlich einen Unterhaltsanspruch gegen den anderen Ehegatten und schränkt diesen nur insoweit ein, als eine Unterhaltsbedürftigkeit wegen eigenen Einkommens oder sonstiger Einkünfte nicht besteht oder die Unterhaltsgewährung trotz Bedürftigkeit grob unbillig wäre. Nur eine solche Regelung wird der über die Eheauflösung hinaus grundsätzlich fortwirkenden Verantwortung der Ehegatten füreinander gerecht. Nur sie ermöglicht eine allen Umständen des Einzelfalles gerecht werdende Lösung. Ihr kommt im Rahmen der von dem Entwurf angestrebten Reform entscheidende Bedeutung zu.

Systematik. Nur die hier vorgeschlagene Regelung passt sich auch systematisch richtig in das unterhaltsrechtliche System des Bürgerlichen Gesetzbuchs ein.

Wie die §§ 1601 ff. und die §§ 1587 ff. a.F. zeigen, beruht das Unterhaltsrecht des BGB nicht auf einem kasuistischen System, sondern auf Generalklauseln. Das kasuistische System des Regierungsentwurfs ist darüber hinaus wegen der Vielzahl der Tatbestände unübersichtlich.

Da im Regierungsentwurf vorgeschlagen wird, das Unterhaltsrecht der geschiedenen Ehegatten wieder in das BGB einzustellen, sollte dieses auch in die Systematik des BGB eingeordnet werden. Es wird daher in Anlehnung an § 1570 des Regierungsentwurfs und an die Formulierung des § 1601 BGB eine Generalklausel vorgeschlagen, die alle im Regierungsentwurf aufgeführten Einzelfälle erfasst, z.B. auch den in § 1577 des Regierungsentwurfs geregelten Unterhaltsanspruch wegen Versorgungsnachteilen.

Zu § 1571: Die Definition der angemessenen Erwerbstätigkeit entspricht im wesentlichen der Regelung des § 1575 Abs. 2 des Regierungsentwurfs.

Darüber hinaus soll aber auch ein zwar nicht gemeinschaftliches, aber in den gemeinschaftlichen Haushalt aufgenommenes Kind mit berücksichtigt werden. Denn die im Regierungsentwurf vorgeschlagene Regelung, dem unterhaltsbedürftigen geschiedenen Ehegatten nur dann einen Unterhaltsanspruch zu geben, wenn er gemeinschaftliche Kinder betreut, bedeutet eine Verschlechterung der Rechtsposition dieses geschiedenen Ehegatten und der faktischen Situation seines in den gemeinschaftlichen Haushalt aufgenommenen nicht gemeinschaftlichen Kindes gegenüber dem geltenden Recht. Wenn ein nichteheliches Kind, ein Kind aus einer früheren Ehe oder ein Adoptivkind des einen Ehegatten mit Zustimmung des anderen Ehegatten in den gemeinschaftlichen Haushalt aufgenommen worden ist, so hat dieser Ehegatte damit auch eine Mitverantwortung für die ordnungsgemäße Pflege und Erziehung des Kindes übernommen. Eine solche Handlungsweise entspricht der partnerschaftlichen Gesinnung, die von jedem Ehegatten erwartet werden kann. Auch rechtfertigt der Gesichtspunkt der Kenntnis von der gegebenenfalls erhöhten Unterhaltsbedürftigkeit des anderen Ehegatten die Unterhaltsgewährung.

Die Unterhaltsbedürftigkeit ergibt sich daraus, dass der geschiedene Ehegatte, der das Kind betreut, nicht selbst für seinen Unterhalt sorgen und von ihm wegen der Betreuung des Kindes eine Erwerbstätigkeit nicht erwartet werden kann.

Die Befürchtung, dass unter diesen Umständen schon bei Eingehung der Ehe die Aufnahme des Kindes in den ehelichen Haushalt abgelehnt werden könnte, wird nicht geteilt. Soweit solche Überlegungen im Einzelfall angestellt werden sollten, dürfte es an der für die Tragfähigkeit einer Ehe entscheidenden partnerschaftlichen Gesinnung fehlen. Durch die Beschränkung auf ein eigenes Kind soll die Berücksichtigung von Pflegekindern ausgeschlossen werden.

Zu den §§ 1572 bis 1574: Es erscheint weiterhin zur Vermeidung von Streit unter den geschiedenen Ehegatten geboten, klarzustellen, in welchen Fällen ein Ehegatte nicht auf eine Erwerbstätigkeit (§ 1572), auf Einkünfte aus einer nicht angemessenen Tätigkeit (§ 1573) oder auf die Verwertung seines Vermögens (§ 1574) verwiesen werden kann. – Die Regelung in § 1574 entspricht im Übrigen § 1578 Abs. 3 und 4 des Regierungsentwurfs mit der Maßgabe, dass im Fall des Vermögenswegfalls der Unterhaltsanspruch nur entfallen soll, wenn das Vermögen aus Gründen wegfällt, die der Berechtigte zu vertreten hat.

Zu § 1575: § 1575 entspricht im wesentlichen dem § 1579 des Regierungsentwurfs unter Anpassung an die hier vorgeschlagene Unterhaltsregelung.

Zu § 1576: Nach der Begründung des Regierungsentwurfs zu § 1580 (zu Absatz 1 – unter 2. -) soll der Verpflichtete in bestimmten Fällen keinen Unterhalt zu zahlen brauchen, nämlich dann wenn die Billigkeit den Wegfall des Unterhalts aus besonderen Gründen erfordert. Diesem an sich richtigen Grundsatz kann die nur auf bestimmte Fälle beschränkte Regelung des Regierungsentwurfs (§ 1580) nicht gerecht werden. Vielmehr bedarf es einer Generalklausel, die es dem Richter ermöglicht, den Unterhaltsanspruch in allen Fällen grober Unbilligkeit zu versagen. Dabei muss es in Kauf genommen werden, dass besonders schwerwiegende Verschuldenstatbestände geltend gemacht werden können, weil auch das Scheidungsrecht den übergeordneten Gesichtspunkt der Gerechtigkeit zu beachten hat. So würde es beispielsweise von niemandem verstanden werden, wenn der ältere arbeitslose Ehemann, der wegen einer jüngeren Partnerin die Familie verlassen hat, nun auch noch von seiner berufstätigen Ehefrau Unterhalt verlangen könnte. – Neben die vorgeschlagene Generalklausel können als Beispielsfälle die Tatbestände des § 1580 Abs. 1 des Regierungsentwurfs gestellt werden, ohne dass diese Aufzählung erschöpfend sein darf. Der Absatz 2 entspricht dem § 1580 Abs. 2 des Regierungsentwurfs.

Zu § 1583: Dem ersten Ehegatten sollte grundsätzlich der Vorrang seines Unterhaltsanspruchs gegenüber dem des neuen Ehegatten eingeräumt werden, um die sich für ihn aus der neuen Eheschließung des Verpflichteten ohnehin ergebenden Unterhaltsnachteile möglichst einzuschränken. Demgegenüber ist es dem neuen Ehegatten zuzumuten, diese ihm vorgehende Unterhaltsverpflichtung in Kauf zu nehmen. Mit dem Bestehen einer derartigen Verpflichtung muss er rechnen, wenn er mit einem geschiedenen Ehegatten die Ehe schließt. Der Unterhaltsanspruch des neuen Ehegatten soll daher bei der Beurteilung der Leistungsfähigkeit des Verpflichteten nach § 1582 nicht schon dann berücksichtigt werden, wenn er selbst bei entsprechender Anwendung der §§ 1570-1572 unterhaltsberechtigt wäre, sondern es muss hinzukommen, dass dies zur Vermeidung unbilliger Härten erforderlich ist. In diesem Fall muss der Vorrang des Unterhaltsanspruchs des ersten Ehegatten allerdings zurücktreten, da andernfalls eine Gefährdung der neuen Ehe zu besorgen ist.

Zu § 1586 a: Mit dem Regierungsentwurf ist für den Fall der Auflösung einer neuen Ehe des unterhaltsberechtigten Ehegatten ein Unterhaltsanspruch vorzusehen, soweit der Unterhaltsberechtigte infolge der früheren Ehe Versorgungsnachteile erlitten hat. Hat er Kinder aus der früheren Ehe zu pflegen oder zu erziehen, so soll sein Unterhaltsanspruch in vollem Umfang wieder aufleben. Im Übrigen werden hier die das Verständnis erschwerenden Verweisungen des Regierungsentwurfs vermieden.

Zu den Überschriften vor § 1570, vor § 1582 und vor den §§ 1585, 1586: Die einzelnen Überschriften müssen dem Vorschlag redaktionell angepasst werden.

Die Verweisungen in § 1361 Abs. 3 und § 1587 k Nr. 1 BGB sowie in § 592 Abs. 1 RVO müssen dem Vorschlag angepasst werden.

Der Antrag wird gegen die Stimmen der Vertreter Baden-Württembergs, Bayerns, von Rheinland-Pfalz, des Saarlandes und Schleswig-Holsteins *abgelehnt.*

18. Zu Art. 1 Nr. 14 (§ 1572): Der Vertreter *Hessens* stellt folgenden Antrag: In § 1572 sind in Nr. 3 nach „1574" die Worte „Abs. 1, 2 und 4" zu streichen.

Begründung: Der Entwurf sieht keinen Unterhaltsanspruch in dem Fall vor, dass von einem geschiedenen Ehegatten im Zeitpunkt des Wegfalls der Voraussetzungen für einen Unterhaltsanspruch nach § 1574 Abs. 3 wegen seines Alters eine Erwerbstätigkeit nicht mehr erwartet werden kann. Dies erscheint nicht gerechtfertigt. Die Unterhaltsbedürftigkeit des geschiedenen Ehegatten ist auch dann ehebedingt, wenn er zunächst wegen Pflege oder Erziehung eines gemeinschaftlichen Kindes (§ 1571), wegen Krankheit (§ 1573) oder wegen Berufsausbildung (§ 1576) nicht erwerbstätig sein konnte, er anschließend keine angemessene Erwerbstätigkeit zu finden vermochte (§ 1574 Abs. 3) und dann wegen Alters nicht mehr erwerbstätig sein kann. Die Bedürftigkeit des geschiedenen Ehegatten beruht auch hier in der Regel darauf, dass er während der Ehe auf eine Sicherung durch eigene Erwerbstätigkeit verzichtet hat.

Der Antrag wird *einstimmig* angenommen.

19. Zu Art. 1 Nr. 14 (§ 1573): Der Vertreter *Hessens* stellt folgenden Antrag: In § 1573 sind in Nr. 4 nach „1574" die Worte „Abs. 1, 2 und 4" zu streichen.

Begründung: Der Entwurf sieht keinen Unterhaltsanspruch in dem Fall vor, dass von einem geschiedenen Ehegatten nach Wegfall der Voraussetzungen für einen Unterhaltsanspruch nach § 1574 Abs. 3 wegen Krankheit eine Erwerbstätigkeit nicht erwartet werden kann. Dies erscheint nicht gerechtfertigt. Die Unterhaltsbedürftigkeit des geschiedenen Ehegatten ist auch dann ehebedingt, wenn er zunächst wegen Pflege oder Erziehung eines gemeinschaftlichen Kindes (§ 1571), wegen Krankheit (§ 1573) oder wegen Berufsausbildung (§ 1576) nicht erwerbstätig sein konnte, anschließend keine angemessene Erwerbstätigkeit zu finden vermochte (§ 1574 Abs. 3) und dann (erneut) wegen Krankheit nicht erwerbstätig sein kann. Die Bedürftigkeit des geschiedenen Ehegatten beruht auch hier in der Regel darauf, dass er während der Ehe auf eine Sicherung durch eigene Erwerbstätigkeit verzichtet hat.

Der Antrag wird *einstimmig* angenommen.

20. Zu Art. 1 Nr. 14 (§ 1573): Der Vertreter *Bayerns* stellt folgenden Antrag: Dem § 1573 ist folgender Absatz 2 anzufügen: „(2) Tritt die Krankheit erst in einem späteren Zeitpunkt auf oder führt sie erst in einem späteren Zeitpunkt dazu, dass von dem geschiedenen Ehegatten eine Erwerbstätigkeit nicht mehr erwartet werden kann, so kann dieser von dem anderen Ehegatten dann Unterhalt verlangen, wenn anzunehmen ist, dass die Krankheit in der Zeit der Ehe entstanden ist."

Begründung: Der Regierungsentwurf lässt die Gewährung von Unterhalt nicht zu, wenn eine Krankheit erst nach einem der in § 1573 genannten Zeitpunkte erkannt wird oder zur Erwerbsunfähigkeit führt. Das ist jedenfalls in den Fällen unbillig, in denen die Krankheit bereits während der Zeit der Ehe entstanden oder gar durch die Ehe bedingt ist. Für diese Fälle ist eine Erweiterung des Unterhaltstatbestandes erforderlich, wobei der volle Nachweis für den Zeitpunkt des Entstehens der Krankheit oder ihre Ehebedingtheit nicht verlangt werden kann. Es muss genügen, dass eine Annahme in dieser Richtung besteht.

Der Antrag wird gegen die Stimmen der Vertreter Baden-Württembergs, Bayerns, von Rheinland-Pfalz, des Saarlandes und Schleswig-Holsteins *abgelehnt.*

21. Zu Art. 1 Nr. 14 (§ 1575): Der Vertreter *Hessens* stellt folgenden Antrag: § 1575 Abs. 2 erhält folgende Fassung: „(2) Angemessen ist eine Erwerbstätigkeit, die der Ausbildung, den Fähigkeiten, dem Lebensalter und dem Gesundheitszustand des geschiedenen Ehegatten entspricht."

Begründung: Die Zumutbarkeit einer Erwerbstätigkeit sollte lediglich von der Ausbildung, den Fähigkeiten, dem Lebensalter und dem Gesundheitszustand des geschiedenen Ehegatten, nicht aber von den ehelichen Lebensverhältnissen abhängig gemacht werden.

Die Regelung des Entwurfs, nach der hierbei auch die ehelichen Lebensverhältnisse entsprechend der Dauer der Ehe sowie der Dauer der Pflege oder Erziehung eines gemeinschaftlichen Kindes berücksichtigt werden und unter Umständen sogar ausschlaggebend sein sollen, beruht auf einem überholten Standesdenken. Sie begünstigt einseitig diejenigen Frauen von Männern in gehobenen Positionen, die keinen den ehelichen Lebensverhältnissen entsprechenden beruflichen Status besitzen. Es ist jedoch nicht einzusehen, weshalb ein gesunder und nicht durch Kindererziehung voll beanspruchter Ehegatte nicht nach der Scheidung eine seiner Ausbildung, seinen Fähigkeiten, seinem Lebensalter und seinem Gesundheitszustand entsprechende Berufstätigkeit ausüben soll. Es liegt im ureigensten Interesse dieses Ehegatten, dass er nach dem Scheitern der Ehe durch eine Erwerbstätigkeit einen neuen Wirkungskreis erhält. Die Aufnahme einer Berufstätigkeit ist ihm um so eher zuzumuten, als er durch den Anspruch auf eine Zusatzrente (§ 1574 Abs. 2 des Entwurfs) gegen den Verlust der bisherigen wirtschaftlichen Stellung geschützt wird.

Der Antrag wird gegen die Stimme des Vertreters Hessens *abgelehnt.*

22. Zu Art. 1 Nr. 14 (§ 1576): Der Vertreter von *Rheinland-Pfalz* stellt folgenden Antrag: In § 1576 Abs. 1 Satz 2 ist das Wort „längstens“ durch die Worte „in der Regel“ zu ersetzen.

Begründung: Die Regelung des Regierungsentwurfs ist unzureichend. Es kann im Einzelfall durchaus angemessen sein, wenn der nach § 1576 unterhaltsberechtigte Ehegatte die Zeit überschreitet, in der die von ihm gewählte Ausbildung im allgemeinen abgeschlossen wird.

Der Antrag wird gegen die Stimmen der Vertreter Baden-Württembergs, Bayerns, von Rheinland-Pfalz, des Saarlandes und Schleswig-Holsteins *abgelehnt.*

23. Zu Art. 1 Nr. 14 (§ 1577 a - neu -): Der Vertreter *Bayerns* stellt folgenden Antrag:

a) Nach § 1577 ist folgender § 1577 a einzufügen:

„§ 1577 a. Ein geschiedener Ehegatte kann von dem anderen aus sonstigen schwerwiegenden Gründen Unterhalt verlangen, solange und soweit die Versagung von Unterhalt unter Berücksichtigung der Belange beider Ehegatten grob unbillig wäre.“

b) In § 1578 Abs. 1 ist das Zitat „1576, 1577“ durch das Zitat „1576 bis 1577 a“ zu ersetzen.

Begründung: Bei der Vielgestaltigkeit der Lebensverhältnisse kann auch eine noch so sorgfältige Zusammenstellung nicht alle Tatbestände erschöpfend aufzählen, welche die Gewährung von Unterhalt erfordern. In Anlehnung an die Vorschläge der Eherechtskommission ist deshalb eine enge Auffangklausel erforderlich.

Der Antrag wird gegen die Stimmen der Vertreter Berlins, Bremens, Hamburgs, Hessens und Nordrhein-Westfalens *angenommen.*

24. Zu Art. 1 Nr. 14 (§ 1578): Der Vertreter *Bayerns* stellt folgenden Antrag: § 1578 Abs. 4 Satz 1 ist wie folgt zu fassen: „(4) Fällt das Vermögen später aus Gründen, die der Berechtigte zu vertreten hat, weg, so kann dieser keinen Unterhalt verlangen, solange und soweit er sich aus seinem Vermögen hätte unterhalten können.“

Begründung: Der Regelung des Regierungsentwurfs ist nur zu folgen für Fälle, in denen der Verlust des Vermögens auf Gründen beruht, die zum Risikobereich des Berechtigten gehören, etwa bei schlechter Verwaltung oder Spekulation. Hat er den Verlust nicht zu vertreten, so ist kein Grund ersichtlich, ihn schlechter zu stellen als einen Ehegatten, der sich von Anfang an nicht aus seinem Vermögen unterhalten konnte. Dem unterhaltsverpflichteten Ehegatten wird durch den Änderungsvorschlag kein unvorhersehbares Risiko aufgelastet; die Erfahrungen der vergangenen fünfzig Jahre haben gezeigt, dass auf den Bestand von Vermögen nicht vertraut werden kann.

Der Antrag wird gegen die Stimmen der Vertreter Hamburgs, Niedersachsens und Nordrhein-Westfalens *angenommen.*

25. Zu Art. 1 Nr. 14 (§ 1580), Nr. 7 (§ 1361 Abs. 3): Der Vertreter *Bayerns* stellt folgenden Antrag:

a) In Art. 1 Nr. 14 ist § 1580 Abs. 1 wie folgt zu fassen: „(1) Ein Unterhaltsanspruch besteht nicht, soweit die Inanspruchnahme des Verpflichteten grob unbillig wäre. Dies gilt insbesondere, wenn

1. die Ehe von kurzer Dauer war,

2. der Berechtigte sich eines Verbrechens oder schweren vorsätzlichen Vergehens gegen den Verpflichteten oder einen nahen Angehörigen des Verpflichteten schuldig gemacht hat,

3. der Berechtigte seine Bedürftigkeit mutwillig herbeigeführt hat oder

4. der Berechtigte während der Ehe längere Zeit hindurch seine Pflicht, zum Familienunterhalt beizutragen, gröblich verletzt hat."

b) In Art. 1 Nr. 7 ist § 1361 Abs. 3 wie folgt zu fassen: „(3) Die Vorschrift des § 1580 Abs. 1 Satz 1, 2 Nr. 2 bis 4, Abs. 2 über die Herabsetzung des Unterhaltsanspruchs aus Billigkeitsgründen ist entsprechend anzuwenden."

Begründung: Aus dem übergeordneten Gesichtspunkt der Gerechtigkeit ist es erforderlich, einen an sich gegebenen Unterhaltsanspruch bei grober Unbilligkeit zu versagen. Der im Entwurf aufgeführte abschließende Katalog von Versagungsgründen wird der sich einer Kodifizierung entziehenden Vielgestaltigkeit der Lebensverhältnisse nicht gerecht, die es, sei es dem Grunde, sei es der Höhe nach, unzumutbar machen können, den Anspruch zu gewähren. Die vorgeschlagene Fassung schließt es auch ein, dass im Unterhaltsrecht besonders schwerwiegende Verschuldenstatbestände geltend gemacht werden können. So würde es beispielsweise von niemandem verstanden werden, wenn der ältere arbeitslose Ehemann, der wegen einer jüngeren Partnerin die Familie verlassen hat, nun auch noch von seiner berufstätigen Ehefrau Unterhalt verlangen könnte.

§ 1361 Abs. 3 ist der Änderung redaktionell anzupassen.

Der Antrag wird gegen die Stimmen der Vertreter Berlins, Bremens, Hamburgs, Hessens und Nordrhein-Westfalens *angenommen.*

26. Zu Art. 1 Nr. 14 (§ 1583): Der Vertreter *Schleswig-Holsteins* stellt folgenden Antrag: § 1583 ist wie folgt zu fassen: „*§ 1583.* Die Unterhaltspflicht gegenüber einem neuen Ehegatten ist nur zu berücksichtigen, wenn dieser bei entsprechender Anwendung der §§ 1570 bis 1573, 1574 Abs. 1, 2, § 1575 und des § 1578 Abs. 1 unterhaltsberechtigt wäre und die Leistung von Unterhalt zur Vermeidung unbilliger Härten erforderlich ist."

Begründung: Dem ersten Ehegatten sollte grundsätzlich der Vorrang seines Unterhaltsanspruchs gegenüber dem des neuen Ehegatten eingeräumt werden, um die sich für ihn aus der neuen Eheschließung des Verpflichteten ohnehin ergebenden Unterhaltsnachteile möglichst einzuschränken. Demgegenüber ist es dem neuen Ehegatten zuzumuten, diese ihm vorgehende Unterhaltsverpflichtung in Kauf zu nehmen. Mit dem Bestehen einer derartigen Verpflichtung muss er rechnen, wenn er mit einem geschiedenen Ehegatten die Ehe schließt. Der Unterhaltsanspruch des neuen Ehegatten soll daher bei der Beurteilung der Leistungsfähigkeit des Verpflichteten nach § 1582 nicht schon dann berücksichtigt werden, wenn er selbst bei entsprechender Anwendung der §§ 1570 bis 1573, 1574 Abs. 1, 2, § 1575 und des § 1578 Abs. 1 unterhaltsberechtigt wäre, sondern es muss hinzukommen, dass dies zur Vermeidung unbilliger Härten erforderlich ist. In diesem Fall muss der Vorrang des Unterhaltsanspruchs des ersten Ehegatten allerdings zurücktreten, da andernfalls eine Gefährdung der neuen Ehe zu besorgen ist.

Der Antrag wird gegen die Stimmen der Vertreter Berlins, Bremens, Hamburgs und Nordrhein-Westfalens bei Stimmenthaltung des Vertreters Hessens *angenommen.*

27. Zu Art. 1 Nr. 14 (§ 1583) und zu § 1609 BGB: Der Vertreter *Bayerns* beantragt folgende Entschließung: „Der Bundesrat ist der Ansicht, dass im Hinblick auf die Bestimmung des § 1609 Abs. 2 BGB eine Regelung erforderlich ist, welchen Rang die Unterhaltsansprüche minderjähriger Kinder des Unterhaltsverpflichteten im Verhältnis zu den Unterhaltsansprüchen des früheren und des neuen Ehegatten haben. Nach der genannten Bestimmung stehen der Ehegatte und die minderjährigen Kinder gleich; wenn aus beiden Ehen Kinder vorhanden sind, bedeutet das, dass auch die Ehegatten aus beiden Ehen untereinander gleichstehen. Ein nur „relativer" Vorrang des ersten Ehegatten gegenüber dem zweiten ist praktisch nicht durchführbar.

Der Bundesrat ist der Auffassung, dass die Unterhaltsansprüche aller minderjährigen Kinder des Unterhaltsverpflichteten den Vorrang des Unterhaltsanspruchs des Ehegatten aus der früheren Ehe teilen sollten. Dabei ist in Kauf zu nehmen, dass in solchen Fällen der Unterhaltsanspruch des neuen Ehegatten dem seiner Kinder aus der neuen Ehe nachgeht.

Die Bundesregierung wird gebeten, diesem Anliegen in weiteren Gesetzgebungsverfahren entweder durch eine Änderung des § 1609 BGB oder der §§ 1582, 1583 Rechnung zu tragen."

Der Antrag wird einstimmig *angenommen.*

44. Zu Art. 1 Nr. 21 (§ 1671), Nr. 22 (§ 1672):

a) Der Vertreter *Hamburgs* stellt folgenden Antrag: § 1671 ist wie folgt zu fassen: „*§ 1671.* (1) Wird die Ehe der Eltern geschieden, so bestimmt das Familiengericht, welchem Elternteil die elterliche Gewalt über ein gemeinschaftliches Kind zustehen soll.

(2) Von einem gemeinsamen Vorschlag der Eltern soll das Gericht nur abweichen, wenn dies zum Wohle des Kindes erforderlich ist.

(3) Haben die Eltern keinen Vorschlag gemacht oder billigt das Gericht ihren Vorschlag nicht, so trifft es die Regelung, die unter Berücksichtigung der gesamten Verhältnisse dem Wohle des Kindes am besten entspricht.

(4) Die elterliche Gewalt soll in der Regel einem Elternteil allein übertragen werden. Erfordert es das Wohl des Kindes, so kann einem Elternteil die Sorge für die Person, dem anderen die Sorge für das Vermögen des Kindes übertragen werden.

(5) Das Gericht kann die Sorge für die Person und das Vermögen des Kindes einem Vormund oder Pfleger übertragen, wenn dies erforderlich ist, um eine Gefahr für das geistige oder leibliche Wohl oder für das Vermögen des Kindes abzuwenden.

(6) Die vorstehenden Vorschriften gelten entsprechend, wenn die Ehe der Eltern für nichtig erklärt oder aufgehoben worden ist. Haben die Eltern innerhalb von zwei Monaten nach Rechtskraft des Urteils, durch das die Ehe für nichtig erklärt oder aufgehoben worden ist, keinen Vorschlag gemacht, so trifft das Familiengericht die Regelung, die unter Berücksichtigung der gesamten Verhältnisse dem Wohle des Kindes am besten entspricht."

b) § 1672 ist wie folgt zu fassen: „*§ 1672.* Leben die Eltern nicht nur vorübergehend getrennt, so bestimmt das Familiengericht, welchem Elternteil die elterliche Gewalt über ein gemeinschaftliches Kind zustehen soll. Das Gericht entscheidet nur auf Antrag eines Elternteils. Die Vorschriften des § 1671 Abs. 2 bis 4 gelten entsprechend."

Begründung zu a) und b): Die Frage der Berücksichtigung des Kindeswillens bei der Regelung des elterlichen Sorgerechts stellt sich nicht nur in den Fällen der §§ 1671, 1672 BGB; sie bedarf vielmehr der Prüfung auch in den übrigen Fällen, in denen es um die Regelung der elterlichen Sorge oder um die Regelung des persönlichen Verkehrs des Kindes mit einem Elternteil (§ 1634 BGB) geht. Diese Frage ist bereits wesentlicher Gegenstand des in Vorbereitung befindlichen Entwurfs eines Gesetzes über das Recht der elterlichen Sorge. Die Erörterungen hierüber sind jedoch noch nicht abgeschlossen. Aus diesem Grund sollten sich die Änderungen der §§ 1671, 1672 vorerst auf die Anpassung beschränken, die durch den Wegfall des Verschuldensgrundsatzes und die Einführung des Familiengerichts geboten ist.

Der Antrag wird einstimmig *angenommen.*

45. Zu Art. 1 Nr. 34 bis 36 (§§ 1848, 1933, 2077 Abs. 1, § 2268 Abs. 2, § 2279 Abs. 2): Der Vertreter des *Saarlandes* stellt folgenden Antrag:

a) Nr. 34 ist wie folgt zu fassen: „34. § 1848 fällt weg."

b) Nach Nr. 34 ist folgende Nr. 34 a einzufügen: ‚34 a. § 1933 erhält folgende Fassung: „*§ 1933.* Das Erbrecht des überlebenden Ehegatten sowie das Recht auf den Voraus ist ausgeschlossen, wenn zur Zeit des Todes des Erblassers die Voraussetzungen für die Scheidung der Ehe auf dessen Antrag gegeben waren und der Erblasser die Scheidung beantragt hatte. Das Gleiche gilt, wenn der Erblasser auf Aufhebung der Ehe zu klagen berechtigt war und die Klage erhoben hatte. In diesen Fällen ist der Ehegatte nach Maßgabe der §§ 1570 bis 1586 b unterhaltsberechtigt."'

c) Nr. 35 ist wie folgt zu fassen: ‚35. § 2077 wird wie folgt geändert: a) Absatz 1 Satz 2 erhält folgende Fassung: „Der Auflösung der Ehe steht es gleich, wenn zur Zeit des Todes des Erblassers die Voraussetzungen für die Scheidung der Ehe auf dessen Antrag gegeben waren und der Erblasser die Scheidung beantragt hatte." – b) In Absatz 1 wird nach Satz 2 folgender Satz 3 angefügt: „Das Gleiche gilt, wenn der Erblasser zur Zeit seines Todes auf Aufhebung der Ehe zu klagen berechtigt war und die Klage erhoben hatte."'

d) Nr. 36 ist wie folgt zu fassen: ‚36. § 2268 Abs. 2 erhält folgende Fassung:"(2) Wird die Ehe vor dem Tode eines der Ehegatten aufgelöst oder liegen die Voraussetzungen des § 2077 Abs. 1 Satz 2 oder 3 vor, so bleiben die Verfügungen insoweit wirksam, als anzunehmen ist, dass sie auch für diesen Fall getroffen sein würden."'

Begründung: 1. Durch die vorgeschlagenen Änderungen sollen die §§ 1933, 2077 und 2268 BGB dem Zerrüttungsprinzip angepasst werden. Im Gegensatz zum Regierungsentwurf sollen bei Eintritt der „Lösungskrise" (Antrag auf Ehescheidung oder Erhebung der Aufhebungsklage im Falle der Begründetheit) das gesetzliche Erbrecht des überlebenden Ehegatten entfallen und Verfügungen von Todes wegen, durch die der überlebende Ehegatte bedacht werden soll, unwirksam werden.

Eine solche Regelung trägt in viel stärkerem Maße der Interessenlage und dem mutmaßlichen Willen der Beteiligten Rechnung als der Regierungsentwurf. Spätestens im Zeitpunkt der Antragstellung oder der Klageerhebung wird offenkundig, dass das Erbrecht des überlebenden Ehegatten seine innere Berechtigung verloren hat.

2. Die Ehegatten werden durch das Zerbrechen der Ehe und durch den Scheidungsprozess regelmäßig schwer belastet und denken in dieser Situation vielfach nicht an die erbrechtlichen Konsequenzen. Es kann nicht erwartet werden, dass sie zu Beginn des Scheidungsrechtsstreits sofort ein neues Testament verfassen. Die Erbfolge hängt damit von Zufälligkeiten ab.

3. Weiter wäre die im Entwurf vorgesehene Regelung nicht mit dem im Recht der gesetzlichen Erbfolge vorherrschenden Grundsatz zu vereinbaren, die Erbfolge so zu gestalten, wie sie dem mutmaßlichen Willen des Erblassers entspricht, diesen also möglichst nicht zum Testieren zu zwingen. Darüber hinaus müsste die Regelung des Entwurfs zur übereilten Errichtung von Testamenten führen. In der Konfliktsituation abgefasste Testamente können Regelungen enthalten, die der Erblasser bei ruhiger Überlegung vermieden hätte. Der Entwurf macht praktisch letztwillige Verfügungen zur Regelung eines vorläufigen Zustandes – der Erbfolge im Scheidungsrechtsstreit – notwendig, ohne dass dafür ein innerer Grund erkennbar ist.

4. Der Regierungsentwurf enthält eine unterschiedliche Regelung der Folgen der Antragstellung und Klageerhebung beim Erbvertrag einerseits und Testament sowie gemeinschaftlichem Testament andererseits. Während beim Erbvertrag diese Umstände im Falle des Todes des Erblassers bewirken würden, dass die Verfügungen zugunsten des überlebenden Ehegatten unwirksam sind, würden entsprechende Verfügungen in einfachen und gemeinschaftlichen Testamenten wirksam bleiben. Eine derartige unterschiedliche Bewertung derselben Interessenlage, insbesondere beim gemeinschaftlichen Testament des Erblassers, ist nicht gerechtfertigt. Sie lässt sich insbesondere nicht damit begründen, dass die Bindung des Erblassers an den Erbvertrag beseitigt werden müsse. Um diesen Zweck zu erreichen, würden auch andere, weniger einschneidende Regelungen (z.B. Schaffung eines besonderen Rücktrittsrechts) genügen.

5. Die Unzulänglichkeiten der Regelung des Regierungsentwurfs können in befriedigender Weise dadurch beseitigt werden, dass die bisher geltende Regelungsautomatik unter Anpassung an das Zerrüttungsprinzip beibehalten wird und der überlebende Ehegatte zum Ausgleich für das verlorene Erbrecht einen Unterhaltsanspruch nach Maßgabe der §§ 1570 bis 1586 b des Regierungsentwurfs erhält. Dadurch wird gleichzeitig erreicht,

dass der überlebende Ehegatte in diesen Fällen nicht schlechter gestellt wird als er stehen würde, wenn die Ehe schon zu Lebzeiten des Erblassers durch Scheidung oder Aufhebung aufgelöst worden wäre. Der überlebende Ehegatte wird dann mindestens soviel erhalten wie er erhalten würde, wenn der Erblasser ihn auf den Pflichtteil gesetzt hätte. Die Gewährung einer Stellung, die über die des Pflichtteilsberechtigten hinausgeht, sieht aber auch der Regierungsentwurf im Falle der Enterbung des überlebenden Ehegatten nicht vor.

Der vorstehende Vorschlag erübrigt es, § 2279 Abs. 2 BGB zu ändern.

Der Antrag wird gegen die Stimmen der Vertreter *Berlins, Bremens, Hamburgs* und *Nordrhein-Westfalens angenommen.*

46. Zu Art. 1 Nr. 37 (§ 2335) und Nr. 12 (§ 1509): Der Vertreter *Bayerns* stellt folgenden Antrag:

a) Nr. 37 ist wie folgt zu fassen: ‚37. *§ 2335* erhält folgende Fassung:

„§ 2335. (1) Der Erblasser kann dem Ehegatten den Pflichtteil entziehen, wenn die Voraussetzungen für die Scheidung der Ehe auf Antrag des Erblassers gegeben sind. Eine Verfügung, durch die der Erblasser die Entziehung angeordnet hat, wird durch die Wiederherstellung der Lebensgemeinschaft der Ehegatten unwirksam.

(2) Stirbt der Erblasser nach Entziehung des Pflichtteils, so ist der andere Ehegatte nach Maßgabe der §§ 1570 bis 1586 b unterhaltsberechtigt."‘ ...

b) Nr. 12 ist wie folgt zu fassen: ‚12. § 1509 wird wie folgt geändert: a) Nach Satz 1 wird folgender Satz 2 eingefügt: „Das Gleiche gilt, wenn der Ehegatte auf Aufhebung der Ehe zu klagen berechtigt ist und die Klage erhoben hat." b) Der bisherige Satz 2 wird Satz 3.‘

Begründung: Durch die im Regierungsentwurf vorgesehene ersatzlose Streichung des § 2335 BGB wird auf den Erblasser ein Zwang ausgeübt, die Scheidung der Ehe zu beantragen, wenn er verhindern will, dass der andere Ehegatte trotz schwerster Verfehlungen gegen ihn einen Pflichtteilsanspruch hat. Ein – auch nur mittelbarer – Zwang zur Scheidung durch eine gesetzliche Regelung kann aber nicht hinzugenommen werden. Die Bedenken der Begründung des Regierungsentwurfs, der andere Ehegatte stünde im Fall der Pflichtteilsentziehung schlechter als nach der Scheidung, weil er weder den Pflichtteilsanspruch noch einen Unterhaltsanspruch habe, werden durch § 2335 Abs. 2 des Vorschlags ausgeräumt. – Für den Fall der Wiederherstellung der ehelichen Lebensgemeinschaft muss eine dem § 2337 BGB entsprechende Bestimmung vorgesehen werden. – Die im Entwurf vorgesehene Änderung des § 1509 BGB kann entfallen, soweit sie nur durch die geplante Aufhebung des § 2335 BGB veranlasst ist.

Der Antrag wird gegen die Stimmen des Vertreters *Nordrhein-Westfalens angenommen.*

II. Niederschrift über die Beratungen des Entwurfs im Rechtsausschuss am 9.5.1973

...6.Zu Art. 1 Nr. 14 (§§ 1565, 1566 und 1567): MR Dr. Köhler (Hessen) wiederholt den im UA RA gestellten Antrag.

Der Antrag wird gegen die Stimme des Vertreters *Hessens abgelehnt.*

7. Zu Art. 1 Nr. 14 (§ 1565) usw.: MDirig. Dr. Schier wiederholt den im UA RA gestellten Antrag.

Der Antrag wird gegen die Stimmen der Vertreter *Baden-Württembergs, Bayerns,* von *Rheinland-Pfalz,* des *Saarlandes* und *Schleswig-Holsteins abgelehnt.*

8. Zu Art. 1 Nr. 14 (§ 1566 Abs. 1): MDirig. Dr. Schier wiederholt den im UA RA gestellten Antrag.

Der Antrag wird gegen die Stimmen der Vertreter *Baden-Württembergs, Bayerns,* von *Rheinland-Pfalz,* des *Saarlandes* und *Schleswig-Holsteins abgelehnt.*

9. Zu Art. 1 Nr. 14 (§ 1566 Abs. 2): MDirig. Dr. Schier wiederholt den im UA RA gestellten Antrag.

Der Antrag wird gegen die Stimmen der Vertreter *Baden-Württembergs, Bayerns,* von *Rheinland-Pfalz,* des *Saarlandes* und *Schleswig-Holsteins abgelehnt.*

10. Zu Art. 1 Nr. 14 (§ 1566 BGB), Art. 6 Nr. 19 (§ 630 ZPO): Entsprechend dem Vorschlag des UA RA *angenommen* gegen die Stimmen der Vertreter *Baden-Württembergs, Bayerns,* von *Rheinland-Pfalz,* des *Saarlandes* und *Schleswig-Holstein.*

11. Zu Art. 1 Nr. 14 (§ 1567 Abs. 1): RegDir. Thomas stellt den Antrag, § 1567 Abs. 1 Satz 1 wie folgt zu fassen: „Die Ehegatten leben getrennt, wenn zwischen ihnen keine häusliche Gemeinschaft besteht und ein Ehegatte sie erkennbar nicht herstellen will, weil er die eheliche Lebensgemeinschaft ablehnt."

Begründung: In § 1567 Abs. 1 i.d.F. des Entwurfs soll – wie in der Begründung zutreffend ausgeführt wird – klargestellt werden, dass die vom Bundesgerichtshof entwickelte Auslegung maßgebend sein soll, also eine objektive Trennung und der Wille eines Ehegatten, nicht mehr mit dem anderen zusammenzuleben, vorliegen müssen. Entgegen der Fassung des Entwurfs kann es aber nicht nur darauf ankommen, ob ein Ehegatte lediglich die Herstellung der häuslichen Gemeinschaft verweigert, sondern es kommt auch darauf an, ob er damit zugleich auch die Herstellung der ehelichen Lebensgemeinschaft ablehnt. Es sind Fälle denkbar, bei denen cin Ehegatte aus beruflichen oder aus sonstigen wesentlichen Gründen mit dem anderen Ehegatten nicht in einer häuslichen Gemeinschaft leben kann, aber trotzdem nicht die Herstellung der ehelichen Lebensgemeinschaft ablehnt. Die vorgeschlagene Fassung entspricht auch besser der zur Aufhebung der häuslichen Gemeinschaft vorliegenden, in Abschnitt .... der Begründung zu § 1567 wiedergegebenen Rechtsprechung.

Der Antrag wird gegen die Stimmen der Vertreter *Baden-Württembergs, Bayerns,* von *Rheinland-Pfalz,* des *Saarlandes* und *Schleswig-Holsteins abgelehnt.*

12. Zu Art. 1 Nr. 14 (§ 1567 a – neu -): MDirig. Dr. Schier wiederholt den im UA RA gestellten Antrag.

Der Antrag wird gegen die Stimmen der Vertreter *Bayerns,* von *Rheinland-Pfalz* und des *Saarlandes* abgelehnt.

13. Zu Art. 1 Nr. 14 (§ 1568 BGB) und Art. 6 Nr. 19 (§ 616 Abs. 3 ZPO): a) *MR Dr. Köhler* wiederholt den im UA RA gestellten Antrag.

Der Antrag wird gegen die Stimmen der Vertreter *Hamburgs, Hessens* und *Niedersachsens abgelehnt.*

b) *Ltd. RegDirektorin Dr. Engelbrecht* (Hamburg) wiederholt den im UA RA gestellten Antrag.

Der Antrag wird gegen die Stimmen der Vertreter *Baden-Württembergs, Bayerns,* von *Rheinland-Pfalz,* des *Saarlandes* und *Schleswig-Holsteins angenommen.*

c) *MDirig. Dr. Schier* wiederholt den im UA RA gestellten Antrag.

Der Antrag wird gegen die Stimmen der Vertreter *Baden-Württembergs, Bayerns,* von *Rheinland-Pfalz,* des *Saarlandes* und *Schleswig-Holsteins abgelehnt.*

14. Zu Art. 1 Nr. 14 (§ 1568 a – neu -): Dem Vorschlag des UA RA entsprechend wird § 1568 a *angenommen* gegen die Stimmen der Vertreter *Berlins, Bremens, Hamburgs* und *Hessens.*

15. Zu Art. 1 Nr. 14 (§ 1569): MDirig. Dr. Schier beantragt folgende Entschließung: „Die Bundesregierung wird gebeten, im weiteren Gesetzgebungsverfahren zu prüfen, ob dem Grundsatz der einheitlichen gerichtlichen Entscheidung über die Ehescheidung und die Scheidungsfolgen nicht auch noch bei der *Regelung der Namensführung* der geschiedenen Ehegatten Rechnung getragen werden sollte. Dies könnte dadurch geschehen, dass unbeschadet der in § 1569 Satz 2 vorgesehenen Möglichkeit, durch Erklärung gegenüber dem Standesbeamten seinen Geburtsnamen oder den bei Eingehung der Ehe geführten Namen wieder anzunehmen, auch eine Regelung durch das Scheidungsgericht ermöglicht wird. Eine solche Regelung, die auch in verschiedenen ausländischen Rechtsordnungen anzutreffen ist, wäre von einem entsprechenden Antrag des Ehegatten abhängig zu machen, der künftig einen anderen Namen als den Ehenamen führen will. Der Ausspruch des Gerichts wäre auf eine Feststellung des künftig zu führenden beantragten Namens oder auf eine Ablehnung des Antrags zu beschränken. Eine Anfechtung des Ausspruchs brauchte nicht vorgesehen zu werden; dem Ehegatten, dessen Antrag abgelehnt wird, bliebe die Möglichkeit der Erklärungsabgabe vor dem Standesbeamten."

Der Antrag wird gegen die Stimmen der Vertreter *Berlins, Bremens, Hamburgs, Niedersachsens* und *Nordrhein-Westfalens angenommen.*

16. Zu Art. 1 Nr. 14 (§§ 1570 ff. BGB), Nr. 7 (§ 1361 BGB), Art. 4 Nr. 1 Buchst. a (§ 592 RVO): RegDir. Thomas und *RegDir. Dr. Haecker* (Schleswig-Holstein) wiederholen den im UA RA gestellten Antrag.

Der Antrag wird gegen die Stimmen der Vertreter *Baden-Württembergs, Bayerns,* von *Rheinland-Pfalz,* des *Saarlandes* und *Schleswig-Holsteins abgelehnt.*

17. Zu Art. 1 Nr. 14 (§ 1572): Entsprechend dem Vorschlag des UA RA beschließt der RA einstimmig.

18. Zu Art. 1 Nr. 14 (§ 1573): Entsprechend dem Vorschlag des UA RA beschließt der RA einstimmig.

19. Zu Art. 1 Nr. 14 (§ 1575): MR Dr. Köhler wiederholt den im UA RA gestellten Antrag. Der Antrag wird gegen die Stimme des Vertreters Hessens *abgelehnt.*

20. Zu Art. 1 Nr. 14 (§ 1576): RegDir. Thomas wiederholt den im UA RA gestellten Antrag. Der Antrag wird gegen die Stimmen der Vertreter *Baden-Württembergs, Bayerns,* von *Rheinland-Pfalz,* des *Saarlandes* und *Schleswig-Holsteins abgelehnt.*

21. Zu Art. 1 Nr. 14 (§ 1577 a –neu -): Der Vorschlag des UA RA wird gegen die Stimmen der Vertreter *Baden-Württembergs, Bayerns,* von *Rheinland-Pfalz,* des *Saarlandes* und *Schleswig-Holsteins abgelehnt.*

22. Zu Art. 1 Nr. 14 (§ 1578): Der Vorschlag des UA RA wurde *angenommen* gegen die Stimmen der Vertreter *Hamburgs, Niedersachsens* und *Nordrhein-Westfalens.*

23. Zu Art. 1 Nr. 14 (§ 1580), Nr. 7 (§ 1361 Abs. 3): Der Vorschlag des UA RA wurde *angenommen* gegen die Stimmen der Vertreter *Berlins, Bremens, Hamburgs, Hessens* und *Nordrhein-Westfalens.*

24. Zu Art. 1 Nr. 14 (§ 1583): Der Vorschlag des UA RA wurde *angenommen* gegen die Stimmen der Vertreter *Berlins, Bremens, Hamburgs, Hessens* und *Nordrhein-Westfalens.*

25. Zu Art. 1 Nr. 14 (§ 1583) und zu § 1609 BGB: Entsprechend dem Vorschlag des UA RA beschließt der RA einstimmig die Entschließung.

40. Zu Art. 1 Nr. 21 (§ 1671), Nr. 22 (§ 1672): Entsprechend dem Vorschlag des UA RA beschließt der RA einstimmig.

41. Art. 1 Nr. 34 bis 36 (§§ 1848, 1933, 2077 Abs. 1, § 2268 S. 2, § 2279 Abs. 2): Entsprechend dem Vorschlag des UA RA *angenommen* gegen die Stimmen der Vertreter *Berlins, Bremens, Hamburgs* und *Nordrhein-Westfalens.*

42. Zu Art. 1 Nr. 37 (§ 2335) und Nr. 12 (§ 1509): Entsprechend dem Vorschlag des UA RA beschließt der RA einstimmig.

III. Niederschrift über die Beratungen des Entwurfs im Unterausschuss „Ehe- und Familienrecht" des Ausschusses für Jugend, Familie und Gesundheit am 3.5.1973

... 17. Zu Art. 1 Nr. 14 (§ 1565) usw.: Antrag *Bayern* wie im Rechtsausschuss (4:6:0 *abgelehnt*).

18. Zu Art. 1 Nr. 14 (§ 1566 BGB), Art. 6 Nr. 19 (§ 630 ZPO): Antrag *Hamburg* wie im Rechtsausschuss (5:5:0 *abgelehnt*).

19. Zu Art. 1 Nr. 21 (§ 1671 BGB), Art. 5 Nr. 2 (§ 23 b GVG); Art. 6 Nr. 19 (§ 606 ff. ZPO): Antrag *Nordrhein-Westfalen*: Der Bundesrat fordert die Bundesregierung auf, den Entwurf mit der Maßgabe zu überarbeiten, dass die Entscheidung über

1. die Regelung der elterlichen Gewalt über ein gemeinschaftliches Kind,
2. die Regelung des persönlichen Verkehrs des nicht sorgeberechtigten Elternteils mit dem Kinde und
3. die Herausgabe des Kindes an den anderen Elternteil

grundsätzlich dem Vormundschaftsgericht vorzubehalten ist.

Begründung: Nach dem Entwurf wird das Familiengericht nur anlässlich des „Krisenfalls der Ehescheidung" tätig. Es widerspricht der Natur des damit verbundenen auf alsbaldige Streitentscheidung gerichteten Verfahrens, die auf Dauer anzulegende Sorgerechtsentscheidung hier einzubeziehen. Der mit der Scheidungssache befasste Spruchkörper ist überfordert, wenn er innerhalb dieses Verfahrens über Fragen befinden soll, die jenseits der Auseinandersetzung der Ehegatten existenzielle Probleme Dritter betreffen. Eine Gewährleistung des Kindesrechts, sich körperlich, geistig und seelisch seinen Anlagen und Neigungen gemäß zu entwickeln, ist hierbei nicht gegeben.

Erforderlich ist es daher, dass diese existenziellen Entscheidungen abgerückt vom Streitverfahren der Ehegatten vom Vormundschaftsgericht getroffen werden. Dabei ist von besonderer Bedeutung, dass das Familiengericht infolge der Änderungen des materiellen Scheidungsrechts im Regelfall eine auch für die Sorgerechtsentscheidung dienliche Sachaufklärung nicht wird betreiben müssen. Um so größer ist die Gefahr, dass im Rahmen des Verfahrens vor dem Familiengericht Entscheidungen von weit reichender erzieherischer Bedeutung getroffen werden, die den Erkenntnissen des Vormundschaftsgerichts widersprechen und zu einer unter jugendpflegerischem Gesichtspunkt unerträglichen erzieherischen Unsicherheit führen.

Die Entschließung ist auf Abänderung der o.g. drei insoweit grundlegenden Vorschriften gerichtet, verlangt aber zugleich eine Überarbeitung und ggf. die Abänderung weiterer berührter Vorschriften. *(abgelehnt* mit 1:6:4)

IV. Niederschrift über die Beratungen des Entwurfs im Ausschuss für Jugend, Familie und Gesundheit am 10.5.1973

... *3. Zu Art. 1 Nr. 14 (§ 1565 usw. BGB):* Ein *Antrag* des Vertreters *Bayerns,* § 1565 entsprechend dem im UA G Ziff. 17 abgelehnten Antrag zu fassen mit den sich daraus ergebenden Folgeänderungen, wird mit 6 gegen 5 Stimmen *abgelehnt.*

4. Zu Art. 1 Nr. 14 (§ 1566 BGB), Art. 6 Nr. 19 (§ 630 ZPO): Der Vertreter *Hamburgs* stellt folgenden *Antrag:* wie UA RA Ziff. 10.

Der Vertreter von *Rheinland-Pfalz* stellt zu § 1566 folgenden *Antrag:* Wie UA R Ziff. 10.

Der Vertreter *Baden-Württembergs* widerspricht dem Antrag des Vertreters Hamburgs. Man müsse sogar überlegen, ob nicht eine Frist von fünf Jahren angemessen ist.

Der Antrag des Vertreters Hamburgs wird mit 7 gegen 4 Stimmen *abgelehnt.*

Der Antrag des Vertreters von Rheinland-Pfalz wird mit 5 gegen 4 Stimmen bei 2 Enthaltungen *angenommen.*

5. Zu Art. 1 Nr. 14 (§ 1568 a – neu -): Der Vertreter *Bayerns* stellt folgenden *Antrag:* Nach § 1568 ist folgender § 1568 a einzufügen: Wie UA RA Nr. 14.

Der Antrag wird mit 5 gegen 5 Stimmen bei 1 Enthaltung *abgelehnt.*

6. Zu Art. 1 Nr. 14 (§ 1571 BGB): Entsprechend dem Vorschlag des UA G Ziff. 2 *beschließt* der Ausschuss mit 6 gegen 3 Stimmen bei 2 Enthaltungen:

§ 1571 ist wie folgt zu fassen: Wie UA G Ziff. 2. ...

7. Zu Art. 1 Nr. 14 (§ 1577 a – neu – BGB): Folgender *Antrag* des Vertreters *Bayerns* (UA R Ziff. 23) wird mit 5 gegen 5 Stimmen bei 1 Enthaltung *abgelehnt.*

8. Zu Art. 1 Nr. 14 (§ 1583 BGB) und zu § 1609 BGB: Entsprechend dem Vorschlag des UA G Ziff. 3 *beschließt* der Ausschuss einstimmig.

... 10. Zu Art. 1 Nr. 21 (§ 1671) usw.: Wie UA G Ziff. 19. Der Antrag wird mit 10 Stimmen gegen die Stimme des Antragstellers abgelehnt.

11. Zu Art. 1 Nr. 21 (§ 1671 BGB) Nr. 22 (§ 1672 BGB): Entsprechend dem Vorschlag des UA G Ziff. 5 a und b *beschließt* der Ausschuss mit 9 Stimmen bei 2 Enthaltungen:

a) § 1671 ist wie folgt zu fassen: Wie UA R 44.

b) § 1672 ist wie folgt zu fassen: Wie UA R 44.

12. Zu Art. 1 Nr. 37 (§ 2335 BGB) und Nr. 12 (§ 1509 BGB): Der *Ausschuss übernimmt* den Vorschlag UA G Ziff. 6 mit 8 gegen 1 Stimmen bei 2 Enthaltungen.

V. Beratungen des Entwurfs im Plenum des Bundesrats am 25.5.1973

1. Protokoll der Sitzung

Punkt 19 der Tagesordnung: Entwurf eines Ersten Gesetzes zur Reform des *Ehe- und Familienrechts* (1. EheRG) (Drucksache 260/73).

Die Berichterstattung wird zu Protokoll (Anlage 8) gegeben – ich danke Herrn Heinsen –; die Wortmeldungen ebenfalls (Anlagen 9 und 10). Ich bedanke mich im Namen des Hohen Hauses dafür sehr.

Außerdem liegen jetzt vor die Empfehlungen der Ausschüsse in Drucksache 260/1/73, dazu die Anträge des Landes Hessen in Drucksachen 260/2 bis 260/4/73, der Antrag des Landes Nordrhein-Westfalen in 260/5/73, die Anträge der Länder Baden-Württemberg, Bayern, Rheinland-Pfalz, Saarland und Schleswig-Holstein in Drucksache 260/6/73.

Ich rufe zur Abstimmung zunächst die Empfehlungen der Ausschüsse in Drucksache 260/1/73 unter Ziff. 1 auf:

Die Ziffern 1 a und a 1 schließen sich aus. Wir stimmen zunächst über Ziff. 1 a ab. Wer zustimmen will, den bitte ich um das Handzeichen. – Das ist die Minderheit. Dann stimmen wir ab über a 1. Wer ist dafür? – Das ist die Mehrheit.

Ziffern 1 b und c gemeinsam! Wer dafür ist, den bitte ich um das Handzeichen. – Das ist die Mehrheit.

Ziff. 1 d und Ziff. 38 schließen sich aus. Wir stimmen zunächst ab über Ziff. 38. Wer zustimmen will, den bitte ich um ein Handzeichen. – Das ist die Mehrheit. Damit ist die Abstimmung über 1 d erledigt.

Ziff. 1 e! – Mehrheit.

Die Ziffern 1 f und f 1 schließen sich aus. Wir stimmen zunächst über Ziff. 1 f ab. Wer dafür ist, den bitte ich um ein Handzeichen. – Das ist die Minderheit. Wir stimmen dann über Ziff. f 1 ab. Wer dafür ist, den bitte ich um ein Handzeichen. – Mehrheit.

Ziffern 1 g und 1 h zur gemeinsamen Abstimmung! – Mehrheit.

Ich rufe nunmehr den nordrhein-westfälischen Antrag in Drucksache 260/5/73 auf. – Das ist die Minderheit.

Ich setze die Abstimmung über die Ausschussempfehlungen in Drucksache 260/1/73 fort.

Ziff. 2! – Mehrheit.

Dann lasse ich abstimmen über den Antrag der Länder Bayern, Baden-Württemberg, Rheinland-Pfalz, Schleswig-Holstein und Saarland in Drucksache 260/6/73 unter I. Wer zustimmen will, den bitte ich um ein Handzeichen. – Mehrheit.

II! – Mehrheit.

Wir setzen die Abstimmung über die Ausschussempfehlungen in Drucksache 260/1/73 fort.

Ziff. 3! – Mehrheit.

Der Antrag des Landes Hessen in Drucksache 260/2/73, die Anträge der fünf Länder unter III, IV und V und die Ausschussempfehlungen unter Ziff. 4 und 5 schließen sich aus, so dass ich zunächst über den Antrag des Landes Hessen in Drucksache 260/2/73 abstimmen lasse. Wer dafür ist, den bitte ich um ein Handzeichen. – Das ist die Minderheit.

Dann darf ich den Fünf-Länder-Antrag unter III in Drucksache 260/6/73 aufrufen und bitte bei Zustimmung um ein Handzeichen. – Mehrheit.

IV! – Mehrheit.

Nun zu den Ausschussempfehlungen in Drucksache 260/1/73 unter Ziff. 4 und 5, die sich beide widersprechen.

Ziff. 4! – Mehrheit. Damit ist Ziff. 5 erledigt.

Es gibt noch einen Antrag der fünf Länder in 260/6/73 unter V. Wer zustimmen will, den bitte ich um ein Handzeichen. – Mehrheit.

Der Antrag des Landes Hessen in Drucksache 260/3/73, der Antrag der fünf Länder in Drucksache 260/6/73 unter VI und die Empfehlung des Rechtsausschusses unter Ziff. 6 schließen sich aus. Daher zunächst Abstimmung über den hessischen Antrag in Drucksache 260/3/73. – Minderheit.

Dann der Fünf-Länder-Antrag in VI! – Mehrheit. Damit ist die Empfehlung des Rechtsausschusses in 260/1 Ziff. 6 erledigt.

Wir setzen die Abstimmung über die Ausschussempfehlungen in Drucksache 260/1/73 fort.

Ziff. 7! – Mehrheit.

Ziff. 8! – Mehrheit.

Der Fünf-Länder-Antrag unter VII, die Ausschussempfehlungen unter Ziff. 9 bis 14 sowie der hessische Antrag in Drucksache 260/4/73 schließen sich gegenseitig aus.

Ich rufe zunächst den Antrag der fünf Länder in Drucksache 260/ 6/73 unter VII auf. – Mehrheit. Damit sind die anderen eben genannten Empfehlungen erledigt.

Wir setzen die Abstimmung über die Empfehlungen in Drucksachen 260/1/73 fort, und zwar über die Ziffern 15, 16, 17, 18 und 19 gemeinsam! – Mehrheit.

Dann würde ich Sie bitten, zuzustimmen, dass wir über die Ziffern 20, 21 und 22 gemeinsam abstimmen! – Mehrheit.

Ziff. 23 Abs. 1 der Entschließung! – Mehrheit.

Ziff. 23 Abs. 2! – Mehrheit.

Wir stimmen jetzt ab über die Ziffern 24 bis 29 einschließlich. – Mehrheit.
Ziff. 30! – Mehrheit.
Ziff. 31, mit der Maßgabe, dass die Entschließung unter Buchst. a mit dem Beschluss zu Ziff. 30 anzupassen ist! – Mehrheit.
Ziff. 32! – Mehrheit.
Ziff. 33! – Mehrheit.
Ziff. 34 a! – Mehrheit.
Ziff. 34 b! – Mehrheit.
Bei Ziff. 35 erfolgt Einzelabstimmung über § 1587 t Abs. 1 und 2.
§ 1587 t Abs. 1! – Angenommen. § 1587 t Abs. 2! – Ebenfalls angenommen.
Ziff. 36! – Angenommen.
Ziff. 37! – Angenommen.
Über Ziff. 38 ist entschieden.
Ziff. 39! – Angenommen.
Ziff. 40! Zunächst Abstimmung ohne die in § 2335 eingeklammerten Worte. – Angenommen.
Nun Abstimmung über die eingeklammerten Worte. – Auch die Mehrheit.
Ziff. 41 bis 43! – Angenommen.
Ziff. 44 a! – Angenommen.
Ziff. 44 b bis Ziff. 47! – Angenommen.
Ziff. 48! – Angenommen.
Ziff. 49 bis 51! – Angenommen.
Ziff. 52! – Angenommen.
Ziff. 53! – Angenommen.
Ziff. 54! – Angenommen.
Ziff. 55! – Angenommen.
Ziff. 56! – Angenommen.
Der Empfehlung unter Ziff. 57 widerspricht der Ausschuss für Jugend, Familie und Gesundheit. Wer trotzdem zustimmen will, den bitte ich um das Handzeichen. (Heiterkeit.)
- Das ist die Minderheit; abgelehnt.
Ziff. 58! – Angenommen.
Ziff. 59! – Angenommen.
Ziff. 60! – Angenommen.
Ziff. 61! – Angenommen.
Ziff. 62 bis Ziff. 73! – Angenommen.
Der Empfehlung unter Ziff. 74 widersprechen der Finanzausschuss und der Ausschuss für Innere Angelegenheiten. Wer Ziff. 74 zustimmen will, den bitte ich um das Handzeichen. – Das ist die Minderheit.
Ziff. 75 bis 79! – Angenommen.
Ziff. 80! – Angenommen.
Ziff. 81! – Angenommen.
Ziff. 82! – Angenommen.

Damit hat der Bundesrat gemäß Artikel 76 Abs. 2 GG zu dem Gesetzentwurf die soeben angenommene *Stellungnahme beschlossen.* Ich bedanke mich für das gute Funktionieren der Abstimmung.

Das Büro des Rechtsausschusses wird ermächtigt, die sich aus der Abstimmung ergebenden redaktionellen Anpassungen vorzunehmen.

Anlage 9: Erklärung von *Minister Hemfler* (Hessen) zu Punkt 19 der Tagesordnung: Die *Hessische Landesregierung* stimmt der Vorlage der Bundesregierung eines Ersten Gesetzes zur *Reform des Ehe- und Familienrechts* im Grundsatz zu. Sie begrüßt es insbesondere, dass die Bundesregierung mit diesem Entwurf die Chance eröffnet, ein wichtiges Teilstück des inneren Reformprogramms in absehbarer Zeit zu vollenden.

Der Gesetzentwurf enthält in zweierlei Hinsicht wesentliche Neuansätze: Er sieht erstmalig eine vollständige *rechtliche Gleichstellung der Ehepartner* vor und er bekennt sich im Bereich des Scheidungsrechts zum Zerrüttungsprinzip. Die Hessische Landesregierung ist allerdings der Auffassung, dass der Übergang vom Schuld- zu dem nach fast einhelliger Meinung allein sachgerechten Zerrüttungsprinzip an entscheidenden Stellen des Entwurfs nicht gelungen ist; sie sieht sich deshalb veranlasst, *Änderungsanträge* zu stellen, die ich im Folgenden kurz begründen möchte:

Nach § 1565 des Entwurfs soll eine Ehe geschieden werden können, wenn die Lebensgemeinschaft der Ehegatten nicht mehr besteht und auch nicht erwartet werden kann, dass die Ehegatten sie wieder herstellen. Mit der Einführung einer solchen Generalklausel werden wesentliche Mängel des geltenden Rechts, die Anlass für die Reformbestrebungen gewesen sind, nicht beseitigt. Sie wird im Gegenteil dazu führen, dass der Richter im Falle der streitigen Scheidung auch in Zukunft über die gegenseitigen Vorwürfe Beweis erheben und dabei in den innersten Lebensbereich der Ehegatten eindringen muss. Wenn die Ehegatten nicht bereits längere Zeit getrennt leben, gibt es keinen sicheren Maßstab für die Feststellung, dass die Lebensgemeinschaft der Ehegatten nicht mehr besteht und nicht erwartet werden kann, dass sie wieder hergestellt wird.

Eine Generalklausel dieser Art wird im Schrifttum zu Recht als Einfallstor für die alten Verschuldenstatbestände und damit als eine Gefahr für das Zerrüttungsprinzip insgesamt angesehen. Dem Ehegatten, der geschieden werden möchte, wird durch eine solche Regelung nahe gelegt, möglichst viele Eheverfehlungen vorzutragen, um das Gericht vom Scheitern der Ehe zu überzeugen. Der nichtscheidungswillige Ehegatte wird bestrebt sein, das Gegenteil zu beweisen. Der Richter, der auf diese Weise vor die Notwendigkeit gestellt wird, die Intimsphäre der Ehegatten zu durchleuchten, wird seine Entscheidung nicht treffen können, ohne nach Schuld und Ursache zu fragen; daraus und aus der Unsicherheit der Bewertungskriterien wird sich mit großer Wahrscheinlichkeit auch wieder jene unterschiedliche Spruchpraxis der Gerichte ergeben, für die sich der Ausdruck „Scheidungsgeographie“ eingebürgert hat.

Sind sich die Ehegatten über die Scheidung jedoch einig, so werden sie wie im geltenden Recht dem Gericht die Zerrüttung der Ehe durch den Vortrag und das Zugestehen von Eheverfehlungen vorspiegeln, um das Erfordernis mindestens einjähriger Trennung bei einverständlicher Scheidung zu umgehen. Auch dies wiederspricht unserem Ziel, mehr Aufrichtigkeit und Würde im Scheidungsverfahren zu gewährleisten. Das so genannte Scheidungstheater wird mit nur leicht veränderten Requisiten seinen Fortgang nehmen. Die Hessische Landesregierung schlägt statt dessen vor, die Scheidung grundsätzlich nur nach einer längeren Trennungszeit zuzulassen. Diese Trennung sollte notfalls auch innerhalb der ehelichen Wohnung vollzogen werden können, wenn ein Auszug aus der Wohnung aus wirtschaftlichen Gründen nicht möglich ist.

In Fällen, in denen nur *ein* Ehegatte die Scheidung begehrt, wird man entsprechend den Empfehlungen des 48. Deutschen Juristentags die Ehe schon nach einer zweijährigen Trennungszeit als gescheitert ansehen müssen, da nach aller Lebenserfahrung eine Wiederherstellung der ehelichen Lebensgemeinschaft nach einer so langen Zeitspanne in aller Regel nicht mehr erwartet werden kann.

Die Aufrechterhaltung der Ehe bis zum Ablauf dieser Trennungszeit wird einem Ehegatten allerdings dann nicht zugemutet werden können, wenn der andere Ehegatte sich eines Verbrechens oder eines schweren vorsätzlichen Vergehens gegen ihn oder gegen einen seiner nahen Angehörigen schuldig gemacht hat. Der von uns vorgeschlagene § 1566 lässt daher in diesen Fällen eine Scheidung auch dann zu, wenn die Ehegatten noch nicht oder jedenfalls nicht während der vorgeschriebenen Zeitspanne getrennt gelebt haben. Diese Regelung knüpft insoweit zwar an einen Verschuldenstatbestand an; dieser Tatbestand ist jedoch eng umgrenzt und kann deshalb eher hingenommen werden, als die vom Entwurf vorgeschlagene Generalklausel.

Schwere Bedenken sind auch gegen die jetzige Fassung des § 1566 Abs. 1 zu erheben, der eine *Widerlegung der Zerrüttungsvermutung* nach dreijähriger Trennung zulässt. Diese Bestimmung wirkt – lassen Sie mich das ganz klar aussprechen – in vielen Fällen nicht eheerhaltend, sondern geradezu ehefeindlich. Sie legt dem Partner, der die Scheidung anstrebt, nahe, während der dreijährigen Trennung den Kontakt mit der Familie möglichst einzuschränken oder ganz aufzugeben und sich gegenüber seinem Ehepartner einer möglichst negativen Verhaltensweise zu befleißigen. Denn er muss ja bei korrektem Verhalten befürchten, dass hierin später ein Indiz dafür gesehen werden könnte, dass die Ehe nicht völlig gescheitert ist bzw. dass die Chance eines neuen Anfangs besteht. Welche Wirkungen das vor allem auf die gemeinsamen Kinder haben kann, liegt auf der Hand. Auch die in § 1566 des Entwurfs vorgesehene Härteklausel durchbricht den Grundsatz, dass eine unheilbar zerrüttete Ehe geschieden werden soll, weil sie für die Ehegatten, die Kinder und die Allgemeinheit ihren Sinn verloren hat.

Immaterielle Härten kann der Gesetzgeber nicht verhindern. Sie entstehen nicht durch die Scheidung als solche, sondern durch das Scheitern der Ehe. Besteht zwischen den Ehegatten keine Lebensgemeinschaft mehr und ist auch nicht zu erwarten, dass sie je wieder hergestellt wird, so ist nicht ersichtlich, was der nicht scheidungsbereite Ehegatte dadurch gewinnen soll, dass dem anderen Ehegatten die Scheidung verweigert wird. Unter solchen Umständen kann jede Härteregelung nur eine Scheinlösung bieten. Eine ihrer Substanz beraubte und sinnentleerte Ehe, die nur noch formal aufrecht erhalten wird, kann gerade auch dem Ehegatten, der die Scheidung fürchtet, nicht den Schutz und die Hilfe gewähren, die er braucht, um seine Probleme meistern zu können. Sie wird ganz im Gegenteil in vielen Fällen dazu beitragen, auch noch die letzten Reste an gegenseitiger Achtung zu zerstören und damit die Krise zu verschlimmern.

Es besteht zudem die große Gefahr, dass auch an dieser Stelle das Verschuldensprinzip wieder in die Scheidungspraxis eindringt. Dies wird sogar in der Begründung zu dem

Entwurf eingeräumt, wenn dort gesagt wird, dass in Ausnahmefällen die planmäßige, einseitige und bewusste Zerstörung der Ehe durch einen der Ehegatten Umstände herbeiführe, deren Härte durch die Scheidung vermehrt werden könnte. Die Hessische Landesregierung stellt deshalb den Antrag, die Härteklausel ersatzlos zu streichen.

Ein weiterer Änderungsantrag betrifft § 1575 Abs. 2 des Entwurfs, der in seiner jetzigen Fassung die *Zumutbarkeit einer Erwerbstätigkeit* nach vollzogener Scheidung u.a. auch von den bisherigen ehelichen Lebensverhältnissen abhängig macht. Diese Regelung beruht auf überholtem Standesdenken und begünstigt einseitig diejenigen Frauen von Männern in gehobenen Positionen, die keinen den ehelichen Verhältnissen entsprechenden beruflichen Status besitzen. Es ist aber nicht einzusehen, weshalb nicht auch solche Frauen einer Berufstätigkeit nachgehen sollten, die ihrer Ausbildung, ihren Fähigkeiten, ihrem Lebensalter und ihrem Gesundheitszustand entspricht. Eines möchte ich aber im Zusammenhang mit den gestellten Anträgen noch einmal ausdrücklich betonen: Wir wollen mit diesen Anträgen keinesfalls, wie manchmal entweder in Unkenntnis der Sache oder wider besseres Wissen behauptet wird, die Scheidung der Ehen erleichtern. Im Gegenteil. Wir respektieren die Einrichtung der Ehe und auch wir bedauern eine jede Ehe, die gescheitert ist.

Aber wir möchten dort, wo eine Ehe zerbrochen ist, eine Trennung der Ehepartner herbeiführen, mit einem möglichst großen Grad an Anstand, mit menschlicher Würde, ohne zusätzliche Belastung aller Betroffenen und mit einem höchsten Maß an Gerechtigkeit.

Herr Präsident, meine Damen und Herren, gestatten Sie mir zum Schluss noch eine Bemerkung zur Frage der *besoldungsmäßigen Einstufung der Familienrichter*. Der Rechtsausschuss hat bekanntlich in seiner Sitzung am 9. und 10. Mai 1973 auf Antrag des Landes Baden-Württemberg beschlossen, den Familienrichter dem Vorsitzenden Richter am Landgericht und am Verwaltungsgericht gleichzustellen. Die Hessische Landesregierung sieht sich nicht in der Lage, diesem Vorschlag ihre Zustimmung zu geben. Diese Haltung beruht allerdings nicht etwa auf einer prinzipiellen Ablehnung dieses Vorschlags. Das Land Hessen hat durch eigene Initiativen zur Verbesserung der Richterbesoldung in der Vergangenheit hinreichend bewiesen, dass es diesen Problemen gegenüber aufgeschlossen ist. Wir sind jedoch der Auffassung, dass eine funktionsgerechte Einstufung der Familienrichter nicht im Zusammenhang mit der Eherechtsreform, sondern im Rahmen der ohnehin anstehenden Reform der gesamten Richterbesoldung angestrebt werden sollte.

Anlage 10: Erklärung von *Minister Dr. Schwarz* (Schleswig-Holstein) zu Punkt 19 der Tagesordnung: Die Länder Baden-Württemberg, Bayern, Rheinland-Pfalz, Saarland und Schleswig-Holstein haben Ihnen den in der Drucksache 260/6/73 vorliegenden *gemeinsamen Antrag* zum Entwurf eines Ersten Gesetzes zur *Reform des Ehe- und Familienrechts* unterbreitet. Dieser gemeinsame Antrag bezweckt, im Gegensatz zum Regierungsentwurf im künftigen Scheidungsrecht mit Entschiedenheit zum Ausdruck zu bringen, dass die Ehe grundsätzlich eine auf Lebenszeit angelegte Lebensgemeinschaft ist, dass eine Scheidung daher nur in Betracht kommt, wenn die Ehe unheilbar zerrüttet ist, und dass die sich aus der Ehe ergebende Verantwortung der Ehegatten füreinander auch über die Scheidung hinaus wirkt.

Die *fünf Länder* bekennen sich damit zum *Zerrüttungsprinzip* als alleiniger Grundlage für die Scheidung einer Ehe. Sie meinen, dass dieses Prinzip auch im Gesetz, und zwar durch die Verwendung des Begriffes „unheilbare Zerrüttung" der Ehe anstatt des Begriffs „Scheitern der Ehe" zum Ausdruck gebracht werden sollte. Der im Regierungsentwurf verwandte Begriff des „Scheiterns der Ehe" als Voraussetzung für eine Scheidung birgt nach unserer Auffassung die Gefahr in sich, dass eine Ehe, wenn sie vom Gericht als „gescheitert" bezeichnet wird, damit rückblickend insgesamt abgewertet wird, obwohl sie über viele Jahre ihren Zweck erfüllt haben kann. Der Begriff des „Scheiterns der Ehe" wird im Übrigen allein durch seine Einführung die falsche Annahme nahe legen, als sei mit dem neuen Begriff auch eine materielle Rechtsänderung beabsichtigt.

Die Grundlage für diesen Irrtum muss vermieden werden, und sie wird vermieden, wenn der von der Rechtsprechung im Einzelnen bereits ausgedeutete objektive Begriff der „unheilbaren Zerrüttung" im Gesetz verwandt wird, so dass bei der Beibehaltung des bisherigen Begriffs auf die vorhandene Rechtsprechung zurückgegriffen werden kann. Der Begriff der „unheilbaren Zerrüttung" der Ehe ist zudem auch in den Rechtsordnungen unserer europäischen Nachbarn gebräuchlich. Mit der Weiterverwendung dieses Begriffs im neuen Scheidungsrecht würde damit die Beurteilung von Rechtsfragen im internationalen Ehe- und Familienrecht wie z.B. bei der Anerkennung ausländischer Entscheidungen in Ehesachen, sehr erleichtert werden.

Der Regierungsentwurf sieht in § 1565 eine *uneingeschränkte Generalklausel* als *Scheidungstatbestand* vor. Wir befürchten im Hinblick auf die Erfahrungen mit § 43 des Ehegesetzes, dass die überwiegende Mehrzahl der Scheidungsverfahren allein auf Grund der Aussagen der Eheleute unter Anwendung dieser Generalklausel abgewickelt werden. Es kommt dann nämlich gar nicht mehr zur Anwendung der den Bestand der auf Lebenszeit angelegten Ehe schützenden Bestimmungen der §§ 1566 und 1567. Damit würde die im geltenden Recht so beanstandete derzeitige Praxis der so genannten Konventionalscheidungen fortgesetzt werden, und damit würde ein wesentlicher Zweck der Reform des Scheidungsrechts verfehlt. Wenn nämlich die in § 1566 doch vorgesehenen Fristen durch die Generalklausel unterlaufen werden könnten, dann wäre in der Tat entgegen den mehrfachen Absichtserklärungen der Bundesregierung die Ehescheidung nach neuem Recht doch wesentlich erleichtert.

Die uneingeschränkte Generalklausel des Regierungsentwurfs ermöglicht darüber hinaus die sofortige einseitige Verstoßung des anderen Ehepartners. Hat der Kläger in dieser Absicht die Zerrüttung der Ehe herbeigeführt, so könnte der Richter die Scheidung bei einer uneingeschränkten Generalklausel auch nach noch so sorgfältiger Prüfung des Sachverhalts nicht versagen. Der Richter muss jedoch nein sagen können. Er muss auch im Scheidungsrecht dem verbindlichen, allgemeinen Rechtsgrundsatz Geltung verschaffen können, wonach niemand beabsichtigte Rechtsfolgen aus eigener Rechtsverletzung herleiten kann.

Die Generalklausel in § 1565 sollte daher in der Weise eingeschränkt werden, dass sie eine Scheidung grundsätzlich vor Ablauf der in § 1566 genannten Fristen nur ermöglicht, wenn die Fortführung der Ehe einem Kläger aus Gründen, die in der Person des anderen Ehegatten liegen, nicht zuzumuten ist. Wir meinen, dass diese Einschränkung zur Vermeidung des Missbrauchs der Generalklausel für Konventionalscheidungen und damit zur Anwendung der Vermutungen des § 1566 beitragen wird.

Die im Regierungsentwurf vorgesehene *Frist von drei Jahren,* nach deren Ablauf eine Ehe als unheilbar zerrüttet vermutet wird, wird in vielen Fällen noch keinen sicheren Schluss darauf zulassen, dass die Ehe auch wirklich unheilbar zerrüttet ist. Wie der Begründung des Regierungsentwurfs zu entnehmen ist, finden sich in ausländischen Rechten Trennungszeiten von drei, fünf und sieben Jahren. Die Dreijahresfrist liegt also an der unteren Grenze. Es erscheint uns daher notwendig, die Frist auf *fünf* Jahre auszudehnen, wie dies bereits die Mehrheit der Eherechtskommission vorgeschlagen hat.

Dem Regierungsentwurf kann nicht darin gefolgt werden, dass die *Anwendung der Härteklausel* nur auf solche Umstände beschränkt wird, die nicht wirtschaftlicher Art sind. Es liegt nach unserer Auffassung in der Natur einer Härteklausel, dass sie nicht auf den Herkunftsbereich der Härte abstellen kann, sondern von der auf den Betroffenen zukommenden Wirkung ausgehen muss. Daher können auch Härten wirtschaftlichen Ursprungs nicht ausgeschlossen werden, wenn sie trotz der Scheidungsfolgenregelung bestehen bleiben. Wenn also durch eine Scheidung die wirtschaftliche Lage des die Scheidung ablehnenden Ehegatten ernstlich gefährdet würde, so muss eine solche Härte ebenfalls dazu führen, dass die Scheidung versagt wird, übrigens würde im Einzelfall eine Abgrenzung zwischen materiellen und immateriellen Härten auf größte Schwierigkeiten stoßen. Da die Härteklausel eine besondere Ausnahmeregelung darstellt, liegt es schon in ihrer Natur, dass sie nur ausnahmsweise angewandt werden kann. Es bedarf daher keiner zusätzlichen Hervorhebung des Ausnahmecharakters der Bestimmung.

Darüber hinaus sollte eine Ehe auch dann aufrechterhalten werden können, wenn dies im Interesse der aus der Ehe hervorgegangenen minderjährigen Kinder notwendig ist. Der Bundesregierung ist zwar darin zuzustimmen, dass dem Interesse der Kinder durch die Aufrechterhaltung einer unheilbar zerrütteten Ehe vielfach nicht gedient ist. Trotzdem sind aber Fälle denkbar, in denen es erforderlich ist, die Ehe im Interesse der Kinder aufrechtzuerhalten. Einer Regelung der Scheidungsvoraussetzungen, die das Interesse der Kinder an der Aufrechterhaltung der Ehe ausschließt, können die fünf Landesregierungen, in deren Namen ich spreche, nicht zustimmen.

Ein weiteres wichtiges Anliegen der fünf Bundesländer ist die Neugestaltung des zukünftigen *Unterhaltsrechts der Ehegatten* untereinander nach der Scheidung. Wenn man die Entwicklung des Regierungsentwurfs zurückverfolgt, der ja die Unterhaltstatbestände kasuistisch aufzählt, wird man feststellen können, dass die Einzeltatbestände in den §§ 1570 ff. seit dem Diskussionsentwurf um einige vermehrt wurden. Das geschah offenbar in der Hoffnung, nunmehr alle unterhaltswürdigen Fälle erfasst zu haben.

Diese Hoffnung erscheint uns verwegen. Man betrachte bitte nur die im Rechtsausschuss des Bundesrates gestellten Anträge auf Annahme weiterer einzelner Unterhaltstatbestände. Wer hat den Mut zu behaupten, dass jetzt alle unterhaltswürdigen Fälle erfasst worden sind? Ich meine, das kasuistische System, das der Regierungsentwurf für die Unterhaltsregelung gewählt hat, wird den vielen Möglichkeiten des menschlichen Lebens nicht gerecht.

Eine Regelungslücke, die bei der abschließenden Aufführung der Unterhaltstatbestände im Regierungsentwurf nicht ausgeschlossen werden kann, muss daher stets zum Nachteil des unterhaltsbedürftigen Ehegatten ausschlagen.

Lassen Sie uns daher im System des BGB bleiben und auch das *Unterhaltsrecht* der geschiedenen Ehegatten durch eine *Generalklausel* regeln, wie es früher in § 1578 alter Fassung und im Verwandtenunterhaltsrecht nach § 1601 BGB erfolgt ist! Das bietet sich nach unserer Auffassung geradezu an, wenn wir das neue Scheidungs- und Scheidungsfolgenrecht wieder in das Familienrecht des BGB eingliedern wollen. Wir schlagen Ihnen daher in unserem Antrag vor, das Unterhaltsrecht in den §§ 1570 ff. durch eine Generalklausel zu regeln. Nur sie ermöglicht eine allen Umständen des Einzelfalles gerecht werdende Lösung. Ihr kommt daher im Rahmen der mit dem Entwurf angestrebten Reform entscheidende Bedeutung zu.

Abschließend möchte ich noch einen wichtigen Punkt der Unterhaltsregelung ansprechen, nämlich den so genannten *Vorrang des ersten Ehegatten.* Wir meinen, dem ersten Ehegatten sollte grundsätzlich der Vorrang seines Unterhaltsanspruchs gegenüber dem des neuen Ehegatten eingeräumt werden, damit er der neuen Eheschließung des unterhaltsverpflichteten Ehegatten nicht unfreiwillige Opfer bringen muss. Der neue Ehegatte kann sich von vornherein besser auf die wirtschaftliche Belastung der neuen Lebensgemeinschaft einstellen, die durch die Unterhaltspflicht aus erster Ehe entsteht. Der Unterhaltsanspruch des zweiten Ehegatten soll daher bei der Beurteilung der Leistungsfähigkeit des Verpflichteten nach § 1582 nicht schon dann berücksichtigt werden, wenn er selbst bei entsprechender Anwendung der §§ 1570 bis 1576 unterhaltsberechtigt wäre, sondern es muss hinzukommen, dass dies zur Vermeidung unbilliger Härten erforderlich ist. Nur in diesem Falle muss der Vorrang des Unterhaltsanspruchs des ersten Ehegatten zurücktreten, da anderenfalls die neue Ehe gefährdet wäre.

Hinsichtlich der Begründung unserer Anträge im Einzelnen darf ich auf den Inhalt der Ihnen vorliegenden Drucksache verweisen.

2. Empfehlungen der Ausschüsse (Ds. 260/1/73)

... 4. Zu Art. 1 Nr. 14 (§ 1566 BGB): In § 1566 Abs. 2 ist das Wort „unwiderlegbar“ zu streichen (wie G). [Ziff. 4 und 5 widersprechen sich.]

5. Zu Art. 1 Nr. 14 (§ 1566 BGB, Art. 6 Nr. 19 § 630 ZPO): a) in Art. 1 Nr. 14 ist § 1566 BGB wie folgt zu fassen (wie R): „*§ 1566.* Es wird unwiderlegbar vermutet, dass die Ehe gescheitert ist, wenn

1. die Ehegatten seit drei Jahren getrennt leben oder

2. die Ehegatten seit einem Jahr getrennt leben und beide Ehegatten die Scheidung beantragen oder der Antragsgegner der Scheidung zustimmt.“

b) In Art. 6 Nr. 19 sind in § 630 Abs. 1 ZPO die Worte „§ 1566 Abs. 2“ durch die Worte „§ 1566 Nr. 2“ zu ersetzen.

6. Zu Art. 1 Nr. 14 (§ 1568 BGB): § 1568 Satz 1 ist wie folgt zu fassen (wie R): „Lehnt der Antragsgegner die Scheidung ab, so soll die Ehe nicht geschieden werden, solange die Scheidung für den Antragsgegner wegen außergewöhnlicher Umstände eine so schwere Härte darstellen würde, dass die Aufrechterhaltung der Ehe auch unter Berücksichtigung der Belange des Antragstellers geboten erscheint, obwohl sie gescheitert ist."

7. Zu Art. 1 Nr. 14 (§ 1568 a – neu -): Nach § 1568 ist folgender § 1568 a einzufügen: (wie R).

8. Zu Art. 1 Nr. 14 (§ 1569): (wie R) Die Bundesregierung wird gebeten, im weiteren Gesetzgebungsverfahren zu prüfen, ob dem Grundsatz der einheitlichen gerichtlichen Entscheidung über die Ehescheidung und die Scheidungsfolgen nicht auch noch bei der *Regelung der Namensführung* der geschiedenen Ehegatten Rechnung getragen werden sollte. Dies könnte dadurch geschehen, dass unbeschadet der in § 1569 Satz 2 vorgesehenen Möglichkeit, durch Erklärung gegenüber dem Standesbeamten seinen Geburtsnamen oder den bei Eingehung der Ehe geführten Namen wieder anzunehmen, auch eine Regelung durch das Scheidungsgericht ermöglicht wird. Eine solche Regelung, die auch in verschiedenen ausländischen Rechtsordnungen anzutreffen ist, wäre von einem entsprechenden Antrag des Ehegatten abhängig zu machen, der künftig einen anderen Namen als den Ehenamen führen will. Der Ausspruch des Gerichts wäre auf eine Feststellung des künftig zu führenden beantragten Namens oder auf eine Ablehnung des Antrags zu beschränken. Eine Anfechtung des Ausspruchs brauchte nicht vorgesehen zu werden; dem Ehegatten, dessen Antrag abgelehnt wird, bliebe die Möglichkeit der Erklärungsabgabe vor dem Standesbeamten.

9. Zu Art. 1 Nr. 14 (§ 1571): § 1571 ist wie folgt zu fassen: *„§ 1571.* Ein geschiedener Ehegatte kann von dem anderen Unterhalt verlangen, solange und soweit von ihm wegen der Pflege oder Erziehung eines gemeinschaftlichen Kindes oder eines eigenen, nicht gemeinschaftlichen Kindes, das während der Ehe mit Zustimmung des anderen Ehegatten im gemeinsamen Haushalt gelebt hat, eine Erwerbstätigkeit nicht erwartet werden kann. Besteht der Unterhaltsanspruch wegen der Pflege oder Erziehung eines nicht gemeinschaftlichen Kindes, so geht ein etwaiger Anspruch nach § 1586 a Satz 2 vor." (wie G)

Als *Folge* der Neufassung des § 1571 sind in den §§ 1572, 1573 1575, 1577, 1578 jeweils die Worte „gemeinschaftlichen" durch die Worte „in § 1571 genannten" zu ersetzen und ist in § 1583 das Wort „gemeinschaftlichen" zu streichen.

10. Zu Art. 1 Nr. 14 (§ 1572): In § 1572 sind in Nr. 3 nach „1574" die Worte „Abs. 1, 2 und 4" zu streichen.

11. Zu Art. 1 Nr. 14 (§ 1573): In § 1573 sind in Nr. 4 nach „1574" die Worte „Abs. 1, 2 und 4" zu streichen. (wie R)

12. Zu Art. 1 Nr. 14 (§ 1578): § 1578 Abs. 4 Satz 1 ist wie folgt zu fassen: „Fällt das Vermögen später aus Gründen weg, die der Berechtigte zu vertreten hat, so kann dieser keinen Unterhalt verlangen, solange und soweit er sich aus seinem Vermögen hätte unterhalten können." (wie R)

13. Zu Art 1 Nr. 14 (§ 1580), Nr. 7 (§ 1361 Abs. 3):

a) In Art. 1 Nr. 14 ist § 1580 Abs. 1 wie folgt zu fassen: wie R.

b) In Art. 1 Nr. 7 ist § 1361 Abs. 3 wie folgt zu fassen: wie R.

14. Zu Art. 1 Nr. 14 (§ 1583): § 1583 ist wie folgt zu fassen: wie R.

15. Zu Art. 1 Nr. 14 (§ 1583) und zu § 1609 BGB: Der Bundesrat ist der Ansicht, dass im Hinblick auf die Bestimmung des § 1609 Abs. 2 BGB eine Regelung erforderlich ist, welchen Rang die Unterhaltsansprüche minderjähriger Kinder des Unterhaltsverpflichteten im Verhältnis zu den Unterhaltsansprüchen des früheren und des neuen Ehegatten haben. Nach der genannten Bestimmung stehen der Ehegatte und die minderjährigen Kinder gleich; wenn aus beiden Ehen Kinder vorhanden sind, bedeutet das, dass auch die Ehegatten aus beiden Ehen untereinander gleichstehen. Ein nur „relativer" Vorrang des ersten Ehegatten gegenüber dem zweiten ist praktisch nicht durchführbar. – Der Bundesrat ist der Auffassung, dass die Unterhaltsansprüche aller minderjährigen Kinder des Unterhaltsverpflichteten den Vorrang des Unterhaltsanspruchs des Ehegatten aus der früheren Ehe teilen sollten. Dabei ist in Kauf zu nehmen, dass in solchen Fällen der Unterhaltsanspruch des neuen Ehegatten dem seiner Kinder aus der neuen Ehe nachgeht. – Die Bundesregierung wird gebeten, diesem Anliegen in weiteren Gesetzgebungsverfahren entweder durch eine Änderung des § 1569 BGB oder der §§ 1582, 1583 Rechnung zu tragen. (wie R und G)

37. Zu Art. 1 Nr. 21 (§ 1671), Nr. 22 (§ 1672): wie R und G.

39. Zu Art. 1 Nr. 34 bis 36 (§§ 1848, 1933, 2077 Abs. 1, § 2268 Abs. 2, § 2279 Abs. 2): Wie UA RA Nr. 45.

40. Zu Art. 1 Nr. 37 (§ 2335) und Nr. 12 (§ 1509): Wie UA RA Nr. 46 (R u. G).

3. Anträge des Landes Hessen (Ds. 260/3-5/73) vom 23.5.1973.

Die Anträge entsprechen dem in UA RA Nr. 7, 14 und 21 wiedergegebenen Text.

4. Antrag der Länder Baden-Württemberg, Bayern, Rheinland-Pfalz, Saarland und Schleswig-Holstein vom 24.5.1973 (Ds. 260/6/73)

I. Zu § 1357 Abs. 1 [weggelassen],

II. Zu §§ 1360 a BGB, 820 ZPO [weggelassen],

III. Zu § 1565 BGB: wie UA R Nr. 8

IV. Zu § 1566 Abs. 1 BGB: wie UA R Nr. 9

V. Zu Artikel 1 Nr. 14 (§ 1567 Abs. 1): § 1567 Abs. 1 Satz 1 ist wie folgt zu fassen: (1) Die Ehegatten leben getrennt, wenn zwischen ihnen keine häusliche Gemeinschaft besteht und ein Ehegatte sie erkennbar nicht herstellen will, weil er die eheliche Lebensgemeinschaft ablehnt."

Begründung: In § 1567 Abs. 1 soll – wie in der Begründung zutreffend ausgeführt wird – klargestellt werden, dass die vom Bundesgericht entwickelte Auslegung maßgebend sein soll, also eine objektive Trennung und der Wille eines Ehegatten, nicht mehr mit dem anderen zusammenzuleben, vorliegen müssen. Entgegen der Fassung des Regierungsentwurfs kann es aber nicht nur darauf ankommen, ob ein Ehegatte lediglich die Herstellung der häuslichen Gemeinschaft verweigert, sondern auch darauf, ob er damit zugleich auch die Herstellung der ehelichen Lebensgemeinschaft ablehnt. Es sind Fälle denkbar, bei denen ein Ehegatte aus beruflichen oder aus sonstigen wesentlichen Gründen mit dem anderen Ehegatten nicht in einer häuslichen Gemeinschaft leben kann, aber trotzdem nicht die Herstellung der ehelichen Lebensgemeinschaft ablehnt. Die vorgeschlagene Fassung entspricht auch besser der zur Aufhebung der häuslichen Gemeinschaft vorliegenden, in Abschnitt I der Begründung zu § 1567 wiedergegebenen Rechtsprechung.

VI. Zu § 1568: wie UA R Nr. 14 d).

VII. Zu §§ 1570 ff.: wie UA R Nr. 17.

5. Stellungnahme des Bundesrates vom 25.5.1973

...*6. Zu Art. 1 Nr. 14 (§ 1565) usw.* In Artikel 1 Nr. 14 ist § 1565 wie folgt zu fassen:

§ 1565. (1) Eine Ehe kann geschieden werden, wenn sie unheilbar zerrüttet ist. Vor Ablauf der in § 1566 genannten Fristen darf jedoch die Ehe nur geschieden werden, wenn dem Antragsteller die Fortsetzung der Ehe aus Gründen, die in der Person des anderen Ehegatten oder in dessen Lebensbereich liegen, nicht zuzumuten ist.

(2) Eine Ehe ist unheilbar zerrüttet, wenn die Lebensgemeinschaft der Ehegatten nicht mehr besteht und nicht erwartet werden kann, dass die Ehegatten sie wiederherstellen.

7. Zu Artikel 1 Nr. 14 (§ 1566 Abs. 1). In § 1566 Abs. 1 ist das Wort „drei“ durch das Wort „fünf“ zu ersetzen.

8. Zu Artikel 1 Nr. 14 (§ 1566 BGB). In § 1566 Abs. 2 ist das Wort „unwiderlegbar“ zu streichen.

9. Zu Artikel 1 Nr. 14 (§ 1567 Abs. 1). § 1567 Abs. 1 Satz 1 ist wie folgt zu fassen: „Die Ehegatten leben getrennt, wenn zwischen ihnen keine häusliche Gemeinschaft besteht und ein Ehegatte sie erkennbar nicht herstellen will, weil er die eheliche Lebensgemeinschaft ablehnt.“

10. Zu Artikel 1 Nr. 14 (§ 1568 BGB) und Artikel 6 Nr. 19 (§ 616 Abs. 3 ZPO)

a) In Artikel 1 Nr. 14 ist § 1568 BGB wie folgt zu fassen: *„§ 1568.* Die Ehe soll nicht geschieden werden, obwohl sie unheilbar zerrüttet ist, wenn die Aufrechterhaltung der Ehe im Interesse der aus der Ehe hervorgegangenen minderjährigen Kinder notwendig ist oder wenn die Scheidung für den Ehegatten, der sie ablehnt und noch eine innere Bindung an die Ehe hat, auch unter Berücksichtigung der Belange des anderen Ehegatten eine unzumutbare Härte darstellen würde.

b) In Artikel 6 Nr. 19 sind an § 616 Abs. 3 ZPO die Worte anzufügen: „oder wenn sie die gemeinschaftlichen Kinder betreffen.“

11. Zu Artikel 1 Nr. 14 (- neu -). Nach § 1568 ist folgender § 1568 a einzufügen: *„§ 1568 a.* (1) Die Scheidung der Ehe darf erst ausgesprochen werden, wenn gleichzeitig eine Regelung über die Zuordnung der Kinder, den persönlichen Verkehr mit den Kindern und den Unterhalt für die Kinder getroffen wird.

(2) Das Gleiche gilt, wenn ein Ehegatte den Antrag stellt, die gesetzliche Unterhaltspflicht der Ehegatten untereinander, den Versorgungsausgleich, die Regelung der Rechtsverhältnisse an der Ehewohnung und am Hausrat sowie Ansprüche aus dem ehelichen Güterrecht und sonstige vermögensrechtliche Ansprüche der Ehegatten gegeneinander zu regeln, sofern Dritte nicht am Verfahren beteiligt sind.

(3) Abweichend von den Absätzen 1 und 2 darf die Scheidung der Ehe vor der Entscheidung über die Folgesachen nur ausgesprochen werden, wenn die gleichzeitige Entscheidung den Scheidungsausspruch außergewöhnlich verzögern würde und aufgrund besonderer Umstände der Aufschub der Scheidung auch unter Berücksichtigung der Bedeutung der Folgesache sowie der Belange des anderen Ehegatten und der Kinder eine unzumutbare Härte darstellen würde. Die Regelung des Versorgungsausgleichs oder der Ansprüche aus dem ehelichen Güterrecht und sonstiger vermögensrechtlicher Ansprüche der Ehegatten gegeneinander kann ferner aufgeschoben werden, wenn sie vor der Auflösung der Ehe nicht möglich ist."

13. Zu Artikel 1 Nr. 14 (§§ 1570 ff. BGB); Nr. 7 (§ 1361 BGB), Artikel 4 Nr. 1 Buchstabe a (§ 592 RVO): Wie UA RA Nr. 17.

36. Zu Artikel 1 Nr. 21 (§ 1671), Nr. 22 (§ 1672): Wie UA RA Nr. 31.

38. Zu Artikel 1 Nr. 34 (§§ 1848, 1933, 2077 Abs. 1, § 2268 Abs. 2, § 2279 Abs. 2): Wie UA RA Nr. 45.

39. Zu Artikel 1 Nr. 37 (§ 2335) und Nr. 12 (§ 1509): Wie UA RA Nr. 46.

C. Beratungen in den Ausschüssen des Bundestages

I. Sitzungen des Unterausschusses des Rechtsausschusses

1. Protokoll der 11. Sitzung des UA des RA vom 21.2.1974

Der *Ausschuss* beginnt die *Einzelberatung* zum *Scheidungsrecht* (Artikel 1 Nr. 14).

1. § 1564. Form der Scheidung

Keine Wortmeldungen.

2. § 1565. Grundtatbestand

Abg. Thürk (CDU/CSU) befürwortet eine *Mindestehedauer* von einem Jahr, um ein Auseinandergehen insbesondere junger Eheleute aus nichtigem Anlass zu verhindern.

Abg. Engelhard (FDP) weist auf die geringe Scheidungsquote von 0,07 % im 1. Ehejahr hin. Eine Mindestehedauer würde wieder eine Ausnahmeregelung erfordern. Das Problem lasse sich anders, z.B. im Verfahrensrecht lösen.

Abg. Frau Dr. Lepsius (SPD) ist der Ansicht, dass der Grundtatbestand – Scheitern der Ehe – durch die Voraussetzung einer Mindestehedauer ausgehöhlt werde.

Der *Beauftragte des BMJ, MDgt Dr. Rolland* erklärt, durch die zu treffende Ausnahmeregelung bei Einführung einer Mindestehedauer – etwa die Zumutbarkeit, die Ehe fortzusetzen – könnte wieder eine Schuldprüfung herausgefordert werden. Leichtfertige Scheidungen innerhalb des ersten Ehejahres würden verhindert, weil das Scheitern der Ehe festgestellt werden müsse.

3. § 1566. Vermutungstatbestände

a) Absatz 1 – Vermutung nach dreijähriger Trennung

Der *Vorsitzende Abg. Dr. Schmude* (SPD) schlägt vor, in Abweichung vom Regierungsentwurf Abs. 1 als unwiderlegbare Vermutung auszugestalten und als Ausgleich im Verfahrensrecht dem Richter die Möglichkeit zu geben, den Parteien eine Bedenkzeit bis zu 6 Monaten aufzuerlegen (§ 613 ZPO/E). Die Beauftragten des BMJ werden gebeten, diesen Vorschlag zu prüfen.

Abg. Thürk (CDU/CSU) äußert Bedenken gegen diese verfahrensrechtliche Erweiterung der richterlichen Befugnisse. Die Vermutung in Abs. 1 müsse widerlegbar bleiben.

Abg. Frau Schimschok (SPD) regt an, die erwogene Bedenkzeit so kurz wie möglich zu halten, um eine Verlängerung einer untragbar gewordenen Ehe zu vermeiden.

Abg. Engelhard (FDP) spricht sich gegen eine Trennungsfrist von mehr als 3 Jahren aus, denn schon vor der Trennung habe die Entfremdung sich entwickelt. Für die Unwiderlegbarkeit der Vermutung spreche, dass der widersprechende Ehegatte vergeblich auf Erhaltung der Ehe hoffen und der scheidungswillige Ehegatte jedes ehefreundliche Verhalten vermeiden werde.

b) Absatz 2 – Vermutung nach einjähriger Trennung - einverständliche Scheidung

Abg. Thürk (CDU/CSU) hält die Widerlegbarkeit auch dieser Vermutung als Notventil für die Fälle für erforderlich, in denen die Ehe trotz des beiderseitigen Scheidungsbegehrens nicht gescheitert sei.

Abg. Engelhard (FDP) macht gegen die Widerlegbarkeit geltend, sie habe mit Sicherheit eine unterschiedliche Gerichtspraxis zur Folge. Wenn auch nach einjähriger Trennung bei einverständlichem Scheidungsbegehren der Richter das Scheitern prüfen könne, würden die Eheleute, um die Scheidung zu erreichen, darauf ausweichen, Gründe für das Scheitern und gegenseitige Anschuldigungen vorzutragen. Dies solle gerade verhindert werden.

4. § 1567. Begriffsbestimmungen, Zusammenrechnung von Trennungsfristen

a) Absatz 1 Satz 1

Der *Beauftragte des BMJ, MDgt Dr. Rolland,* erläutert den Regierungsentwurf. Der in § 1567 Abs. 1 definierte Begriff des Getrenntlebens setze sich zusammen aus der Aufhebung der häuslichen Gemeinschaft und, die zu § 48 Abs. 1 EheG ergangene Rechtsprechung berücksichtigend, dem Willen der Eheleute, nicht mehr zusammenleben zu wollen. Dabei sei die häusliche Gemeinschaft nicht an eine gemeinsame Wohnung gebunden. Die gemeinsame wirtschaftliche Basis, gemeinsame Planungen, gemeinsames Essen etc. seien ebenfalls Indizien für eine häusliche Gemeinschaft. Der Bundesrat fordere außer der Ablehnung der häuslichen Gemeinschaft die Ablehnung der ehelichen Lebensgemeinschaft. Folge man hier dem Bundesrat, so sei zu bedenken, dass die Voraussetzungen des Vermutungstatbestandes (§ 1566, § 1567), der eine Beweiserleichterung bringen solle, so ausgestaltet würden, dass sie bereits den Grundtatbestand des § 1565 erfüllten.

Der *Vorsitzende Abg. Dr. Schmude* (SPD) führt aus, die von der Rechtsprechung entschiedenen Fälle zum Begriff der Aufhebung der häuslichen Gemeinschaft beinhalteten in der Regel neben der Ablehnung der häuslichen Gemeinschaft auch die Ablehnung der ehelichen Lebensgemeinschaft. Der Bundesrat verdeutliche mit seinem Vorschlag diese Rechtsprechung. Wenn man die Ablehnung der ehelichen Lebensgemeinschaft in den Vermutungstatbestand aufnehme, verlange dennoch der Grundtatbestand des § 1565 darüber hinaus, dass die Wiederherstellung der ehelichen Lebensgemeinschaft nicht erwartet werden könne.

Abg. Thürk (CDU/CSU) ist der Ansicht, das Motiv der Ablehnung der häuslichen Gemeinschaft, nämlich die Ablehnung der ehelichen Lebensgemeinschaft, müsse, entsprechend dem Vorschlag des Bundesrates, in § 1567 aufgenommen werden. Andernfalls würde schon die tatsächliche häusliche Trennung und deren Billigung durch die Ehegatten etwa aus beruflichen Gründen den Vermutungstatbestand des Scheiterns der Ehe erfüllen, obwohl die Eheleute die eheliche Lebensgemeinschaft nicht in Frage stellen wollten.

Abg. Engelhard (FDP) sieht auch Bedenken bei dem Vorschlag des Bundesrats, weil der im Vermutungstatbestand zu führende Beweis, dass die eheliche Lebensgemeinschaft abgelehnt werde, im Einzelfall schwierig sein könne. Die diskutierte Problematik ergebe sich daraus, dass der Begriff der häuslichen Gemeinschaft zu eng an die konventionelle Ehe anknüpfe. Die häusliche Gemeinschaft könne je nach den Lebensumständen in jeder Ehe verschieden aussehen, könne sogar unabhängig von einem bestimmten Ort verwirklicht werden.

Der *Ausschuss* will zu § 1567 Abs. 1 Satz 1 weitere Überlegungen anstellen.

b) Absatz 1 Satz 2

Abg. Engelhard (FDP) führt aus, Satz 2 enthalte die notwendige Klarstellung für die Normfälle, in denen die Ehegatten sich innerhalb der ehelichen Wohnung trennten. Die Anerkennung der Trennung innerhalb der ehelichen Wohnung in § 1567 Abs. 1 sei im Übrigen auch der Versöhnung dienlich.

Abg. Frau Schimschok (SPD) sieht in Satz 2 eine notwendige Ergänzung des Satzes 1 für die Finanzschwachen, die sich keine getrennten Wohnungen leisten könnten.

Der *Beauftragte des BMJ, MDgt Dr. Rolland* erklärt, Satz 2 sei aufgenommen worden, um Zweifel der Rechtsprechung auszuräumen.

c) Absatz 2.

Keine Wortmeldungen.

2. Protokoll der 12. Sitzung des UA des RA vom 4.3.1974

Der *Ausschuss* tritt erneut in die *Einzelaussprache* zum *Scheidungsrecht* ein.

1. § 1564. Form der Scheidung

Der *Ausschuss* hat keine Änderungsvorschläge zum Regierungsentwurf.

2. § 1565. Grundtatbestand

Abg. Thürk (CDU/CSU) setzt sich für eine Mindestehedauer von einem Jahr ein, um der Heilung junger Ehen eine Chance zu geben, ferner für den Vorschlag des Bundesrates, wonach der Begriff „Scheitern“ durch „unheilbare Zerrüttung“ ersetzt werden soll und die Ehe vor Ablauf der Fristen des § 1566 nur geschieden werden darf, wenn die Fortsetzung der Ehe aus den beim Bundesrat genannten Gründen nicht zuzumuten ist.

Abg. Frau Dr. Lepsius (SPD) und *Abg. Frau Schimschok* (SPD) befürworten die Regierungsfassung.

Auf die Frage des *Vorsitzenden Abg. Dr. Schmude* (SPD) antwortet der Vertreter des Bundesrates, MR Dr. Bürgle, im Bundesrat sei eine Mindestehedauer neben der Einschränkung der Generalklausel nicht diskutiert worden.

3. § 1566. Vermutungstatbestände

a) Absatz 1. Vermutung nach dreijähriger Trennung

Vorsitzender Abg. Dr. Schmude (SPD) beantragt folgende Fassung des § 1566 Abs. 1: Es wird unwiderlegbar vermutet, dass die Ehe gescheitert ist, wenn die Ehegatten seit 3 Jahren getrennt leben.

Die befristete Aussetzung des Verfahrens für den Fall, dass die Ehe heilbar erscheint, sei als Ausgleich eventuell verfahrensrechtlich zu regeln.

Abg. Thürk (CDU/CSU) erklärt, die Vermutung müsse widerlegbar bleiben.

Abg. Frau Dr. Lepsius (SPD) und *Abg. Frau Schimschok* (SPD) unterstützen den Antrag des *Vorsitzenden Abg. Dr. Schmude.*

Abg. Engelhard (FDP) befürwortet ebenfalls die Unwiderlegbarkeit, die Ehegatten könnten selbst am besten das Scheitern der Ehe beurteilen und die Gewissheit, dass die Ehe nach 3 Jahren geschieden werde, diene der Vorbereitung auf die Trennung.

Eine Mehrheit des *Ausschusses* spricht sich gegen eine Aussetzung des Verfahrens wegen Heilungsaussichten aus.

Abg. Engelhard (FDP) erwägt in diesem Zusammenhang eine verfahrensrechtliche Härteklausel, wonach die Scheidung zeitlich begrenzt verweigert werden könne, wenn sie gerade zu dem Zeitpunkt eine Härte bedeuten würde.

Der *Beauftragte des BMJ, MR Dr. Böhmer* erklärt, das Nebeneinander der unwiderlegbaren Vermutung des Scheiterns der Ehe und der Aussetzung des Verfahrens wegen Heilungsaussichten bereite gedankliche Schwierigkeiten, sei jedoch praktisch regelbar, etwa durch Anfügen folgenden Satzes an § 614 Abs. 2 ZPO: „Das Gericht kann das Verfahren aussetzen, wenn der Antragsgegner dies beantragt und nach der freien Überzeugung des Gerichts eine Fortsetzung der Ehe nicht völlig ausgeschlossen erscheint.“

b) Absatz 2. Vermutung nach einjähriger Trennung

Keine Wortmeldungen.

4. § 1567. Begriffsbestimmungen, Zusammenrechnung von Trennungsfristen

a) Absatz 1 Satz 1

Auf die Frage des *Vorsitzenden Abg. Dr. Schmude* (SPD) antwortet der Vertreter des Bundesrats, MR Dr. Bürgle, Bundesregierung und Bundesrat hätten die Rechtsprechung übernehmen wollen, wonach zu dem objektiven Moment der häuslichen Trennung das subjektive – Ablehnung der Lebensgemeinschaft – hinzukommen müsse. Diese Rechtsprechung komme jedoch nur in der Bundesratsfassung voll zum Ausdruck.

Der *Beauftragte des BMJ MDgt Dr. Rolland* entgegnet, der Regierungsentwurf habe den von der Rechtsprechung ausgelegten Begriff der Aufhebung der häuslichen Gemeinschaft verwendet, damit beinhalte der Regierungsentwurf das subjektive Element, dies ergebe sich auch aus der Begründung.

Abg. Thürk (CDU/CSU) und *Abg. Frau Will-Feld* (CDU/CSU) erklären, der Begriff der Ablehnung der ehelichen Lebensgemeinschaft müsse zur Klärung in das Gesetz aufgenommen werden.

Abg. Engelhard (FDP) stellt die Formulierung zur Diskussion, „... wenn zwischen ihnen keine häusliche Gemeinschaft und keine eheliche Lebensgemeinschaft besteht."

b) Absatz 1 Satz 2

Auf die Frage der *Abg. Frau Will-Feld* (CDU/CSU) erklärt der Beauftragte des BMJ MDgt Dr. Rolland, Satz 2 – Trennung innerhalb der ehelichen Wohnung – sei aufgenommen worden, um Zweifel der Rechtsprechung zu beseitigen.

c) Absatz 2

Der *Vertreter des Bundesrats, MR Dr. Bürgle aus Bayern,* erläutert, Abs. 2 sei auf Vorschlag des Bundesrats übernommen worden.

Der *Vorsitzende Abg. Dr. Schmude* (SPD) stellt die einheitliche Auffassung des *Ausschusses* zu Abs. 1 Satz 2 und Abs. 2 fest.

5. § 1568. Härteklausel

Der *Vorsitzende Abg. Dr. Schmude* (SPD) erklärt, der Anwendungsbereich der im Regierungsentwurf vorgeschlagenen Härteklausel sei weiter einzuschränken und auf den Grundtatbestand zu beschränken. Der *Vorsitzende* beantragt folgende Fassung des § 1568: „Die Ehe soll außer im Fall des § 1565 in Verbindung mit § 1566 Abs. 1 nicht geschieden werden, wenn ..."

Abg. Thürk (CDU/CSU) hält diesen Vorschlag in Verbindung mit der Unwiderlegbarkeit der Vermutung für entschieden zu weitgehend. Die Härteklausel solle ein außerordentlicher Grund zur Verweigerung der Scheidung sein. Diese Gründe seien das Kindesinteresse, denn in Ausnahmefällen könne die Aufrechterhaltung der Ehe im Kindesinteresse geboten sein, und die unzumutbare Härte für den widersprechenden Ehegatten, der eine innere Bindung an die Ehe habe. Die Berücksichtigung materieller Härten dürfe nicht ausgeschlossen werden, zumal die Grenze zwischen materieller und immaterieller Härte fließend sei. In Schweden und in den Niederlanden sei die Beachtung von Härten zumindest in der Rechtsprechung nicht unbekannt.

Abg. Frau Will-Feld (CDU/CSU) stimmt zu und betont, dass Fälle denkbar seien, in denen das Kindeswohl die Aufrechterhaltung der Ehe erfordere.

Abg. Frau Schimschok (SPD) unterstützt den Antrag des Vorsitzenden. Insbesondere die Berücksichtigung des Kindesinteresses sei abzulehnen, denn gescheiterte Ehen übten einen negativen Einfluss auf die Entwicklung der Kinder aus.

Auf die Frage des *Vorsitzenden Abg. Dr. Schmude* (SPD) nach den Gründen für die im Vergleich zum Bundesrat engere Fassung des Regierungsentwurfs antwortet der *Beauftragte des BMJ MDgt Dr. Rolland,* die Aufrechterhaltung einer gescheiterten Ehe liege regelmäßig nicht im Kindesinteresse. Die Berücksichtigung der inneren Bindung an die Ehe im Rahmen der Härteklausel berge wie der geltende § 48 Abs. 2 Ehegesetz die Gefahr des Missbrauchs in sich; außerdem sei die subjektive Darlegung der inneren Bindung weder beweisbar noch widerlegbar. Schließlich solle eine gescheiterte Ehe nicht aus materiellen Gründen aufrechterhalten werden, der Ausgleich sei im Unterhaltsrecht zu regeln.

Der *Vertreter des Bundesrats, MR Dr. Bürgle,* entgegnet, die Härteklausel sei ein Ausnahmetatbestand und deshalb mit § 48 Abs. 2 Ehegesetz nicht vergleichbar. Für den Fall, dass durch die Scheidung eine zusätzliche Katastrophe herbeigeführt werde, müsse die Aufrechterhaltung der Ehe im Kindesinteresse möglich sein. Die materielle Härteklausel sei zum Schutz des wirtschaftlich schwächeren Ehegatten erforderlich; die anerkennenswerte Verbesserung des Unterhaltsrechts nütze nichts, wenn das Geld nicht ausreiche.

Abg. Engelhard (FDP) ist demgegenüber der Ansicht, die Fassung des Bundesrats nähere sich dem § 48 Abs. 2 Ehegesetz. Dem Kindeswohl entspreche die Schaffung klarer Verhältnisse mit der Scheidung einer gescheiterten Ehe; der Richter sei zudem überfordert, wenn er das Kindeswohl hier feststellen solle. Die Härte liege meist nicht in der Scheidung selbst, sondern in der Abwendung des anderen Ehegatten.

Die Scheidung einer gescheiterten Ehe, die durch Gesetze nicht zu retten sei, könne auch human genannt werden. Der Vorschlag des Vorsitzenden gewährleistet, dass die Härteklausel nur in Ausnahmefällen angewendet werde.

Abg. Frau Dr. Lepsius (SPD) erklärt, die materielle Härteklausel im Scheidungsrecht könne bewirken, dass notwendige Regelungen im Unterhaltsrecht unterlassen würden. Eine Härteklausel im Kindesinteresse sei abzulehnen, wenn schon die Eltern das Zusammenbleiben wegen der Kinder ablehnten. Vielmehr solle der Kindesunterhalt verbessert werden. Wenn überhaupt eine Härteklausel geregelt werden solle, dann entsprechend dem Vorschlag des Vorsitzenden.

6. § 1568 a – neu im Bundesrat Verfahrensverbund

Auf die Frage des *Vorsitzenden Abg. Dr. Schmude* (SPD) nach den Gründen des Bundesratsvorschlags antwortet der *Vertreter des Bundesrats MR Dr. Bürgle,* der Verfahrensverbund müsse ins materielle Recht aufgenommen werden, um bei Scheidungen im Ausland und bei Scheidungen im Inland mit Beteiligung eines ausländischen Ehegatten beachtet zu werden. Außerdem solle die Verletzung der Vorschrift im Revisionsverfahren als Sachrüge vorgebracht werden können.

Der *Beauftragte des BMJ, MDgt Dr. Rolland,* entgegnet, mit dieser Begründung könne jede Verfahrensregelung ins materielle Recht übernommen werden. Verfahrensrecht und materielles Recht müssten jedoch klar getrennt werden.

Die Sitzung wird von 13.00 Uhr bis 15.15 Uhr unterbrochen.

Der *Ausschuss* tritt in die *Beschlussfassung* zum *Scheidungsrecht* ein.

1. § 1564. Form der Scheidung

Der *Ausschuss* stimmt der Fassung des Regierungsentwurfs einstimmig zu. *Abg. Thürk* (CDU/CSU) beantragt anschließend die Voranstellung des folgenden Halbsatzes: „Eine Ehe ist grundsätzlich auf Lebenszeit angelegt; sie kann nur durch gerichtliches Urteil ...“

Der Ausschuss lehnt diesen Antrag mit 3:4 Stimmen ab.

2. § 1565. Grundtatbestand

a) Absatz 1 Satz 1

Abg. Thürk (CDU/CSU) beantragt folgende Fassung des Satzes 1 und die Anfügung eines neuen Satzes 2: „Eine Ehe kann geschieden werden, wenn sie unheilbar zerrüttet ist und mindestens ein Jahr bestanden hat. Vor Ablauf der in Satz 1 sowie in § 1566 genannten Fristen darf die Ehe nur geschieden werden, wenn dem Antragsteller die Fortsetzung der Ehe aus Gründen, die in der Person des anderen Ehegatten oder in dessen Lebensbereich liegen, nicht zuzumuten ist.“

Falls im Verfahrensrecht dem Gericht eine Aussetzungsmöglichkeit eingeräumt werde, könne später auf die Mindestehedauer verzichtet werden.

Der *Ausschuss* lehnt den Antrag des *Abg. Thürk* (CDU/CSU) ab (3:4 Stimmen) und beschließt die Fassung des Regierungsentwurfs (4:3 Stimmen).

b) Absatz 1 Satz 2

Abg. Thürk (CDU/CSU) beantragt folgende Fassung zu beschließen: „Die Ehe ist unheilbar zerrüttet, wenn die Lebensgemeinschaft nicht mehr besteht und nicht erwartet werden kann, dass die Ehegatten sie wiederherstellen.“

Der *Ausschuss* beschließt nach Ablehnung des Antrags des *Abg. Thürk* (CDU/CSU) (3:4 Stimmen) die Formulierung des Regierungsentwurfs (4:3 Stimmen).

3. § 1586. Vermutungstatbestände

a) Absatz 1

Der *Vorsitzende Abg. Dr. Schmude* (SPD) beantragt: „Es wird unwiderlegbar vermutet, dass die Ehe gescheitert ist, wenn die Ehegatten seit drei Jahren getrennt leben."

Der *Ausschuss* beschließt dementsprechend mit 4:3 Stimmen.

b) Absatz 2

Abg. Thürk (CDU/CSU) beantragt folgende Fassung: „Es wird vermutet, dass die Ehe unheilbar zerrüttet ist, wenn die Ehegatten seit einem Jahr getrennt leben und beide Ehegatten die Scheidung beantragen oder der Antragsgegner der Scheidung zustimmt."

Der *Ausschuss* lehnt den Antrag ab (3:4 Stimmen) und beschließt die Fassung des Regierungsentwurfs (4:3 Stimmen).

Abg. Thürk (CDU/CSU) erklärt, ein Antrag zu § 614 ZPO zur Aussetzung des Verfahrens bleibe vorbehalten.

c) Zu Absatz 1 und Absatz 2

Abg. Frau Dr. Lepsius (SPD) beantragt, Abs. 1 des Regierungsentwurfs wird Abs. 2, Abs. 2 des Regierungsentwurfs wird Abs. 1, weil diese Reihenfolge – Grundtatbestand, Vermutung der einjährigen Trennung, Vermutung der dreijährigen Trennung – in dieser Weise klarer sei.

Der *Ausschuss* stimmt dem Antrag der *Abg. Frau Dr. Lepsius* (SPD) mit 6 Stimmen bei einer Enthaltung zu.

§ 1566 erhält danach folgende Fassung: „(1) Es wird unwiderlegbar vermutet, dass die Ehe gescheitert ist, wenn die Ehegatten seit einem Jahr getrennt leben und beide Ehegatten die Scheidung beantragen oder der Antragsgegner der Scheidung zustimmt.

(2) Es wird unwiderlegbar vermutet, dass die Ehe gescheitert ist, wenn die Ehegatten seit drei Jahren getrennt leben."

4. § 1567. Begriffsbestimmung, Zusammenrechnung von Trennungsfristen

a) Absatz 1 Satz 1

Auf Antrag des *Abg. Thürk* (CDU/CSU) beschließt der Ausschuss einstimmig folgende Fassung: „Die Ehegatten leben getrennt, wenn zwischen ihnen keine häusliche Gemeinschaft besteht und ein Ehegatte sie erkennbar nicht herstellen will, weil er die eheliche Lebensgemeinschaft ablehnt."

b) Absatz 1 Satz 2

Der *Ausschuss* beschließt einstimmig die Fassung des Regierungsentwurfs.

c) Absatz 2

Der *Ausschuss* beschließt ebenfalls einstimmig die Fassung des Regierungsentwurfs.

5. § 1568. Härteklausel

Der *Vorsitzende Abg. Dr. Schmude* (SPD) beantragt folgende Fassung: „Die Ehe soll außer im Fall des § 1565 in Verbindung mit § 1566 Abs. 2 nicht geschieden werden, wenn der Antragsgegner die Scheidung ablehnt und ..." (im Folgenden wie Regierungsentwurf).

Abg. Thürk (CDU/CSU) beantragt die folgende Fassung: „Die Ehe soll nicht geschieden werden, obwohl sie unheilbar zerrüttet ist, wenn die Aufrechterhaltung der Ehe im Interesse der aus der Ehe hervorgegangenen minderjährigen Kinder notwendig ist oder wenn die Scheidung für den Ehegatten, der sie ablehnt und noch eine innere Bindung an die Ehe hat, auch unter Berücksichtigung der Belange des anderen Ehegatten eine unzumutbare Härte darstellen würde."

Nach Ablehnung des Antrags des *Abg. Thürk* (CDU/CSU) (3:4 Stimmen) beschließt der Ausschuss entsprechend dem Antrag des *Vorsitzenden Abg. Dr. Schmude* (SPD) mit 4:3 Stimmen folgende Fassung: „Die Ehe soll außer im Fall des § 1565 in Verbindung mit § 1566 Abs. 2 nicht geschieden werden, wenn der Antragsgegner die Scheidung ablehnt und außergewöhnliche Umstände geltend macht, nach denen die Scheidung für ihn eine so schwere Härte darstellen würde, dass die Aufrechterhaltung der Ehe auch unter Berücksichtigung der Belange des Antragstellers geboten erscheint, obwohl sie gescheitert ist. Wirtschaftliche Umstände bleiben außer Betracht."

6. § 1568 a. neu Bundesrat Verfahrensverbund

Der Antrag des *Abg. Thürk* (CDU/CSU), den Vorschlag des Bundesrats zu beschließen, wird mit 3:4 Stimmen abgelehnt.

Der *Ausschuss* tritt in die Beratung des *Unterhaltsrechts* ein.

Abg. Frau Will-Feld (CDU/CSU) regt an, vorweg rechtspolitische und wirtschaftliche Aspekte des Unterhaltsrechts so wie weitere Schwerpunkte zu behandeln.

Auf die Fragen der *Abg. Frau Will-Feld* (CDU/CSU) und der *Abg. Frau Dr. Lepsius* (SPD) antwortet zunächst der *Beauftragte des BMJ, MDgt Dr. Rolland*, der Gesetzentwurf gehe davon aus, dass die Ehegatten nach der Scheidung wirtschaftlich selbstständig sein sollten, dass aber eine ehebedingte Unterhaltsbedürfnislage auszugleichen sei. Unterhalt solle auf Grund von Einzeltatbeständen gewährt werden, die negative Härteklausel mit vier besonderen Fällen schränke die Ansprüche ein. Die vom Bundesrat vorgeschlagene Generalklausel führe zu Auslegungsschwierigkeiten und gewähre den Unterhaltsanspruch unabhängig von der Ehebedingtheit; die allgemeine Härteklausel lasse wiederum die Berücksichtigung von Verschulden zu.

Der *Vertreter des Bundesrats, MR Dr. Bürgle*, erklärt, nur eine Generalklausel könne alle regelungsbedürftigen Fälle erfassen, als Ausgleich werde der Anspruch wegen grober Unbilligkeit ausgeschlossen, hier könne auch die Verursachung des Scheiterns berücksichtigt werden. Der Regierungsentwurf und der Bundesratsvorschlag deckten sich inhaltlich weitgehendst, der Unterschied bestehe in der Systematik.

Der *Ausschuss* tritt in die *Einzelberatung* zum *Unterhaltsrecht* ein.

1. § 1570. Grundsatz

Keine Wortmeldungen

2. § 1571. Unterhalt wegen Betreuung eines Kindes

Auf Fragen der Mitglieder des Ausschusses erläutert der *Beauftragte des BMJ, MDgt Dr. Rolland,* der Begriff Pflege und Erziehung ergebe sich aus §§ 1606, 1626 und 1631 BGB; die Kinderbetreuung sei ohne Altersbegrenzung je nach Pflege- und Erziehungsbedürftigkeit des Kindes zu berücksichtigen. Im Gegensatz zur Rechtsprechung und zum Vorschlag des Bundesrats solle nur der Ehegatte, der ein *gemeinschaftliches Kind* (einschließlich eines Adoptivkindes) betreut, hieraus einen Unterhaltsanspruch herleiten können; die Berücksichtigung nicht gemeinschaftlicher Kinder oder auch Angehöriger führe zu einer übermäßigen Inanspruchnahme des anderen Ehegatten und sei geeignet, die Eheschließung mit einem Ehepartner mit Kindern zu verhindern.

Der *Vorsitzende Abg. Dr. Schmude* (SPD) weist darauf hin, die Einbeziehung des nicht gemeinschaftlichen Kindes könne auch nach kurzer Ehedauer den Unterhaltsanspruch des betreuenden Ehegatten auslösen.

Abg. Engelhard (FDP) fügt hinzu, auch er sehe die Gefahr, dass eine Ehe wegen des Kindes des anderen Ehegatten nicht eingegangen werden könnte; das Problem relativiere sich jedoch, wenn die nicht gemeinschaftlichen Kinder nach der Scheidung herangewachsen seien und keiner oder geringerer Betreuung bedürften.

Abg. Frau Dr. Lepsius (SPD) erklärt, die Unterhaltspflicht dürfe nicht ausufern und solle insbesondere nicht, wie nach der Rechtsprechung und der Eherechtskommission wegen weiterer, in den Haushalt der Ehegatten aufgenommener Angehöriger ausgelöst werden können.

Abg. Frau Will-Feld (CDU/CSU) weist auf die Härte für den Elternteil hin, der nach der Scheidung ein nicht gemeinschaftliches Kind zu betreuen habe und keinen Unterhaltsanspruch erhalte, so dass eine Verschlechterung seiner Situation im Vergleich zur Zeit vor der Ehe entstehen könne.

Abg. Thürk (CDU/CSU) erklärt, die Eheschließung werde sicher nicht verhindert werden wegen eines Kindes, das eventuell nach der Scheidung einen Unterhaltsanspruch auslösen könne. Die Situation des Ehegatten, der ein Kind in die Ehe eingebracht habe, habe sich durch die Ehe so geändert – Aufgabe der eigenen Existenz, Verlust des Anschlusses an den Beruf wegen der Dauer der Ehe –, dass der andere Ehegatte, der diesen Zustand mit bewirkt habe, nach der Scheidung für die wirtschaftlichen Folgen wegen der Betreuung des Kindes einstehen solle.

Der *Vertreter des Bundesrats, MR Dr. Bürgle,* erläutert, der Bundesrat bejahe die Mitverantwortung des einen Ehegatten für ein in den gemeinschaftlichen Haushalt aufgenommenes Kind des anderen und die daraus entstehende Unterhaltspflicht gegenüber dem betreuenden Ehegatten nach der Scheidung. Ein weitergehender Antrag auf Berücksichtigung weiterer in den Haushalt aufgenommener Personen sei abgelehnt worden.

Die *Beauftragte des BMI, Frau Mr. Dr. Frandsen,* ist mit der Eherechtskommission der Auffassung, sowohl nicht gemeinschaftliche Kinder als auch andere Angehörige sollten unterhaltsauslösend sein können. Die von beiden Ehegatten geschaffene Unterhaltssituation müsse nach der Scheidung aufrechterhalten werden.

Abg. Frau Will-Feld (CDU/CSU) und *Abg. Frau Dr. Lepsius* (SPD) bitten die Bundesregierung, wenn möglich Zahlen über nicht gemeinschaftliche Kinder in Haushalten anzugeben.

Abg. Frau Will-Feld (CDU/CSU) weist abschließend darauf hin, dass die wirtschaftliche Machbarkeit im Auge behalten werden müsse.

3. Protokoll der 13. Sitzung des UA des RA vom 5.3.1974

Der *Ausschuss* setzt die *Einzelberatung* zum *Unterhaltsrecht* fort.

1. § 1571. Unterhalt wegen der Betreuung eines Kindes (Fortsetzung)

Zur Vertiefung der Frage, ob dem Elternteil, der nach der Scheidung ein nicht gemeinschaftliches Kind zu betreuen hat, Nachteile im Vergleich zu seiner Situation vor der Heirat entstehen, fragt *Abg. Frau Will-Feld* (CDU/CSU) nach der sozialversicherungsrechtlichen Absicherung des Ehegatten, insbesondere der Frau, und der Kinder nach der Scheidung.

Der *Beauftragte des BMJ, MDgt Dr. Rolland* antwortet, die Frau erhalte den Versorgungsausgleich aus der Ehe und bei Bestehen eines Unterhaltsanspruchs die Kosten einer angemessenen Versicherung nach Maßgabe des § 1579 Abs. 2 und 3. Die *Beauftragte des BMI, Frau Mr. Dr. Frandsen* und des *BMA, Frau RD Voskuhl,* ergänzen, die nicht gemeinschaftlichen Kinder nähmen die aus der Versicherung oder der Versorgung ihres Vaters erworbenen Ansprüche (Waisenrente) mit.

Auf die Fragen des *Abg. Thürk* (CDU/CSU) und der *Abg. Frau Will-Feld* (CDU/CSU) antwortet der *Beauftragte des BMJ, MDgt Dr. Rolland,* dass die Frage, inwieweit von dem geschiedenen Ehegatten eine Erwerbstätigkeit erwartet werden kann, richterlicher Auslegung unterliege, dass aber die Betreuung eines nicht gemeinschaftlichen Kindes nicht relevant sei. Wenn nicht ein Unterhaltsanspruch wegen eines gemeinschaftlichen Kindes ausgelöst werde, müsse der Ehegatte sich trotz der Betreuung eines nicht gemeinschaftlichen Kindes auf eine Erwerbstätigkeit verweisen lassen; diese Situation habe jedoch auch vor der Eingehung der Ehe bestanden. Die Höhe des Unterhaltsanspruchs richte sich ausschließlich nach dem Bedarf der Frau.

Abg. Thürk (CDU/CSU) kündigt einen Antrag an, in § 1571 die nicht gemeinschaftlichen Kinder aufzunehmen.

Abg. Thürk (CDU/CSU) fragt, aus welchen Gründen der Bundesrat davon abgesehen habe, den Unterhalt wegen Alters nur zu gewähren, wenn die altersbedingte Unterhaltsbedürftigkeit zu einem bestimmten Zeitpunkt (Scheidung etc.) eingetreten sei.

Der *Vertreter des Bundesrats, MR Dr. Bürgle,* antwortet, der geschiedene Ehegatte könne nach der Konzeption des Bundesrats ohne Rücksicht auf einen bestimmten Zeitpunkt Unterhalt beanspruchen, wenn die Erwerbstätigkeit wegen Alters nicht mehr erwartet werden könne. Fälle von grober Unbilligkeit würden durch die negative Härteklausel ausgeschlossen.

Der *Vertreter des Bundesrats, MR Dr. Bürgle,* weist darauf hin, der Rechtsausschuss des Bundesrats habe eine Lücke in § 1572 des Regierungsentwurfs gesehen, da in Nr. 3 nicht auf § 1574 Abs. 3 verwiesen sei; damit sei der Ehegatte nicht unterhaltsberechtigt, der nach der Scheidung gemäß § 1571, 1573 oder 1576 unterhaltsberechtigt war, anschließend eine angemessene Erwerbstätigkeit nicht zu finden vermochte (§ 1574 Abs. 3 und 1) und von dem wegen Alters dann eine Erwerbstätigkeit nicht erwartet werden konnte.

Der *Beauftragte des BMJ, MDgt Dr. Rolland,* erwidert, dieser Fall werde in § 1572 Nr. 3 geregelt. Es bestünden jedoch keine Bedenken, zur Klarstellung in § 1572 Nr. 3 auf den gesamten § 1574 zu verweisen.

Auf die weitere Frage des *Abg. Thürk* (CDU/CSU) nach der unterschiedlichen Auswirkung der Vorschläge der Bundesregierung und des Bundesrats antwortet der *Beauftragte des BMJ, MDgt Dr. Rolland,* wenn der geschiedene Ehegatte vor der altersbedingten Unterhaltsbedürftigkeit seinen Unterhalt nachhaltig gesichert habe, bestehe nach dem Regierungsentwurf im Gegensatz zum Bundesrat kein Anspruch, da die Unterhaltsbedürftigkeit nicht mehr ehebedingt sei.

Abg. Frau Will-Feld (CDU/CSU) fragt, warum im Gesetz keine bestimmte Altersgrenze festgelegt worden sei.

Der *Beauftragte des BMJ, MDgt Dr. Rolland,* antwortet, es solle eine flexible Beurteilung des Einzelfalles ermöglicht werden; die Rechtsprechung habe diese Frage gut gelöst. Der *Vertreter des Bundesrats,* MR Dr. Bürgle, fügt hinzu, auch der Bundesrat habe kein bestimmtes Alter und keine bestimmte Obergrenze festgesetzt, weil die Nachteile überwiegen.

Abg. Frau Dr. Lepsius (SPD) zieht in Erwägung, ob nicht die lange Ehedauer für sich einen Unterhaltstatbestand rechtfertige.

Der *Beauftragte des BMJ, MDgt Dr. Rolland,* erwidert, die lange Ehedauer sei in verschiedenen Tatbeständen relevant, z.B. werde nach langer Ehedauer häufig keine nachhaltige Sicherung des Lebensunterhalts erreicht werden können (§ 1574 Abs. 4). Gelinge trotz langer Ehedauer die Eingliederung in das Erwerbsleben, sei ein Unterhaltsanspruch nicht gerechtfertigt.

Der *Ausschuss* stimmt überein, dass eine etwaige Lücke in § 1572 Nr. 3 geschlossen werden müsse.

3. § 1573. Unterhalt wegen Krankheit

Der *Vorsitzende Abg. Dr. Schmude* (SPD) erklärt, auch in § 1573 Nr. 4 entstehe, wie in § 1572 Nr. 3, das vom Rechtsausschuss des Bundesrats gesehene Problem, ob die unterlassene Verweisung auf § 1574 Abs. 3 eine Lücke lasse.

Nach Auffassung des *Beauftragten des BMJ, MR Dr. Böhmer,* besteht in der Sache zwischen Bundesregierung und Bundesrat auch hier Einigkeit, nach der Systematik des Regierungsentwurfs sei die Verweisung jedoch nicht erforderlich.

Abg. Frau Will-Feld (CDU/CSU) fragt, warum der Bundesrat einen Unterhaltsanspruch auch dann gewähre, wenn „andere schwerwiegende Gründe" vorlägen, die eine angemessene Tätigkeit ausschlössen.

Der *Vertreter des Bundesrats, MR Dr. Bürgle,* entgegnet, weil sichergestellt werden solle, dass alle regelungsbedürftigen Fälle erfasst würden.

4. § 1574. Unterhalt bis zur Erlangung einer nachhaltigen Erwerbstätigkeit

Der *Ausschuss* diskutiert die Frage der Verweisbarkeit auf eine angemessene Erwerbstätigkeit (§ 1574 Abs. 1 in Verbindung mit § 1575) an dem Beispiel einer MTA, die von ihrem Ehemann, einem Zahnarzt, geschieden wird.

Auf verschiedene Fragen der Mitglieder des Ausschusses antwortet der *Beauftragte des BMJ, MDgt Dr. Rolland,* die Frage, ob die Ehefrau auf den Beruf der MTA verwiesen werden könne, richte sich insbesondere nach den ehelichen Lebensverhältnissen, d.h. ob und in welchem Umfang sie, eventuell in der Praxis des Ehemannes, mitgearbeitet habe, nach der Dauer der Ehe und den übrigen Voraussetzungen des § 1575 Abs. 2. Falls die Verweisung zulässig sei. könne sie eventuell einen Zuschuss zum Lebensunterhalt nach Maßgabe des § 1579 erhalten.

Abg. Thürk (CDU/CSU) erklärt, aus § 1574 sei im Gegensatz zu §§ 1572 und 1573 nicht klar ersichtlich, dass auch hier der Zeitpunkt der Scheidung für das Nichtfindenkönnen einer Erwerbstätigkeit maßgeblich sei.

Der *Beauftragte des BMJ, MDgt Dr. Rolland,* erwidert, der unterschiedliche Wortlaut („nach" der Scheidung) sei sprachlich bedingt, inhaltlich sei der Zeitpunkt der Scheidung gemeint. Das BMJ werde eine andere Formulierung prüfen.

Auf die Frage der *Abg. Frau Dr. Lepsius* (SPD) nach der nachhaltigen Sicherung des Unterhalts nach § 1574 Abs. 4, erwidert der *Beauftragte des BMJ, MDgt Dr. Rolland,* hier könne an die Rechtsprechung des Bundesentschädigungsgesetzes angeknüpft werden. Wenn zwar zunächst eine Erwerbstätigkeit aufgenommen worden sei, aber aufgegeben werden musste, lebe der Unterhaltsanspruch wieder auf, wenn noch nicht von einer Konsolidierung der Erwerbstätigkeit habe gesprochen werden können.

Der *Ausschuss* ist der Auffassung, dass in Abs. 4 klargestellt werden sollte, dass der Grund für den Wegfall der Einkünfte das Misslingen der Eingliederung in das Erwerbsleben gewesen sei. Der *Ausschuss* bittet das BMJ um Prüfung, ob in Abs. 4 Satz 1 das Wort „und" durch „weil" zur Klarstellung ersetzt werden könne.

5. § 1575. Angemessenheit der Erwerbstätigkeit

Der *Vorsitzende Abg. Dr. Schmude* (SPD) fragt nach der Meinung der Bundesregierung zu dem Zusatz in der Bundesratsfassung, wonach bei der Beurteilung der angemessenen Erwerbstätigkeit ein nach der Ehe erreichter Ausbildungsstand außer Betracht bleibe.

Der *Beauftragte des BMJ, MDgt Dr. Rolland,* antwortet, nach der Systematik des Regierungsentwurfs seien die Verhältnisse zum Zeitpunkt der Scheidung maßgeblich; § 1576 Abs. 3 schließe ausdrücklich den später erreichten höheren Ausbildungsstand aus.

Der *Vertreter des Bundesrats, MR Dr. Bürgle,* erläutert, die vom Bundesrat nicht gewünschte Berücksichtigung des später erreichten Ausbildungsstandes habe nach der Systematik des Bundesrats ausdrücklich erwähnt werden müssen, da grundsätzlich spätere Entwicklungen Berücksichtigung fänden.

Auf die Fragen der *Abg. Frau Dr. Lepsius* (SPD), des *Vorsitzenden Abg. Dr. Schmude* (SPD) und des *Abg. Engelhard* (FDP) antwortet der *Vertreter des BMJ, MDgt Dr. Rolland,* nach § 1575 Abs. 3 müsse der Ehegatte durch Ausbildung, Fortbildung oder Umschulung die Voraussetzungen für eine angemessene Erwerbstätigkeit schaffen. Bei Zweifeln, ob die Fähigkeiten vorhanden seien, müsse der Versuch einer Ausbildung gemacht werden.

Unterbrechung der Sitzung von 13.00 bis 19.00 Uhr

Unter den weit zu fassenden Begriff Fähigkeiten fielen körperliche und geistige Fähigkeiten, auch das Alter.

Abg. Frau Will-Feld (CDU/CSU) fragt nach dem Zusammenhang zwischen §§ 1575 Abs. 3 und 1576. Der *Beauftragte des BMJ, MDgt Dr. Rolland,* erwidert, nach § 1575 Abs. 3 obliege es dem Ehegatten, eine aussichtsreiche Ausbildung zu durchlaufen. § 1576 regle die wirtschaftliche Durchführung der Ausbildung und schließe den Ausbildungsunterhalt aus, wenn die Ausbildung aussichtslos erscheine.

Der *Ausschuss* bittet das BMJ um Prüfung, ob § 1575 Abs. 3, in dem das Alter im Gegensatz zu § 1576 neben den Fähigkeiten nicht erwähnt sei, an § 1576 Abs. 1 anzugleichen sei.

6. § 1576. Ausbildung, Fortbildung und Umschulung

Abg. Frau Will-Feld (CDU/CSU) fragt, ob der Unterhaltsverpflichtete den Unterhaltsbetrag herabsetzen könne, wenn der Ausbildungsunterhalt höher sei als der nach den übrigen Vorschriften (§ 1574).

Der *Vorsitzende Abg. Dr. Schmude* (SPD) wirft die Frage auf, ob eine Unterhaltsminderung möglich sei, wenn der Berechtigte Ausbildungsunterhalt erhalten habe, obwohl er eine angemessene Tätigkeit hätte ausüben können, und nach fehlgeschlagener Ausbildung erneut unterhaltsberechtigt sei (§ 1574 Abs. 3). Denkbar sei eine Herabsetzung des Unterhaltsanspruchs durch richterliche Billigkeitsentscheidung, bei der z.B. die Erfolgsaussichten der Ausbildung und der Grund des Abbruchs berücksichtigt werden könnte.

Der *Beauftragte des BMJ, MDgt Dr. Rolland,* antwortet, der Berechtigte könne bei Vorliegen der Voraussetzungen den Ausbildungsunterhalt wählen, der Anspruch sei nicht erfolgsabhängig, und eine (nachträgliche) Verrechnung sei nicht vorgesehen und auch nicht diskutiert worden. Dies würde dem Zweck der Unterhaltszahlung widersprechen, nämlich der Deckung des Lebensbedarfs. Die richterliche Herabsetzung nach Billigkeit auf Grund nachträglicher Beurteilung sei problematisch und berge die Gefahr der Fehlbeurteilung.

Abg. Frau Will-Feld (CDU/CSU), *Abg. Thürk* (CDU/CSU) und *Abg. Frau Dr. Lepsius* (SPD) erklären, ein Missbrauch des weit gefassten § 1576 müsse, gegebenenfalls durch eine ergänzende Formulierung, vermieden werden.

Der *Beauftragte des BMJ, MDgt Dr. Rolland,* schlägt vor, man könne die Anspruchsvoraussetzungen enger fassen (z.B. ehebedingte Nichtaufnahme oder Aufgabe des Berufes etc.); eine Billigkeitsklausel sei weniger geeignet.

Abg. Frau Will-Feld (CDU/CSU) erklärt, der Unterhaltsanspruch sei auf die Ausbildung zu beschränken, die zur Erlangung einer angemessenen Erwerbstätigkeit führe.

Abg. Engelhard (FDP) befürwortet ebenfalls die Engerfassung der Voraussetzungen, die wirtschaftliche Umsatzfähigkeit der Ausbildung solle aufgenommen werden.

Abg. Thürk (CDU/CSU) erklärt, zur Vermeidung des Missbrauchs, z.B. Doppelstudien, müsse Abs. 1 eingeengt werden, eine Erfolgsaussicht müsse vorliegen, zumal nach dem Entwurf bei Erfolglosigkeit der Ausbildung sich ein Anspruch aus § 1574 anschließen könne. Auch die Dauer des Anspruchs (Abs. 1 Satz 2), sei mit „längstens“ zu unbestimmt formuliert.

Abg. Frau Dr. Lepsius (SPD) stimmt darin überein, dass die Erwerbstätigkeit als Ziel der Ausbildung in Abs. 1 aufzunehmen sei. Der Gesetzgeber solle aber auch insbesondere den Frauen den Zugang zur Ausbildung nicht unnötig erschweren, sondern eher dazu provozieren.

Der *Vorsitzende Abg. Dr. Schmude* (SPD) stellt abschließend Übereinstimmung des Ausschusses fest, § 1576 einzugrenzen. Der *Ausschuss* bittet die Bundesregierung, die Grundsätze der Gewährung von Ausbildungs-, Fortbildungs- und Umschulungsförderung nach den Gesetzen der öffentlichen Förderung kurz darzustellen.

7. § 1577. Unterhalt wegen Versorgungsnachteilen

Auf Anregung der *Abg. Frau Will-Feld* (CDU/CSU) stellt der Ausschuss die Beratung wegen der engen Verknüpfung mit Fragen des Versorgungsausgleichs zurück.

8. § 1578. Einkünfte und Vermögen des Unterhaltsberechtigten

a) Absatz 2

Die Frage des *Vorsitzenden Abg. Dr. Schmude* (SPD), ob auch das Einkommen aus Erwerbstätigkeit trotz eines Unterhaltsanspruchs aus §§ 1571-1573 nur dann nicht anzurechnen sei, wenn sich der Verpflichtete entziehe oder zur Zahlung aufgefordert sei, bejaht der *Beauftragte des BMJ, MDgt Dr. Rolland.*

Abg. Frau Schimschok (SPD) erklärt, die Einkünfte aus einer unangemessenen Tätigkeit sollten grundsätzlich nicht angerechnet werden.

Abg. Engelhard (FDP) trägt vor, es sei zu erwägen, die Einkünfte aus unangemessener Erwerbstätigkeit bei Überschreitung einer bestimmten Grenze anzurechnen. Man könne die Anrechnung nicht ganz ausschließen; ein regelmäßiger Zuverdienst knapp unterhalb der Grenze der Angemessenheit solle nicht zugelassen werden.

Abg. Thürk (CDU/CSU) regt an, in Abs. 1 Satz 1 zunächst die Aufforderung zur Unterhaltszahlung, dann die Entziehung zu nennen, da die Aufforderung der Normalfall, die Entziehung der Ausnahmefall sein werde.

Abg. Thürk (CDU/CSU) fährt fort, nach der vorliegenden Fassung müsse der nach §§ 1571-1573 Unterhaltsberechtigte, der den Unterhalt unaufgefordert erhalte, aber aus nicht erwarteter Erwerbstätigkeit hinzuverdiene, sich diesen Verdienst anrechnen lassen. Es frage sich, ob hier überhaupt angerechnet werden solle; die Anrechnung sei jedenfalls nicht gerechtfertigt, wenn der Unterhalt nicht ausreiche oder wenn der Zuverdienst, wie die Eherechtskommission vorgeschlagen habe, gering sei.

Der *Ausschuss* bittet die Beauftragten des BMJ, die Begrenzung der Anrechenbarkeit unter Berücksichtigung der Bedenken des Ausschusses zu prüfen.

4. Protokoll der 14. Sitzung des UA des RA vom 6.3.1974

1. § 1578. Einkünfte und Vermögen des Unterhaltsberechtigten

b) Absatz 1, 3 und 4

Auf die Fragen der *Abg. Frau Will-Feld* (CDU/CSU) nach den Begriffen Vermögen und unwirtschaftliche Verwertung antwortet der *Beauftragte des BMJ, MDgt Dr. Rolland,* Vermögen sei jeder Vermögenswert, der zur Verfügung stehe, auch der Zugewinn und die nach der Scheidung angefallene Erbschaft. Die unwirtschaftliche Verwertung müsse am Einzelfall entschieden werden, z.B. sei die Unergiebigkeit des Erlöses, der Verkauf zur Unzeit unwirtschaftlich. Trotz Wirtschaftlichkeit könne der Verwertung aber die unbillige Härte entgegenstehen, wenn etwa der Vermögenswert die einzige wirtschaftliche Basis sei.

Der *Vorsitzende Abg. Dr. Schmude* (SPD) führt zu Absatz 1 und 4 aus, es müsse eine Risikogrenze gezogen werden, bis zu der der Verpflichtete einstehen müsse. Die Abgrenzung zwischen der Aufzehrung des Vermögens (Abs. 1) und dem Wegfall (Abs. 4) sei theoretisch möglich, werde aber in der Praxis erhebliche Schwierigkeiten bereiten, ebenso wie die nachträglich zu stellende Prognose, wie lange und wie weit der Berechtigte sich ohne den Wegfall des Vermögens noch daraus hätte unterhalten können. Der Vorschlag des Bundesrats, nur bei zu vertretendem Wegfall den Unterhaltsanspruch nicht wieder aufleben zu lassen, sei ebenfalls schwerlich praktikabel, da die nachträgliche Entscheidung, wie ein Vermögen richtig angelegt worden sei und inwieweit dies vorhersehbar war, kaum zu treffen sei.

Es sei zu erwägen, ob neben der Kindererziehung auch das Alter oder die Krankheit, die schon bei der Scheidung bestanden haben könnten, zum Wiederaufleben des Unterhaltsanspruchs führen sollte.

Abg. Thürk (CDU/CSU) ist der Ansicht, es bestehe ein Widerspruch zwischen Abs. 1 und Abs. 4. An denselben Tatbestand, nämlich das Entfallen des Vermögens als Unterhaltsgrundlage, würden unterschiedliche Rechtsfolgen geknüpft: Nach Abs. 1 lebe der Unterhaltsanspruch auf, nach Abs. 4 nicht. Der Ausschluss des Unterhaltsanspruchs nach Abs. 4 sei nur verständlich und berechtigt, wenn der Wegfall zu vertreten war, eventuell nur, wenn das Vermögen verschleudert wurde. Ferner sei überlegenswert, ob Alter und Krankheit ebenfalls zum Wiederaufleben des Anspruchs führen solle.

Abg. Frau Will-Feld (CDU/CSU) erklärt unter Hinweis auf den Vorschlag des Bundesrats, dass § 1578 Abs. 4 einzuschränken sei, indem nur der zu vertretende Wegfall zum Ausschluss des Unterhaltsanspruchs führen solle. Ein Konkurs, ein Währungsverfall z.B. könne dem Berechtigten nicht zugerechnet werden. Ferner sei nach der jetzigen Formulierung des § 1578 derjenige Unterhaltsberechtigte, der kein Vermögen gehabt habe, besser gestellt, weil er fortlaufend Unterhalt erhalte, als derjenige, der Vermögen hatte, das aber später entfallen sei.

Abg. Engelhard (FDP) ist der Ansicht, dass Abs. 4 – Wegfall des Vermögens – typischerweise die großen Vermögen im Auge habe. Mit der Scheidung entstehe dann ein getrennter Verfügungsbereich. Dem Verpflichteten dürfe nicht das gesamte Risiko des Vermögenswegfalls auferlegt werden, zumal er auf die Vermögensverwaltung des Berechtigten keinen Einfluss habe. Die Vertretbarkeit des Wegfalls sei nachträglich nicht festzustellen. Die Einbeziehung der Fälle, in denen der Lebensbedarf teilweise aus Unterhalt, teilweise aus Vermögen gedeckt werde, sei problematisch, wenn das Einkommen aus Vermögen schwanke.

Abg. Frau Dr. Lepsius (SPD) setzt sich dafür ein, dass der Unterhaltsanspruch wiederaufleben solle, wenn das Vermögen unvertretbar weggefallen sei.

Abg. Frau Schimschok (SPD) gibt zu bedenken, dass der Berechtigte für die Zeit, in der er sich aus dem bereits weggefallenen Vermögen hätte unterhalten können, keine Mittel zur Deckung seines Lebensbedarfs habe.

Der *Beauftragte des BMJ, MDgt Dr. Rolland,* erläutert § 1578, der auf dem Hintergrund zu sehen sei, dass nach der wirtschaftlichen Konsolidierung die wirtschaftliche Verantwortung der Ehegatten füreinander wegfalle. Sei eigenes anrechenbares Vermögen des Berechtigten vorhanden, bestehe kein Unterhaltsanspruch. Entfalle das Vermögen als Unterhaltsgrundlage, sei zu unterscheiden: Nach Aufzehrung, d.h. nach dem normalen Abnehmen des Vermögens, lebe der Unterhaltsanspruch wieder auf (Abs. 1), nach Wegfall des Vermögens, d.h. nach einem außerordentlichen Ereignis, einem Einbruch, lebe der Unterhaltsanspruch nicht wieder auf, solange und soweit sich der Berechtigte ohne dieses Ereignis noch hätte unterhalten können (Abs. 4). Hier sei die Risikogrenze gezogen. Der Wegfall nach Abs. 4 solle nicht mehr in den Verantwortungsbereich des anderen Ehegatten fallen, der keinerlei Einfluss auf die Vermögensverwaltung des anderen habe. § 1578 Abs. 4 sei vergleichbar mit § 1574 Abs. 4: Die nachhaltige Unterhaltssicherung durch Erwerbstätigkeit solle ebenso wie die durch Vermögen den anderen Ehegatten endgültig entlasten, spätere Ereignisse seien schicksalsbedingt, nicht ehebedingt. Es sei systemwidrig, auch bei Alter und Krankheit den Unterhaltsanspruch wieder aufleben zu lassen, denn im Gegensatz zur Kindererziehung seien diese Tatbestände nicht mehr ehebedingt; auch in diesem Punkt entspreche § 1578 Abs. 4 dem § 1574 Abs. 4.

Abg. Thürk (CDU/CSU) erklärt, der Vergleich des § 1574 Abs. 4 mit § 1578 Abs. 4 sei fragwürdig, da die Sicherung des Unterhalts durch Vermögen heute im Gegensatz zur Sicherung durch Erwerbstätigkeit und Berufsausbildung keine Dauersicherung mehr darstelle. In § 1578 Abs. 4 sei im Übrigen anders als in § 1574 Abs. 4 nicht klar formuliert, dass nur die nachhaltige Sicherung durch Vermögen einen späteren Unterhaltsanspruch ausschließe.

Abg. Frau Will-Feld (CDU/CSU) fügt hinzu, dem Gesetz sei nicht zu entnehmen, wie die Aufzehrung des Vermögens von dem Wegfall des Vermögens abzugrenzen sei.

Der *Ausschuss* bittet die Beauftragten des BMJ, Überlegungen zur Abgrenzung von der Aufzehrung (Abs. 1) und dem Wegfall des Vermögens (Abs. 4) und zu den übrigen geäußerten Bedenken anzustellen.

2. § 1579. Maß des Unterhalts und Lebensbedarf

Abg. Frau Dr. Lepsius (SPD) erklärt, nach § 1579 Abs. 3 gehörten zum Lebensbedarf die Kosten einer angemessenen Versicherung für den Fall des Alters sowie der Berufs- oder Erwerbsunfähigkeit. Zur lückenlosen Sicherung, insbesondere der Frau müsse auch der Unterhalt bei bestehender Ehe entsprechend ihrem *Antrag zu § 1360 a* (Prot. 5/7) die Kosten dieser Versicherung für den den Haushalt führenden Ehegatten umfassen. Eine Versicherungslücke bestehe dann nur noch für die Zeit des Getrenntlebens zwischen dem Scheidungsantrag und der Rechtskraft des Scheidungsurteils.

Abg. Frau Will-Feld CDU/CSU) begrüßt das Anliegen der lückenlosen Sicherung und fragt die *Beauftragte des BMA, Frau RD Voskuhl,* nach der finanziellen Basis des Antrags der *Abg. Frau Dr. Lepsius* (SPD) zu § 1360 a.

Die *Beauftragte des BMA, Frau RD Voskuhl,* antwortet, bei einem freiwilligen Beitritt zur Rentenversicherung müssten für eine monatliche Rente von DM 34,10 Beiträge in Höhe von DM 18,00 monatlich, für eine Rente von DM 341,30 Beiträge von DM 180,00 monatlich geleistet werden. Die Eherechtskommission habe die Pflichtversicherung für die nicht erwerbstätige Ehefrau vorgeschlagen, der Beitrag solle berechnet werden nach 30% des Arbeitsverdienstes des erwerbstätigen Ehegatten, so dass die Gesamtbeitragsbelastung des Ehegatten 24% des versicherungspflichtigen Arbeitsverdienstes betragen würde. Die Übernahme der Beiträge für die Zeit der Kindererziehung durch die öffentliche Hand würde zwischen 4 und 17 Milliarden DM kosten.

Abg. Engelhard (FDP) führt aus, die wirtschaftliche Bewegungsfreiheit der Ehegatten werde durch die Beitragsbelastung für eine volle Sicherung der Ehefrau erheblich eingeschränkt. Außerdem werde für den Normalfall, dass die Ehe nicht geschieden werde, mit zwei Renten eine Überversicherung erreicht. Die Eherechtskommission habe einen Mittelweg aufgezeigt. Zur Beurteilung der Vorschläge seien weitere Zahlen erforderlich.

Der *Beauftragte des BMJ, MDgt Dr. Rolland,* erklärt, die Zeit zwischen dem Scheidungsantrag und der Rechtskraft des Scheidungsurteils habe man bisher versicherungsrechtlich nicht beachtet, man habe diese Zeitspanne für unbedeutend gehalten. Nach dem Entwurf sei die soziale Sicherung der Frau bis zum Scheidungsantrag durch eigene Erwerbstätigkeit vor der Ehe und durch den Versorgungsausgleich für die Ehezeit relativ sicher, für die Zeit nach der Scheidung hänge sie von der Leistungsfähigkeit des Ehegatten ab. Der Antrag zu § 1360 a sei möglicherweise zu sehr auf die Scheidung abgestellt. Probleme ergäben sich sowohl, wenn man die freiwillige Versicherung einführe (dann werde kein Gebrauch gemacht), als auch bei Einführung einer Zwangsversicherung (dann Überversicherung).

Die *Beauftragte des BMA, Frau RD Voskuhl,* weist darauf hin, dass die eigenständige soziale Sicherung der Frau die Witwenrente entbehrlich mache. Die dadurch mögliche Beitragssenkung mache Mittel des erwerbstätigen Ehegatten für die Beiträge der Frau frei.

Auf die Frage der *Abg. Frau Will-Feld* (CDU/CSU) erklärt der Vertreter des Bundesrats, MR Dr. Bürgle, dass § 1579 des Regierungsentwurfs und § 1575 des Bundesratsvorschlags inhaltlich übereinstimmen.

Auf die Frage des *Abg. Thürk* (CDU/CSU) nach der Berücksichtigung der Änderung der Verhältnisse nach der Scheidung antwortet der *Beauftragte des BMJ, MDgt Dr. Rolland,* der Lebenslauf umfasse die Bedürfnisse im weitesten Sinne, ein Korrektiv sei die Leistungsfähigkeit des Verpflichteten. Veränderungen der Verhältnisse, die im Zeitpunkt der Scheidung angelegt seien (Regelbeförderung der Beamten), seien wie nach geltendem Recht zu berücksichtigen, der Lebensunterhalt sei entsprechend anzupassen.

Der *Vorsitzende Abg. Dr. Schmude* (SPD) stellt die Tendenz des Ausschusses fest, § 1579 nicht abzuändern und die sozialversicherungsrechtliche Lücke zwischen Scheidungsantrag und Rechtskraft des Scheidungsurteils zu schließen.

Abg. Frau Dr. Lepsius (SPD) beantragt: In Artikel 1 Nr. 7 wird in § 1361 Abs. 1 folgender Satz 2 angefügt: „Ist einem Ehegatten die Haushaltsführung überlassen, so gehören zu seinem angemessenen Unterhalt auch die Kosten einer angemessenen Versicherung für den Fall des Alters sowie der Berufs- oder Erwerbsunfähigkeit."

Zur Frage, ob auch Beiträge zur Krankenversicherung eingeschlossen werden sollen, erklären sich die Beauftragten des BMJ bereit, einen Formulierungsvorschlag vorzulegen.

Abg. Frau Will-Feld (CDU/CSU) weist darauf hin, dass die Verpflichtung, Versicherungskosten schon für die Zeit des Getrenntlebens zu leisten, einen Eingriff in die Entscheidung der Ehegatten bedeuten könne, wenn noch kein Scheidungsantrag gestellt sei.

Gegen den Vorschlag des Vorsitzenden außerhalb der Tagesordnung, eine weitere Sondersitzung während einer Sitzungswoche abzuhalten, wird kein Einspruch erhoben.

5. Protokoll der 15. Sitzung des UA des RA vom 20.3.1974

1. § 1580. Härteklausel im Unterhaltsrecht

a) Absatz 1

Zu den *Einzeltatbeständen* des Regierungsentwurfs und zu der vom Bundesrat vorgeschlagenen *Generalklausel* führt *Abg. Frau Dr. Lepsius* (SPD) aus, es müsse eine Regelung vermieden werden, die, wie die Generalklausel des Bundesrats, zulasse, dass der durch die Unterhaltstatbestände zugebilligte Unterhalt wegen Scheidungsverschuldens wieder entzogen werde. Die im Unterhaltsrecht besonders betroffenen Frauen dürften nicht weiter mit dem Entzug des Unterhaltsanspruchs wegen jedes Fehlverhaltens bestraft werden. Ob der Katalog der Einzeltatbestände des Regierungsentwurfs alle relevanten Unbilligkeiten umfasse, sei allerdings fraglich und müsse geprüft werden.

Abg. Frau Will-Feld (CDU/CSU) erklärt, die Generalklausel könne die nicht vorhersehbaren Einzelfälle besser erfassen als der starre Katalog des Regierungsentwurfs. Die Gefahr, dass Fehlverhalten in zu starkem Maße berücksichtigt werde, sei gering. Der Übergang zum Zerrüttungsprinzip schließe nicht jede Berücksichtigung von Verschulden aus.

Der *Beauftrage des BMJ, MR Dr. Böhmer,* erläutert die Zielsetzung des Regierungsentwurfs, wonach wirtschaftliche Sanktionen nicht wegen Fehlverhaltens getroffen werden sollen, außer in den schweren Fällen der Nr. 2 des § 1580 Abs. 1. Der Vorschlag des Bundesrats werde zu einer Übernahme der bisherigen Verschuldensrechtsprechung führen.

Der *Vorsitzende Abg. Dr. Schmude* (SPD) schlägt vor, Verhaltensweisen, die den anderen Ehegatten in seiner wirtschaftlichen Leistungsfähigkeit schädigten, als Unterhaltsausschlussgrund einzubeziehen. Eine Anlehnung an die Härteklausel des Zugewinnausgleichs, die eine Zahlungsverweigerung bei grober Unbilligkeit vorsehe (§ 1381 BGB), empfehle sich nicht, da die Rechtsprechung neben wirtschaftlichen Verhaltensweisen auch andere grobe Eheverfehlungen mit allen Nachteilen der Verschuldensabwägung einbezogen habe.

Abg. Frau Schimschok (SPD) betont, etwaige weitere Ausschlusstatbestände seien streng auf Fehlverhalten im wirtschaftlichen Bereich zu beschränken, um jede Verschuldensrechtsprechung auszuschließen.

Abg. Thürk (CDU/CSU) ist der Ansicht, die beispielhafte Aufzählung der schwerwiegenden Ausschlusstatbestände hindere den Richter, Tatbestände leichterer Art zu berücksichtigen. Um jedoch sicher zu stellen, dass einerseits nicht jedes Verschulden zum Unterhaltsausschluss führe, andererseits aber die Berücksichtigung schweren Fehlverhaltens ermöglicht werde, schlage er alternativ 2 Neuformulierungen des Regierungsentwurfs vor:

- (1) Ein Unterhaltsanspruch besteht ausnahmsweise dann nicht, soweit die Inanspruchnahme des Verpflichteten grob unbillig wäre und das allgemeine Rechtsempfinden gröblich verletzt wird, insbesondere dann, wenn ... (Nr. 1 bis 4 des Regierungsentwurfs)

oder

- Anfügung eines neuen Absatz 2 nach Absatz 1: Absatz 1 kann außerdem Anwendung finden, wenn das Fehlverhalten des Berechtigten so schwerwiegend ist, dass die Unterhaltsleistungen an ihn das allgemeine Rechtsempfinden erheblich verletzen würde.

Abg. Engelhard (FDP) erklärt, das vermeidbare Verhalten, das über die allgemeinen wirtschaftlichen Scheidungsfolgen hinaus die wirtschaftliche Basis schwäche, solle in schweren Fällen den Unterhaltsanspruch beeinflussen. Nach den Einzeltatbeständen des Abs. 1 des Regierungsentwurfs könne eine Generalklausel (grob unbillig), beschränkt auf wirtschaftliche Tatbestände, eingefügt werden. Die Nachstellung der Generalklausel betone deren nachrangige Bedeutung.

Der *Ausschuss* stimmt darin überein, weitere Überlegungen zur Neuformulierung der Härteklausel anzustellen.

b) Absatz 2. Ausschluss der Härteklausel

Abg. Frau Will-Feld (CDU/CSU) und *Abg. Thürk* (CDU/CSU) stellen klar, ihre Ausführungen zu § 1571 über die Einbeziehung nicht gemeinschaftlicher Kinder sollten nicht für den Ausschluss der Härteklausel nach § 1580 Abs. 2 gelten.

Abg. Thürk (CDU/CSU) fragt nach dem Unterschied zwischen Pflege und Erziehung und ob das Kind tatsächlich betreut werden müsse, um den Ausschluss der Härteklausel zu bewirken.

Der *Beauftragte des BMJ, MR Dr. Böhmer,* antwortet, die Pflege betreffe die volljährigen, die Erziehung die nicht volljährigen Kinder. Die Pflege und die Erziehung müsse tatsächlich ausgeübt werden.

Der *Vorsitzende Abg. Dr. Schmude* (SPD) ist der Ansicht, aus der Formulierung des Regierungsentwurfs sei nicht klar ersichtlich, ob nach Beendigung der Kindererziehung die Beschränkung der Unterhaltsverpflichtung nach Abs. 1 wieder eingreife oder ob, bei Vorliegen eines Unterhaltstatbestandes, ein weiterer Unterhaltsanspruch gegeben sei. Es sei zu bedenken, dass der Ehegatte, der wegen der ehebedingten Kindererziehung zunächst keine Erwerbstätigkeit aufnehmen könne, später eventuell weder den Anschluss an das Erwerbsleben finde, noch einen Unterhaltsanspruch habe.

Der *Beauftragte des BMJ, MR Dr. Böhmer,* antwortet, nach Wegfall der Voraussetzungen des Abs. 2 greife wieder die Härteklausel des Abs. 1 ein, ein weiterer Unterhaltsanspruch solle also ausgeschlossen sein.

Abg. Frau Dr. Lepsius (SPD), *Abg. Frau Will-Feld* (CDU/CSU) und *Abg. Engelhard* (FDP) setzen sich dafür ein, den in Abs. 2 bezweckten Schutz der Kindererziehung nicht zu gefährden. Wenn der Wegfall des Unterhaltsanspruches nach Beendigung der Kinderbetreuung drohe, könne der Ehegatte zur Aufnahme einer Erwerbstätigkeit auf Kosten der Kinder veranlasst werden.

Abg. Thürk (CDU(CSU) führt aus, § 1580 Abs. 2 werde keine große Bedeutung erlangen, weil der Ehegatte, dem Fehlverhalten nach Abs. 1 Nr. 2 bis 4 vorgeworfen werde, in der Regel nicht die Kinder erhalte. Nach Wegfall der Voraussetzung des Abs. 2 solle Abs. 1 wieder eingreifen.

Der *Ausschuss* bittet die Beauftragten des BMJ, die Begriffe Pflege oder Erziehung erneut zu überprüfen.

2. § 1581. Auskunftspflicht

Auf die Frage der *Abg. Frau Will-Feld* (CDU/CSU), ob auch über Vermögensbewegungen Auskunft zu geben sei, antwortet der *Beauftragte des BMJ, MR Dr. Böhmer,* wenn die Vermögensbewegungen im Einzelfall für den Unterhaltsanspruch erheblich seien (zum Beispiel höherer Unterhalt nach Wegfall von Schulden), seien Vermögensbewegungen, zum Beispiel Schuldentilgungen, darzulegen.

Abg. Frau Dr. Lepsius (SPD) erklärt, zur Beseitigung von Missständen im geltenden Recht sei sicherzustellen, dass unterhaltserhebliche wirtschaftliche Veränderungen auf Verlangen mitgeteilt werden müssten.

Abg. Thürk (CDU/CSU) betont, die weite Fassung des § 1581 sei bedenklich, da sie zur Ausforschung der Vermögensverhältnisse missbraucht werden könne. Wenn der Unterhaltsverpflichtete seinen Zahlungen nachkäme, dürfe kein Auskunftsanspruch mehr möglich sein.

Abg. Engelhard (FDP) ist der Auffassung, der Auskunftsanspruch sei durch die Verweisung auf § 1605 BGB – Auskunft, soweit zur Feststellung des Unterhaltsanspruchs erforderlich – ausreichend begrenzt.

Der *Beauftragte des BMJ, MR Dr. Böhmer,* meint, der Auskunftsanspruch des § 1581 in Verbindung mit § 1605 bestehe nur für unterhaltsrechtlich erhebliche Vermögenssachverhalte.

Der *Ausschuss* bittet das BMJ um eine Formulierungshilfe zur Ausdehnung der Auskunftspflicht auf die Vorlage von Urkunden.

6. Protokoll der 16. Sitzung des UA des RA vom 21.3.1974

1. § 1581. Auskunftspflicht (Fortsetzung)

Der *Beauftragte des BMJ, MR Dr. Böhmer,* legt eine Formulierungshilfe zum Anspruch auf Vorlage von Urkunden vor, die außerhalb des Zivilprozesses die Vorlage von Urkunden, insbesondere Bescheinigungen über Arbeitsverdienst, sichern soll (siehe Anlage).

Auf die Frage der *Abg. Frau Will-Feld* (CDU/CSU) antwortet der *Beauftragte des BMJ, MR Dr. Böhmer,* die Auskunftspflicht gelte auch für § 1578 Abs. 4 (kein Unterhalt nach Wegfall des Vermögens). [Vgl. § 1605 Abs. 2 S. 2 neu: „Über die Höhe der Einkünfte sind auf Verlangen Belege, insbesondere Bescheinigungen des Arbeitgebers, vorzulegen.“]

2. § 1577. Unterhalt wegen Versorgungsnachteilen

Der *Ausschuss* diskutiert erneut, ob die Vorschrift bis zum Versorgungsausgleich zurückgestellt werden soll.

Abg. Frau Will-Feld (CDU/CSU) bittet die Beauftragten des BMJ um Überprüfung folgender Literaturstelle: „In § 1577 soll darauf hingewiesen werden, dass der Anspruch nur besteht, wenn der Nachteil nicht durch einen dem Geschiedenen gewährten Versorgungsausgleich ausgeglichen wird. § 1587 könnte dann gestrichen werden. Damit wird ein offensichtlicher Flüchtigkeitsfehler des Regierungsentwurfs berichtigt, der nur für den schuldrechtlichen, nicht aber für den öffentlich-rechtlichen Versorgungsausgleich nach dem § 1587a f. eine Anrechnung auf den Unterhaltsanspruch nach § 1577 I Satz 1 vorsieht.“

Der *Ausschuss* kommt überein, die Beratung des § 1577 bis zum Versorgungsausgleich (§§ 1587, 1587 a, 1587 b) zurückzustellen.

Zum *Verfahren* bittet der *Ausschuss die Beauftragten der Bundesregierung,* die zum Unterhaltsrecht erbetenen Auskünfte und Formulierungshilfen rechtzeitig vor der folgenden Sitzung zu übermitteln.

Abg. Frau Will-Feld (CDU/CSU) regt an, die im Entwurf verwendeten unbestimmten Rechtsbegriffe noch einmal durchzugehen und abzuklären.

3. § 1582. Billigkeitsunterhalt

Abg. Frau Dr. Lepsius (SPD) fragt, ob die Verwertung des Vermögensstammes durch den Verpflichteten (Abs. 2 Satz 2) näher begrenzt oder umschrieben werden könne und wie die Grenzen der Vermögensverwertung im geltenden Unterhaltsrecht sowie im Sozialhilferecht geregelt seien.

Der *Vorsitzende Abg. Dr. Schmude* (SPD) erläutert, im Sozialhilferecht sei die Höhe der Barbeträge und sonstigen Vermögenswerte, die eingesetzt oder verwertet werden müssten, je nach den persönlichen Verhältnissen festgelegt (§ 88 Bundessozialhilfegesetz). Die Beträge lägen zwischen 1.500,-- und 6.000,-- DM. Der Einsatz oder die Verwertung von Vermögen sei darüber hinaus dann nicht zu verlangen, wenn dies eine Härte bedeuten würde.

Der *Beauftragte des BMJ, MDgt Dr. Rolland,* führt aus, nach dem geltenden Unterhaltsrecht habe die Frau einen Unterhaltsanspruch, soweit Einkünfte aus Vermögen und die Erträgnisse einer Erwerbstätigkeit nicht ausreichten (§ 58 Abs. 1 EheG), der Stamm brauche hier nicht angegriffen zu werden. Dagegen sei der Anspruch der Frau auf Billigkeitsunterhalt auch ausgeschlossen, wenn sie den Unterhalt aus dem Stamm des Vermögens bestreiten könne. Die Rechtsprechung habe hier jedoch modifiziert dahin, dass bei Unbilligkeit, zum Beispiel auch bei Unwirtschaftlichkeit der Verwertung, der Stamm des Vermögens nicht eingesetzt werden müsse. Nach dem Regierungsentwurf sei auf Seiten des Berechtigten und des Verpflichteten gleichermaßen die Verwertung ausgeschlossen, soweit sie unwirtschaftlich wäre oder eine unbillige Härte bedeuten würde (§§ 1578 Abs. 3, 1582 Abs. 2 Satz 2 BGB E). Die nähere Umschreibung des Begriffes Wirtschaftlichkeit sei abstrakt schwierig, dies müsse am Einzelfall entschieden werden. Unwirtschaftlich sei zum Beispiel eine Verwendung zur Unzeit unter dem eigentlichen Wert (Verschleuderung). Die Beleihung dagegen sei oft als wirtschaftlich zu bezeichnen.

Abg. Frau Wille-Feld (CDU/CSU) erklärt, der Bundesrat halte offenbar nach seinem Vorschlag die unwirtschaftliche Verwertung für zumutbar. Dies sei sinnvoll, weil zunächst die Eheleute auf die Verwertung des Vermögens verwiesen werden sollten; der Schutz des Vermögens vor unwirtschaftlicher Verwertung habe zur unerwünschten Folge, dass die Allgemeinheit, das Sozialamt, eintreten müsse.

Der *Beauftragte des BMJ, MDgt Dr. Rolland,* entgegnet, der Bundesrat sei davon ausgegangen, dass der Begriff unwirtschaftliche Verwertung von der unbilligen Härte umfasst sei. Die Bundesregierung wolle jedenfalls die unwirtschaftliche Verwertung, die Verschleuderung von Vermögenswerten ausschließen.

Abg. Frau Schimschok (SPD) spricht sich gegen eine Vermögensverschleuderung aus. Die unwirtschaftliche Verwertung könne die Betroffenen und letztlich auch die Allgemeinheit schädigen.

4. § 1583. Zusammentreffen von Ansprüchen eines früheren und eines neuen Ehegatten

Abg. Frau Dr. Lepsius (SPD) begrüßt das differenzierende Konzept der Bundesregierung, das dem geschiedenen Ehegatten als zusätzlichen Schutz in bestimmten Fällen den Vorrang vor dem Unterhaltsanspruch des neuen Ehegatten einräume. Der Vorrang des geschiedenen Ehegatten finde seine Rechtfertigung darin, dass auch für den neuen Ehegatten der Grundsatz der wirtschaftlichen Selbstständigkeit gelte, er sich also in gleichem Maße auf eine Erwerbstätigkeit verweisen lassen müsse. Die Bundesregierung sei zu fragen, aus welchen Gründen sie die Anregung des Bundesrates, dem Unterhaltsanspruch der Kinder den Vorrang vor denen der Ehegatten aus erster und zweiter Ehe durch Neuformulierung des § 1609 Abs. 2 BGB einzuräumen, nicht aufgegriffen habe.

Abg. Frau Will-Feld (CDU/CSU) führt aus, bei den Überlegungen zu einem Vorrang des Kindesunterhalts sei die Tatsache zu berücksichtigen, dass die Ehegatten für ihr Handeln, nämlich Scheidung, Eingehung einer neuen Ehe und daraus entstehende Folgen selbst verantwortlich seien, während die Kinder unbeteiligt und schutzbedürftig seien. Wenn schon das Zerrüttungsprinzip gelten solle, so müsse der schwächste Teil, hier die Kinder, besonders geschützt werden.

Der *Beauftragte des BMJ, MDgt Dr. Rolland,* führt aus, der Ausschluss der materiellen Härteklausel im Scheidungsrecht erfordere einen besonderen Schutz des geschiedenen Ehegatten im Unterhaltsrecht. Der Vorrang solle jedoch die Ausnahme von dem Grundsatz des Gleichranges bleiben, um die Rechtsstellung des neuen Ehegatten nicht über Gebühr zu schmälern. Letzteres sei jedoch die Folge des Bundesratsvorschlags, nach dem die Ansprüche der Kinder aus erster und zweiter Ehe dem Unterhaltsanspruch des neuen Ehegatten vorgehen sollten. Der Vorschlag habe ohnehin keine praktische Auswirkung, da die Unterhaltsbeträge beim Verbrauch im Haushalt nicht getrennt würden. Die Bundesregierung befürworte den auch im geltenden Recht geregelten Gleichrang der Kinder im Verhältnis zu den Ehegatten.

Abg. Frau Dr. Lepsius (SPD) hält den Gleichrang des Unterhaltsanspruchs der Kinder mit denen der Ehegatten für realistisch, *Abg. Frau Will-Feld* (CDU/CSU) erklärt, hierzu weitere Überlegungen anstellen zu wollen.

5. § 1584. Gesamtgut

Keine Wortmeldungen.

6. § 1585. Art der Unterhaltsgewährung

Abg. Frau Dr. Lepsius (SPD) hält es für bedenklich, die Kapitalabfindung anstelle der Unterhaltsrente zuzulassen, insbesondere weil nach der Kapitalabfindung der Anspruch auf Geschiedenenwitwenrente ausgeschlossen und damit die Alterssicherung gefährdet werde. Zumindest sei eine Zweckbindung der Abfindungszahlung zu erwägen in der Weise, dass, ähnlich wie in § 1587 n BGB E, die Beträge für eine Altersversorgung in der Rentenversicherung oder einer anderen Versicherung verwendet werden müssten. In diesem Zusammenhang sei zu fragen, inwieweit bisher von der Kapitalabfindung Gebrauch gemacht sei.

Die *Beauftragte des BMA, RD Frau Voskuhl,* bestätigt, dass die Abfindung den Anspruch auf Geschiedenenwitwenrente, wie er nach dem Regierungsentwurf bis zum Jahre 1980 vorgesehen sei, ausschließe.

Abg. Frau Will-Feld (CDU/CSU) führt aus, die Kapitalabfindung könne durchaus im Interesse des Berechtigten liegen, zum Beispiel bei drohender Leistungsunfähigkeit des Verpflichteten, und dürfe nicht ausgeschlossen werden. Bevor man über eine Zweckbindung weiter diskutiere, müssten Unterschiede und Möglichkeiten der Anlage von Unterhaltsbeträgen in der Sozialversicherung, einer Privatversicherung oder Anlagen sonstiger Art aufgezeigt werden, worum sie die Beauftragten der Bundesregierung bitte.

Abg. Thürk (CDU/CSU) regt an, auch dem Verpflichteten unter denselben Voraussetzungen wie dem Berechtigten das Recht zur Leistung einer Kapitalabfindung anstelle einer Rente zuzubilligen.

Der *Beauftragte des BMJ, MDgt Dr. Rolland,* entgegnet, nach den Vorstellungen der Bundesregierung solle dem Berechtigten die Kapitalabfindung nicht gegen seinen Willen aufgezwungen werden, weil ihm damit der Unterhaltsanspruch genommen werde. Die Zweckbindung der Kapitalabfindung in der Weise, dass der für die Altersversorgung bestimmte Teil in eine Versicherung einzuzahlen sei, sei problematisch, weil dies die Vertragsfreiheit einschränke und den Parteien andere Möglichkeiten der Vorsorge (Geschäftseröffnung) nehme. Die Zweckbindung müsse, wenn bei § 1585 Abs. 2 auch bei § 1579 Abs. 3 diskutiert werden. Die Zweckbindung in § 1587 n sei anders zu beurteilen, da sie Zahlungen betreffe, die ohnehin ausschließlich für die soziale Sicherung bestimmt seien.

Die bisherige Inanspruchnahme der Kapitalabfindung sei zahlenmäßig schwer zu erfassen, weil sie meistens außergerichtlich vereinbart werde.

Der *Vorsitzende Abg. Dr. Schmude* (SPD) zeigt auf, dass die Streichung der Kapitalabfindung nach Abs. 2 die Rechtsposition des Berechtigten schwäche, weil Abs. 2 ihm ermögliche, seinen Wunsch nach einer Kapitalabfindung notfalls gerichtlich durchzusetzen. Der Gedanke an eine Mitwirkung des Sozialamts an Unterhaltsvereinbarungen wegen etwa zu befürchtender Bedürftigkeit sei mit Zurückhaltung zu verfolgen, weil dann weitere Rechtsgeschäfte aus allen Lebensbereichen Anlass zur Mitwirkung böten. Ein Missbrauch der Unterhaltsvereinbarung zur Erlangung von Sozialhilfe sei nicht zu befürchten.

7. § 1585 a. Sicherheitsleistung

Der *Ausschuss* diskutiert die Begriffe „besondere Umstände" und „Sicherheitsleistung".

8. § 1585 b. Unterhalt für die Vergangenheit

Auf die Frage des *Abg. Thürk* (CDU/CSU) zu Abs. 2, ob nicht das Tatbestandsmerkmal Verzug gestrichen werden könne, weil der Verzug bei Unterhaltsansprüchen im Begriff Rechtshängigkeit enthalten sei, antwortet der *Beauftragte des BMJ, MDgt Dr. Rolland,* es gebe Fälle der Rechtshängigkeit ohne Verzug, zum Beispiel bei Sonderleistungen.

Auf die Frage der *Abg. Frau Dr. Lepsius* (SPD), welche Gründe dafür bestünden, dass der Unterhalt für die Vergangenheit nur beschränkt geltend gemacht werden könne, antwortet der *Beauftragte des BMJ, MDgt Dr. Rolland,* es sei dem Berechtigten zumutbar, die Forderung rechtzeitig geltend zu machen, der Schuldner müsse wissen, woran er sei.

9. § 1585 c. Verträge über die Unterhaltspflicht

Der *Vorsitzende Abg. Dr. Schmude* (SPD) regt an, ebenso wie auch für die Vereinbarungen über den Versorgungsausgleich auch für Unterhaltsvereinbarungen die notarielle Beurkundung vorzuschreiben, um übereilte und undurchdachte Verträge zu verhindern.

Abg. Frau Schimschok (SPD) unterstützt den Vorschlag, der geeignet sei, die Unerfahrenen vor Benachteiligung zu schützen.

Abg. Frau Dr. Lepsius (SPD) fragt nach anderen Möglichkeiten des Schutzes, weil die notarielle Beurkundung Kosten verursache und die erwünschte Wirkung vielleicht nicht erzielt werde.

Auch *Abg. Frau Will-Feld* (CDU/CSU) bezweifelt, ob die notarielle Beurkundung das Problem lösen könne.

Abg. Dr. Arnold (CDU/CSU) fragt, ob bisher Schwierigkeiten mit Unterhaltsvereinbarungen aufgetreten seien.

Der *Beauftragte des BMJ, MDgt Dr. Rolland,* führt aus, die Bundesregierung habe eine Formalisierung und weitere Kosten vermeiden wollen. Die an sich anstrebenswerte gewisse Kontrolle über Unterhaltsvereinbarungen sei am zweckmäßigsten innerhalb des Scheidungsverfahrens anzusiedeln. Auch dies stoße jedoch auf verfahrensrechtliche Schwierigkeiten.

7. Protokoll der 17. Sitzung des UA des RA vom 24.4.1974

1. Der *Ausschuss* erörtert die vor allem bei der Beratung des Unterhaltsrechts an die Bundesregierung gerichteten Bitten um weitere Erläuterungen, Unterrichtungen und Formulierungshilfen.

Der *Beauftragte des BMJ, MDgt Dr. Rolland,* überreicht entsprechend einem in der 13. Sitzung des Ausschusses geäußerten Wunsch (Protokoll 13/11) eine Übersicht über die Grundsätze der Gewährung von Ausbildungs-, Fortbildung- und Umschulungsförderung nach den Gesetzen der öffentlichen Förderung (Anlage 2 [weggelassen]) und erklärt,

- die Bedenken des Ausschusses gegen die Regelung der Anrechenbarkeit eigener Einkünfte des Unterhaltsberechtigten in § 1578 Abs. 2 BGB E (Protokoll 13/12) seien in den vor der Sitzung vorgelegten Formulierungshilfen des BMJ berücksichtigt, [*§ 1578 BGB-E.* (1) Der geschiedene Ehegatte kann den Unterhalt nach den §§ 1571 bis 1574, 1576, 1577 nicht verlangen, solange und soweit er sich aus seinen Einkünften und seinem Vermögen selbst unterhalten kann *oder hätte unterhalten können.* – (2) Einkünfte sind nicht anzurechnen, soweit der Verpflichtete infolge mangelnder Leistungsfähigkeit nicht den vollen Unterhalt (§ 1579) zu gewähren braucht. Einkünfte, die den vollen Unterhalt übersteigen, sind insoweit anzurechnen, als dies unter Berücksichtigung der beiderseitigen wirtschaftlichen Verhältnisse der Billigkeit entspricht. – (3) Den Stamm des Vermögens braucht der Berechtigte nicht zu verwerten, soweit die Verwertung unwirtschaftlich oder unter Berücksichtigung der beiderseitigen wirtschaftlichen Verhältnisse unbillig wäre. – (4) – entfällt -]

- das BMJ habe sich darauf vorbereitet, dem Ausschuss die Möglichkeiten der Anlage von Unterhaltsbeträgen in der Sozialversicherung, in einer Privatversicherung oder in sonstiger Weise (Protokoll 16/9) mündlich darzulegen,

- das BMJ könne ferner eine Schätzung über die Zahl der nicht gemeinschaftlichen Kinder vortragen, die im Haushalt von geschiedenen Eheleuten gelebt hätten (Protokoll 12).

Der *Beauftragte des BMA, MR Dr. Pappai,* wird in der nächsten Sitzung versuchen, die Fragen des Ausschusses nach weiteren Zahlen im Zusammenhang mit dem Umfang der gegenseitigen Unterhaltspflicht von Ehegatten nach § 1360 a BGB (Protokoll 14/7) zu beantworten.

Abg. Thürk (CDU/CSU) erinnert daran, dass er gebeten habe zu erwägen, ob nicht der Hilfsunterhaltsanspruch nach § 1576 BGB E gegenüber den Ansprüchen nach dem Bundesausbildungsförderungsgesetz zurücktreten könne. Dies könne, soweit es aus systematischen Gründen erforderlich sei, durchaus im Rahmen des vorliegenden Gesetzgebungsverfahrens durch eine Änderung des Bundesausbildungsförderungsgesetzes erfolgen. Er bitte die Bundesregierung, dies zu prüfen und dabei die zuständigen Fachabteilungen zu beteiligen.

Der *Beauftragte des BMJ, MDgt Dr. Rolland,* führt aus, es handele sich hierbei um ein Problem des Bundesausbildungsförderungsrechts, nicht des Unterhaltsrechts. Es erscheine bedenklich, einen Grundsatz des Bundesausbildungsförderungsgesetzes, nämlich den der Subsidiarität, durch eine zivilrechtliche Spezialvorschrift aufzuheben.

Die *Beauftragte des BMI, Frau MR Dr. Frandsen,* ergänzt, es handele sich um zwei völlig getrennte Systeme. Das Bundesausbildungsförderungsgesetz sowie alle anderen Förderungsgesetze enthielten, soweit sie einkommensabhängig seien, Vorschriften über die Anrechnung von Einkommen, zu denen auch der Unterhalt gehöre. Das Familienrecht dagegen regele nur den familienrechtlichen Unterhaltsanspruch, und zwar grundsätzlich so, dass Unterhalt bis an die Grenze der Leistungsfähigkeit zu gewähren sei. Demgegenüber kennten die öffentlich-rechtlichen Förderungsgesetze gewisse Schongrenzen in Form von Freibeträgen, bis zu deren Grenze beispielsweise Unterhaltsansprüche nicht in Anspruch genommen würden. Es sei die Frage, ob man diese Schongrenze im Verhältnis der geschiedenen Ehegatten zueinander weiterhin gelten lassen wolle oder nicht. Diese Frage sei im Bundesausbildungsförderungsgesetz zu entscheiden und nicht im Zivilrecht.

Abg. Frau Will-Feld (CDU/CSU) bittet um eine Darstellung und Zusammenstellung der im Gesetzentwurf zum Unterhaltsrecht enthaltenen unbestimmten Rechtsbegriffe, und zwar sowohl der ausdrücklich als solche verwendeten als auch der im Ergebnis unbestimmten Rechtsbegriffe (Beispiel: unwirtschaftliche Vermögensverwendung). Es gehe ihr darum zu erkennen, wie schwierig das Unterhaltsrecht als Teil des Scheidungsfolgenrechts werden werde. Im Ergebnis könne es dazu kommen, dass zwar das Scheidungsrecht erheblich vereinfacht, dafür aber das Scheidungsfolgenrecht wesentlich erschwert werde, dass die erforderlichen Prüfungen vom Scheidungsrecht in das Scheidungsfolgenrecht verlagert und die Ehegatten dort gezwungen werden würden, ihre wirtschaftlichen Verhältnisse sehr weitgehend offen zu legen.

Der *Ausschuss* bittet die Bundesregierung, sich auf die Beantwortung der in dieser Sitzung erörterten wie auch der übrigen noch offenen Fragen einzustellen.

2. Der *Ausschuss* kommt überein, zunächst die §§ 1586 a, 1586 b BGB E zu beraten und die vom BMJ übersandten Formulierungshilfen [nicht auffindbar] bei der Schlussberatung einzubeziehen.

Abg. Frau Will-Feld (CDU/CSU) regt an, alle im Unterhaltsrecht verwendeten unbestimmten Rechtsbegriffe in einem Zusammenhang zu beraten. Der *Beauftragte des BMJ, MDgt Dr. Rolland,* gibt zu bedenken, ob es nicht zweckmäßiger sei, die unbestimmten Rechtsbegriffe jeweils im Zusammenhang mit der Vorschrift zu erörtern, in der sie stehen.

Der *Vorsitzende Abg. Dr. Schmude* (SPD) erklärt, er gehe davon aus, dass die *Abg. Frau Will-Feld* (CDU/CSU) bei der zweiten Beratung des Unterhaltsrechts von sich aus hierauf zurückkommen werde.

3. § 1586 a BGB E. Wiederaufleben des durch Wiederheirat erloschenen Unterhaltsanspruchs

Auf Fragen der *Abg. Frau Will-Feld* (CDU(CSU) erklärt der *Beauftragte des BMJ, MDgt Dr. Rolland,* der Vorschlag des Deutschen Anwaltvereins, diese Vorschrift ersatzlos zu streichen, sei wenig konkret; vor allem sei nicht recht erkennbar, inwiefern sie in vielen Fällen den Rechtsfrieden gefährden könne. Die Bundesregierung sei der Ansicht, dass hier ein vernünftiger Grund vorliege, einen Unterhaltsanspruch zu gewähren. Denn es gehe hier noch um den Ausgleich ehebedingter Nachteile bei einem Ehegatten, und zwar um die Nachteile, die in der Versorgung (§ 1577 BGB E) oder durch die Pflege oder Erziehung eines gemeinschaftlichen Kindes entstanden seien.

§ 1577 BGB E, auf den in § 1586 a BGB E Bezug genommen werde, enthalte in Absatz 1 zwei Tatbestände: Satz 1 sei auf die Ehezeit bezogen. Würden die während der Ehe entstandenen Versorgungsnachteile durch einen Versorgungsausgleich ausgeglichen, so entfalle ein weiterer Anspruch. Satz 1 stelle insoweit einen Auffangtatbestand dar. Im Übrigen sei er vom Versorgungsausgleich völlig unabhängig und gewähre einen Ausgleich für Nachteile in der Versorgung, die sich daraus ergäben, dass ein Ehegatte während der Ehe nicht oder nicht voll erwerbstätig gewesen sei. Satz 2 berücksichtige dagegen die nacheheliche Zeit. Er gebe einen Ausgleichsanspruch für die Nachteile in der Versorgung, die dadurch entstanden seien, dass ein Ehegatte nach der Ehe keine angemessene Erwerbstätigkeit gefunden oder eine Erwerbstätigkeit wegen der Pflege oder der Erziehung eines Kindes nicht oder nicht voll ausgeübt habe.

Der Anspruch nach § 1577 Abs. 1 Satz 1 BGB E brauche nicht bei der Scheidung der ersten Ehe geltend gemacht zu werden. Er könne auch nach der Auflösung einer späteren Ehe erhoben werden.

§ 1577 Abs. 1 Satz 1 BGB E sei schwierig zu handhaben, weil er verlange, eine berufliche Entwicklung fiktiv nachzuvollziehen. Diese Schwierigkeiten vergrößerten sich, wenn dieser Anspruch im Falle des § 1586 a BGB E möglicherweise erst viele Jahre nach der Scheidung der ersten Ehe geltend gemacht werde.

Abg. Thürk (CDU/CSU) fragt, ob es der sozialpolitische Zweck des § 1586 a BGB E sei, die Wiederverheiratung von Verwitweten und Geschiedenen zu fördern. Für diesen Anspruch scheine ihm die Billigkeit zu fehlen. Der frühere Ehegatte des nun erneut Unterhaltsberechtigten habe mit diesen wieder aufgelebten Unterhaltsansprüchen nicht rechnen können. Für den Unterhalt des erneut geschiedenen, unterhaltsberechtigten Ehegatten sollte auch und vor allem der letzte Ehegatte herangezogen werden; wenigstens sollte der Hilfscharakter dieser Vorschrift stärker herausgehoben werden.

Sei ein Ehegatte an einer Erwerbstätigkeit gehindert, weil er Kinder aus verschiedenen Ehen zu erziehen oder zu pflegen habe, oder stünden ihm in einem solchen Fall nach dem Ende der Pflege oder Erziehung Unterhaltsansprüche nach §§ 1572, 1573 BGB E zu, dann sollten seine Ehegatten aus diesen Ehen gemeinschaftlich für seinen Unterhalt aufkommen.

In den genannten Fällen sollte das Familiengericht eine Regelung nach billigem Ermessen treffen können.

Der *Beauftragte des BMJ, MDgt Dr. Rolland,* führt aus, dem § 1586 a BGB E liege die Erwägung zugrunde, dass Nachwirkungen aus einer früheren Ehe nach der Scheidung einer späteren Ehe berücksichtigt werden sollten, weil insoweit noch eine Verantwortung der geschiedenen Eheleute füreinander bestehe.

Der Fall, dass ein Ehegatte nicht erwerbstätig sei, weil er Kinder aus verschiedenen Ehen zu pflegen oder zu erziehen habe, sei nicht geregelt worden. Es solle der Rechtsprechung überlassen bleiben, hier eine Lösung durch die Auslegung des § 1571 BGB E zu finden. Eine gesetzliche Regelung sei sehr schwierig und erscheine angesichts der geringen Zahl solcher Fälle entbehrlich.

Der *Beauftragte des BMA, MR Dr. Pappai,* legt auf Wunsch der *Abg. Frau Dr. Lepsius* (SPD) dar, dass es sich bei § 1586 a BGB E offenbar um die Nachbildung einer Regelung handele, die im Sozialversicherungsrecht im Jahre 1957 eingeführt worden sei, um die so genannten Onkelehen zu beseitigen: Der durch die Heirat einer Witwe erloschene Rentenanspruch lebe nach Auflösung der Ehe wieder auf. Allerdings würden Ansprüche der Witwe gegen den geschiedenen Ehegatten auf den wieder aufgelebten Rentenanspruch angerechnet, um Doppelleistungen zu vermeiden.

Abg. Frau Will-Feld (CDU/CSU) legt dar, dass die Übernahme dieses sozialversicherungsrechtlichen Modells deshalb problematisch erscheinen könne, weil sich dort ein Anspruch gegen eine anonyme Institution richte, hier aber gegen eine natürliche Person, die dadurch erheblich belastet werden könne, vor allem, wenn sie nur begrenzt leistungsfähig sei.

Abg. Frau Dr. Lepsius (SPD) weist darauf hin, dass § 1577 BGB E als eine Art Rentenzuschlag gedacht sei. Sie regt an, in § 1577 Abs. 2 BGB E die Durchschnittssätze der allgemeinen Rentenversicherung zugrunde zu legen, um die Schwierigkeiten beim fiktiven Nachvollziehen einer beruflichen Entwicklung zu vermeiden.

Der *Beauftragte des BMA, MR Dr. Pappai,* erklärt, ein Unterhaltsanspruch nach § 1577 Abs. 1 Satz 1 BGB E bestehe, soweit Versorgungsnachteile während der Ehe entstanden und nicht oder nicht in vollem Umfang durch einen Versorgungsausgleich ausgeglichen worden seien.

Der *Beauftragte des BMJ, MDgt Dr. Rolland,* führt ergänzend aus, § 1577 Abs. 1 BGB E habe einen doppelten Charakter: Einmal hole er einen aus irgendwelchen Gründen fehlgeschlagenen Versorgungsausgleich nach. Zum anderen gleiche er Versorgungsnachteile aus, die durch einen Versorgungsausgleich nicht erfasst würden.

Abg. Frau Dr. Lepsius (SPD) erläutert, ein Unterhaltsanspruch nach § 1577 BGB E bestehe beispielsweise, wenn eine Frau zwei Ehen geführt habe, die beide geschieden worden seien und in denen jeweils ein Versorgungsausgleich stattgefunden habe, wenn sie ferner längere Zeit erwerbstätig gewesen sei, und wenn sie trotzdem insgesamt nur eine Rente erhalte, die unter den Sozialhilfesätzen liege.

Abg. Engelhard (FDP) und der *Vertreter des Bundesrats, MR Dr. Bürgle,* meinen, in diesem Fall bestehe kein Anspruch, weil man von dem früheren Ehegatten keine Doppelleistung verlangen könne.

Der *Beauftragte des BMA, MR Dr. Pappai,* führt aus, ein typischer Fall eines Unterhaltsanspruches nach § 1577 BGB E trotz durchgeführten Versorgungsausgleichs sei gegeben, wenn der nicht erwerbstätige Ehegatte bei der Scheidung im Wege des Versorgungsausgleichs 50 v.H. der Versorgungsansprüche des anderen Ehegatten übertragen erhalte, aber 100 v.H. an Versorgungsansprüchen gehabt hätte, wenn er während der Ehe selbst erwerbstätig gewesen wäre. In diesem Fall sei ihm Unterhalt nach § 1577 BGB E zu zahlen.

Abg. Frau Will-Feld (CDU/CSU) äußert erhebliche Bedenken gegen die Regelung im 2. Halbsatz des § 1586 a Satz 2 BGB E: Die Tatbestände, die an die hier ein Unterhaltsanspruch geknüpft werde – Erwerbsunfähigkeit wegen Alters, Krankheit usw. – beruhten nicht allein auf der ersten Ehe, sie könnten auch ganz oder teilweise während einer späteren Ehe entstanden sein. Es erscheine ungerechtfertigt, in diesen Fällen den früheren Ehegatten allein zu belasten.

Der *Beauftragte des BMJ, MDgt Dr. Rolland,* führt hierzu aus, die Bundesregierung sei davon ausgegangen, dass eine Ehe von längerer Dauer bestanden habe, aus der Kinder stammten, die zur Zeit der Scheidung einer späteren Ehe noch hätten gepflegt oder erzogen werden müssen. Bei dieser Sachlage habe die Bundesregierung einen Unterhaltsanspruch für angemessen gehalten, weil sich aus den Umständen ergebe, dass der Schwerpunkt noch in der ersten Ehe zu sehen sei. Die Dauer der Ehe sei allerdings im Entwurf nicht erwähnt. Es solle angesichts der Fülle der denkbaren Fälle der Rechtsprechung überlassen bleiben, Grundsätze zur erforderlichen Ehedauer herauszuarbeiten.

Das Problem der Konkurrenz mehrerer gleichartiger Unterhaltsansprüche sei gesehen, aber gesetzgeberisch nicht gelöst worden. Die Frage sei wegen der Vielzahl der Faktoren, die zu berücksichtigen seien, gesetzgeberisch schwer in den Griff zu bekommen. Es solle der Rechtsprechung überlassen bleiben, eine Lösung zu finden, die bei dem Begriff des Unterhaltsbedarfs ansetzen müsse.

Es lasse sich angesichts der Fülle der in diesem Bereich denkbaren Fallgestaltungen, die auch zur häufigen Verwendung unbestimmter Rechtsbegriffe geführt habe, nicht vermeiden, dass es in vielen Fällen zu Rechtsstreitigkeiten kommen werde. Es würden gegenwärtig Untersuchungen über den Bedarf von Kindern angestellt, denen entsprechende Untersuchungen für Erwachsene folgen würden, um zu Richtsätzen zu kommen.

Abg. Thürk (CDU/CSU) schlägt vor, an § 1586 a BGB E folgenden Absatz 2 (Rohfassung) anzufügen: „Bestehen mehrere Unterhaltsansprüche nebeneinander oder entstehen diese erst durch die Versorgungsverpflichtung eines Ehegatten gegenüber Kindern aus verschiedenen Ehen, so findet eine gegenseitige Anrechnung unter Berücksichtigung der Dauer der Ehen und der Leistungsfähigkeit der Verpflichteten nach billigem Ermessen statt." Er werde diesen Vorschlag den Mitgliedern des Ausschusses sowie dem BMJ übersenden.

Abg. Frau Dr. Lepsius (SPD) weist darauf hin, dass dieser Vorschlag auch die allgemeine Billigkeitsklausel berühre. Der *Vertreter des Bundesrates, MR Dr. Bürgle,* bemerkt, dass hier sehr schwierige Fragen der Kausalität angesprochen würden.

Der *Vertreter des Bundesrates, MR Dr. Bürgle,* und der *Beauftragte des BMJ, MDgt Dr. Rolland,* erklären übereinstimmend, die Fassungen des § 1586 a BGB E im Entwurf und in der Stellungnahme des Bundesrates stimmten inhaltlich überein. Der Bundesrat habe lediglich die das Verständnis erschwerenden Verweisungen vermieden und gehe im Übrigen von einer anderen Gesetzessystematik aus.

Der *Vorsitzende Abg. Dr. Schmude* (SPD) und die *Abg. Frau Dr. Lepsius* (SPD) neigen dazu, § 1586 a BGB E in der Fassung der Stellungnahme des Bundesrates zu übernehmen.

4. § 1586 b BGB E. Übergang der Unterhaltspflicht auf den Erben

Der *Beauftragte des BMJ, MDgt Dr. Rolland,* führt aus, § 1586 b Abs. 1 Satz 1 und 2 BGB E übernehme geltendes Recht. Satz 3 dieser Vorschrift führe statt der Billigkeitsregelung des geltenden Rechts eine durchgreifende Haftung ein, die jedoch durch die Höhe des Pflichtteils begrenzt sei.

Der *Vertreter des Bundesrats, MR Dr. Bürgle,* erklärt, im Bundesrat habe es keine Bedenken gegen diese Vorschrift gegeben.

5. Der *Ausschuss* kommt überein, die noch offenen Punkte im Unterhaltsrecht in einem *zweiten Durchgang* zu beraten und in einem dritten Durchgang Beschlüsse zu fassen. § 1361 BGB E soll im Anschluss an § 1580 BGB E behandelt werden.

6. Vor § 1570 BGB E

Abg. Thürk (CDU/CSU) kündigt einen Antrag an, das Unterhaltsrecht in der Fassung der Stellungnahme des Bundesrats zu übernehmen. Er werde einen entsprechenden Antrag für die Beratung vorbereiten. Dementsprechend seien seine Anträge zum Entwurf der Bundesregierung als Hilfsanträge zu werten.

7. § 1570 BGB E. Grundsatz

Keine Wortmeldungen

Auf Fragen und Hinweise des Vorsitzenden, *Abg. Dr. Schmude* (SPD), der *Abg. Frau Will-Feld* (CDU/CSU) und des *Abg. Thürk* (CDU/CSU) zum Begriff der Pflege oder Erziehung und auf die Bemerkung der *Abg. Frau Dr. Lepsius* (SPD), dass sie für den Begriff der elterlichen Sorge gewesen sei, führt die *Beauftragte des BMJ, Frau RD Kniebes,* aus:

Die Begriffe Pflege und Erziehung seien durch das Nichtehelichengesetz in das Bürgerliche Gesetzbuch (§ 1606 Abs. 3) eingeführt worden, nachdem sie zuvor bereits in der Rechtsprechung verwendet worden seien. Vor Inkrafttreten des Nichtehelichengesetzes habe sich in § 1606 BGB eine dem Sinne nach gleichartige Regelung befunden. Es sei auf § 1360 BGB verwiesen worden, wo es geheißen habe, dass die Frau in der Regel durch die Führung des Haushaltes ihre Verpflichtung erfülle, zum Familienunterhalt beizutragen. Da nach dem Nichtehelichengesetz § 1608 BGB nicht mehr wie bis dahin nur für eheliche, sondern auch für nichteheliche Kinder gelte, habe nicht mehr auf § 1360 BGB verwiesen werden können, der nur die Unterhaltspflicht von Ehegatten betreffe. Es habe eine neue Formulierung gefunden werden müssen. Man habe die Begriffe Pflege und Erziehung gewählt, mit denen aber nichts Neues habe ausgedrückt werden sollen. Es habe nur zum Ausdruck gebracht werden sollen, dass eine nicht erwerbstätige Mutter ihre Unterhaltspflicht gegenüber einem unterhaltsberechtigten Kind durch die Führung des Haushalts und durch die persönliche Betreuung des Kindes erfülle.

Auf Fragen der *Abg. Frau Will-Feld* (CDU/CSU) führt der *Beauftragte des BMA, MR Dr. Pappai,* aus, im Sozialversicherungsrecht werde deutlich zwischen der Pflege und der Erziehung unterschieden. An beide Begriffe knüpften sich jeweils unterschiedliche Rechtsfolgen.

Der *Beauftragte des BMJ, MDgt Dr. Rolland,* weist ergänzend darauf hin, dass die Begriffe Pflege und Erziehung in Artikel 6 GG und auch im Jugendwohlfahrtsgesetz verwendet würden. Im Jugendwohlfahrtsgesetz würden die Begriffe teilweise paarweise gebraucht, teilweise als Begriffspaar. Gehe es um die Einwirkung auf die Psyche, so stehe der Begriff der Erziehung im Vordergrund. Das tatsächliche Versorgen werde mit dem Begriff Pflege umschrieben. Würden die Begriffe als Begriffspaar verwendet, so sei die Gesamtheit des Kindesbedarfs angesprochen.

Auf die Frage der *Abg. Frau Will-Feld* (CDU/CSU) führt die *Beauftragte des BMJ, Frau RD Kniebes,* zur Zahl der nicht gemeinschaftlichen Kinder, die im Haushalt geschiedener Ehegatten gelebt hätten, aus: Hier seien nur Schätzungen möglich, die auf Zahlen beruhten, die wohl das Jahr 1971 beträfen. – Es hätten wiedergeheiratet 19.000 verwitwete Männer und 12.000 verwitwete Frauen sowie 45.600 geschiedene Männer und 46.000 geschiedene Frauen. – Es sei zu 29.000 Scheidungen kinderloser Ehen und zu 41.000 Scheidungen von Ehen bis zu 15jähriger Ehedauer gekommen, aus denen ein bis vier Kinder hervorgegangen seien. In mindestens 80 v.H. der Scheidung von Ehen, aus denen Kinder hervorgegangen seien, würden die Kinder der Frau zugesprochen, also in 32.800 Fällen. – Gehe man davon aus, dass die kinderlos Geschiedenen zuerst wieder heiraten, so ergebe sich eine Zahl von 18.000 (46.600 – 28.000); es verblieben also 18.000 für Ehen, aus denen Kinder hervorgegangen seien. Hiervon seien 20 v.H. an Fällen abzuziehen, in denen die Kinder den Vätern zugesprochen würden, also etwa 7.000. Es verbleibe ein Rest von 11.000. – Davon abzuziehen sei eine geschätzte Zahl von Fällen, in denen Kinder keine Pflege mehr brauchten. Man komme dann etwa auf 8.000 Fälle, in denen nicht gemeinschaftliche Kinder im Haushalt lebten. Bei den wiederverheirateten geschiedenen Frauen müsse geschätzt werden, dass in mindestens 2.000 Fällen Kinder in die Ehe eingebracht würden.

Der Vorsitzende, *Abg. Dr. Schmude* (SPD), wirft die Frage auf, ob eine besondere Regelung für Pflegekinder zu treffen sei, die die Ehegatten einvernehmlich aufgenommen hätten.

Der *Beauftragte des BMJ, MDgt Dr. Rolland,* erklärt, die Bundesregierung halte an ihrer Ansicht fest, dass andere als gemeinschaftliche Kinder nicht unterhaltsauslösend sein sollten. Es erscheine nicht gerechtfertigt, an das Entgegenkommen der Aufnahme eines fremden Kindes in den Haushalt auch noch eine Unterhaltspflicht zu knüpfen. Wolle man das, so müsse man dem Ehegatten schon bei der Aufnahme eines fremden Kindes die Möglichkeit geben zu erklären, dass er damit keine Verpflichtung eingehen wolle.

9. § 1572 BGB E. Unterhalt wegen Alters

Abg. Frau Will-Feld (CDU/CSU) und *Abg. Thürk* (CDU/CSU) weisen darauf hin, dass der Ausschuss darin übereingestimmt habe, dass eine etwaige Lücke in § 1572 Nr. 3 BGB E (Verweisung auf § 1574 BGB E insgesamt) geschlossen werden müsse. (Protokoll 13/6)

Auf Frage der *Abg. Frau Will-Feld* (CDU/CSU) erklärt der *Beauftragte des BMJ, MDgt Dr. Rolland,* entgegen den Angaben im Protokoll der 13. Sitzung (Seite 5) habe die Rechtsprechung die Frage einer Altersgrenze noch nicht gelöst. Es sei jedoch davon auszugehen, dass sie sie gut lösen werde.

8. Protokoll der 18. Sitzung des UA des RA vom 4.6.1974

Der *Ausschuss* tritt erneut in die *Einzelberatung* des *Unterhaltsrechts* im *zweiten Durchgang* ein.

1. § 1570 BGB E. Grundsatz

Abg. Frau Dr. Lepsius (SPD) beantragt, es bei dem Wortlaut des Gesetzentwurfs zu belassen.

Abg. Frau Will-Feld (CDU/CSU) stellt den Antrag, Artikel 1 Nr. 14 (§§ 1570 bis 1586 a BGB), Nr. 7 (§ 1361 BGB), Artikel 4 Nr. 1 Buchstabe a (§ 592 RVO) in der Fassung der Stellungnahme des Bundesrates zu übernehmen. Das im Regierungsentwurf gewählte Enumerationsprinzip berge die Gefahr in sich, dass im Einzelfall ein Unterhaltsanspruch nicht bestehe, obwohl erhebliche Gesichtspunkte der Gerechtigkeit für eine Unterhaltsgewährung sprächen, weil keiner der Einzeltatbestände erfüllt sei.

2. § 1571 BGB E. Unterhalt wegen der Betreuung eines Kindes

Abg. Frau Dr. Lepsius (SPD) beantragt, die Fassung des Gesetzentwurfs zu Grunde zu legen. Sie weist darauf hin, dass eine ihrer Äußerungen im Kurzprotokoll der 17. Sitzung unrichtig wiedergegeben sei. Sie sei nicht für den Begriff der elterlichen Sorge gewesen (Kurzprotokoll Nr. 17 S. 16); sie habe vielmehr lediglich bemerkt, dass die Begriffe Pflege und Erziehung im Begriff der elterlichen Sorge enthalten seien. Im Übrigen gebe sie zu erwägen, an § 1571 BGB E folgenden Absatz (Rohfassung) anzufügen: „Absatz 1 gilt entsprechend für einvernehmlich aufgenommene Pflegekinder, es sei denn, dass bei der Übernahme der Pflegschaft ein Ehegatte ausdrücklich etwas anderes erklärt hat."

Abg. Frau Will-Feld (CDU/CSU) stellt den Antrag, § 1571 BGB wie folgt zu fassen: „Ein geschiedener Ehegatte kann von dem anderen Unterhalt verlangen, solange und soweit von ihm wegen der Pflege und Erziehung eines gemeinschaftlichen Kindes oder eines eigenen nicht gemeinschaftlichen Kindes eine Erwerbstätigkeit nicht erwartet werden kann." Wenn es bei der Fassung des Regierungsentwurfes bleibe, würden eigene nicht gemeinschaftliche Kinder, die mit Wissen und Wollen des anderen Ehegatten bei der Heirat in die Ehe mitgebracht wurden, nach der Scheidung zu Scheidungswaisen zweiter Klasse, für die niemand mehr aufzukommen habe.

Der *Ausschuss* diskutiert die Frage, ob auch die Pflege oder Erziehung eines Pflegekindes oder eines eigenen nicht gemeinschaftlichen Kindes unterhaltsauslösend sein soll.

Abg. Frau Schimschok (SPD) beantragt, es bei der Fassung des Gesetzentwurfs zu belassen.

Abg. Frau Dr. Lepsius (SPD) schlägt vor, den von ihr angeregten zusätzlichen Absatz wie folgt zu fassen (Rohfassung): „Absatz 1 gilt auch für aufgenommene Kinder, wenn eine Unterhaltsverpflichtung damit eindeutig übernommen worden ist."

Auf Frage der *Abg. Frau Will-Feld* (CDU/CSU) führt der *Beauftragte des BMJ, MDgt Dr. Rolland,* aus, er befürchte nicht, dass die Praxis bei der Anwendung der Begriffe Pflege und Erziehung größere Schwierigkeiten haben und bei ihrer Auslegung zu erheblich unterschiedlichen Ergebnissen kommen werde, denn diese Begriffe seien grundsätzlich abgeklärt.

3. § 1572 BGB E. Unterhalt wegen Alters

Abg. Frau Will-Feld (CDU/CSU) beantragt, in Nummer 3 nach den Worten „und 1574" die Worte „Abs. 1, 2 und 4" zu streichen, damit auch § 1574 Abs. 3 BGB von der Verweisung erfasst wird. *Abg. Frau Dr. Lepsius* (SPD) schließt sich diesem Antrag an.

Auf Frage der *Abg. Frau Will-Feld* (CDU/CSU) erklärt der *Beauftragte des BMJ, MDgt Dr. Rolland,* die Bundesregierung halte es nicht für zweckmäßig, eine bestimmte Altersgrenze einzuführen. Angesichts der Vielzahl der denkbaren unterschiedlichen Fälle erscheine eine starre Altersgrenze nicht geeignet, zu gerechten Lösungen zu führen.

4. § 1573 BGB E. Unterhalt wegen Krankheit

Abg. Frau Will-Feld (CDU/CSU) beantragt, in Nummer 4 nach den Worten „nach § 1574“ die Worte „Abs. 1, 2 und 4“ aus den bereits unter 3. genannten Gründen zu streichen.

5. § 1574 BGB E. Unterhalt bis zur Aufnahme einer angemessenen Erwerbstätigkeit

Abg. Frau Dr. Lepsius (SPD) beantragt im Hinblick auf die Erwägungen des *Abg. Thürk* (CDU/CSU) (Kurzprotokoll Nr. 13), Abs. 1 in der Fassung des Gesetzentwurfs zu übernehmen. Sie stellt ferner den Antrag, entsprechend einer Formulierungshilfe des BMJ in Absatz 4 Satz 1 nach dem Wort „wegfallen“ ein Komma einzufügen und das Wort „und“ durch das Wort „weil“ zu ersetzen.

6. § 1575 BGB E. Angemessenheit einer Erwerbstätigkeit

Abg. Frau Dr. Lepsius (SPD) beantragt, Absatz 3 entsprechend einer Formulierungshilfe des BMJ wie folgt zu fassen: „(3) Soweit es zur Aufnahme einer angemessenen Erwerbstätigkeit erforderlich ist, obliegt es dem geschiedenen Ehegatten, sich ausbilden, fortbilden oder umschulen zu lassen, *wenn ein erfolgreicher Abschluss der Ausbildung zu erwarten ist.*“

7. § 1576 BGB E. Ausbildung, Fortbildung und Umschulung

Der *Ausschuss* diskutiert ausführlich den auf seinen Wunsch vorgelegten Vorschlag des BMJ, Abs. 1 und 2 wie folgt zu fassen:

„(1) Ein geschiedener Ehegatte, der in Erwartung der *(mit Rücksicht auf die)* Ehe oder während der Ehe eine Schul- oder Berufsausbildung nicht aufgenommen oder abgebrochen hat, kann von dem anderen Ehegatten Unterhalt verlangen, wenn er diese oder eine entsprechende Ausbildung sobald wie möglich aufnimmt und *der* erfolgreiche Abschluss der Ausbildung zu erwarten ist. Der Anspruch besteht *nur, wenn die Ausbildung zur Aufnahme einer angemessenen Erwerbstätigkeit (§ 1575 Abs. 2) erforderlich ist, die den Unterhalt nachhaltig sichert; er besteht* längstens für die Zeit, in der eine solche Ausbildung im allgemeinen abgeschlossen wird; dabei sind ehebedingte Verzögerungen der Ausbildung zu berücksichtigen.

(2) Entsprechendes gilt, wenn sich der geschiedene Ehegatte fortbilden oder umschulen lässt.“

Abg. Frau Dr. Lepsius (SPD) ist der Ansicht, die Formulierungshilfe fasse die Bestimmung enger, als es vom Ausschuss gewollt gewesen sei. Sie schlage vor, *Absatz 1 Satz 1 wie folgt zu fassen:* „Ein geschiedener Ehegatte, der in Erwartung der Ehe oder während der Ehe eine Schul- oder Berufsausbildung nicht aufgenommen oder abgebrochen hat, kann von dem anderen Ehegatten Unterhalt verlangen, wenn er diese oder eine entsprechende Ausbildung sobald wie möglich aufnimmt und die Umstände, insbesondere die Fähigkeiten und das Alter des Berechtigten, den erfolgreichen Abschluss der Ausbildung *und die Aufnahme einer angemessenen Erwerbstätigkeit erwarten lassen, die den Unterhalt nachhaltig sichert.*"

Alternativ sei *folgende Fassung* des Absatzes 1 zu erwägen: „(1) Ein geschiedener Ehegatte, der in Erwartung der Ehe oder während der Ehe eine Schul- oder Berufsausbildung nicht aufgenommen oder abgebrochen hat, kann von dem anderen Ehegatten Unterhalt verlangen, wenn er diese oder eine entsprechende Ausbildung sobald wie möglich aufnimmt und der erfolgreiche Abschluss der Ausbildung *und die Aufnahme einer angemessenen Erwerbstätigkeit zu erwarten sind, die den Unterhalt nachhaltig sichert.* Der Anspruch besteht längstens für die Zeit, in der eine solche Ausbildung im allgemeinen abgeschlossen wird; dabei sind ehebedingte Verzögerungen der Ausbildung zu berücksichtigen."

Abg. Frau Will-Feld (CDU/CSU) neigt dazu, die Vorschrift in der Fassung der Formulierungshilfe des BMJ zu übernehmen. Sie befürchte vor allem unabsehbare wirtschaftliche Auswirkungen auf den Unterhaltsverpflichteten, wenn der Anspruch nicht eng begrenzt werde.

Der *Ausschuss* stellt die weitere Erörterung dieser Fragen mit Rücksicht auf die Zusage des Beauftragten des BMJ zurück, Formulierungshilfe hierzu zu leisten.

9. Protokoll der 19. Sitzung des UA des RA vom 5.6.1974

Der *Ausschuss* setzt die *Einzelberatung* des *Unterhaltsrechts* im *zweiten Durchgang* fort.

1. § 1577 a BGB E (neu). Positive Härteklausel

Abg. Frau Will-Feld (CDU/CSU) beantragt, nach § 1577 BGB E folgenden § 1577 a einzufügen: „Ein geschiedener Ehegatte kann von dem anderen aus sonstigen schwerwiegenden Gründen Unterhalt verlangen, solange und soweit die Versagung von Unterhalt unter Berücksichtigung der Belange beider Ehegatten grob unbillig wäre." Diese Formel würde auch die berücksichtigungswerten Fälle der Erkrankung nach der Scheidung und der Pflege nicht gemeinschaftlicher Kinder umfassen.

Abg. Frau Will-Feld (CDU/CSU) beantragt ferner, als Folgeregelung in § 1578 Abs. 1 BGB E das Zitat „1576, 1577" durch das Zitat „1576 bis 1577 a" zu ersetzen.

2. § 1578 BGB E. Berücksichtigung der Einkünfte und des Vermögens des Berechtigten

Abg. Frau Will-Feld (CDU/CSU) stellt den Antrag, Absatz 4 Satz 1 wie folgt zu fassen: „Fällt das Vermögen später aus Gründen, die der Berechtigte zu vertreten hat, fort, so kann dieser keinen Unterhalt verlangen, solange und soweit er sich aus seinem Vermögen hätte unterhalten können." Es könne dem Berechtigten nicht zugemutet werden, dass er einen Unterhaltsanspruch aufgrund von Umständen verliere, die außerhalb seines Einflussbereichs lägen.

Der *Ausschuss* erörtert Absatz 2 in der Fassung einer Formulierungshilfe des BMJ, die folgenden Wortlaut hat: „Einkünfte sind nicht anzurechnen, soweit der Verpflichtete infolge mangelnder Leistungsfähigkeit nicht den vollen Unterhalt (§ 1579) zu gewähren braucht. Einkünfte, die den vollen Unterhalt übersteigen, sind insoweit anzurechnen, als dies unter Berücksichtigung der beiderseitigen wirtschaftlichen Verhältnisse der Billigkeit entspricht."

Auf Fragen der *Abg. Frau Dr. Lepsius* (SPD), *Frau Schimschok* (SPD) und *Thürk* (CDU/CSU) führt der *Beauftragte des BMJ, MDgt Dr. Rolland,* aus, Absatz 2 handele, ohne dass dies habe kenntlich gemacht werden müssen, nur von Einkünften aus einer Tätigkeit, die unangemessen sei oder nicht erwartet werden könne. Zahle der Verpflichtete nicht den vollen Unterhalt, so müsse sich der Berechtigte nach Satz 1 Einkünfte dieser Art nicht anrechnen lassen, soweit sie erforderlich seien, um seinen Lebensbedarf im Sinne des § 1579 BGB E zu decken. In Satz 2 sei versucht worden, alle Fälle, in denen Einkünfte dieser Art nicht dazu benötigt würden, den Lebensbedarf im Sinne des § 1579 BGB E zu decken, in einer Billigkeitsregelung aufzufangen. Denn es habe sich als sehr schwierig erwiesen, feste Maßstäbe für die Anrechnung zu finden, die allen denkbaren Fällen gerecht würden. Ferner habe die Überlegung eine Rolle gespielt, dass es häufig schwierig sein werde zu entscheiden, ob eine Tätigkeit angemessen sei oder nicht. In solchen Fällen ermögliche es Satz 2, zu einer billigen Lösung zu kommen.

Für die Änderung des Regierungsentwurfs hätten zwei Gesichtspunkte gesprochen: Einmal sei bezweifelt worden, ob es sinnvoll sei, an die Aufforderung zur Unterhaltszahlung anzuknüpfen. Zum anderen hätten Zweifel darüber aufkommen können, wie die Rechtslage sei, wenn der Unterhalt nur teilweise gezahlt werde.

Abg. Thürk (CDU/CSU) bemerkt, es bestehe die Gefahr, dass einem Unterhaltsberechtigten, der über längere Zeit hinweg eine unangemessene Tätigkeit habe ausüben müssen, weil der Unterhaltsverpflichtete keinen Unterhalt gezahlt habe, entgegengehalten werde, er habe durch diese Erwerbstätigkeit seinen Unterhalt nachhaltig gesichert.

Der *Ausschuss* erörtert die Formulierungshilfen des BMJ zu den Absätzen 1 und 4, die folgenden Wortlaut haben:

Erste Alternative: „(1) Der geschiedene Ehegatte kann den Unterhalt nach den §§ 1571 bis 1574, 1576, 1577 nicht verlangen, solange und soweit er sich aus seinen Einkünften und seinem Vermögen selbst unterhalten kann *oder hätte unterhalten können.* (4) – entfällt –."

Zweite Alternative: „(1) Der geschiedene Ehegatte kann den Unterhalt nach den §§ 1571 bis 1574, 1576, 1577 nicht verlangen, solange und soweit er sich aus seinen Einkünften und seinem Vermögen selbst unterhalten kann.

(4) War zum Zeitpunkt der Ehescheidung zu erwarten, dass der Unterhalt des Berechtigten aus seinem Vermögen nachhaltig gesichert sein würde, fällt das Vermögen aber später weg, so besteht kein Anspruch auf Unterhalt. Dies gilt nicht, wenn im Zeitpunkt des Vermögenswegfalls von dem Ehegatten wegen der Pflege oder Erziehung eines gemeinschaftlichen Kindes eine Erwerbstätigkeit nicht erwartet werden kann."

Auf Frage der *Abg. Frau Will-Feld* (CDU/CSU) erklärt der *Beauftragte des BMJ, MDgt Dr. Rolland,* die zweite Alternative gehe strenger von der Regierungsvorlage aus. Sie unterscheide wie die Regierungsvorlage zwischen dem Wegfall und der Aufzehrung des Vermögens. Der Wegfall des Vermögens sei aber strenger auf eine nachhaltige Vermögenssicherung ausgerichtet. In der ersten Alternative sei die Unterscheidung zwischen der Aufzehrung und dem Wegfall des Vermögens aufgegeben worden. In der Formulierung „hätte unterhalten können“ liege auch der Gesichtspunkt des Verschuldens, der unwirtschaftlichen Vermögensverwaltung. Sei kein Vermögen mehr vorhanden, so sei nur noch zu untersuchen, ob der Berechtigte sich aus ihm hätte unterhalten können.

Abg. Thürk (CDU/CSU) weist darauf hin, dass man sich klar darüber werden müsse, ob die Wendung „hätte unterhalten können“ objektiv oder subjektiv zu verstehen sei.

Abg. Frau Dr. Lepsius (SPD) stellt den Antrag, Absatz 4 in der Fassung der zweiten Alternative der Formulierungshilfe des BMJ zu übernehmen. Es müsse für die Frage der Verantwortlichkeit der geschiedenen Ehegatten füreinander irgendwo eine zeitliche Grenze gezogen werden. Diese Grenze müsse im Zeitpunkt der Ehescheidung liegen. Zu dieser Zeit müsse jeder Ehegatte übersehen können, welche wirtschaftlichen Belastungen mit der Scheidung verbunden seien. Nachträgliche Änderungen der Verhältnisse müssten in den Risikobereich desjenigen fallen, der von ihnen betroffen werde.

Abg. Frau Will-Feld (CDU/CSU) stellt fest, dass ihr Antrag zur Fassung des Absatzes 4 wesentlich weiter gehe als die Fassung, die mit der zweiten Alternative der Formulierungshilfe des BMJ vorgeschlagen werde. Während ihr Antrag vom Vermögenswegfall und vom Vertretenmüssen ausgehe, stelle es die Formulierungshilfe auf den Zeitpunkt der Scheidung ab.

Der *Beauftragte des BMJ, MDgt Dr. Rolland,* erwidert, der in dem genannten Antrag aufgeführte Gesichtspunkt sei in Absatz 1 der ersten Alternative der Formulierungshilfe des BMJ berücksichtigt.

Auf Frage des *Abg. Thürk* (CDU/CSU) bestätigen die *Beauftragten des BMJ, MDgt Dr. Rolland* und *MR Dr. Böhmer,* dass ein an sich bestehender Unterhaltsanspruch in den Fällen des § 1578 BGB E nur suspendiert werde.

Abg. Frau Will-Feld (CDU/CSU) gibt zu erwägen, ob nicht in Absatz 4 Satz 2 neben der Pflege oder Erziehung eines Kindes auch das Alter und die Krankheit aufgeführt werden sollten. Die *Abg. Frau Dr. Lepsius* (SPD), *Thürk* (CDU/CSU) und *Dr. Arnold* (CDU/CSU) wenden sich hiergegen. Eine solche Regelung sei systemwidrig, weil in diesen Fällen der Zusammenhang zwischen der Ehe und dem Unterhaltsanspruch nicht mehr gegeben sei.

3. § 1579 BGB E. Maß des Unterhalts

Der *Ausschuss* kommt überein, die Erörterung dieser Vorschrift zurückzustellen, bis die Beauftragte des Bundesministers für Arbeit und Sozialordnung anwesend ist.

4. § 1580 BGB E. Negative Härteklausel

Abg. Frau Will-Feld (CDU/CSU) beantragt, Absatz 1 wie folgt zu fassen: „Ein Unterhaltsanspruch besteht nicht, soweit die Inanspruchnahme des Verpflichteten grob unbillig wäre. Dies gilt insbesondere, wenn 1.... (wie Regierungsentwurf in der Fassung der Formulierungshilfe des BMJ)“

Als Folgeänderung sei § 1361 Abs. 3 BGB wie folgt zu fassen: „Die Vorschrift des § 1580 Abs. 1 Satz 2 Nr. 2 bis 4, Absatz 2 über die Herabsetzung des Unterhaltsanspruchs aus Billigkeitsgründen ist entsprechend anzuwenden."

Abg. Frau Dr. Lepsius (SPD) stellt den Antrag, die Vorschrift in der Fassung der Formulierungshilfe des BMJ zu übernehmen, die folgenden Wortlaut hat: „(1) Ein Unterhaltsanspruch besteht nicht, soweit die Inanspruchnahme des Verpflichteten grob unbillig wäre, weil

1. die Ehe von kurzer Dauer war; der Ehedauer steht die Zeit gleich, in welcher der Berechtigte wegen der Erziehung oder Pflege eines gemeinschaftlichen Kindes nach § 1571 Unterhalt verlangen konnte,

2. ... bis 4. ... (unverändert).

(2) Absatz 1 gilt nicht, solange und soweit von dem Berechtigten wegen der Erziehung oder Pflege eines gemeinschaftlichen Kindes eine Erwerbstätigkeit nicht erwartet werden kann."

Abg. Thürk (CDU/CSU) stellt für den Fall, dass der Antrag der *Abg. Frau Will-Feld* (CDU/CSU) keine Mehrheit finden sollte, die in der 15. Sitzung angekündigten Anträge (Protokoll Nr. 15, S. 5) mit der Maßgabe, dass die Nummern 1 bis 4 dieser Vorschrift in der Fassung der Formulierungshilfe des BMJ übernommen werden sollen, und dass im Fall des zweiten Absatzes der bisherige Absatz 2 Absatz 3 werden soll.

Abg. Frau Schimschok (SPD) wendet gegenüber dem Antrag des *Abg. Thürk* (CDU/CSU) vor allem ein, dass die Gefahr bestehe, dass der Begriff des allgemeinen Rechtsempfindens sehr unterschiedlich von den Gerichten ausgelegt werden werde.

Auf Fragen des *Abg. Engelhard* (FDP) führt der *Beauftragte des BMJ, MDgt Dr. Rolland,* aus, die Überlegungen, die Schädigung der wirtschaftlichen Leistungsfähigkeit des Ehegatten als weiteren Unterhaltsausschließungsgrund auszugestalten, hätten zu keinem Formulierungsvorschlag geführt. Einmal habe sich bei der Überprüfung ergeben, dass in praktisch allen Fällen dieser Art Schadensersatzansprüche bestünden. Zum anderen würde eine solche Vorschrift die Gefahr heraufbeschwören, dass einem Unterhaltsbegehren beispielsweise entgegengehalten werden könnte, dass der Anspruchsberechtigte durch das Ehescheidungsbegehren den Verpflichteten psychisch erheblich belastet und damit seine wirtschaftliche Leistungsfähigkeit wesentlich beeinträchtigt habe.

5. § 1361 BGB E. Unterhalt bei Getrenntleben

Der *Ausschuss* erörtert den Antrag der *Abg. Frau Dr. Lepsius* (SPD) (Protokoll Nr. 14 S. 9) sowie die Formulierungshilfe des BMJ, die folgenden Wortlaut hat: „(1) Leben die Ehegatten getrennt, so kann ein Ehegatte von dem anderen den nach den Lebensverhältnissen und den Erwerbs- und Vermögensverhältnissen der Ehegatten angemessenen Unterhalt verlangen. Ist zwischen den getrennt lebenden Ehegatten ein Scheidungsverfahren rechtshängig, so gehören zum Unterhalt vom Eintritt der Rechtshängigkeit an auch die Kosten einer angemessenen Versicherung für den Fall des Alters sowie der Berufs- oder Erwerbsunfähigkeit.

(2) bis (4) ... unverändert".

Abg. Thürk (CDU/CSU) erklärt, er halte die vorgeschlagenen Regelungen zwar grundsätzlich für wünschenswert und angemessen, habe aber Bedenken, ob sie für den Verpflichteten wirtschaftlich überhaupt noch tragbar seien. Es habe keinen Zweck, Ansprüche zu normieren, von denen man wisse, dass vielleicht 90 v.H. der Bevölkerung nicht in der Lage sei, sie wirtschaftlich zu erfüllen.

Abg. Frau Dr. Lepsius (SPD) stellt den Antrag, Absatz 1 in der Fassung zu übernehmen, die ihr Antrag durch die Formulierungshilfe des BMJ erhalten habe. Dies sei erforderlich, um die letzte Lücke in der „sozialen Biographie" des nicht erwerbstätigen Ehegatten zu schließen. Die Frage, ob der Verpflichtete in der Lage sei, die Versicherungsbeiträge aufzubringen, betreffe nicht den Umfang des Unterhaltsanspruchs, sondern die Leistungsfähigkeit des Verpflichteten, die an anderer Stelle des Gesetzentwurfs angesprochen werde.

Abg. Frau Will-Feld (CDU/CSU) weist darauf hin, dass die Grundentscheidung darüber, ob zum Lebensbedarf auch die Kosten einer angemessenen Versicherung für den Fall des Alters sowie der Berufs- und Erwerbsunfähigkeit gehören sollten, bei der Beratung des § 1579 Abs. 3 BGB E zu fällen sei und die Fassung des § 1361 Abs. 1 BGB E letztlich nur eine Folgeregelung dieser Grundentscheidung darstelle.

Der *Ausschuss* kommt auf Anregung des Vorsitzenden, *Abg. Dr. Emmerlich* (SPD) überein, die weitere Erörterung des § 1361 BGB E bis zur Behandlung des § 1579 BGB E zurückzustellen.

6. §§ 1581, 1605 BGB E. Auskunftsanspruch

Abg. Thürk (CDU/CSU) stellt nach ausführlicher Diskussion seine Bedenken (Protokoll Nr. 15 S. 7) zurück, dass die Fassung dieser Vorschrift zu weit sei und die Gefahr des Rechtsmissbrauchs in sich berge.

Abg. Frau Dr. Lepsius (SPD) beantragt, § 1581 BGB in der Fassung des Gesetzentwurfs und § 1605 BGB in der Fassung der Formulierungshilfe des BMJ zu übernehmen, die folgenden Wortlaut hat: „(1) Verwandte in gerader Linie sind einander verpflichtet, auf Verlangen über ihre Einkünfte und ihr Vermögen Auskunft zu erteilen, soweit dies zur Feststellung eines Unterhaltsanspruchs oder einer Unterhaltsverpflichtung erforderlich ist. Über die Höhe der Einkünfte sind auf Verlangen Belege, insbesondere Bescheinigungen des Arbeitgebers, vorzulegen. Die §§ 260, 261 sind entsprechend anzuwenden. – (2) ... unverändert."

Abg. Engelhard (FDP) schließt sich diesem Antrag an.

7. § 1582 BGB E. Mangelnde Leistungsfähigkeit des Verpflichteten

Abg. Frau Will-Feld (CDU/CSU) stellt ihre Bedenken (Protokoll Nr. 16 S. 6) hinsichtlich der Regelung der unwirtschaftlichen Vermögensverwertung mit Rücksicht auf die Fassung des § 1578 Abs. 3 BGB E zurück.

8. § 1583 BGB E. Rangfolge der Ansprüche mehrerer Ehegatten

Abg. Frau Will-Feld (CDU/CSU) beantragt, die Vorschrift wie folgt zu fassen: „Die Unterhaltspflicht gegenüber einem neuen Ehegatten ist nur zu berücksichtigen, wenn dieser bei entsprechender Anwendung der §§ 1570 bis 1573, 1574 Abs. 1, 2, § 1575 und des § 1578 Abs. 1 unterhaltsberechtigt wäre und die Leistung von Unterhalt zur Vermeidung unbilliger Härten erforderlich ist." Es sei erforderlich, dem Unterhaltsanspruch des ersten Ehegatten grundsätzlich den Vorrang vor dem Unterhaltsanspruch des späteren Ehegatten einzuräumen.

Der *Beauftragte des Bundesrates, MR Dr. Bürgle,* führt aus, dieser Antrag, der im Wesentlichen dem Vorschlag des Bundesrates entspreche, verfolge zwei Ziele: Einmal solle der Vorrang des Unterhaltsanspruchs des ersten Ehegatten bestärkt werden. Zum Anderen solle die Starrheit des einmal bestehenden Unterhaltsvorranges durchbrochen werden, wenn dies zur Vermeidung unbilliger Härten erforderlich sei. Damit werde zugleich verfassungsrechtlichen Bedenken begegnet, die gelegentlich geäußert worden seien und die auch der *Abg. Thürk* (CDU/CSU) erwähnt habe.

Abg. Frau Dr. Lepsius (SPD) stellt den Antrag, die Fassung des Regierungsentwurfes zur Grundlage der Beratung zu machen. Diese Fassung stelle einen ausgewogenen Ausgleich der einander gegenüberstehenden Interessen dar.

Abg. Thürk (CDU/CSU) berichtet, die in einem Lehrgang der Deutschen Richterakademie versammelten Richter hätten erhebliche Bedenken hinsichtlich der Verständlichkeit und der Durchsichtigkeit der Rangfolge der Ansprüche mehrerer unterhaltsberechtigter Ehegatten und Kinder aus verschiedenen Ehen bei mangelnder Leistungsfähigkeit des Verpflichteten erhoben. Die *Abg. Engelhard* (FDP) und *Frau Dr. Lepsius* (SPD) halten diese Bedenken für nicht besonders schwerwiegend.

Der *Beauftragte des BMJ, Mdgt Dr. Rolland,* führt dazu aus, die Auflösung der Zitate in § 1583 BGB E würde eine Vorschrift ergeben, die überhaupt nicht mehr verständlich wäre. Die §§ 1582, 1583 BGB E seien gut verständlich, wenn man ihren Sinn erfasst habe. Die Bundesregierung habe im Übrigen diese Regelung auf ihre Verfassungsmäßigkeit überprüft und halte sie für verfassungskonform. Man müsse auch den Zusammenhang mit der Härteklausel im Scheidungsrecht sehen. Lehne man eine materielle Härteklausel ab, so sei die Regelung des § 1583 BGB E nur folgerichtig.

Der *Ausschuss* erörtert ausführlich die Frage, ob diese Regelung verfassungskonform ist.

9. § 1584 BGB E. Gesamtgut

Keine Wortmeldungen

10. § 1584 a BGB E. Subsidiarität der Unterhaltspflicht der Verwandten

Keine Wortmeldungen.

Abg. Frau Dr. Lepsius (SPD) spricht sich dafür aus, eine Kapitalabfindung nur zuzulassen, wenn sie ähnlich wie in § 1587 n BGB E zweckgebunden sei.

Abg. Frau Schimschok (SPD) wendet sich gegen die Möglichkeit einer Kapitalabfindung. Sie befürchtet, dass erhebliche Belastungen auf die öffentliche Hand zukommen könnten, wenn eine Kapitalabfindung zugelassen werde.

Die *Abg. Frau Will-Feld* (CDU/CSU), *Thürk* (CDU/CSU), *Engelhard* (FDP) und *Dr. Arnold* (CDU/CSU) halten es für geboten, dem Berechtigten die Freiheit zu lassen, unter den wohlausgewogenen Voraussetzungen des Gesetzentwurfes eine Kapitalabfindung zu verlangen.

Abg. Thürk (CDU/CSU) hält es ergänzend für notwendig, auch dem Verpflichteten das Recht einzuräumen, eine Abfindung zu verlangen. Im Übrigen erscheine es geboten, sicherzustellen, dass die Abfindung der Vorsorge im weiteren Sinne dient. Er beantragt, Absatz 2 wie folgt zu fassen: „Statt der Rente kann auch eine Abfindung in Kapital erfolgen, wenn ein wichtiger Grund vorliegt, weder der Berechtigte noch der Verpflichtete unbillig belastet werden und die Kapitalabfindung der nachhaltigen Unterhalts- und Versorgungssicherung zu dienen in der Lage ist."

Der *Beauftragte des BMJ, MDgt Dr. Rolland,* führt aus, die Frage der Zweckbindung sei deshalb besonders schwierig, weil die Kapitalabfindung hier anders als im § 1587 n BGB E nicht nur der Altersvorsorge diene, sondern weil aus ihr auch sofort der laufende Unterhalt bestritten werden solle. Wolle man bei dieser Sachlage eine Zweckbindung, so seien für die Abfindung sehr hohe Beträge erforderlich, die sofort zu Einkünften führten, aus denen der laufende Unterhalt bestritten werden könne. Im Übrigen könne der Richter im Rahmen der Prüfung des wichtigen Grundes feststellen, ob eine sinnvolle Anlegung der Kapitalabfindung zu erwarten sei.

Die *Abg. Frau Will-Feld* (CDU/CSU) und *Dr. Arnold* (CDU/CSU) beantragen, die Vorschrift in der Fassung des Regierungsentwurfes zu übernehmen.

Abg. Frau Dr. Lepsius (SPD) weist darauf hin, dass auch im laufenden Unterhalt ein bestimmter Betrag enthalten sei, der der sozialen Sicherung diene. Auf ihre Frage nach dem Verhältnis des § 1585 Abs. 2 BGB E zu § 1577 BGB E führt der *Beauftragte des BMJ, MDgt Dr. Rolland,* aus, dass man möglicherweise in § 1577 BGB E eine Zweckbindung für den Teil der Abfindung einführen könne, der der sozialen Sicherung diene.

Der Vorsitzende, *Abg. Dr. Emmerlich* (SPD), macht darauf aufmerksam, dass Zusammenhänge zwischen den §§ 1585 Abs. 2 und 1585 c BGB E bestünden, die berücksichtigt werden müssten.

Abg. Engelhard (FDP) führt aus, er sehe allenfalls die Möglichkeit, in Absatz 2 eine Begrenzung in der Form vorzusehen, dass eine Verpflichtung eingeführt werde, für eine angemessene Versicherung für den Fall des Alters und der Krankheit Sorge zu tragen. Die Verwirklichung dieser Vorstellung werde jedoch zu erheblichen praktischen Schwierigkeiten führen, besonders hinsichtlich der Überwachung dieser Verpflichtung.

10. Protokoll der 20. Sitzung des UA des RA vom 6.6.1974

Der *Ausschuss* setzt die *Einzelberatung* des *Unterhaltsrechts* im *zweiten Durchgang* fort.

1. § 1585 a BGB E. Sicherheitsleistung

Abg. Thürk (CDU/CSU) hält es für bedenklich, dass ein Anspruch auf Sicherheitsleistung gewährt werden soll, ohne dass ein besonderes Sicherungsbedürfnis geltend gemacht zu werden braucht. Es bestehe die Gefahr, dass ohne besonderen Anlass eine Sicherheitsleistung verlangt und der Verpflichtete dadurch gezwungen werde, hohe Beträge – im Durchschnitt etwa 24.000 DM - aufzubringen und für diese Summe erhebliche Zinsen zu zahlen.

Abg. Engelhard (FDP) meint, dass die Höhe der zu leistenden Sicherheit angesichts des Umstandes, dass der Anspruch kein Sicherungsbedürfnis voraussetze, kaum zu rechtfertigen sei. Sie würde dazu führen, dass nicht unerhebliche Beträge auf lange Zeit stillgelegt würden.

Der *Beauftragte des BMJ, MDgt Dr. Rolland,* führt aus, die entsprechende Vorschrift des geltenden Rechts, die einen Anspruch auf Sicherheitsleistung nur gewähre, wenn die Gefahr bestehe, dass sich der Verpflichtete seiner Unterhaltspflicht entziehe, habe sich nicht bewährt. Wenn die Gefährdung des Unterhaltsanspruchs offenbar geworden sei, sei es meistens schon zu spät gewesen, um eine Sicherheitsleistung durchzusetzen. Der Entwurf ziele darauf ab, das Risiko der Leistung des Unterhalts, das bisher der Berechtigte allein trage, etwas zu vermindern, wenn der Verpflichtete dazu in der Lage sei. Ein „Sicherheitspolster" in Höhe des zweifachen Jahresbetrages der Unterhaltsrente erscheine der Bundesregierung angemessen.

Abg. Frau Schimschok (SPD) weist darauf hin, dass die Bedenken gegen diese Vorschrift dadurch ausgeräumt würden, dass keine unbillige Belastung des Verpflichteten eintreten dürfe.

Abg. Engelhard (FDP) beantragt, in Absatz 1 Satz 2 das Wort „zweifachen" durch das Wort „einfachen" zu ersetzen. Dies erscheine außer aus den bereits genannten Gründen auch deshalb geboten, damit sich der Verpflichtete um die Durchsetzung seines Unterhaltsanspruchs bemühe und sich nicht zu sehr auf das „Sicherheitspolster" verlasse.

Abg. Frau Will-Feld (CDU/CSU) wendet sich gegen den Antrag. Eine hohe Sicherheitsleistung entlaste die Allgemeinheit, wenn bei dem Verpflichteten Leistungsunfähigkeit eintrete.

Abg. Frau Schimschok (SPD) beantragt, die Vorschrift in der Fassung des Gesetzentwurfes zu übernehmen.

Abg. Thürk (CDU/CSU) stellt den Antrag, Absatz 1 Satz 1 wie folgt zu fassen: „Der Verpflichtete hat auf Verlangen Sicherheit zu leisten, wenn die Möglichkeit der Gefährdung der Unterhaltsleistung besteht, es sei denn, dass der dadurch unbillig belastet würde."

2. § 1585 b BGB E. Unterhalt für die Vergangenheit

Keine Wortmeldungen.

3. § 1585 c BGB E. Vereinbarungen über die Unterhaltspflicht

Auf die Frage der *Abg. Frau Will-Feld* (CDU/CSU), ob die Vorschrift einen Unterhaltsverzicht ermögliche und ob ein Unterhaltsverzicht ausgeschlossen sei, wenn er gegen das öffentliche Interesse verstoße, führt der *Beauftragte des BMJ, MDgt Dr. Rolland,* aus, nach dieser Vorschrift sei es zulässig, auf den Unterhaltsanspruch zu verzichten. Die Grenzen eines solchen Verzichtes ergäben sich aus den allgemeinen Vorschriften. Wenn ein Unterhaltsverzicht darauf abziele, dem Berechtigten eine Unterstützung durch die öffentliche Hand zu verschaffen, werde er von der Rechtsprechung als nichtig angesehen.

Abg. Frau Schimschok (SPD) regt an, in dieser Vorschrift sicherzustellen, dass ein Unterhaltsverzicht nur ausgesprochen werden darf oder nur wirksam ist, wenn dadurch die öffentliche Hand nicht belastet wird.

Abg. Engelhard (FDP) weist darauf hin, dass in diesem Fall auch vorgeschrieben werden müsste, dass jeder Unterhaltsberechtigte von einem Unterhaltstitel gegen den Verpflichteten auch Gebrauch mache, was häufig aus den verschiedensten Gründen nicht geschehe. Dies würde einen unverhältnismäßigen Überwachungsapparat erfordern. Im Übrigen sei zu erwarten, dass Missbräuche vor allem durch das neue Verfahrensrecht weitgehend ausgeschlossen würden.

Abg. Thürk (CDU/CSU) beantragt, an die Vorschrift folgenden Halbsatz anzufügen: „..., die der notariellen Beurkundung bedürfen." Hierdurch solle erreicht werden, dass vor allem der Unterhaltsberechtigte sachverständig beraten und vor Übervorteilungen geschützt werde. Dies Formerfordernis werde nicht zu unzumutbaren Kosten führen, weil die Beurkundung während des Scheidungsverfahrens oder der Folgeverfahren durch das Gericht vorgenommen werden könne. Auch § 1987 r BGB E sehe eine notarielle Beurkundung vor.

Die *Abg. Frau Dr. Lepsius* (SPD) und *Dr. Arnold* (CDU/CSU) wenden sich gegen das Erfordernis der notariellen Beurkundung, weil es die Parteien mit erheblichen zusätzlichen Kosten belaste.

Der *Beauftragte des BMJ, MDgt Dr. Rolland,* führt aus, dass eine notarielle Beurkundung in der Mehrzahl der Fälle nicht erforderlich sei und nur Kosten verursache, besonders auch deshalb, weil bei Änderungen des Unterhaltstitels erneut eine notarielle Beurkundung erforderlich sein werde.

Abg. Engelhard (FDP) regt an zu versuchen, im Verfahrensrecht sicherzustellen, dass der unerfahrene und wirtschaftlich schwache Ehegatte vor Übervorteilungen geschützt wird.

4. § 1586 BGB E. Erlöschen der Unterhaltspflicht

Abg. Frau Dr. Lepsius (SPD) beantragt, die Vorschrift in der Fassung des Regierungsentwurfs zur Grundlage der Beratung zu machen.

5. § 1586 a BGB E. Wiederaufleben des Unterhaltsanspruchs

Abg. Frau Dr. Lepsius (SPD) beantragt, diese Vorschrift in der Fassung der Stellungnahme des Bundesrates zur Grundlage der Beratung zu machen. Dies erscheine sinnvoll, weil diese Gesetzesfassung den Wortlaut des § 1577 BGB E mit enthalte und damit den Sinnzusammenhang zwischen den beiden Vorschriften klarer erkennen lasse als die Fassung, die diese Vorschrift im Regierungsentwurf enthalten habe, der nur auf § 1577 BGB E verweise.

Der Vorsitzende, *Abg. Dr. Emmerlich* (SPD), und der Vertreter des Bundesrates, *MR Dr. Bürgle,* weisen darauf hin, dass der Bundesrat den Wortlaut des § 1577 BGB E in den § 1586 a BGB E habe aufnehmen müssen, weil in seiner Stellungnahme keine Vorschrift enthalten sei, die dem § 1577 BGB E entspreche. Der Vorsitzende, *Abg. Dr. Emmerlich* (SPD), hält es deshalb für zweckmäßig, es bei der Fassung des Regierungsentwurfes zu belassen.

Abg. Thürk (CDU/CSU) schlägt vor, die Vorschrift in der Fassung des Regierungsentwurfs zu beraten. Er behalte sich aber vor, die erneute Behandlung dieser Vorschrift zu beantragen, wenn bei der (zurückgestellten) Beratung des § 1577 BGB E Änderungen des Regierungsentwurfs erfolgten, die Auswirkungen auf die Fassung des § 1586 BGB E hätten. Im Übrigen beantrage er aus den früher bereits genannten Gründen (Protokoll Nr. 17 S. 11 bis 15), an diese Vorschrift folgenden Absatz anzufügen: „Bestehen mehrere Unterhaltsansprüche nebeneinander oder entstehen diese erst durch die Versorgungsverpflichtung eines Ehegatten gegenüber Kindern aus verschiedenen Ehen, so findet eine gegenseitige Anrechnung unter Berücksichtigung der Dauer der Ehen und der Leistungsfähigkeit der Verpflichteten nach billigem Ermessen statt."

Auf Fragen der *Abg. Frau Will-Feld* (CDU/CSU) führt *der Beauftragte des BMJ, MDgt Dr. Rolland,* aus, es treffe nicht zu, dass in erster Linie der erste Ehegatte für den Unterhalt des erneut geschiedenen Ehegatten aufzukommen habe. Vielmehr sei in jedem Fall zunächst zu prüfen, ob Unterhaltsansprüche gegen den letzten Ehegatten bestünden. § 1585 a BGB E sei mehr subsidiär zu sehen und regele einen Ausnahmefall: Ein Unterhaltsanspruch gegen einen früheren Ehegatten bestehe ausnahmsweise dann, wenn noch Nachwirkungen aus der früheren Ehe (erziehungs- oder pflegebedürftige Kinder, unzureichende Altersversorgung) vorhanden seien. Es könnten natürlich in einigen Fällen Konkurrenzprobleme entstehen. Deren Regelung solle aber der Rechtsprechung überlassen bleiben, die im Einzelfall verhältnismäßig gut zu einer gerechten Lösung kommen könne, während es gesetzgeberisch kaum möglich sei, die Vielzahl der denkbaren Fälle in einer Vorschrift zu erfassen.

6. § 1586 b BGB E. Übergang der Unterhaltspflicht auf den Erben

Keine Wortmeldungen.

7. § 1579 BGB E. Maß des Unterhalts

Abg. Frau Will-Feld (CDU/CSU) weist darauf hin, dass dann, wenn man eine Zweckbindung für den Teil der Unterhaltsleistungen erreichen wolle, der der sozialen Vorsorge diene, dies im Rahmen dieser Vorschrift geschehen müsse, dass die mangelnde Leistungsfähigkeit der Verpflichteten in vielen Fällen dazu führen werde, dass eine solche Zweckbindung nur auf dem Papier stehe, und dass deshalb mehr geschiedene Ehegatten als bisher auf die Sozialhilfe angewiesen sein würden, weil die Scheidung vereinfacht werde.

Der *Ausschuss* diskutiert diese Gesichtspunkte.

Der Vorsitzende, *Abg. Dr. Emmerlich* (SPD), beantragt, Absatz 2 in der Fassung einer Formulierungshilfe des BMJ zu übernehmen, die folgenden Wortlaut hat: „Zum Lebensbedarf gehören auch die Kosten einer angemessenen Versicherung für den Fall der Krankheit sowie die Kosten einer Schul- oder Berufsausbildung, einer Fortbildung oder einer Umschulung nach §§ 1575, 1576.“

Unterbrechung der Sitzung von 10.55 Uhr bis 19.05 Uhr.

Der *Ausschuss* tritt in die *Beschlussfassung* über die Empfehlungen zum *Unterhaltsrecht* ein.

1. Vor § 1570 BGB E. Grundlage der Beschlussfassung

Der *Ausschuss* lehnt mit 4:2 Stimmen den Antrag der *Abg. Frau Will-Feld* (CDU/CSU) ab, Artikel 1 Nr. 14 (§§ 1570 bis 1586 a BGB), Nr. 7 (§ 1361 BGB), Artikel 4 Nr. 1 Buchstabe a (§ 592 RVO) in der Fassung der Stellungnahme des Bundesrates zu übernehmen.

2. § 1570 BGB E. Grundsatz

Der *Ausschuss* billigt einstimmig § 1570 in der Fassung des Regierungsentwurfs.

3. § 1571 BGB E. Unterhalt wegen der Betreuung eines Kindes

Der *Ausschuss* lehnt den Antrag der *Abg. Frau Will-Feld* (CDU/CSU) mit 4:2 Stimmen ab, die Vorschrift wie folgt zu fassen: „Ein geschiedener Ehegatte kann von dem anderen Unterhalt verlangen, solange und soweit von ihm wegen der Pflege oder Erziehung eines gemeinschaftlichen Kindes oder eines eigenen nicht gemeinschaftlichen Kindes eine Erwerbstätigkeit nicht erwartet werden kann.“

Abg. Frau Dr. Lepsius (SPD) zieht ihre Anträge zur Änderung dieser Vorschrift (Protokoll Nr. 18 S. 4, 5) zurück.

Auf Antrag der *Abg. Frau Dr. Lepsius* (SPD) und *Frau Schimschok* (SPD) billigt der *Ausschuss* einstimmig § 1571 in der Fassung des Regierungsentwurfs.

4. § 1572 BGB E. Unterhalt wegen Alters

Der *Ausschuss* nimmt einstimmig den Antrag der *Abg. Frau Will-Feld* (CDU/CSU) und *Frau Dr. Lepsius* (SPD) an, in Nummer 3 nach den Worten „und § 1574“ die Worte „Abs. 1, 2 und 4“ zu streichen.

Der *Ausschuss* billigt einstimmig § 1572 in der Fassung des Regierungsentwurfs mit der zuvor beschlossenen Änderung der Nummer 3.

5. § 1573 BGB E. Unterhalt wegen Krankheit

Der *Ausschuss* nimmt einstimmig den Antrag der *Abg. Frau Will-Feld* (CDU/CSU) an, in Nummer 4 nach den Worten „nach § 1574“ die Worte „Abs, 1, 2 und 4“ zu streichen.

Der *Ausschuss* billigt einstimmig, § 1573 in der Fassung des Regierungsentwurfs mit der zuvor beschlossenen Änderung der Nummer 4.

6. § 1574 BGB E. Unterhalt bis zur Aufnahme einer angemessenen Erwerbstätigkeit

Der *Ausschuss* beschließt auf Antrag der *Abg. Frau Dr. Lepsius* (SPD) einstimmig die Absätze 1, 2 und 3 in der Fassung des Regierungsentwurfs.

Der *Ausschuss* beschließt auf Antrag der *Abg. Frau Dr. Lepsius* (SPD) einstimmig, Absatz 4 entsprechend einer auf Anregung des *Abg. Thürk* (CDU/CSU) geleisteten Formulierungshilfe des BMJ wie folgt zu fassen: „(4) Der geschiedene Ehegatte kann auch dann Unterhalt verlangen, wenn die Einkünfte aus einer angemessenen Erwerbstätigkeit wegfallen, weil es ihm trotz seiner Bemühungen nicht gelungen war, den Unterhalt durch die Erwerbstätigkeit nach der Scheidung nachhaltig zu sichern. War es ihm gelungen, den Unterhalt teilweise nachhaltig zu sichern, so kann er den Unterschiedsbetrag zwischen dem nachhaltig gesicherten und dem vollen Unterhalt verlangen.“

Der *Ausschuss* billigt einstimmig § 1574 in der Fassung des Regierungsentwurfs mit der zuvor beschlossenen Änderung des Absatzes 4.

7. § 1575 BGB E. Angemessenheit einer Erwerbstätigkeit

Der *Ausschuss* beschließt auf Antrag der *Abg. Frau Dr. Lepsius* (SPD) einstimmig die Absätze 1 und 2 in der Fassung des Regierungsentwurfs.

Der *Ausschuss* beschließt auf Antrag der *Abg. Frau Dr. Lepsius* (SPD) einstimmig, Absatz 3 entsprechend einer auf Anregung des *Abg. Thürk* (CDU/CSU) geleisteten Formulierungshilfe des BMJ wie folgt zu fassen: „(3) Soweit es zur Aufnahme einer angemessenen Erwerbstätigkeit erforderlich ist, obliegt es dem geschiedenen Ehegatten, sich ausbilden, fortbilden oder umschulen zu lassen, wenn ein erfolgreicher Abschluss der Ausbildung zu erwarten ist.“

Der *Ausschuss* billigt einstimmig § 1575 in der Fassung des Regierungsentwurfs mit der zuvor beschlossenen Änderung des Absatzes 3.

8. § 1576 BGB E. Ausbildung, Fortbildung und Umschulung

Der *Ausschuss* lehnt mit 3:2 Stimmen bei einer Stimmenthaltung den Antrag des *Abg. Thürk* (CDU/CSU) ab, Absatz 1 Satz 1 wie folgt zu fassen: „(1) Ein geschiedener Ehegatte, der in Erwartung der Ehe oder während der Ehe eine Schul- oder Berufsausbildung nicht aufgenommen oder abgebrochen hat, kann von dem anderen Ehegatten Unterhalt verlangen, wenn er diese oder eine entsprechende Ausbildung sobald wie möglich aufnimmt, um eine angemessene, den Unterhalt nachhaltig sichernde Erwerbstätigkeit zu erlangen und der erfolgreiche Abschluss der Ausbildung zu erwarten ist."

Der *Ausschuss* nimmt mit 4:2 Stimmen den Antrag der *Abg. Frau Dr. Lepsius* (SPD) an, Absatz 1 wie folgt zu fassen: „(1) Ein geschiedener Ehegatte, der in Erwartung der Ehe oder während der Ehe eine Schul- oder Berufsausbildung nicht aufgenommen oder abgebrochen hat, kann von dem anderen Ehegatten Unterhalt verlangen, wenn er diese oder eine entsprechende Ausbildung sobald wie möglich aufnimmt, um eine angemessene Erwerbstätigkeit, die den Unterhalt nachhaltig sichert, zu erlangen und der erfolgreiche Abschluss der Ausbildung zu erwarten ist. Der Anspruch besteht längstens für die Zeit, in der eine solche Ausbildung im Allgemeinen abgeschlossen wird; dabei sind ehebedingte Verzögerungen der Ausbildung zu berücksichtigen."

Der *Ausschuss* beschließt auf Antrag der *Abg. Frau Dr. Lepsius* (SPD) einstimmig die Absätze 2 und 3 in der Fassung des Regierungsentwurfs.

Der *Ausschuss* lehnt nach Aussprache (vgl. auch Protokoll Nr. 17 S. 7 f.) mit 4 Stimmen gegen eine Stimme bei einer Stimmenthaltung den Antrag des *Abg. Thürk* (CDU/CSU) ab, an die Vorschrift folgenden Absatz 4 anzufügen: „(4) Ansprüche eines Ehegatten nach dem Bundesausbildungsförderungsgesetz bleiben von diesen Vorschriften unberührt."

Der *Ausschuss* billigt einstimmig § 1576 in der Fassung des Regierungsentwurfs mit der zuvor beschlossenen Änderung des Absatzes 1.

9. § 1577 a BGB E (neu). Positive Härteklausel

Der *Ausschuss* lehnt mit 4:2 Stimmen den Antrag der *Abg. Frau Will-Feld* (CDU/CSU) ab, folgenden § 1577 a einzufügen: „Ein geschiedener Ehegatte kann von dem anderen aus sonstigen schwerwiegenden Gründen Unterhalt verlangen, solange und soweit die Versagung von Unterhalt unter Berücksichtigung der Belange beider Ehegatten grob unbillig wäre."

Damit entfallen nachfolgende Folgeanträge der *Abg. Frau Will-Feld* (CDU/CSU): In § 1578 Abs. 1 ist das Zitat „1576, 1577" durch das Zitat „1576 bis 1577 a" zu ersetzen. – § 1579 Abs. 3 erhält folgende Fassung: „Hat der geschiedene Ehegatte einen Unterhaltsanspruch nach den §§ 1571 bis 1574 und § 1577 a, so gehören zum Lebensbedarf auch die Kosten einer angemessenen Versicherung für den Fall des Alters sowie der Berufs- oder Erwerbsunfähigkeit."

10. § 1578 BGB E. Berücksichtigung der Einkünfte und des Vermögens des Berechtigten

Der *Ausschuss* beschließt auf Antrag der *Abg. Frau Dr. Lepsius* (SPD) und *Thürk* (CDU/CSU) einstimmig Absatz 1 in der Fassung des Regierungsentwurfs.

Auf Antrag der *Abg. Frau Dr. Lepsius* (SPD), dem sich der *Abg. Thürk* (CDU/CSU) anschließt, wird einstimmig folgende Fassung des Absatzes 2 Satz 1 beschlossen: „(2) Einkünfte sind nicht anzurechnen, soweit der Verpflichtete nicht den vollen Unterhalt (§ 1579) leistet."

Der *Ausschuss* beschließt einstimmig, Absatz 2 Satz 2 wie folgt zu fassen: „Einkünfte, die den vollen Unterhalt übersteigen, sind insoweit anzurechnen, als dies unter Berücksichtigung der beiderseitigen wirtschaftlichen Verhältnisse der Billigkeit entspricht."

Auf Antrag der *Abg. Frau Dr. Lepsius* (SPD) und des Vorsitzenden, *Abg. Dr. Emmerlich* (SPD), wird mit 4:2 Stimmen beschlossen, Absatz 3 wie folgt zu fassen: „(3) Den Stamm des Vermögens braucht der Berechtigte nicht zu verwerten, soweit die Verwertung unwirtschaftlich oder unter Berücksichtigung der beiderseitigen wirtschaftlichen Verhältnisse unbillig wäre."

Der *Ausschuss* lehnt mit 4:2 Stimmen den Antrag des *Abg. Thürk* (CDU/CSU) ab, Absatz 3 in der Fassung des Regierungsentwurfs zu beschließen.

Der *Ausschuss* nimmt mit 4:2 Stimmen den Antrag der *Abg. Frau Dr. Lepsius* (SPD) an, Absatz 4 wie folgt zu fassen: „(4) War zum Zeitpunkt der Ehescheidung zu erwarten, dass der Unterhalt des Berechtigten aus seinem Vermögen nachhaltig gesichert sein würde, fällt das Vermögen aber später weg, so besteht kein Anspruch auf Unterhalt. Dies gilt nicht, wenn im Zeitpunkt des Vermögenswegfalls von dem Ehegatten wegen der Pflege oder Erziehung eines gemeinschaftlichen Kindes eine Erwerbstätigkeit nicht erwartet werden kann."

Der *Ausschuss* lehnt mit 4:2 Stimmen den Antrag der *Abg. Frau Will-Feld* (CDU/CSU) ab, Absatz 4 Satz 1 wie folgt zu fassen: „(4) Fällt das Vermögen später aus Gründen, die der Berechtigte zu vertreten hat, fort, so kann dieser keinen Unterhalt verlangen, solange und soweit er sich aus seinem Vermögen hätte unterhalten können."

Der *Ausschuss* beschließt mit 4 Stimmen bei 2 Stimmenthaltungen § 1578 in der sich aus den Einzelbeschlüssen ergebenden Fassung.

11. § 1579 BGB E. Maß des Unterhalts

Der *Ausschuss* kommt überein, die Beratung einer Formulierungshilfe des BMJ bis zur Beratung des § 1577 BGB E zurückzustellen, nach der folgender Absatz 4 angefügt werden soll: „(4) Hat im Falle des Absatzes 3 der unterhaltspflichtige geschiedene Ehegatte die Kosten nicht oder nicht voll getragen, gilt § 1577 entsprechend."

Der *Ausschuss* beschließt einstimmig die Absätze 1 und 3 in der Fassung des Regierungsentwurfs und Absatz 2 entsprechend einem Antrag des Vorsitzenden, *Abg. Dr. Emmerlich* (SPD), in folgender Fassung: „(2) Zum Lebensbedarf gehören auch die Kosten einer angemessenen Versicherung für den Fall der Krankheit sowie die Kosten einer Schul- oder Berufsausbildung, einer Fortbildung oder einer Umschulung nach §§ 1575, 1576."

12. § 1580 BGB E. Negative Härteklausel

Der *Ausschuss* lehnt mit 3:2 Stimmen den Antrag der *Abg. Frau Will-Feld* (CDU/CSU) ab, Absatz 1 wie folgt zu fassen: „(1) Ein Unterhaltsanspruch besteht nicht, soweit die Inanspruchnahme des Verpflichteten grob unbillig wäre. Dies gilt insbesondere, wenn

1. die Ehe von kurzer Dauer war; der Ehedauer steht die Zeit gleich, in welcher der Berechtigte wegen der Erziehung oder Pflege eines gemeinschaftlichen Kindes nach § 1571 Unterhalt verlangen konnte,

2. ... bis 4. (wie der Regierungsentwurf)."

Damit entfällt der Folgeantrag der *Abg. Frau Will-Feld* (CDU/CSU), § 1361 Abs. 3 wie folgt zu fassen: „(3) Die Vorschrift des § 1580, Abs. 1, Satz 2 Nr. 2 bis 4, Abs. 2 über die Herabsetzung des Unterhaltsanspruches aus Billigkeitsgründen ist entsprechend anzuwenden."

Der *Ausschuss* lehnt mit 3:2 Stimmen den Antrag des *Abg. Thürk* (CDU/CSU) ab, Absatz 1 wie folgt zu fassen: „(1) Ein Unterhaltsanspruch besteht ausnahmsweise dann nicht, soweit die Inanspruchnahme des Verpflichteten grob unbillig wäre und das allgemeine Rechtsempfinden gröblich verletzt wird, insbesondere dann, wenn

1. die Ehe von kurzer Dauer war; der Ehedauer steht die Zeit gleich, in welcher der Berechtigte wegen der Erziehung oder Pflege eines gemeinschaftlichen Kindes nach § 1571 Unterhalt verlangen konnte,

2. ... bis 4. ... (wie der Regierungsentwurf)."

Der *Ausschuss* lehnt mit 3:2 Stimmen folgenden Antrag des *Abg. Thürk* (CDU/CSU) ab: Nach Absatz 1 wird folgender Absatz 2 eingefügt: „(2) Absatz 1 kann außerdem Anwendung finden, wenn das Fehlverhalten des Berechtigten so schwerwiegend ist, dass die Unterhaltsleistungen an ihn das allgemeine Rechtsempfinden erheblich verletzen würden." – Der bisherige Absatz 2 wird Absatz 3.

Der *Ausschuss* beschließt auf Antrag der *Abg. Frau Dr. Lepsius* (SPD) einstimmig folgende Fassung des § 1580; „(1) Ein Unterhaltsanspruch besteht nicht, soweit die Inanspruchnahme des Verpflichteten grob unbillig wäre, weil

1. die Ehe von kurzer Dauer war; der Ehedauer steht die Zeit gleich, in welcher der Berechtigte wegen der Erziehung oder Pflege eines gemeinschaftlichen Kindes nach § 1571 Unterhalt verlangen konnte,

2. ... bis 4. ... (wie der Regierungsentwurf).

(2) Absatz 1 gilt nicht, solange und soweit von dem Berechtigten wegen der Erziehung oder Pflege eines gemeinschaftlichen Kindes eine Erwerbstätigkeit nicht erwartet werden kann."

13. § 1361 BGB E. Unterhalt bei Getrenntleben

Auf Antrag der *Abg. Frau Dr. Lepsius* (SPD) wird einstimmig beschlossen, Absatz 1 wie folgt zu fassen: „(1) Leben die Ehegatten getrennt, so kann ein Ehegatte von dem anderen den nach den Lebensverhältnissen und den Erwerbs- und Vermögensverhältnissen der Ehegatten angemessenen Unterhalt verlangen. Ist zwischen den getrennt lebenden Ehegatten ein Scheidungsverfahren anhängig, so gehören zum Unterhalt vom Eintritt der

Rechtshängigkeit an auch die Kosten einer angemessenen Versicherung für den Fall des Alters sowie der Berufs- oder Erwerbsunfähigkeit."

Der *Ausschuss* beschließt einstimmig die Absätze 2, 3 und 4 in der Fassung des Regierungsentwurfes.

Der *Ausschuss* billigt einstimmig § 1361 in der Fassung des Regierungsentwurfs mit der zuvor beschlossenen Änderung des Absatzes 1.

14. § 1581 BGB E. Auskunftsanspruch

Der *Ausschuss* beschließt auf Antrag der *Abg. Frau Dr. Lepsius* (SPD) mit 4 Stimmen bei einer Stimmenthaltung § 1581 in der Fassung des Regierungsentwurfs.

15. § 1605 BGB E. Auskunftsanspruch

Der *Ausschuss* beschließt auf Antrag der *Abg. Frau Dr. Lepsius* (SPD) mit 4 Stimmen bei einer Stimmenthaltung Absatz 1 in folgender Fassung: „(1) Verwandte in gerader Linie sind einander verpflichtet, auf Verlangen über ihre Einkünfte und ihr Vermögen Auskunft zu erteilen, soweit dies zur Feststellung eines Unterhaltsanspruchs oder einer Unterhaltsverpflichtung erforderlich ist. Über die Höhe der Einkünfte sind auf Verlangen Belege, insbesondere Bescheinigungen des Arbeitgebers, vorzulegen. Die §§ 260, 261 sind entsprechend anzuwenden." *und Absatz 2* in der Fassung des Regierungsentwurfs.

16. § 1582 BGB E. Mangelnde Leistungsfähigkeit des Verpflichteten

Der *Ausschuss* beschließt auf Antrag des Vorsitzenden, *Abg. Dr. Emmerlich* (SPD), einstimmig § 1582 in der Fassung des Regierungsentwurfs.

17. § 1583 BGB E. Rangfolge der Ansprüche mehrerer Ehegatten

Der *Ausschuss* lehnt mit 3:2 Stimmen den Antrag der *Abg. Frau Will-Feld* (CDU/CSU) ab, die Vorschrift wie folgt zu fassen: „Die Unterhaltspflicht gegenüber einem neuen Ehegatten ist nur zu berücksichtigen, wenn dieser bei entsprechender Anwendung der §§ 1570 bis 1573, 1574 Abs. 1, 2, § 1575 und des § 1578 Abs. 1 unterhaltsberechtigt wäre und die Leistung von Unterhalt zur Vermeidung unbilliger Härte erforderlich ist."

Auf Antrag der *Abg. Frau Dr. Lepsius* (SPD) beschließt der *Ausschuss* mit 3:2 Stimmen § 1583 in der Fassung des Regierungsentwurfs.

18. § 1584 BGB E. Gesamtgut

Der *Ausschuss* beschließt auf Antrag des Vorsitzenden, *Abg. Dr. Emmerlich* (SPD), einstimmig § 1584 in der Fassung des Regierungsentwurfs.

19. § 1584 a BGB E. Subsidiarität der Unterhaltspflicht der Verwandten

Der *Ausschuss* beschließt auf Antrag des *Abg. Thürk* (CDU/CSU) einstimmig § 1584 a in der Fassung des Regierungsentwurfs.

20. § 1585 BGB E. Art der Unterhaltsgewährung

Abg. Thürk (CDU/CSU) zieht seinen Antrag (Protokoll Nr. 19 S. 14) zurück.

Der *Ausschuss* beschließt auf Antrag der *Abg. Frau Will-Feld* (CDU/CSU) und *Dr. Arnold* (CDU/CSU) einstimmig § 1585 in der Fassung des Regierungsentwurfs.

21. § 1585 a BGB E. Sicherheitsleistung

Abg. Frau Schimschok (SPD) zieht ihren Antrag, die Fassung der Regierungsvorlage zu beschließen, zurück.

Der *Ausschuss* lehnt mit 3:2 Stimmen den Antrag des *Abg. Thürk* (CDU/CSU)ab, Absatz 1 wie folgt zu fassen: „(1) Der Verpflichtete hat auf Verlangen Sicherheit zu leisten, wenn die Möglichkeit der Gefährdung der Unterhaltsleistung besteht, es sei denn, dass er dadurch unbillig belastet würde."

Der *Ausschuss* beschließt auf Antrag des *Abg. Engelhard* (FDP), dem sich der *Abg. Thürk* (CDU/CSU) anschließt, mit 4 Stimmen bei einer Stimmenthaltung § 1585 a in der Fassung des Regierungsentwurfs mit der Maßgabe, dass in Absatz 1 Satz 2 das Wort „zweifachen" durch das Wort „einfachen" ersetzt wird.

22. § 1585 b BGB E. Unterhalt für die Vergangenheit

Der *Ausschuss* beschließt auf Antrag des Vorsitzenden, *Abg. Dr. Emmerlich* (SPD), einstimmig § 1585 b in der Fassung des Regierungsentwurfs.

23. § 1585 c BGB E. Unterhaltsvereinbarungen

Der *Ausschuss* lehnt den Antrag des *Abg. Thürk* (CDU/CSU) mit 3:2 Stimmen ab, die Vorschrift wie folgt zu fassen: „Die Ehegatten können über die Unterhaltspflicht für die Zeit nach der Scheidung Vereinbarungen treffen, die der notariellen Beurkundung bedürfen."

Auf Antrag des *Abg. Engelhard* (FDP) beschließt der *Ausschuss* mit 3 Stimmen gegen eine Stimme bei einer Stimmenthaltung § 1585 c in der Fassung des Regierungsentwurfes.

24. § 1586 BGB E. Erlöschen der Unterhaltspflicht

Der Ausschuss beschließt auf Antrag der *Abg. Frau Dr. Lepsius* (SPD) einstimmig § 1586 in der Fassung des Regierungsentwurfes.

25. § 1586 a BGB E. Wiederaufleben des Unterhaltsanspruchs

Der *Ausschuss* lehnt den Antrag des *Abg. Thürk* (CDU/CSU) mit 3:2 Stimmen ab, folgenden Absatz 2 anzufügen: „(2) Bestehen mehrere Unterhaltsansprüche oder entstehen diese erst durch die Versorgungsverpflichtung eines Ehegatten gegenüber Kindern aus verschiedenen Ehen, so findet eine gegenseitige Anrechnung unter Berücksichtigung der Dauer der Ehen und der Leistungsfähigkeit der Verpflichteten nach billigem Ermessen statt."

Der *Ausschuss* beschließt auf Antrag der *Abg. Frau Dr. Lepsius* (SPD) einstimmig, die Vorschrift wie folgt zu fassen: „(1) Geht ein geschiedener Ehegatte eine neue Ehe ein und wird die Ehe wieder aufgelöst, so kann er von dem früheren Ehegatten Unterhalt verlangen, soweit er keine oder eine geringere Versorgung wegen Alters oder Berufs- oder Erwerbsunfähigkeit erhält, weil er während der Ehe nicht oder nicht voll erwerbstätig war und dieser Nachteil nicht durch einen Versorgungsausgleich ausgeglichen wird; das Gleiche gilt, soweit der Nachteil darauf beruht, dass der geschiedene Ehegatte nach der Scheidung eine angemessene Erwerbstätigkeit nicht gefunden hat oder wegen der Pflege oder Erziehung eines in § 1571 Abs. 1 Satz 2 bezeichneten Kindes nicht oder nicht voll erwerbstätig sein konnte.

(2) Ob und in welcher Höhe ein Nachteil eingetreten ist, ist nach billigem Ermessen zu bestimmen. Hierbei ist zu berücksichtigen, welche Erwerbstätigkeit der Berechtigte in den nach Absatz 1 maßgeblichen Zeiten nach den zuvor oder nachher ausgeübten Tätigkeiten oder, wenn der Berechtigte nie erwerbstätig gewesen ist, auf Grund seiner Ausbildung und seiner Fähigkeiten mutmaßlich ausgeübt hätte, und welche Versorgung er auf Grund ausgeübter Tätigkeiten erlangt hat.

(3) Hat der geschiedene Ehegatte ein Kind aus der früheren Ehe zu pflegen oder zu erziehen, so finden die §§ 1570 bis 1575 entsprechende Anwendung."

26. § 1586 b BGB E. Übergang der Unterhaltspflicht auf den Erben

Der *Ausschuss* beschließt auf Antrag der *Abg. Frau Schimschok* (SPD) einstimmig § 1586 b in der Fassung des Regierungsentwurfs.

11. Protokoll der 25. Sitzung des UA des RA vom 7.10.1974

... Artikel 1 Nr. 21 (§ 1671 BGB) – Elterliche Gewalt nach der Scheidung

Der *Ausschuss* ist darüber einig, grundsätzlich den Vorschlag des Bundesrates zu übernehmen.

Der Vertreter des Bundesrates, *MR Dr. Bürgle,* führt auf eine Frage des *Abg. Thürk* (CDU/CSU) aus, dass hier entgegen dem früher in den Beratungen des Ausschusses geäußerten Wunsch noch zwischen der Sorge für die Person und der Sorge für das Vermögen unterschieden werde, weil man den Beratungen über den Entwurf eines Gesetzes zur Neuregelung des Rechts der elterlichen Sorge (Bundestags-Drucksache 7/2060) nicht habe vorgreifen wollen. – Der *Ausschuss* kommt auf Anregung des Vorsitzenden, *Abg. Dr. Emmerlich* (SPD), und des *Abg. Thürk* (CDU/CSU) überein, in dieser Vorschrift durchgängig den Begriff „Familiengericht" zu verwenden.

Artikel 1 Nr. 22 (§ 1672 BGB) – Elterliche Gewalt bei Getrenntleben der Eltern

Der *Ausschuss* ist darüber einig, den Vorschlag des Bundesrates zu übernehmen.

12. Protokoll der 26. Sitzung des UA des RA vom 8.10.1974

Artikel 1 Nr. 14 (§ 1583 BGB) – Rangverhältnis mehrerer Unterhaltsberechtigter

Der Vertreter des Bundesrates, *MR Dr. Bürgle,* erläutert das von ihm vorgelegte Berechnungsbeispiel (Anlage [hier wegel]): Das Beispiel gehe von dem hier bedeutsamen Fall aus, dass das Einkommen eines Unterhaltsverpflichteten nicht ausreiche, um den Bedarf aller Unterhaltsberechtigten zu decken. Zur Berechnung sei der Zwickauer Schlüssel verwendet worden, aus dem alle anderen Verteilungsschlüssel entwickelt worden seien. Die erste Rechnung bezwecke allein, den Unterhaltsanspruch der ersten Ehefrau zu ermitteln. Deshalb sei hier die zweite Ehefrau entsprechend der Bestimmung des § 1583 BGB E nicht mitberücksichtigt worden. Die übrigen in dieser Rechnung ausgeworfenen Beträge seien nur Berechnungsposten, stellten keine endgültigen Werte dar. Die zweite Rechnung ziele ausschließlich darauf ab, den Unterhaltsanspruch der Kinder festzustellen; entsprechend § 1609 BGB seien beide Ehefrauen in die Berechnung einbezogen worden. Auch hier seien die anderen Ergebnisse nur Berechnungsposten. In der dritten Rechnung solle schließlich der dem Mann und seiner zweiten Ehefrau verbliebene Unterhaltsbetrag ermittelt werden. Dieser Betrag lasse sich zwar errechnen, der Gesetzentwurf gebe aber keinen Hinweis darauf, wie er auf die Eheleute zu verteilen sei.

Das Berechnungsbeispiel zeige, dass §§ 1583 BGB E und 1609 BGB miteinander unvereinbar seien: Die in § 1609 BGB geforderte Gleichrangigkeit von Eltern und Kindern sei nicht mehr gewahrt, denn die Unterhaltsansprüche der Kinder stünden zu denen der ersten Ehefrau nicht im Verhältnis 2:1. § 1583 BGB E sei verletzt, denn die zweite Ehefrau erhalte Unterhalt, obgleich der Unterhaltsbedarf der ersten Ehefrau nicht gedeckt sei. – Der Vorschlag des Bundesrates ziele demgegenüber darauf ab, den Kindern gleichen Rang mit der bevorrechtigten geschiedenen Ehefrau zu geben. Bei dieser Regelung ergäben sich die genannten Schwierigkeiten nicht.

Abg. Frau Dr. Lepsius (SPD) meint, die Relationen würden sich verändern, wenn § 1610 BGB wie von ihr angeregt (vgl. Prot. 17/5) dahingehend geändert werde, dass bei Kindern aus geschiedenen Ehen ein Unterhaltsbedarf wenigstens in der Höhe angenommen werde, wie er für nichteheliche Kinder jeweils festgesetzt worden sei. Denn dann könne es zu einem unterschiedlichen Bedarf der Kinder aus geschiedenen und aus bestehenden Ehen kommen. Im Übrigen sei es erforderlich, den verwendeten Schlüssel an die Änderungen anzupassen, die sich aus § 1583 BGB E ergäben. So berücksichtige er beispielsweise nicht, dass die zweite Ehefrau nach § 1533 BGB E unter Umständen gezwungen sei, einer Erwerbstätigkeit nachzugehen. Würde diese Anpassung vorgenommen, so würden sich auch die Ergebnisse ändern.

Der Vertreter des Bundesrates, *MR Dr. Bürgle,* hält es ebenfalls für notwendig, von diesen Berechnungsschlüsseln wegzukommen.

Der Vorsitzende, *Abg. Dr. Emmerlich* (SPD), schlägt vor, nur die Frage zu erörtern, wie sich die Bevorrechtigung der geschiedenen Frau auf die Verteilung nach einem Schlüssel – welcher auch immer das sein möge – auswirke. Andere Fragen erschienen demgegenüber hier nicht von Bedeutung: Die Frage des Unterhaltsbedarfes wirke sich nicht auf das Rangverhältnis aus. Das Gesetz kenne gegenwärtig keinen Verteilungsschlüssel; seine Erarbeitung solle auch künftig der Rechtsprechung überlassen bleiben. Schließlich werde nicht daran gedacht, die Gleichrangigkeit von Kindern aus bestehenden und aus geschiedenen Ehen zu beseitigen, was auch die *Abg. Frau Dr. Lepsius* (SPD), *Frau Schimschok* (SPD) und *Thürk* (CDU/CSU) betonen.

Abg. Thürk (CDU/CSU) hält es zwar im Hinblick auf die gebotene Beweglichkeit ebenfalls für zweckmäßig, die Entwicklung eines Verteilungsschlüssels der Rechtsprechung zu überlassen. Der Gesetzgeber müsse aber darauf achten, dass der Rechtsprechung nicht etwas zu entwickeln überlassen werde, was sie gar nicht entwickeln könne, weil das Gesetz in sich widersprüchlich sei. Lege der Gesetzgeber beispielsweise fest, dass ein bestimmter Elternteil mit den Kindern gleichrangig sei und dass auch alle Kinder untereinander gleichen Rang hätten, dann entstünden Schwierigkeiten, weil dann nach den Gesetzen der Logik alle Beteiligten untereinander gleichrangig sein müssten. Es sei deshalb nur möglich, zwei Grundsätze festzulegen: Der geschiedene Ehegatte habe den Vorrang vor dem neuen Ehegatten, und die Kinder seien untereinander gleichrangig. Es könne jedoch nicht zusätzlich festgelegt werden, dass der jeweils unterhaltsberechtigte geschiedene Ehegatte auch mit seinen Kindern im gleichen Rang stehe.

Der Vertreter des Bundesrates, *MR Dr. Bürgle,* legt dar, dass sich an den Ergebnissen seines Berechnungsbeispieles auch dann nichts ändere, wenn man einen anderen Berechnungsschlüssel anwende. Gehe man von einem Schlüssel 1:1:1 aus, so ergebe sich auf der ersten Rechnungsstufe für die erste Ehefrau ein Unterhalt von 250 DM. In der zweiten Rechnungsstufe lasse sich für die Kinder ein Unterhalt von je 200 DM ermitteln. Auch hier stünden die errechneten Unterhaltsbeiträge nicht in dem nach dem Schlüssel geforderten Verhältnis von 1:1.

Der Vorsitzende, *Abg. Dr. Emmerlich* (SPD), gibt zu erwägen, ob die Lösung des scheinbaren Widerspruchs nicht darin liege, dass die 50 DM, die die erste Ehefrau im Verhältnis zu den Kindern mehr erhalte, nicht zu Lasten der Kinder gehe, sondern zu Lasten der zweiten Ehefrau, und ob nicht darin nichts weiter zum Ausdruck komme als der Vorrang der Spezialregelung des § 1583 BGB E gegenüber der allgemeinen Regelung des § 1609 BGB.

Abg. Frau Dr. Lepsius (SPD) führt aus, die erste Rechnung sei in der Praxis erst die zweite Rechnung. Denn im Zeitpunkt der Scheidung, für den der Unterhalt erstmals berechnet werden müsse, gebe es noch keine zweite Ehefrau. Zu der Berechnung des Vertreters des Bundesrates komme es erst bei einer Abänderungsklage, die erhoben werde, wenn der Unterhaltsverpflichtete eine neue Familie gegründet habe. Sie bitte die Bundesregierung, an einigen Berechnungsbeispielen die Lage darzustellen, die sich bei der Scheidung und später im Falle einer Abänderungsklage wegen des Vorhandenseins einer neuen Familie des Unterhaltsverpflichteten ergebe. Sie benötige diese Unterlagen für die ihr heute noch nicht mögliche Entscheidung der Frage, ob die Beschlussempfehlungen des Ausschusses zu diesem Punkt geändert werden müssten. Sie bitte die Bundesregierung ferner um eine Gegenüberstellung der öffentlichrechtlichen (Kindergeld-) und der privatrechtlichen (Unterhalts-) Ansprüche und der Leistungsfähigkeit. Denn es reiche nicht aus, die Probleme einseitig zivilrechtlich zu sehen, es müsse vielmehr der Gesamtzusammenhang aller Unterhaltsleistungen berücksichtigt werden.

Der Vertreter des Bundesrates, *MR Dr. Bürgle,* teilt mit, dass er und der Beauftragte des BMJ, *MR Dr. Böhmer,* erwogen hätten, in § 1609 BGB die Wendung „unbeschadet des § 1583" oder eine ähnliche Wendung („§ 1583 bleibt unberührt") einzufügen, um das Verhältnis beider Vorschriften zueinander klarzustellen. Ihm sei allerdings noch unklar, ob auch § 1583 BGB E geändert werden müsse.

Der Beauftragte des BMJ, *MR Dr. Böhmer,* führt aus, dass fraglich sei, ob mit einer solchen Änderung viel gewonnen sei. Es lasse sich eine Entscheidung auch auf der Grundlage des Regierungsentwurfes treffen, ohne dass § 1609 BGB geändert werden müsse. Nehme man in dem Berechnungsbeispiel des Vertreters des Bundesrates die zweite Rechnung als erste, so stehe fest, was die Kinder an Unterhaltsansprüchen hätten; zugleich sei damit gewährleistet, dass sie den gleichen Rang mit der ersten und der zweiten Ehefrau hätten. Daran anschließend sei in der zweiten Berechnung festzustellen, was die erste Ehefrau erhalte. Der Rest stehe dem Mann und seiner zweiten Frau zu. Es sei auf Grund des jeweils angewendeten Berechnungsschlüssels zu bestimmen, wie dieser Betrag unter ihnen aufzuteilen sei. Bei dieser Berechnungsweise seien die beiden Grundsätze miteinander in Einklang gebracht: Die Kinder stünden untereinander und im Verhältnis zu den Ehegatten im selben Rang; die erste Ehefrau habe einen Vorrang vor der zweiten Ehefrau. Es widerspreche dem § 1583 BGB E nicht, dass in diesem Fall die zweite Ehefrau Unterhalt erhalte, obwohl der Unterhaltsbedarf der ersten Ehefrau noch nicht gedeckt sei.

Abg. Thürk (CDU/CSU) meint, dass hier nur scheinbar ein Einklang zwischen den Grundsätzen hergestellt worden sei, dass die Kinder untereinander und im Verhältnis zu den Ehegatten denselben Rang hätten und dass die erste Ehefrau den Vorrang vor der zweiten Ehefrau habe, denn diese Grundsätze seien nicht miteinander vereinbar.

Der Vertreter des Bundesrates, *MR Dr. Bürgle,* vertritt die Auffassung, die Darlegungen des Beauftragten des BMJ enthielten eine Lücke. Sie werde deutlich, wenn man sich vergegenwärtige, was geschehe, wenn die erste Frau ihren Vorrang durchsetze. Dann könnten die Kinder über § 323 ZPO nachziehen und unter Hinweis auf die Störung des bisher bestehenden Gleichgewichtsverhältnisses zwischen ihrem Unterhalt und dem der ersten Ehefrau eine Anpassung an deren erhöhten Unterhalt verlangen. Dadurch werde der Gleichrang ihres Unterhaltsanspruchs mit dem der zweiten Ehefrau, den § 1609 BGB auch verlange, beseitigt.

Der Beauftragte des BMJ, *MR Dr. Böhmer,* erwidert, § 1583 BGB E regele ausschließlich das Konkurrenzverhältnis zwischen der ersten und der zweiten Ehefrau. Bei der Regelung dieses Verhältnisses blieben die Kinder unberücksichtigt. Ihre Ansprüche seien unter Berücksichtigung ihres Gleichranges untereinander und im Verhältnis zu den

Ehegatten festzustellen, bevor das Verhältnis der Unterhaltsansprüche der beiden Ehefrauen geklärt werde.

Der Vorsitzende, *Abg. Dr. Emmerlich* (SPD), meint, der angebliche Widerspruch werde aufgelöst, wenn man den Gleichrang der Kinder nicht im Verhältnis zu jeder einzelnen der beiden Ehefrauen sehe, sondern im Verhältnis zu beiden Ehefrauen insgesamt. Er habe im Übrigen aber keine Bedenken, das Konkurrenzverhältnis zwischen den §§ 1609 BGB und 1583 BGB E ausdrücklich klarzustellen. *Abg. Frau Dr. Lepsius* (SPD) hält eine solche Klarstellung für notwendig.

Der Vorsitzende, *Abg. Dr. Emmerlich* (SPD), bittet die Bundesregierung um eine Formulierungshilfe und, entsprechend dem Wunsch der *Abg. Frau Dr. Lepsius* (SPD), um einige beispielhafte Berechnungen.

Der Verlauf der Diskussion zeige, wie der *Abg. Engelhard* (FDP) meint, dass sich der Ausschuss nicht damit begnügen dürfe, das Problem zu klären und gegebenenfalls gesetzgeberisch zu lösen, sondern dass er den Richtern und Anwälten in diesen schwierigen Fragen Anwendungshilfen geben müsse. Zumindest im Schriftlichen Bericht müssten die Überlegungen des Ausschusses – auch zur Frage der Anrechnung von Kindergeld und zu ähnlichen Fragen – an Beispielen so klar und deutlich dargestellt werden, dass die Praxis sofort ein brauchbares Berechnungsschema zur Hand habe und es nicht erst in vielen Jahren, in denen eine erhebliche Rechtsunsicherheit herrschen würde, erarbeiten müsste. Der Vorsitzende, *Abg. Dr. Emmerlich* (SPD), und der Vertreter des Bundesrates, *MR Dr. Bürgle,* halten dies ebenfalls für wünschenswert.

Der Vertreter des Bundesrates, *MR Dr. Bürgle,* hält es für nicht vereinbar mit dem Wortlaut des § 1583 BGB E, dass die zweite Ehefrau Unterhalt erhalten könne, solange die erste Ehefrau mit dem ihr gewährten Unterhalt noch nicht einmal den Mindestlebensbedarf decken könne. Wenn dies der Inhalt der Vorschrift sein sollte, dann bestehe in der Öffentlichkeit eine falsche Vorstellung über diesen Punkt des Gesetzentwurfes, und es werde sicher zu einer Grundsatzdebatte über den Wert des Vorranges kommen, wenn diese Fehlvorstellung später einmal beseitigt werde. Im Übrigen müsse man auch den Zusammenhang zwischen § 1583 BGB E und der Härteklausel sehen.

Der Beauftragte des BMJ, *MR Dr. Böhmer,* legt dar, dass sich dann, wenn keine Kinder vorhanden seien, der Vorrang so auswirke, dass zunächst die erste Ehefrau ihren Unterhaltsanspruch habe und die zweite Ehefrau und der Mann sich den Rest teilen müssten. Kämen Kinder hinzu, so verringere sich stufenweise der Vorrang der ersten Ehefrau.

Nach Ansicht des Vorsitzenden, *Abg. Dr. Emmerlich* (SPD), hat § 1583 BGB E nur eine Bedeutung für die Rangordnung zwischen den beiden Ehefrauen, er bezwecke aber keinen Unterhaltsausschluss der zweiten Ehefrau, soweit der Unterhaltsbedarf der ersten Ehefrau noch nicht gedeckt sei. Eine andere Lösung sei, wie auch die *Abg. Frau Dr. Lepsius* (SPD) meint, verfassungswidrig. ...

13. Protokoll der 31. Sitzung des UA des RA vom 4.12.1974

Artikel 1 Nr. 34 (§ 1933 BGB) – Ausschluss des Ehegattenerbrechts

Abg. Frau Schimschok (SPD) spricht sich dafür aus, § 1933 BGB wie im Entwurf vorgesehen, zu streichen. Die Regelung des geltenden Rechts oder Regelungen, die ihm im Wesentlichen entsprächen, seien zu hart. Sie werde vor allem nicht den Fällen gerecht, in denen die Fronten zwischen den Ehegatten noch nicht so verhärtet seien, dass eine Versöhnung ausgeschlossen erscheine.

Abg. Engelhard (FDP) neigt mehr dem Vorschlag des Bundesrates zu. Die Lösung, § 1933 BGB zu streichen, zwinge den Bürger, der Vorsorge treffen wolle, dazu, den Ehegatten zu enterben, sobald er den Antrag auf Scheidung der Ehe gestellt habe. Dies erscheine wenigstens zu Beginn der Lösungskrise als zu hart und gefährde alle Möglichkeiten, wieder zu einer Versöhnung zu kommen. Aus politischer Sicht müsse anerkannt werden, dass mit dem Beginn der Lösungskrise im Hinblick auf das Ehegattenerbrecht ein besonderer Tatbestand entstehe, der aus der Sicht der Bevölkerung eine seinen Besonderheiten angemessene rechtliche Regelung erfordere. Die Bevölkerung würde kein Verständnis dafür aufbringen, wenn dem nicht Rechnung getragen würde.

Abg. Frau Will-Feld (CDU/CSU) hält die vom Bundesrat vorgeschlagene Lösung für eine logische Konsequenz des Zerrüttungsprinzips. Wenn eine Ehe gescheitert sei – und davon sei auf der Grundlage des neuen Rechts auszugehen, wenn ein Ehegatte einen Scheidungsantrag gestellt habe –, dann habe das Erbrecht eines Ehegatten gegenüber dem anderen seine innere Berechtigung verloren.

Abg. Thürk (CDU/CSU) stimmt dem zu und führt weiter aus, es erscheine unausgewogen, einerseits das Scheidungsrecht stark zu vereinfachen und andererseits diejenigen Tatbestände rechtlich weniger lebensnah und umständlicher auszugestalten, die in so engem Zusammenhang damit stünden wie die Frage des Ehegattenerbrechts während der Lösungskrise.

Der Vertreter des Bundesrates, *MR Dr. Bürgle,* und der Beauftragte des BMJ, *MDgt Dr. Rolland,* stimmen darin überein, dass keine der beiden vorgeschlagenen Lösungen für sich in Anspruch nehmen könnten, die Ideallösung zu sein. Beide Lösungen hätten Vor- und Nachteile.

Der Beauftragte des BMJ, *MDgt Dr. Rolland,* führt weiter aus, nach dem Vorschlag des Bundesrates müsse ein postmortales Scheidungsverfahren durchgeführt werden, in dem es um die Feststellung gehe, ob die Ehe gescheitert sei. Eine zutreffende Feststellung erscheine kaum möglich, weil der verstorbene Ehegatte an diesem Verfahren nicht teilnehmen könne. Dies gelte vor allem für die Fälle, in denen die Härteklausel Bedeutung erlange. Diese Problematik bestehe zwar auch schon im geltenden Recht. Hier gehe es aber im Regelfall nur darum, das Bestehen eines Verschuldenstatbestandes festzustellen, was wesentlich leichter sei als die Feststellung des Scheiterns einer Ehe. Zu bedenken sei ferner, dass dieses Verfahren in der Zielrichtung verfälscht sei: Während es formal um die Lebensgemeinschaft der Ehegatten gehe, werde in Wahrheit um nackte materielle Interessen gestritten, nämlich um das Erbrecht. Der Vorschlag des Bundesrates werde ferner dazu führen, dass die Erben auf möglicherweise unabsehbare Zeit mit Unterhaltsansprüchen belastet würden. Es erscheine zweifelhaft, ob dies dem mutmaßlichen Willen des Erblassers entspreche. Diese Folge könne allerdings vermieden werden, wenn den Erben das Recht eingeräumt werde, den Unterhaltsanspruch durch die Auszahlung des Pflichtteils abzulösen. Für die Lösung des Regierungsentwurfes spreche vor allem, dass sie dem Erblasser die Möglichkeit lasse, zu einer Zeit, in der das Verhältnis der Ehegatten zueinander noch nicht völlig geklärt sei, seine Verhältnisse so zu ordnen, wie es der gegenwärtige Stand des ehelichen Verhältnisses erfordere. Demgegenüber sehe der Vorschlag des Bundesrates eine starre Regelungsautomatik vor.

Der Vertreter des Bundesrates, *MR Dr. Bürgle,* weist zunächst darauf hin, dass § 1933 BGB nur eingreifen solle, wenn einer der Ehegatten während des Laufes des Scheidungsverfahrens sterbe. Komme es hingegen nach der Einreichung des Scheidungsantrages zu einer Versöhnung der Ehegatten, so sei § 1933 BGB nicht anzuwenden. Im Übrigen teile er nicht die Befürchtung, dass ein postmortales Scheidungsverfahren kaum zu zutreffenden Ergebnissen führen könne. Mit der Einreichung des Scheidungsantrages seien die Tatsachen, auf die das Scheidungsbegehren gestützt werde, bekannt. Es werde nicht schwerer als im geltenden Recht sein festzustellen, ob diese Behauptungen zuträfen. Zu bedenken sei auch, dass die überwiegende Zahl der Scheidungsverfahren in Zukunft auf die Vermutungstatbestände gestützt werden werde; das Vorliegen der Vermutungsvoraussetzungen aber lasse sich ohne Schwierigkeiten feststellen. Er bezweifle auch, ob die scheidungsrechtliche Härteklausel nach dem Tod eines Ehegatten überhaupt noch Anwendung finden könne. Die Belastung der Erben mit einem Unterhaltsanspruch bestehe auch in den Fällen, in denen die Ehe eines Erblassers vor seinem Tod geschieden worden sei, ohne dass hiergegen bisher Einwendungen erhoben worden seien. Insgesamt halte er die vom Bundesrat vorgeschlagene Lösung für die dem Zerrüttungsprinzip am ehesten entsprechende Lösung.

Artikel 1 Nr. 34 (§ 2077 BGB) – Unwirksamkeit der Bedenkung des Ehegatten oder Verlobten

Keine Wortmeldungen.

Artikel 1 Nr. 35 (§ 2268 BGB) – Gemeinschaftliches Testament

Keine Wortmeldungen.

Artikel 1 Nr. 36 (§ 2279 BGB) – Vertragsmäßige Zuwendungen und Auflagen

Der Beauftragte des BMJ, *MDgt Dr. Rolland,* führt erläuternd aus, die Bundesregierung habe hier abweichend von ihren Vorstellungen zu den §§ 1933, 2077 BGB eine Regelung gewählt, die im Ergebnis der Konzeption des Bundesrates entspreche, weil der Erblasser sich bei Eintritt der Lösungskrise aus der im Erbvertrag übernommenen Bindung nicht einseitig lösen und eine der neuen Sachlage angepasste Verfügung treffen könne. Bei dieser Sachlage erscheine es geboten, die Unwirksamkeit des Erbvertrages auszusprechen.

Die *Abg. Frau Will-Feld* (CDU/CSU) und der Vorsitzende, *Abg. Dr. Emmerlich* (SPD), stimmen in der Auffassung überein, dass die im Regierungsentwurf vorgesehene Vorschrift notwendig sei, wenn die Vorstellungen der Bundesregierung zu den §§ 1933, 2077 BGB übernommen würden. Der Vorsitzende, *Abg. Dr. Emmerlich* (SPD), regt an, die nach dem Entwurf in Absatz 2 anzufügenden Sätze als neuen Absatz 3 in das Gesetz zu übernehmen.

Abg. Thürk (CDU/CSU) gibt zu erwägen, ob es der Grundkonzeption der Bundesregierung, die in den Vorschlägen zu den §§ 1933, 2077 BGB zum Ausdruck komme, nicht besser entsprechen würde, wenn auch hier demjenigen, der den Scheidungsantrag stelle, die Freiheit gelassen werde, sich vom Erbvertrag zu lösen oder an ihm festzuhalten. Es erscheine beispielsweise möglich, ihm das Recht einzuräumen, mit dem Scheidungsantrag eine Klage auf Aufhebung des Erbvertrages zu verbinden. Er bitte die Bundesregierung, diese Möglichkeit einmal zu überprüfen. – Der Beauftragte des BMJ, *MDgt Dr. Rolland,* erwidert, eine solche Lösung erscheine zwar möglich, die Bundesregierung sei aber der Auffassung, dass bei einer solchen Lösung die Grenze des dem Bürger Zumutbaren überschritten werde. Während der Bürger in den anderen angesprochenen Fällen seine Verhältnisse durch eine einfache letztwillige Verfügung ordnen könne, werde bei der hier erwogenen Lösung von ihm der besonders hohe Aufwand einer Klageerhebung erwartet.

Artikel 1 Nr. 37 (§ 2335 BGB) – Entziehung des Ehegattenpflichtteils

Abg. Frau Will-Feld (CDU/CSU) spricht sich unter weitgehender Berufung auf die bei der Beratung des § 1933 BGB angestellten Erwägungen für den Vorschlag des Bundesrates aus.

Der Beauftragte des BMJ, *MDgt Dr. Rolland,* macht darauf aufmerksam, dass es hier um Fälle gehe, in denen nicht einmal ein Scheidungsantrag vorliege. Es handele sich um eine vorweggenommene Scheidung ohne Scheidungsantrag.

Der Vertreter des Bundesrates, *MR Dr. Bürgle,* weist darauf hin, dass die Überprüfung der Berechtigung zur Entziehung des Pflichtteils dadurch erleichtert werde, dass nach § 2336 BGB der Grund der Entziehung in der letztwilligen Verfügung, durch die sie vorgenommen werde, im Einzelnen angegeben werden müsse. Im Übrigen widerspreche die Gegenäußerung der Bundesregierung zum Vorschlag des Bundesrates dem Inhalt des § 1565 Satz 2 BGB E. Die Bundesregierung verwechsle Voraussetzungen und Wirkungen. Es sei notwendig, die Möglichkeit zur Entziehung des Pflichtteils aufrechtzuerhalten. Dies werde deutlich an dem in der Praxis gar nicht seltenen Fall, dass eine Ehe gescheitert sei, die Ehegatten dies auch wüssten und sich dementsprechend verhielten; aber darüber einig seien, erst dann auseinander zu gehen, wenn die Kinder aus dem Hause seien.

Abg. Engelhard (FDP) hält zwar die Lösung des Regierungsentwurfs für sinnvoller als die des Bundesrates, die zu sehr auf das geltende Scheidungsrecht abstelle, gibt aber zu erwägen, ob nicht eine dritte Lösung gefunden werden könne, die sich beispielsweise an den Katalog der in § 2333 BGB aufgeführten Entziehungsgründe anlehne.

Der Vertreter des Bundesrates, *MR Dr. Bürgle,* bemerkt hierzu, dieser Gedanke sei im Bundesrat auch schon erwogen, aber mit großer Mehrheit verworfen worden, weil er die Gefahr der Rückkehr zum Verschuldensprinzip in sich berge.

14. Protokoll der 32. Sitzung des UA des RA vom 11.12.1974

...Artikel 1 Nr. 34 a – neu – (§ 1933 BGB) - Ausschluss des Ehegattenerbrechts

Der *Ausschuss* lehnt mit 4 Stimmen : 1 Stimme den Antrag der *Abg. Frau Will-Feld* (CDU/CSU) ab, nach Nr. 34 eine Nr. 34 a in der Fassung der Stellungnahme des Bundesrates einzufügen.

Der *Ausschuss* beschließt bei einer Stimmenthaltung auf Antrag des Vorsitzenden, *Abg. Dr. Emmerlich* (SPD), nach Nr. 34 folgende Nr. 34 a einzufügen: 34 a. *§ 1933* erhält folgende Fassung: „§ 1933. Das Erbrecht des überlebenden Ehegatten sowie das Recht auf den Voraus ist ausgeschlossen, wenn zur Zeit des Todes des Erblassers die Voraussetzungen für die Scheidung der Ehe gegeben waren und der Erblasser die Scheidung beantragt hatte. Das Gleiche gilt, wenn der Erblasser auf Aufhebung der Ehe zu klagen berechtigt war und die Klage erhoben hatte. In diesen Fällen ist der Ehegatte nach Maßgabe der §§ 1570 bis 1586 b unterhaltsberechtigt."

Der *Ausschuss* lehnt mit 4 Stimmen : 1 Stimme den Antrag der *Abg. Frau Schimschok* (SPD) ab, § 1933 zu streichen.

Artikel 1 Nr. 35 – neu – (§ 2077 BGB) - Unwirksamkeit der Bedenkung des Ehegatten oder Verlobten

Der *Ausschuss* lehnt mit 4 Stimmen : 1 Stimme den Antrag der *Abg. Frau Will-Feld* (CDU/CSU) ab, Nr. 35 in der Fassung der Stellungnahme des Bundesrates zu übernehmen.

Auf Antrag des Vorsitzenden, *Abg. Dr. Emmerlich* (SPD), wird bei einer Stimmenthaltung folgende Fassung der Nr. 35 beschlossen: 35. *§ 2077* wird wie folgt geändert: a) Absatz 1 Satz 2 erhält folgende Fassung: „Der Auflösung der Ehe steht es gleich, wenn zur Zeit des Todes des Erblassers die Voraussetzungen für die Scheidung der Ehe gegeben waren und der Erblasser die Scheidung beantragt hatte."

b) In Absatz 1 wird nach Satz 2 folgender Satz 3 angefügt: „Das Gleiche gilt, wenn der Erblasser zur Zeit seines Todes auf Anhebung der Ehe zu klagen berechtigt war und die Klage erhoben hätte."

Artikel 1 Nr. 36 – neu – (§ 2268 BGB) – Gemeinschaftliches Testament

Auf Antrag der *Abg. Frau Will-Feld* (CDU/CSU) beschließt der *Ausschuss* bei einer Gegenstimme Nr. 36 in der Fassung der Stellungnahme des Bundesrates.

Artikel 1 Nr. 36 – alt – (§ 2279 BGB) – Vertragsmäßige Zuwendungen und Auflagen

Der *Ausschuss* beschließt auf Antrag der *Abg. Frau Will-Feld* (CDU/CSU) bei einer Gegenstimme, dass Nr. 36 in der Fassung des Regierungsentwurfs entfällt.

Artikel 1 Nr. 37 (§ 2235 BGB) – Entziehung des Ehegattenpflichtteils

Der *Ausschuss* lehnt mit 4 Stimmen : 1 Stimme den Antrag der *Abg. Frau Will-Feld* (CDU/CSU) ab, Nr. 37 in der Fassung des Bundesrates zu übernehmen.

Der *Ausschuss* beschließt bei einer Gegenstimme Nr. 37 in der Fassung des Regierungsentwurfs...

15. Protokoll der 35. Sitzung des UA des RA vom 22.1.1975

Artikel 1 Nr. 14 (§ 1583 BGB). Rangverhältnis mehrerer Unterhaltsberechtigter

Der Vorsitzende, *Abg. Dr. Emmerlich* (SPD), greift die Fragen des Unterhaltsvorranges des ersten Ehegatten wieder auf (vgl. Prot. 26/3): *Die vom BMJ erstellten Berechnungsbeispiele* zeigten, dass sich bei einem Kind die Tatsache, dass noch ein zweiter Ehegatte des Unterhaltsverpflichteten vorhanden sei, unterhaltsmindernd auswirke, wenn der Unterhaltsverpflichtete nicht in der Lage sei, den Unterhaltsbedarf aller Berechtigten zu befriedigen. Dies halte er nicht für vertretbar. Er sei dafür, in den Unterhaltsvorrang des ersten Ehegatten auch die Kinder aus erster Ehe einzubeziehen.

Abg. Frau Dr. Lepsius (SPD) wendet sich ebenfalls dagegen, dass der Hinzutritt eines weiteren Ehegatten den Unterhaltsanspruch der Kinder vermindere.

Abg. Thürk (CDU/CSU) hält es für erforderlich, diesen Fragenkomplex noch einmal anzusprechen. Der Ausschuss habe mehrere Ziele erreichen wollen: Vorrang des ersten Ehegatten gegenüber einem späteren, Gleichbehandlung aller Kinder, ungefähr gleiches Verhältnis der Kinder zu ihren Müttern. Er bezweifle, ob diese Ziele miteinander vereinbar und ob sie im vorliegenden Gesetzentwurf erreicht seien.

Der *Beauftragte des BMJ, MDgt Dr. Rolland,* führt hierzu aus: Das Unterhaltsrecht gehe vom Grundsatz aus, dass Unterhaltsberechtigte, die derselben Gruppe angehörten, den gleichen Rang hätten. Es sei von vornherein problematisch, hiervon eine Ausnahme zu machen. Sie bedürfe eines Rechtfertigungsgrundes.

Der Entwurf gehe von der Gleichrangigkeit der unterhaltsberechtigten Ehegatten und aller unterhaltsberechtigten Kinder aus. Er führe nur einen *relativen* Unterhaltsvorrang eines früheren Ehegatten des Verpflichteten gegenüber dessen späteren Ehegatten ein. Dieser relative Vorrang ändere nichts an dem Gleichrang aller unterhaltsberechtigten Ehegatten zu den Kindern.

Man könne nun differenzieren und sagen, dass in den Vorrang auch die Kinder einzubeziehen seien. Diese Regelung müsse dann aber für alle Kinder gelten. Es sei nicht möglich, insoweit noch zwischen Kindern aus verschiedenen Ehen zu unterscheiden. Hierfür fehle es an einem sachlich rechtfertigenden Grund.

Auf Fragen der *Abg. Thürk* (CDU/CSU) und *Frau Will-Feld* (CDU/CSU) zur konkreten Berechnung des Unterhalts führt der *Beauftragte des BMJ, MDgt Dr. Rolland,* weiter aus:

Zunächst müsse der Selbstbehalt des Unterhaltsverpflichteten (§ 1582 BGB E) festgestellt werden, das heiße der Satz, mit dem der Unterhaltsverpflichtete gegenüber den Unterhaltsberechtigten bei der Verteilung der vorhandenen Masse bevorzugt werde, um ihm nicht den Anreiz für eine Erwerbstätigkeit zu nehmen. Für die Bemessung des Selbstbehaltes gebe es keine gesetzliche Vorschrift. Die Gerichte hülfen sich mit Berechnungsschlüsseln. Bemühungen, für diese Frage eine gesetzliche Regelung zu entwerfen, hätten bisher noch nicht zu einem zufrieden stellenden Ergebnis geführt.

Nach Feststellung des Selbstbehaltes werde nach dem Gesetzentwurf entsprechend dem Grundsatz, dass die unterhaltsberechtigten Kinder gegenüber den unterhaltsberechtigten Ehegatten ranggleich seien, der Unterhalt der Kinder unter Berücksichtigung aller unterhaltsberechtigten Ehegatten ausgerechnet. Danach errechne man den Unterhalt für die unterhaltsberechtigten Ehegatten. Bestehe ein Vorrang eines früheren Ehegatten gegenüber einem späteren, so müsse dieser aus seinem „Topf" jenem das geben, was ihm fehle.

Er meine, dass sich diese Berechnungsmethode aus dem Entwurf ergebe, wenn bei der Anwendung des § 1583 BGB E das Grundprinzip des § 1609 BGB nicht aus den Augen verloren werde. Eine Ergänzung des § 1609 BGB, wie sie der Vertreter des Bundesrates, MR Dr. Bürgle, vorgeschlagen habe (Prot. 26/7), erscheine deshalb entbehrlich.

Abg. Thürk (CDU/CSU) macht darauf aufmerksam, dass sich bei dieser Berechnungsmethode im Ergebnis beispielsweise eine zweite Ehefrau im Verhältnis zur ersten Ehefrau recht gut stehen könne. Denn einmal erhalte sie selbst einen Unterhaltsanteil und im Übrigen werde ihr Unterhaltsbedarf aus dem Selbstbehalt ihres Mannes mitbestritten. Auf diese Weise könne es dazu kommen, dass der Unterhaltsvorrang der ersten Frau gegenüber der zweiten Frau häufig praktisch nicht zum Zuge komme.

Der *Beauftragte des BMJ, MDgt Dr. Rolland,* meint hierzu, dieses Ergebnis könne eintreten, es könne aber auch umgekehrt sein; dies hänge von der Gestaltung des Einzelfalles ab. Das Problem scheine ihm zu sein, dass einfach nicht genügend Masse da sei, um alle Ansprüche zu befriedigen. Dies Problem lasse sich über eine anderweitige Verteilung des Vorhandenen nicht lösen.

Der Vorsitzende, *Abg. Dr. Emmerlich* (SPD), schlägt vor, den Gerichten im schriftlichen Bericht ganz klar zu sagen, wie sie bei der Berechnung des Unterhalts in den Fällen des Vorranges vorzugehen hätten: Zunächst sei der Unterhalt für alle Unterhaltsberechtigten allein nach § 1609 BGB zu errechnen. Ergebe sich hierbei, dass der Unterhaltsbedarf der Berechtigten aus der zu verteilenden Masse nicht gedeckt werden könne, greife der Vorrang nach § 1583 BGB E ein, falls auch dessen weitere Voraussetzungen erfüllt seien. Zugunsten des bevorrechtigten früheren Ehegatten sei aus dem Unterhaltsbetrag, der für den benachteiligten späteren Ehegatten errechnet worden sei, soviel herauszunehmen, wie erforderlich sei, um den vollen Bedarf des bevorrechtigten Ehegatten zu decken. Diese Anwendungsregeln sollten durch Berechnungsbeispiele ergänzt werden. Der Vorsitzende, *Abg. Dr. Emmerlich* (SPD), bildet und erläutert zur Verdeutlichung folgendes Beispiel:

Ein Mann (M), der netto 1.600 DM verdiene, habe eine geschiedene Frau (F1) und seine gegenwärtige Ehefrau (F2) zu unterhalten. Aus jeder Ehe sei ein Kind hervorgegangen (K1 und K2), wobei das zweite Kind keinen Unterhaltsanspruch der zweiten Ehefrau nach § 1571 BGB E auslöse. Folgende Bedarfssätze seien gegeben:

M 400 DM, F1 500 DM, F2 500 DM, K1 300 DM und K2 500 DM.

In diesem Beispiel bleibe nach Abzug des Eigenbedarfs des M noch ein Betrag von 1.200 DM zu verteilen. Dem stehe ein Gesamtbedarf der Unterhaltsberechtigten in Höhe von 1.800 DM gegenüber. Masse und Bedarf stünden also im Verhältnis von zwei zu drei. Dies bedeute bei Anwendung des § 1609 BGB, dass jeder Unterhaltsberechtigte gegen M nur einen Unterhaltsanspruch in Höhe von zwei Dritteln seines Bedarfes geltend machen könne. Nun greife aber im Verhältnis von F1 zu F2 der Vorrang ein. F2 müsse der F1 aus ihrem Unterhaltsanspruch gegen M soviel abtreten, dass der volle Unterhaltsbedarf der F1 in Höhe von 500 DM gedeckt sei. Seien mehrere bevorrechtigte Unterhaltsberechtigte vorhanden, so werde der Unterhaltsanspruch des benachteiligten Ehegatten gleichmäßig auf die bevorrechtigten aufgeteilt.

Er bitte die Bundesregierung, eine *Alternativformulierung vorzulegen, bei der die Kinder aus erster Ehe in den Rangvorbehalt zu Lasten eines späteren Ehegatten einbezogen würden.*

Abg. Frau Will-Feld (CDU/CSU) schließt sich dem an und bittet die Bundesregierung, zu dem Vorschlag *einige Berechnungsbeispiele vorzulegen.*

Abg. Thürk (CDU/CSU) bemerkt, dass er gegen den Vorschlag des Vorsitzenden grundsätzlich nichts einzuwenden habe. Das würde aber bedeuten, dass der Unterhaltsanspruch der Kinder aus zweiter Ehe zwar unberührt bleibe, dass die Kinder aus erster Ehe sich aber zu Lasten des späteren Ehegatten des Verpflichteten besser stünden, dass sich also ein gewisses Gefälle in der anteilsmäßigen Deckung des Unterhaltsbedarfes aller Kinder ergebe.

Abg. Frau Dr. Lepsius (SPD) gibt zu erwägen, ob diese unterschiedliche Behandlung der Kinder aus verschiedenen Ehen des Unterhaltsverpflichteten noch mit der Verfassung zu vereinbaren sei.

16. Protokoll der 36. Sitzung des UA des RA vom 29.1.1975

§ 1583 BGB E: Frau RD Kniebes (BMJ) überreicht zwei Zusammenstellungen von Berechnungsbeispielen zum Problem des Unterhaltsvorranges (Anlage 2 und 3 [weggelassen]) und trägt die Beispiele teilweise vor.

Auf eine Frage der *Abg. Frau Will-Feld* (CDU/CSU) und einen ergänzenden Hinweis des *Abg. Thürk* (CDU/CSU) führt der Vorsitzende, *Abg. Dr. Emmerlich* (SPD), aus, dass der Unterhaltsbedarf dem Lebensbedarf entspreche, dessen Höhe sich nach den gesetzlich festgelegten Kriterien ermitteln lasse. Reiche das Einkommen eines Unterhaltsverpflichteten aus, um außer dem eigenen Lebensbedarf auch den Bedarf aller Unterhaltsberechtigten zu befriedigen, so werde für die Errechnung des Unterhalts keiner der üblichen Berechnungsschlüssel verwendet. Vielmehr werde nur der jeweilige Bedarf ermittelt und der Unterhalt dementsprechend zugesprochen. Könne dagegen durch das Einkommen des Unterhaltsverpflichteten der eigene Bedarf und der der Unterhaltsberechtigten nicht voll gedeckt werden, so werde die zu verteilende Masse nach einem der Berechnungsschlüssel verteilt, den die Gerichte anwendeten, wobei es dem Richter freistehe, welchen der vorhandenen Berechnungsschlüssel er verwenden oder ob er einen eigenen Schlüssel entwickeln wolle. Zwischen dem Unterhaltsbedarf des Verpflichteten und der Unterhaltsberechtigten und dem Einkommen des Verpflichteten bestehe insoweit ein Zusammenhang, als das Einkommen ein Indiz für die Lebensstellung einer Person sei und der Unterhaltsbedarf durch diese Lebensstellung bestimmt werde.

17. Protokoll der 37. Sitzung des UA des RA vom 26.2.1975

1. Der Ausschuss setzt die erneute Beratung des Unterhaltsvorranges nach § 1583 BGB E fort (vgl. Prot. 35/6, 36/10)

Nach einer Aussprache zur Frage der Einbeziehung der Kinder des Unterhaltsverpflichteten in den Unterhaltsvorrang nach § 1583 BGB E, in der *MR Dr. Bürgle* (BR) und *MR Dr. Böhmer* (BMJ) die übereinstimmende Auffassung von Bundesrat und Bundesregierung vortragen, dass es verfassungsrechtlich unzulässig sein dürfte, nur die Kinder aus erster Ehe in den Unterhaltsvorrang aufzunehmen, nicht aber auch die Kinder aus späteren Ehen des Unterhaltsverpflichteten, beantragt *Abg. Thürk* (CDU/CSU) zu beschließen, die Kinder aus allen Ehen eines Unterhaltsverpflichteten gleichmäßig zu behandeln und sie alle in den Vorrang nach § 1583 BGB E einzubeziehen. Die Bundesregierung solle um eine Formulierungshilfe hierzu gebeten werden. *Abg. Frau Will-Feld* (CDU/CSU) schlägt vor, die Formulierungshilfe entsprechend dem Antrag des *Abg. Thürk* (CDU/CSU) zu erbitten und den Mitgliedern des Unterausschusses vorzubehalten, dann im Rechtsausschuss bei der Beratung des Unterhaltsrechts Anträge zur Abänderung des § 1583 BGB E zu stellen.

Der *Ausschuss* befasst sich, an Fragen und Äußerungen vor allem der *Abg. Frau Will-Feld* (CDU/CSU) und *Abg. Thürk* (CDU/CSU) anknüpfend, erneut mit den Bedenken des Bundesrates hinsichtlich des Verhältnisses des § 1583 BGB E zum § 1609 BGB und mit der Methode der Errechnung des Unterhalts nach §§ 1609 BGB, 1582, 1583 BGB E (vgl. Prot. 26/3 ff., 35/7 ff.).

Abg. Engelhard (FDP) schlägt vor, die Bundesregierung zu bitten, bis zur nächsten Sitzung des Rechtsausschusses in einer Übersicht alle Punkte aufzuführen, die im Zusammenhang mit der Beratung des § 1583 BGB-E erörtert worden und offen geblieben seien, zu den einzelnen Punkten jeweils die denkbaren Entscheidungsalternativen zu formulieren und in dürren Worten die Folgen der einzelnen Alternativen zu erläutern. Diese Übersicht werde es den Ausschussmitgliedern ermöglichen, politische Entscheidungen zu treffen.

Der Vorsitzende, *Abg. Dr. Emmerlich* (SPD), bittet die Bundesregierung, entsprechend zu verfahren. Er macht darauf aufmerksam, dass bei Überprüfung der Fragen des Unterhaltsvorranges auch das Nebeneinander von ehelichen und nichtehelichen Kindern sowie die unterschiedlichen Fallgestaltungen zu berücksichtigen seien, die sich ergäben, wenn Kinder teils im Haushalt der Mutter und teils in dem des Vaters aufgezogen würden.

MR Dr. Bürgle (BR) wirft die Frage der Konkurrenz zwischen materiellem und prozessualem Recht hinsichtlich des Unterhaltsvorranges auf. *MR Dr. Böhmer* (BMJ) erklärt, die Frage des Vorranges sei nach dem Entwurf im materiellen Recht entschieden worden.

Die dort getroffene Entscheidung sei prozessual in § 850 d ZPO-E abgesichert worden, soweit es sich um den Arbeitslohn und gleichstehende Einkünfte des Unterhaltsverpflichteten handele.

Abg. Thürk (CDU/CSU) regt an, in die von der Bundesregierung zu fertigende Übersich auch den § 1582 BGB E einzubeziehen. Die §§ 1609 BGB sowie 1582 und 1583 BGB E, die in einem inneren Zusammenhang stünden, müssten so klar formuliert werden, dass der Zusammenhang zwischen ihnen unmissverständlich sei und auch von einem Juristen, der nicht täglich mit diesen Vorschriften befasst sei, ohne weiteres verstanden werden können. Dieses Ziel sei bis jetzt noch nicht erreicht. Auch *MR Dr. Bürgle* (BR) bittet im Interesse der Praxis, die mit dem Unterhaltsrecht schon gegenwärtig erhebliche Schwierigkeiten habe, wie aus der sehr unterschiedlichen Rechtsprechung zu ersehen sei, um ein Höchstmaß an Klarheit bemüht zu sein.

Abg. Thürk (CDU/CSU) betont, ihm gehe es besonders nach der Entscheidung des Rechtsausschusses zur Fassung des § 1568 BGB E darum, § 1583 BGB E so auszugestalten, dass der Unterhaltsvorrang des früheren Ehegatten tatsächlich wirksam werde und nicht wegen der zahlreichen Ausnahmen, die der Regierungsentwurf zulasse, weitgehend nur auf dem Papier stehe. Wenn ihm der Vorsitzende, *Abg. Dr. Emmerlich* (SPD), entgegenhalte, dass auch die spätere Ehe unter dem Schutz des Artikel 6 GG stehe, dann meine er, dass sich dem entgegenhalten lasse, dass der Ehegatte, der mit dem Unterhaltsverpflichteten zusammen lebe, eine tatsächlich erheblich bessere Position habe als der frühere Ehegatte: Er habe teil an dem verhältnismäßig hohen Selbstbehalt des Unterhaltsverpflichteten. Er ziehe die Vorteile aus den steuerlichen Vergünstigungen, die allein der bestehenden Ehe zugute kämen. Er profitiere schließlich von dem recht häufigen Nebeneinkommen des Unterhaltsverpflichteten, das den anderen Unterhaltsberechtigten nicht bekannt werde und damit auch nicht zugute komme.

Der Vorsitzende, *Abg. Dr. Emmerlich* (SPD), schlägt vor, dass sich der Ausschuss vor der nächsten Sitzung des Rechtsausschusses von der Bundesregierung über die erbetenen Übersichten und Formulierungshilfen unterrichten lassen und dann eine Beschlussempfehlung für den Rechtsausschuss erarbeiten solle. Es erfolgt kein Widerspruch.

2. Außerhalb der Tagesordnung...

Berichterstatter: Es bestehen Meinungsverschiedenheiten darüber, wer Berichterstatter für den Entwurf eines Ersten Gesetzes zur Reform des Ehe- und Familienrechts im Rechtsausschuss ist. Während *Abg. Thürk* (CDU/CSU) meint, die im Unterausschuss vereinbarte Aufteilung der Berichterstattung gelte auch für den Rechtsausschuss, ist der Vorsitzende, *Abg. Dr. Emmerlich* (SPD), der Ansicht, diese Vereinbarung gelte nur für den Unterausschuss, im Rechtsausschuss sei die Berichterstattung dem Abg. Thürk (CDU/CSU) und ihm allein übertragen worden. Er regt an, diese Frage mit dem Vorsitzenden des Rechtsausschusses und dessen Obleuten zu klären.

14. Im Ersten Abschnitt des Vierten Buches wird der Siebente Titel in folgender Fassung wieder eingefügt:

Siebenter Titel. Scheidung der Ehe. I. Scheidungsgründe

§ 1564. Unverändert

§ 1565. Unverändert

§ 1566. (1) Es wird unwiderlegbar vermutet, dass die Ehe gescheitert ist, wenn die Ehegatten seit einem Jahr getrennt leben und beide Ehegatten die Scheidung beantragen oder der Antragsgegner der Scheidung zustimmt. – (2) Es wird *unwiderlegbar* vermutet, dass die Ehe gescheitert ist, wenn die Ehegatten seit drei Jahren getrennt leben.

§ 1567. (1) Die Ehegatten leben getrennt, wenn zwischen ihnen keine häusliche Gemeinschaft besteht und ein Ehegatte *sie erkennbar nicht herstellen will, weil er die eheliche Lebensgemeinschaft ablehnt.* Die häusliche Gemeinschaft besteht auch dann nicht mehr, wenn die Ehegatten innerhalb der ehelichen Wohnung getrennt leben. – (2) Unverändert

§ 1568. Die Ehe soll *außer im Fall des § 1565 in Verbindung mit § 1566 Abs. 2* nicht geschieden werden, wenn der Antragsgegner die Scheidung ablehnt und außergewöhnliche Umstände geltend macht, nach denen die Scheidung für ihn eine so schwere Härte darstellen würde, dass die Aufrechterhaltung der Ehe auch unter Berücksichtigung der Belange des Antragstellers geboten erscheint, obwohl sie gescheitert ist. Wirtschaftliche Umstände bleiben außer Betracht.

§ 1568 a (neu, BR). Nicht übernommen

§ 1570. Wie Regierungsentwurf

§ 1571. Wie Regierungsentwurf

§ 1572. Ein geschiedener Ehegatte kann von dem anderen Unterhalt verlangen, soweit von ihm im Zeitpunkt

1. der Scheidung,
2. der Beendigung der Pflege oder Erziehung eines gemeinschaftlichen Kindes oder
3. des Wegfalls der Voraussetzungen für einen Unterhaltsanspruch nach den §§ 1573 und 1574

wegen seines Alters eine Erwerbstätigkeit nicht mehr erwartet werden kann.

§ 1573. Ein geschiedener Ehegatte kann von dem anderen Unterhalt verlangen, solange und soweit von ihm vom Zeitpunkt

1. der Scheidung,
2. der Beendigung der Pflege oder Erziehung eines gemeinschaftlichen Kindes,
3. der Beendigung der Ausbildung, Fortbildung oder Umschulung oder
4. des Wegfalls der Voraussetzungen für einen Unterhaltsanspruch nach § 1574

an wegen Krankheit oder anderer Gebrechen oder Schwäche seiner körperlichen oder geistigen Kräfte eine Erwerbstätigkeit nicht erwartet werden kann.

§ 1574. (1)–(3) Wie Regierungsentwurf

(4) Der geschiedene Ehegatte kann auch dann Unterhalt verlangen, wenn die Einkünfte aus einer angemessenen Erwerbstätigkeit wegfallen, *weil* es ihm trotz seiner Bemühungen nicht gelungen war, den Unterhalt durch die Erwerbstätigkeit nach der Scheidung

nachhaltig zu sichern. War es ihm gelungen, den Unterhalt teilweise nachhaltig zu sichern, so kann er den Unterschiedsbetrag zwischen dem nachhaltig gesicherten und dem vollen Unterhalt verlangen.

§ 1575. (1)-(2) Wie Regierungsentwurf

(3) Soweit es zur Aufnahme einer angemessenen Erwerbstätigkeit erforderlich ist, obliegt es dem geschiedenen Ehegatten, sich ausbilden, fortbilden oder umschulen zu lassen, wenn *ein erfolgreicher Abschluss der Ausbildung zu erwarten ist.*

§ 1576. (1) Ein geschiedener Ehegatte, der in Erwartung der Ehe oder während der Ehe eine Schul- oder Berufsausbildung nicht aufgenommen oder abgebrochen hat, kann von dem anderen Ehegatten Unterhalt verlangen, wenn er diese oder eine entsprechende Ausbildung sobald wie möglich aufnimmt, *um eine angemessene Erwerbstätigkeit, die den Unterhalt nachhaltig sichert, zu erlangen und der erfolgreiche Abschluss der Ausbildung zu erwarten ist.* Der Anspruch besteht längstens für die Zeit, in der eine solche Ausbildung im allgemeinen abgeschlossen wird; dabei sind ehebedingte Verzögerungen der Ausbildung zu berücksichtigen.

(2)-(3) Wie Regierungsentwurf

§ 1577. (Die Beratung wird bis zur Behandlung des Versorgungsausgleichs zurückgestellt.)

§ 1578. (1) Wie Regierungsentwurf

(2) Einkünfte sind nicht anzurechnen, *soweit der Verpflichtete nicht den vollen Unterhalt (§ 1579) leistet. Einkünfte, die den vollen Unterhalt übersteigen, sind insoweit anzurechnen, als dies unter Berücksichtigung der beiderseitigen wirtschaftlichen Verhältnisse der Billigkeit entspricht.*

§ 1578 Abs. 3. (3) Den Stamm des Vermögens braucht der Berechtigte nicht zu verwerten, soweit die Verwertung unwirtschaftlich *oder unter Berücksichtigung der beiderseitigen wirtschaftlichen Verhältnisse unbillig* wäre.

§ 1578 Abs. 4. (4) *War zum Zeitpunkt der Ehescheidung zu erwarten, dass der Unterhalt des Berechtigten aus seinem Vermögen nachhaltig gesichert sein würde, fällt das Vermögen aber später weg, so besteht kein Anspruch auf Unterhalt.* Dies gilt nicht, wenn im Zeitpunkt des Vermögenswegfalls von dem Ehegatten wegen der Pflege oder Erziehung eines gemeinschaftlichen Kindes eine Erwerbstätigkeit nicht erwartet werden kann.

§ 1579. (1) Wie Regierungsentwurf

(2) Zum Lebensbedarf gehören auch die Kosten einer angemessenen Versicherung für den Fall der Krankheit sowie die Kosten einer Schul- oder Berufsausbildung, einer Fortbildung oder einer Umschulung *nach §§ 1575, 1576.*

(3) Wie Regierungsentwurf

§ 1580. (1) Ein Unterhaltsanspruch besteht nicht, soweit die Inanspruchnahme des Verpflichteten grob unbillig wäre, weil

1. die Ehe von kurzer Dauer war; *der Ehedauer steht die Zeit gleich, in welcher der Berechtigte wegen der Erziehung oder Pflege eines gemeinschaftlichen Kindes nach § 1571 Unterhalt verlangen konnte,*

2. ... bis 4. ... (wie Regierungsentwurf)

(2) Absatz 1 gilt nicht, *solange und soweit* von dem Berechtigten wegen der *Erziehung oder Pflege* eines gemeinschaftlichen Kindes eine Erwerbstätigkeit nicht erwartet werden kann.

§ 1581. Wie Regierungsentwurf

§ 1605. (1) Verwandte in gerader Linie sind einander verpflichtet, auf Verlangen über ihre Einkünfte und ihr Vermögen Auskunft zu erteilen, soweit dies zur Feststellung eines Unterhaltsanspruchs oder einer Unterhaltsverpflichtung erforderlich ist. *Über die Höhe der Einkünfte sind auf Verlangen Belege, insbesondere Bescheinigungen des Arbeitgebers, vorzulegen.* Die §§ 260, 261 sind entsprechend anzuwenden.

(2) Wie Regierungsentwurf

§ 1582. Wie Regierungsentwurf

§ 1583. Wie Regierungsentwurf

§ 1584. Wie Regierungsentwurf

§ 1584 a. Wie Regierungsentwurf

§ 1585. Wie Regierungsentwurf

§ 1585 a. (1) Der Verpflichtete hat auf Verlangen Sicherheit zu leisten, es sei denn, dass er dadurch unbillig belastet würde. Der Betrag, für den Sicherheit zu leisten ist, soll den *einfachen* Jahresbetrag der Unterhaltsrente nicht übersteigen, sofern nicht nach den besonderen Umständen des Falles eine höhere Sicherheitsleistung angemessen erscheint.

(2) Wie Regierungsentwurf

§ 1585 b. Wie Regierungsentwurf

§ 1585 c. Wie Regierungsentwurf

§ 1586. Wie Regierungsentwurf

§ 1586 a. Wie Stellungnahme des Bundesrates

§ 1586 b. Wie Regierungsentwurf

§ 1361. (1) Leben die Ehegatten getrennt, so kann ein Ehegatte von dem anderen den nach den Lebensverhältnissen und den Erwerbs- und Vermögensverhältnissen angemessenen Unterhalt verlangen. *Ist zwischen den getrennt lebenden Ehegatten ein Scheidungsverfahren rechtshängig, so gehören zum Unterhalt vom Eintritt der Rechtshängigkeit an auch die Kosten einer angemessenen Versicherung für den Fall des Alters sowie der Berufs- oder Erwerbsunfähigkeit.*

(2) Wie Regierungsentwurf

§ 1671. Wie Stellungnahme des Bundesrates

§ 1672. Wie Stellungnahme des Bundesrates

§ 1933. Wie Stellungnahme des Bundesrates

§ 2077. Wie Stellungnahme des Bundesrates

§ 2268. Wie Stellungnahme des Bundesrates

§ 2279. Entfällt

§ 2335. Entfällt

II. Sitzungen des Rechtsausschusses

1. Protokoll der 50. Sitzung vom 15.1.1975

Nr. 14 (Scheidung der Ehe)

Abg. Thürk (CDU/CSU) wiederholt seinen im Unterausschuss abgelehnten Antrag, § 1564 Satz 1 wie folgt zu ergänzen: Eine Ehe ist grundsätzlich auf Lebenszeit angelegt; sie kann nur durch gerichtliches Urteil ... (wie Regierungsfassung) – Die Begründung hierzu sei schon gegeben worden.

Abg. Dr. Emmerlich (SPD) erklärt, seine Fraktion stimme in der Sache mit diesem Antrag überein. Jedoch erscheine ihm die Formulierung „grundsätzlich" so interpretierbar, dass auch Ausnahmen möglich seien. An solche Ausnahmen denke aber wohl niemand, auch nicht der Antragsteller. Zum anderen frage es sich, ob man die Auffassung, dass Ehen auf Lebenszeit angelegt seien, überhaupt in das Gesetz schreiben müsse. Auch im geltenden Recht sei das nicht erwähnt. Er neige dazu, aus Gründen der Gesetzesästhetik eine solche Selbstverständlichkeit aus dem Gesetz herauszulassen.

Abg. Erhard (Bad Schwalbach) (CDU/CSU) vermutet, dass Abg. Dr. Emmerlich den Antrag des Abg. Thürk missverstehe. „auf Lebenszeit angelegt" sei nicht gleichbedeutend mit „auf Lebenszeit geschlossen". Es bleibe eine Selbstverständlichkeit, dass Ehen geschieden werden könnten; aber in dieser Formulierung gehe es um die Intention bei der Eheschließung. Er halte es für richtig, dass der Gesetzgeber diese Inhaltsbestimmung der Ehe festlege.

Vors. *Dr. Lenz* hält den Hinweis des Abg. Dr. Emmerlich auf die Interpretation des Wortes „grundsätzlich" für beachtlich und empfiehlt, dieses Wort wegzulassen.

Der *Ausschuss* lehnt den Antrag des Abg. Thürk – auch bei Weglassung des Wortes „grundsätzlich" – ab.

Er nimmt § 1564 gemäß der Empfehlung des Unterausschusses in der Fassung der Regierungsvorlage an.

2. Protokoll der 51. Sitzung vom 17.1.1975

Art. 1 Nr. 14 (§ 1565)

Abg. Dr. Emmerlich (SPD) weist darauf hin, § 1565 Satz 1 des Regierungsentwurfs enthalte den Grundtatbestand, auf Grund dessen zukünftig eine Ehe geschieden werden könne. Satz 2 erläutere, wann eine Ehe als gescheitert anzusehen sei.

Abg. Thürk (CDU/CSU) legt dar, der Begriff des Scheiterns bringe nicht hinlänglich zum Ausdruck, dass eine Ehe nur dann zu scheiden sei, wenn sie in ihrem Bestand völlig unterminiert sei. Nach Auffassung der CDU/CSU werde dies besser durch den Begriff der „unheilbaren Zerrüttung" wiedergegeben, der auch in der Begründung des Regierungsentwurfes verwandt werde. Des weiteren solle in jungen Ehen zunächst die Möglichkeit gegeben werden, dass sich die Ehepartner erst einmal aneinander gewöhnten. Voreilige Scheidungen noch im ersten Ehejahr sollten zum Wohle der Familien verhindert werden. Im ersten Jahr einer Ehe sollte daher eine Scheidung schlechthin ausgeschlossen sein.

Vorgeschlagen werde daher folgende Fassung von *§ 1565:* „Eine Ehe kann geschieden werden, wenn sie unheilbar zerrüttet ist und mindestens ein Jahr bestanden hat. Vor Ablauf der in Satz 1 sowie in § 1566 genannten Fristen darf die Ehe nur geschieden werden, wenn dem Antragsteller die Fortsetzung der Ehe aus Gründen, die in der Person des anderen Ehegatten oder in dessen Lebensbereich liegen, nicht zuzumuten ist. Die Ehe ist unheilbar zerrüttet, wenn die Lebensgemeinschaft der Ehegatten nicht mehr besteht und nicht erwartet werden kann, dass die Ehegatten sie wieder herstellen."

Abg. Dr. Emmerlich (SPD) geht auf die terminologische Frage, ob von „Scheitern" oder „Zerrüttung" die Rede sein sollte, nicht ein.

Er erklärt zu dem geforderten absoluten Scheidungsverbot im ersten Ehejahr, dass zwar Übereinstimmung darin bestehe, die Ehegatten vor übereilten Scheidungen zu schützen, jedoch das für diesen Zweck von der Opposition vorgeschlagene Mittel als überzogen angesehen werde. Man halte es für richtiger, dafür das im verfahrensrechtlichen Teil vorgesehene Mittel der Aussetzung des Verfahrens einzusetzen.

Abg. Dürr (SPD) bildet folgenden Fall: Eine junge Ehefrau gehe nach halbjähriger Ehe zu ihren Eltern zurück und beantrage acht Wochen später die Scheidung aus dem Grundtatbestand. Auch Abg. Thürk müsse seiner Meinung nach zugeben, dass der Familienrichter aus der achtwöchigen Trennung nicht die Gewissheit erlangen könne, dass die Ehe gescheitert sei.

Abg. Thürk (CDU/CSU) hält dem entgegen, dass über die Vermutenstatbestände des § 1566 hinaus eine Ehe jederzeit geschieden werden könne, wenn der Nachweis der Zerrüttung erbracht sei; dies könne schon am Tage nach der Heirat sein. Bei jungen Ehen sollte aber eine Schutzfrist eingebaut werden. Die vom Unterausschuss für Ehe- und Familienrechtsreform beschlossene richterliche Aussetzungsbefugnis, die erst noch vom Rechtsausschuss bestätigt werden müsse, könne selbstverständlich in dieser Richtung eine Hilfe sein. Es sei aber immer noch ein Unterschied, ob während des ersten Jahres eine Scheidung nicht eingereicht werden dürfe, oder aber die Scheidung während des ersten Jahres eingereicht werde und der Richter das Verfahren aussetze. Man wolle keinesfalls eine neue Scheidungsbarriere errichten, sondern habe den Schutz der jungen Ehe im Auge, in der erst einmal eine interne Abklärung erfolgen solle, bevor man möglicherweise zum Gericht gehe.

Abg. Frau Will-Feld (CDU/CSU) wirft ein, der Grundtatbestand des Scheiterns werde nicht durch die Festlegung einer Mindestehedauer als Voraussetzung ausgehöhlt.

Abg. Dr. Emmerlich (SPD) bestätigt, dies werde auch von den Koalitionsparteien so gesehen.

Der *Ausschuss* lehnt die Anfügung der Worte „und mindestens ein Jahr bestanden hat" an § 1565 Satz 1 des Regierungsentwurfs mit Mehrheit ab.

Abg. Thürk (CDU/CSU) erläutert sodann den von ihm beantragten Satz 2. Es seien durchaus Tatbestände denkbar, unter denen einem Ehegatten die Fortsetzung der Ehe aus Gründen nicht mehr zugemutet werden könne, die in der Person oder im Lebensbereich des anderen Ehegatten lägen. Soweit die Trennung der Ehegatten einen Schluss auf den

Zerrüttungstatbestand zulasse, müsse die Zumutbarkeitsklausel sowohl im Hinblick auf Satz 1 wie auch auf § 1566 greifen.

Abg. Dr. Emmerlich (SPD) stellt fest, dieser Satz schließe für das erste Jahr nach der Eheschließung aus Gründen der Zumutbarkeit die Scheidung aus. Er sehe nicht ein, warum dies notwendig sei, wenn für das erste Jahr ein absolutes Scheidungsverbot bestehe, und könne daher Satz 2 des Antrags von Abg. Thürk nur als Hilfsantrag für den Fall ansehen, dass die Ergänzung von Satz 1 des Regierungsentwurfs, wie soeben geschehen, abgelehnt werde.

Zum Inhalt des Antrages gehe er davon aus, dass auch bei einverständlichen Scheidungen auf Grund einjähriger Trennung dem Scheidungsbegehren nur stattgegeben werden könne, wenn diese Voraussetzungen vorlägen. Bei der Formulierung „in dessen Lebensbereich" handle es sich um einen sehr vagen und unbestimmten Begriff, wovor dringend zu warnen sei. Er frage sich, ob z.B. etwa ein Verhalten der mit im Haushalt lebenden Mutter, eines der Kinder des einen Ehepartners, vielleicht sogar von Freunden oder Bekannten, denen der Betreffende Zugang in den häuslichen Bereich gewährt habe, Relevanz besitze.

Abg. Thürk (CDU/CSU) entgegnet, was die Frage der nochmaligen Erwähnung der Frist angehe, so sei dies im Grunde alternativ zu verstehen. Über § 1566, auf den ebenfalls verwiesen werde, werde man im Ausschuss noch sprechen müssen. Was die Gründe der Zumutbarkeit angehe, die sich an die Person des anderen Ehegatten oder dessen Lebensbereich knüpften, so solle damit dem Richter ein gewisser Entscheidungsbereich vorbehalten bleiben. Dass die Rechtsprechung zu einer so extensiven Auslegung gelangen könnte, wie sie Abg. Dr. Emmerlich angedeutet habe, halte er für unwahrscheinlich. Immerhin müssten gewichtige Gründe vorhanden sein, wenn über die gesetzlichen Ausschlussfristen hinausgegangen werden solle. Dies mache deutlich, dass der Gesetzgeber eine restriktive Auslegung wünsche.

Abg. Dr. Emmerlich (SPD) legt sodann dar, Kern seiner Einwendungen im Falle der einverständlichen Scheidung, bei der sich der Antragsgegner nicht auf den Grundtatbestand berufe, sei, dass hier offenbar die Opposition gewissermaßen von Amts wegen prüfen lassen wolle, ob dem Antragsteller die Fortsetzung der Ehe aus Gründen, die in der Person des anderen Ehegatten oder dessen Lebensbereich lägen, zuzumuten sei. Hier werde seiner Meinung nach entschieden zu weit gegangen. Für den Fall der Streitigscheidung bleibe unklar, ob sich der Antragsgegner auf den Tatbestand berufen müsse oder ob das von Amts wegen zu beachten sei. Die Frage nach der Zumutbarkeit laufe zwar nicht dem Wortlaut, der Formulierung und dem juristischen Inhalt nach, aber doch im Ergebnis auf die Prüfung der Frage hinaus, ob der Antragsgegner das Scheitern der Ehe verschuldet habe, womit sich für die ersten drei Jahre im Grunde eine Prozessführung wie nach dem geltenden Recht ergebe. Das Gericht wäre weiterhin gezwungen, in den Intimbereich der Ehegatten einzudringen. Motiv für die Einbringung dieser Bestimmung sei es offenbar, Verstoßungsscheidungen während der ersten drei Jahre unmöglich zu machen. Damit sei die CDU/CSU von ihrem ursprünglichen Standpunkt, derartige Scheidungen grundsätzlich unmöglich zu machen, abgerückt. Er halte aber auch die jetzt vorgeschlagene Regelung noch für bedenklich. Niemand könne verhindern, dass sich ein Ehepartner einseitig aus der Ehe löse. Unter der Voraussetzung, dass die in Frage stehende Ehe tatsächlich gescheitert sei, stelle sich die Frist lediglich als Sanktion gegen denjenigen dar, der die Ehe zum Scheitern gebracht habe.

Abg. Thürk (CDU/CSU) bemerkt, er wolle sich in seiner Erwiderung auf die im Zusammenhang mit § 1665 gegebenen Probleme beschränken. Ihm scheine bezüglich der Fristen ein Missverständnis vorzuliegen. Die Einjahresfrist wie die Fristen der Vermutenstatbestände würden hier aus Billigkeitsgründen unterlaufen. Es sei auch auf Seiten der CDU/CSU klar, dass man es nicht verhindern könne, wenn sich ein Ehegatte aus der Ehe lösen wolle. Andererseits sei es gar nicht immer so sicher und klar, ob eine Ehe tatsächlich zerrüttet sei. Oft sei es noch während des Verfahrens zum Umdenken gekommen. Ferner hätten die Beratungen zu den Unterhaltsproblemen und zum Versorgungsausgleich gezeigt, dass eine Scheidung in Zukunft auch ein finanzielles Problem werde und Scheidungswillige unter Umständen deswegen gewillt sein könnten, die Ehe aufrecht zu erhalten. Die in § 1566 genannten Fristen dienten letztlich dazu, über eine längere Zeit aus dem Verhalten der Ehegatten Schlüsse auf den Zustand der Ehe ziehen zu können. An diesen Fristen könne aber nicht in Fällen festgehalten werden, wo dies unbillig wäre. Es gehe um eine Zumutbarkeit aus Billigkeitsgesichtspunkten.

Vors. *Dr. Lenz* ergänzt, die Feststellung von Abg. Dr. Emmerlich, der Antrag wolle die Verstoßungsscheidung nach drei Jahren zulassen, treffe nicht den Sachverhalt. Der Antrag ziele auf eine Einschränkung der Scheidung aus dem Generaltatbestand, es sei keine Einschränkung der dreijährigen Fristenregelung. Es solle nicht über das Kontrollratsgesetz von 1946 hinausgegangen werden, das bereits eine Scheidung nach Ablauf einer Frist zugelassen habe. Stein des Anstoßes im geltenden Ehegesetz sei § 48 Abs. 2. Während der Zeit der Großen Koalition habe es einen Antrag der Fraktion der FDP gegeben, § 48 Abs. 2 zu streichen. Das Problem sei „ausgeklammert“ und einer Kommission übergeben worden, die eine Reihe von Entwürfen vorgelegt habe. Das geltende Ehegesetz sehe vor, dass selbst nach Ablauf der gesetzlichen Frist der Gegner noch Einwendungen erheben dürfe. Hier sei offenbar nicht mehr der Konsensus eines großen Teils der Bevölkerung gegeben. Es bleibe trotzdem die Frage, ob innerhalb der Fristen nicht dennoch die Möglichkeit, diese Einwendungen zu erheben, gegeben werden sollte. Anderenfalls eröffne man die Möglichkeit, dass jemand selbst einen Zerrüttungstatbestand setze und sich dann unter Berufung auf die erfolgte Zerrüttung scheiden lassen könne. Damit würde aus eigenem Unrecht ein Recht hergeleitet. Eine solche Berufung auf eigenes Unrecht solle nach Meinung der CDU/CSU während dieser Frist keinesfalls möglich sein.

Während der Debatte um das Mieterschutzgesetz habe ihn der Satz in der Begründung des Entwurfs beeindruckt, dass das Gesetz dem Schutz des vertragstreuen Mieters dienen solle. Wenn jemand vertragstreu sei, dürfe man ihm Lebensgrundlagen, die auf diesem Vertrage beruhten, nicht ohne rechtfertigenden Grund entziehen. Was für solch ein mehr materiell ausgerichtetes Rechtsverhältnis gelte, müsse um so mehr für den Bereich der Ehe gelten. Es könne in diesem Sinne einem Ehegatten nicht gestattet sein, sich auf eigenes Unrecht zu berufen, um aus der Ehe herauszukommen.

Den Einwand, dass damit wieder Elemente des Schuldscheidungsrechts eingeführt würden, halte er nicht für berechtigt. Andere Länder hätten in den letzten Jahren das Zerrüttungsprinzip in ihr Scheidungsrecht eingeführt, trotzdem sei, wie in Großbritannien, die Möglichkeit, eigengesetzte Scheidungsgründe ins Feld zu führen, ausgeschlossen. Die von der CDU/CSU vorgeschlagene Formulierung enthalte für ihn eine absolut zwingende Einschränkung des Generaltatbestandes, wenn man nicht in einem Gesetz Unrecht normieren wolle.

§ 1565 des Regierungsentwurfs decke den typischen Fall vor dem Scheidungsrichter ab, der praktisch als Normalfall bezeichnet werden könne, dass etwa ein 50jähriger auf einer Veranstaltung eine 18jährige kennen lerne, mit ihr die Ehe breche und kurz darauf vor dem Scheidungsrichter die Auflösung seiner Ehe begehre. Hier müsse es der Beklagten, also seiner Ehefrau, gestattet sein, Einwände zu erheben. Es müsse vor Gericht möglich sein, einen Sachverhalt von allen Seiten zu beleuchten, wie es für die Interessen der Parteien von Relevanz sei. Die angestrebte Schematisierung des Verfahrens berühre verfassungsrechtliche Grenzen, wenn es dadurch dem Scheidungsrichter nicht mehr möglich sei, die Dinge zu prüfen.

Abg. Dr. Emmerlich (SPD) sieht zwei Motive für die Stellung des Antrages. Einmal liege ihm der Rechtsgrundsatz zugrunde, dass niemand aus eigenem rechtswidrigen Verhalten Vorteile ziehen dürfe, wobei dann die Scheidung als Vorteil angesehen werde, zum anderen solle übereilten Entscheidungen entgegengewirkt werden. Das letzte Motiv finde zwar die Zustimmung der Koalition, ein Scheidungsverbot sei aber sicher nicht das geeignete Mittel, um das gesteckte Ziel zu erreichen; die Aussetzung des Prozesses erscheine hier als besser geeignet. In Verbindung mit dem Argument, dass niemand aus eigenem rechtswidrigen Verhalten Vorteil ziehen dürfe, habe Vors. Dr. Lenz eine Parallele zum Mietrecht gezogen. Dies verbiete sich aber, da im Mietrecht die Erfüllung des Vertrages von Gesetzes wegen erzwungen werden könne, im Eherecht dagegen nicht. Sehe man einmal vom Gesichtspunkt der Übereilung ab und betrachte den Fall, wo klar gesagt werden könne, die Ehe sei endgültig gescheitert, halte er es für folgerichtig, bei Vorliegen der Unzumutbarkeit nicht auf Klagabweisung zu plädieren, sondern darauf, dass die Scheidung statt mit der Urteilsverkündung mit dem Ablauf der Dreijahresfrist rechtskräftig werde; denn in der Zwischenzeit sei nichts mehr zu erwarten. Seiner Meinung nach werde der Antrag der Lebenswirklichkeit nicht ausreichend gerecht.

Abg. Metzger (SPD) erinnert daran, dass der Grundsatz, dass eine Ehe auf Lebenszeit angelegt sei, von allen Seiten anerkannt werde. Es müsse aber auch davon ausgegangen werden, dass niemand mit absoluter Sicherheit voraussagen könne, dass er dieses Prinzip in allen Lebenslagen durchhalten könne. Es gebe einfach Fälle, in denen eine Ehe objektiv gescheitert sei. Nun werde gesagt, es solle verhindert werden, den so genannten Verstoßungstatbestand einzuführen. Damit würden wiederum Merkmale des Verschuldens in die Diskussion gebracht. Dies tangiere aber den Versuch, im neuen Eherecht nur noch das Scheitern der Ehe festzustellen. In dem von Vors. Dr. Lenz gebildeten Fall sei auch mit einem Scheidungsverbot nichts zu erreichen, wenn der eine Ehepartner nicht bereit sei, zu seinem Ehegatten zurückzukehren. Man könne möglicherweise über eine Fristsetzung etwa im Sinne einer Bedenkzeit diskutieren, aber auch eine solche Frist müsse einmal ablaufen; im Übrigen könne nach dem vorliegenden Entwurf für den Fall, dass die Scheidung aus dem Grundtatbestand verlangt werde, verhindert werden, dass der Richter schon nach einem kurzen Fristablauf scheide; es müsse dann erst die Zerrüttung nachgewiesen werden. Wenn aber gewisse Fristen abgelaufen seien, müsse davon ausgegangen werden, dass der scheidungswillige Ehepartner nicht mehr bereit sei, zu dem anderen Ehepartner zurückzukehren.

Es könne auch nicht mit dem Vorhalt gearbeitet werden, dass der Entwurf Unrecht zu Recht mache oder Unrecht normiere. Die entscheidende Frage sei vielmehr, ob nach menschlichem Ermessen eine Chance dafür gesehen werde, die Ehepartner wieder zusammenzubringen. Werde diese Chance nicht gesehen, müsse vom Scheitern der Ehe ausgegangen werden und die Möglichkeit gegeben sein, die Scheidung formell zu vollziehen.

Wie schon Abg. Dr. Emmerlich finde auch er den Vergleich zum Mietrecht nicht durchführbar. Bereits das geltende Ehegesetz lasse praktisch keine Möglichkeit, auf Vertragserfüllung zu klagen, da ein Rechtstitel nicht vollstreckbar sein würde.

Abg. Engelhard (FDP) unterstreicht ebenfalls diesen letzten Gesichtspunkt und weist sodann auf die Entscheidung des Rechtsausschusses beim Mietrecht hin, für das Einfamilienhaus mit Einliegerwohnung mit der Begründung eine Sonderregelung zu treffen, dass aus der engen lokalen Verbindung zweier Mietparteien im Einzelfall nicht immer feststellbar sein könne, wer sich vertragstreu verhalten habe und wer nicht. Entsprechend habe auch bei den Überlegungen zum neuen Eherecht die Unmöglichkeit, den vertragstreuen Teil festzustellen, dazu geführt, die Verschuldensregelungen fallen zu lassen. Ein für das Verschuldensrecht typischer Geschehensablauf sei es im Übrigen, dass jemand selbst die Gründe setze, um die Ehe zum Scheitern zu bringen, und sich dann vor Gericht auf das Scheitern berufe. Für das Verschuldensrecht sei es charakteristisch, dass jemand, dem die Scheidung verweigert werde, mit ungeheurer Selbstbeherrschung den Ehepartner dazu bringe, etwas zu tun, was nachweisbar sei und vom Gericht als schwere Eheverfehlung angesehen werden müsse. Im angestrebten Eherecht werde die Entfernung aus der häuslichen Gemeinschaft allein nicht ausreichend für die Scheidung sein, es werde auch die Frist abgewartet werden müssen. Der Scheidungswillige werde aber nicht gezwungen sein, sein Scheidungsbegehren mit so ungeheurer Infamie zu betreiben.

Grundsätzlich sei zu sagen, wenn der Wille des einzelnen Ehegatten zur Ehe nicht mehr gegeben sei, helfe auch ein vollstreckbarer Rechtstitel nichts mehr, und wenn man den Willen zur Ehe als Voraussetzung überhaupt ansehe, werde man auch nicht so ohne Weiteres mit dem Begriff der Verstoßungsscheidung operieren können.

Abg. Dr. Arndt (SPD) wendet sich ebenfalls dagegen, den von Vors. Dr. Lenz gebildeten abstrakten Fall als einen Normalfall anzusehen. Die in dem gebildeten Fall zum Ausdruck kommende „moderne“ Vorstellung des Ehemannes decke sich in keiner Weise mit seinen, Abg. Dr. Arndts, Vorstellungen vom Inhalt einer Ehe. Ein solches Verhalten lasse den Schluss zu, dass die Wiederherstellung des die Ehe charakterisierenden echten Vertrauensverhältnisses nicht mehr möglich sei; die ältere Frau sollte einen solchen Mann ziehen lassen.

Grundsätzlich sei zu sagen, dass hier die Grenze dessen erreicht werde, was Gesetz und Staat vermögen. Der Staat könne nicht flicken oder überkleistern, was im Leben kaputtgegangen sei. Er unterstreiche hierzu die Ausführungen von Abg. Dr. Emmerlich.

Was das faktische Ergebnis in dem gebildeten Fall in seiner Projektion auf das zu schaffende Recht angehe, so müsse man im Übrigen ganz klar sehen, dass solche Fälle auch nach dem geltenden Recht vorkämen, auch wenn selbstverständlich dogmatische Unterschiede bestünden.

Abg. Erhard (Bad Schwalbach) (CDU/CSU) betont, der Antrag von Abg. Thürk bezwecke kein Scheidungsverbot. Dies sei nur partiell so und nur für einen bestimmten Eheteil. Im geltenden Recht gebe es Scheidungsmöglichkeiten, jedoch nicht auf Grund des eigenen Fehlverhaltens, sondern auf Grund des Fehlverhaltens des anderen Ehepartners, weswegen der Kläger nicht mehr an der Ehe festhalten wolle und weswegen die Ehe als zerrüttet angesehen werde. Das geltende Recht gehe ferner von der Zerrüttung aus, wenn sich ein Ehegatte endgültig von der Ehe abwende, der andere aber noch an der Ehe festhalte. Bei der Überlegung, wie man im Zusammenhang mit dem Ausgehen von der Zerrüttung eine rechtliche Regelung verhindern könne, die als Unrecht empfunden werden müsse, wenn man davon ausgehe, dass der Tatbestand der Zerrüttung der Ehe grundsätzlich zur Scheidung führen könne, sofern diese gewünscht werde, müsse man sich überlegen, wie die daran geknüpfte rechtliche Regelung so gestaltet werden könne, dass sie nicht als Unrecht empfunden werde. Von Müller-Freienfels sei die Auffassung vertreten worden, eine rechtlich saubere Lösung sei nur in der Form möglich, dass der Zerrüttungstatbestand durch Fristabläufe festgestellt werde. Damit werde erreicht, dass übereilte Entscheidungen unterblieben und dass der Anlass für das Getrenntleben nicht mehr zum Gegenstand der gerichtlichen Untersuchungen gemacht werden müsse.

Diese Vorstellung werde allerdings manchen Lebenstatbeständen nicht gerecht, so auch nicht dem von Abg. Dr. Lenz gebildeten Fall. Es seien einfach Fälle denkbar, wo eine Trennung nicht möglich sei, trotzdem aber ein Festhalten an der Ehe nicht zumutbar wäre. Übernähme man die Vorstellung von Müller-Freienfels, müsse man sie durch eine Härteklausel ergänzen. Schaffe man hingegen die Möglichkeit, dass ein Ehegatte auch vor Ablauf einer bestimmten Frist geschieden werden könne, müsse dies so gestaltet werden, dass nicht klar erkennbares Unrecht entstehe. Diese Trennungsmöglichkeit müsse sich dann auf die geschilderten Fälle beschränken. Die Regelungen in England, Neuseeland und Australien bestätigten die gemachten Überlegungen. Dort dürfe das Scheidungsbegehren desjenigen nicht vor Fristablauf angenommen werden, der sich auf sein eigenes Fehlverhalten berufe.

Dementsprechend habe der Antrag von Abg. Thürk auch nicht die Absicht, etwas zu flicken oder zu überkleistern, sondern die Schaffung eines derart unbilligen Rechts für einen gewissen Zeitraum zu verhindern. Wenn trotzdem im neuen Gesetz die Möglichkeit für ein solches Unrecht festgelegt werde, werde sich die CDU/CSU-Fraktion nicht in der Lage sehen, den neuen Regelungen zuzustimmen.

Abg. Frau Schimschok (SPD) wendet sich gegen den beantragten Passus, dass eine sofortige Trennung aus Gründen, die im Lebensbereich des einen Ehegatten lägen, möglich sein solle. Sie verweist hierzu auf den Fall, dass es in einer Ehe, in der ein Ehegatte aus einer Exmittierten-Siedlung stamme und seine Beziehungen zu den dort noch lebenden Eltern und Geschwistern nicht abgebrochen habe, zu Auseinandersetzungen komme. Gehe der andere Ehegatte dann mit dem Hinweis auf diese noch bestehenden Beziehungen vor Gericht, werde diese Ehe sofort getrennt. Darin liege eine nicht vertretbare Härte.

Abg. Frau Will-Feld (CDU/CSU) geht auf das Argument ein, dass die neue Regelung peinliche Szenen vor Gericht ausschließen wolle. Wenn man solcherart das Fehlverhalten der Ehepartner nicht in das Verfahren einbeziehen wolle, sei es sicher richtig, als objektives Kriterium für das Scheitern den Fristablauf festzulegen. Lege man nun jedoch den von Vors. Dr. Lenz gebildeten Fall zugrunde, würden mit Sicherheit die Schwierigkeiten, die man im Recht der Scheidungsgründe ausgeschaltet habe, vor Gericht in den Auseinandersetzungen im Rahmen des Scheidungsfolgerechts wieder auftauchen, wo die Ehefrau dann entsprechend ihrer Ausbildung, ihrer Fähigkeiten und ihrem Gesundheitszustande auf eine angemessene Erwerbstätigkeit verwiesen werde. Unter den genannten Begriffen würden vor Gericht mit Sicherheit wieder Probleme aus der Intimsphäre auftauchen.

Abg. Dr. Stienen (SPD) fragt im Anschluss an die Ausführungen von Abg. Erhard (Bad Schwalbach), ob es auf der Grundlage des Regierungsentwurfs prinzipiell denkbar sei, unter Bezugnahme auf extreme Fälle § 242 [BGB] anzuwenden.

MDgt Rolland (BMJ) antwortet, diese Frage sei im Gesetz nicht ausdrücklich geregelt. § 242 [BGB] habe eine generelle Anwendung im bürgerlichen Recht. Ein Ausfluss von § 242 sei nur anzunehmen, wenn Sonderregelungen da seien, die die Anwendung dieser Bestimmung ausschlössen. Man könne die Frage stellen, ob die Abkehr vom Verschuldensprinzip zugleich eine Entscheidung beinhalte, dass § 242 damit ausgeschlossen sei. Seiner Meinung nach könne man nicht davon ausgehen, dass die Gerichte in einem außerordentlich extremen Fall eine solche Überlegung anstellen könnten. Vom Prinzip des Entwurfs her sei eine Anwendung von § 242 nicht nahe liegend.

Vors. *Dr. Lenz* macht deutlich, das geltende Recht enthalte eine Scheidungssperre auch nach Fristablauf, wenn der scheidungsunwillige Teil an der Ehe festhalte und Widerspruch einlege. Daran werde jedoch von der Opposition nicht festgehalten, und insofern bestehe Einigkeit über die Reformbedürftigkeit des geltenden Rechts.

Andererseits scheine ihm der Antrag von Abg. Thürk besser geeignet, zu verhindern, dass im Gerichtssaal weiterhin Probleme aus dem Intimbereich behandelt würden. Wenn eine Zerrüttung so begründet werde, wie er das in dem von ihm gebildeten Fall dargestellt habe, müsse es der Gegenseite gestattet sein, darauf hinzuweisen, dass dies eine völlig einseitige Angelegenheit sei, womit sich aber genau die Diskussion ergebe, die gerade vermieden werden solle, und eben diese Diskussion sei, wenn man den von Abg. Thürk vorgetragenen Vorstellungen folge, ausgeschlossen. Dem gemeinsamen Anliegen der deutschen Anwälte, Richter, überhaupt der deutschen Rechtswissenschaft, den Streit über die Schuld und die Ursachen der Zerrüttung zu vermeiden, werde besser und gründlicher entsprochen, wenn man dem Antrag von Abg. Thürk folge.

Abg. Thürk (CDU/CSU) beantragt, folgenden Satz als Satz 2 in § 1565 einzufügen: „Vor Ablauf der in Satz 1 sowie in § 1566 genannten Fristen darf die Ehe nur geschieden werden, wenn dem Antragsteller die Fortsetzung der Ehe aus Gründen, die in der Person des anderen Ehegatten oder in dessen Lebensbereich liegen, nicht zuzumuten ist."

Er beantragt alternativ folgende Fassung: „Vor Ablauf der in § 1566 Absatz 2 genannten Frist darf die Ehe nur geschieden werden, wenn dem Antragsteller die Fortsetzung der Ehe aus Gründen, die in der Person des anderen Ehegatten oder in dessen Lebensbereich liegen, nicht zuzumuten ist."

Abg. Metzger (SPD) wendet ein, die Ausschussmehrheit habe den Antrag, an Satz 1 des Regierungsentwurfs die Worte „und mindestens ein Jahr bestanden hat" anzufügen, abgelehnt. Damit werde der Bezug für die jetzt beantragte erste Alternative hinfällig.

Abg. Thürk (CDU/CSU) erklärt, der Antrag sei bewusst gestellt, um zu zeigen, dass die CDU/CSU an ihrer Auffassung festhalte. Um aber den Vorstellungen und Argumenten der Vertreter der Koalition Rechnung zu tragen, sei außerdem die zweite Alternative zur Abstimmung gestellt worden.

Der *Ausschuss* lehnt mit Mehrheit die von Abg. Thürk gestellten Alternativanträge ab.

Er lehnt ebenfalls mit Mehrheit die von Abg. Thürk beantragte Neufassung des Satzes 2 des Regierungsentwurfs ab.

Er bestätigt mit Mehrheit § 1565 in der vom Unterausschuss für „Familien- und Eherechtsreform" empfohlene Fassung des Regierungsentwurfs.

3. Protokoll der 52. Sitzung vom 22.1.1975

Art. 1 Nr. 9 (§ 1385)

Abg. Frau Dr. Will-Feld (CDU/CSU) beantragt Übernahme der vom Bundesrat vorgeschlagenen Fassung.

Der *Ausschuss* lehnt den Antrag mit Mehrheit ab und stimmt § 1385 in der Fassung der Regierungsvorlage mit der gleichen Mehrheit zu.

Art. 1 Nr. 14 (§ 1566)

Abg. Thürk (CDU/CSU) weist darauf hin, der Unterausschuss „Familien- und Eherechtsreform" schlage eine Umkehrung der Reihenfolge der beiden Absätze vor.

Er führt sodann aus, die in Abs. 1 und Abs. 2 genannten Tatbestände gingen von der Vermutung aus, dass aus der Trennung der Ehepartner geschlossen werden könne, dass die Ehe unheilbar zerrüttet sei. Bei der Scheidung nach einjähriger Trennung müsse hinzukommen, dass beide Ehegatten damit einverstanden seien. Unterschiedliche Auffassungen bestünden zur Widerlegbarkeit der Praesumtio iuris. Die Opposition sei gegen die Festschreibung der unwiderlegbaren Vermutung bei Zustimmung zur Scheidung nach einjähriger Trennung gewesen, da der Richter stets die Möglichkeit haben sollte, zumindest begütigend oder aufklärend im Sinne der Aufrechterhaltung der Ehe auf die Parteien einzuwirken. Baue man aber in den Tatbestand eine unwiderlegbare Vermutung ein, würden die Verfahren so ablaufen, dass der Richter zur Ehe und zum Zerrüttungstatbestand nichts mehr sagen könne. Eine solche Regelung lasse selbst die richterliche Aussetzungsbefugnis in einem zweifelhaften Licht erscheinen. Diese Auffassung der Opposition beziehe sich auf Abs. 1 und auf Abs. 2. Die CDU/CSU stimme ansonsten den Fristen in Verbindung mit einer widerlegbaren Vermutung zu.

Abg. Dr. Emmerlich (SPD) greift zunächst den Fall der einverständlichen Scheidung auf. Die Koalitionsparteien seien der Auffassung, die Scheiternsvermutung solle nach einjähriger Trennung und einverständlicher Scheidung unwiderlegbar sein. Wenn die Opposition auch insoweit eine widerlegbare Vermutung zulassen wolle, führe dies dazu, dass das Gericht von Amts wegen prüfen müsse, ob die Ehe gescheitert sei, was jedoch der Tatsache der einverständlichen Scheidung nicht gerecht werde.

Dem Argument von Abg. Thürk, dass das Gericht bei unwiderlegbarer Vermutung keine Möglichkeit zur Erörterung habe, ob eine Fortsetzung der Ehe nicht doch möglich sei, stünden die Koalitionsparteien nicht ablehnend gegenüber; dies müsse jedoch im verfahrensrechtlichen Teil diskutiert werden. Dort böten sich Aussetzungsmöglichkeiten an, aber auch die Anwendung des allgemeinen Rechtsgrundsatzes, dass das Gericht in jeder Phase des Verfahrens auf eine gütliche Beilegung des Verfahrens hinzuwirken habe, auch bei einverständlichen Scheidungen.

Abg. Thürk (CDU/CSU) räumt ein, dass bei einverständlichen Scheidungen wenig Raum für ein begütigendes Einwirken des Richters gegeben sei. Die Opposition habe aber Bedenken, dem Richter durch eine unwiderlegbare Vermutung die Hände zu binden, ihm aber gleichzeitig eine Aussetzungsbefugnis zu geben. Die Vermutung werde in der Regel immer nur in die eine Richtung gehen, aber für die wenigen Ausnahmefälle solle ein Spielraum erhalten bleiben.

Abg. Engelhard (FDP) hält diese Argumentation nicht für zwingend. Es sei dem Gericht auch bei der unwiderlegbaren Vermutung unbenommen, nachdem es darauf hingewiesen habe, dass die Parteien selbstverständlich nach einjähriger Trennung das Recht hätten, geschieden zu werden, auf Grund bestimmter Anhaltspunkte zu fragen, ob Erwägungen darüber angestellt worden seien, möglicherweise von der gegebenen Rechtsposition abzurücken.

Vors. *Dr. Lenz* (CDU/CSU) hält die hier angestrebte Möglichkeit einer Scheidung nach einjähriger Trennung für den wichtigsten Teil der Reform, da man damit zu einem ehrlichen Scheidungsrecht komme und beispielsweise nicht mehr gezwungen sei, Verschuldenstatbestände vorzutragen. Die angeklungene Meinungsverschiedenheit, ob die Scheiternsvermutung widerlegbar oder unwiderlegbar sein solle, reduziere sich in der Praxis auf wenige Fälle, da, wie Abg. Thürk vorgetragen habe, die Vermutung in der Regel in eine bestimmte Richtung gehen werde.

Was die Möglichkeit des Richters angehe, auch bei einer unwiderlegbaren Vermutung etwa das Verfahren auszusetzen, so müsse man die Praxis berücksichtigen. Wenn im Gesetz etwas von einer unwiderlegbaren Vermutung stehe, werde ein Richter angesichts der Arbeitsbelastung bei den Gerichten kaum Gelegenheit nehmen, noch einmal nachzufragen, was er aber in dem Augenblick pflichtgemäß tun müsse, wo nur von einer widerlegbaren Vermutung ausgegangen werde. Für die ohnehin nur wenigen Fälle, in denen dies eintrete, scheine ihm der Vorschlag von Abg. Thürk besser geeignet.

Abg. Engelhard (FDP) betont, die Möglichkeit zur Aussetzung des Verfahrens solle sich nur auf wenige gravierende Fälle beschränken, die auch ein mit Terminen überlasteter Richter aufgreifen werde.

Der *Ausschuss* lehnt mit Mehrheit die von Abg. Thürk beantragte Fassung von Abs. 2 des Regierungsentwurfes ab und folgt der Beschlussempfehlung des Unterausschusses „Familien- und Eherechtsreform" auf Annahme von Abs. 2 des Regierungsentwurfs und Umkehrung der Reihenfolge der Absätze 1 und 2 des Regierungsentwurfes.

Abg. Dr. Emmerlich (SPD) führt sodann aus, die Scheidungsvermutung sei bei streitigen Ehescheidungen nicht so einfach zu formulieren wie bei einverständlicher Scheidung. Dies werde dadurch unterstrichen, dass die Mehrheit des Unterausschusses entgegen der

Fassung des Regierungsentwurfs eine unwiderlegbare Vermutung nach dreijähriger Trennung für richtig gehalten habe.

Zunächst sei in Erinnerung zu rufen, dass eine widerlegbare Vermutung die Beweisführung im Prozess nicht abschneide, sondern lediglich eine Beweisregel darstelle, so dass bei einer widerlegbaren Vermutung von beiden Parteien Vorträge in Bezug auf die Frage, ob die Ehe gescheitert sei, zu erfolgen hätten, Beweisanträge zu stellen seien und eine Beweisaufnahme durchzuführen sei. Dies scheine ihm von Bedeutung, da von allen Seiten nach einem Verfahren gesucht werde, das ein Auseinandergehen der Partner in möglichst fairer Weise gestatte.

Bei der Frage, ob eine Ehe gescheitert sei, stehe allerdings fast unvermeidlich der Gang einer Ehe und damit auch das Verhalten der Ehepartner zueinander zur Erörterung, denn nur daraus werde man in der Regel Schlüsse auf das Scheitern der Ehe ziehen können. Diese Verfahrensweise werde durchaus dem bisherigen Verhalten vergleichbar sein. Wolle man eine derartige Verfahrensgestaltung weitgehend ausschließen, müsse man nach Meinung der Koalitionsparteien den Einwand, dass eine Ehe trotz dreijähriger Trennung nicht gescheitert sei, abschneiden, wobei man den genannten Zeitraum von drei Jahren für angemessen halte. Dabei habe auch die Überlegung eine Rolle gespielt, dass drei Jahre im Leben eines Erwachsenen schon einen beträchtlichen Zeitraum darstellten.

Wenn der scheidungswillige Partner damit rechnen müsse, dass der scheidungsunwillige Partner im Prozess die Fragen des Scheiterns der Ehe zur Erörterung stellen werde und könne, werde der Anreiz dafür, nicht von vornherein aus dem Grundtatbestand zu klagen, um einen derartigen Prozessverlauf zu vermeiden, ungleich geringer. Die Koalitionsparteien befürchteten daher, wenn man nicht zu einer Regelung komme, die über das Kriterium der Trennungsfristen hinaus Einwände, dass die Ehe nicht gescheitert sei, abschneide, dass die Anzahl der Personen, die eine Trennung über den Grundtatbestand suchten, erheblich größer wäre.

Bei Eheleuten, die sich getrennt hätten, müsse es trotzdem Kontakte geben, die einer Abwicklung oder Vorabwicklung bezüglich Ehewohnung, Hausrat, Vermögen, Kinder usw. dienten, möglicherweise aber auch Kontakte, die dem Bemühen um eine Fortsetzung der Ehe dienten. Sei aber nach dreijähriger Trennung die Scheiternsvermutung widerlegbar, bestehe natürlicherweise die Gefahr, dass derartige Kontakte als Indiz dafür gewertet würden, dass ein endgültiges Scheitern der Ehe nicht vorliege. Ein Anwalt werde bei der Beratung seines scheidungswilligen Mandanten darauf hinzuweisen haben, dass derartige Kontakte wie bisher besser zu unterlassen seien. Eine derartige Konsequenz sähen die Koalitionsparteien aber nicht als erwünscht an.

Abg. Thürk (CDU/CSU) betont noch einmal, die CDU/CSU sei der Auffassung, dass die Ehe einem Scheidungstatbestand unterliege, wenn sie unheilbar zerrüttet sei, nicht wenn sie gescheitert sei. Die Begründung dafür habe er an anderer Stelle gegeben.

Einigkeit bestehe offenbar darüber, dass die Scheidung nach dreijähriger Trennung der komplizierteste und möglicherweise auch der unbilligste Fall sei. Der Scheidungswillige werde durch die Frist und mögliche andere Vorschriften an der Scheidung gehindert, und der Scheidungsunwillige, der an der Ehe festhalten wolle, gehe seiner Rechte verlustig, weil er auf das Begehren des Anderen hin geschieden werde, ohne Gründe dagegen vortragen zu können. Unterschiede bestünden hierzu weniger in der Betrachtung der

Probleme als vielmehr in der Wertung. Zweifellos sei es schwierig, in dieser Frage für alle Seiten Gerechtigkeit zu schaffen.

Er stelle für die CDU/CSU fest, dass sie sich im Unterausschuss zu keinem Zeitpunkt der Auflösung der Ehe zu einem bestimmten Zeitpunkt entgegengestellt habe; sie habe auch der dreijährigen Frist zugestimmt. Jedoch entstünden auch unter diesen Umständen noch einige Probleme für den scheidungsunwilligen Ehepartner. So werde es in manchen Fällen Schwierigkeiten machen, im Bereich des Unterhaltsrechts gewisse Unbilligkeiten auszubügeln.

In einem Punkte werde man auch in Zukunft an einer Beweisaufnahme nicht vorbeikommen, denn es müsse die Trennung nachgewiesen werden. Auch daraus könnten sich Schwierigkeiten ergeben, nicht zuletzt aus der Tatsache, dass, entsprechend den Verhältnissen in der Durchschnittsfamilie, die Trennung auch innerhalb einer Wohnung durchgeführt werden könne. Andererseits liege gerade hier die Möglichkeit für den Richter, Anhaltspunkte für eine Fortsetzung der Ehe gegeben seien. Dies führe aber direkt zu der Forderung, nur von einer widerlegbaren Vermutung auszugehen, was offenbar auch Auffassung der Bundesregierung gewesen sei, die dies in ihrem Entwurf ebenso gesehen habe. Die unwiderlegbare Vermutung mit einer richterlichen Aussetzungsbefugnis zu koppeln, erscheine ihm paradox.

Abg. Engelhard (FDP) verweist auf seine Ausführungen zur unwiderlegbaren Vermutung bei einjähriger Trennung. Wenn der Richter ein deutliches Zeichen auf Grund des Sachverhalts finde, könne er auch im Falle der Streitigscheidung nach dreijähriger Trennung eine begütigende Einwirkung versuchen, zumindest aber erst einmal das Verfahren aussetzen. Er, Abg. Engelhard, sehe im Übrigen keinen Grund, in Abs. 2 anders zu verfahren als in Abs. 1, andernfalls laufe man Gefahr, dass Gründe an den Haaren herbeigezogen würden, um über den Grundtatbestand zu einer schnellen Scheidung zu kommen, und dass die Vorschriften über die Fristhemmung in § 1567 Abs. 2 unterlaufen würden.

Bisher sei es so, dass in den Anwaltskanzleien Blätter auslägen, auf denen die Verhaltensregeln zusammengefasst seien, wie sich die Scheidungswilligen während des Verfahrens zu verhalten hätten. Nach den Beschlüssen des Unterausschusses würde dies nicht mehr notwendig sein. Führe man die Widerlegbarkeit ein, würde man den alten Zustand in das neue Recht hinüberretten.

Was den Entwurf der Bundesregierung in diesem Punkte angehe, so habe sie sich deshalb nicht zur Unwiderlegbarkeit entschlossen, weil sie, wie in der Begründung nachzulesen sei, der Auffassung gewesen sei, dass breite Kreise der Bevölkerung möglicherweise nicht in jedem Falle verstehen würden, wenn im speziellen Fall nicht noch etwas vorgetragen werden könne. Es sei zwar menschlich, dass vor Gericht die Abrechnung mit dem nunmehr ungeliebten Partner gesucht werde, gerade diese Dinge sollten aber abgebaut werden. Er sei der Auffassung, dass sich in der Bevölkerung die Einsicht durchsetzen werde, dass das neue Gesetz eine vernünftige Lösung biete.

Abg. Frau Will-Feld (CDU/CSU) hält dem entgegen, dass im Falle der Streitigscheidung davon auszugehen sei, dass die Ehepartner keinerlei Einvernehmen hätten. Der Richter müsse in jedem Falle in eine Beweisaufnahme eintreten, spätestens, wenn er über den Unterhaltsanspruch und die Kinder befindet. Dabei werde er auch wieder in den Intimbereich eindringen müssen. Niemand solle sich der Täuschung hingeben, dass dies für das neue Recht ausgeräumt sei.

Vors. *Dr. Lenz* verweist auf die Begründung zum Gesetzentwurf der Bundesregierung (Drucksache 7/650, Seite 111). Der erste der dort genannten drei Gründe für die Widerlegbarkeit betreffe das rechtliche Gehör. Er habe bereits in der letzten Sitzung des Rechtsausschusses dargelegt, dass diese Frage beinahe Verfassungsqualität habe, denn in Artikel 103 Abs. 1 des Grundgesetzes sei ein Anspruch auf rechtliches Gehör verbürgt.

Als zweiter Grund werde angeführt, man wolle eine Regelung vermeiden, die von einem Teil der Bürger nur schwer akzeptiert werden könnte. Seiner Meinung nach sei gerade ein demokratischer Gesetzgeber gehalten – selbstverständlich unter Beachtung der verfassungsmäßigen Schranken –, Überlegungen zur Acceptatio legis in seine Betrachtungen einzubeziehen.

Als Drittes verweise die Bundesregierung darauf, dass in der Auseinandersetzung vor Gericht die Erörterung von Tatsachen aus der Intimsphäre häufig vermieden werden könne, weil die Fortsetzung der Ehe, wie von dem der Scheidung widerstrebenden Teil angestrebt, nur mit eheerhaltenden Tatsachen erreicht werden könne. Auch dieser dritte Punkt sei beachtlich genug, die Formulierung der Bundesregierung zu übernehmen.

Abg. Frau Schimschok (SPD) greift das dritte von Dr. Lenz zitierte Argument auf und hält dem entgegen, wenn der der Scheidung widerstrebende Teil eheerhaltende Tatsachen vortrage, so sei der scheidungswillige Teil gezwungen zu beweisen, dass die Ehe gescheitert sei. In jedem Falle werde vor Gericht „schmutzige Wäsche" gewaschen.

Vors. *Dr. Lenz* übernimmt den Antrag des Bundesrates, statt einer Frist von drei Jahren eine solche von fünf Jahren vorzusehen.

Der *Ausschuss* lehnt mit Mehrheit den Antrag von Abg. Thürk auf Streichung des Wortes „unwiderlegbar" in § 1566 Abs. 2 der Beschlussempfehlung des Unterausschusses ab.

Er lehnt den Antrag von Vors. Dr. Lenz ab, entsprechend der Stellungnahme des Bundesrates das Wort „drei" durch das Wort „fünf" zu ersetzen.

Er folgt mit Mehrheit der Fassung von § 1566 in der Beschlussempfehlung des Unterausschusses „Familien- und Eherechtsreform".

Art. 1 Nr. 14 (§ 1567)

Abg. Dr. Emmerlich (SPD) weist auf die terminologische Änderung gegenüber dem Regierungsentwurf hin. Im Übrigen sei im Unterausschuss Übereinstimmung über den Text erzielt worden.

Abg. Thürk (CDU/CSU) erläutert, die terminologische Änderung gehe auf einen Antrag der CDU/CSU im Unterausschuss zurück. Grund dafür sei gewesen, dass heutzutage viele Ehegatten getrennt lebten, ohne dass daraus geschlossen werden könne, dass sie keine Ehe mehr führen wollten. Man denke etwa an beruflich bedingte längere Auslandsaufenthalte eines Ehegatten. Deshalb sei zum objektiven Tatbestand der Trennung der subjektive Tatbestand der Ablehnung der ehelichen Gemeinschaft hinzugefügt worden.

Wesentlich sei auch die Bestimmung des Absatzes 2, dass Versöhnungsversuche nicht mehr wie bisher dazu benutzt werden könnten, um eine Unterbrechung der Fristen herbeizuführen.

Abg. Erhard (Bad Schwalbach) (CDU/CSU) hält Abs. 2 in der vorgeschlagenen Form nicht für vertretbar. Es gehe nicht mehr darum, dass man eine Verzeihung für ein verschuldetes Ehevergehen auf Grund der ehelichen Intimgemeinschaft feststellen müsste, da die Voraussetzungen für die Notwendigkeit dieser Feststellung nicht mehr gegeben seien, denn der Zerrüttungstatbestand könne weiter bestehen. Die bisherige Auffassung, dass das Vorhandensein einer ehelichen Intimgemeinschaft auf eine nachhaltige Versöhnung schließen lasse, gelte in Zukunft nicht mehr. Nun sei er allerdings der Auffassung, dass es für einen Versöhnungsvorgang nichts Nachhaltigeres geben könne als die häusliche und Intimgemeinschaft. Wenn man einerseits sage, man wolle in den Intimbereich nicht mehr eindringen, andererseits aber als Kriterium für die Zerrüttung das Fehlen der häuslichen und Intimgemeinschaft setze, so liege darin ein Widerspruch. Wenn man die in Abs. 2 vorgeschlagene Regelung zum Gesetz mache, schaffe man die Ehe auf Urlaub, ohne dass dies als Kennzeichen dafür gewertet werden könne, dass nun keine Zerrüttung mehr vorliege. Es müsse einfach eine Schwelle geben, jenseits derer der Versöhnungsversuch als gelungen angesehen werden müsse. Dafür lasse die vorgesehene Bestimmung aber keinen Raum mehr. Sie lasse dem Richter keine Möglichkeit mehr für eine Entscheidung, ob ein Versöhnungsversuch vorliege oder nicht. Die vorgesehene Bestimmung sei einfach zu weit gefasst, öffne Missbrauch Tür und Tor und bringe den Intimbereich wieder in voller Breite vor Gericht. Er beantrage daher die Streichung von Abs. 2.

Abg. Dr. Emmerlich (CDU/CSU) weist darauf hin, die von Abg. Erhard (Bad Schwalbach) vorgetragene Problematik sei im Unterausschuss durchaus gesehen worden. Die Schwierigkeit sei, ob man der Problematik mit einer gesetzlichen Bestimmung, die über eine allgemeine Richtungsangabe, wie jetzt vorgesehen, hinausgehe, näher kommen könne oder ob man nicht der richterlichen Erfassung des Einzelfalles Raum geben müsse. Der Unterausschuss habe sich für die letzte Möglichkeit entschieden. Die forensische Erfahrung lehre im Übrigen, dass intakte geschlechtliche Beziehungen eine Ehe nicht zusammenhalten könnten. Das Scheitern einer Ehe gehe in sehr vielen Fällen auf Tatbestände außerhalb dieses Lebensbereiches zurück.

Abg. Dürr (SPD) vertritt die Auffassung, Abs. 2 enthalte eine ausgesprochen ehefreundliche Bestimmung. Kein Anwalt werde mehr gezwungen sein, seinem Mandanten zu raten, nicht mehr seinen Gefühlen nachzugeben, da daraus rechtlich nachteilige Schlüsse gezogen werden könnten.

MDgt Rolland (BMJ) wirft ein, § 1567 in der von der Bundesregierung vorgeschlagenen Fassung enthalte nicht mehr als das kodifizierte geltende Recht. Zu Abs. 2 sei zu sagen, dass im Rahmen der Verschuldensscheidung die Frage, ob Beziehungen wieder aufgenommen worden seien, relevant sei. Von diesem Falle sei auch im geltenden Recht zu unterscheiden, wie man Trennungsfristen berechne und ob eine Unterbrechung der Trennungsfristen etwa zu Versöhnungszwecken für den Fristablauf schädlich sei. Hierzu stehe das geltende Recht auf dem Standpunkt, dass kurze Unterbrechungen unschädlich seien. Der vorgeschlagene Absatz fange die Rechtsprechung zu diesem Punkte bis zurück zum Reichsgericht auf.

Abg. Thürk (CDU/CSU) sieht in Abs. 2 die Möglichkeit für denjenigen, der ehetreu sei, eine Versöhnung in die Wege zu leiten, ohne dass daraus schädliche Folgen für ihn entstünden. Der andere Fall sei von Abg. Erhard (Bad Schwalbach) vorgetragen worden, dass nämlich jemand auf Grund einer gewissen Trennung, die sich ergeben habe, hinterher den Schluss nahezulegen versuche, dies sei eine Trennung im Sinne einer Zerrüttung der Ehe gewesen, obwohl eine ganz natürliche Ursache vorgelegen habe, wie eben ein berufsbedingter Auslandsaufenthalt. Hier zeige sich die Bedeutung von Abs. 1 Satz 1 in der Beschlussempfehlung des Unterausschusses. In solch einem Falle komme es auf die Beweisaufnahme an, und der Richter müsse vor Gericht feststellen, ob die Trennung vor der Wiederaufnahme der Gemeinschaft der Ehegatten zum Zerrüttungstatbestand gehöre oder nicht.

MDgt Rolland (BMJ) führt aus, bei den angeschnittenen Problemen handle es sich bereits um Probleme des geltenden Rechts. Abs. 1 des Regierungsentwurfs versuche, die bisherige Rechtsprechung aufzufangen. Es genüge nicht, dass eine räumliche Trennung vorliege, sondern es werde weiter vorausgesetzt, dass ein Ehegatte die Herstellung der ehelichen Lebensgemeinschaft ablehne, was darüber hinaus nach außen erkennbar sein müsse. Der bloße Wille, nicht mehr zusammenleben zu wollen, reiche nicht aus. Alles andere regle sich über die Beweislastverteilung. Er halte die festgelegte Schwelle für außerordentlich hoch.

Abg. Erhard (Bad Schwalbach) (CDU/CSU) vertritt nachdrücklich die Auffassung, ein derartiges Gesetz müsse eine Leitfunktion entsprechend einem Ordnungsbild haben, wie es sich aus Artikel 6 des Grundgesetzes herleiten lasse. Die Frage sei, ob hier nicht von einem Ordnungsbild ausgegangen werde, das die Dauerhaftigkeit der Ehe nicht als das eigentliche Ziel ansehe. Es entspreche im Übrigen dem Zug der Zeit, Probleme der geschlechtlichen Intimsphäre auf dem Markt zu diskutieren.

Abg. Dr. Emmerlich (SPD) betont, aus seiner Sicht habe der jetzt vorgeschlagene Paragraph eine besonders ehefreundliche und eheerhaltende Tendenz. Es sei darüber hinaus das besondere Bestreben, das Eindringen in den ehelichen Intimbereich vor Gericht zu verhindern. Dies sei ein durchgängiges Motiv in der vorgeschlagenen Gesetzgebung, und ein Argument in dieser Richtung sei nicht begründet.

Vors. *Dr. Lenz* erklärt, er habe Verständnis für die Argumentation von Abg. Erhard (Bad Schwalbach), die Konsequenzen, die sich aus einer Streichung des fraglichen Absatzes ergäben, seien jedoch ebenfalls unerwünscht.

Abg. Erhard (Bad Schwalbach) (CDU/CSU) entgegnet, das Problem sei auch in anderen Gremien diskutiert worden. Dabei habe es Überlegungen gegeben, dass ein Zusammenleben über kürzere Zeit vom Richter nicht als Unterbrechung der Frist gewertet zu werden brauche. Damit habe der Richter die Entscheidung, ob es um eine Versöhnung gehe oder nicht und ob eine Unterbrechung eingetreten sei oder nicht. Es müsse eine Einzelfallentscheidung herbeigeführt werden. Die vorgelegte Formulierung lasse alles offen und eröffne lediglich die Möglichkeit, dass jeder selbst sagen könne, was er als Unterbrechung ansehe.

Abg. Frau Schimschok (SPD) wirft ein, der Vorschlag von Abg. Erhard (Bad Schwalbach) würde dem Richter einen unangemessenen Ermessensspielraum einräumen.

Abg. Erhard (Bad Schwalbach) (CDU/CSU) schlägt folgende alternative Formulierungen zu § 1567 Abs. 2 vor, über die in der nächsten Sitzung des Rechtsausschusses beraten werden sollte: *Entweder:* „Ein Zusammenleben über kurze Zeit, das der Versöhnung der Ehegatten dienen soll, muss die in § 1566 bestimmten Fristen nicht unterbrechen oder hemmen."

Oder: „Ein Zusammenleben über kurze Zeit, das der Versöhnung der Ehegatten dienen soll, kann die in § 1566 bestimmten Fristen unterbrechen oder hemmen."

Der *Ausschuss* unterbricht die weitere Beratung von § 1567 bis zur nächsten Sitzung.

Art. 1 Nr. 14 (§ 1568)

Abg. Dr. Emmerlich (SPD) erläutert, die in § 1568 vorgeschlagene Härteklausel gehöre zu den neuralgischen Punkten der beabsichtigten Gesetzgebung. Der Entwurf der Bundesregierung enthalte eine so genannte immaterielle Härteklausel, die zeitlich nicht begrenzt sei. Im Unterausschuss „Familien- und Eherechtsreform" sei ein Antrag der CDU/CSU, die immaterielle Härteklausel um materielle Scheidungsfolgen zu erweitern, abgelehnt worden. Darüber hinaus habe der Unterausschuss trotz der von der Bundesregierung vorgetragenen Fälle die Härteklausel auf die Frist des § 1566 Abs. 2 – drei Jahre – beschränkt.

Von Seiten der CDU/CSU sei ferner eine Klausel beantragt worden, auf Grund derer eine Verweigerung der Scheidung mit Rücksicht auf das Wohl gemeinschaftlicher Kinder hätte erfolgen können. Selbstverständlich seien auch die Koalitionsparteien der Auffassung, dass das Wohl gemeinschaftlicher Kinder dem Streben oder Verlangen von Ehepartnern nach Scheidung vorgehe. Wenn man den Antrag trotzdem abgelehnt habe, so deshalb, weil man keine Fälle gesehen habe, in denen es das Interesse oder Wohl der Kinder gebiete, eine endgültig gescheiterte Ehe formalrechtlich aufrecht zu erhalten.

Abg. Thürk (CDU/CSU) hält dem entgegen, die von der CDU/CSU aufgegriffene Empfehlung des Bundesrates sei klarer formuliert. Bereits aus dem einleitenden Satz werde deutlich, dass es sich um eine Härteklausel handle. Die Formulierung suche der Tatsache Rechnung zu tragen, dass es durchaus Fälle gebe, in denen eine dem Wesen der Ehe entsprechende Lebensgemeinschaft nicht mehr vorhanden sei, die Betreffenden aber trotzdem in gesitteter Form zusammenwohnten. Unter solchen Umständen sei es denkbar, dass Kinder durchaus gut erzogen werden könnten.

Auch im zweiten Falle handle es sich um einen Ausnahmetatbestand. Es gebe Fälle, wo die Scheidung eine besondere Härte darstelle. Darüber hinaus müsse der widersprechende Ehegatte die Beweislast tragen, dass er noch eine innere Bindung an die Ehe habe.

Darüber hinaus werde der Begriff der „unzumutbaren Härte" dazu führen, dass die geltende Regelung des § 48 nicht fortgeführt werden könne.

Was den Antrag der Koalitionsfraktionen angehe, dies auf die dreijährige Heimtrennung zu beschränken, so habe die CDU/CSU zwar im Unterausschuss dagegen gestimmt, es sei aber durchaus diskutabel, ob man sie nicht beschränken sollte, da nur eine sehr geringe Zahl von Fällen in Frage komme. Über diesen Punkt könne man sich wahrscheinlich einigen.

Am wenigsten könne der Bestimmung des § 1568 gefolgt werden, soweit sie auf immaterielle Härten beschränkt sei, da kaum Umstände denkbar seien, die nicht auch wirtschaftlicher Art seien. Es sei daher auch nicht verwunderlich, dass die Bundesregierung trotz Bitten der CDU/CSU-Fraktion keine Beispiele für Härtefälle habe nennen können, die lediglich immaterieller Natur seien. Wenn jedoch materielle Gründe immer auch eine Rolle spielten, sei die Bestimmung des § 1568 untauglich. Von einer sinnvollen Härteklausel könne daher nur dann gesprochen werden, wenn wirtschaftliche Gründe ebenfalls Berücksichtigung fänden.

Abg. Dürr (SPD) räumt ein, dass es schwierig sei, Beispielsfälle für die Härteklausel im Sinne des Regierungsentwurfs anzuführen. Andererseits sei unbestritten, dass es, gerade für die Kinder einer zerrütteten Ehe, in den Auswirkungen das Gleiche sei, ob die Eltern dauernd getrennt lebten oder geschieden seien. Ob die Eltern getrennt oder geschieden lebten, habe mithin – mit Ausnahme steuerlicher Fragen – keinen Einfluss auf die wirtschaftlichen Umstände. Daher brauchten diese Umstände in der Härteklausel auch nicht berücksichtigt zu werden.

Abg. Engelhard (FDP) stimmt der Auffassung Abg. Dürrs zu und weist darauf hin, dass auch die von Abg. Thürk im Unterausschuss vorgeschlagene Fassung des § 1568 nicht mit Beispielen habe erläutert werden können. Es erscheine unwahrscheinlich, dass durch formale Aufrechterhaltung einer zerrütteten Ehe den Kindern geholfen werden könne. Da eine gemeinsame Haushaltsführung durch die Verweigerung der Scheidung nicht erzwungen werden könne, müsse die materielle Sicherstellung des wirtschaftlich schwächeren Teils im Unterhaltsrecht, nicht aber im Scheidungsrecht geregelt werden.

Im Übrigen werde bei der Härteklausel im Allgemeinen von einem Fehlschluss ausgegangen. Die besondere Härte liege nicht darin, dass die Scheidung ausgesprochen werde, sondern vielmehr in dem Umstand, dass der eine Ehepartner den anderen, der der Scheidung widerstrebe und ihr widerspreche, gleichwohl verlasse. Die eingetretene Härte sei mithin regelmäßig vor der Scheidung zu registrieren.

Allein im Falle der Scheidung nach dem Grundtatbestand, auf den § 1568 daher beschränkt sein solle, seien Fälle denkbar, in denen die Scheidung selbst eine immaterielle Härte für den Ehepartner bedeute. Die Scheidung nach dem Grundtatbestand könne nämlich für den widerstrebenden Ehepartner etwas Überfallartiges beinhalten mit der Folge, dass er die mit der Scheidung in relativ kurzer Zeit erforderliche Umstellung als besondere Härte empfinde. Solche Härtefälle habe § 1568 im Auge.

Vors. *Dr. Lenz* erinnert daran, dass das Wohl des Kindes z.B. auch in der DDR berücksichtigt werde, wo das Zerrüttungsprinzip schon mehr als eineinhalb Jahrzehnte gelte. Dort könne die Scheidung einer unheilbar zerrütteten Ehe verweigert werden im Interesse minderjähriger Kinder. Hinsichtlich der immateriellen Härteklausel sei im Übrigen zu unterstreichen, was Abg. Thürk ausgeführt habe. In Australien z.B. gebe es eine solche Klausel seit etwa 30 Jahren, sie sei jedoch noch in keinem Fall angewendet worden.

Abg. Thürk (CDU(CSU) bezieht sich auf die Beratungen des Unterausschusses über die drei Scheidungstatbestände, wo nicht beschlossen worden sei, dass § 1568 nur im Fall des Grundtatbestandes nach § 1565 gelten solle. Bisher sei er davon ausgegangen, dass die Härteklausel sowohl für den Grundtatbestand als auch für die dreijährige Trennung gelten solle.

Im Übrigen könne ein Ausnahmetatbestand wie § 1568 nicht mit Regeltatbeständen des täglichen Lebens erklärt werden. Zwar sei es regelmäßig so, dass den Kindern durch die formale Aufrechterhaltung der Ehe nicht gedient sei. Dennoch gebe es auch Ehepartner, die sich trotz bestehender Zerrüttung nicht scheiden ließen wegen ihrer Kinder und diesen auch eine gute Erziehung vermittelten. Es sei nicht einzusehen, warum diesen Ausnahmetatbeständen nicht durch eine entsprechende Regelung des § 1568 entsprochen werden solle.

Abg. Frau Dr. Lepsius (SPD) wendet sich gegen die Auffassung Abg. Thürks, dass die Aufrechterhaltung der Ehe dem Wohl der Kinder dienen könne. Soziologische Untersuchungen hätten ergeben, dass eine in sich zerrüttete Ehe erhebliche nachteilige Wirkungen auf die Erziehung der Kinder habe. Andererseits sei festgestellt worden, dass geradezu eine Übermotivation zu einer besonders vorbildlichen Erziehung dann gegeben sei, wenn nur ein Elternteil sorgeberechtigt sei. Im Übrigen werde die von Abg. Thürk vorgeschlagene Fassung des § 1568 dem Problem der Desertion eines Ehepartners nicht gerecht, so dass allein immaterielle Gründe gegen die Scheidung sprechen könnten, wobei wirtschaftliche Aspekte im Unterhaltsrecht zu regeln seien.

Was schließlich der Hinweis auf das Scheidungsrecht der DDR anbelange, so sei erstaunlich, dass gerade von der CDU/CSU dieses Argument vorgebracht werde, da es sich hierbei unbestrittenermaßen um eine ideologische Überbautheorie handele. Da die Familie in der DDR eine besondere gesellschaftliche Verpflichtung habe, könne diese Beispiel schwerlich herangezogen werden für die Aufrechterhaltung der Ehe im Interesse der minderjährigen Kinder in der Bundesrepublik.

Abg. Frau Will-Feld (CDU/CSU) erklärt, unabhängig davon, ob es sich in der DDR um eine ideologische Überbautheorie handele, sei festzuhalten, dass das Zerrüttungsprinzip auf Grund von negativen Erfahrungen im Interesse der minderjährigen Kinder in der DDR eingeschränkt worden sei. Diese Erfahrungen würden sicherlich auch für die Bundesrepublik Deutschland gelten. Abgesehen davon habe die von Abg. Thürk im Unterausschuss vorgeschlagene Fassung des § 1568 vor allem zum Ziel, dem Gericht die Entscheidung zu überlassen, ob die Kinder durch die Trennung im Unterhaltsrecht benachteiligt würden oder nicht.

Vors. *Dr. Lenz* teilt diese Auffassung. Sicherlich sei niemand verdächtig, Theorien des SED-Staates auf die Bundesrepublik Deutschland übertragen zu wollen. Gleichwohl könne aus unterschiedlichen weltanschaulichen Gesichtspunkten heraus die gleiche Konklusion gezogen werde. Wenn man im Übrigen von den mit der Ehe verbundenen Pflichten ausgehe, sei es nur konsequent zu sagen, dass im Interesse der minderjährigen Kinder ein Ehegatte auch entgegen seinem persönlichen Wohl und seinen Interessen zur Aufrechterhaltung der Ehe gezwungen werden könne, um eben dafür zu sorgen, dass dieser Ehegatte sowohl seine Pflichten gegenüber dem anderen Ehegatten als auch gegenüber seinen Kindern wahrnehme.

Der *Ausschuss* lehnt mit Mehrheit den Antrag Abg. Thürks ab, § 1568 so zu fassen, dass die Ehe auch dann nicht geschieden werde, wenn die Aufrechterhaltung der Ehe im Interesse der aus der Ehe hervorgegangenen minderjährigen Kinder notwendig sei. Ebenfalls wird der Antrag Abg. Thürks mit Mehrheit abgelehnt, in § 1568 auch materielle Härten zu berücksichtigen.

Abg. Thürk (CDU/CSU) stellt den Antrag, § 1568 a in der Fassung des Bundesrates nach § 1568 einzufügen. Der Verbund von Ehescheidung und Ehescheidungsfolgen solle nach den Vorstellungen des Bundesrates im materiellen Recht geregelt werden, um zu gewährleisten, dass das gleiche Recht auch im Ausland gelte. Das sei jedoch so lange nicht der Fall, als zwar das deutsche materielle, nicht aber auch das deutsche Verfahrensrecht bei der Scheidung von Ehen im Ausland angewandt werde.

Abg. Dr. Emmerlich (SPD) wendet sich gegen den Antrag, da es sich um eine Materie des internationalen Privatrechts handele, die nicht im BGB geregelt werden sollte. Außerdem sei die Frage des Verfahrensverbundes in der ZPO normiert, so dass auch unter diesem Gesichtspunkt das BGB nicht der richtige Ort sei für eine derartige Regelung, die im Übrigen durchaus erwägenswert sei.

MDgt Dr. Rolland (BMJ) hält es für zweifelhaft, ob mit der vom Bundesrat vorgeschlagenen Vorschrift des § 1568 a der Verbund auch im Ausland sichergestellt werden könne. Nicht die Tatsache, dass eine Norm im BGB stehe, mache sie zu einer materiellrechtlichen, sondern allein die Wertung des Gerichts im Ausland. Diese Wertung könne jedoch nicht dadurch beeinflusst werden, dass eine Verfahrensfrage im materiellen Recht geregelt werde. Selbst wenn man jedoch zugrunde lege, dass eine Verfahrensnorm durch Aufnahme im materiellen Recht zu einer materiell-rechtlichen Norm werde, wäre das angestrebte Ergebnis immer noch nicht erreicht, da durchaus der Fall eintreten könnte, dass die Gerichte des ausländischen Staates nicht so entscheiden könnten, wie das mit dieser Vorschrift festgelegt werde, weil die ausländische Gerichtsorganisation nicht so beschaffen sei, dass sie den Verfahrensverbund durchführen könne.

Abg. Thürk (CDU/CSU) vertritt die Auffassung, dass es nicht Sache des deutschen Gesetzgebers sei, sich den Kopf anderer zu zerbrechen. Es schade nichts, wenn die Verbundstimmung ins BGB aufgenommen werde. Selbstverständlich könne die Entscheidung des Gerichts des Auslandes darüber, ob diese Norm materiell-rechtlichen oder verfahrensrechtlichen Charakter habe, nicht beeinflusst werden. Die Bundesrepublik hätte jedoch alles in ihrem Vermögen Stehende getan, um den Verbund auch im Ausland zu gewährleisten.

Der *Ausschuss* lehnt den Antrag Abg. Thürks mit Mehrheit ab.

4. Protokoll der 53. Sitzung vom 29.1.1975

Art. 1 Nr. 14. § 1567 BGB

Abg. Dr. Emmerlich (SPD) weist zu Abs. 1 auf die Empfehlung des Unterausschusses hin, den Passus „und ein Ehegatte deren“ – d.h. der häuslichen Gemeinschaft – „Herstellung erkennbar ablehnt“ zu ersetzen durch die Fassung: „und ein Ehegatte sie erkennbar nicht herstellen will, weil er die eheliche Lebensgemeinschaft ablehnt“. Damit solle klarer zum Ausdruck gebracht werden, dass die Nichtherstellung der häuslichen Gemeinschaft auf der Ablehnung der ehelichen Lebensgemeinschaft beruhen müsse.

Abg. Thürk (CDU/CSU) bemerkt, diese Änderung gehe auf einen Vorschlag von Seiten der CDU/CSU zurück. Die neue Formulierung solle klarstellen, dass es außer des objektiven Merkmals der häuslichen Trennung auch des subjektiven Merkmals bedürfe, dass ein Ehegatte die eheliche Lebensgemeinschaft ablehne.

Der *Ausschuss* stimmt der vom Unterausschuss empfohlenen Fassung einstimmig zu.

Vors. *Dr. Lenz* weist darauf hin, dass über die folgenden Anträge des Abg. Erhard (Bad Schwalbach) betreffend Fassung des Abs. 2 noch nicht befunden worden sei: „Ein Zusammenleben über kurze Zeit, das der Versöhnung der Ehegatten dienen soll, muss die in § 1566 bestimmten Fristen nicht unterbrechen oder hemmen."

Alternative: „Ein Zusammenleben über kurze Zeit, das der Versöhnung der Ehegatten dienen soll, kann die in § 1566 bestimmten Fristen unterbrechen oder hemmen."

Abg. Thürk (CDU/CSU) trägt vor, mit diesen Anträgen des Abg. Erhard – der gegenwärtig anderweitig gebunden sei – solle der Tatsache Rechnung getragen werden, dass das Gericht vielfach vor Beweisschwierigkeiten stehen würde hinsichtlich der Frage, ob ein vorübergehendes Wiederzusammenleben der Ehegatten nur der Versöhnung habe dienen sollen, ohne dass es tatsächlich dazu gekommen sei, oder ob in dieser Zeit wirklich eine Versöhnung stattgefunden habe, womit die in § 1566 bestimmten Fristen unterbrochen oder gehemmt wären. Mit den beantragten Fassungen solle also dem Richter eine erweiterte Möglichkeit gegeben werden, der im jeweiligen Einzelfall gegebenen Lage Rechnung zu tragen.

Abg. Dr. Emmerlich (SPD) erwidert, es komme darauf an, eine Fassung zu finden, die Versöhnungsversuche begünstige und nicht zur Folge habe, dass solche Versuche schon allein deswegen unterblieben, weil für die Parteien nicht kalkulierbar sei, wie sich ein derartiger Versöhnungsversuch hinsichtlich der Fristen des § 1566 auswirke. Daher sei der Fassung des Regierungsentwurfs der Vorzug gegenüber den Anträgen des Abg. Erhard zu geben.

Vors. *Dr.Lenz* gibt zu bedenken, dass auch nach der Regierungsvorlage eine Unterbrechung oder Hemmung der Fristen nur dann nicht eintrete, wenn es sich um ein Zusammenleben über kürzere Zeit handle, das der Versöhnung der Ehegatten *dienen soll*. Also würde ein Zusammenleben, das der Versöhnung tatsächlich gedient habe, auch nach der Fassung des Regierungsentwurfs die Fristen unterbrechen bzw. hemmen.

Abg. Dr. Emmerlich (SPD) antwortet, die Frage, ob das Wiederzusammenleben als bloßer Versöhnungsversuch oder als Wiederaufnahme der ehelichen Lebensgemeinschaft zu werten sei, bleibe in der Tat sowohl nach der Fassung der Regierungsvorlage als auch nach den von dem Abg. Erhard beantragten Fassungen offen bzw. der richterlichen Beweiswürdigung vorbehalten. In den Fällen aber, wo diese Frage dahin entschieden worden sei, dass es nicht zur Wiederherstellung der ehelichen Lebensgemeinschaft gekommen, sondern beim bloßen Versöhnungsversuch geblieben sei, finde nach der Fassung des Regierungsentwurfs auf jeden Fall keine Unterbrechung oder Hemmung der Fristen statt, während nach den von dem Abg. Erhard beantragten Fassungen auch insoweit noch eine Unbekannte bleiben würde.

Abg. Frau Dr. Lepsius (SPD) ist der Meinung, dass die Fassung des Regierungsentwurfs zumindest tendenziell der Aufnahme von Versöhnungsversuchen förderlich sei, während die von dem Abg. Erhard (Bad Schwalbach) beantragten Fassungen dazu angetan seien, die Eheleute zu veranlassen, Versöhnungsversuche von vornherein zu unterlassen.

Abg. Thürk (CDU/CSU) erklärt, die Fassungen des Regierungsentwurfs sowie des Abg. Erhard enthielten keinen Unterschied hinsichtlich des Falles, dass das vorübergehende Wiederzusammenleben aus rein wirtschaftlichen oder wohnungstechnischen Gründen erfolge. Ein Unterschied sei auch nicht gegeben hinsichtlich des Falles, dass das vorübergehende Wiederzusammenleben der [nicht im Original].

„Dies gilt nicht im Falle der Scheidung nach § 1565 in Verbindung mit § 1566 Abs. 2."

Abg. Dr. Emmerlich (SPD) fragt, ob die zuletzt vorgetragene Fassung absolut sicherstelle, dass der neue Abs. 2 auch auf Satz 1 und nicht nur auf Satz 2 des Abs. 1 zu beziehen sei.

RDn Frau Kniebes (BMJ) antwortet, dies wäre nicht gewährleistet. Darum werde die vom Unterausschuss vorgeschlagene Fassung vom BMJ auch für die bessere gehalten.

Vors. *Dr. Lenz* möchte sich vergewissern, ob die vorgeschlagene Regelung dahin zu verstehen sei, dass nach Ablauf der Dreijahresfrist immaterielle Härten nicht mehr geltend gemacht werden könnten.

RDn Frau Kniebes (BMJ) bejaht die Frage.

Vors. *Dr. Lenz* lässt über die vom Unterausschuss empfohlene Fassung abstimmen und stellt Annahme gegen die Stimmen der Abgeordneten der CDU/CSU fest. Er bemerkt, dass die dieser Vorschrift zugrunde liegende Absicht gegebenenfalls im Ausschussbericht erläutert werden könne.

Einleitung und Überschriften

Der *Ausschuss* billigt die Empfehlung des Unterausschusses, den in Art. 1 Nr. 14 enthaltenen Einleitungssatz sowie die vor § 1564 vorgesehenen Überschriften gemäß der Fassung des Regierungsentwurfs anzunehmen.

5. *Protokoll der 55. Sitzung vom 26.2.1974*

Abg. Dr. Emmerlich (SPD) trägt vor, dass das geltende Unterhaltsrecht im Scheidungsfalle an den Scheidungsgrund anknüpfe. Da aber mit dem Übergang vom Schuld- zum Zerrüttungsprinzip der bisherige Anknüpfungspunkt nicht mehr gegeben sei, müsse nunmehr – worüber Einverständnis bestehe – eine Orientierung an Bedürftigkeit und Leistungsfähigkeit stattfinden.

Hierfür gebe es mehrere Möglichkeiten. Während der Regierungsentwurf die eine Unterhaltspflicht begründenden Tatbestände einzeln aufführe und eine Unterhaltspflicht im Übrigen verneint werde, statuiere der Bundesrat eine generelle Unterhaltspflicht und schlage für Einzelfälle eine Ausnahme vor.

In der Praxis wirke sich der Unterschied zwischen diesen beiden Systemen so aus, dass ein „non liquet" nach dem Bundesratsvorschlag zugunsten des Anspruchstellers ausschlage, nach der Regierungsvorlage aber zu dessen Ungunsten. Weiter würden Bedürfnislagen, die in keinem, wie auch immer gearteten Zusammenhang mit der Eheschließung oder der Ehezeit stünden, nach dem Bundesratsvorschlag berücksichtigt, nach der Regierungsvorlage aber nicht.

Vor einer Beratung der einzelnen Vorschriften sollte sich der Ausschuss darüber klar werden, welcher der beiden Systematiken der Vorzug gegeben werden sollte.

Vors. *Dr. Lenz* weist darauf hin, dass in der Synopse Ausschussdrucksache 7/84 die Überschrift „III. Unterhalt des geschiedenen Ehegatten" fehle. – Er stellt fest, dass der Ausschuss dieser Überschrift zustimme.

Abg. Thürk (CDU/CSU) rügt ausdrücklich, dass dieser Punkt der Tagesordnung in Abwesenheit der Berichterstatterin Abg. Frau Will-Feld behandelt werde. Es sei unkollegial, wenn auf die Abwesenheit der Berichterstatterin keine Rücksicht genommen werde, zumal die Abwesenheit nicht auf ihre eigene Entscheidung, sondern auf das Timing zurückzuführen sei, welches vorwiegend von den Koalitionsfraktionen bestimmt werde. Abg. Frau Will-Feld sei gegenwärtig im Arbeits- und Sozialausschuss unentbehrlich, weil dort gerade über den Versorgungsausgleich beraten werde. Es sei der Sache nicht dienlich, wenn der Rechtsausschuss gleichzeitig das Unterhaltsrecht berate, ohne der Berichterstatterin Gelegenheit zu geben, sich daran zu beteiligen.

Vors. *Dr. Lenz* betrachtet diese Rüge als gegenstandslos, da gemäß seinem Schreiben vom 15.10.1973 zu Berichterstattern des Rechtsausschusses zu diesem Verhandlungspunkt nur Abg. Dr. Schmude – an dessen Stelle später Abg. Dr. Emmerlich getreten sei – und Abg. Thürk benannt worden seien und eine Änderung dieser Benennung in dem von Abg. Thürk dargelegten Sinne nicht erfolgt sei.

Abg. Thürk (CDU/CSU) bestreitet die Richtigkeit seiner Eigenschaft als Berichterstatter. Schon im vorigen Jahr habe er sich dagegen gewandt, dass er dauernd ohne weiteres zum Berichterstatter benannt werde, während im Unterausschuss eine klare Aufteilung der Berichterstattung herbeigeführt und beschlossen worden sei.

Vors. *Dr. Lenz* hält an seinen zuvor gemachten Ausführungen fest. Er halte es nicht für gerechtfertigt, dass Abg. Thürk eine Rüge ausgesprochen habe.

Im Übrigen müsse man das Recht der Mehrheit respektieren, auf die Beratung der von der Bundesregierung vorgelegten Gesetzentwürfe zu drängen. Dabei bleibe es nicht aus, dass man sich unter den gegebenen Möglichkeiten und Notlagen auch einmal arrangieren müsse.

Abg. Frau Schimschok (SPD) weist darauf hin, dass der Abwesenheit von Abg. Frau Will-Feld von der CDU/CSU die Abwesenheit von Abg. Frau Dr. Lepsius von der SPD, die ebenfalls Berichterstatterin im Unterausschuss sei, gegenüberstehe.

Abg. Thürk (CDU/CSU) betont, dass er von seinen zur Geschäftsordnung gemachten Ausführungen kein Wort zurücknehme.

Die Systematik des Regierungsentwurfs lasse sich auf diese Formel bringen: Nach der Ehescheidung hat jeder für sich selbst zu sorgen, es sei denn, er kann es nicht. Demgegenüber komme der Bundesrat aus dem Gesichtspunkt heraus, dass eine Ehe mehr als nur ein zufälliges Zusammensein sei, zu folgender Lösung: Nach der Ehescheidung hat jeder für den anderen zu sorgen, es sei denn, er kann es selber.

Zwischen beiden Systematiken bestehe ein großer Unterschied. Während der Regierungsentwurf infolge der Enumeration all die Fälle, die das Leben weiter bilden werde, von vornherein außer Acht lasse, sei der Bundesratsvorschlag allumfassend; er erfasse auch die denkbaren Fälle, die dem Gesetzgeber wegen der Vielfalt des Lebens nicht erschöpfend bekannt sein könnten. Im Unterausschuss habe man daher den Bundesratsvorschlag für die bessere Lösung gehalten und ihn der Beratung zugrunde gelegt.

Die Regelung des Unterhaltsrechts müsse auch im Zusammenhang mit der Härteklausel gesehen werden. Diejenigen, die eine Härteklausel ablehnten, hielten diese deshalb für überflüssig, weil das Unterhaltsrecht dem von einer Härte Betroffenen genügend Schutz biete. Hiervon könne man aber nur sprechen, wenn man das Unterhaltsrecht gemäß dem Bundesratsvorschlag gestalte. Nur dadurch könne sichergestellt werden, dass der Unterhaltsanspruch des ersten Ehegatten trotz Wiederheirat des verdienenden Ehegatten in angemessenem Umfang erhalten bleibe und dass es keine Diskrepanzen in den Unterhaltsansprüchen von Kindern aus erster und zweiter Ehe gebe.

Abg. Dr. Emmerlich (SPD) wiederholt die Meinung seiner Fraktion, dass ein Wiederaufleben einer Unterhaltsverpflichtung auf Grund schicksalsbedingter Ereignisse, die nicht mit der Ehe im Zusammenhang stünden und unter Umständen erst viele Jahre nach der Ehe eingetreten seien, nicht bejaht werden könne.

Er bitte die Bundesregierung um Stellungnahme zu folgenden Fragen:

1. Hält es die Bundesregierung für richtig, dass im Falle des „non liquet“ die Beweislast beim Anspruchsteller liegt?

2. Wie beurteilt die Bundesregierung den Bereich des „non liquet“ im Hinblick auf die enumerativ aufgeführten Tatbestände?

3. Sieht die Bundesregierung bei Beibehaltung ihrer Systematik eine Möglichkeit, die Beweislast für den Bereich des „non liquet“ auf den in Anspruch zu Nehmenden zu verlagern?

MDgt Dr. Rolland (BMJ) bemerkt, dass das Prinzip, die Beweislast dem Anspruchsteller aufzuerlegen, durch die Rechtsprechung inzwischen insofern durchbrochen sei, als der Schuldner die Leistungsfähigkeit des Anspruchstellers zu beweisen habe. Weil die Rechtsprechung hier eigene Wege entwickelt habe, sollte man das Problem der Beweislast nicht überschätzen. – Manche Merkmale bedürften von vornherein keines Beweises, z.B. die Tatsache, dass eine Person alt sei, oder die Tatsache, dass Kinder vorhanden seien, oft auch die Tatsache, dass jemand krank sei. Der Umfang der zu beweisenden Merkmale sei insgesamt gering. – Eine Umkehrung der Beweislast könne an den auftretenden Problemstellungen nichts ändern. Ein Vorteil aus einer Umkehrung der Beweislast erscheine ihm zweifelhaft.

Abg. Dr. Emmerlich (SPD) hält es für erforderlich, die Frage der Beweislast bei jedem einzelnen Tatbestand der Bestimmungen des Gesetzentwurfs gesondert zu prüfen und dabei jeweils abzuwägen, in welchem Umfang ausdrückliche Beweislastregelungen aufgenommen werden sollten.

Abg. Thürk (CDU/CSU) schließt sich dieser Meinung an. Grundsätzlich neige er aber zu der Unterhaltsregelung, die der Bundesrat vorgeschlagen habe, da sie im Interesse desjenigen liege, dessen materielle Lage zu sichern sei, und auch solche Bedürfnisfälle erfasse, die der gesetzlichen Regelung schwer zugänglich seien.

Im Unterausschuss habe man hierfür auch die Aufnahme einer Generalklausel erwogen, der die Regierung jedoch ablehnend gegenübergestanden habe. Eine solche Generalklausel könne man an das Ende der enumerativen Aufzählung setzen, und er wolle diesen Gedanken hier erneut zu erwägen geben.

Vors. *Dr. Lenz* formuliert das Problem, um das es jetzt gehe, so: Wie kann ein Fall, der durch die Enumeration nicht erfasst wird, bei dem aber nach Gesichtspunkten der Billigkeit eine Unterhaltsgewährung geboten erscheint, durch die Regierungsfassung abgedeckt werden? Die Unterhaltsregelung sei um so notwendiger, je mehr man die Scheidung von dem Willen desjenigen, der an der Ehe festhalten wolle, unabhängig mache.

Abg. Dr. Emmerlich (SPD) hält den von Abg. Thürk vorgebrachten Gedanken, einen Auffangtatbestand an den Schluss der Enumeration zu setzen, für diskutierungswert.

Nachdem sich nunmehr eine gewisse Übereinstimmung in den Positionen der Koalitionsfraktionen und der Opposition gezeigt habe, schlage er vor, jetzt in die Beratung der einzelnen Tatbestände einzutreten und erst danach endgültig zu entscheiden, welcher der beiden Systematiken der Vorzug gegeben werden sollte.

Abg. Thürk (CDU/CSU) erklärt, dass seine Fraktion von der Bundesratsfassung guten Gewissens Abstand nehmen könne, wenn sich die Koalitionsfraktionen in etwa dem Gedanken anschließen könnten, wie er in dem im Unterausschuss vorgeschlagenen, aber dort abgelehnten § 1577 a niedergelegt sei.

Vors. *Dr. Lenz* regt an, die Regierungsvorlage als Beratungsgrundlage zu nehmen. Nachdem die §§ 1570 bis 1577 a durchberaten seien, sollte über die Wahl zwischen den beiden Systematiken abgestimmt werden. Dann könnten die durch die einzelnen Paragraphen gegebenen Probleme ohne Präjudizierung beraten werden.

(Unterbrechung von 12.47 bis 15.23 Uhr)

Vors. *Dr. Lenz* setzt die unterbrochene Sitzung fort und regt an, nunmehr gemäß der vor der Mittagspause getroffenen Vereinbarung die Tatbestände, in denen ein Unterhaltsanspruch unstreitig sei, einzeln durchzugehen.

Abg. Dr. Emmerlich (SPD) kommt auf *§ 1571 BGB* gemäß Art. 1 Nr. 14 Regierungsentwurf, *§ 1572 BGB* gemäß Bundesratsvorschlag zu sprechen und erklärt, die Differenz bestehe darin, dass der Bundesrat wünsche, ein geschiedener Ehegatte solle auch dann Unterhalt verlangen können, wenn von ihm eine Erwerbstätigkeit wegen der Pflege oder Erziehung eines zwar nicht gemeinschaftlichen, aber eigenen Kindes, das während der Ehe mit Zustimmung des anderen Ehegatten im gemeinschaftlichen Haushalt gelebt habe, nicht verlangt werden könne. Er verweist dazu auf die Ablehnung des entsprechenden Antrages im Unterausschuss.

Überlegt werden solle, ob es notwendig sei, die vorgesehene Vorschrift in der Weise zu ergänzen, dass bestimmt werde, die Gerichte hätten im Zweifel davon auszugehen, dass bei Vorhandensein eines gemeinschaftlichen Kindes und einer weiteren Voraussetzung eine Erwerbstätigkeit nicht erwartet werden könne, und ob diese „weitere Voraussetzung“ in mehrere Richtungen – Alter des Kindes, Zahl der Kinder, Berufstätigkeit des Kindes - erstreckt werden solle. Er selbst, Abg. Dr. Emmerlich, habe sich in dieser Frage noch keine abschließende Meinung gebildet.

(Abg. Frau Schimschok (SPD) übernimmt den Vorsitz.)

MDgt Dr. Rolland (BMJ) äußert vorbehaltlich einer endgültigen Festlegung die Auffassung, zwar biete es gewisse Vorteile, wenn – was das geltende Unterhaltsrecht in weitestem Umfange vermissen lasse – den Gerichten klare Maßstäbe für das Judizieren zur

Verfügung gestellt würden; jedoch sei zu bedenken, dass allzu starre Regelungen Fälle, in denen die Gewährung von Unterhaltsleistungen billig erscheine, ausschließen und umgekehrt andere Fälle, in denen eine Unterhaltsverpflichtung unangemessen sei, einbeziehen könnten.

Wenn entsprechend der Überlegung des Abg. Dr. Emmerlich gesagt werde, die Gerichte hätten unter gewissen Voraussetzungen „im Zweifel" die Unzumutbarkeit der Erwerbstätigkeit anzunehmen, habe dies, auch wenn darin keine starre Regelung, sondern nur eine Auslegungshilfe erblickt werde, als Leitlinie ein zu beachtendes Eigengewicht. In einer solchen Leitlinie werde gewöhnlich eine rechtliche „Mitte" gesehen, von der nur in ganz besonderen Situationen abgewichen werden könne. So frage es sich, ob die gesetzliche Festsetzung eines Alters des Kindes nicht im Einzelfall zu Unzuträglichkeiten führen müsse; Beispiele dafür seien leicht vorstellbar.

Nach der Entscheidung über die prinzipielle Frage, ob ein bestimmtes Alter überhaupt normiert werden solle, tauche dann sofort das Problem auf, von welchem Alter ausgegangen werden könne. Im Entwurf zur Neuregelung des Sorgerechts sei die Fixierung eines bestimmten Alters dezidiert vermieden worden, weil die Entwicklung der Kinder dafür zu unterschiedlich sei. – Ähnliche Schwierigkeiten bei der Berücksichtigung von Einzelfällen dürften sich bei einer eventuellen Festlegung der Zahl der Kinder ergeben.

Abg. Thürk (CDU/CSU) meint, die Formulierung „solange und soweit" des Regierungsentwurfs gebe dem Richter einen weiten Spielraum der Anpassung an den konkreten Einzelfall, und dies sei in all den Bereichen, in denen nicht vorhergesehen werden könne, wie die Fälle des Alltags nachher aussähen, sinnvoll und notwendig.

Einigkeit bestehe sicherlich in der Auffassung, dass ein Ehegatte, der drei oder mehr Kinder zu versorgen habe, gar keine andere Möglichkeit habe, als auf eine Erwerbstätigkeit zu verzichten. Schwierig werde die Entscheidung der Frage beispielsweise bei *einem* Problemkind, das einen Erwachsenen binde. Keine Gesetzesformulierung werde vorab für alle in diesem Zusammenhang denkbaren konkreten Situationen – in denen es nicht zuletzt auf das Alter des Kindes ankommen werde – vernünftige Regelungen treffen können.

Eine Besonderheit stellten zweifellos die nicht gemeinschaftlichen, aber eigenen Kinder dar, die in den gemeinsamen Haushalt aufgenommen worden seien. Wenn nach dem Adoptionsrecht ein fremdes Kind dem ehelichen gleichgestellt und damit rechtlich zum echten gemeinschaftlichen Kind werde, könne kaum davon ausgegangen werden, dass bei der Beurteilung der Unterhaltsfrage ein voreheliches oder einer früheren Ehe entstammendes Kind des einen Ehegatten, das zwar nicht in einem Adoptionsverhältnis stehe, aber – was häufig vorkomme – einvernehmlich in ein faktisches Verhältnis zu beiden Ehepartnern aufgenommen worden sei, gänzlich unberücksichtigt bleibe.

Abg. Thürk nennt als Beispiel für die Problematik den Fall, dass die Mutter ein gemeinschaftliches Kind zu betreuen habe – eine Tatsache, die allein nicht dafür ausreiche, einen Unterhaltsanspruch auszulösen, weil die Mutter unter Berücksichtigung nur dieses Umstands theoretisch in der Lage wäre, einer Erwerbstätigkeit nachzugehen – und dass sie darüber hinaus für ein nicht gemeinschaftliches, aber eigenes Kind sorgen müsse. Damit trete die Situation ein, dass der Mutter praktisch keine berufliche Tätigkeit zugemutet werden könne, die rechtliche Situation aber die Folge, dass ein Unterhaltsanspruch bestehe, nicht auslöse.

Vor dem Hintergrund derartiger – nicht seltener – Situationen solle erneut darüber diskutiert werden, ob nicht der im Unterausschuss abgelehnte Antrag der Abg. Frau Will-Feld als sachgerecht zu beurteilen sei. Gerade diejenigen, die etwa bei der Neuregelung des Adoptionsrechts davon überzeugt gewesen seien, dass die Familie eine rechtliche Einheit bilde und dass demnach ein faktisch zu ihr gehörendes Kind aus dem Familienverband juristisch nicht ausgeschlossen bleiben dürfe, müssten für diese Erwägungen Verständnis haben.

(Abg. Gnädinger (SPD) übernimmt den Vorsitz.)

Abg. Frau Schimschok (SPD) betont demgegenüber, man müsse einen Unterschied zwischen adoptierten und vorehelichen Kindern z.B. der Frau machen. Aus dem Zerbrechen einer Ehe folge häufig eine Hasseinstellung der früheren Partner zueinander, und ein ehemaliger Ehepartner werde somit möglicherweise überfordert, wenn er für ein von einem anderen stammendes Kind seiner ehemaligen Frau sorgen solle.

Abg. Thürk (CDU/CSU) wirft ein, es gehe ihm nicht um den Unterhaltsanspruch des Kindes selbst, sondern nur darum, dass ein solches Kind einen Unterhaltsanspruch der Frau solle mit auslösen können.

Abg. Frau Schimschok (SPD) hält eine Unterhaltsverpflichtung auch unter diesem Gesichtspunkt für problematisch. – An die Vertreter der Bundesregierung richtet sie die Frage, wie viele Kinder vorhanden sein müssten, wenn nach dem Sozialhilferecht ein Unterhaltsanspruch gegenüber dem früheren Ehepartner ausgelöst werden solle.

MDgt Dr. Rolland (BMJ) antwortet, seiner Kenntnis nach gebe es dort keine speziellen Regelungen, sondern nur allgemeine Klauseln.

Abg. Dr. Emmerlich (SPD) regt zum Verfahren an, die Entscheidung über die soeben debattierte Frage der Bewertung gemeinschaftlicher Kinder einerseits, eigener nicht gemeinschaftlicher Kinder andererseits in der Beratung von der Meinungsbildung zu dem Problem zu trennen, welche Regelungen hinsichtlich der Handhabung des § 1571 durch die Rechtsprechung getroffen werden sollten, ob also § 1571 eventuell durch die Formel „Im Zweifel ist in folgenden Fällen davon auszugehen, dass die Voraussetzungen gegeben sind: ...“ oder eine ähnliche Bestimmung ergänzt werden solle.

Stellv. Vors. *Gnädinger* schlägt vor, zunächst weiter darüber zu sprechen, ob nur gemeinschaftliche Kinder einen Unterhaltsanspruch sollten auslösen können.

Abg. Erhard (Bad Schwalbach) (CDU/CSU) führt aus, angesichts des anstehenden Komplexes zeige sich die Unzulänglichkeit des Grundansatzes des Regierungsentwurfs. Er konstruiert den Fall, dass ein junges Ehepaar bei den Eltern der Frau wohne und entweder deren Haushalt voll angehöre oder zumindest von ihnen mit betreut werde; die Eltern der Frau sorgten für die Gesamtausstattung der neu gegründeten Familie. Es würden zwei Kinder geboren; auch sie würden von den Eltern der Mutter in großem Ausmaß mit betreut. Die Ehe halte 15 Jahre; dann trenne sich der Mann aus bei ihm liegenden Gründen von seiner Partnerin. Gleichzeitig werde von den Eltern der Frau ein Teil arbeitsunfähig oder sogar pflegebedürftig und sei in der Folge unmittelbar auf die Tochter angewiesen; die Tochter sei daraufhin nicht mehr, wie bisher, in der Lage, einer Erwerbstätigkeit nachzugehen. Werde die Ehe dann nach vollzogener Trennung geschieden, stelle sich die Frage, ob es hingenommen werden könne, dass der Mann einer Unterhaltsverpflichtung gegenüber der Frau, von deren Familie er bisher entscheidend profitiert habe, nicht unterliege, wie es nach der Systematik des Regierungsentwurfs der Fall sei, wenn der Entwicklungsstand der beiden gemeinschaftlichen Kinder einen Unterhaltsanspruch der Frau nicht mehr rechtfertige.

Somit werde klar, dass die Regierungsvorlage zu Unbilligkeiten führe; die Verkürzung der Anspruchsvoraussetzungen auf die Notwendigkeit der Versorgung gemeinschaftlicher Kinder erweise sich als unzureichend. Notwendig sei ein Generaltatbestand, der der Frau einen Unterhaltsanspruch auch in Fällen wie dem geschilderten sichere und der es dann auch ermögliche, Ausnahmetatbestände zu formulieren. Die bisherige Rechtsprechung habe unter dem Gesichtspunkt der gleichen Verpflichtung, zum gemeinsamen Unterhalt beizutragen, ein im Großen und Ganzen befriedigendes Unterhaltsrecht praktiziert; z.B. werde schon heute sehr stark auf die zumutbare Erwerbstätigkeit nach der Scheidung abgestellt. Eine Generalklausel im neuen Recht werde es ermöglichen, dass die bisher sinnvoller Weise angewandten Maßstäbe fortgelten könnten. Unbilligkeiten der bisherigen Rechtspraxis könnten durch spezielle Regelungen ausgeräumt werden; dazu bedürfe es keines grundsätzlich neuen Ansatzes des Unterhaltsrechts.

Abg. Dr. Emmerlich (SPD) gibt zu, dass sich Fälle denken ließen, die das von Abg. Erhard Ausgeführte stützen könnten, in denen sich also ein dem Rechtsempfinden widersprechendes Ergebnis einstellen könne, wendet sich dann aber gegen die These, daraus ergebe sich die Notwendigkeit, einen generellen Unterhaltstatbestand mit Ausnahmevorschriften einzuführen. Auch bei einer Regelung im Sinne des Bundesrates ließen sich Beispiele bilden, in denen die Rechtspraxis schließlich unbillig erscheinen könne.

Abg. Erhard (Bad Schwalbach) (CDU/CSU) räumt das ein, meint aber, am sinnvollsten und zugleich am ehesten der heutigen Rechtsanwendung entsprechend sei ein genereller Unterhaltsanspruch und die Ausnahme davon für den Fall, dass der Frau eine Erwerbstätigkeit zugemutet werden könne.

Abg. Dr. Emmerlich (SPD) sagt, für eine derartige globale Regelung spreche wohl auf den ersten Blick ihre Schlichtheit, jedoch erscheine der damit gegebene Spielraum für die Rechtsprechung allzu groß. Der Bundesgerichtshof werde durch einen so weitgehenden Verzicht des Gesetzgebers auf Detailbestimmungen gezwungen werden, qua Rechtsprechung selbst genaue Einzelregelungen zu treffen, um das von keiner Seite gewollte Auseinanderfallen der Rechtsprechung in Gerichtsbezirke zu vermeiden. Der sowohl von der Regierungsvorlage als auch vom Bundesratsvorschlag – wenn auch unter verschiedenen Vorzeichen – vorgesehenen Kasuistik sei daher der Vorzug zu geben.

Abg. Dr. Emmerlich führt weiter aus, wenn bei der Regelung der Anspruchsvoraussetzungen auch nicht gemeinschaftliche Kinder berücksichtigt werden sollten, müsse zumindest insoweit eine Einschränkung erfolgen, dass dies nur für Kinder gelte, die während der Ehe in den Familienverband aufgenommen worden seien; andernfalls könne sich die Situation ergeben, dass ein während oder nach der Ehe von einem Dritten erzeugtes Kind einen Unterhaltsanspruch auslöse.

Abg. Erhard (Bad Schwalbach) (CDU/CSU) weist darauf hin, dies könne durch einen Ausnahmetatbestand fixiert werden.

Abg. Dr. Emmerlich (SPD) fährt fort, für den Fall des während der Ehe in den Familienverband aufgenommenen nicht gemeinschaftlichen Kindes müsse dem Gesichtspunkt Rechnung getragen werden, dass bei Auflösung der Ehe die Grundlage für eine Unterhaltsverpflichtung desjenigen, der nicht der Erzeuger des in Rede stehenden Kindes sei, wegfalle; die finanziellen Konsequenzen des Umstandes, dass das Kind die Frau daran hindere, nach der Scheidung für sich selbst zu sorgen, müssten dem tatsächlichen Erzeuger angelastet werden.

Abg. Erhard (Bad Schwalbach) (CDU/CSU) legt dar, er könne sich – einmal unter der noch umstrittenen Voraussetzung des Ausgehens von der Systematik des Regierungsentwurfs - § 1571 als eine sinnvolle Regelung vorstellen, wenn hinter dem Wort „ihm" zwischen Gedankenstrichen eingefügt werde: „*z.B.* wegen der Pflege oder Erziehung eines gemeinschaftlichen Kindes". Damit werde der generelle Charakter der mit den Worten „solange und soweit" beginnenden Voraussetzung unterstrichen und herausgestellt, dass die Pflege oder Erziehung eines gemeinschaftlichen Kindes nur ein Beispiel für einen die Unzumutbarkeit der Erwerbstätigkeit begründenden Sachverhalt darstelle. Derselbe Effekt – die Möglichkeit der Berücksichtigung auch anderer Gründe – ergebe sich auch durch Weglassung der Worte von „wegen" bis „Kindes".

Darüber hinaus müsse in einer Ausnahmebestimmung festgelegt werden, dass kein Unterhalt zu gewähren sei, wenn das unbillig wäre. Die Regierungsvorlage biete diese Ausnahmeregelung derzeit nur in allzu verkürzter Form.

Abg. Frau Schimschok (SPD) äußert Bedenken gegen eine pauschale Abhängigkeit der Unterhaltsberechtigung von der Unzumutbarkeit der Erwerbstätigkeit, da der Spielraum für die Rechtsprechung auf diese Weise zu groß werde, was praktisch z.B. zum Messen mit zweierlei Maß – etwa in Anbetracht der sozialen Stellung der Frau – führen könne. Die begründenden Voraussetzungen müssten zumindest annähernd präzise gefasst werden.

Abg. Thürk (CDU/CSU) verweist, an die Ausführungen des Abg. Erhard anknüpfend, auf die Schwierigkeiten, die bei dem Versuch entstünden, Bestimmungen zur angemessenen Regelung aller Einzelfälle in einen Entwurf wie den der Bundesregierung einzufügen, von dessen systematischer Grundposition man selbst nicht ausgehe. Der Regierungsentwurf basiere an verschiedenen späteren Stellen auf dem Grundtatbestand des § 1571, so dass dieser Paragraph nicht ohne weiteres geändert werden könne. Werde weiter auf der Grundlage des Regierungsentwurfs debattiert, empfehle es sich, notwendige Ergänzungen in Form einer als § 1577 a an den § 1577 anschließenden Generalklausel vorzusehen, die dem Richter die Möglichkeit des Abwägens in den Fällen gebe, die nach der starren Regelung jetziger Art zu Unbilligkeiten führen müssten. – Zu der Frage, ob prinzipiell der Systematik des Regierungsentwurfs oder der des Bundesratsvorschlags der Vorzug zu geben sei, erklärt Abg. Thürk, er persönlich versteife sich nicht von vornherein auf eine der beiden Möglichkeiten.

Zu dem bereits im Unterausschuss zur Diskussion gestellten neuen § 1577 a kündigt er an, er werde, um den Vorstellungen der Abg. Dr. Emmerlich und Erhard entgegenzukommen, beantragen, dass die Bestimmung in der einschränkenden Formulierung „kann ... aus sonstigen schwerwiegenden, in den ehelichen Lebensverhältnissen liegenden Gründen Unterhalt verlangen" in das Gesetz aufgenommen werde. Als Vorbild für diese Anregung diene § 1572 des Bundesratsvorschlags.

Abg. Thürk kommt dann erneut auf die Frage der Berücksichtigung anderer als gemeinschaftlicher Kinder zu sprechen und betont, bei der Adoption werde ein biologisch fremdes Kind rechtlich voll in den Familienverband aufgenommen. Demgegenüber dürfe ein zumindest mit einem der Ehepartner blutsverwandtes Kind, das zudem durch das Einverständnis des anderen Ehegatten de facto in die Familie Aufnahme gefunden habe, nicht dadurch benachteiligt werden, dass es als Auslösungsfaktor für einen Unterhaltsanspruch der Mutter vollkommen ausscheide.

MDgt Dr. Rolland (BMJ) bezweifelt die Schlüssigkeit des Vergleichs mit der Adoption unter Hinweis darauf, dass die neue Volladoption ein echtes Verwandtschaftsverhältnis des Kindes nicht nur zu einem, sondern zu beiden Ehepartnern begründe. Dass sich daraus gegebenenfalls Unterhaltsansprüche ableiteten, sei nur konsequent. Dagegen gebe es im Falle der Auflösungwirkung durch ein zwar eigenes, aber nicht gemeinschaftliches Kind Schattenseiten, etwa die, dass künftig – vor dem Hintergrund eines sich bereits entwickelnden und nach der Verabschiedung des Gesetzes vermutlich zum Durchbruch kommenden neuartigen Problembewusstseins hinsichtlich der ehelichen Bindung – Eheschließungen bei vorherigem Vorhandensein eines Kindes, das im Anschluss an eine eventuelle Scheidung eine Unterhaltsverpflichtung auslösen würde, unterbleiben könnten. Dadurch würde es möglicherweise zu familienpolitisch unerwünschten „Unterhaltskonkubinaten" kommen.

Abg. Dr. Emmerlich (SPD) geht nochmals auf die von ihm bereits angestellten Überlegungen zur Ergänzung des § 1571 durch eine Zweifelsfall-Bestimmung ein und erklärt, Ausgangspunkt sei ursprünglich der Gedanke gewesen, die Offenheit einer Beweislage solle nicht zu Lasten des Antragstellers – bei den gegebenen sozialen Verhältnissen also normalerweise der Frau – gehen. Nach der bisherigen Diskussion scheine jedoch gar nicht dieses, sondern das Problem im Vordergrund zu stehen, ob der Spielraum des Richters für rechtliche Wertungen eingeengt werden solle. Dazu sei nach allen angestellten Erwägungen zu sagen, dass eine Einengung dieses Spielraums wohl nicht zu mehr Gerechtigkeit im zweifelsfreien Einzelfall führen werde, so dass von einer Ergänzung des § 1571 in diesem Sinne abgesehen werden solle.

Stellv. Vors. *Gnädinger* fasst die zu § 1571 geleisteten Beiträge dahingehend zusammen, dass eine Änderung in Form einer der beiden Anregungen des Abg. Erhard – Einfügung von „z.B." oder Weglassung der Worte von „wegen" bis „Kindes" – unterbleiben solle, da § 1571 durch eine solche Änderung seines wesentlichen Inhalts entkleidet und zu einer bloßen Konkurrenzklausel zu § 1570 würde, dass aber im Anschluss an die Behandlung des § 1577 über eine ergänzende Generalklausel in Form eines § 1577 a gesprochen werden solle.

Die anfänglich erwogene Ergänzung des § 1571 durch eine Zweifelsfall-Regelung solle nicht mehr weiterverfolgt werden, und für die Übernahme der Erweiterung im Sinne des Antrags der Abg. Frau Will-Feld – Einfügung der Worte „oder eines eigenen nicht gemeinschaftlichen Kindes" scheine sich nach wie vor keine Mehrheit zu finden.

Abg. Erhard (Bad Schwalbach) (CDU/CSU) wendet zur Frage der unveränderten Übernahme des § 1571 und des Hinausschiebens einer Generalklausel hinter den § 1577 ein, er verstehe § 1570 nicht als eine in irgendeiner Weise materiell anspruchsgewährende Bestimmung, sondern als generelles Postulat ähnlich dem von der CDU/CSU an anderer Stelle vertretenen Satz „Die Ehe ist grundsätzlich auf Lebenszeit angelegt.", und wenn dieses Verständnis richtig sei – allerdings nur dann, und deshalb sei die Klarstellung wichtig –, müsse die materielle Sicherung des Anspruchs auf § 1571 beruhen, und dazu biete die von ihm, Abg. Erhard, vorgeschlagene Formulierung den richtigen Rahmen.

MDgt Dr. Rolland (BMJ) bestätigt, § 1570 habe den Charakter eines Grundsatzes oder einer Leitlinie; die Worte „nach den folgenden Vorschriften“ verwiesen auf die konkreten Normen. Als materielle Anspruchsgrundlage könne § 1570 nicht dienen.

Das Voranstellen einer allgemeinen Bestimmung wie der des § 1570 vermeide die Notwendigkeit, im Gesetzestext übergangslos mit den kasuistischen Regelungen zu beginnen. Des weiteren enthalte § 1570, wenn die Worte „nach den folgenden Vorschriften“ im Sinne von „*nur* nach den folgenden Vorschriften“ interpretiert würden, eine sinnvolle Anspruchsbegrenzung.

Abg. Thürk (CDU/CSU) vertritt die Auffassung, dennoch sei § 1570 des Regierungsentwurfs – im Gegensatz zu der echten Generalklausel des Bundesratsvorschlages – letzten Endes entbehrlich. Da er jedoch nicht störe, brauche sich an seiner Existenz keine Diskussion zu entzünden.

Zum Problem der Ausdehnung der Anspruchsgründe auf die Pflege oder Erziehung eines eigenen nicht gemeinschaftlichen Kindes im Sinne des im Unterausschuss abgelehnten Antrags der Abg. Frau Will-Feld stellt er nochmals fest, es sei wünschenswert, dass erreicht werde, dass auch derartige Fälle unterhaltsauslösend sein könnten. Da es sich frage, ob eine solche Einbeziehung durch eine spätere Generalklausel angesichts der Tatsache erreicht werden könne, dass § 1571 eine definitive Begrenzung auf die gemeinschaftlichen Kinder beinhalte, müsse über eine Änderung des § 1571 in dieser Richtung weiter gesprochen werden. – Er bittet das Bundesjustizministerium, zu prüfen, ob eine Formulierung des § 1571 gefunden werden könne, die es nicht ausschließe, dass zumindest mittels einer späteren Generalklausel für den Richter klargestellt werde, dass bei der Gefahr der Unbilligkeit die Anspruchsvoraussetzungen über die Pflege oder Erziehung eines gemeinschaftlichen Kindes hinaus ausgedehnt werden dürften.

Eine Möglichkeit, den gewünschten Effekt zu erreichen, bestehe, wie von Abg. Erhard bereits angedeutet, in der Tat darin, § 1571 dadurch elastischer zu gestalten, dass – etwa durch die Voranstellung des Wortes „insbesondere“ – die Worte „wegen der Pflege oder Erziehung eines gemeinschaftlichen Kindes“ ihres Ausschließlichkeitscharakters beraubt würden und Beispielcharakter erhielten. Das eröffne die Möglichkeit der Einbeziehung anderer schwerwiegender Umstände.

Der *Ausschuss* kommt im Anschluss an einen Verfahrensvorschlag des *Abg. Engelhard* (FDP) danach zu dem Ergebnis, die Debatte dadurch zu rationalisieren, dass die Frage der Ausweitung der Anspruchsgründe durch eine Änderung des § 1571 oder durch Einfügung einer späteren Generalklausel in Form eines § 1577 a erst dann geklärt werden solle, wenn eine Weiterberatung der Einzelbestimmungen des Regierungsentwurfs konkret ergeben haben werde, an welchen Stellen nach Auffassung der CDU/CSU-Vertreter die der Diskussion zugrunde liegende Vorlage keine zureichende Unterhaltsregelung biete. Demgemäß solle zunächst § 1571 unverändert gelassen und die Aussprache über die folgenden Einzelberatungen begonnen werden.

Abg. Dr. Emmerlich (SPD) legt daraufhin zu § 1572 dar, im Unterausschuss sei eingehend erwogen worden, ob der Begriff „Alter“ hier näher, d.h. durch Angabe einer bestimmten Altersgrenze, umrissen werden müsse. Ebenso wie bei § 1571 könne jedoch durch eine solche Präzisierung ein Mehr an Gerechtigkeit kaum erwartet werden. Daher solle die Fassung des Regierungsentwurfs mit einer Änderung – in Nr. 3 Bezug nicht nur auf die Absätze 1, 2 und 4 des § 1574, sondern auf den gesamten § 1574 – übernommen werden.

Abg. Thürk (CDU/CSU) erklärt sich damit grundsätzlich einverstanden. Eine Fixierung einer Altersgrenze sei angesichts der Unterschiedlichkeit der Lebensverhältnisse im Einzelfall überaus problematisch.

Abg. Erhard (Bad Schwalbach) (CDU/CSU) macht darauf aufmerksam, die starre Bindung an den Zeitpunkt der Scheidung sowohl in § 1572 als auch in *§ 1573* könne zu Schwierigkeiten führen. Es sei denkbar, dass im Zeitpunkt der Scheidung Verhältnisse gegeben seien, die drei Monate später nicht mehr vorlägen. Man könne sich etwa vorstellen, dass die Frau während des Scheidungsverfahrens – d.h. bereits in der Zeit des Getrenntlebens – eine Erwerbstätigkeit aufgenommen habe und zum Zeitpunkt der Scheidung also erwerbstätig sei. Ein Unterhaltsanspruch im Zeitpunkt der Scheidung bestehe danach nicht. Melde der Arbeitgeber dieser Frau kurze Zeit nach Rechtskräftigwerden des Scheidungsurteils Konkurs an und finde sich eine andere Möglichkeit der Berufstätigkeit nicht, müsse ein Nichtexistieren eines Unterhaltsanspruchs wohl als unbillig angesehen werden. Es stelle sich hier die Frage des nachträglichen Bestehens eines bei der Scheidung nicht vorhandenen und nicht vorhergesehenen Unterhaltsanspruchs.

MDgt Dr. Rolland (BMJ) weist darauf hin, der geschilderte Fall gehöre in den Bereich des *§ 1574*. Generell seien nach dem Entwurf die Verhältnisse zum Zeitpunkt der Scheidung nur *ein* Kriterium für die Unterhaltsregelung. § 1574 Abs. 4 mache eine Einbeziehung auch nachträglich eingetretener Tatbestände durchaus möglich, und auch im Übrigen seien Anschlussansprüche unter Weglassung des Bezugs auf den Zeitpunkt der Ehescheidung sehr wohl vorstellbar. Ausgeschlossen sein solle ein Unterhaltsanspruch allerdings dann, wenn nachträglich Tatsachen einträten, bei denen überhaupt kein Bezug zur Ehe mehr zu erkennen sei.

Abg. Erhard (Bad Schwalbach) (CDU/CSU) knüpft daran mit der Frage an, wie sich die Situation darstelle, wenn die Erwerbstätigkeit der in dem Beispiel genannten Frau nach wenigen Monaten nicht durch Konkurs des Arbeitgebers, sondern durch eigene Krankheit – die in keinem Bezug zur früheren Ehe stehe – ein Ende finde. Es sei bedenklich, dass § 1574 Abs. 4 nur auf die Unmöglichkeit einer Erwerbstätigkeit auf Grund des Fehlens von Arbeitsplätzen, nicht auch auf andere zwingende Gründe für die Beendigung der Berufstätigkeit abstelle.

MDgt Dr. Rolland (BMJ) entgegnet, § 1574 Abs. 4 begründe einen selbstständigen Anspruch. Trete ein Ereignis – sei es eine Erkrankung, sei es ein Unfall – ein, das dazu führe, dass die Erwerbstätigkeit nicht fortgesetzt werden könne, ergebe sich ein Unterhaltsanspruch.

Abg. Erhard (Bad Schwalbach) (CDU/CSU) meint, diese Auslegung des § 1574 entspreche dem angestrebten Ziel, finde aber im Text keine Stütze. Es müsse deutlich werden, dass ein Unterhaltsanspruch auch nachträglich wieder aufleben könne.

Abg. Dr. Emmerlich (SPD) erkundigt sich bei Abg. Erhard, ob er ein solches Wiederaufleben auch 20 Jahre nach der Scheidung für berechtigt hielte.

Abg. Erhard (Bad Schwalbach) (CDU/CSU) antwortet, dieser Fall sei zu bedenken und könne im Übrigen nur durch eine generelle Unterhaltsausschlussregelung in Form einer Billigkeitsklausel angemessen erfasst werden.

Abg. Dr. Emmerlich (SPD) widerspricht dem mit der Bemerkung, eine generelle positive Auffangklausel könne denselben Zweck erfüllen.

Stellv. Vors. *Gnädinger* bittet nach einem Hinweis des *Abg. Erhard* darauf, dass es gerade hier unmöglich sei, die Schwächen des von einem anderen Grundansatz ausgehenden Regierungsentwurfs durch Einzelanträge beseitigen zu wollen, darum, die Debatte über die unterschiedlichen Systematiken an dieser Stelle nicht wieder aufkommen zu lassen und die Beratungen auf der Grundlage des Regierungsentwurfs fortzuführen, da es ansonsten unvermeidlich sein werde, dass die Diskussion über die noch nicht getroffene Grundentscheidung bei jeder einzelnen Bestimmung neu begonnen werde. – Er fragt, ob unter dieser Voraussetzung Einwendungen gegen die vom Unterausschuss vorgelegten Fassungen der §§ 1572 und 1573 erhoben werden.

Abg. Erhard (Bad Schwalbach) (CDU/CSU) spricht sich dafür aus, auch unter diesen Umständen in beiden Paragraphen die Formulierung „im Zeitpunkt ... der Scheidung" wegfallen und die Aufzählung der Tatbestände jeweils mit der Beendigung der Pflege oder der Erziehung beginnen zu lassen. Nach einer solchen Streichung werde auch die Erarbeitung einer abschließenden Generalklausel leichter fallen.

§ 1573

Abg. Dr. Emmerlich (SPD) legt dar, ob eine Krankheit oder Schwäche der geistigen oder körperlichen Kräfte vorliege, sei weitgehend eine Tatsachenfeststellung. Es erhebe sich die Frage, wer die Beweislast tragen sollte, wenn im Prozess das Vorliegen dieser tatsächlichen Voraussetzungen in dem erforderlichen Umfang nicht feststellbar sei. Die in der Regierungsvorlage vorgesehene Beweislastverteilung sei wohl die richtige, allenfalls könnte daran gedacht werden, die Beweislast für einen bestimmten Zeitraum nach der Scheidung umzukehren.

Abg. Erhard (Bad Schwalbach) (CDU/CSU) bezeichnet die vorgesehene Fassung als zu einseitig. Wo vorhandene Unterhaltsansprüche wegfallen könnten, müsse auch die Möglichkeit ihres Wiederauflebens vorgesehen werden.

§ 1574

Abg. Thürk (CDU/CSU) sieht in Abs. 1 das vieldiskutierte Problem der nachhaltigen Sicherung des Ehegatten nach der Scheidung angesprochen. Die vorliegende Fassung sei zu verschwommen; sie lasse einen Unterhaltsanspruch vermuten, gewähre ihn jedoch nicht wirklich, da die Bundesregierung auf Befragen erklärt habe, „nach der Scheidung" bedeute während der Scheidung und kurz danach. Diese Worte könnten aber auch so ausgelegt werden, dass die gesamte Zeit nach der Scheidung gemeint sei. Dann aber würde der Anspruch auf außerordentlichen Unterhalt sehr viel weiter gehen als der Anspruch auf ordentlichen Unterhalt.

MDgt Dr. Rolland (BMJ) führt aus, in dieser Vorschrift könnten die Worte „im Zeitpunkt der Scheidung“ deshalb nicht verwendet werden, weil es hier um einen fortlaufenden Prozess gehe und nicht um die Feststellung, ob zu einem bestimmten Zeitpunkt eine bestimmte Tatsache – z.B. Alter oder Krankheit – gegeben sei oder nicht. Bis zur Scheidung sei die Frage, ob sich der Ehegatte um eine Erwerbstätigkeit bemühen müsse, nach völlig anderen Gesichtspunkten zu beurteilen als hinterher; das Bemühen um eine Erwerbstätigkeit brauche erst nach der Scheidung einzusetzen und sei nicht punktuell zu sehen, sondern fortdauernd. Sei aus den Umständen zu schließen, dass der geschiedene Ehegatte eine Erwerbstätigkeit hätte finden können, höre im gleichen Augenblick der Unterhaltsanspruch auf.

Abg. Thürk (CDU/CSU) räumt ein, dass die Dauer des Unterhaltsanspruchs nicht unbegrenzt sein sollte. Es erscheine jedoch ungerecht, auf den Tag der Scheidung abzustellen und z.B. einen Unterhaltsanspruch dann zu versagen, wenn der Ehegatte zwar nicht am Tage der Scheidung krank sei, aber wenige Tage später krank werde. Er spricht sich dafür aus, auf einen bestimmten Zeitraum abzustellen, innerhalb dessen ein bis dahin nicht vorhandener oder erloschener Anspruch aufleben könne.

Vors. *Dr. Lenz* bildet das Beispiel, dass eine Frau bei der nach dem Scheidungsurteil verlangten Trennung des Hausrats verunglücke und deshalb nicht mehr in der Lage sei, ihrem bis dahin ausgeübten Beruf nachzugehen, und möchte wissen, ob in einem derartigen Fall ein Unterhaltsanspruch bestehe.

MDgt Dr. Rolland (BMJ) stellt klar, wenn beide Ehegatten bereits vor der Scheidung voll erwerbstätig gewesen seien, sei zum Zeitpunkt der Scheidung der Unterhalt nachhaltig gesichert; trete nach der Scheidung Arbeitsunfähigkeit ein – z.B. durch den vom Vorsitzenden geschilderten Unfall –, bestehe nach der Konzeption des Regierungsentwurfs tatsächlich kein Unterhaltsanspruch. In diesem Fall greife dann allerdings die sozialversicherungsrechtliche Erwerbsunfähigkeitsregelung Platz.

Abg. Thürk (CDU/CSU) wirft ein, das Letztere gelte aber nicht für Selbstständige, etwa eine Bäckersfrau.

MDgt Dr. Rolland (BMJ) äußert Zweifel, ob es einen Rechtsgrund für eine Differenzierung gebe, wenn zum Zeitpunkt der Scheidung der Unterhalt nachhaltig gesichert sei. Auch sei es schwierig, eine Grenze für den Zeitraum zu ziehen, innerhalb dessen ein Unfall für den Unterhaltsanspruch noch relevant sein sollte.

Abg. Frau Schimschok (SPD) möchte wissen, ob bei einer zum Zeitpunkt der Ehescheidung bereits latent vorhandenen, aber erst später ausbrechenden Krankheit ein Unterhaltsanspruch gegeben sei.

Abg. Dr. Emmerlich (SPD) vertritt die Auffassung, es komme auf das Vorhandensein der Krankheit, nicht auf ihre Feststellung an. Gegen eine entsprechende Klarstellung im Gesetz sei nichts einzuwenden.

Abg. Thürk (CDU/CSU) legt dar, bei einer latent vorhandenen Krankheit könne der Betroffene durchaus arbeiten; somit sei die nach dem Text verlangte Voraussetzung nicht gegeben, dass er mit Rücksicht auf die Krankheit nicht arbeiten könne. Ein Unterhaltsanspruch werde demnach durch die vorliegende Fassung nicht gewährt.

Abg. Erhard (Bad Schwalbach) (CDU/CSU) macht darauf aufmerksam, dass der Versorgungsausgleich kein ausreichender Ersatz für einen Unterhaltsanspruch sei, da er nur wirksam werde, wenn der Betroffene Altersrente erhalte. Eine vierzigjährige Geschiedene müsste also etwa 20 Jahre überbrücken, bis sie etwas vom Versorgungsausgleich habe. Es erscheine sehr unbillig, den geschiedenen Ehegatten in derartigen Fällen an die Sozialhilfe zu verweisen.

Vors. *Dr. Lenz* hält es ebenfalls für grob unbillig, dass die geschiedene Frau eines Selbstständigen, die während der Ehe wegen ihrer Kinder keine Erwerbstätigkeit habe ausüben können, nach der Scheidung eine Erwerbstätigkeit aufnehmen wolle, dann aber unmittelbar nach der Scheidung bei der Trennung des Hausrats – einer Tätigkeit, welche im Zusammenhang mit der Scheidung stehe – einen so schweren Unfall erleide, dass sie erwerbsunfähig werde, keinen Unterhaltsanspruch haben solle, zumal sie dann auch keinen Anspruch aus der Sozialversicherung habe.

MDgt Dr. Rolland (BMJ) entgegnet, in einem solchen Fall sei durchaus ein Unterhaltsanspruch nach § 1574 gegeben, da diese Vorschrift nicht auf den Zeitpunkt der Scheidung, sondern auf den Zeitraum nach der Scheidung abstelle. Überhaupt komme man bei den meisten der angeführten Beispiele – etwa auch bei der Bäckersfrau, die 20 Jahre im Geschäft mitgearbeitet habe – zu einem Unterhaltsanspruch, da ja eine „angemessene“ Erwerbstätigkeit gefunden werden müsse. Es sei auch nicht so, dass der Versorgungsausgleich erst im Rentenalter etwas erbringe; ein wesentliches Moment für die Tendenz zum Rentensplitting sei die Tatsache, dass der Ehegatte auch in den Genuss des Anspruchs auf Erwerbs- oder Berufsunfähigkeitsrente komme. Von einer Lücke könne nur in denjenigen Fällen die Rede sein, wo der Lebensunterhalt zum Zeitpunkt der Scheidung nachhaltig gesichert sei und dann später ein Ereignis eintrete, das in keinem Zusammenhang mit der Ehe stehe. Nach dem Regierungsentwurf werde in einem solchen Fall eine Verantwortlichkeit der ehemaligen Eheleute füreinander in wirtschaftlicher Hinsicht mit voller Absicht verneint.

Abg. Dr. Emmerlich (SPD) legt die Worte „von ihm die Aufnahme einer Erwerbstätigkeit nicht erwartet werden kann“ so aus, dass diese Voraussetzung auch dann gegeben sei, wenn der Betroffene zwar im Zeitpunkt der Ehescheidung erwerbstätig gewesen sei, da die Erkrankung erst später festgestellt werde, dass ihm aber, wenn er um diese Erkrankung gewusst hätte, nicht hätte zugemutet werden können, eine Erwerbstätigkeit aufzunehmen. Im Übrigen sieht er in Abs. 2 eine Konkretisierung des Wortes „soweit“ in Abs. 1.

MDgt Dr. Rolland (BMJ) erklärt, die Bundesregierung stimme der von Abg. Dr. Emmerlich angeführten Auslegung im Ergebnis zu, wenn dieses Ergebnis auch etwas anderes, nämlich über den Begriff „nachhaltig“ begründet werde. Der Begriff „nachhaltig“ sei aus dem Entschädigungsgesetz übernommen. In der Begründung sei ausdrücklich auf die Rechtsprechung zu diesem Begriff verwiesen, nach der Umstände, die bereits zu einem früheren Zeitpunkt vorgelegen hätten, jedoch noch nicht erkannt worden seien, nachträglich zu berücksichtigen seien. Die Berücksichtigung einer latent vorhandenen Krankheit komme auch dann in Betracht, wenn der Ehegatte bereits während der gesamten Ehe erwerbstätig gewesen sei.

Abg. Thürk (CDU/CSU) bestreitet, dass sich das aus der vorliegenden Fassung der Vorschrift ergebe. Eine latent vorhandene Krankheit sei kein Hindernis für die Aufnahme einer Erwerbstätigkeit.

MDgt Dr. Rolland (BMJ) betont, man dürfe die Frage der Beweislast nicht überbewerten, da die meisten in diesem Zusammenhang relevanten Tatsachen entweder auf der Hand lägen oder durch objektive Auskünfte beweisbar seien. So ließen sich die Aussichten, eine angemessene Erwerbstätigkeit zu finden, durch Auskunft des Arbeitsamts feststellen. Auch nach geltendem Recht habe sich in dieser Hinsicht keine Schwierigkeit ergeben; er kenne keine Entscheidung über Unterhaltsfragen, in der die Frage der Beweislast eine Rolle gespielt hätte.

Was das Verhältnis der Abs. 1 und 2 zueinander angehe, beziehe sich das Wort „soweit" auf den Fall der Teilzeitarbeit, während Abs. 2 den Fall betreffe, dass auch eine volle Erwerbstätigkeit zur Sicherung des Lebensunterhalts nicht ausreiche.

Abg. Thürk (CDU/CSU) sieht eine gewisse Diskrepanz zwischen der Regelung hinsichtlich des späteren Wiederauflebens eines außerordentlichen Unterhaltsanspruchs und der strikten Ablehnung eines solchen Wiederauflebens bei Vorliegen eines ordentlichen Unterhaltsanspruchs. Es sollte doch der Versuch gemacht werden, eine generelle Regelung für das Wiederaufleben sowohl des ordentlichen wie des außerordentlichen Unterhaltsanspruchs zu finden. Dies könne am besten durch Festsetzung eines Zeitraums geschehen, der es dem Geschiedenen ermögliche, den Versuch zu unternehmen, seinen Lebensunterhalt sicherzustellen.

MDgt Dr. Rolland (BMJ) weist darauf hin, dass die Festlegung einer Frist auch zu Lasten dessen gehen könnte, der einen Unterhaltsanspruch geltend machen wolle.

Vors. *Dr. Lenz* zieht eine Parallele zwischen der vorliegenden Regelung und einem Beispiel aus der Schifffahrt: Wer ein Schiff torpediere, sei verpflichtet, die Schiffbrüchigen zu retten, es sei denn, sie wären inzwischen von einem anderen Schiff aufgenommen worden, also nachhaltig gesichert. In diesem Augenblick erlösche die Hilfeleistungspflicht und lebe auch dann nicht wieder auf, wenn das andere Schiff von einem Dritten torpediert werde. Das Begehren des Bundesrats sei – auf dieses Beispiel angewandt – dahin zu verstehen: Wer ein Schiff torpediere, bleibe auch dann zur Hilfeleistung verpflichtet, wenn die Schiffbrüchigen zwar zunächst durch ein anderes Schiff gerettet worden seien, dieses dann aber ebenfalls untergehe.

MDgt Dr. Rolland (BMJ) bestätigt dies. Es stelle sich die Frage, ob es billig sei, den Geschiedenen auch dann zur Unterhaltsleistung zu verpflichten, wenn sein Ehegatte inzwischen das „rettende Schiff" schon erreicht habe.

Abg. Thürk (CDU/CSU) stellt die Frage, welchen Sinn es habe, dass in Abs. 3 u.a. auf § 1572 verwiesen werde.

MDgt Dr. Rolland (BMJ) antwortet, es sei an den – sicher seltenen Fall – gedacht, dass jemand, der frühzeitig gealtert sei, sich so erhole, dass sein Alter – im Sinne der Gerontologie gemeint – kein Hinderungsgrund mehr für eine Erwerbstätigkeit sei.

§ 1575

Abg. Thürk (CDU/CSU) wirft die Frage auf, ob die Vorschrift an diese Stelle gehöre oder ob man sie nicht besser hinter die einzelnen Unterhaltsanspruchsparagraphen stellen sollte.

MDgt Dr. Rolland (BMJ) meint, man könne durchaus darüber diskutieren, ob man die Vorschrift nicht hinter § 1576 stellen sollte. Es sei jedoch zu bedenken, dass der Ausbildungsanspruch des § 1576 ein Anspruch eigener Art sei, der Züge eines Schadensersatz- oder mindestens Ausgleichsanspruchs trage und nicht in die Reihe der Vorschriften über den laufenden Unterhalt gehöre. Außerdem sei der Begriff der angemessenen Erwerbstätigkeit ein so zentraler Begriff, dass er sich nach Meinung des Bundesjustizministeriums möglichst bald an die Unterhaltsanspruchsvorschriften anschließen sollte.

Vors. *Dr. Lenz* fragt, warum der Unterausschuss eine Änderung des letzten Halbsatzes des Abs. 2 vorschlage.

MDgt Dr. Rolland (BMJ) erläutert, Abs. 3 solle auf das Ziel einer Ausbildung, Fortbildung oder Umschulung abstellen, und dazu gehörten außer der Fähigkeit auch die anderen in Abs. 2 aufgeführten Merkmale einer angemessenen Erwerbstätigkeit.

§ 1576

Abg. Dr. Emmerlich (SPD) berichtet, die vom Unterausschuss vorgeschlagene Änderung des Abs. 1 Satz 2 sei in der Sache einstimmig, in der Formulierung allerdings nur mehrheitlich beschlossen worden.

Abg. Thürk (CDU/CSU) legt dar, das Problem des § 1576 bestehe darin, dass er leicht missbraucht werden könne. Der Unterausschuss habe sehr lange darüber beraten, wie man den Anspruch nach § 1576 einigermaßen eingrenzen könne, ohne den Sinn der Vorschrift zu beeinträchtigen. Der Unterausschuss sei dabei zu einem Kompromiss gelangt, der keine befriedigende Lösung darstelle, und habe gemeint, die Vorschrift sollte in den Einzelheiten noch einmal im Rechtsausschuss beraten werden. Es sei die Frage, ob die vom Unterausschuss mehrheitlich beschlossene oder die von ihm im Unterausschuss beantragte Fassung die zweckmäßigere sei.

Der von ihm im Unterausschuss beantragte Abs. 4 solle sicherstellen, dass auch der geschiedene Ehegatte bei Vorliegen der Anspruchsvoraussetzungen Ausbildungsförderung aus öffentlichen Mitteln bekomme. Wenn soziale Leistungen an bestimmte Tatbestände anknüpften, dann sollten sie bei Vorliegen dieser Tatbestände auch in allen Fällen gewährt werden. Das Wort „Bundesausbildungsförderungsgesetz" sollte allerdings durch eine allgemeinere Formulierung wie „Ausbildungsförderungsvorschriften" ersetzt werden, damit auch etwaige andere zukünftige Regelungen erfasst würden.

Abg. Dr. Emmerlich (SPD) betont, der Unterausschuss habe dem Gesichtspunkt entscheidendes Gewicht beigemessen, dass der unterhaltsbedürftige Ehegatte die Möglichkeit bekommen sollte, sich auf eigene Füße zu stellen. Im Übrigen müsse derjenige Ehegatte, der den § 1576 in Anspruch nehme, beweisen, dass die Anspruchsvoraussetzungen gegeben seien. Eine partielle oder generelle Umkehrung der Beweislast würde die Gefahr eines Missbrauchs unerträglich groß werden lassen.

MDgt Dr. Rolland (BMJ) erklärt, die Bundesregierung habe gegen den von Abg. Thürk vorgeschlagenen Abs. 4 erhebliche Bedenken. Das Verhältnis von Leistungen nach öffentlichem Recht zu Leistungen nach privatem Recht werde in den einzelnen Gesetzen bestimmt. Im BAFöG sei das Subsidiaritätsprinzip verankert. Wenn man für diesen Fall das Subsidiaritätsprinzip aufhebe, sei die Frage, ob es nicht auch für andere Fälle des

BAFöG und womöglich auch in anderen Gesetzen, etwa dem Bundessozialhilfegesetz, aufgehoben werden müsste. Wenn der Ausschuss jedoch eine Änderung des Subsidiaritätsprinzips für das BAFöG beschließen wolle, sollte das im BAFöG geschehen.

§ 1577 a

Abg. Dr. Emmerlich (SPD) legt dar, der Unterausschuss habe festgestellt, dass bei einer enumerativen Aufzählung von Unterhaltstatbeständen nicht mit letzter Sicherheit ausgeschlossen werden könne, dass Fälle übrig blieben, in denen das Gerechtigkeitsempfinden einen Unterhaltsanspruch für geboten erachte. Auf die Vorschläge des Bundesrates und der Minderheit im Unterausschuss sei die Mehrheit des Unterausschusses deshalb nicht eingegangen, weil diese Formulierungen nicht ausschlössen, dass zur Begründung des Unterhaltsanspruchs auf die Gründe für das Scheitern der Ehe zurückgegriffen werden könne, und der Unterausschuss habe nicht gewollt, dass der Unterhalt als Sanktion für ein Fehlverhalten in der Ehe gewährt werde. Wenn es gelinge, eine Formulierung zu finden, die den Rückgriff auf die Gründe für das Scheitern der Ehe unmöglich mache, würde sich das Problem des § 1577 a für ihn in einem neuen Licht stellen. Ihm schwebe vor, den von Abg. Thürk beantragten § 1577 a durch den Zusatz zu ergänzen, dass dabei auf die Gründe für das Scheitern der Ehe nicht zurückgegriffen werden dürfe.

Abg. Engelhard (FDP) tritt dafür ein, diejenigen Fälle, in denen es unbillig erscheinen könnte, keinen Unterhaltsanspruch zuzubilligen, nicht durch eine Generalklausel, sondern durch entsprechende Tatbestandsformulierungen abzudecken. Im Falle einer Generalklausel könnte es leicht zu einer „Unterhaltsgeographie“ kommen.

Vors. *Dr. Lenz* meint, Abg. Dr. Emmerlich wolle also einen Unterhaltsanspruch etwa in dem Fall zubilligen, dass die Frau in der Ehe eine besondere Leistung erbracht habe, beispielsweise erwerbstätig gewesen ist, um dem Mann das Studium zu ermöglichen und gleichzeitig den Haushalt versorgt und die Kinder aufgezogen habe, während er keinen Unterhaltsanspruch etwa in dem Fall geben wolle, dass der Ehemann die Frau böswillig verlassen habe, die Frau aber genug Vermögen habe, um davon den Unterhalt für sich und die Kinder bestreiten zu können.

Abg. Dr. Emmerlich (SPD) bestätigt das und fügt hinzu, auch der Fall, dass die Ehefrau während der Ehe die Pflege der Eltern des Ehepartners übernommen habe, könne so gestaltet sein, dass es unbillig wäre, keinen Unterhaltsanspruch zu gewähren.

Abg. Engelhard (FDP) fragt, ob noch an weitere Fälle gedacht sei. Die zwei Fälle, die bisher genannt worden seien, ließen sich wohl auch ohne Generalklausel bewältigen.

Abg. Thürk (CDU/CSU) vertritt die Ansicht, der Versuch, alle zum Unterhalt verpflichtenden Tatbestände enumerativ aufzuführen, werde scheitern. Er sei damit einverstanden, den von ihm vorgeschlagenen Generaltatbestand in dem von Abg. Dr. Emmerlich angeregten Sinn zu ergänzen, damit es nicht auf dem Wege über die Generalklausel wieder zu einem Schuld-Scheidungsrecht komme.

Vors. *Dr. Lenz* stellt folgende Formulierung zur Diskussion: „Ein geschiedener Ehegatte kann von dem anderen aus sonstigen schwerwiegenden, in den ehelichen Lebensverhältnissen liegenden Gründen Unterhalt verlangen, solange und soweit die Versagung von Unterhalt unter Berücksichtigung der Belange beider Ehegatten grob unbillig wäre. Die Gründe für das Scheitern der Ehe bleiben dabei außer Betracht."

MDgt Dr. Rolland (BMJ) erklärt, er wolle sich nicht zu der prinzipiellen Frage der Einführung einer solchen Generalklausel äußern, sondern nur einen Hinweis für den Fall geben, dass der Ausschuss eine solche Vorschrift beschließen wolle: Eine Klausel, dass auf die Gründe für das Scheitern der Ehe nicht zurückgegriffen werden dürfe, werde das Gericht zwingen, zu prüfen, ob der angegebene Grund oder welche anderen Gründe für das Scheitern der Ehe relevant gewesen seien. Damit würden Elemente des bisherigen Scheidungsrechts übernommen.

Bei den gebildeten Beispielen handle es sich zum Teil um das Problem der Rückabwicklung überobligationsmäßiger Leistungen aus der Zeit der Ehe. Es sei die Frage, ob die Zubilligung eines Unterhaltsanspruchs – der sonst dazu gedacht sei, den Lebensbedarf zu sichern – das richtige Mittel hierfür sei. Allerdings könnte man dieses Problem vernachlässigen, wenn man davon ausgehe, dass das Gericht im Hinblick auf die Worte „solange und soweit" und „grob unbillig" den Unterhaltsanspruch – sei es von vornherein, sei es im Wege der Abänderungsklage – begrenzen und damit die Kongruenz zu dem, was geleistet worden sei, herstellen werde.

Abg. Erhard (Bad Schwalbach) (CDU/CSU) vertritt die Ansicht, es werde nicht gelingen, die Unterhaltsregelung völlig von den Vorgängen in der Ehe zu trennen. Das habe auch die Bundesregierung erkannt; er erinnert in diesem Zusammenhang an die Kontroverse zwischen dem hessischen Justizminister und ihm bei der ersten Beratung des entsprechenden Gesetzentwurfs der 6. Legislaturperiode. Andererseits sollte man auch nicht auf dem Umweg über die Unterhaltsregelung wieder zu einem Katalog von Schuldscheidungsgründen kommen.

Abg. Thürk (CDU/CSU) meint, es bestehe wohl Einigkeit darüber, dass gewisse Verhaltensweisen während der Ehe berücksichtigt werden müssten, nämlich dadurch, dass nach § 1580, über den der Ausschuss noch im einzelnen sprechen müsse, ein Unterhaltsanspruch in bestimmten Fällen ausgeschlossen werden solle.

Abg. Frau Will-Feld (CDU/CSU) macht auf den Zusammenhang zwischen Unterhaltsanspruch und Versorgungsausgleich aufmerksam. Sie befürchte, dass es über den Versorgungsausgleich zu Scheidungen erster Klasse und zweiter Klasse komme.

Abg. Engelhard (FDP) kommt auf den Fall zurück, dass sich eine Frau, um ihrem Mann das Studium zu finanzieren, über ihre Pflicht hinaus im Erwerbsleben voll eingesetzt habe und noch Nebentätigkeit geleistet habe, und gibt im Hinblick auf diesen Fall folgende Formulierung zu erwägen: „... wenn der Berechtigte während der Ehe über längere Dauer hin in unverhältnismäßiger Weise zugunsten des erwerbsfähigen Ehegatten zum Familienunterhalt beigetragen hat". Für den anderen, von Abg. Erhard früher vorgetragenen Fall denke er an eine Formulierung wie die folgende: „... wenn der Berechtigte nach der Ehescheidung nicht erwerbstätig sein kann, weil er durch eine Tätigkeit, die einer unaufschiebbaren sittlichen Verpflichtung entspricht, an der Erwerbstätigkeit gehindert ist". Man könnte hinzufügen, dass diese sittliche Verpflichtung auf Grund vorangegangenen Tuns des Begünstigten eingetreten sein müsse.

MDgt Dr. Rolland (BMJ) weist auf die im Bereich des Versorgungsausgleichs vorgesehene Härteklausel des § 1587 c Nr. 1 hin und meint, umgestellt würde diese Klausel dem entsprechen, was Abg. Engelhard mit seiner ersten Formulierung vorgeschlagen habe.

(Schluss der Sitzung: 18.35 Uhr.)

6. *Protokoll der 57. Sitzung vom 12.3.1975*

Vors. *Gnädinger* erinnert daran, dass die Regierung die für einen § 1577 a vorgeschlagene Fassung habe überprüfen wollen.

MDgt Dr. Rolland (BMJ) sagt, dass die Regierung auf Grund der Prüfung zu folgender Formulierung gekommen sei, die zur Einfügung als § 1574 a empfohlen werde: „Ein geschiedener Ehegatte kann von dem anderen Unterhalt verlangen, soweit und solange von ihm aus sonstigen schwerwiegenden, in den ehelichen Lebensverhältnissen liegenden Gründen eine Erwerbstätigkeit nicht erwartet werden kann und die Versagung von Unterhalt unter Berücksichtigung der Belange beider Ehegatten grob unbillig wäre. Umstände, die zum Scheitern der Ehe geführt haben, sind dabei nicht zu berücksichtigen."

Neu sei in dieser Fassung der Gesichtspunkt „eine Erwerbstätigkeit nicht erwartet werden kann".

Abg. Thürk (CDU(CSU) und *Abg. Frau Will-Feld* (CDU/CSU) machen Bedenken gegen die Einengung der Vorschrift durch das Kriterium der Erwerbstätigkeit geltend.

MDgt Dr. Rolland (BMJ) begründet das Kriterium, dass eine Erwerbstätigkeit nicht erwartet werden könne, damit, dass es auch in den vorhergehenden Paragraphen regelmäßig auftauche. Es wäre ein Bruch in der Systematik, wollte man dieses Kriterium nun plötzlich herauslassen.

Abg. Thürk (CDU/CSU) räumt ein, dass der Gesichtspunkt der Erwerbstätigkeit formal seine Berechtigung habe, wenn man diese neue Bestimmung hinter § 1574 einfüge. Jedoch sollte die Generalklausel ohne Abstellung auf das Kriterium der Erwerbstätigkeit an das Ende der regulären Tatbestände gesetzt werden, d.h. hinter § 1577, um damit ihren generellen Ausnahmecharakter zu betonen.

(*Vorsitz: Abg. Dr. Lenz* (Bergstraße) (CDU/CSU))

MR Dr. Bürgle (Bundesrat) bringt in Erinnerung, dass dieser Auffangtatbestand auch den Bundesrat und die Eherechtskommission beschäftigt habe. Die Eherechtskommission habe von seiner Einfügung Abstand genommen, weil es nach ihrer Meinung außerordentlich schwierig sei, die in den ehelichen Lebensverhältnissen liegenden Gründe zu beweisen. Er gebe daher zu erwägen, eine andere Formulierung zu suchen, die den Kausalitätsbeweis erleichtere.

Der Bundesrat habe eine entsprechende Bestimmung nicht als besonderen Paragraphen, sondern als § 1572 Nr. 1 Buchst. d vorgeschlagen.

Abg. Thürk (CDU/CSU) sieht in der Formulierung des BMJ eine weitere Vergrößerung der Beweisschwierigkeiten, weil nun nicht nur bewiesen werden müsse, dass schwerwiegende Gründe aus den ehelichen Lebensverhältnissen herzuleiten seien, sondern auch, dass eine Erwerbstätigkeit nicht erwartet werden könne.

MDgt Dr. Rolland (BMJ) hält dem entgegen, dass auch die im Unterausschuss bereits abgelehnte Fassung eines § 1577 a (neu) praktisch das Kriterium der Erwerbstätigkeit enthalte, auch wenn es darin nicht ausdrücklich genannt werde. Denn gegen einen Unterhaltsanspruch werde immer primär eingewandt, man könne doch selber erwerbstätig sein. Dann werde über diese Frage Beweis zu führen sein.

Vors. *Dr. Lenz* bittet, zu prüfen, ob man nicht statt eines kausalen Zusammenhanges – „in den ehelichen Lebensverhältnissen liegenden Gründen" – einen rein zeitlichen Zusammenhang als Voraussetzung für die Wirkung dieses Auffangtatbestandes konstruieren sollte. Dann gebe es die befürchteten Beweisschwierigkeiten nicht. Allerdings habe eine solche Regelung auch wieder andere Nachteile. Möglicherweise reiche es aus, in der Bestimmung von „schwerwiegenden Lebensumständen" zu sprechen.

Abg. Dr. Emmerlich (SPD) hält die Beweisbarkeit der in den ehelichen Lebensverhältnissen liegenden Gründe für zwingend erforderlich.

Abg. Thürk (CDU/CSU) macht klar, dass der jetzt zu schaffende Generaltatbestand nicht dazu dienen könne, mit dem außerordentlichen Unterhaltsanspruch all das zu unterlaufen, was man in den vorausgegangenen Bestimmungen geregelt habe, und all das durch eine Hintertür wieder einzuführen, was man im Grunde habe ausschließen wollen. Von daher komme er jetzt zu der Auffassung, dass man gegen den Regierungsvorschlag zu § 1574 a nichts einzuwenden brauche.

Abg. Dr. Emmerlich (SPD) erhebt diese Formulierungshilfe des BMJ zum Antrag.

MDgt Dr. Rolland (BMJ) sagt, die Regierung habe keine Bedenken, diese Bestimmung als § 1577 a aufzunehmen.

Vors. *Dr. Lenz* ruft nunmehr zu den Abstimmungen über die Unterhaltsbestimmungen in zweiter Lesung auf.

§ 1570

Abg. Dr. Emmerlich (SPD) beantragt gemäß der Beschlussempfehlung des Unterausschusses die Übernahme der Regierungsfassung.

Abg. Thürk (CDU/CSU) beantragt, die Fassung des Bundesrats zu beschließen.

Der *Ausschuss* lehnt den Antrag des Abg. Thürk ab und nimmt gemäß dem Antrag des Abg. Dr. Emmerlich § 1570 in der Regierungsfassung an.

§ 1571

Abg. Dr. Emmerlich (SPD) beantragt Annahme der Regierungsfassung.

Abg. Thürk (CDU/CSU) beantragt folgende Formulierung: „Ein geschiedener Ehegatte kann von dem Anderen Unterhalt verlangen, solange und soweit von ihm wegen der Pflege oder Erziehung eines gemeinschaftlichen Kindes oder eines eigenen, nicht gemeinschaftlichen, in die Familie aufgenommenen Kindes eine Erwerbstätigkeit nicht erwartet werden kann."

MDgt Dr. Rolland (BMJ) wirft die Frage auf, ob diese Fassung nicht von der für § 1577 a erarbeiteten Generalklausel tangiert werde; denn die Generalklausel sei ja mit unter dem Aspekt des nicht gemeinschaftlichen Kindes formuliert worden. Jedenfalls werde die Generalklausel dann nicht mehr diesen Fall des nicht gemeinschaftlichen Kindes abdecken.

Abg. Frau Will-Feld (CDU/CSU) bittet die Regierungsvertreter noch einmal um eine ausdrückliche Bestätigung, dass die Einbeziehung der eigenen, nicht gemeinschaftlichen Kinder in § 1571 bereits durch die Generalklausel des § 1577 a abgedeckt sei.

MDgt Dr. Rolland (BMJ) bestätigt dies für die Fälle, in denen auch die Voraussetzung der groben Unbilligkeit erfüllt sei.

Abg. Frau Will-Feld (CDU/CSU) fragt, ob ihre Annahme zutreffe, dass § 1577 a der richterlichen Entscheidung bei der Abwägung der gegenseitigen Interessen mehr Spielraum gebe. (Anmerkung des Protokollführers: Eine Beantwortung dieser Frage findet nicht statt.)

Der *Ausschuss* lehnt den Antrag des Abg. Thürk ab und nimmt den Antrag des Abg. Dr. Emmerlich – Regierungsfassung – an.

§ 1572

Abg. Dr. Emmerlich (SPD) beantragt Annahme der Beschlussempfehlung des Unterausschusses.

Der *Ausschuss* nimmt diese Fassung einstimmig an.

§ 1573

Abg. Dr. Emmerlich (SPD) beantragt Annahme der Beschlussempfehlung des Unterausschusses.

Der *Ausschuss* beschließt dies einstimmig.

§ 1574

Abg. Dr. Emmerlich (SPD) beantragt Annahme der Beschlussempfehlung des Unterausschusses.

Der *Ausschuss* nimmt die Fassung einstimmig an.

§ 1575

Abg. Dr. Emmerlich (SPD) beantragt Annahme der Beschlussempfehlung des Unterausschusses.

Der *Ausschuss* beschließt dies einstimmig.

§ 1576

Abg. Dr. Emmerlich (SPD) beantragt Annahme der Beschlussempfehlung des Unterausschusses.

Abg. Thürk (CDU/CSU) beantragt Berücksichtigung seiner Anträge, die sich aus der Synopse Ausschussdrucksache 7/84 Seite 7 a dritte Spalte ergeben.

Der *Ausschuss* lehnt den Antrag des Abg. Thürk zu Abs. 1 ab und nimmt Abs. 1 in der Fassung des Unterausschusses an.

Abs. 2 und 3 werden gemäß der Beschlussempfehlung des Unterausschusses in der Regierungsfassung angenommen.

Die Anfügung eines Abs. 4 gemäß Antrag des Abg. Thürk wird abgelehnt.

§ 1577 wird zurückgestellt.

§ 1577 a

Abg. Dr. Emmerlich (SPD) beantragt Annahme in folgender Fassung: „Ein geschiedener Ehegatte kann von dem Anderen Unterhalt verlangen, soweit und solange von ihm aus sonstigen schwerwiegenden, in den ehelichen Lebensverhältnissen liegenden Gründen eine Erwerbstätigkeit nicht erwartet werden kann und die Versagung von Unterhalt unter Berücksichtigung der Belange beider Ehegatten grob unbillig wäre. Umstände, die zum Scheitern der Ehe geführt haben, sind dabei nicht zu berücksichtigen."

Abg. Dr. Stienen (SPD) macht geltend, von einer Versagung von Unterhalt könne man aus dogmatischen Gründen doch nur sprechen, wenn eine Unterhaltsverpflichtung bestehe; er beantragt daher, die Worte „und die Versagung" bis „unbillig wäre" zu streichen und nach dem Wort „Erwerbstätigkeit" das Wort „billigerweise" einzufügen.

MDgt Dr. Rolland (BMJ) hält dem entgegen, durch eine solche Streichung würde nicht mehr zum Ausdruck kommen, dass eine Abwägung der beiderseitigen Interessen der Ehegatten zu erfolgen habe.

Vors. *Dr. Lenz* wirft ein, es könne doch billigerweise gar nichts anderes als die Belange beider Ehegatten berücksichtigt werden.

Abg. Thürk (CDU/CSU) tritt für die von Abg. Dr. Stienen beantragte Fassung ein, die das bisher vorgesehene Nebeneinander von Positiv- und Negativmerkmalen beseitige und auch das Negativmerkmal positiv fasse.

MDgt Dr. Rolland (BMJ) befürchtet, bei Annahme dieser Fassung fielen die Fälle heraus, in denen die Tätigkeit zwar nicht erwartet werden könne, dieser Umstand jedoch dem anderen Ehegatten nicht zuzurechnen sei. Das würde zu einer scharfen Regelung z.B. im Falle nicht gemeinschaftlicher Kinder führen.

Der *Ausschuss* lehnt den Antrag des Abg. Dr. Stienen ab und stimmt dem Antrag des Abg. Dr. Emmerlich mit Mehrheit zu.

§ 1578

Abg. Frau Will-Feld (CDU/CSU) hält ihren im Unterausschuss abgelehnten Antrag zu Abs. 4 aufrecht. Es seien durchaus Gründe für einen Vermögensverfall denkbar, die der Berechtigte nicht zu vertreten habe, z.B. starke Verluste bei Wertpapieren.

Abg. Thürk (CDU/CSU) erklärt, hier handle es sich um das Grundsatzproblem der nachhaltigen Sicherung, für die es nach Auffassung der Regierung allein auf den Zeitpunkt der Scheidung ankomme. Dies entspreche nicht dem Wesen der Ehe. Zwar sei es durchaus billig, dass ein Geschiedener seinem Ehegatten keinen Unterhalt zu zahlen brauche, wenn dieser sich aus eigenen Vermögenseinkünften selber ernähren könne. Wenn aber diese Einnahmequelle entfalle, sollte es nach Auffassung der CDU/CSU darauf ankommen, ob der Vermögensinhaber diesen Wegfall zu vertreten habe.

Abg. Dr. Emmerlich (SPD) räumt ein, der spätere Wegfall des Vermögens in solchen Fällen sei durchaus ein Problem. Es sei jedoch zu bezweifeln, ob sich aus dem Wesen der Ehe unmittelbare Schlüsse für die Lösung dieses Problems ziehen ließen. Die von der CDU/CSU beantragte Regelung würde auch große Schwierigkeiten hinsichtlich der Feststellung bereiten, ob der Wegfall des Vermögens zu vertreten sei, zumal es sich in diesen Fällen nicht um Fremd-, sondern um Eigenvermögen handle, bezüglich dessen Behandlung Verschuldensmaßstäbe äußerst schwierig zu finden wären. Es könne einem Familienrichter nicht zugemutet werden, zu entscheiden, ob z.B. der Niedergang eines Unternehmens, der sich über viele Jahre erstrecken könne, von dem Vermögensinhaber zu vertreten sei oder nicht.

Vors. *Dr. Lenz* bemerkt, in diesem Fall zeige sich die ganze Problematik des neuen Scheidungsrechts.

Abg. Dr. Emmerlich (SPD) erwidert, dies sei eine allgemeine Problematik des Unterhaltsrechts. Es gehe hier um einen Unterhaltsausschlusstatbestand, der mit den Scheidungsgründen überhaupt nichts zu tun habe.

Abg. Engelhard (FDP) macht darauf aufmerksam, dass bei Annahme des Antrags von Abg. Frau Will-Feld nicht nur große Beurteilungs- und Beweisschwierigkeiten hinsichtlich des Verschuldens auftreten würden, sondern dass dem potentiell Unterhaltsverpflichteten dann konsequenterweise auch ein Kontrollrecht hinsichtlich der wirtschaftlichen Sphäre seines Ehegatten eingeräumt werden müsste. Dies aber würde der gewünschten Trennung der Sphären der früheren Ehegatten nach der Scheidung unerträglich entgegenwirken.

Abg. Frau Will-Feld (CDU/CSU) macht geltend, an sich bestehe doch ein Unterhaltsanspruch; an seine Stelle trete lediglich als Ersatz die Möglichkeit, sich aus dem eigenen Vermögen zu ernähren. Wenn dieser Ersatz ohne Verschulden des an sich Unterhaltsberechtigten wegfalle, dürfe das doch nicht zur Folge haben, dass dieser seinen Unterhaltsanspruch endgültig verliere. Was die Kontrolle angehe, sei die Möglichkeit dazu nach § 1581 gegeben.

Abg. Thürk (CDU/CSU) kritisiert, dass die Regierungsmehrheit zwar Pensionsansprüche von Arbeitnehmern auch im Falle des Konkurses gesetzlich abgesichert habe, dem geschiedenen Betriebsinhaber aber seinen ihm an sich zustehenden Unterhaltsanspruch gegen seinen früheren Ehegatten, der zunächst nur durch eigene Einnahmen ersetzt gewesen sei, verweigern wolle. Damit werde ein Unterhaltsberechtigter schlechter geschützt als jeder Arbeitnehmer.

Abg. Engelhard (FDP) erwidert, durch die Voraussetzung einer nachhaltigen Sicherung sei bereits gewährleistet, dass der Lebensunterhalt nicht schon dann wegfalle, wenn das Vermögen z.B. den üblichen Kursschwankungen an der Börse ausgesetzt sei. Die von der CDU/CSU gewünschte Regelung aber würde zur Konsequenz haben, dass das Vermögen mündelsicher angelegt und die Anlage auch überwacht werden müsse. Der Vermögensinhaber wäre dann nicht mehr frei verfügungsberechtigt, könnte also auch nicht alle Möglichkeiten zur Vermehrung seines Vermögens ausschöpfen. Dieser Nachteil wiege doch wohl schwerer als der Nachteil, der sich aus der vom Ausschuss empfohlenen Regelung ergebe.

Vors. *Dr. Lenz* stellt die Auffassungsunterschiede an Hand eines Bildes dar: Während die Koalitionsfraktionen davon ausgingen, dass ein Unterhaltsanspruch nur so lange bestehe, bis der Berechtigte „das rettende Schiff" – sei es durch Erwerbstätigkeit, sei es durch eigenes Vermögen – erreicht habe, dann aber endgültig entfalle, trete die CDU/CSU dafür ein, dass der Unterhaltsanspruch während dieser Zeit nur gehemmt sei, aber wieder auflebe, wenn das „Schiff" später „sinke".

Abg. Frau Will-Feld (CDU/CSU) macht darauf aufmerksam, dass der an sich Unterhaltsberechtigte seinen Ehegatten durch den Einsatz seines eigenen Vermögens praktisch von der Unterhaltspflicht entbinde. Um so ungerechter erscheine es, ihm den Unterhaltsanspruch dann zu versagen, wenn das Vermögen später ohne sein Verschulden verloren gehe.

Abg. Frau Schimschok (SPD) würde in der Annahme des Antrags von Abg. Frau Will-Feld eine Ungleichbehandlung desjenigen Ehegatten, der seinen Lebensunterhalt durch Erwerbstätigkeit bestreite, gegenüber demjenigen Ehegatten sehen, welcher von seinem Vermögen leben könne, da im ersten Fall kein Unterhaltsanspruch gegeben sei, wenn die Erwerbstätigkeit später unmöglich werde.

Abg. Thürk (CDU/CSU) entgegnet, wer – etwa auf Grund einer Krankheit oder eines Unfalls – aus dem Erwerbsleben ausscheide, habe in der Regel nach den allgemeinen Bestimmungen einen Unterhaltsanspruch.

Der *Ausschuss* lehnt den Antrag der Abg. Frau Will-Feld mit Mehrheit ab und nimmt die vom Unterausschuss empfohlene Fassung des Abs. 4 Satz 1 mit Mehrheit an. Die übrigen Vorschriften des § 1578 werden einstimmig in der Fassung der Beschlussempfehlungen des Unterausschusses angenommen.

§ 1579

Der *Ausschuss* billigt die Vorschrift einstimmig in der vom Unterausschuss empfohlenen Fassung mit der Maßgabe, dass in Absatz 3 eingefügt wird „und § 1577 a,".

§ 1580

Der *Ausschuss* lehnt die im Unterausschuss bereits abgelehnten Anträge der Abg. Frau Will-Feld und des Abg. Thürk erneut ab und billigt die Vorschrift mit Mehrheit in der Fassung der Beschlussempfehlung des Unterausschusses; in Abs. 1 Nr. 1 werden die Worte „Erziehung oder Pflege" entsprechend dem allgemeinen Sprachgebrauch des Gesetzes umgestellt.

§ 1581

Der *Ausschuss* nimmt die Vorschrift einstimmig an.

§ 1605

Abg. Thürk (CDU/CSU) erklärt, die Vertreter der CDU/CSU-Fraktion stimmten der Vorschrift trotz grundsätzlicher Bedenken mangels einer besseren Alternative zu.

Der *Ausschuss* billigt die Vorschrift einstimmig in der vom Unterausschuss empfohlenen Fassung [Vgl. § 1605 BGB u. F.].

3. Leistungsfähigkeit und Rangfolge

Der *Ausschuss* stimmt dieser Überschrift einstimmig zu.

§ 1582

Abg. Emmerlich (SPD) beantragt, in Abs. 2 letzter Satz die gleiche Formulierung zu wählen wie in § 1578 Abs. 3, also den letzten Halbsatz wie folgt zu fassen: „... soweit die Verwertung unwirtschaftlich oder unter Berücksichtigung der beiderseitigen wirtschaftlichen Verhältnisse unbillig wäre."

Der *Ausschuss* nimmt diesen Antrag einstimmig an und billigt die Vorschrift einstimmig in der so geänderten Fassung.

§ 1583

Abg. Dr. Emmerlich (SPD) teilt mit, diese Vorschrift sei im Unterausschuss noch nicht abschließend beraten, da nachträglich die Frage aufgetaucht sei, ob in den Rangvorbehalt zugunsten der vorhergehenden Ehefrau auch Kinder aufgenommen werden sollten.

Der *Ausschuss* stellt die Behandlung der Vorschrift zurück.

§§ 1584, 1584 a

Der *Ausschuss* billigt beide Vorschriften einstimmig in der Fassung des Regierungsentwurfs.

Die Sitzung wird sodann gegen starke Bedenken der Vertreter der Koalitionsfraktionen auf Wunsch der Vertreter der CDU/CSU-Fraktion abgebrochen. Es wird Einvernehmen darüber erzielt, zu einem späteren Termin über die übliche Beratungszeit hinaus zu tagen, um die Arbeit an dem Entwurf fertig stellen zu können.

(Schluss der Sitzung: 19.05 Uhr)

7. Protokoll der 59. Sitzung vom 11.4.1975

Abg. Dr. Emmerlich (SPD) empfiehlt Annahme des im Unterausschuss einstimmig beschlossenen *§ 1585.*

Abg. Thürk (CDU/CSU) erhebt dagegen keine Einwände.

Der *Ausschuss* billigt § 1585 in der Fassung der Regierungsvorlage sowie die Überschrift „4. Gestaltung des Unterhaltsanspruchs".

Abg. Dr. Emmerlich (SPD) führt zu § 1585 a aus, zwischen der Formulierung des Regierungsentwurfs und der vom Unterausschuss mehrheitlich beschlossenen Fassung bestehe insoweit ein Unterschied, als bei der Festsetzung der Grenze des Betrages, für den Sicherheit zu leisten sei, statt des zweifachen Jahresbetrages der Unterhaltsrente nunmehr der einfache Jahresbetrag gewählt worden sei, damit die Belastung des Verpflichteten nicht zu groß werde. – Die von der Opposition gewünschte weitere Einschränkung der Pflicht zur Sicherheitsleistung erscheine hingegen nicht überzeugend.

Abg. Thürk (CDU/CSU) erklärt, die Vertreter der CDU/CSU-Fraktion stimmten der Festsetzung des einfachen Jahresbetrages als der im Regelfall oberen Grenze zu, hielten aber ihren im Unterausschuss abgelehnten weitergehenden Änderungsantrag aufrecht. Es widerspreche dem Rechtssystem, eine Sicherheitsleistung für die Unterhaltszahlung auch dann zu verlangen, wenn die Besorgnis, dass die Unterhaltszahlung nicht geleistet werden könnte, gar nicht bestehe, wenn also keinerlei Anhaltspunkte für eine Gefährdung vorlägen. Die Formulierung des Regierungsentwurfs ermögliche es dem Unterhaltsberechtigten, unter Umständen aus reiner Schikane – die im Rahmen von Ehescheidungen schließlich nicht auszuschließen sei – eine Sicherheitsleistung zu verlangen, und dies sei abzulehnen.

Der Änderungsantrag der CDU/CSU-Vertreter komme den Vorstellungen der Koalition im übrigen dadurch sogar entgegen, dass in ihm nur von der Möglichkeit der Gefährdung – nicht einmal in engerem Sinne von der Wahrscheinlichkeit oder von einem hinreichenden Verdacht – die Rede sei. Er stelle damit ein Minimum dar, wenn es darum gehe, ungerechtfertigte und schikanöse Sicherheitsverlangen abzuwehren.

Abg. Dr. Emmerlich (SPD) meint, die Argumentation des Abg. Thürk sei von Gewicht, da eine Sicherheitsleistung natürlich nicht angebracht sei, wenn überhaupt keine Möglichkeit der Gefährdung des Unterhaltsanspruches bestehe. Das Anliegen der Koalitionsvertreter sei es jedoch, Situationen zu vermeiden, in denen es zu den Anspruchsvoraussetzungen für die Sicherheitsleistung gehöre, dass die Möglichkeit der Gefährdung dargelegt werde. Der Anspruchsgegner solle die Sicherheitsleistung dadurch abwenden können, dass er unter Beweis stelle, dass keine Gefährdungsmöglichkeit gegeben sei. – Der Abgeordnete stellt anheim, den Versuch zu unternehmen, eine weitere Formulierung zu finden, die den Anliegen beider Seiten gerecht werde.

Abg. Thürk (CDU/CSU) stellt daraufhin den folgenden Wortlaut zur Diskussion: „Der Verpflichtete hat auf Verlangen Sicherheit zu leisten, es sei denn, dass er darlegt, dass die Möglichkeit der Gefährdung der Unterhaltsleistung nicht besteht."

Das mache klar, dass die Beweislast beim Verpflichteten liege.

Abg. Dr. Emmerlich (SPD) regt dazu folgende Ergänzung an: „..., dass die Möglichkeit der Gefährdung der Unterhaltsleistung nicht gegeben ist, oder dass der Verpflichtete durch die Sicherheitsleistung unbillig belastet würde."

Der Fall der unbilligen Belastung solle als alternative Möglichkeit einer Zurückweisung des Sicherheitsverlangens vorgesehen bleiben.

Abg. Thürk (CDU/CSU) stimmt dem zu; die entsprechende Formulierung finde sich auch in dem im Unterausschuss gestellten Antrag, auf den er Bezug genommen habe.

MDgt Dr. Rolland (BMJ) weist darauf hin, die „Möglichkeit der Gefährdung" sei ein theoretischer Aspekt, der nie ausgeschlossen werden könne. Es frage sich, ob davon ausgegangen werden solle, dass Anhaltspunkte für eine Gefährdung vorliegen müssten.

Abg. Thürk (CDU/CSU) erklärt sich damit einverstanden, statt von der „Möglichkeit" von „Anhaltspunkten" zu sprechen.

Vors. *Dr. Lenz* stellt fest, die Mitglieder des Ausschusses stimmten bezüglich § 1585 a in der Tendenz überein, und bittet Dr. Rolland, im Laufe der Sitzung eine Formulierung vorzulegen, die allen angesprochenen Begehren Rechnung trage.

Abg. Erhard (Bad Schwalbach) (CDU/CSU) wirft ein, bei dieser Formulierung müsse auch berücksichtigt werden, dass das Verfahren keinesfalls so lange dauern dürfe, dass der Zeitpunkt, zu dem die Gefährdung tatsächlich eintrete, etwa dadurch überschritten werde, dass während des Verfahrens versucht werde, sich der Unterhaltspflicht weitgehend zu entziehen.

Abg. Thürk (CSU/CSU) meint dazu, wenn jemand über Jahre hinweg während der Ehe und im Scheidungsverfahren seinen Unterhaltsverpflichtungen ordnungsgemäß nachgekommen sei, müsste dann, wenn das Vorliegen von Anhaltspunkten für eine Gefährdung behauptet werde, schon Konkretes dazu vorgetragen werden. Handele es sich bei dem Verpflichteten andererseits um jemanden, der gar kein ordnungsgemäßes Einkommen habe, fehle ohnehin auch die Fähigkeit, eine Sicherheitsleistung zu erbringen. Um alle derartigen Fälle gehe es hierbei nicht.

Problematisch werde die Situation erst dann, wenn der Betreffende etwa riskante Geschäfte abwickle, ins Ausland zu verziehen drohe usw. Wolle in einem derartigen problematischen Fall jemand die Sicherheitsleistung hinauszögern, müsse man unterstellen, dass er auch so arglistig sein werde, sein Geld dem Zugriff der Justiz zu entziehen, um auf diese Weise die Sicherheitsleistung überhaupt nicht erbringen zu müssen. Aus diesem Grunde sei der von Abg. Erhard genannte Fall mehr theoretischer Natur; zumindest werde man entsprechenden Situationen nicht mit einer Vorschrift zur Begrenzung der zeitlichen Dauer des Verfahrens gerecht werden können.

Vors. *Dr. Lenz* empfiehlt, auch diese Frage erst an Hand der in Aussicht gestellten neuen Formulierung weiter zu behandeln.

Abg. Dr. Emmerlich (SPD) trägt zu § 1585 b vor, der Unterausschuss empfehle einstimmig Annahme der Fassung der Regierungsvorlage.

Der *Ausschuss* beschließt entsprechend, nachdem Abg. Thürk (CDU/ CSU) seine Zustimmung erklärt hat.

Abg. Dr. Emmerlich (SPD) erklärt zu § 1585 c, die Mehrheit des Unterausschusses stehe hinter dem Regierungsvorschlag, die Opposition hingegen wünsche einen Zusatz, durch den die Notwendigkeit der notariellen Beurkundung einschlägiger Vereinbarungen festgelegt werde.

Abg. Thürk (CDU/CSU) knüpft daran mit der Bemerkung an, gerade in den nicht einfachen Unterhaltsangelegenheiten sei das Bedürfnis, eine von der gesetzlichen Regelung abweichende Vereinbarung der Ehegatten notariell beurkunden zu lassen, gegeben. Einzuräumen sei allerdings, dass die Unterhaltsvergleiche ohnehin überwiegend im Scheidungsverfahren vor dem Familienrichter geschlossen werden würden, so dass die vorgeschlagene Vorschrift in nur wenigen Fällen überhaupt zum Zuge kommen würde.

Abg. Frau Dr. Lepsius (SPD) legt dar, einer der Gründe für den Verzicht auf eine Bestimmung über die Notwendigkeit notarieller Beurkundung sei der, dass mit einer solchen Beurkundung wiederum Kosten verbunden seien. Diese Erwägung spreche für den Regierungsentwurf.

Abg. Dr. Emmerlich (SPD) bestätigt die Auffassung des Abg. Thürk, für eine Vorschrift wie die von der CDU/CSU vorgeschlagene würde es nur einen sehr schmalen Anwendungsbereich geben, weil normalerweise die gerichtliche Beurkundung auf Grund des Scheidungsverfahrens, in dem künftig beide Parteien anwaltlich vertreten seien, vorliegen werde. Der von Frau Dr. Lepsius genannte Gesichtspunkt, die Kostenfrage, habe auf der Grundlage dieser Überlegung den Ausschlag dafür gegeben, dass die Vertreter von SPD und FDP bei der Fassung der Regierungsvorlage bleiben wollten.

Abg. Erhard (Bad Schwalbach) (CDU/CSU) äußert – unter dem Vorbehalt, er wisse nicht genau, wie sich die Situation nach dem neuen Kostenrecht darstellen werde – die Meinung, die Kosten, die in einem streitigen oder vergleichsweise erledigten Verfahren nach dem Gerichtskostengesetz und der Rechtsanwaltsgebührenordnung entstünden, seien deutlich höher als die bei einer notariellen Beurkundung der Unterhaltsverpflichtung entstehenden.

Zum anderen sei zu bedenken, dass eine notariell beurkundete Vereinbarung vollstreckbar sei, wohingegen auf der Grundlage einer einfachen Erklärung oder Vereinbarung nachher möglicherweise doch erst noch gerichtliche Klärungen erfolgen müssten. Die richtige Form, die über die des privaten Vertrages hinausgehen müsse, solle daher hierbei von Anfang an gewahrt werden.

Vors. *Dr. Lenz* erkundigt sich danach, welche Regelung beim Versorgungsausgleich vorgesehen sei.

RD Belchaus (BMJ) antwortet, soweit dort überhaupt Vereinbarungen möglich seien, sei – alternativ zur Protokollierung im gerichtlichen Vergleichsverfahren – nach dem Regierungsentwurf die notarielle Beurkundung vorgesehen.

Abg. Dr. Emmerlich (SPD) legt dar, die Bedenken des Abg. Erhard seien im Zuge der bisherigen Überlegungen durchaus beachtet worden. Dennoch sei der vom Regierungsentwurf vorgesehenen Regelung der Vorzug zu geben, weil Fälle auftauchen könnten – etwa der der Notwendigkeit einer Änderung eines im Scheidungsverfahren zustande gekommenen Unterhaltsvergleichs auf Grund nachträglicher Entwicklungen –, in denen der generelle Zwang zur Inanspruchnahme notarieller Beurkundung unter dem Gesichtspunkt der finanziellen Belastung besonders der schwächer Verdienenden nicht in Kauf genommen werden könne, da er notwendige Anpassungen erschwere, was wiederum zu gerichtlichen Auseinandersetzungen führen müsse.

Abg. Erhard (Bad Schwalbach) (CDU/CSU) möchte wissen, ob mit dieser Argumentation tatsächlich die These vertreten werden solle, die notwendige Vollstreckbarkeit im Falle der Änderung einer einseitigen Unterhaltsverpflichtung werde in einer bezüglich der Kosten günstigeren Form erreicht werden, wenn jedes Mal eine gerichtliche Klärung erforderlich sei.

Abg. Dr. Emmerlich (SPD) betont, von der Vollstreckbarkeit habe er nicht gesprochen. Es sei nicht davon auszugehen, dass in der Regel zwecks Sicherstellung der Erfüllung der Vereinbarung ein Vollstreckungstitel notwendig sein werde; die Notwendigkeit eines solchen Titels sei nur in Ausnahmefällen gegeben.

Abg. Engelhard (FDP) vertritt die Meinung, die Auffassungen des Abg. Erhard seien nur bei isolierter Betrachtung der beim Notar anfallenden Kosten zutreffend. Auf Grund der zu erwartenden Notwendigkeit anwaltlicher Tätigkeit für beide Parteien würden die Gesamtkosten auch im Falle des Verzichts auf gerichtliche Auseinandersetzungen erheblich höher sein.

Abg. Erhard (Bad Schwalbach) (CDU/CSU) meint dazu, er sei bei der Entwicklung seines Vorschlages von einem System, das den Anwaltsnotar kenne, ausgegangen.

MDgt Dr. Rolland (BMJ) erklärt, die Bundesregierung sei – davon ausgehend, dass beide Parteien anwaltlich vertreten seien und dass von allen Scheidungen 80 bis 90% einvernehmlich erfolgten – aus Gründen der Praktikabilität zu dem Ergebnis gekommen, es bedeute eine zusätzliche Erschwerung, wenn die von den Anwälten ausgehandelte Unterhaltsvereinbarung noch von einem Dritten notariell beurkundet werden müsse. Gegen die denkbare Erleichterung dieses Verfahrens in der Form, dass ein Anwaltsnotar, der eine der beiden Parteien vertrete, auch die Beurkundung vornehme, bestünden erhebliche Bedenken.

Abg. Engelhard (FDP) pflichtet dem bei.

Vors. *Dr. Lenz* erkundigt sich daraufhin danach, warum die Bundesregierung beim Versorgungsausgleich eine andere Regelung vertreten habe.

MDgt Dr. Rolland (BMJ) führt aus, dabei handele es sich um ein völlig neues, außerordentlich schwieriges und für alle Beteiligten gravierendes Rechtsgebiet, auf dem eine besondere objektive Beratung erforderlich sei; er räumt jedoch ein, es könne mit guten Gründen die Ansicht vertreten werden, grundsätzlich sei auch hier die zusätzliche Beurkundung nicht notwendig. Von welcher Grenze an eine objektive Beratungspflicht zweckmäßig und angebracht sei, sei eine Frage der politischen Bewertung unter Berücksichtigung der Zugänglichkeit des Gegenstandes.

Abg. Frau Dr. Lepsius (SPD) meint unter Hinweis auf § 1587 c, es müsse berücksichtigt werden, dass insofern ein zweigleisiges Verfahren vorgesehen sei, als Vereinbarungen beim öffentlich-rechtlichen Versorgungsausgleich ausgeschlossen würden, bei betrieblichen oder anderen Altersversorgungen jedoch möglich seien. Verständnis haben müsse man für das Anliegen der Opposition, durch notarielle Beurkundungen Missbräuche auszuschließen; in der Tat könne die gegenwärtige Rechtslage nicht als besonders glücklich bezeichnet werden. Für die Entscheidung ausschlaggebend sei aber der Gesichtspunkt des Auftretens zusätzlicher Kosten. Könnte erreicht werden, dass den Beteiligten zusätzliche Kosten nicht aufgebürdet würden, wäre der notariellen Beurkundung in jedem Falle zuzustimmen; in der augenblicklichen Situation jedoch solle der in der Regierungsvorlage enthaltenen Bestimmung der Vorzug gegeben werden.

Abg. Frau Will-Feld (CDU/CSU) macht darauf aufmerksam, beim schuldrechtlichen Versorgungsausgleich, durch den Zeiträume erfasst würden, die weder von den Beteiligten noch etwa vom Richter übersehen werden könnten, sei die notarielle Beurkundung unabdingbar; eine Wertsicherungsklausel beispielsweise sei auf andere Weise gar nicht zu praktizieren.

MDgt Dr. Rolland (BMJ) erwähnt, beim Versorgungsausgleich habe es nach dem Regierungsentwurf einen gewissen Verfügungsspielraum der Parteien hinsichtlich der Sozialversicherungsmasse gegeben; die Sozialversicherungskonten hätten danach verändert werden können. Der Grund dafür, entsprechende Vereinbarungen einer notariellen Beurkundung unterwerfen zu sollen, habe in dem Bemühen gelegen, den Sozialversicherungsträgern Sicherheit bezüglich der Kontoführung zu bieten. Je weiter man den Versorgungsausgleich der Verfügbarkeit der Parteien entziehe, desto deutlicher stelle sich die Frage, ob nicht auf die notarielle Beurkundung verzichtet werden könne.

Abg. Erhard (Bad Schwalbach) (CDU/CSU) vertritt die Auffassung, solle die Vereinbarung über den Versorgungsausgleich dem Gericht vor dem Ausspruch der Scheidung vorgelegt werden, setze das einen durch die Anwälte vorbereiteten oder notariell beurkundeten Vergleich voraus. Die Regierungsvorlage lasse beide Möglichkeiten offen. Möglichkeiten des Notars, die Sachlage zum Zwecke der Beurkundung zu prüfen, seien dabei allerdings – anders als bei der Unterhaltsvereinbarung, wo ein Abwägen erforderlich sei – praktisch nicht vorhanden; er sei vollständig auf die Information z.B. durch die Sozialversicherungsträger angewiesen. Es sei daher durchaus möglich, derartige Faktenfeststellungen auch ohne notarielle Beurkundung zu treffen.

Eine solche Beurkundung habe nur dort einen Sinn, wo Unsicherheiten bestünden, also nicht dort, wo jemand seinen Verpflichtungen voll nachgekommen sei und nachkomme. Entscheidend sei nun, dass sich entgegen der These der Abg. Frau Dr. Lepsius die Kostensituation im Falle von Streitigkeiten oder Unsicherheiten – und das bedeute: bei der Unterhaltsvereinbarung – deutlich dann am günstigsten darstelle, wenn die Klärung – ohne Inanspruchnahme des Gerichts, auch ohne Inanspruchnahme eines Vergleichs, also ohne Beteiligung zweier Anwälte, ohne die im streitigen und auch im Vergleichsverfahren anfallenden Prozessgebühren – durch eine einfache Erklärung erfolge; vollstreckbar und somit verwertbar sei eine solche Erklärung aber nur auf der Grundlage notarieller Beurkundung. Die Angst vor Notargebühren dürfe angesichts dieser Sachlage nicht die für gewisse einfache Regelungen bestehenden Notwendigkeiten verdrängen.

Vors. *Dr. Lenz* fragt, ob jemand den Antrag zu § 1585 c, der die Notwendigkeit notarieller Beurkundung vorsehe, aufnehme.

Abg. Thürk (CDU/CSU) verzichtet auf Aufnahme des Antrages.

Abg. Erhard (Bad Schwalbach) (CDU/CSU) erklärt demgegenüber, er mache sich diesen Antrag zu eigen.

Der *Ausschuss* lehnt den Antrag des Abg. Erhard mit Mehrheit ab und beschließt danach bei Stimmenthaltung der CDU/CSU-Vertreter § 1585 c in der Fassung der Regierungsvorlage.

Im Anschluss daran stimmt der Ausschuss *§ 1586* in der Formulierung des Regierungsentwurfs sowie der Überschrift „6. Ende des Unterhaltsanspruchs“ einstimmig zu.

§ 1586 a wird einvernehmlich zurückgestellt. – *§ 1586 b* wird einstimmig in der Fassung des Regierungsentwurfs angenommen.

Abg. Dr. Emmerlich (SPD) legt zu *§ 1361* dar, der Unterausschuss habe einmütig die Einfügung eines zweiten Satzes in *Abs. 1* für richtig gehalten, um die Lücke in der Versicherungsbiographie zu schließen, die zwischen der Rechtshängigkeit des Scheidungsverfahrens und dem Ausspruch der Scheidung bestehe.

Zu *Abs. 3* sei im Unterausschuss ein Antrag gestellt worden, der eine Folge der abweichenden Vorstellungen der Opposition zu § 1580 darstelle. Entsprechend der Mehrheitsentscheidung zu diesem § 1580 hätten die Koalitionsvertreter im Unterausschuss an der Regierungsvorlage festgehalten. – Abg. Dr. Emmerlich empfiehlt, entsprechend zu beschließen.

Abg. Thürk (CDU/CSU) teilt mit, der im Unterausschuss von der Abg. Frau Will-Feld gestellte Antrag sei erledigt.

Der *Ausschuss* folgt der Empfehlung des Abg. Dr. Emmerlich und billigt § 1361 Abs. 1 in der im Unterausschuss beschlossenen Formulierung sowie Abs. 2 bis Abs. 4 unverändert.

Abg. Dr. Emmerlich (SPD) erläutert die einstimmige Empfehlung des Unterausschusses betr. die Ergänzung des *§ 1610* durch einen Abs. 3 [Vgl. § 1610 i. d. F. von 1976] – vgl. Ergänzungsblatt zur Ausschussdrucksache 7/84 – und bittet um Zustimmung.

Der *Ausschuss* beschließt entsprechend.

Vors. *Dr. Lenz* ruft dann die am 11. April vorgelegten Neuformulierungen der Bundesregierung zu den *§§ 1582* und *1583* auf. [Anlage 2]

Abg. Thürk (CDU/CSU) erhebt gegen die neue Formulierung des § 1582, die er als übersichtlicher bezeichnet, keine Einwendungen.

Mit dem Neuvorschlag betr. § 1583 erklärt er sich ebenfalls grundsätzlich einverstanden; vorgenommen werden sollten allerdings zwei redaktionelle Änderungen: Das Wort „nicht" in der fünften Zeile der Neuformulierung solle in die dritte Zeile vorgeschoben werden, so dass der Text laute: „wenn dieser nicht bei entsprechender Anwendung ... unterhaltsberechtigt wäre."

Zum anderen könne der in Klammern gesetzte Text in der drittletzten und der viertletzten Zeile des ersten Absatzes: „wegen der Pflege oder Erziehung eines gemeinschaftlichen Kindes" wegfallen; dagegen solle die zweite Klammerbemerkung: „oder nach § 1577 a" beibehalten werden, damit der sinngemäße Bezug zu der Vorschrift über die schwerwiegenden Notfälle gewahrt werde.

Die Formulierung des zweiten Absatzes, § 1609 insgesamt bleibe unberührt, sei nicht ganz sachgerecht; ausgeschlossen werden müsse nur die Bedarfsregelung hinsichtlich der Kinder. Daher solle wie folgt formuliert werden: „§ 1609 Abs. 2 Satz 1 erster Halbsatz findet keine Anwendung."

Abg. Dr. Emmerlich (SPD) begrüßt die Neufassung des § 1582 mit der Einschränkung, der letzte Halbsatz: „soweit die Verwertung unwirtschaftlich wäre oder eine unbillige Härte bedeuten würde." stelle eine Parallelformulierung zu § 1578 Abs. 3 der Regierungsvorlage dar, der jedoch mittlerweile wie folgt geändert worden sei: „soweit die Verwertung unwirtschaftlich oder unter Berücksichtigung der beiderseitigen wirtschaftlichen Verhältnisse unbillig wäre." - § 1582 müsse entsprechend formuliert werden.

Zu § 1583 stimmt er den Vorschlägen des Abg. Thürk zum ersten Absatz zu; bezüglich des zweiten Absatzes mit der Verweisung auf § 1609 bittet er um eine Stellungnahme der Vertreter der Bundesregierung.

MDgt Dr. Rolland (BMJ) sagt, es bestünden keine Bedenken, § 1582 am Schluss den gleichen Wortlaut zu geben, der in § 1578 Abs. 3 vorgesehen sei. Ein übereinstimmender Wortlaut sei hier zweckmäßig.

Auch *Abg. Thürk* (CDU/CSU) spricht sich für diese Angleichung der Formulierung aus.

Vors. *Dr. Lenz* stellt fest, dass der Ausschuss § 1582 in der Fassung der neuen Formulierungshilfe mit der Maßgabe zustimme, dass die Worte „eine unbillige Härte bedeuten würde“ ersetzt würden durch: „unter Berücksichtigung der beiderseitigen wirtschaftlichen Verhältnisse unbillig wäre“.

MDgt Dr. Rolland (BMJ) räumt ein, dass sich § 1583 Abs. 1 Satz 1 leichter lese, wenn man das Wort „nicht“ vorziehe. Jedoch scheine ihm die Stellung dieses Wortes vor „unterhaltsberechtigt“ sinnvoller zu sein, da hier eine Negation der Unterhaltsberechtigung ausgedrückt werden solle.

Gegen eine Streichung der ersten eckigen Klammer in § 1583 Abs. 1 – „wegen der Pflege oder Erziehung eines gemeinschaftlichen Kindes“ – habe er keine Bedenken. Eine Streichung der zweiten eckigen Klammer würde allerdings keine redaktionelle Änderung mehr sein.

Auch eine Einschränkung der Verweisung des § 1583 Abs. 2 auf § 1609 Abs. 2 Satz 1 könne bedenkenlos vorgenommen werden.

Der *Ausschuss* beschließt § 1583 Abs. 1 Satz 1 in der Fassung der neuen Formulierungshilfe mit der Maßgabe, dass das Wort „nicht“ vorgezogen und nach „wenn dieser“ eingefügt wird. Satz 2 wird unter Weglassung der ersten eckigen Klammer beschlossen. Satz 3 wird in der in der Synopse enthaltenen Fassung – „Der Ehedauer ...“ - angenommen.

Abg. Thürk (CDU/CSU) wiederholt seinen Antrag, für § 1583 folgenden Abs. 2 zu beschließen: § 1609 Abs. 2 Satz 1 erster Halbsatz findet keine Anwendung.

MDgt Dr. Rolland (BMJ) ist der Meinung, dass statt der Worte „findet keine Anwendung“ die Worte gewählt werden sollten: „bleibt unberührt“.

MR Dr. Bürgle (Bundesrat) sagt, die Worte „bleibt unberührt“ würden bedeuten, dass, wenn die Voraussetzungen des § 1609 gegeben seien, wenn nämlich Kinder aus beiden Ehen vorhanden seien, § 1583 keine Anwendung finde. Dann hätten wieder alle Unterhaltsberechtigten den gleichen Rang. Es komme aber darauf an, herauszustellen, dass dann, wenn ein Vorrang stattfinde, kein Gleichrang mehr zwischen Eltern und Kindern bestehe. Was man wolle, komme am besten dann zum Ausdruck, wenn man sage: „findet keine Anwendung“.

Abg. Dr. Emmerlich (SPD) bemerkt, dass es hier um das Verhältnis von Lex specialis und Lex generalis gehe. Er sei der Meinung, dass es, um dieses Verhältnis nicht in Frage zu stellen, am besten sei, in § 1583 keinen Abs.2 aufzunehmen.

Abg. Thürk (CDU/CSU) bittet, die Abstimmung über Abs. 2 jetzt zurückzustellen und die Problematik erst noch einmal von der Regierung überprüfen zu lassen.

MDgt Dr. Rolland (BMJ) gibt zu erwägen, die Verweisung so vorzunehmen, dass man formuliere: „§ 1609 bleibt im Übrigen unberührt.“

Abg. Thürk (CDU/CSU) hält eine solche Formulierung zwar noch nicht für befriedigend, glaubt aber, dass sie dem, was man wolle, im Wesentlichen Rechnung trage.

Der *Ausschuss* erklärt sich mit der soeben angeregten Formulierung für § 1583 Abs. 2 einverstanden.

MDgt Dr. Rolland (BMJ) gibt zu überlegen, ob man in § 1583 Abs. 1 Satz 1 außer § 1574 Abs. 1 und 2 nicht auch Abs. 4 erwähnen müsse, da er wie ein selbstständiger Anspruch aufzufassen sei.

Abg. Thürk (CDU/CSU) und *Abg. Dr. Emmerlich* (SPD) treten für eine Verweisung auf den gesamten § 1574 ein, also ohne Nennung von Absätzen.

Abg. Frau Dr. Lepsius (SPD) macht darauf aufmerksam, dass dann die Formulierung gestrafft werden könne, indem man sage: „... Anwendung der §§ 1570 bis 1575, § 1577 a ...".

Der *Ausschuss* beschließt so ...

Punkt 1 der Tagesordnung (Fortsetzung)

MDgt Dr. Rolland (BMJ) kommt auf § 1585 a zurück und unterbreitet die folgende, vom Ausschuss erbetene Formulierungshilfe: In Abs. 1 Satz 2 tritt an die Stelle der Worte „dass er dadurch unbillig belastet würde." der folgende Text: „es besteht kein Grund zu der Annahme, dass die Leistung von Unterhalt gefährdet wird. Die Sicherheitsleistung entfällt, wenn der Verpflichtete hierdurch unbillig belastet würde." Denkbar sei auch, an diese Formulierung zum Zwecke einer erleichterten Anwendung der Vorschrift noch folgenden Satz anzufügen: „Die Leistung von Unterhalt ist insbesondere als gefährdet anzusehen, wenn der Verpflichtete mit zwei aufeinander folgenden Monatsbeträgen im Rückstand ist."

Abg. Dr. Emmerlich (SPD) bittet, die Entscheidung über diese Vorschrift jetzt zurückzustellen, da der an ihr besonders interessierte Abg. Engelhard im Augenblick an der Ausschussberatung verhindert sei.

Vors. *Dr. Lenz* stellt fest, dass der Ausschuss dieser Bitte entspreche.

Sodann ruft er zur Beratung der in der Synopse Ausschussdrucksache 7/137 enthaltenen Bestimmungen – Teil E – auf ...

Art. 1 Nr. 34 a [§ 1933]

Abg. Dr. Emmerlich (SPD) macht klar, dass § 1933, weil er für die Ausschließung des Ehegattenerbrechts u.a. auf das Verschulden abhebe, nach dem Übergang vom Verschuldens- zum Zerrüttungsprinzip geändert werden müsse. – Er beantragt, der Beschlussempfehlung des Unterausschusses zu folgen.

Abg. Erhard (Bad Schwalbach) (CDU/CSU) befürchtet, dass diese Bestimmung missbraucht werden könne. Wenn jemand auf seinem Sterbebett seinen Ehegatten um dessen Erbberechtigung bringen wolle, brauche er, obwohl vielleicht keine Zerrüttung vorliege, möglicherweise nur Scheidungsklage zu erheben und diese einfach mit Zerrüttung zu begründen. Nach dem Tod lasse sich die Richtigkeit der Begründung nicht mehr genau nachprüfen.

Abg. Dr. Emmerlich (SPD) räumt ein, dass es nach dem Ableben eines der Ehegatten außerordentlich schwer sei, das Gescheitertsein einer Ehe noch zu beweisen. Das sei der Hauptgrund, weshalb die Bundesregierung in ihrem Entwurf sogar die ersatzlose Streichung des § 1933 vorgesehen habe.

Jedoch bestehe in seiner Fraktion Einigkeit darüber, dass die Schwierigkeit des Beweises kein hinreichender Grund für die Streichung der Vorschrift sei. Die Ausschließung des Ehegattenerbrechts im Falle des Ablebens eines Ehegatten bei anhängiger Scheidungsklage müsse möglich bleiben. Dabei sei klar, dass im Falle des „non liquet" diese Bestimmung natürlich nicht wirksam werde.

Abg. Erhard (Bad Schwalbach) (CDU/CSU) bemerkt, der Unterausschuss, der ja die Formulierung des Bundesrats im Wesentlichen übernommen habe, habe wahrscheinlich nicht bedacht, dass die Bestimmung in der Bundesratsfassung eine andere Bedeutung habe, weil der Bundesrat einen Scheidungsantrag desjenigen, der eine Zerrüttung durch eigenes Fehlverhalten herbeigeführt habe, gar nicht vorsehe. Nach der Konzeption des Rechtsausschusses dagegen sei das Klagerecht in jedem Falle gegeben. Es sei aber fraglich, ob es der Gesetzgeber wolle, dass derjenige, der auf Grund eigenen Fehlverhaltens zur Klageerhebung berechtigt sei, auch noch die Möglichkeit erhalte, seinen Ehegatten zu enterben. Der vom Unterausschuss gefasste § 1933 passe also überhaupt nicht zu den vorher gefassten Beschlüssen.

Abg. Dr. Emmerlich (SPD) sieht diesen aufgezeigten Widerspruch zwischen der Unterausschussfassung und den bereits gefassten Beschlüssen des Rechtsausschusses nicht.

Vors. *Dr. Lenz* vermag die Auffassung des Abg. Erhard ebenfalls nicht zu teilen. Die Unterausschussfassung sei konsequent; denn wenn der Rechtsausschuss das Konzept habe, dass eine gescheiterte Ehe immer geschieden werden könne – egal, wer das Scheitern herbeigeführt habe –, müsse in Zusammenhang damit auch die Enterbung immer möglich sein.

Abg. Dr. Emmerlich (SPD) fügt hinzu, Sinn des § 1933 sei doch, die Enterbung, die im Falle der Scheidung ohnehin eintrete – welche Gründe es dafür auch gegeben habe –, bereits dann Platz greifen zu lassen,, wenn ein Scheidungsverfahren wegen des Ablebens eines Ehegatten nicht abgeschlossen werden könne.

Abg. Erhard (Bad Schwalbach) (CDU/CSU) hält an seiner vorhin vorgetragenen Auffassung fest.

MDgt Dr. Rolland (BMJ) macht darauf aufmerksam, dass nach dem Beschluss des Unterausschusses das Erbrecht ja nicht ersatzlos wegfalle, sondern an seine Stelle Unterhaltsansprüche träten. Dem liege die Auffassung zugrunde, dass das Erbrecht Unterhaltsersatzcharakter habe.

MR Dr. Bürgle (Bundesrat) hält es für zweckmäßig, noch die Frage zu prüfen, ob nicht nach der Konzeption des Unterausschusses die Ausschließung des Ehegattenerbrechts auch in umgekehrter Richtung stattfinden sollte, d.h. sowohl für den Scheidungskläger als auch für den Scheidungsbeklagten. – Weiter müsse in diesem Zusammenhang auch an Konsequenzen für die von der Bundesregierung vorgesehene Änderung des § 2279 – Art. 1 Nr. 36 – gedacht werden.

Abg. Dr. Stienen (SPD) möchte wissen, wie in einem Falle, in dem ein Ehepartner vor Durchführung der Scheidung sterbe, festgestellt werden solle, dass eine Zerrüttung vorgelegen habe.

MDgt Dr. Rolland (BMJ) legt dar, nach dem Entwurf der Bundesregierung solle das Erbrecht erst mit der Rechtskraft der Scheidung entfallen, weil es postmortal außerordentlich schwierig sei, festzustellen, ob eine Ehe zerrüttet gewesen sei. Scheitern oder Zerrüttung einer Ehe seien psychologische Vorgänge; es handle sich dabei um eine innere Entfremdung, die es dem einen Ehepartner unmöglich mache, mit dem anderen zusammenzuleben. Dies nachträglich festzustellen, sei sehr schwierig. Ferner gehöre dazu die Prognose, dass die Wiederherstellung der ehelichen Lebensgemeinschaft nicht mehr erwartet werden könne. Auch dies könne nach dem Tode nur sehr schwer zu beweisen sein, wenn nicht gerade Fakten geschaffen worden seien, die eine Wiederherstellung der ehelichen Lebensgemeinschaft vollkommen ausgeschlossen erscheinen lassen.

Auf eine Frage von Abg. Dr. Emmerlich (SPD) nach den Konsequenzen der Beweisschwierigkeiten im Erbrechtsprozess und nach den Folgen der von der Bundesregierung vorgeschlagenen Regelung in den Fällen, in denen es eindeutig sei, dass die Ehe gescheitert sei, verweist der Regierungsvertreter darauf, der Entwurf der Bundesregierung gehe davon aus, dass sich für einen Ehegatten, der bei einer tatsächlich gescheiterten Ehe Klage erhebe, ein Anlass ergebe, zu testieren; er werde ja nach dem neuen Recht von einem Anwalt umfassend – nicht nur über die Scheidung, sondern auch über die wirtschaftlichen Folgen – beraten werden. Die damit gegebenen Möglichkeiten könne er dann nutzen.

Wenn man in diesem Zusammenhang noch den Vorschlag des Bundesrates in Betracht ziehe, dann könne dieser Ehegatte auch überlegen, ob er einen Erbteil nachlassen wolle, der mit einer Unterhaltsverpflichtung belastet sei, die sich möglicherweise über Jahrzehnte hinziehe und die nicht reparabel sei. Das könnte nämlich zur Folge haben, dass persönliche Streitigkeiten über den Unterhaltsanspruch, die schon vorhanden seien, sich in der Zeit nach der Ehe perpetuierten.

Im Übrigen müsse derjenige, der sich auf das Scheitern berufe, den Nachweis führen. Es sei nur die Frage, ob man solche Rechtsstreitigkeiten überhaupt wolle, um diesen Nachweis zu erbringen.

Abg. Erhard (Bad Schwalbach) (CDU/CSU) beantragt, das Erbrecht des überlebenden Ehegatten dann auszuschließen, wenn er die Scheidung beantragt habe. Deshalb sollte Satz 1 des § 1933 wie folgt enden: „... und der überlebende Ehegatte die Scheidung beantragt hatte." In diesem Falle könne kein Unrecht entstehen, denn dieser Ehegatte habe die Ehe auflösen wollen, und er habe gewusst, dass er dann nichts mehr erben könne.

Vors. *Dr. Lenz* bittet die Regierung, dem Ausschuss in der nächsten Sitzung die Konsequenzen der Regierungsvorlage, der vom Unterausschuss empfohlenen Fassung und des Vorschlages des Bundesrates für die verschiedenen denkbaren Fälle darzulegen, dass entweder derjenige, der die Klage erhoben habe, oder auch der andere Ehegatte sterbe. Dabei solle auch in Betracht gezogen werden, dass von dem einen Teil im Einvernehmen mit dem anderen geklagt worden sei.

(Schluss der Sitzung: 11.55 Uhr)

Anlage 2

I. Klarstellung des Regierungsentwurfs: Vorrang des geschiedenen Ehegatten sei Gleichrang mit minderjährigen unverheirateten Kindern aus allen Ehen des Verpflichteten.

§ 1582: Ist der Verpflichtete nach seinen Erwerbs- und Vermögensverhältnissen unter Berücksichtigung seiner sonstigen Verpflichtungen außer Stande, ohne Gefährdung des eigenen angemessenen Unterhalts dem Berechtigten Unterhalt zu gewähren, so braucht er nur insoweit Unterhalt zu leisten, als es mit Rücksicht auf die Bedürfnisse und die Erwerbs- und Vermögensverhältnisse der geschiedenen Ehegatten der Billigkeit entspricht. Den Stamm des Vermögens braucht er nicht zu verwerten, soweit die Verwertung unwirtschaftlich wäre oder eine unbillige Härte bedeuten würde.

§ 1583: Bei Ermittlung des Unterhalts des geschiedenen Ehegatten geht im Falle des § 1582 der geschiedene Ehegatte einem neuen Ehegatten vor, wenn dieser bei entsprechender Anwendung der §§ 1570 bis 1573, § 1574 Abs. 1, 2, § 1575, § 1577 a und des § 1578 Abs. 1 nicht unterhaltsberechtigt wäre. Hätte der neue Ehegatte nach diesen Vorschriften einen Unterhaltsanspruch, geht ihm der geschiedene Ehegatte gleichwohl vor, wenn er [wegen der Pflege oder Erziehung eines gemeinschaftlichen Kindes] nach § 1571 [oder nach § 1577 a] unterhaltsberechtigt ist oder die Ehe mit dem geschiedenen Ehegatten von langer Dauer war. Die Ehedauer ...

§ 1609 bleibt unberührt.

II. Gleichrang des geschiedenen mit dem neuen Ehegatten: *§ 1583* kann gestrichen werden.

III. Einbeziehung der Kinder aus beiden Ehen in den Vorrang des geschiedenen Ehegatten: *§ 1583* wie unter I. – *§ 1609 Abs. 2 Satz 2 Halbsatz 2:* „; die minderjährigen unverheirateten Kinder nehmen am Vorrang des unterhaltsberechtigten geschiedenen Ehegatten nach § 1583 gegenüber einem neuen Ehegatten teil". – Nachteil: Neue Ehefrau wird vom Unterhalt ihrer Kinder leben müssen.

IV. Einbeziehung der Kinder nur aus der ersten Ehe in den Vorrang des geschiedenen Ehegatten: *§ 1583* wie unter I. – *§ 1609 Abs. 2 Satz 2 Halbsatz 2:* „; die minderjährigen unverheirateten Kinder aus der geschiedenen Ehe nehmen am Vorrang des unterhaltsberechtigten geschiedenen Ehegatten nach § 1583 gegenüber einem neuen Ehegatten teil." – Diese Regelung wäre verfassungswidrig (Verstoß gegen Artikel 3 Abs. 2, 6 Abs. 1 GG).

8. Protokoll der 61. Sitzung vom 17.4.1975

Art. 1 Nr. 34 a (§ 1933 BGB)

Dem *Ausschuss* liegt folgende Vorlage des Bundesjustizministeriums vor:

1. Verstorbener Ehegatte hatte Scheidung beantragt.

a) Geltendes Recht: Überlebender Ehegatte erbt nicht, wenn Verstorbener im Zeitpunkt seines Todes Scheidungsgrund hatte und Überlebender im Fall der Scheidung als schuldig anzusehen gewesen wäre.

b) RegE: Überlebender Ehegatte erbt.

c) Bundesrat: Überlebender Ehegatte erbt nicht, wenn im Zeitpunkt des Todes Voraussetzungen für Scheidung auf Antrag des Erblassers gegeben waren. An die Stelle des Erbrechts tritt ein Unterhaltsanspruch nach den §§ 1570 bis 1576, 1581 bis 1586 b.

d) Unterausschuss: Überlebender Ehegatte erbt nicht, wenn zur Zeit des Todes Voraussetzungen für Scheidung gegeben waren. An die Stelle des Erbrechts tritt Unterhaltsanspruch nach §§ 1570 bis 1586 b.

2. Überlebender Ehegatte hatte Scheidung beantragt.

a) Geltendes Recht: Überlebender Ehegatte erbt.

b) RegE: Überlebender Ehegatte erbt.

c) Bundesrat: Überlebender Ehegatte erbt.

d) Unterausschuss: Überlebender Ehegatte erbt.

3. Beide Ehegatten haben Scheidung beantragt.

a), b), c), d) wie zu 1.

4. Ein Ehegatte hat Scheidung beantragt, der andere zugestimmt.

Gleichbehandlung wie bei 3. erscheint geboten.

Abg. Dr. Emmerlich (SPD) führt aus, auf der Grundlage der Diskussion in der letzten Sitzung des Rechtsausschusses hätten die SPD-Mitglieder des Ausschusses die Gesamtproblematik noch einmal überlegt. Sie seien der Auffassung, dass es auch unter der Geltung der neuen Scheidungsbestimmungen dabei bleiben müsse, dass das Erlöschen des Ehegattenerbrechts auf den Zeitpunkt der Antragstellung vorgezogen werde, wenn ein Scheidungsgrund vorliege. Unter Antragstellung sei allerdings der Antrag im Verfahren zu verstehen und nicht das, was bisher die Klageerhebung gewesen sei. Wenn dies klar sei, könne es bei der Fassung des Unterausschusses bleiben; andernfalls müsse man es klarstellen.

Eine einverständliche Scheidung liege vor, wenn beide Ehegatten die Scheidung beantragt hätten (Nr. 3 der Vorlage des BMJ). Die unter Nr. 4 der Vorlage erwähnte Zustimmung liege dann nicht vor, wenn der Antragsgegner keinen Antrag zur Sache stelle; in diesem Falle müsse der Antragsgegner so behandelt werden, als hätte er die Ablehnung des Antrags beantragt.

MDgt Dr. Rolland (BMJ) empfiehlt für den Fall, dass es auf die Zustimmung zur Scheidung ankommen solle, die Übernahme der Terminologie aus § 1566: „... und der Erblasser die Scheidung beantragt oder ihr zugestimmt hatte."

Abg. Dr. Emmerlich (SPD) erklärt sich mit einer derartigen Fassung einverstanden.

Vors. *Dr. Lenz* hält die Fälle 3 und 4 der Vorlage des BMJ für unproblematisch. Wenn beide Ehegatten die Scheidung beantragt hätten oder wenn der eine Ehegatte dem Antrag des anderen zugestimmt habe, bestünden keine Bedenken dagegen, dass das Erbrecht mit der Antragstellung entfalle. Denn damit seien beide Ehegatten einverstanden gewesen. Es könne nicht von entscheidender Bedeutung sein, ob beide Ehegatten den Scheidungsausspruch erlebt hätten.

Für den Fall, dass der überlebende Ehegatte die Scheidung beantragt habe (Fall 2 der Vorlage des BMJ), sähen das geltende Recht, der Regierungsentwurf, der Bundesrat und der Unterausschuss vor, dass der überlebende Ehegatte erbe. Man könne auch der Meinung sein, dass der überlebende Ehegatte in diesem Fall nicht erben solle, weil er aus der Ehe herauswollte.

MR Dr. Bürgle (Bayern) gibt die Anregung, in diesem Fall das beiderseitige Erlöschen des Erbrechts in Erwägung zu ziehen. Das Zerrüttungsprinzip, so wie es vom Ausschuss beschlossen worden sei, zwinge zu dieser Überlegung.

Der § 1933 habe auch Auswirkungen auf das Pflichtteilsrecht. Zu § 2335 habe der Unterausschuss den Vorschlag des Bundesrates abgelehnt. Wenn es dabei bleibe, habe der Gegner des Scheidungsantrags keine Möglichkeit, dem die Scheidung begehrenden Ehegatten den Pflichtteil zu entziehen, wenn er sich nicht selber dem Scheidungsantrag anschließe oder ihm zustimme. Um den Pflichtteil entfallen lassen zu können, werde er gezwungen, seine Verteidigung gegen den Scheidungsantrag aufzugeben.

Vors. *Dr. Lenz* fährt fort, der Fall 1 der Vorlage des BMJ behandle den Fall, dass der verstorbene Ehegatte aus der Ehe herauswollte und der andere Ehegatte in der Ehe habe bleiben wollen. Das geltende Recht löse diesen Fall nach dem Schuldprinzip: Wenn der verstorbene Kläger keinen Scheidungsgrund gehabt habe, dann erbe der überlebende Ehegatte. Nach dem Entwurf stelle sich das Problem, dass der verstorbene Antragsteller auch dann die Scheidung hätte erreichen können, wenn dem anderen Ehegatten kein Vorwurf zu machen gewesen wäre, mit der Folge, dass das Erbrecht des überlebenden Ehegatten über den Pflichtteilsentzug hinaus total entfallen wäre.

Abg. Dürr (SPD) gibt zu bedenken, dass der Ehegatte, der dem Scheidungsantrag des anderen Ehegatten widerspreche, die Ehe aufrechterhalten wolle. Dies beinhalte, dass er vom anderen bei dessen Tod erbe. Dann aber müsse er auch die Konsequenz in Kauf nehmen, dass der andere von ihm bei seinem Tod erbe. Die Schwierigkeit liege darin, dass es zwei „Tätertypen" gebe: Die Scheidungsklage des überlebenden Ehegatten sei begründet, oder der überlebende Ehegatte habe die Scheidung beantragt aus Gründen, die juristisch nicht gerechtfertigt seien.

Abg. Erhard (Bad Schwalbach) (CDU(CSU) zieht aus der Konzeption des Scheidungsrechts die Folgerung, dass erbrechtliche Folgen erst an die geschiedene Ehe geknüpft werden sollten. Die erbrechtlichen Regelungen brauchten auch für den Fall nicht geändert zu werden, dass ein Ehegatte während eines Scheidungsverfahrens sterbe. Die Komplikationen, die dadurch ausgelöst würden, könne man eher in Kauf nehmen als das Unrecht, das durch eine andere erbrechtliche Regelung möglich sei. Im Gegensatz zum Unterausschuss und zum Bundesrat ziehe die Bundesregierung aus dem inzwischen gänzlich anders strukturierten Scheidungsrecht die richtige Konsequenz.

Abg. Erhard beantragt, § 1933 gemäß dem Regierungsentwurf zu streichen.

Der *Ausschuss* beschließt mit Mehrheit § 1933 in der vom Unterausschuss vorgeschlagenen Fassung mit der Maßgabe, dass in Satz 1 hinter dem Wort „beantragt" die Worte „oder ihr zugestimmt" eingefügt werden.

MDgt Dr. Rolland (BMJ) bemerkt zu § 1933 Satz 2, das Rechtsinstitut der Zustimmung zur Aufhebung der Ehe gebe es nicht. Er schlage deshalb vor, die Worte „Das gleiche" durch das Wort „Entsprechendes" zu ersetzen. Den Satz 2 könne man dann dahin auslegen, dass die Zustimmung in diesem Fall nicht relevant sein solle.

Abg. Dr. Emmerlich (SPD) wendet ein, die Worte „Das gleiche" bezögen sich auf die Rechtsfolge, dass das Erbrecht des überlebenden Ehegatten ausgeschlossen sei. Der Satz 2 brauche daher nicht geändert zu werden.

Vors. *Dr. Lenz* schließt sich der Interpretation des Ab. Dr. Emmerlich an.

Art. 1 Nr. 34 b (§ 2077 BGB)

Abg. Thürk (CDU/CSU) erkundigt sich nach den Auswirkungen der Worte „auf dessen Antrag“ in der Stellungnahme des Bundesrates.

MDgt Dr. Rolland (BMJ) erläutert, nach der Scheidungskonzeption des Bundesrates sei die Klageberechtigung nur unter bestimmten Voraussetzungen gegeben. Nicht jeder könne die Scheidung wegen Scheiterns der Ehe beantragen. Nach dem Vorschlag des Bundesrates komme es darauf an, dass der verstorbene Erblasser die Scheidung der Ehe hätte durchsetzen können. Nach der Konzeption der Bundesregierung und nach dem Beschluss des Unterausschusses werde dagegen nicht differenziert, weil das Scheidungsrecht selbst nur vom Scheitern der Ehe abhängig sei und nicht davon, ob ein Antragsrecht zur Scheidung bestehe.

Der *Ausschuss* beschließt einstimmig die Nr. 34 b mit der Maßgabe, dass unter Buchstabe a hinter dem Wort „beantragt“ die Worte „oder ihr zugestimmt“ eingefügt werden.

Art. 1 Nr. 35 (§ 2268 BGB)

Abg. Dr. Emmerlich (SPD) erklärt, bei der Nr. 35 handle es sich um eine zwangsläufige Folge aus dem Beschluss zum § 2077.

Der *Ausschuss* beschließt einstimmig die Nr. 35.

Art. 1 Nr. 36 (§ 2279 BGB)

MDgt Dr. Rolland (BMJ) legt dar, da der Erbvertrag nicht einseitig aufhebbar sei und da nicht testiert werden könne, müsse mit Rücksicht auf diese Bindung die Möglichkeit gegeben werden, Rechtsfolgen zu treffen für den Fall, dass die Auflösung der Ehe beantragt werde.

Abg. Erhard (Bad Schwalbach) (CDU/CSU) erkundigt sich, wieso die Bundesregierung beim Zerrüttungsprinzip davon sprechen könne, dass der Erblasser auf Aufhebung der Ehe zu klagen berechtigt gewesen sei. Wer behaupte, dass die Ehe zerrüttet sei, sei zur Klage berechtigt. Bisher habe sich die Berechtigung des einen Ehegatten zur Klage aus dem Verschulden des anderen Ehegatten ergeben.

Abg. Dr. Emmerlich (SPD) spricht sich gegen die Regierungsvorlage und für die Beibehaltung des geltenden § 2279 Abs. 2 aus. Es könne daher dahingestellt bleiben, ob die Kritik des Abg. Erhard (Bad Schwalbach) an der Regierungsvorlage berechtigt sei oder nicht.

Der *Ausschuss* beschließt einstimmig, dass die Nr. 36 entfällt.

Art. 1 Nr. 37 (§ 2335 BGB)

Abg. Dr. Emmerlich (SPD) führt aus, es gehe um die Frage der Entziehung des Ehegattenpflichtteils. Nach geltendem Recht könne ein Ehegatte dem anderen den Pflichtteil entziehen, wenn der andere sich einer Verfehlung schuldig gemacht habe, die den Erblasser berechtigte, auf Scheidung zu klagen; Klageerhebung sei nicht erforderlich. Der Bundesrat wolle diese Möglichkeit der Entziehung des Pflichtteils im Prinzip aufrechterhalten und wende auf dieses Prinzip seine neue Systematik von den Scheidungsvoraussetzungen an. Die Mehrheit des Unterausschusses sei der Auffassung gewesen, dass die Entziehung des Ehegattenpflichtteils nicht mehr möglich sein solle. Sie halte es nicht für berechtigt, allein aus der Tatsache, dass ein Scheidungsgrund gegeben sei, eine derartige Konsequenz herzuleiten. Wenn ein Scheidungsgrund vorliege und die Klage erhoben sei, gelte die vom Ausschuss bereits beschlossene Regelung.

Vors. *Dr. Lenz* ist der Auffassung, dass man bei der Konzeption des Unterausschusses kaum anders verfahren könne, als es der Unterausschuss vorgeschlagen habe. Die Stellungnahme des Bundesrates sei nur im Rahmen der Bundesratskonzeption verständlich.

MR Dr. Bürgle (Bayern) berichtet, der Bundesrat möchte die Möglichkeit der Pflichtteilsentziehung deshalb beibehalten, weil sonst auf einen Ehegatten ein Zwang zur Erhebung der Scheidungsklage ausgeübt werde. Selbst wenn ein Ehegatte gegen den andern einen Mordversuch begangen habe, müsse der andere es hinnehmen, dass der eine ihn beerbe oder mindestens den Pflichtteil bekomme, oder er müsse die Scheidungsklage erheben. Viele Leute lehnten aber die Scheidungsklage aus Gewissensgründen ab. Andere lehnten die Scheidungsklage aus achtenswerten Zweckmäßigkeitsgründen zeitweilig ab, insbesondere mit Rücksicht auf Kinder, denen sie vor der Volljährigkeit noch nicht zumuten wollten, dass die Ehe geschieden werde. Mit Rücksicht auf diese Fälle habe der Bundesrat geglaubt die Möglichkeit aufrechterhalten zu sollen, den Pflichtteil auch ohne Scheidung entziehen zu können.

Abg. Erhard (Bad Schwalbach) (CDU/CSU) übernimmt die Stellungnahme des Bundesrates als Antrag, um sie für weitere Abstimmungen offen zu halten.

Abg. Dürr (SPD) fragt, wie weit sich die Möglichkeit des Pflichtteilsentzugs und die Erbunwürdigkeit berührten.

MDgt Dr. Rolland (BMJ) gibt zur Antwort, die sonstigen Vorschriften über die Entziehung des Pflichtteils blieben unberührt, so dass der Pflichtteil durchaus aus anderen Gründen entzogen werden könne. Die Bundesregierung halte die Vorschrift über den Pflichtteilsentzug auch im Hinblick auf Beweisschwierigkeiten für nicht praktikabel. Im Falle des § 2335 werde nicht einmal ein Scheidungsantrag gestellt. Es werde also postmortal festgestellt, ob die Ehe gescheitert sei, obwohl keiner der Beteiligten aus einem eventuellen Scheitern irgendwelche Konsequenzen gezogen habe.

MR Dr. Bürgle (Bayern) entgegnet, die befürchteten praktischen Schwierigkeiten seien weitgehend dadurch behoben, dass die Entziehung des Pflichtteils ganz besondere Formalitäten erfordere. Der Erblasser müsse in einer notariell beurkundeten Verfügung nicht nur die Entziehung des Pflichtteils feststellen, sondern habe auch die Tatsachen darzulegen, die dazu geführt hätten und dazu gehörten, dass die Ehe gescheitert sei. Aus diesem Grunde könnten die Fakten durchaus beweismäßig dargestellt werden.

Der *Ausschuss* lehnt den Antrag des Abg. Erhard (Bad Schwalbach), die Bundesratsfassung zu übernehmen, mit Mehrheit ab. § 2335 wird auf Empfehlung des Unterausschusses einstimmig bei Enthaltungen aus den Reihen der Opposition gestrichen ...

MDgt Dr. Rolland (BMJ) legt folgende Formulierungshilfe des BMJ zu § 1585 a Abs. 1 Satz 1 des Regierungsentwurfs vor: (1) Der Verpflichtete hat auf Verlangen Sicherheit zu leisten. Die Verpflichtung, Sicherheit zu leisten, entfällt, wenn kein Grund zu der Annahme besteht, dass die Unterhaltsleistung gefährdet ist oder wenn der Verpflichtete durch die Sicherheitsleistung unbillig belastet würde.

(Die Leistung von Unterhalt ist insbesondere gefährdet, wenn der Verpflichtete mit zwei aufeinander folgenden Monatsbeträgen im Rückstand ist.)

Der Betrag ...

Er erläutert, der Auftrag des Ausschusses sei dahin gegangen, den ersten Teil der Bestimmung neu zu formulieren. Der in Klammern gesetzte Satz entspreche einem Wunsche von Abg. Engelhard (FDP). Die Einfügung eines derartigen Satzes werde jedoch für nicht ganz unbedenklich gehalten.

Abg. Thürk (CDU/CSU) erklärt, die vorgeschlagene Regelung entspreche seinem in der letzten Sitzung des Rechtsausschusses vorgetragenen Anliegen, dass klargestellt werden müsse, dass nicht aus schikanösen Gründen von dem Einen oder dem Anderen Sicherheit begehrt werde. Den eingeklammerten Satz halte er nicht für notwendig, da dies im vorhergehenden Satz enthalten sei, denn darin liege nur eine Definition, wann eine Gefährdung vorliege. Die Entscheidung darüber könne man jedoch dem Richter überlassen.

Er erinnert daran, der Unterausschuss habe gebeten, auf jeden Fall den einfachen und nicht den zweifachen Jahresbetrag einzusetzen.

Abg. Dr. Emmerlich (SPD) plädiert für Aufnahme des eingeklammerten Satzes. Dadurch eröffne man eine zusätzliche Möglichkeit, dem Zahlungsunwilligen oder dem zögernden Zahler beizukommen. Er schlage allerdings als Formulierung vor: „Die Leistung von Unterhalt gilt insbesondere als gefährdet, ..."

MDgt Dr. Rolland (BMJ) wirft ein, er sehe in den Rechtsfolgen keinen Unterschied zwischen den Formulierungen. Man sei bei der Formulierung von einer unwiderleglichen Vermutung ausgegangen und habe daher gesagt: „... ist insbesondere gefährdet, ..."

Abg. Dürr (SPD) plädiert für die Formulierung von Abg. Dr. Emmerlich. Es gebe den Fall, wo à la longue die Unterhaltszahlung nicht gefährdet sei, der Unterhaltsschuldner jedoch durch dauernd wechselnde oder verspätete Zahlungen seinen früheren Ehegatten zu schikanieren beabsichtige.

MDgt Dr. Rolland (BMJ) führt zu dem eingeklammerten Satz aus, eine weitere Ausgestaltung dieser Art sei nicht unbedenklich, da es sich um eine periphere Regelung handle. Aus der Tatsache, dass die Regelung keine zeitliche Zuordnung enthalte, könnten sich auch ungerechte Ergebnisse ableiten. Der Verzug um zwei Monatsraten könne Jahre zurückliegen mit der Folge, dass ein künftiges Wohlverhalten in unterhaltsrechtlicher Beziehung zu keinen Folgen führe, die Sicherheitsleistung also nach wie vor erfolgen müsse.

Vors. *Dr. Lenz* ist der Auffassung, der fragliche Satz sei in Verbindung mit dem vorhergehenden Satz zu verstehen.

MDgt Dr. Rolland (BMJ) hält diese Auslegung nicht für möglich. Damit würde auch der Zweck der Vorschrift verfehlt.

Abg. Thürk (CDU/CSU) wünscht eine Umformulierung, die ausschließe, dass die Bestimmung im einzelnen Falle „auf ewig" greife.

Abg. Dr. Emmerlich (SPD) entgegnet, der Fall, dass für drei Jahre ordnungsgemäß gezahlt sei, für zwei vor diesen drei Jahren liegende Monate jedoch noch etwas offen sei, könne nur eintreten, wenn der Schuldner bei der Zahlung für die drei Jahre ausdrücklich bestimme, dass eine Verrechnung mit den zwei vorhergehenden Monaten nicht erfolgen solle. Ansonsten seien Zahlungen auf die älteste Schuld anzurechnen.

Abg. Thürk (CDU/CSU) erwidert, der Formulierungsvorschlag besage, eine Gefährdung liege vor, wenn der Schuldner mit zwei aufeinander folgenden Raten in Verzug gekommen sei. Durch eine Nachzahlung werde die Gefährdung nicht ausgeräumt.

MDgt Dr. Rolland (BMJ) ist der Auffassung, der Klammersatz sei in der Generalklausel des Obersatzes enthalten, nicht zuletzt wegen der Beweisregelung. Es brauche nur vorgetragen zu werden, dass man Sicherheitsleistung wünsche. Dann müsse der andere Teil beweisen, dass er unbillig belastet werde und die Unterhaltsleistung nicht gefährdet sei. Dies werde ihm schwer fallen, wenn er zwei Monate mit der Zahlung in Verzug sei.

Abg. Erhard (Bad Schwalbach) (CDU/CSU) hält mit Hinweis auf die praktischen Erfahrungen aus Unterhaltsprozessen derartige Einschränkungen dem Umfange nach nicht für richtig und sieht den vorhergehenden Satz als ausreichend an. Die detaillierte Regelung beinhalte die Möglichkeit, nur eine Teilsumme zu zahlen, womit der Schuldner nicht mehr mit Zweimonatsbeträgen im Rückstand sei. Dies eröffne Möglichkeiten der Schikane. Aus praktischen Erwägungen genüge eine Sicherheitsleistung für drei Monate, auf die auch für mögliche Differenzbeträge zurückgegriffen werden könne, und wenn man im Übrigen, soweit überhaupt etwas zu holen sei, im Wege der Pfändung vorgehen könne. Die vorgeschlagene Bestimmung sei prohibitiv. Die Gerichte würden da sehr schnell sagen, die Sicherheitsleistung sei unbillig, weil die Zahlung des Betrages auf einmal für die meisten zu hoch sein werde. Dies sei im Grunde ein Recht für reiche Leute, der Ausschuss sollte aber zumindest ein Recht für den Durchschnitt der Bevölkerung beschließen. Seine Vorstellung gehe im Übrigen dahin, dass der Betrag der Sicherheitsleistung „in der Regel drei Monate" nicht übersteigen sollte.

Abg. Frau Schimschok (SPD) macht geltend, nach dem Willen des Unterausschusses solle die Sicherheitsleistung den einfachen Jahresbetrag der Unterhaltsleistung nicht übersteigen. Die Einzelheiten könnten dem Richter überlassen werden.

Abg. Erhard (Bad Schwalbach) (CDU/CSU) räumt ein, darin liege zwar die Möglichkeit, den Betrag niedriger anzusetzen, solche Grenzen würden aber leicht als Regelfall angenommen.

Abg. Dr. Emmerlich (SPD) teilt mit, man verzichte seitens der Vertreter der Koalitionsparteien auf die Annahme des eingeklammerten Satzes.

Der *Ausschuss* stimmt § 1585 a BGB Abs. 1 Satz 1 und 2 in der Fassung der Formulierungshilfe zu. – Abs. 1 Satz 2 des Regierungsentwurfs wird Satz 3 in der geänderten Fassung, wobei das Wort „zweifachen" durch das Wort „einfachen" ersetzt wird. – Der Ausschuss erhebt keine Einwendungen gegen Abs. 2 des Regierungsentwurfs.

Abg. Erhard (Bad Schwalbach) (CDU/CSU) beantragt für die Vertreter der Fraktion der CDU/CSU im Rechtsausschuss die Abhaltung einer Anhörung zum Versorgungsausgleich und den damit angeschnittenen Fragen. Er werde den vollständigen Schriftsatz in Kürze nachreichen.

Abg. Gnädinger (SPD) erklärt, die Vertreter der Koalitionsfraktionen hätten keine Bedenken. Im Übrigen handle es sich dabei um ein Minderheitenrecht, dem man selbstverständlich nachkomme.

(Schluss der Sitzung: 19.26 Uhr)

9. Protokoll der 77. Sitzung vom 16.10.1975

Art. 1 Nr. 14 (Änderung des Bürgerlichen Gesetzbuchs). § 1577

Abg. Dr. Emmerlich (SPD) stellt den Antrag, § 1577 des Regierungsentwurfs ersatzlos zu streichen. Diese Vorschrift ergebe sich aus der Konzeption des Regierungsentwurfs, die sich von der jetzigen jedoch prinzipiell dadurch unterscheide, dass für eine Übergangsfrist nur der schuldrechtliche Versorgungsausgleich vorgesehen worden sei. Da der öffentlich-rechtliche Versorgungsausgleich außerdem in wesentlichen Punkten verbessert worden sei, bestehe für diese außerordentlich komplizierte Regelung kaum mehr ein praktischer Bedarf.

Abg. Frau Will-Feld (CDU/CSU) drückt ihr Erstaunen aus, dass die – zugegebenermaßen komplizierte – Regelung des § 1577 nunmehr ersatzlos gestrichen werden solle, und fragt, inwiefern sie nach der Änderung des Versorgungsausgleichs überflüssig geworden sei.

MDgt Dr. Rolland (BMJ) antwortet, nachdem der Versorgungsausgleich eine gewisse Komplettierung erfahren habe, stelle sich in der Tat die Frage, ob § 1577 noch erforderlich sei, zumal es systematisch einen Fremdkörper darstelle nachzuzeichnen, was gewesen wäre, wenn die Ehe nicht geschlossen worden wäre.

Die Vorschrift sei im Übrigen mit einem gewissen Mangel behaftet; denn es sei durchaus denkbar, dass auch der erwerbstätige Ehegatte mit Rücksicht auf die Ehe geringere Einkünfte gehabt bzw. geringere Anwartschaftsrente erworben habe. Darüber hinaus bestünde die Gefahr, dass ein Ehegatte belastet würde, obwohl er tatsächlich nicht in der Lage wäre, die Leistungen zu erbringen, und deshalb nach unterhaltsrechtlichen Grundsätzen eigentlich kein Unterhaltsanspruch gegeben wäre. Der Gesichtspunkt der Gerechtigkeit sowie die außerordentlichen Schwierigkeiten, die mit dem Nachzeichnen eines fiktiven beruflichen Werdegangs ohne Zweifel verbunden wären, ließen § 1577 daher entbehrlich erscheinen.

Abg. Frau Dr. Lepsius (SPD) macht ebenfalls auf die Gefahr aufmerksam – die im Übrigen auch von den Sachverständigen angesprochen worden sei –, dass § 1577 zu einem Überziehen der Belastungen des Verpflichteten führen könnte. Nachdem von dem dreistufigen System des Versorgungsausgleichs im Regierungsentwurf abgewichen und nunmehr der durchgehende öffentlich-rechtliche Versorgungsausgleich zugrunde gelegt worden sei, erübrige sich der in § 1577 vorgesehene unterhaltsrechtliche Versorgungsausgleich.

Der *Ausschuss* stellt die Beratung über § 1577 auf Anregung des Vors. Dr. Lenz zurück, um der CDU/CSU-Fraktion die Möglichkeit der Meinungsbildung über den unerwartet gestellten Streichungsantrag einzuräumen.

§ 1586 a. Abg. Dr. Emmerlich (SPD) beantragt, als Folge des Streichungsantrags zu § 1577 *Satz 1 zu streichen* und § 1586 a mit folgendem Wortlaut zu beschließen: „Geht ein geschiedener Ehegatte eine neue Ehe ein und wird die Ehe wieder aufgelöst, so kann er von dem früheren Ehegatten Unterhalt nach § 1571 verlangen, wenn er ein Kind aus der früheren Ehe zu pflegen oder zu erziehen hat. Ist die Pflege oder Erziehung beendet, so kann er Unterhalt nach den §§ 1572 bis 1574, 1576 verlangen."

Abg. Erhard (Bad Schwalbach) (CDU/CSU) gibt zu bedenken, dass eine Kumulation der Unterhaltsansprüche eintrete, wenn sowohl ein Kind aus der ersten als auch aus der zweiten Ehe zu pflegen bzw. zu erziehen sei, da die §§ 1571 ff. diesen Sonderfall nicht berücksichtigen.

MDgt Dr. Rolland (BMJ) räumt ein, dass durchaus zwei Unterhaltsansprüche konkurrieren könnten. Es sei sogar der Fall denkbar, dass ein Anspruch überhaupt erst dadurch begründet werde, dass Kinder aus zwei Ehen zu pflegen bzw. zu erziehen seien, wenn nämlich die Kinder allein aus der ersten Ehe an der Erwerbstätigkeit nicht hindern würden. Der Unterausschuss habe sich mit dieser Problematik eingehend befasst und sei zu der Auffassung gelangt, dass diese speziellen Fragen für eine gesetzliche Regelung nicht geeignet seien und daher der Rechtsprechung überlassen werden sollten.

Der *Ausschuss* stellt die Beratung des § 1586 a ebenfalls zurück.

... Artikel 1 Nr. 14 (§ 1577 BGB)

Stellv. Vors. *Gnädinger* erinnert daran, dass die Koalitionsfraktionen im Vormittagsteil der heutigen Sitzung beantragt haben, den § 1577 BGB ersatzlos zu streichen, dass die Abstimmung aber auf Wunsch der CDU/CSU zurückgestellt worden ist.

Abg. Erhard (Bad Schwalbach) (CDU/CSU) betont, in der kurzen Zeit zwischen dem Ende des Vormittagsteils und dem Beginn des Nachmittagsteils der heutigen Sitzung habe sich die CDU/CSU keine abschließende Meinung bilden können. Er ist gleichwohl einverstanden, dass jetzt abgestimmt wird. Doch behält er sich vor, in der Bereinigungssitzung auf § 1577 BGB zurückzukommen.

Der *Ausschuss* beschließt die Streichung des § 1577 BGB.

Art. 1 Nr. 14 (§ 1586 a BGB)

Abg. Dr. Emmerlich (SPD) schlägt folgende Fassung des § 1586 a BGB vor: „Geht ein geschiedener Ehegatte eine neue Ehe ein und wird die Ehe wieder aufgelöst, so kann er von dem früheren Ehegatten Unterhalt nach § 1571 verlangen, wenn er ein Kind aus der früheren Ehe zu pflegen oder zu erziehen hat. Ist die Pflege oder Erziehung beendet, so kann er Unterhalt nach den §§ 1572 bis 1574, 1576 verlangen."

Diese Neuformulierung sei nur die Konsequenz aus der Streichung des § 1577 BGB.

Abg. Erhard (Bad Schwalbach) (CDU/CSU) fragt, wie nach diesem § 1586 a BGB der Fall zu lösen sei, dass eine Frau sowohl aus ihrer ersten geschiedenen Ehe wie aus ihrer zweiten geschiedenen Ehe ein Kind zu versorgen habe. Er erkundigt sich weiter, in welchem Verhältnis die Unterhaltsansprüche der zweimal geschiedenen Frau gegen ihre beiden früheren Ehemänner zueinander ständen. § 1586 a BGB erwecke den Eindruck, als gebe es gegen den Partner aus der zweiten Ehe einen Unterhaltsanspruch.

MDgt Dr. Rolland (BMJ) anerkennt, dass mehrere Ansprüche konkurrieren könnten. Eine Korrektur erfolge vom Berechtigten her durch den Lebensbedarf, der ja den Unterhaltsanspruch begrenze. Es gehe nur um die Quotierung der Unterhaltsansprüche. Der Unterausschuss habe empfohlen, wegen der Vielfalt der dafür in Betracht kommenden Momente die Quotierung nicht gesetzlich zu regeln, sondern der Rechtsprechung zu überlassen.

Abg. Dr. Emmerlich (SPD) ergänzt, der Ausgleich zwischen den Unterhaltsschuldnern erfolge nach den Regeln über die Gesamtschuldnerschaft. Dass es mehrere Unterhaltsschuldner gebe, sei kein nur hier auftauchendes Problem. Es bestehe zum Beispiel auch bei der Unterhaltspflicht mehrerer Kinder gegenüber ihren Eltern.

Abg. Erhard (Bad Schwalbach) (CDU/CSU) entgegnet, diese Gesamtschuldnerschaft der Kinder sei nur formal mit dem hier erörterten Fall vergleichbar, wo die durch die Wiederverheiratung der geschiedenen Ehefrau erloschene Unterhaltspflicht des Mannes einfach infolge der zweiten Scheidung seiner früheren Ehefrau auflebe. Wenn man hier die Regeln über die Gesamtschuldnerschaft eingreifen lassen wolle, so dass die zweimal geschiedene Frau sich den Unterhaltspflichtigen nach Belieben heraussuchen könne, müssten die beiden von ihr geschiedenen Männer infolge der Gesamtschuldnerschaft untereinander prozessieren. Um dies zu vermeiden, sei eine Kollisionsnorm erforderlich. Gesetzlich müsse die Rangfolge festgelegt werden, dass dann, wenn überhaupt ein Unterhaltsanspruch bestehe, zunächst der zuletzt geschiedene Ehemann unterhaltspflichtig sei und der zuerst geschiedene Ehemann nur subsidiär unterhaltspflichtig sei, nämlich soweit von dem zuletzt geschiedenen Ehemann der Unterhalt nicht zu erlangen sei.

MDgt Dr. Rolland (BMJ) befürchtet, eine abstrakte, die Umstände des Einzelfalls außer Acht lassende Festlegung dieser Rangfolge könne zu unbefriedigenden Regelungen führen.

Abg. Dr. Emmerlich (SPD) beantragt, § 1586 a in der von ihm vorgeschlagenen Fassung ohne den von dem Abg. Erhard angeregten Zusatz über die Rangfolge anzunehmen.

Abg. Erhard (Bad Schwalbach) (CDU/CSU) beantragt, den von ihm angeregten Zusatz über die Rangfolge dem § 1586 a anzufügen.

Der *Ausschuss* lehnt den Antrag des Abg. Erhard ab und beschließt den § 1586 a BGB in der von dem Abg. Emmerlich vorgeschlagenen Fassung.

10. Beschlüsse des Rechtsausschusses zum Regierungsentwurf (Abweichungen gegenüber dem Regierungsentwurf)

§ 1564. Unverändert

§ 1565. Unverändert

§ 1566. Abs. 1 unverändert, Abs. 2: Es wird *unwiderlegbar* vermutet, dass die Ehe gescheitert ist, wenn die Ehegatten seit drei Jahren getrennt leben.

§ 1567. (1) Die Ehegatten leben getrennt, wenn zwischen ihnen keine häusliche Gemeinschaft besteht und ein Ehegatte *deren Herstellung* erkennbar ablehnt. Die häusliche Gemeinschaft besteht auch dann nicht mehr, wenn die Ehegatten innerhalb der ehelichen Wohnung getrennt leben.

(2) Unverändert

§ 1568. Die Ehe soll *außer im Fall des § 1565 in Verbindung mit § 1566 Abs 2 ...*

§ 1569. Vgl. § 1355 BGB

§ 1570. Unverändert

§ 1571. Unverändert

§ 1572. Ziff. 3 a.E. „nach den §§ 1573 und 1574"

§ 1573. Ziff. 4 a.E. „nach § 1574"

§ 1574. Abs. 1, 2 und 3 unverändert. (4) „weil" statt „und ..."

§ 1575. Abs. 1 und 2 unverändert, (3) Soweit es zur Aufnahme einer angemessenen Erwerbstätigkeit erforderlich ist, obliegt es dem geschiedenen Ehegatten, sich ausbilden, fortbilden oder umschulen zu lassen, wenn *ein erfolgreicher Abschluss der Ausbildung zu erwarten ist.*

§ 1576. (1) Ein geschiedener Ehegatte, der in Erwartung der Ehe oder während der Ehe eine Schul- oder Berufsausbildung nicht aufgenommen oder abgebrochen hat, kann von dem anderen Ehegatten Unterhalt verlangen, wenn er diese oder eine entsprechende Ausbildung sobald wie möglich aufnimmt, *um eine angemessene Erwerbstätigkeit, die den Unterhalt nachhaltig sichert, zu erlangen und der* erfolgreiche Abschluss der Ausbildung zu erwarten *ist* ... Abs. 1 S. 2, Abs. 2 und 3 unverändert.

§ 1577. Entfällt

§ 1577 a. Ein geschiedener Ehegatte kann von dem anderen Unterhalt verlangen, soweit und solange von ihm aus sonstigen schwerwiegenden, in den ehelichen Lebensverhältnissen liegenden Gründen eine Erwerbstätigkeit nicht erwartet werden kann und die Versagung von Unterhalt unter Berücksichtigung der Belange beider Ehegatten grob unbillig wäre. Umstände, die zum Scheitern der Ehe geführt haben, sind dabei nicht zu berücksichtigen.

§ 1578. (1) Der geschiedene Ehegatte kann den Unterhalt nach den §§ 1571 bis 1574, 1576 *und 1577 a* nicht verlangen, solange und soweit er sich aus seinen Einkünften und seinem Vermögen selbst unterhalten kann.

(2) Einkünfte sind nicht anzurechnen, *soweit der Verpflichtete nicht den vollen Unterhalt (§ 1579) leistet. Einkünfte, die den vollen Unterhalt übersteigen, sind insoweit anzurechnen, als dies unter Berücksichtigung der beiderseitigen wirtschaftlichen Verhältnisse der Billigkeit entspricht.*

(3) Den Stamm des Vermögens braucht der Berechtigte nicht zu verwerten, soweit die Verwertung unwirtschaftlich *oder unter Berücksichtigung der beiderseitigen wirtschaftlichen Verhältnisse unbillig* wäre.

(4) *War zum Zeitpunkt der Ehescheidung zu erwarten, dass der Unterhalt des Berechtigten aus seinem Vermögen nachhaltig gesichert sein würde, fällt das Vermögen aber später weg, so besteht kein Anspruch auf Unterhalt.* Dies gilt nicht, wenn im Zeitpunkt

des Vermögenswegfalls von dem Ehegatten wegen der Pflege oder Erziehung eines gemeinschaftlichen Kindes eine Erwerbstätigkeit nicht erwartet werden kann.

§ 1579. Abs. 1 unverändert. (2) Zum Lebensbedarf gehören auch die Kosten einer angemessenen Versicherung für den Fall der Krankheit sowie die Kosten einer Schul- oder Berufsausbildung, einer Fortbildung oder einer Umschulung *nach* §§ 1575, 1576.

(3) Hat der geschiedene Ehegatte einen Unterhaltsanspruch nach den §§ 1571 bis 1574 *und § 1577 a,* so gehören zum Lebensbedarf auch die Kosten einer angemessenen Versicherung für den Fall des Alters sowie der Berufs- oder Erwerbsunfähigkeit.

§ 1580. (1) Ein Unterhaltsanspruch besteht nicht, soweit die Inanspruchnahme des Verpflichteten grob unbillig wäre, weil 1. die Ehe von kurzer Dauer war; *der Ehedauer steht die Zeit gleich, in welcher der Berechtigte wegen der Pflege oder Erziehung eines gemeinschaftlichen Kindes nach § 1571 Unterhalt verlangen konnte,*

2. und 3. unverändert

4. *ein anderer Grund vorliegt, der ebenso schwer wiegt wie die in den Nummern 1 bis 3 aufgeführten Gründe.*

(2) Absatz 1 gilt nicht, *solange und soweit* von dem Berechtigten wegen der Pflege oder Erziehung eines gemeinschaftlichen Kindes eine Erwerbstätigkeit nicht erwartet werden kann.

§ 1581. Unverändert

§ 1582. Ist der Verpflichtete nach seinen Erwerbs- und Vermögensverhältnissen unter Berücksichtigung seiner sonstigen Verpflichtungen außerstande, ohne Gefährdung des eigenen angemessenen Unterhalts dem Berechtigten Unterhalt zu gewähren, so braucht er nur insoweit Unterhalt zu leisten, als es mit Rücksicht auf die Bedürfnisse und die Erwerbs- und Vermögensverhältnisse der geschiedenen Ehegatten der Billigkeit entspricht. Den Stamm des Vermögens braucht er nicht zu verwerten, soweit die Verwertung unwirtschaftlich oder unter Berücksichtigung der beiderseitigen wirtschaftlichen Verhältnisse unbillig wäre.

§ 1583. (1) Bei Ermittlung des Unterhalts des geschiedenen Ehegatten geht im Falle des § 1582 der geschiedene Ehegatte einem neuen Ehegatten vor, wenn dieser *nicht* bei entsprechender Anwendung der §§ 1570 bis 1575, *§ 1577 a* und des § 1578 Abs. 1 unterhaltsberechtigt wäre. *Hätte der neue Ehegatte nach diesen Vorschriften einen Unterhaltsanspruch, geht ihm der geschiedene Ehegatte gleichwohl vor, wenn er* nach § 1571 *oder nach § 1577 a* unterhaltsberechtigt ist oder die Ehe mit dem geschiedenen Ehegatten von langer Dauer war. Der Ehedauer steht die Zeit gleich, in der ein Ehegatte wegen der Pflege oder Erziehung eines gemeinschaftlichen Kindes nach § 1571 unterhaltsberechtigt war.

(2) § 1609 bleibt im Übrigen unberührt.

§ 1584. Unverändert

§ 1584 a. Unverändert

§ 1585. Unverändert

§ 1585 a. (1) Der Verpflichtete hat auf Verlangen Sicherheit zu leisten. *Die Verpflichtung, Sicherheit zu leisten, entfällt, wenn kein Grund zu der Annahme besteht, dass die Unterhaltsleistung gefährdet ist oder wenn der Verpflichtete durch die Sicherheitsleistung* unbillig belastet würde. Der Betrag, für den Sicherheit zu leisten ist, soll den *einfa-*

chen Jahresbetrag der Unterhaltsrente nicht übersteigen, sofern nicht nach den besonderen Umständen des Falles eine höhere Sicherheitsleistung angemessen erscheint.

(2) Unverändert

§ 1585 b. Unverändert

§ 1585 c. Unverändert

§ 1586. Unverändert

§ 1586 a. Geht ein geschiedener Ehegatte eine neue Ehe ein und wird die Ehe wieder aufgelöst, so kann er von dem früheren Ehegatten Unterhalt nach § 1571 verlangen, *wenn* er ein Kind aus der früheren Ehe zu pflegen oder zu erziehen *hat.* Ist die Pflege oder Erziehung beendet, so kann er Unterhalt nach den §§ 1572 bis 1574, 1576 verlangen.

§ 1586 b. Unverändert

§§ 1671, 1672. Wie im Gesetz vom 14.6.1976

§ 1933. Wie im Gesetz vom 14.6.1976

§ 2077. Wie im Gesetz vom 14.6.1976

§ 2268 Abs. 2. Wie im Gesetz vom 14.6.1976

§ 2331 a. Wie im Gesetz vom 14.6.1976

§ 2335. Unverändert (d.h. Wegfall dieser Norm)

D. Beratungen im Deutschen Bundestag (2. und 3. Lesung des 1. EheRG am 11.12.1975)

Zu den Beratungen lagen folgende Anträge der CDU/CSU-Fraktion als Drucksachen des Bundestags vor:

7/4445 (zu § 1353 Abs. 1 Satz 2 BGB),
7/4446 (zu §§ 1509, 2335 BGB),
7/4447 (zu §§ 1565 ff. BGB),
7/4448 (zu §§ 1570 ff. BGB),
7/4449 (zu GVG- und ZPO-Bestimmungen),
7/4453 (zu §§ 1355 ff., Namensrecht),
7/4454 (zu §§ 1414, 1587 ff.),
7/4455 (zur Geschiedenen-Witwenrente),
7/4456 (zu § 627 a ZPO),
7/4457 (zu § 1353 Abs. 1 Satz 2 BGB).

Die Anträge insbesondere zu den §§ 1565 bis 1586 b BGB und zu § 2335 BGB entsprechen den bisherigen, in den Ausschüssen gestellten Anträgen der Opposition und dem späteren sog. Fünf-Länder-Antrag zur Anrufung des Vermittlungsausschusses im Bundesrat.

Die Anträge wurden in 2. Lesung (z.T. in namentlicher Abstimmung) abgelehnt, die Ausschussvorlage wurde in 3. Lesung mit 228 Stimmen (zuzüglich 12 Berliner Stimmen) gegen 192 Stimmen (zuzüglich 5 Berliner Stimmen) am 11.12.1975 angenommen.

E. Beratungen im Bundesrat (Januar 1976)

I. Protokoll der 427. Sitzung des Rechtsausschusses vom 14.1.1976

...3. Zu Art. 1 Nrn. 1, 12, 15, 17, 30 31 (§§ 1353, 1385, 1509, 1565, 1566, 1568, 1576, 1933, 2077 BGB)

MDgt Dr. Schier [Bayern] beantragt, der Vollversammlung die Anrufung des VA mit dem Ziel zu empfehlen: In Art. 1 Nr. 17 ist *§ 1565* wie folgt zu fassen: „*§ 1565.* (1) Eine Ehe kann geschieden werden, wenn sie unheilbar zerrüttet ist. Vor Ablauf der in § 1566 genannten Fristen darf jedoch die Ehe nur geschieden werden, wenn dem Antragsteller die Fortsetzung der Ehe aus Gründen, die in der Person des anderen Ehegatten oder in dessen Lebensbereich liegen, nicht zuzumuten ist.

(2) Eine Ehe ist unheilbar zerrüttet, wenn die Lebensgemeinschaft der Ehegatten nicht mehr besteht und nicht erwartet werden kann, dass die Ehegatten sie wieder herstellen."

Daraus ergeben sich folgenden Änderungen:

a) In Art. 1 Nr. 1 ist § 1353 Abs. 2 wie folgt zu fassen: „(2) Ein Ehegatte ist nicht verpflichtet, dem Verlangen des anderen Ehegatten nach Herstellung der Gemeinschaft Folge zu leisten, wenn sich das Verlangen als Rechtsmissbrauch darstellt oder wenn die Voraussetzungen für die Scheidung der Ehe auf Antrag des Ehegatten, der die Herstellung der Gemeinschaft ablehnt, gegeben sind."

b) In Art. 1 Nr. 12 ist § 1385 wie folgt zu fassen: „*§ 1385.* Ein Ehegatte kann auf vorzeitigen Ausgleich des Zugewinns klagen, wenn die Voraussetzungen für die Scheidung der Ehe auf seinen Antrag gegeben sind."

c) In Art. 1 Nr. 15 ist *§ 1509 Satz 1* wie folgt zu fassen: „Jeder Ehegatte kann für den Fall, dass die Ehe durch seinen Tod aufgelöst wird, die Fortsetzung der Gütergemeinschaft durch letztwillige Verfügung ausschließen, wenn die Voraussetzungen für die Scheidung der Ehe auf seinen Antrag gegeben sind und er die Scheidung der Ehe beantragt hat."

d) In Art. 1 Nr. 17 ist in *§ 1566 Abs. 1 und 2* und in *§ 1568 Satz 1* jeweils das Wort „gescheitert" durch die Worte „unheilbar zerrüttet" zu ersetzen.

e) In Art. 1 Nr. 17 sind in *§ 1576* die Worte „zum Scheitern" durch die Worte „zur unheilbaren Zerrüttung" zu ersetzen.

f) In Art. 1 Nr. 30 - *§ 1933 Satz 1* – und in Art. 1 Nr. 31 Buchst. a - *§ 2077 Abs. 1 Satz 2* – sind jeweils nach den Worten „die Voraussetzungen für die Scheidung der Ehe" die Worte „auf diesen Antrag" einzufügen.

Begründung: a) Zum Begriff des Scheiterns der Ehe: Der bisher gebräuchliche Begriff der „unheilbaren Zerrüttung" der Ehe ist nicht durch den Begriff „Scheitern" der Ehe zu ersetzen. Durch das vorliegende Gesetz soll das Recht der Ehescheidung auf das Zerrüttungsprinzip gestellt werden. Dies sollte auch im Gesetzestext und nicht nur in der Begründung zum Ausdruck gebraucht werden, die immer wieder – zutreffend – die „Zerrüttung“ als Scheidungsvoraussetzung anführt. Zudem ist der Begriff der „unheilbaren Zerrüttung“ schon bisher bekannt und von der Rechtsprechung im Einzelnen erläutert worden, so dass bei der Beibehaltung des bisherigen Begriffs auf die vorhandene Rechtsprechung zurückgegriffen werden kann.

Auch müsste der Begriff des „Scheiterns“ dazu führen, einer Ehe, die über viele Jahre ihren bestimmungsmäßigen Zweck erfüllt hat, wenn sie nunmehr durch einen Wandel der Verhältnisse unheilbar zerrüttet ist, den Wert abzusprechen, den sie vor dem Eintritt der Zerrüttung hatte und der auch trotz der Zerrüttung fortdauern kann. Diese Befürchtung besteht deshalb, weil die sprachliche Entwicklung dazu geführt hat, mit dem „Scheitern“ ein abwertendes Urteil im Sinn des Fehlschlagens oder der Verfehlung der Sinnerfüllung zu verbinden, z.B. in der Wendung „gescheiterte Existenz“.

b) Einschränkung der Generalklausel: Eine uneingeschränkte Generalklausel, wie sie § 1565 des Gesetzes vorsieht, ermöglicht die sofortige einseitige Aufkündigung der Ehe. Denn die Zerrüttung einer Ehe kann auch einseitig herbeigeführt werden. Der Scheidungswillige hat es bei einer solchen Regelung in der Hand, durch sein eigenes Verhalten den Zerrüttungstatbestand selbst zu schaffen und so die sofortige Scheidung der Ehe zu erzwingen. Hat er auf diese Weise die Zerrüttung der Ehe herbeigeführt, so könnte der Richter bei einer uneingeschränkten Generalklausel die Scheidung der Ehe selbst in Fällen des Rechtsmissbrauchs nicht versagen. Hierzu muss ihm aber die Möglichkeit gegeben werden, um dem allgemeinen Rechtsgrundsatz Geltung zu verschaffen, dass niemand aus eigenen Rechtsverletzungen für sich günstige Rechtsfolgen herleiten kann.

Die Generalklausel soll daher in der Weise eingeschränkt werden, dass sie nur eingreift, wenn die Fortführung der Ehe dem Antragsteller aus Gründen unzumutbar ist, die in der Person des anderen Ehegatten oder in dessen Lebensbereich liegen. Die Unzumutbarkeit kann danach nicht nur auf solchen Gründen beruhen, die in persönlichen Eigenschaften (z.B. erhebliche geistige oder körperliche Gebrechen) oder im persönlichen Verhalten liegen, sondern auch auf Umständen, die zur Lebenssphäre des anderen Ehegatten gehören. Die Prüfung der Unzumutbarkeit erfordert keine zusätzliche Beweisaufnahme; denn die Gründe für die Unzumutbarkeit, die Ehe fortzusetzen, ergeben sich bereits bei der Prüfung der Ursachen der Zerrüttung, die bei Anwendung der Generalklausel ohnehin erforderlich ist. Die vorgeschlagene Einschränkung stellt auch keine Rückkehr zum Verschuldensprinzip dar: sie führt keineswegs dazu, dass zusätzlich noch Verschuldenselemente zu prüfen sind. Vielmehr wird die sonst umfassende Prüfung der Zerrüttung der Ehe sogar noch insofern eingeschränkt, als Umstände, die im Lebensbereich des Antragstellers liegen, nicht geprüft werden dürfen. Im Übrigen ergibt sich die Unzumutbarkeit der Fortsetzung der Ehe aus dem vom Gericht festgestellten objektiven Sachverhalt, nicht aber aus einer Prüfung, ob den anderen Ehegatten ein Verschulden trifft. Der Vorschlag führt auch nicht etwa, wie gelegentlich zu Unrecht behauptet worden ist, zu einem zeitlich befristeten Widerspruchsrecht für den Beklagten; denn die Scheidung wird nicht gehindert, wenn sie auf Gründe gestützt werden kann, die in seiner Person oder in seinem Lebensbereich liegen, gleichviel ob der Beklagte diese Gründe zu vertreten hat oder nicht.

Durch die Einschränkung wird schließlich auch erreicht, dass die Generalklausel nicht so leicht wie nach der vom Gesetz vorgesehenen Regelung für Konventionalscheidungen missbraucht werden kann. Die Einschränkung wird daher eher dazu führen, die einverständliche Scheidung nur auf dem in § 1566 Abs. 1 BGB i.d.F. des Gesetzes vorgesehenen Weg zu betreiben.

c) Folgeänderungen: Als Folge der Änderung des § 1565 ergibt sich, dass in § 1353 nicht mehr auf das Scheitern der Ehe abgestellt werden kann, sondern darauf, ob die Voraussetzungen der Scheidung der Ehe auf Antrag desjenigen Ehegatten, der Rechte aus den genannten Bestimmungen herleitet, gegeben sind. § 1385 bedarf der Anpassung an die Einschränkung der Generalklausel. Dasselbe gilt für die §§ 1933 und 2077. In den §§ 1566, 1568 und 1576 ist ebenfalls der Begriff der unheilbaren Zerrüttung zu verwenden.

Der Antrag wird mit demselben Stimmenverhältnis [d.h. gegen die Stimmen der Vertreter Baden-Württembergs, Bayerns, von Rheinland-Pfalz, des Saarlandes und Schleswig-Holsteins] *abgelehnt.*

4. Zu Art. 1 Nr. 17 (§§ 1566, 1568 BGB), Art. 6 Nr. 24 (§ 614 ZPO)

MDgt Dr. Schier beantragt, der Vollversammlung die Anrufung des VA mit dem Ziel zu empfehlen:

a) In Art. 1 Nr. 17 ist in § 1566 Abs. 1 und Abs. 2 jeweils das Wort „unwiderlegbar" zu streichen.

b) In Art. 1 Nr. 17 sind in § 1568 Satz 1 die Worte „außer im Fall des § 1565 in Verbindung mit § 1566 Abs. 2" zu streichen.

c) In Art. 6 Nr. 24 ist in § 614 Abs. 2 der Satz 2 zu streichen.

Begründung: Weder bei der einverständlichen noch bei der streitigen Scheidung kann an die Trennung der Eheleute während der Dauer bestimmter Fristen die unwiderlegbare Vermutung der unheilbaren Zerrüttung der Ehe geknüpft werden. Auch in diesen Fällen muss der Richter die Möglichkeit haben, den Ausspruch der Scheidung abzulehnen, wenn er erkennt, dass noch begründete Aussichten auf Versöhnung der Eheleute bestehen. Andernfalls würde von dem Grundsatz der Ehe auf Lebenszeit abgegangen; denn die Ehe könnte dann durch gegenseitigen Vertrag oder einseitig mit „Kündigungsfrist" auf jeden Fall aufgehoben werden.

Eine Regelung, die die gerichtliche Scheidung einer Ehe als automatische Folge des Einverständnisses der Ehegatten oder einseitiger Herbeiführung der Heimtrennung, jeweils in Verbindung mit dem Ablauf gewisser Fristen, ausgestaltet, ist weder mit der Bedeutung der Ehe noch mit dem Sinn des Erfordernisses einer richterlichen Entscheidung zu vereinbaren.

Allerdings bedeutet die Einführung einer widerlegbaren Vermutung auch bei einverständlicher Scheidung nicht etwa, dass der Richter verpflichtet ist, in jedem Fall gegen den Willen der Ehegatten Umstände zu ermitteln, die für die Aufrechterhaltung der Ehe sprechen könnten. Die Erfahrungen bei der Konventionalscheidung unter dem geltenden Recht zeigen, dass die Befürchtung unbegründet ist, die Gerichte würden in jedem Fall einer Konventionalscheidung unangebrachtermaßen in die Intimsphäre der Ehegatten eindringen. Sie sollten jedoch nicht gezwungen sein, eine Ehe zu scheiden, wenn sich schon aus dem vorgetragenen Sachverhalt ergibt, dass die Ehe nicht unheilbar zerrüttet ist, sondern die Scheidung lediglich begehrt wird, um irgendwelche Vorteile, etwa im Bereich des Versorgungsausgleichs, zu erlangen.

Der Antrag wird mit demselben Stimmenverhältnis *abgelehnt.*

5. Zu Art. 1 Nr. 17 (§ 1567 a BGB – neu –)

MDgt Dr. Schier beantragt, der Vollversammlung die Anrufung des VA mit folgendem Ziel zu empfehlen: In Art. 1 Nr. 17 ist nach § 1567 folgender § 1567 a einzufügen:

„*§ 1567 a.* Die Ehe darf nur geschieden werden, wenn sie mindestens ein Jahr bestanden hat. Vor Ablauf dieser Zeit kann sie nur geschieden werden, wenn die Fortsetzung der Ehe für den Antragsteller aus Gründen, die in der Person des anderen Ehegatten liegen, eine unzumutbare Härte darstellen würde."

Begründung: Das Zerrüttungsprinzip erfordert für den Regelfall, dass die Ehe eine gewisse Mindestzeit bestanden hat, weil eine eben erst begonnene Ehe meist nicht in wenigen Tagen unheilbar zerrüttet sein kann. Zumindest wird die Ehe eine gewisse Zeit bestanden haben müssen, um eine sichere Feststellung darüber treffen zu können, ob die Ehe unheilbar zerrüttet ist. Auch muss vorschnellen Scheidungsanträgen entgegengewirkt werden, die unter dem Eindruck von Anfangsschwierigkeiten in der Ehe gestellt werden.

Eine Ausnahme vom Erfordernis der Mindestdauer einer Ehe ist nur dann erforderlich, wenn die Fortsetzung der Ehe bis zur Erreichung der Mindestdauer für den Antragsteller eine unzumutbare Härte bedeuten würde.

Der Antrag wird mit demselben Stimmenverhältnis *abgelehnt.*

6. Zu Art. 1 Nr. 17 (§ 1568 BGB), Art. 6 Nr. 24 (§ 616 ZPO)

MDgt Dr. Schier beantragt, der Vollversammlung die Anrufung des VA mit dem Ziel zu empfehlen:

a) In Art. 1 Nr. 17 ist § 1568 wie folgt zu fassen:

„*§ 1568.* Die Ehe soll nicht geschieden werden, obwohl sie unheilbar zerrüttet ist, wenn die Aufrechterhaltung der Ehe im Interesse der aus der Ehe hervorgegangenen minderjährigen Kinder notwendig ist oder wenn die Scheidung für den Ehegatten, der sie ablehnt und noch eine innere Bindung an die Ehe hat, auch unter Berücksichtigung der Belange des anderen Ehegatten eine unzumutbare Härte darstellen würde."

b) In Art. 6 Nr. 24 ist in § 616 Abs. 3 das Wort „außergewöhnliche" zu streichen und sind am Ende die Worte „oder wenn sie die gemeinschaftlichen Kinder betreffen" anzufügen.

Begründung: a) Berücksichtigung des Kindeswohls: Mit dem Gesetzesbeschluss ist anzunehmen, dass den Interessen der Kinder durch die Aufrechterhaltung einer unheilbar zerrütteten Ehe vielfach nicht gedient ist. Trotzdem sind aber Fälle denkbar, in denen es erforderlich ist, die Ehe im Interesse der Kinder aufrecht zu erhalten; das zeigen insbesondere die Erfahrungen im anderen Teil Deutschlands, in dem das Zerrüttungsprinzip schon seit zwei Jahrzehnten gilt und wo es sich immer wieder als erforderlich erweist, die

Scheidung einer unheilbar zerrütteten Ehe im Interesse minderjähriger Kinder abzulehnen. Einer Regelung der Scheidungsvoraussetzungen, die das Interesse der Kinder an der Aufrechterhaltung der Ehe ausschließt, kann daher nicht zugestimmt werden.

b) Härteklausel: Dem Gesetz kann nicht gefolgt werden, soweit es die Anwendung der Härteklausel befristen und zudem auf solche Umstände beschränken will, die nicht wirtschaftlicher Art sind. Es liegt in der Natur der Härteklausel, dass sie nicht auf den Ablauf einer bestimmten Frist oder auf den Herkunftsbereich der Härte abstellen kann, sondern von der auf den Betroffenen zukommenden Wirkung ausgehen muss. Insofern können weder Härten, die nach dem Ablauf der Frist noch bestehen, noch Härten wirtschaftlichen Ursprungs ausgeschlossen werden, wenn sie trotz der Scheidungsfolgenregelung bestehen bleiben. Wenn also durch eine Scheidung die wirtschaftliche Lage des die Scheidung ablehnenden Ehegatten ernstlich gefährdet würde, so muss eine solche Härte ebenfalls dazu führen, dass die Scheidung abgelehnt wird. Übrigens würde im Einzelfall eine Abgrenzung zwischen materiellen und immateriellen Härten auf größte Schwierigkeiten stoßen.

Es ist nicht möglich, wirtschaftliche Härten aus dem Anwendungsbereich der Härteklausel mit Rücksicht auf die Scheidungsfolgenregelung des Gesetzes auszunehmen. Das beste Scheidungsfolgenrecht versagt, wenn keine Mittel vorhanden sind, um die an sich bestehenden Ansprüche zu befriedigen. Es entspricht nicht den Geboten der Gerechtigkeit, in derartigen Fällen ausschließlich die Interessen desjenigen Ehegatten, der aus der Ehe herausstrebt, auch dann zu berücksichtigen, wenn dadurch für den an der Ehe festhaltenden Ehegatten unzumutbare Härten entstehen.

Da die Härteklausel eine besondere Ausnahmeregelung darstellt, liegt es schon in ihrer Natur, dass sie nur ausnahmsweise angewandt werden kann. Es bedarf daher keiner zusätzlichen Hervorhebung des Ausnahmecharakters der Bestimmung in ihrem Wortlaut.

Die Fassung soll auch klarstellen, dass sich auf die Härteklausel nur ein Ehegatte berufen kann, der aus innerer Bindung an der Ehe festhält.

c) Folgeänderungen: Die für die Anwendung der Kinderschutzklausel maßgebenden Tatsachen können nicht der Verhandlungsmaxime unterstellt werden; das Gericht sollte sie vielmehr von Amts wegen berücksichtigen. § 616 Abs. 3 ZPO ist daher entsprechend zu ergänzen; dabei ist im Hinblick auf die Änderung der Fassung des § 1568 BGB auch das Wort „außergewöhnliche" zu streichen.

Der Antrag wird mit demselben Stimmenverhältnis *abgelehnt.*

7. Zu Art. 1 Nr. 6 (§ 1361 BGB), Nr. 17 (§§ 1569 ff., 1582, 1586 a, 1587 h BGB), Art. 4 Nr. 1 Buchst. a (§ 592 RVO)

MR Bastian (Rheinland-Pfalz) und *MR Dr. Haecker* (Schleswig-Holstein) beantragen, der Vollversammlung die Anrufung des VA mit dem Ziel zu empfehlen:

a) In Art. 1 Nr. 17 ist die Überschrift vor § 1569 BGB wie folgt zu fassen: „1. Unterhaltsberechtigung".

b) In Art. 1 Nr. 17 sind die §§ 1569 bis 1579 BGB durch folgende Vorschriften zu ersetzen:

„*§ 1569.* Ein Ehegatte hat dem Anderen nach der Scheidung Unterhalt zu gewähren, soweit der andere Ehegatte außer Stande ist, sich von seinem Einkommen aus einer angemessenen Erwerbstätigkeit, seinen sonstigen Einkünften oder aus seinem Vermögen selbst zu unterhalten.

§ 1570. (1) Angemessen ist eine Erwerbstätigkeit, die der Ausbildung des Ehegatten, seinen Fähigkeiten, seinem Lebensalter, seinem Gesundheitszustand und den ehelichen Lebensverhältnissen entspricht; ein nach der Ehe erreichter höherer Ausbildungsstand bleibt außer Betracht. Bei den ehelichen Lebensverhältnissen sind die Dauer der Ehe und die Dauer der Pflege oder Erziehung eines gemeinschaftlichen Kindes zu berücksichtigen.

(2) Soweit es zur Aufnahme einer angemessenen Erwerbstätigkeit erforderlich ist, obliegt es dem geschiedenen Ehegatten, sich ausbilden, fortbilden oder umschulen zu lassen, wenn ein erfolgreicher Abschluss der Ausbildung zu erwarten ist.

§ 1571. Auf eine Erwerbstätigkeit kann ein Ehegatte nicht verwiesen werden, wenn

1. von ihm

a) wegen der Pflege oder Erziehung eines gemeinschaftlichen Kindes,

b) wegen Alters,

c) wegen Krankheit oder anderer Gebrechen oder Schwäche seiner körperlichen oder geistigen Kräfte oder

d) aus anderen schwerwiegenden, in den ehelichen Lebensverhältnissen liegenden Gründen

eine angemessene Erwerbstätigkeit nicht erwartet werden kann,

2, er, um eine angemessene Erwerbstätigkeit zu erlangen, eine Schul- oder Berufsausbildung, die er in Erwartung der Ehe oder während der Ehe nicht aufgenommen oder abgebrochen hat, oder eine entsprechende Ausbildung nach der Scheidung unverzüglich aufnimmt oder fortsetzt und die Umstände, insbesondere die Fähigkeiten und das Alter des Berechtigten, den erfolgreichen Abschluss der Ausbildung erwarten lassen, solange eine solche Ausbildung im Allgemeinen bis zu ihrem Abschluss dauert; dabei sind ehebedingte Verzögerungen der Ausbildung zu berücksichtigen. Entsprechendes gilt, wenn der geschiedene Ehegatte eine vergleichbare Ausbildung aufnimmt, sich fortbilden oder umschulen lässt, um Nachteile auszugleichen, die durch die Ehe eingetreten sind.

§ 1572. Auf Einkünfte aus einer nicht angemessenen Tätigkeit kann ein Ehegatte nicht verwiesen werden, wenn sich der Verpflichtete der Unterhaltspflicht entzieht. Das Gleiche gilt, wenn der Berechtigte eine Erwerbstätigkeit ausübt, obwohl er auf sie nach § 1571 nicht verwiesen werden kann.

§ 1573. (1) Auf die Verwertung des Stammes seines Vermögens kann ein Ehegatte nicht verwiesen werden, soweit sie unwirtschaftlich oder unter Berücksichtigung der beiderseitigen wirtschaftlichen Verhältnisse unbillig wäre.

(2) Fällt das Vermögen später aus Gründen weg, die der berechtigte Ehegatte zu vertreten hat, so entfällt der Unterhaltsanspruch, soweit der Berechtigte sich aus seinem Vermögen hätte unterhalten können. Dies gilt nicht, wenn im Zeitpunkt des Vermögenswegfalls von dem Ehegatten wegen der Pflege oder Erziehung eines gemeinschaftlichen Kindes eine Erwerbstätigkeit nicht erwartet werden kann.

§ 1574. (1) Das Maß des Unterhalts bestimmt sich nach den ehelichen Lebensverhältnissen. Der Unterhalt umfasst den gesamten Lebensbedarf.

(2) Zum Lebensbedarf gehören auch die Kosten einer angemessenen Versicherung für den Fall der Krankheit, die Kosten einer Schul- oder Berufsausbildung, einer Fortbildung

oder Umschulung der in § 1571 Nr. 2 genannten Art sowie die Kosten einer angemessenen Versicherung für den Fall des Alters und der Berufs- und Erwerbsunfähigkeit.

§ 1575. (1) Ein Unterhaltsanspruch besteht nicht, soweit die Inanspruchnahme des Verpflichteten grob unbillig wäre. Dies gilt insbesondere, wenn

1. die Ehe von kurzer Dauer war,
2. der Berechtigte sich eines Verbrechens oder schweren vorsätzlichen Vergehens gegen den Verpflichteten oder einen nahen Angehörigen des Verpflichteten schuldig gemacht hat,
3. der Berechtigte seine Bedürftigkeit mutwillig herbeigeführt hat oder
4. der Berechtigte während der Ehe längere Zeit hindurch seine Pflicht, zum Familienunterhalt beizutragen, gröblich verletzt hat.

Ein Unterhaltsanspruch besteht ferner nicht, soweit der Berechtigte nach der Scheidung bei seinem Verhalten nicht auf die Vermögensinteressen des Verpflichteten Rücksicht genommen hat.

(2) Absatz 1 gilt nicht, solange und soweit von dem Berechtigten wegen der Pflege oder Erziehung eines gemeinschaftlichen Kindes eine Erwerbstätigkeit nicht erwartet werden kann."

c) Die Überschrift vor § 1581 BGB erhält die Nummer 2.

d) § 1583 BGB ist wie folgt zu fassen: „*§ 1582.* (1) Die Unterhaltspflicht gegenüber einem neuen Ehegatten ist nur zu berücksichtigen, wenn dieser bei entsprechender Anwendung der §§ 1569 bis 1575 unterhaltsberechtigt wäre und die Leistung von Unterhalt zur Vermeidung unbilliger Härten erforderlich ist.

(2) § 1609 bleibt im Übrigen unberührt."

e) Die Überschriften vor den §§ 1585 und 1586 BGB erhalten die Nummern 3 und 4.

f) § 1586 a BGB ist wie folgt zu fassen: „*§ 1586 a.* (1) Geht ein geschiedener Ehegatte eine neue Ehe ein und wird die Ehe wieder aufgelöst, so kann er von dem früheren Ehegatten entsprechend den §§ 1569 bis 1574 Unterhalt verlangen, wenn er ein gemeinschaftliches Kind zu pflegen oder zu erziehen hat.

(2) Der Ehegatte der später aufgelösten Ehe haftet vor dem Ehegatten der früher aufgelösten Ehe."

g) In § 1587 h Nr. 1 BGB sind die Worte „§ 1577 Abs. 3" durch die Worte „§ 1573 Abs. 1" zu ersetzen.

h) In § 1361 Abs. 3 BGB sind die Worte „§ 1579 Abs. 1 Nr. 2 bis 4, Abs. 2" durch die Worte „§ 1575 Abs. 1 Satz 1, 2 Nr. 2 bis 4, Satz 3, Abs. 2" zu ersetzen.

i) In Art. 1 Nr. 1 Buchst. a sind in dem in § 592 Abs. 1 RVO anzufügenden Satz die Worte „§§ 1572, 1573, 1575 oder 1576" durch die Worte „§§ 1569, 1571" zu ersetzen.

Begründung: Grundsatz: Der Gesetzesbeschluss des Bundestages gewährt dem geschiedenen Ehegatten nur in bestimmten, abschließend aufgeführten Einzelfällen einen Unterhaltsanspruch gegen den anderen Ehegatten.

Eine Regelungslücke, die bei einer abschließenden Aufführung der berechtigenden Tatbestände trotz des Unterhaltsanspruches nach § 1576 des Gesetzesbeschlusses nicht ausgeschlossen werden kann, muss hiernach stets zum Nachteil des unterhaltsbedürftigen Ehegatten ausschlagen.

Die hier vorgeschlagene Fassung gewährt daher im Gegensatz zu dem Beschluss des Bundestages dem unterhaltsbedürftigen Ehegatten grundsätzlich einen Unterhaltsanspruch gegen den anderen Ehegatten und schränkt diesen Anspruch nur insoweit ein, als eine Unterhaltsbedürftigkeit wegen eigenen Einkommens oder sonstiger Einkünfte nicht besteht oder die Unterhaltsgewährung trotz Bedürftigkeit grob unbillig wäre. Nur eine solche Regelung wird der über die Eheauflösung hinaus grundsätzlich fortwirkenden Verantwortung der Ehegatten füreinander gerecht. Nur sie ermöglicht eine allen Umständen des Einzelfalles gerecht werdende Lösung. Ihr kommt im Rahmen der angestrebten Reform entscheidende Bedeutung zu.

Systematik: Nur die hier vorgeschlagene Regelung passt sich auch systematisch richtig in das unterhaltsrechtliche System des Bürgerlichen Gesetzbuchs ein. Wie schon die §§ 1601 ff. zeigen, beruht das Unterhaltsrecht des BGB nicht auf einem kasuistischen System, sondern auf Generalklauseln. Diesen rechtssystematischen Überlegungen hat auch die Bundesregierung in ihrer Gegenäußerung zur Stellungnahme des Bundesrats – BT-Drucksache 7/650 - grundsätzlich zugestimmt. Das kasuistische System des Gesetzesbeschlusses des Bundestages ist darüber hinaus wegen der Vielzahl der Tatbestände unübersichtlich.

Da in dem Gesetzesbeschluss des Bundestages vorgeschlagen wird, das Unterhaltsrecht der geschiedenen Ehegatten wieder in das BGB einzustellen, sollte dieses auch in die Systematik des BGB eingeordnet werden. Es wird daher in Anlehnung an die Formulierung des § 1601 BGB eine Generalklausel vorgeschlagen, die alle im Gesetzesbeschluss des Bundestages aufgeführten Einzelfälle erfasst.

Zu § 1570: Die Definition der angemessenen Erwerbstätigkeit entspricht im Wesentlichen der Regelung des § 1574 Abs. 2 des Gesetzesbeschlusses des Bundestages.

Zu den §§ 1571 bis 1573: Es erscheint weiterhin zur Vermeidung von Streit unter den geschiedenen Ehegatten geboten, klarzustellen, in welchen Fällen ein Ehegatte nicht auf eine Erwerbstätigkeit (§ 1571), auf Einkünfte aus einer nicht angemessenen Tätigkeit (§ 1572) oder auf die Verwertung seines Vermögens (§ 1573) verwiesen werden kann.

Die Regelung in § 1573 Abs. 1 entspricht im Übrigen § 1577 Abs. 3 und 4 des Gesetzesbeschlusses. § 1573 Abs. 2 trägt dabei dem Ausgangspunkt der vorgeschlagenen Unterhaltsregelung Rechnung, dass die Ehegatten auch nach der Auflösung der Ehe grundsätzlich füreinander Verantwortung tragen, und zwar nicht nur für ehebedingte, sondern auch für schicksalhafte Umstände mit der Maßgabe, dass im Fall des Vermögensverlustes der Unterhaltsanspruch nur entfallen soll, wenn das Vermögen des Berechtigten aus Gründen wegfällt, die er zu vertreten hat.

Zu § 1574: § 1574 entspricht im Wesentlichen dem § 1578 des Gesetzesbeschlusses des Bundestages unter Anpassung an die hier vorgeschlagene Unterhaltsregelung.

Zu § 1575: § 1575 entspricht im Wesentlichen dem § 1579 des Gesetzesbeschlusses, wählt jedoch einen systematisch besseren Aufbau, indem er die in § 1579 Abs. 1 Nr. 4 des Gesetzesbeschlusses enthaltene Generalklausel den einzeln aufgeführten Fällen voranstellt.

Entsprechend der Grundkonzeption der vorgeschlagenen Unterhaltsregelung, dass die Ehegatten auch nach der Auflösung der Ehe grundsätzlich nach der Ehe füreinander Verantwortung tragen, bestimmt § 1575 Abs. 1 Satz 3 eine auch die Ehe überdauernde Pflicht der Rücksichtnahme auf Vermögensinteressen des Unterhaltsverpflichteten. Der Absatz 2 entspricht dem § 1579 Abs. 2 des Gesetzesbeschlusses des Bundestages.

Zu § 1582: Dem ersten Ehegatten sollte grundsätzlich der Vorrang seines Unterhaltsanspruchs gegenüber dem des neuen Ehegatten eingeräumt werden, um die sich für ihn aus der neuen Eheschließung des Verpflichteten ohnehin ergebenden Unterhaltsnachteile möglichst einzuschränken. Demgegenüber ist es dem neuen Ehegatten zuzumuten, diese ihm vorgehende Unterhaltsverpflichtung in Kauf zu nehmen. Mit dem Bestehen einer derartigen Verpflichtung muss er rechnen, wenn er mit einem geschiedenen Ehegatten die Ehe schließt. Der Unterhaltsanspruch des neuen Ehegatten soll daher bei der Beurteilung der Leistungsfähigkeit des Verpflichteten nach § 1581 nicht schon dann berücksichtigt werden, wenn er selbst bei entsprechender Anwendung der §§ 1569-1575 unterhaltsberechtigt wäre, sondern es muss hinzukommen, dass dies zur Vermeidung unbilliger Härten erforderlich ist. In diesem Fall muss der Vorrang des Unterhaltsanspruchs des ersten Ehegatten allerdings zurücktreten, da anderenfalls eine Gefährdung der neuen Ehe zu besorgen ist.

Zu § 1986 a: Für den Fall der Auflösung einer neuen Ehe des unterhaltsberechtigten neuen Ehegatten ist – wie im Gesetzesbeschluss – ein Aufleben des Unterhaltsanspruchs vorzusehen, soweit der Unterhaltsberechtigte Kinder aus der früheren Ehe zu pflegen oder zu erziehen hat. Wenn nach § 1586 a Abs. 1 ein Unterhaltsanspruch gegen einen früheren Ehegatten wieder auflebt, so sollte der frühere Ehegatte nur subsidiär nach einem späteren haften.

Zu den Überschriften vor § 1569, vor § 1581 und vor den §§ 1585, 1586: Die einzelnen Überschriften müssen dem Vorschlag redaktionell angepasst werden.

Folgeänderungen: Die Verweisungen in den §§ 1361 Abs. 3, 1587 h BGB sowie in § 592 Abs. 1 RVO müssen dem Vorschlag angepasst werden.

Der Antrag wird mit demselben Stimmenverhältnis *abgelehnt.*

8. Zu Art. 1 Nr. 17 (§ 1576 BGB)

MDgt Dr. Schier beantragt, der Vollversammlung die Anrufung des VA mit dem Ziel zu empfehlen:

a) In Art. 1 Nr. 17 sind in § 1576 Satz 1 die Worte „, in den ehelichen Lebensverhältnissen liegende“ zu streichen.

b) In Art. 1 Nr. 17 ist in § 1576 Satz 2 zu streichen.

Begründung: Zu a): In der vom Gesetz vorgesehenen Fassung läuft die Bestimmung leer, weil – wie schon die Beratungen der Eherechtskommission ergeben haben – kaum beweisbar sein wird, ob die für die Unterhaltsberechtigung sprechenden Gründe in den ehelichen Lebensverhältnissen liegen. Was gewollt ist, kommt auch in den Worten „unter Berücksichtigung der Belange beider Ehegatten“ hinreichend zum Ausdruck.

Zu b): § 1576 Satz 2 führt zu einer nicht sachgerechten Einschränkung des Satzes. Beispielsweise würde er zur Versagung von Unterhaltsansprüchen nötigen, wenn die Ehe wegen schwerer körperlicher Misshandlungen zerrüttet ist, die aber erst Jahre nach der Scheidung Arbeitsunfähigkeit zur Folge haben. Außerdem könnte Satz 2 zu unliebsamen Erörterungen führen, welche Umstände zur Zerrüttung der Ehe geführt haben.

RegDir. Heibey (Hamburg) äußert gegen den Antrag insoweit Bedenken, als die vorgeschlagene Streichung des § 1576 Satz 2 dazu führen würde, wieder in eine Prüfung des Verschuldens am Scheitern der Ehe einzutreten.

Der Antrag wird mit demselben Stimmenverhältnis *abgelehnt.*

9. Zu Art. 1 Nr. 17 (§ 1577 BGB)

MDgt Dr. Schier beantragt, der Vollversammlung die Anrufung des VA mit dem Ziel zu empfehlen: In § 1577 Abs. 4 Satz 1 sind nach dem Wort „später" die Worte „aus Gründen, die der berechtigte Ehegatte zu vertreten hat," einzufügen.

Begründung: Unverschuldeter Vermögensverlust soll nicht zum Verlust eines an sich gegebenen Unterhaltsanspruchs führen. Der unterhaltspflichtige Ehegatte wird durch eine derartige Regelung nicht unbillig belastet, weil nach den Erfahrungen der letzten 60 Jahre unverschuldeter Vermögensverfall so häufig vorkommt, dass mit ihm gerechnet werden muss. Der unterhaltspflichtige Ehegatte kann sich also nicht darauf einrichten, dass er von seiner Unterhaltspflicht dauernd befreit ist, wenn der andere Ehegatte Vermögen hat.

Der Antrag wird mit demselben Stimmenverhältnis *abgelehnt.*

10. Zu Art. 1 Nr. 17 (§ 1579 BGB)

Ltd. MR Dr. Köhler (Hessen) beantragt für den Fall, dass der VA aus anderen Gründen angerufen wird, die Anrufung des VA auch mit dem Ziel: § 1579 Abs. 1 Nr. 4 ist wie folgt zu fassen: „4. der Berechtigte während der Ehe längere Zeit hindurch seine Pflicht, zum Familienunterhalt beizutragen, gröblich verletzt hat."

Begründung: Die vom Bundestag beschlossene Fassung der Nr. 4 des § 1579 Abs. 1 stellt die Entscheidung darüber, ob ein Unterhaltsanspruch aus Billigkeitsgründen ganz oder teilweise nicht besteht, in einem nicht mehr tragbaren Ausmaß in das Ermessen des einzelnen Familienrichters. Die dem Gesetzgeber obliegende Entscheidung, unter welchen Voraussetzungen außer in den unter Nr. 1 bis 3 genannten Fällen der Unterhaltsanspruch trotz ehebedingter Bedürftigkeit ausgeschlossen sein soll, wird auf den Richter verlagert. Die Vorschrift stellt ein Musterbeispiel für die rechtspolitisch verfehlte „Flucht des Gesetzgebers in Generalklauseln" dar.

Eine Generalklausel, wie sie der Bundestag beschlossen hat, würde gerade auf einem Gebiet, das so stark weltanschaulichen Einflüssen ausgesetzt ist wie das Eherecht, zu einer erheblichen Rechtsunsicherheit führen. Die bei Anwendung der Vorschrift zu treffenden Entscheidungen könnten von der weltanschaulichen Einstellung des einzelnen Richters nicht unbeeinflusst bleiben; sehr unterschiedliche Entscheidungen müssten die zwangsläufige Folge sein. Wie der Richter im Einzelfall entscheidet, wäre für die Parteien kaum voraussehbar. Die Vorschrift würde daher auch zu einer Vermehrung der Unterhaltsprozesse führen.

Darüber hinaus wäre mit Sicherheit zu erwarten, dass auf Grund dieser Vorschrift die Umstände, die zum Scheitern der Ehe geführt haben und die nach den Nrn. 2 und 4 der Regierungsvorlage nur unter sehr engen Voraussetzungen für das Bestehen oder Nichtbestehen des Unterhaltsanspruchs maßgebend sein sollten, nunmehr in weitem Umfang entscheidungserheblich würden. Die Frage nach der Schuld an der Scheidung, die durch die Reform aus dem Scheidungsprozess eliminiert werden soll, würde für den Unterhaltsprozess wieder von maßgebender Bedeutung.

Aus den genannten Gründen sollte die vom Bundestag beschlossene Nr. 4 des § 1579 Abs. 1 BGB wieder beseitigt werden. An ihrer Stelle sollte die in der Regierungsvorlage vorgeschlagene Nr. 4 des § 1579 Abs. 1 BGB in das Gesetz aufgenommen werden. Die in dem Zweiten Bericht und Antrag des BT-Rechtsausschusses (BT-Drucks. 7/4361, Abschn. A III) für deren Nichtaufnahme genannten Gründe überzeugen nicht. Auch in den Fällen, in denen eine länger andauernde gröbliche Unterhaltspflichtverletzung nicht den Tatbestand des Absatzes 1 Nr. 2 erfüllt, sollte die negative Härteklausel Anwendung finden, da zwischen der Verpflichtung, während der Ehe zum Familienunterhalt beizutragen, und dem Recht auf Unterhalt nach der Scheidung ein so enger Zusammenhang besteht, dass die gröbliche Verletzung der Verpflichtung billigerweise nicht ohne Auswirkung auf das Recht bleiben sollte.

MDgt Dr. Schier betont, dass er sich für die vorgeschlagene Nr. 4 des § 1579 Abs. 1 nur dann aussprechen könne, wenn diese Vorschrift zusätzlich zu der vom BT beschlossenen Nr. 4 eingefügt würde.

Der Antrag wird gegen die Stimmen der Vertreter Hamburgs und Hessens bei Stimmenthaltung des Vertreters Niedersachsens *abgelehnt.*

11. Zu Art. 1 Nr. 17 (§ 1582 BGB)

a) *MDgt Dr. Schier* beantragt, der Vollversammlung die Anrufung des VA mit dem Ziel zu empfehlen: *§ 1582 Abs. 1* ist wie folgt zu fassen: „(1) Bei Ermittlung des Unterhalts des geschiedenen Ehegatten ist im Falle des § 1581 die Unterhaltspflicht gegenüber einem neuen Ehegatten nur zu berücksichtigen, wenn dieser bei entsprechender Anwendung der §§ 1569 bis 1579 unterhaltsberechtigt wäre und die Leistung von Unterhalt zur Vermeidung unbilliger Härten erforderlich ist."

Begründung: Dem ersten Ehegatten sollte grundsätzlich der Vorrang seines Unterhaltsanspruchs gegenüber dem des neuen Ehegatten eingeräumt werden, um die sich für ihn aus der neuen Eheschließung des Verpflichteten ohnehin ergebenden Unterhaltsnachteile möglichst einzuschränken. Demgegenüber ist es dem neuen Ehegatten zuzumuten, diese ihm vorgehende Unterhaltsverpflichtung in Kauf zu nehmen. Mit dem Bestehen einer derartigen Verpflichtung muss er rechnen, wenn er mit einem geschiedenen Ehegatten die Ehe schließt. Der Unterhaltsanspruch des neuen Ehegatten soll daher bei der Beurteilung der Leistungsfähigkeit des Verpflichteten nach § 1581 nicht schon dann berücksichtigt werden, wenn er selbst bei entsprechender Anwendung der §§ 1569 bis 1579 unterhaltsberechtigt wäre, sondern es muss hinzukommen, dass dies zur Vermeidung unbilliger Härten erforderlich ist. In diesem Fall muss der Vorrang des Unterhaltsanspruchs des ersten Ehegatten allerdings zurücktreten, da andernfalls eine Gefährdung der neuen Ehe zu besorgen ist.

Der Antrag wird gegen die Stimmen der Vertreter Baden-Württembergs, Bayerns, von Rheinland-Pfalz, des Saarlandes und Schleswig-Holsteins *abgelehnt.*

b) *Ltd. MR Dr. Köhler* beantragt für den Fall, dass der VA aus anderen Gründen angerufen wird, die Anrufung des VA mit dem Ziel: In § 1582 Abs. 1 Satz 2 sind die Worte „oder nach § 1576" zu streichen.

Begründung: Der Unterhaltsanspruch des geschiedenen Ehegatten sollte nur dann einen Vorrang genießen vor dem Unterhaltsanspruch des neuen Ehegatten, wenn der geschiedene Ehegatte ein gemeinschaftliches Kind betreut oder wenn die Ehe von langer Dauer war. Wie in der Begründung zur Regierungsvorlage mit Recht ausgeführt wurde, besitzt der Unterhaltsanspruch des geschiedenen Ehegatten in diesen beiden Fällen eine so starke Grundlage, dass die Billigkeit es verlangt, ihm den Vorrang zu verleihen.

Gleiches gilt jedoch nicht für den neu geschaffenen Unterhaltstatbestand des § 1576. Die Grundlage für diesen Unterhaltsanspruch ist – ebenso wie die der §§ 1571 bis 1575 – nicht so stark, dass sie bei Abwägung der widerstreitenden Interessen des früheren und des neuen Ehegatten an möglichst vollständiger Erfüllung ihrer Ansprüche einen Ausschlag gibt. § 1576 ist ein Auffangtatbestand, der sicherstellen soll, dass jede ehebedingte Unterhaltsbedürftigkeit erfasst wird und es durch das Enumerationsprinzip zu keinen Ungerechtigkeiten kommt (Zweiter Bericht und Antrag des BT-Rechtsausschusses – BT-Drucks. 7/4361, Abschn. A II 3 c). Schon der Wortlaut des § 1576, in dem von „sonstigen" schwerwiegenden Gründen die Rede ist, zeigt, dass hier die Grundlage für die Gewährung von Unterhalt nicht stärker ist als in den Fällen der §§ 1571 bis 1575. Die Einbeziehung des Unterhaltsanspruchs nach § 1576 in den Vorrang erscheint daher auch im Verhältnis zu den nicht bevorzugten Ansprüchen nach §§ 1571 bis 1575 nicht gerechtfertigt. Sie würde im Übrigen auch nicht in Einklang stehen mit der Systematik der Unterhaltstatbestände der §§ 1570 ff. Nach ihr ist zunächst zu prüfen, ob ein Anspruch nach den konkret umschriebenen Unterhaltstatbeständen der §§ 1570 bis 1575 besteht. Nur wenn dies nicht der Fall ist, taucht die Frage auf, ob nach der sog. positiven Billigkeitsklausel des § 1576 Unterhalt zu gewähren ist. Würde jedoch der Unterhaltsanspruch nach § 1576 – anders als die Unterhaltstatbestände nach §§ 1571 bis 1575 – in den Vorrang des § 1582 Abs. 1 Satz 2 mit einbezogen, so würde das Verhältnis der genannten Unterhaltstatbestände zueinander umgekehrt. Wegen dessen Vorrangs müsste zunächst geprüft werden, ob der Unterhaltstatbestand des § 1576 vorliegt, wobei dann das Verhältnis dieses Unterhaltstatbestandes zu dem der §§ 1571 bis 1575 noch weiterer Klärung bedürfte.

MDgt Dr. Rolland (BMJ) ist der Auffassung, dass dieser Antrag etwas für sich habe, wenn man davon ausgehe, dass diese Vorrangsregelung Ausnahmecharakter habe.

MR Dr. Bürgle betont, dass nach der Intention des Gesetzesbeschlusses der Vorschrift des § 1582 Abs. 1 Satz 2 kein Ausnahmecharakter beizumessen sei. Es sei darauf hinzuweisen, dass nach § 1576 schwerwiegende Gründe ganz besonderer Art für die Begründung eines Unterhaltsanspruchs des geschiedenen Ehegatten vorliegen müssen.

Der Antrag wird gegen die Stimmen der Vertreter Hamburgs und Hessens bei Stimmenthaltung des Vertreters Berlins *abgelehnt.*

12. Zu Art. 1 Nr. 17 (§ 1586 a BGB)

MDgt Dr. Schier beantragt, der Vollversammlung die Anrufung des VA mit dem Ziel zu empfehlen: In § 1586 a BGB ist folgender Absatz 2 anzufügen: „(2) Der Ehegatte der später aufgelösten Ehe haftet vor dem Ehegatten der früher aufgelösten Ehe."

Begründung: Wenn nach § 1586 a BGB Unterhaltsansprüche gegen einen früheren Ehegatten bestehen, sollte dieser nur subsidiär nach einem späteren Ehegatten haften. Andernfalls käme es zu einer dem Unterhaltsrecht sonst fremden gesamtschuldnerischen Haftung, die zu unerfreulichen Ausgleichsstreitigkeiten der unterhaltsverpflichteten Ehegatten aus verschiedenen Ehen führen könnte.

MDgt Dr. Rolland (BMJ) bemerkt zu diesem Antrag, es erscheine doch sehr zweifelhaft, ob ein solcher Vorrang in der Haftung zu Lasten des Ehegatten der später aufgelösten Ehe aufgestellt werden soll. Bei dem fraglichen Fall könnten ganz verschiedene Sachverhalte gegeben sein. Wenn man den Haftungsvorrang des einen Ehegatten vor dem anderen Ehegatten festlege, werde dieses komplexe Problem noch komplizierter, wobei die Vorrangsregelung zu unbilligen Ergebnissen führen könnte. Man solle keinen gesetzlichen Vorrang begründen, sondern die Regelung im Einzelfall der Rechtsprechung überlassen. Zudem handele es sich wohl nicht um eine gesamtschuldnerische, sondern um eine anteilige Haftung der Ehegatten der aufgelösten Ehen. Die Frage sei im RA des BT eingehend erörtert worden; man habe sich jedoch nicht imstande gesehen, eine befriedigende gesetzgeberische Lösung des Problems der Konkurrenz mehrerer Unterhaltsansprüche aus verschiedenen Ehen zu finden.

Nach weiteren Erörterungen wird der Antrag gegen die Stimmen der Vertreter Baden-Württembergs, Bayerns, von Rheinland-Pfalz, des Saarlandes und Schleswig-Holsteins *abgelehnt.*

17. Zu Art. 1 Nr. 15 und 34 (§§ 1509, 2335 BGB)

MDgt Dr. Schier beantragt, der Vollversammlung die Anrufung des VA mit dem Ziel zu empfehlen:

a) Art. 1 Nr. 15 ist wie folgt zu fassen: ,15. In *§ 1509* wird nach Satz 1 folgender Satz eingefügt: „Das Gleiche gilt, wenn der Ehegatte auf Aufhebung der Ehe zu klagen berechtigt ist und die Klage erhoben hat."'

b) Art. 1 Nr. 34 ist wie folgt zu fassen: ,34. § 2335 erhält folgende Fassung: *„§ 2335.* (1) Der Erblasser kann dem Ehegatten den Pflichtteil entziehen, wenn die Voraussetzungen für die Scheidung der Ehe auf Antrag des Erblassers gegeben sind. Eine Verfügung, durch die der Erblasser die Entziehung angeordnet hat, wird durch die Wiederherstellung der Lebensgemeinschaft der Ehegatten unwirksam.

(2) Stirbt der Erblasser nach Entziehung des Pflichtteils, so ist der andere Ehegatte nach Maßgabe der §§ 1569 bis 1586 b unterhaltsberechtigt."'

Begründung: Wie UA RA Nr. 46.

Der Antrag wird mit demselben Stimmenverhältnis *abgelehnt.*

II. Protokoll der Sitzung des Bundesrates vom 30.1.1976

Präsident Osswald: Meine sehr verehrten Damen und Herren! Ich eröffne die 430. Sitzung des Bundesrates ...

Punkt 1 der Tagesordnung: Erstes Gesetz zur *Reform des Ehe- und Familienrechts* (1. EheRG) (Drucksache 1/76).

Zur Berichterstattung für den Rechtsausschuss erteile ich Herrn Senator Dr. Klug, Hamburg, das Wort ...

Präsident Osswald: Ich danke dem Herrn Berichterstatter. Als nächster hat das Wort Herr Minister Dr. Hillermeier, Bayern.

Dr. Hillermeier (Bayern): Herr Präsident, meine Damen und Herren! Die Länder *Baden-Württemberg, Bayern, Rheinland-Pfalz, Saarland und Schleswig-Holstein* haben zu diesem Gesetz einen *Antrag auf Anrufung des Vermittlungsausschusses* vorgelegt, den ich im Folgenden begründen darf. Ich will es mir, der Tradition dieses Hauses entsprechend, dabei versagen, noch einmal umfassend aus unserer Sicht zu diesem Gesetzesvorhaben Stellung zu nehmen, einem Gesetzesvorhaben, das Millionen unserer Mitbürger im Kernbereich ihrer Existenz unmittelbar berühren und darüber hinaus erhebliche Langzeitwirkungen haben wird. Lassen Sie mich nur einige wenige erläuternde Sätze zu den Erwägungen und Überzeugungen sagen, auf denen unsere Änderungsvorschläge beruhen.

Wir haben der *Ablösung des Verschuldensprinzips,* das bisher für unser Scheidungsrecht im Wesentlichen maßgebend war, zugestimmt, weil es sich in der Praxis nicht bewährt hat. Nicht weil wir der Meinung wären, dass es menschliche Schuld an der Zerrüttung einer Ehe nicht gäbe, haben wir uns grundsätzlich für die Einführung des Zerrüttungsprinzips entschieden, nicht weil wir glaubten, die Zerrüttung einer Ehe sei in jedem Fall etwas Schicksalhaftes, dessen Ursachen richterlicher Feststellung entzogen sind. Maßgebend vielmehr für uns war, dass die Feststellung des Verschuldens, seine Abmessung, praktisch in vielen Fällen die richterlichen Erkenntnismöglichkeiten überstieg. Maßgebend war für uns auch, dass es in der Praxis der Konventionalscheidungen zwar zu praktisch befriedigenden, aber häufig unter Umgehung der Rechtsordnung herbeigeführten Lösungen gekommen ist.

Unser Ziel bei der Reform ist nicht die Einführung des wertblinden Zerrüttungsprinzips um des Prinzips willen, und entschieden wenden wir uns gegen den Begriff der gescheiterten Ehe, der auch sprachlich die Möglichkeit menschlicher Verantwortlichkeit für die Erhaltung der Ehe aus der Rechtsordnung tilgt. Wir erstreben ein Scheidungsrecht, das dem besonderen Schutz, den das Grundgesetz Ehe und Familie gewährt, entspricht und das den elementaren Forderungen der Gerechtigkeit genügt. Das aber kann ein lupenrein durchgeführtes Zerrüttungsprinzip nie und nimmer leisten. Ein so schwerer Eingriff in das Leben zweier Menschen und der von ihnen gegründeten Familie wie die Auflösung ihrer Ehe, kann nicht an dem starren Dogma ausgerichtet werden, dass eine zerrüttete Ehe immer und sofort zu scheiden sei. Er muss auf die Erfordernisse des Lebens und insbesondere auf die Belange beider Partner Bedacht nehmen. Setzt man sich darüber hinweg, wird das neue Scheidungsrecht zu zwar anderen, aber nicht weniger gewichtigen Missständen führen als das alte.

Der Antrag der fünf Länder geht daher zwar grundsätzlich vom Zerrüttungsprinzip aus, schlägt aber eine Reihe von einschränkenden Regelungen vor, die nach unserer Auffassung erforderlich sind, um ehefeindlichen und ungerechten Auswirkungen des Zerrüttungsprinzips zu begegnen.

Im Zentrum unserer Überlegungen standen dabei die Fälle der *streitigen Scheidung.* Die Fälle, in denen sich beide Ehegatten über die Scheidung und deren Folgen verständigt haben, wurden auch bisher jedenfalls im Ergebnis bewältigt und werden bei jeder in Frage kommenden Rechtsgestaltung praktisch bewältigt werden. Für sie die angemessene rechtliche Form zur Verfügung zu stellen, ist eine wichtige Aufgabe des Gesetzgebers. Um Existenzfragen aber geht es in den Fällen, in denen nur einer der Ehegatten aus der Ehe heraus will. Ob diese Fälle angemessen und gerecht gelöst werden, ist deshalb ein ganz fundamentaler Prüfstein der Neuregelung. Gleiches gilt für die Regelung der typischen Scheidungsfolgen, insbesondere des Unterhaltsrechts nach der Scheidung.

Meine Damen und Herren! Das Zerrüttungsprinzip, das das Verschulden am Zerbrechen der Ehe grundsätzlich ungeprüft lässt, darf nicht Anlass dazu geben, hemmungslose Freiheit und Rücksichtslosigkeit gegenüber dem Ehegatten als erlaubt oder gar von der Rechtsordnung gebilligt anzusehen. Offenbar ist der Gesetzesbeschluss des Deutschen Bundestages dazu geeignet, jedenfalls bei einem Teil der Öffentlichkeit derartige Vorstellungen zu wecken. So war dieser Tage – ich darf dies nur beispielshalber erwähnen – in einer Zeitung zu lesen, dass es das neue Scheidungsrecht schon jetzt ermögliche, im Fasching bedenkenlos jeden Seitensprung zu begehen.

Es ist wichtig – und damit komme ich bereits zu Einzelheiten unseres Antrags –, dass der Gesetzgeber diesem Missverständnis – und ein solches ist es natürlich auch von der geltenden Rechtsordnung her – entgegentritt. Ein Beitrag, meine Damen und Herren, hierzu ist es, wenn die wichtigsten *Pflichten,* die sich *aus der ehelichen Lebensgemeinschaft* ergeben, im Gesetz genannt werden.

Das Gesetz sollte keinen Zweifel daran lassen, dass in der Ehe, von der das Bundesverfassungsgericht sagt, dass sie auch nach der Vorstellung des Grundgesetzes grundsätzlich unauflöslich ist, auch in Zukunft die Pflicht zur *Treue,* zum *gegenseitigen Beistand* und zur *Sorge für die gemeinsamen Kinder* gilt. Wenn diese Verpflichtungen auch nicht erzwungen werden können, hat ihre Aufnahme in das Gesetz doch eine ganz wesentliche Bedeutung für die Leitbildfunktion der gesetzlichen Regelung, aber auch für die Auslegung des Gesetzes in der Rechtsanwendung.

Im Scheidungsrecht selbst verlangen wir zunächst eine *Einschränkung der Generalklausel,* nach der die Scheidung einer unheilbar zerrütteten Ehe stets alsbald verlangt werden kann. Ein auf die Generalklausel gestütztes Scheidungsbegehren sollte grundsätzlich nicht mit dem eigenen Fehlverhalten dessen, der die Scheidung beantragt, begründet werden können. Es würde nach unserer Überzeugung gegen elementare und in der abendländischen Rechtstradition anerkannte Grundsätze der Gerechtigkeit verstoßen – und zwar sehr grundlegend verstoßen –, würde man dem, der sich auf eigenes Fehlverhalten beruft, ein Recht auf Scheidung geben.

Davon, dass wir mit diesem Vorschlag die Verschuldensprüfung des bisherigen Rechts beibehalten oder ein Widerspruchsrecht des Ehegatten, der die Scheidung ablehnt, einführen oder beibehalten wollten, kann keine Rede sein. Was wir wollen, ist lediglich

– entsprechend § 1566 BGB befristet im Übrigen –, dass eine sofortige Scheidung nicht durch das Vorzeigen eigener schmutziger Wäsche des Antragstellers durchgesetzt werden kann.

Unser Antrag zielt weiter darauf ab, dass die *Zerrüttungsvermutungen* des § 1566 BGB *widerlegbar* sein sollen. Wir halten es für zutiefst unangemessen, im Scheidungsrecht an den Ablauf von Fristen unwiderlegbare Vermutungen zu knüpfen und damit einen Fristenautomatismus in Gang zu setzen, der zu einer Scheidung nach dem Kalender führt.

Hierzu ist das Erforderliche schon oft und von vielen Seiten, nicht zuletzt von den Kirchen, gesagt worden. Ich möchte heute nur ergänzend darauf hinweisen, dass der mit der Einführung unwiderlegbarer Vermutungen verfolgte Zweck ohnehin nicht erreichbar ist. Denn die Prüfung, ob eine Trennung im Sinn des § 1567 BGB vorliegt, kann durch die Vermutungen nicht ersetzt werden. Sie muss sich insbesondere auch darauf erstrecken, ob die häusliche Gemeinschaft gerade deshalb nicht besteht, weil ein Ehegatte sie erkennbar nicht herstellen will, da er die eheliche Lebensgemeinschaft ablehnt.

Von besonderer Bedeutung für den Gerechtigkeitsgehalt eines Scheidungsrechts, das vom Zerrüttungsprinzip ausgeht, ist es, meine Damen und Herren, ob und inwieweit durch eine *Härteklausel* den Belangen des Ehegatten, der an der Ehe festhält und den Belangen der Kinder Rechnung getragen wird.

Die im Gesetzesbeschluss des Deutschen Bundestags vorgesehene Härteklausel verdient nach unserer Überzeugung ihren Namen nicht, weil sie praktisch auf drei Jahre befristet ist und zudem die Berücksichtigung wirtschaftlicher Umstände und der Kinderinteressen ausschließt. Meine Damen und Herren, man komme uns hier auch nicht mit dem Satz, dass *wirtschaftliche Härten der Scheidung* im Unterhaltsrecht aufgefangen würden. Auch das beste Unterhaltsrecht einschließlich des Vorrangs der Unterhaltsansprüche für den geschiedenen Ehegatten wird in der Lebenswirklichkeit – wie wir ja wissen – nicht verhindern können, dass in einzelnen Fällen schwere wirtschaftliche Härten als Folge einer Scheidung auftreten.

Man komme uns auch nicht mit dem Einwand, gerade das *Wohl der Kinder* erfordere die Scheidung einer zerrütteten Ehe. Dies wird oft, wahrscheinlich sogar in den meisten Fällen zutreffen. Wenn aber aus besonderen Gründen die Aufrechterhaltung der Ehe wenigstens noch auf gewisse Zeit im dringenden Interesse des Kindes liegt – in der Rechtsprechung gibt es auch solche Beispiele, in denen in dieser Weise entschieden wurde –, so muss dies bei der Entscheidung über den Ausspruch der Scheidung berücksichtigt werden können.

Wer die Härteklausel so einschränkt, dass dies nicht möglich ist, bekundet damit seine Entschlossenheit, lieber auf Gerechtigkeit im Einzelfall als auf die Durchhaltung des Zerrüttungsprinzips zu verzichten. Wir können eine solche Einschränkung nicht hinnehmen.

Das vom Deutschen Bundestag beschlossene *Unterhaltsrecht nach der Scheidung* nimmt für sich in Anspruch, dass jeder denkbare Fall der Unterhaltsbedürftigkeit sachgerecht geregelt sei. Tatsächlich hat die Bundestagsmehrheit einen Lernprozess durchgemacht, wie wir mit Befriedigung feststellen. Uns allen klingt noch der Satz aus dem Diskussionsentwurf in den Ohren, nach der Scheidung habe jeder Ehegatte selbst für seinen Unterhalt zu sorgen. Dass dieser Satz im Gesetzesbeschluss des Bundestages nicht mehr zu finden ist, dass dort mehr Fälle der Unterhaltsberechtigung berücksichtigt sind als noch im Diskussionsentwurf, geht gewiss nicht zuletzt darauf zurück, dass wir bei der Erörterung der verschiedenen Entwürfe immer wieder unseren Finger auf diese Wunde gelegt haben.

Wir glauben allerdings, dass auch die jetzige Fassung des Unterhaltsrechts dem Grundsatz der fortwirkenden Verantwortung der Ehegatten füreinander noch nicht genügend Rechnung trägt.

Die *Einschränkung der Billigkeitsklausel* in § 1576 Abs. 2 beruht außerdem auf dem verfehlten einseitigen Prinzipiendenken, von dem ich schon gesprochen habe. Wir haben einen Vorschlag für ein Unterhaltsrecht vorgelegt, das grundsätzlich und nicht nur in einzeln aufgeführten Fällen davon ausgeht, dass der unterhaltsbedürftige Ehegatte von dem anderen Unterhalt verlangen kann ...

Präsident Osswald: Herr Senator Willms, Bremen, gibt seine Erklärung zu Protokoll.

Liegen noch weitere Wortmeldungen vor? – Das ist nicht der Fall. Dann kommen wir zur Abstimmung.

In der Drucksache 1/1/76 empfiehlt der Rechtsausschuss unter Abschnitt II die Anrufung des Vermittlungsausschusses nur für den Fall, dass der Vermittlungsausschuss auch aus anderen Gründen angerufen wird.

Die unbedingte Anrufung des Vermittlungsausschusses beantragen die Länder Baden-Württemberg, Bayern, Rheinland-Pfalz, Saarland und Schleswig-Holstein in der Drucksache 1/2/76, außerdem das Land Baden-Württemberg in Drucksache 1/3/76 und das Land Rheinland-Pfalz in Drucksache 1/4/76.

Da von den genannten Ländern aus mehreren Gründen die Anrufung des Vermittlungsausschusses vorgeschlagen wird, ist nach § 31 Satz 1 unserer Geschäftsordnung zunächst allgemein festzustellen, ob eine Mehrheit für die Anrufung des Vermittlungsausschusses vorhanden ist.

Wer also allgemein für die Anrufung des Vermittlungsausschusses ist, den bitte ich um das Handzeichen! – Das ist die Mehrheit.

Da die Mehrheit allgemein für die Anrufung des Vermittlungsausschusses ist, stimmen wir nunmehr über die vorliegenden Vorschläge im Einzelnen ab.

Ich rufe zunächst den Antrag der fünf Länder in Drucksache 1/2/76 auf, über dessen einzelne Vorschläge unter I bis XXI wir insgesamt abstimmen. Wer diesem Antrag zustimmen will, den bitte ich um das Handzeichen! – Das ist die Mehrheit.

Ich rufe dann den Antrag des Landes Rheinland-Pfalz in Drucksache 1/4/76 auf. Wer zustimmen will, den bitte ich um das Handzeichen. – Das ist die Mehrheit.

Da die unbedingte Anrufung des Vermittlungsausschusses beschlossen wurde, ist auch über die Eventualvorschriften des Rechtsausschusses in Drucksache 1/1/76 unter II abzustimmen.

Zunächst Ziff. 1! Wer dafür ist, den bitte ich um ein Handzeichen. – Das ist die Mehrheit.

Ziff. 2 – Handzeichen! – Mehrheit.

Ziff. 3 – Handzeichen! – Mehrheit.

Die Empfehlung des Rechtsausschusses unter Ziff. 4 und der Antrag Baden-Württembergs in Drucksache 1/3/76 schließen sich aus. Wir stimmen zunächst über die

Empfehlung des Rechtsausschusses in Drucksache 1/1/76 Ziff. 4 ab. Ich bitte denjenigen, der zustimmen will, um ein Handzeichen. – Das ist die Mehrheit.

Wir stimmen dann über den Antrag Baden-Württembergs in Drucksache 1/3/76 ab. Wer dem zustimmen will, den bitte ich um ein Handzeichen. – Das ist die Minderheit.

Demnach hat der Bundesrat *beschlossen*, zu dem Gesetz *die Einberufung des Vermittlungsausschusses* aus den soeben angenommenen Gründen *zu verlangen.*

Entsprechend dem angenommenen Antrag der fünf Länder in Drucksache 1/2/76 unter IX ist der Bundesrat – ich nehme an: mit demselben Stimmenverhältnis, wie der Fünf-Länder-Antrag angenommen worden ist – *der Ansicht, dass das Gesetz* gemäß Art. 74a Abs. 2 und Art. 84 Abs. 1 GG sowie im Hinblick auf die Entscheidung des Bundesverfassungsgerichts vom 25. Februar 1975 *seiner Zustimmung bedarf.* Dies stelle ich ausdrücklich fest. – Ich höre keinen Widerspruch.

III. Empfehlungen der Ausschüsse zum Ersten Gesetz zur Reform des Ehe- und Familienrechts (1. EheRG) (Drucksache 1/2/76)

I. Der federführende *Rechtsausschuss* und der Ausschuss für Arbeit und Sozialpolitik empfehlen dem Bundesrat, zu dem vom Deutschen Bundestag am 11. Dezember 1975 verabschiedeten Gesetz einen Antrag gemäß Artikel 77 Abs. 2 des Grundgesetzes nicht zu stellen.

II. Für den Fall jedoch, dass der Vermittlungsausschuss aus anderen Gründen angerufen wird, empfiehlt der *federführende Rechtsausschuss* dem Bundesrat, die Einberufung des Vermittlungsausschusses auch aus den nachstehenden Gründen zu verlangen: ... [zu Art. 6, 9, 10, 11; betrifft in der Edition nicht berücksichtigte Entwurfsteile]

IV. Antrag der Länder Baden-Württemberg, Bayern, Rheinland-Pfalz, Saarland und Schleswig-Holstein (Drucksache 1/2/76)

Der Bundesrat möge beschließen, zu dem Gesetz zu verlangen, dass der Vermittlungsausschuss gem. Art. 77 Abs. 2 GG angerufen wird:

III. Zu Art. 1 Nr. 1, 12, 15, 17, 30, 31 (§§ 1353, 1385, 1565, 1566, 1576, 1933, 2077 BGB)

IV. Zu Art 1 Nr. 17 (§ 1566 BGB); Art. 6 Nr. 24 (§ 614 ZPO)

V. Zu Art. 1 Nr. 17 (§ 1567 a BGB – neu -)

VI. Zu Art. 17 Nr. 17 (§ 1568 BGB), Art. 6 Nr. 24 (§ 616 ZPO)

VII. Zu Art. 1 Nr. 6 (§ 1361 BGB), Nr. 17 (§§ 1569 ff., 1582, 1586 a, 1587 h BGB), Art. 4 Nr. 1 Ziff. 1 (§ 592 RVO)

XIII. [im Vermittlungsbegehren unter VII Nr. XIV] Zu Art. 1 Nr. 15 und 34 (§§ 1509, 2335 BGB)

Die Anträge stimmen mit den im Rechtsausschuss abgelehnten Anträgen unter 3., 4., 5., 6., 7. und 17. überein.

V. Antrag von Baden-Württemberg vom 29.1.1976 zu Art. 10 Nr. 5 a (neu): Besoldung des Familienrichters (Drucksache 1/3/76) [weggelassen; Zulage von 150 DM]

VI. Antrag von Rheinland-Pfalz vom 29.1.1976 zu Art. 1 Nr. 17 (§§ 1578 a, 1578 f Nr. 4) (Drucksache 1/4/76) [weggelassen]

VII. Anrufung des Vermittlungsausschusses durch den Bundesrat zum Ersten Gesetz zur Reform des Ehe- und Familienrechts (1. EheRG) (Drucksache 1/76 – Beschluss)

Der Bundesrat hat in seiner 430. Sitzung am 30. Januar 1976 beschlossen, zu dem vom Deutschen Bundestag am 11. Dezember 1975 verabschiedeten Gesetz zu verlangen, dass der Vermittlungsausschuss gemäß Artikel 77 Abs. 2 des Grundgesetzes aus den in der Anlage gegebenen Gründen einberufen wird.

Der Bundesrat ist der Ansicht, dass das Gesetz gemäß Artikel 74 a Abs. 2 und Artikel 84 Abs. 1 des Grundgesetzes sowie im Hinblick auf die Entscheidung des Bundesverfassungsgerichts vom 25. Februar 1975 (BVerfGE 39, 1 ff.) seiner Zustimmung bedarf.

Gründe: ... [wie unter *III.* Ziff. IV. die dort genannten Ziffern.]

F. Verhandlungen im Vermittlungsausschuss des Deutschen Bundestages und des Bundesrates (April 1976)

I. Kurzprotokoll der Sitzung vom 1.4.1976

Vorsitz: Dr. h.c. Dr.-Ing. E. H. Möller

Anwesend waren vom Bundestag: Abg. Dürr, Abg. Höcherl, Abg. Jahn (Marburg), Abg. Junghans, Abg. Kleinert, Abg. Dr. Lenz (Bergstraße), Abg. Dr. h.c. Dr.-Ing. E. H. Möller, Abg. Müller (Remscheid) –zeitw.–, Abg. Dr. Schäfer (Tübingen) –zeitw.–, Abg. Dr. Schmitt-Vockenhausen –zeitw.–, Abg. Vogel (Ennepetal), Abg. Windelen

vom Bundesrat: Staatssekretär Dr. Mahler, Baden-Württemberg, Minister Dr. Hillermeier –zeitw.–, Bayern, Bürgermeister Oxfort, Berlin, Senator Willms, Bremen, Senator Steinert, Hamburg, Minister Dr. Günther, Hessen, Minister Hasselmann –zeitw.–, Niedersachsen, Minister Dr. Posser, Nordrhein-Westfalen, Minister Gaddum –zeitw.–, Rheinland-Pfalz, Minister Dr. Wicklmayr, Saarland, Minister Dr. Schwarz, Schleswig-Holstein

von der Bundesregierung: Bundesminister Dr. Vogel, BMJ, Staatssekretär Dr. Hartkopf, BMI, Ministerialdirektor Dr. Zöllner, BMA

Zu Punkt 2 der Tagesordnung: Erstes Gesetz zur Reform des Ehe- und Familienrechts (1. EheRG) (– BR-Drucks. 1/76, zu BR-Drucks. 1/76 –)

Abg. Jahn (Marburg) verweist auf die Beratung in der Sitzung des VA am 11.3.1976, in welcher der VA sich darauf verständigt habe, dass seine Beratungen im Detail nicht fortgeführt werden, damit bis zu der heutigen Sitzung zwischen beiden Seiten in einer Besprechung festgestellt werden kann, ob eine Verständigung möglich ist (vgl. Kurzprotokoll der 29. Si. VA am 11.3.1976, zu Pkt. 3, bis 5 der TO, S. 14-19). Einige Mitglieder des VA und einige Kollegen, die dem VA nicht angehören, hätten mit viel gutem Willen dafür viel Zeit und Mühe verwandt. Gestern Abend sei man eigentlich soweit gewesen, dass über einen einzigen Punkt keine Einigkeit bestand, bei dem aber beide Seiten nicht ausgeschlossen hatten, dass in dieser Hinsicht bis heute Morgen noch etwas Bewegungsspielraum geschaffen werden könnte. Er bedauere, feststellen zu müssen, dass dieser Bewegungsspielraum, zu dem auf seiner Seite Bereitschaft bestanden hätte, offenbar nicht ausreiche, um in allen Punkten zu einem übereinstimmenden Abschluss zu kommen. Der VA müsse also hier in aller Form die Anrufungsbegehren in vollem Umfang behandeln.

Abg. Dr. Lenz (Bergstraße) erklärt, er könne diesem Bericht in großen Teilen zustimmen. Es sei in der Tat viel Zeit und Mühe verwandt worden, um zu einer Einigung zu kommen. Allerdings sei ihm persönlich nicht klar, dass man sich in allen Punkten, mit Ausnahme von einem, geeinigt hätte; bei ihm stünden noch einige Punkte offen. Aber das könnte man im Verlauf der Beratung klären.

Der *Vorsitzende* erteilt daraufhin dem Berichterstatter, Minister Dr. Hillermeier, das Wort.

Minister Dr. Hillermeier [Bayern] führt aus, er wolle zunächst über die Anrufungsbegehren zu den drei Gesetzen nur eine pauschale Übersicht geben, und nicht schon jetzt ziffernmäßig auf die einzelnen Anrufungsbegehren eingehen.

Zum Ersten Gesetz zur Reform des Ehe- und Familienrechts (1. EheRG). Im Ehewirkungsrecht verlange der BR eine Konkretisierung der ehelichen Lebensgemeinschaft. Er befürchte insbesondere, die Einführung des Zerrüttungsprinzips bei der Ehescheidung könnte zu dem Missverständnis führen, der Gesetzgeber habe damit die Verpflichtung zur ehelichen Treue abgeschafft, wenn diese, abweichend vom geltenden Ehegesetz, im Gesetz nicht mehr ausdrücklich erwähnt werde.

Ferner wolle der BR erreichen, dass die Vorschriften über das Ehenamensrecht wieder in das 1. Eherechtsreformgesetz eingestellt werden, wobei auch einige sachliche Änderungen des vom BT gesondert verabschiedeten Gesetzes über den Ehe- und Familiennamen gefordert werden. Das Schwergewicht des Anrufungsbegehrens des BR liege im materiellen Scheidungsrecht.

Die Generalklausel des § 1565 BGB, nach der eine Ehe geschieden werden kann, wenn sie gescheitert oder unheilbar zerrüttet ist, will der BR einschränken, um Rechtsmissbrauch zu verhindern. In diesem Zusammenhang schlage der BR zur Terminologie vor, nicht von „Scheitern", sondern von „unheilbarer Zerrüttung" der Ehe zu sprechen. Soweit an den Ablauf bestimmter Trennungsfristen die Vermutung des Scheiterns oder der unheilbaren Zerrüttung der Ehe geknüpft wird, sollen diese Vermutungen nach den Vorstellungen des BR widerlegbar sein, um nicht zu einer Kalenderentscheidung zu kommen. Außerdem verlange der BR, dass eine Ehescheidung grundsätzlich nicht in Betracht kommen soll, wenn die Ehe noch nicht ein Jahr lang bestanden hat. Die Härteklausel des § 1568 soll nach den Vorstellungen des BR in dreierlei Hinsicht geändert werden:

- Die Einschränkung, wonach die Härteklausel nach dreijähriger Heimtrennung nicht mehr anwendbar ist, soll entfallen;
- es sollen auch die Interessen der aus der Ehe hervorgegangenen minderjährigen Kinder berücksichtigt werden;
- wirtschaftliche Härten sollen nicht unberücksichtigt bleiben.

Zum Unterhaltsrecht nach der Scheidung lege der BR einen umfangreichen Gegenvorschlag vor, der davon ausgeht, dass die Ehegatten nach der Scheidung bei Bedürftigkeit grundsätzlich und nicht nur bei Vorliegen einzelner Tatbestandsmerkmale einander unterhaltspflichtig sind ...

3. *Zu Art. 1 Nr. 1, 12, 15, 17, 30, 31 (§§ 1353, 1385, 1565, 1566, 1576, 1933, 2077 BGB) – Zu Art. 1 Nr. 17 (§ 1566 BGB), Art. 6 Nr. 24 (§ 614 ZPO) – Zu Art. 1 Nr. 17 (§ 1567 a BGB – neu –) – Zu Art. 1 Nr. 17 (§ 1568 BGB), Art. 6 Nr. 24 (§ 616 ZPO); vgl. aaO. Ziff. III bis VI*

Abg. Dr. Lenz (Bergstraße) weist darauf hin, dass in den Gesprächen gestern ein gemeinsamer Text zu § 1568 erarbeitet wurde, der allerdings im Zusammenhang mit dem Anrufungsbegehren unter Ziffer VI steht. Es sei die Frage, ob auf der Basis der gestern überreichten Texte eine Einigung möglich ist.

Bundesminister Dr. Vogel (BMJ) führt aus, hier würden die Anrufungsbegehren unter den Ziffern III, IV, V und VI in ihren Kernstücken zusammenfließen.

Nach dem ersten Punkt dieser Anrufungsbegehren soll für die ersten drei Jahre der Zerrüttungstatbestand ersetzt werden, und zwar gemäß der vom BR vorgeschlagenen Fassung des § 1565 Abs. 1 Satz 2 BGB. Dieser Vorschlag lasse nicht die Zerrüttung als solche für die Scheidung genügen, sondern verlange eine Untersuchung, wo die Gründe für die Zerrüttung liegen, wer die Ursachen gesetzt hat. Hiergegen werde die Meinung vertreten, dass für diesen Dreijahreszeitraum Verschuldensgesichtspunkte, jedenfalls Verursachungsgesichtspunkte, in breiter Form wieder eingeführt würden. Es werde auch darauf hingewiesen, dass 70% der Ehen innerhalb eines Zeitraums geschieden werden, der vor Ablauf einer dreijährigen Trennung liegt.

Bei dem zweiten Punkt dieser Anrufungsbegehren handele es sich um die Frage, ob innerhalb des ersten Jahres nach Eheschließung eine Scheidung überhaupt oder nur ausnahmsweise möglich sein soll. Bei dem dritten Punkt dieser Anrufungsbegehren gehe es um die Unwiderleglichkeit der Zerrüttungsvermutung nach Ablauf von drei Jahren.

Der vierte Punkt dieser Anrufungsbegehren betreffe die Härteklausel. Die Härteklausel des Gesetzesbeschlusses ist zeitlich auf drei Jahre befristet – auch wieder die Frist, die sich auf die Trennung der ehelichen Gemeinschaft bezieht – und kennt außerdem als Härtegrund nur immaterielle Gesichtspunkte. – Der BR wolle eine Beseitigung der Frist, die Berücksichtigung des Kinderwohls und auch den Einschluss materieller Gesichtspunkte.

Bei diesen vier Kernpunkten, die eigentlich zu 90% Gegenstand der bisherigen Verhandlungen waren, zeichnete sich am Ende der Gespräche folgende Position ab: *Erstens.* Für die Dauer des ersten Ehejahres soll ein relatives Scheidungsverbot eingeführt werden. Es sei sogar ein absolutes im Gespräch gewesen; man habe dann ein relatives Scheidungsverbot gefunden, also nur ausnahmsweise, wenn besondere Gründe vorliegen. – *Zweitens* zeichnete sich ab, dass man es wohl bei der Unwiderleglichkeit der Vermutung und auch bei der Fassung des § 1565 BGB nach dem Gesetzesbeschluss des BT belässt, dass man aber im Ausgleich dafür in die Härteklausel das Kindeswohl aufnimmt und den Ausschluss materieller Gründe für die Begründung der Härte fallen lässt, also, so wie es der BR vorschlage, auch Einbeziehung materieller Gründe zur Herleitung der besonderen Härte. Offen geblieben sei bei dem Gespräch zuletzt die Frage: Gibt es für diese so erweiterte und angereicherte Härteklausel eine zeitliche Begrenzung? Es wurde einerseits der Wunsch laut, auf jede zeitliche Begrenzung zu verzichten; andererseits wurde erklärt, dass es ohne zeitliche Begrenzung wohl nicht gehe. Es wurde der Dreijahreszeitraum genannt; von der anderen Seite wurde dann ein Fünfjahreszeitraum gesprächsweise erwähnt und in die Debatte eingeführt.

Dieser kurze Bericht gebe wohl den wesentlichen Verlauf der Gespräche wieder. Es gebe einen Text zu § 1565 BGB mit dem relativen Scheidungsverbot im ersten Jahr sowie einen Text zu § 1568 BGB, Härteklausel, der allerdings nach dem Stand des Gesprächs keine zeitliche Begrenzung enthält, sondern diese Zahl frei lässt. Wenn der Wunsch besteht, dann stünden diese Texte zur Verfügung, aber er möchte sie nur auf übereinstimmenden Wunsch aus diesem Kreis zur Verfügung stellen.

Minister Gaddum sieht in diesem Ergebnis der Besprechung eine Kompromissmöglichkeit.

Minister Dr. Wicklmayr [Saarland] erklärt, es sei sicherlich nicht zu verkennen, dass damit wenigstens ein Teil der schwerwiegenden Bedenken des BR aufgefangen werden könnte, wenn er bei der Härteklausel an die Berücksichtigung des Kindeswohles und der wirtschaftlichen Umstände denke. – Die weitere Frage der Befristung, auch wenn es fünf Jahre sein sollten, mache ihm wesentlich mehr Kopfzerbrechen; denn der Tatbestand der Kündigung, zwar mit verlängerter Frist, bleibe natürlich von der Substanz her bestehen; über diesen Punkt müsste wohl noch einmal sehr eingehend gesprochen werden.

Abg. Vogel (Ennepetal) legt dar, das Ziel müsse sein, ein Ehescheidungsrecht zu schaffen, das – ausgehend vom Zerrüttungsprinzip – gewährleistet, dass die dem Einzelfall gerecht werdende Entscheidung möglich ist. Das heiße also, dass neben der Umstellung auf ein anderes Prinzip sichergestellt wird, dass im Einzelfall eine gerechte Entscheidung möglich ist. Hierzu enthalte das Anrufungsbegehren drei Schwerpunkte.

Der erste Punkt sei die Einschränkung der Scheidbarkeit während der ersten drei Jahre - § 1565 BGB.

Bei dem zweiten Punkt gehe es um die Frage der Widerlegbarkeit oder Unwiderlegbarkeit der Zerrüttungsvermutungen, wobei man darüber im Zweifel sein könne, wie wichtig diese Frage für die praktische Rechtsanwendung ist.

Die dritte Frage betreffe eine umfassende Härteklausel. S. E. sei der Eckstein in diesem Gebäude diese Härteklausel. Die vom BT beschlossene Vorschrift sei im Grunde genommen keine Härteklausel mehr, sondern lediglich die Berücksichtigung des Zumutbarkeitsprinzips während der drei Jahre, nach denen dann unwiderlegbar die Zerrüttung festgestellt wird, also eine Regelung, die eigentlich den Namen Härteklausel nicht verdient. Es entspreche doch dem Wesen einer Härteklausel, dass sie nicht befristet ist. Denn wie wolle man sie befristen? Eine im Augenblick vorhandene Härte könne sich in einem Jahr oder auch in mehreren Jahren so verändern, dass dann von einer unzumutbaren Härte nicht mehr geredet werden kann. Das heiße also, eine Klage, die im Augenblick keinen Erfolg hat, könne durchaus nach zwei oder drei Jahren bei Anwendung der Härteklausel Erfolg haben. Aber zum Wesen einer Härteklausel gehöre es, dass sie unbefristet ist, da man vorhandene Härten nie zeitlich bemessen kann. Sicherlich sei es schon ein sehr großer Fortschritt, wenn sich die Möglichkeit eröffnet, sowohl die materiellen Umstände als auch das Kindeswohl in eine zu formulierende Härteklausel mit einzubeziehen. Komme man bei der Härteklausel zu einer vernünftigen Übereinkunft, dann sei auch bei den beiden anderen Punkten ein Ergebnis möglich. In der Diskussion werde es also um die Frage gehen, ob bei der Härteklausel eine Regelung zu erreichen ist, die allseits getragen werden kann. Wenn das nicht möglich sei, werde es schwierig; hier werde sich ohnehin im Wesentlichen entscheiden, wie aussichtsreich die Bemühungen um eine Vermittlung sind.

Abg. Dürr weist darauf hin, dass beide Seiten sich darüber einig seien, dass im Ehescheidungsrecht das Schuldprinzip durch das Zerrüttungsprinzip ersetzt werden soll. Der vom BT beschlossene § 1568 BGB sei eine außerordentlich wesentliche Ausnahme vom Zerrüttungsprinzip. Wenn er jetzt von dem Ergebnis der bisherigen Besprechung ausgehe, nach welchem der Richter die Möglichkeit haben soll, wegen des Kindeswohls eine nachweislich zerrüttete Ehe auch dann nicht zu scheiden, wenn beide Ehepartner übereinstimmend die Scheidung wollen, dann sei das mehr als eine kleine Ausnahme; salopp gesagt gehe das ans Eingemachte.

Zur Frage der zeitlichen Begrenzung der Härteklausel sei auf Folgendes hingewiesen: Je länger die Ehegatten getrennt leben, umso weniger werde sich ein Richter dazu verstehen, von der Härteklausel Gebrauch zu machen, etwa unter dem Gesichtspunkt, es sei für das Kindeswohl besser, im Haushalt einer getrennt lebenden Frau und nicht im Haushalt einer geschiedenen Frau zu leben. Je länger also die Heimtrennung dauere, umso weniger werde der Richter sagen, das Kindeswohl erfordert die Aufrechterhaltung der Ehe. Das Gleiche gelte für die außergewöhnlichen Umstände, die die Aufrechterhaltung der Ehe auch unter Berücksichtigung der Belange des Antragstellers geboten erscheinen lassen. Hier müsse also ein Weg zwischen dem vorgetragenen Grundsatz einer Härteklausel und der Praktikabilität sowie dem Grundsatz des Ehescheidungsrechts in einer Weise gefunden werden, dass beide Seiten sich entgegengehen.

Abg. Jahn (Marburg) führt aus, man sollte bei dieser Diskussion nicht außer Acht lassen, ob man wirklich versuchen will, an diesem schwierigen Punkt des gesamten Eherechts zu einer möglichst weitgehenden Übereinstimmung zu kommen oder nicht. Niemand könne in dieser Diskussion mehr in seine Pflicht nehmen, als ihm zu Hause auch abgesichert wird. Es habe keinen Sinn, den Versuch zu machen, hier um des lieben Friedens willen sich auf Positionen zu verständigen, die nachher nicht mitgetragen werden.

Es gebe hier Positionen, bei denen man sich auf seiner Seite nicht bewegen kann. Das gelte für die Frage der Unwiderlegbarkeit der Zerrüttungsvermutung; darüber habe er in keinem Gespräch einen Zweifel gelassen.

Bei der Härteklausel müsse man Folgendes berücksichtigen. Erstens. Er könne nur die Ausführungen von Abg. Dürr unterstreichen. Wenn man sich zum Zerrüttungsprinzip als der Grundlage des Scheidungsrechts bekennt, dann ist eine Härteklausel streng genommen fehl am Platz. Dabei müsse man sehen, dass auch intern auf seiner Seite die Diskussion über die Härteklausel nicht geführt werden kann ohne Bezugnahme auf jenen, wohl heute von niemandem mehr als besonders glücklich empfundenen § 48 des alten Ehegesetzes. Jeder Versuch, dieser Härteklausel eine Bedeutung zu geben, die Dauerwirkungen erzielen kann, führe doch dahin, dass man sich wieder mit der Frage auseinandersetzen muss: Soll – de facto oder de jure – eine Regelung herauskommen, bei der – obwohl alle sich auf den Boden des Zerrüttungsprinzips stellen – im Ergebnis ein Ehepartner in einer gescheiterten Ehe sagen kann, diese Ehe wird partout nicht geschieden und er führt dafür auf eine unbestimmte Zeit alle denkbaren in Betracht kommenden Gründe an. Ganz nüchtern gesehen sei es an sich ja schon ein Widerspruch, wenn nach einer Eherechtsregelung jemand einseitig – etwas überspitzt gesagt – seinen Willen über einen unbestimmten Zeitraum hinweg durchsetzen kann, an der Ehe festhalten zu wollen, obwohl sie zerrüttet ist. Nun werde hier eingewandt, dafür gebe es Gründe. Er akzeptiere dies, dass es Gründe dafür gibt, Härten geltend zu machen. Seine Seite habe ja auch in den Vorgesprächen deutlich gemacht, dass sie – um hier wirklich etwas zu bewegen und um zu einer Einigung zu kommen – bereit sei, zwei Positionen, die sie auch noch nach seiner heutigen Überzeugung im BT mit guten Gründen strikt abgelehnt haben, nämlich die Bezugnahme auf das Kindeswohl und die wirtschaftlichen Umstände, zusätzlich als Härte zu berücksichtigen. Nach Einbeziehung dieser beiden Positionen sei das Argument, dass das eigentlich keine echte Härteklausel sei, schon nicht mehr so überzeugend; denn dadurch werden sicher Gegebenheiten mit hineingebracht, die den Begriff der Härte außerordentlich weit ausdehnen – immer gemessen an den Ausgangsvorstellungen.

Zu der Frage der zeitlichen Begrenzung müsse er in aller Offenheit erklären, wenn von Abg. Vogel (Ennepetal) überhaupt keine zeitliche Begrenzung verlangt werde, dann sei dies auf seiner Seite so nicht zu bewegen. Überhaupt keine zeitliche Begrenzung führe in eine unmittelbare Nähe zu jener § 48 Ehegesetz-Diskussion, die er nicht wieder aufgreifen wolle, so begründet dieser Einwand auch sein mag. Hier liege doch die entscheidende Hemmschwelle. Hierbei müsse man auch sehen, dass die zeitliche Befristung der Härteklausel nach dem Gesetzesbeschluss des BT auf drei Jahre de facto mindestens viereinhalb Jahre bedeute, denn man müsse zu den drei Jahren mindestens ein Jahr Verfahrensdauer hinzurechnen. Außerdem stehe dem Gericht als zusätzliches Instrument § 614 ZPO zur Verfügung, der eine Aussetzung des Verfahrens von einem halben Jahr vorsieht. Das heißt, tatsächlich bedeuten „drei Jahre" dann schon viereinhalb Jahre. Tatsächlich seien dann viereinhalb Jahre zwei Menschen, die in einer zerstörten Ehe leben, auseinander. Wie groß Kinder in viereinhalb Jahren werden, wisse jeder Vater und jede Mutter; viereinhalb Jahre sei ein außerordentlich langer Zeitraum. Wenn man das einmal so bewerte, dann sollte man vielleicht darüber reden, ob nicht eine Erweiterung der Möglichkeiten darin gesucht werden sollte, dass man die Frist im § 614 ZPO von einem halben Jahr auf ein Jahr erweitert. Dann habe man mit fünf Jahren einen unerhört langen Zeitraum, während dem sich manches bewegen kann. Wenn man jedoch meine, dies sei nicht ausreichend, dann sage er an dieser Stelle, aber nur für sich persönlich, dass man über eine weitere geringfügige Erweiterung diskutieren könne, unter einer Maßgabe: dass das dann ein Beitrag wäre zu einer Gesamtlösung. Andernfalls müsse er auf seine einleitenden Ausführungen verweisen.

Minister Dr. Wicklmayr [Saarland] betont, es gehe hier in der Tat um die entscheidende Frage. Der Argumentation für eine Befristung der Härteklausel könne er aus grundsätzlichen Erwägungen nicht folgen. Solange eine Härte vorliegt oder das Kindeswohl es verlangt, sollte die Ehe nicht geschieden werden. Dieser Grundsatz hat entweder Gültigkeit oder er hat keine Gültigkeit. Der Einwand von Abg. Jahn (Marburg), in vier Jahren oder in fünf Jahren bewege sich manches, sei sicherlich eine Lebenserfahrung. Aber es gebe natürlich auch Fälle, wo sich eben innerhalb dieses Zeitraums nichts bewegt und nach Ablauf der Fristen immer noch diese besondere Härte besteht. Gerade in diesen Fällen soll dann eben die Härteklausel wirksam sein. Das sei eine Grundsatzposition, wenn die Aufrechterhaltung der Ehe im Interesse der aus der Ehe hervorgegangenen minderjährigen Kinder – d.h. bis zum 18. Lebensjahr – notwendig ist, dann sollte dies nicht durch eine befristete Härteklausel vereitelt werden.

Bundesminister Dr. Vogel (BMJ) hält es für zweckmäßig, jetzt von allen prinzipiellen Fragen einmal abzusehen und sich mehr der praktischen Seite zuzuwenden.

Dass es Härtefälle geben kann, bei denen man aus guten Gründen verlangt, dass auch eine zerrüttete Ehe noch von Rechts wegen bestehen bleibt, werde ja nach dem gegenwärtigen Stand der Diskussion allseits als möglich angesehen.

Von allen Seiten werde gesagt, dass natürlich der Zeitablauf auf diese Verhältnisse und auch auf die Umstände, die die Härte begründen, einwirkt und von ganz erheblicher

Bedeutung ist. Darin liege doch ein allgemeiner Rechtsgedanke; selbst wenn man in ganz andere Rechtsgebiete gehe, gebe es das Institut der Verwirkung, der Verjährung. Strafansprüche beispielsweise hätten einen ganz anderen Stellenwert, wenn Zeit vergangen ist. Das sei ein uralter Rechtsgesichtspunkt.

Abg. Jahn (Marburg) habe unter Zuhilfenahme des § 614 ZPO einen Zeitraum von praktisch fünf Jahren errechnet. Die Masse aller denkbaren Härtefälle sei doch nach fünf Jahren so weit abgeschwächt, dass de facto und für die Praxis nach diesem Zeitraum entweder gar nicht oder eine verschwindende Anzahl von Fällen übrig bleibt. Er frage, ob diese verschwindende Anzahl von Fällen es wirklich rechtfertigt, die Chance zu verspielen, dass auf einem ganz wichtigen Gebiet der Rechtspolitik ein Schritt gemeinsam getan wird.

Dem kleinen Vorteil für eine verschwindende Anzahl von Fällen, wo die Härte auch nach fünf Jahren vielleicht noch bestehen könnte, stehe gegenüber, dass man in Hunderten von Fällen die nichtscheidungswilligen Ehepartner im Prozess in die Versuchung führe, unter Berufung auf diese Klausel einer Schimäre nachzujagen und den Eheprozess wieder mit der alten Erbitterung zu führen, und zwar in Fällen, in denen fünf Jahre Heimtrennung schon vorangegangen sind. Deswegen appelliere er an alle, sich von den Prinzipien zu lösen, die praktischen Auswirkungen im Auge zu behalten und einen Schritt gemeinsam zu tun.

Abg. Dr. Lenz (Bergstraße) schlägt eine Unterbrechung der Sitzung für eine Viertelstunde vor.

Der *Vorsitzende* stellt das Einverständnis des VA mit diesem Vorschlag fest und erklärt die Rednerliste für geschlossen. Nach Erledigung der vorliegenden Wortmeldungen soll die Sitzung unterbrochen werden.

Minister Dr. Posser [NRW] weist darauf hin, dass bei einer Erhebung über das Kindeswohl alle Befragten ausgesagt haben, dass Kinder in einer objektiv zerrütteten Ehe nicht gut aufwachsen; denn gerade die Spannungen zwischen den Eltern, dieser ständige Hader und ständige Streit zwischen den Eltern sei für die Kinder unerträglich. Werde also überhaupt keine zeitliche Begrenzung vorgenommen und könne das Wohl des Kindes bis zu dessen 18. Lebensjahr einer Entscheidung entgegenstehen, obwohl nach der Überzeugung der beiden Ehegatten die Ehe zerrüttet ist, dann verstehe er nicht, wie das dem Kindeswohl dienen soll.

Minister Dr. Schwarz [Schleswig-Holstein] entgegnet zu der von Abg. Jahn (Marburg) auf der Grundlage der Härteklausel des Gesetzesbeschlusses errechneten Verfahrensdauer von viereinhalb Jahren, dass diese Berechnung nicht stichhaltig sei. Ein Ehescheidungsverfahren werde im Normalfall nicht ein Jahr dauern müssen, um allein die Frage des Getrenntlebens bis zu diesem Zeitpunkt zu klären. Auch dem erwähnten § 614 Abs. 2 ZPO i.d.F. des Gesetzesbeschlusses dürfte aus der Sicht der Härteklausel keine große Bedeutung zukommen. Die Automatik, aus der hier eine Verfahrensdauer von insgesamt viereinhalb Jahren errechnet worden ist, halte er von seiner beruflichen Erfahrung in Ehescheidungsverfahren für nicht zutreffend.

Im Grundsatz sei aber auch er der Auffassung, dass eine Härteklausel zeitlich begrenzbar ist. Er sei nicht der Auffassung, dass eine zeitliche Begrenzung der Härteklausel dieser begrifflich diametral entgegenstehe. S.E. sollte man einen Zeitraum von vier bis fünf Jahren anvisieren. Die Härtesituation werde sich in einem solchen Zeitraum so entscheidend verändern, dass man die zeitliche Begrenzung der Härteklausel in Kauf nehmen kann.

Abg. Höcherl erklärt, wenn die Überlegungen in der Pause zu einer zeitlichen Begrenzung der Härteklausel führen würden, dann könnte man darüber heute noch nicht endgültig entscheiden. Im Hinblick auf die Bedeutung des Gesetzes müsste darüber noch mit den entsprechenden Gremien gesprochen werden, so dass eine Entscheidung erst in der nächsten Woche möglich wäre.

Abg. Jahn (Marburg) bemerkt, er sei bereit, darüber zu sprechen, aber dann müsse er Gelegenheit haben, das in seinem Kreis noch einmal zu klären. – Er sei davon ausgegangen, dass heute ohne abzustimmen durchberaten wird und dass die Sitzung mit der endgültigen Abstimmung so frühzeitig gelegt wird, dass an der abschließenden Behandlung im BT und BR bis zum 9.4.1976 nicht irgendwelche Änderungen eintreten. Er sage das für die jetzt in der Pause zu klärenden Fragen.

(Unterbrechung der Sitzung von 12.00 bis 12.15 Uhr)

Nach der Wiedereröffnung der Sitzung durch den *Vorsitzenden* schlägt *Abg. Höcherl* vor, dass zunächst heute schon der Termin für die nächste Sitzung festgelegt wird, und zwar auf Mittwoch, den 7.4.1976. In der Zwischenzeit könnten dann auch die Gremien gehört werden; heute sollte – wie vorgeschlagen – ohne Abstimmung beraten werden.

Was die Frage der Härteklausel anbetrifft, sollte in der vom Bundesjustizminister inzwischen vorgelegten Fassung des § 1568 BGB in der offenen Stelle des Absatzes 2 eine Frist von fünf Jahren eingesetzt werden ...

... Der *Vorsitzende* stellt sodann fest, dass die vom Bundesjustizminister unter „III, IV, V“ vorgelegte Fassung des § 1565 BGB (vgl. die Anlage 2 zu diesem Kurzprotokoll) als Beratungsgrundlage für die nächste Sitzung akzeptiert wird.

Abg. Vogel (Ennepetal) schlägt ebenfalls vor, in der vom Bundesjustizminister unter „VI“ vorgelegten Fassung des § 1568 BGB (vgl. die Anlage 3 zu diesem Kurzprotokoll) in dessen Absatz 2 die Zahl „5“ einzufügen.

Bundesminister Dr. Vogel (BMJ) bemerkt, mit diesem Zeitraum einer fünfjährigen Trennung der Ehegatten werde etwa der Zeitraum abgedeckt, von dem bisher gesprochen worden ist. In diesem Zusammenhang sei aber auf den von Abg. Jahn (Marburg) erwähnten § 614 ZPO i.d.F. des Gesetzesbeschlusses zu verweisen. Er werfe die Frage auf, ob bei einer Einfügung der Zahl „5“ in § 1568 Abs. 2 BGB dann nicht bei § 614 Abs. 4 ZPO dieses halbe Jahr, das im BT-Rechtsausschuss über die Dreijahrestrennung hinaus hineingekommen ist, beseitigt werden sollte.

Abg. Dürr schließt sich dieser Auffassung an. Es sei wohl klar, dass bei Ehescheidungen, bei denen § 1568 BGB in Frage kommt, mit einer überdurchschnittlichen Länge des Verfahrens zu rechnen ist. Wenn man für diese Fälle das halbe Jahr in § 614 Abs. 4 Satz 2 ZPO des Gesetzesbeschlusses i.S. des Vorschlags des Bundesjustizministers beseitige, sei das richtig und vernünftig.

Auf den Einwand von *Minister Dr. Schwarz,* zu § 614 ZPO des Gesetzesbeschlusses liege kein Anrufungsbegehren vor, erwidert *Abg. Dr. Schäfer* (Tübingen), dass hier aber der Sachzusammenhang gegeben sei.

Abg. Vogel (Ennepetal) spricht sich gegen den Vorschlag aus. § 614 ZPO des Gesetzesbeschlusses gebe ja die Möglichkeit der Aussetzung von Amts wegen nur unter ganz bestimmten Voraussetzungen, die im Einzelfall zu prüfen sind, und greife ja bereits ein nach Ablauf von drei Jahren. S.E. sei es sinnvoll, diese verfahrensmäßige Aussetzungsmöglichkeit in jedem Fall für den Zeitraum zwischen drei und fünf Jahren aufrecht zu erhalten. Die Gefahr, dass es zu einer zu großen Anwendungsbreite einer solchen Aussetzungsmöglichkeit käme, halte er überhaupt nicht für gegeben.

Abg. Dürr betont ebenfalls den Zusammenhang, der zwischen den beiden Vorschriften besteht. Zur Vermeidung einer komplizierten Änderung könnte man jedoch in § 1568 Abs. 2 BGB einen kleineren Zeitraum als fünf Jahre vorsehen; damit erreiche man das gleiche Ergebnis auf einfachere Weise.

Abg. Dr. Lenz (Bergstraße) bemerkt, man könnte sich natürlich immer auf einen Zusammenhang verständigen. Aber es würde dann etwas geändert, was nicht im Anrufungsbegehren angesprochen ist und einstimmig den BT-Rechtsausschuss, den BT und den BR passiert hat.

Abg. Kleinert legt dar, die in § 1568 Abs. 2 BGB i.d.F. des vorliegenden Vorschlags einzufügende Trennungsfrist betreffe doch einen zentralen Punkt des Ehescheidungsrechts. Es wäre deshalb verfehlt und entspreche auch nicht den bisherigen Verhandlungen, hier nun schlankweg eine Zahl einzusetzen. Vorhin sei auch einmal eine Frist von vier Jahren genannt worden. Schließlich müsse man bei der Beurteilung dieser Frage die Möglichkeit der Aussetzung des Verfahrens nach § 614 ZPO des Gesetzesbeschlusses mit in Betracht ziehen. Er sei deshalb der Meinung, dass man diesen Punkt jetzt erst einmal offenlassen sollte. Ob hier vier oder fünf Jahre einzusetzen sind, darüber müsse man sich noch gründlich unterhalten.

Abg. Dr. Lenz (Bergstraße) weist darauf hin, dass nach den bisherigen Gesprächen von seiner Seite nur eine Fünfjahresfrist in dem vorliegenden § 1568 Abs. 2 BGB akzeptiert werde. Er sage dies aber nicht, um jetzt eine Zahl hier durchzudrücken.

Abg. Jahn (Marburg) sieht sich ebenfalls nicht in der Lage, hier der Aufnahme einer Zahl zuzustimmen, zumal nach der Erklärung von Minister Dr. Wicklmayr zur Härteklausel. Das könne nicht Ausgangspunkt für die weitere Verhandlung sein.

Minister Dr. Wicklmayr [Saarland] entgegnet, dass er einer Befristung der Härteklausel – wie bereits eingangs dargelegt – nicht zustimmen werde. Man werde also hier von einem Mehrheitsbeschluss ausgehen müssen. S.E. sei es ein zu hochgespanntes Ziel, wenn in allen Fragen eine Einstimmigkeit erwartet werde.

Bundesminister Dr. Vogel (BMJ) regt nochmals an, den vorgelegten Text des § 1568 BGB zur Kenntnis zu nehmen und in dessen Absatz 2 die Trennungsfrist offen zu lassen. Darüber sollte man sich am Schluss unterhalten, wenn erst das vollständige Bild vorliegt.

Abg. Jahn (Marburg) stellt klar, dass auch nach seiner Meinung Mehrheitsbeschlüsse möglich sind. Nur sehe er diese Mehrheitsbeschlüsse nicht nach dieser Erklärung. Deswegen könne für ihn in diesem Stadium der Verhandlungen eine Zahl in § 1568 Abs. 2 BGB noch nicht in Frage kommen.

Minister Gaddum [Rheinland-Pfalz] ist der Auffassung, dass es jetzt gar nicht darum gehe, hier eine Zahl festzulegen. Es werde doch hier der Versuch gemacht, zu einem Kompromiss zu kommen, der von einer relativ breiten Mehrheit getragen wird. Dabei werde es auf beiden Seiten Probleme geben. Minister Dr. Wicklmayr und Abg. Kleinert hätten ihre Bedenken vorgetragen. Das sollte aber den Verhandlungsfluss und die Möglichkeit, zu einem Kompromiss zu kommen, nicht stören. Wenn man hier von vornherein die Bindung aller erreichen wolle, dann komme man nicht weiter.

Nach einem entsprechenden Hinweis von *Abg. Dr. Lenz* (Bergstraße) stellt der *Vorsitzende* das Einverständnis des VA mit der Anregung von Bundesjustizminister Dr. Vogel fest.

4. Zu Art. 1 Nr. 17 (§§ 1569 ff., 1582, 1586 a, 1587 h BGB), Nr. 6 (§ 1361 BGB), Art. 4 Nr. 1 Buchst. a (§ 592 RVO); vgl. aaO. Ziff. VII

Bundesminister Dr. Vogel (BMJ) weist darauf hin, dass man bei diesem Anrufungsbegehren über einen Punkt, nämlich über die Fassung der positiven Billigkeitsklausel in § 1576 BGB i.d.F. des Gesetzesbeschlusses, längere Zeit gesprochen habe. Als Gesprächsergebnis sei der gestern in Aussicht genommene Text unter „VII b" verteilt worden, der eine Neufassung des § 1576 Satz 2 BGB vorsieht (vgl. die Anlage 4 zu diesem Kurzprotokoll). Das Anrufungsbegehren unter Ziffer VII Buchst. b sei nicht weiter verfolgt worden.

Es habe sich gezeigt, dass der BR das, was er gestrichen haben will, dann in seiner eigenen Fassung berücksichtigt hat; dies sei ein Missverständnis. Es werde deshalb nur für den Satz 2 des § 1576 eine neue Fassung geben.

Abg. Dr. Lenz (Bergstraße) widerspricht diesen Ausführungen; es handle sich hier keineswegs um ein Missverständnis. Vielmehr schlage der BR ein anderes System des Unterhaltsrechts vor. Zu Beginn der Gespräche sei von seiner Seite erklärt worden, im Hinblick auf die Mehrheitsverhältnisse werde nicht verlangt, dass das System des Anrufungsbegehrens übernommen wird. Damit habe man der anderen Seite entgegenkommen wollen.

Bundesminister Dr. Vogel (BMJ) bemerkt, er wolle diese Debatte nicht verlängern. Er verweise nur auf § 1576 Satz 1 BGB i.d.F. des Gesetzesbeschlusses, insbesondere auf die Worte „aus sonstigen schwerwiegenden, in den ehelichen Lebensverhältnissen liegenden Gründen", sowie auf § 1571 Nr. 1 Buchst. d i.d.F. des Anrufungsbegehrens des BR: „aus anderen schwerwiegenden, in den ehelichen Lebensverhältnissen liegenden Gründen". Hier sollte doch gesagt werden, wo sich diese Dinge unterscheiden.

Abg. Dr. Lenz (Bergstraße) entgegnet, die in § 1576 Satz 1 BGB des Gesetzesbeschlusses liegende Beschränkung der schwerwiegenden Gründe, nämlich auf die „in den ehelichen Lebensverhältnissen", passe nicht in das System des Unterhaltsrechts des BGB; es sei zu eng. Deswegen habe der BR eine andere Regelung vorgeschlagen, die systematisch richtig in das unterhaltsrechtliche System des BGB passt, was auch nach wie vor für sachgerecht gehalten werde.

Bundesminister Dr. Vogel (BMJ) betont nochmals, dass die Voraussetzungen, unter denen ein Unterhaltsanspruch besteht, in § 1571 Nr. 1 Buchst. d BGB des Anrufungsbegehrens wortgleich sei mit § 1576 Satz 1 BGB des Gesetzesbeschlusses, nämlich „aus sonstigen schwerwiegenden, in den ehelichen Lebensverhältnissen liegenden Gründen".

Möglicherweise spiele hier die Sache mit der negativen Billigkeitsklausel hinein; da gebe es in der Tat einen Unterschied zwischen § 1575 BGB des Anrufungsbegehrens und

§ 1579 BGB des Gesetzesbeschlusses. Neben der Generalklausel enthalte der Vorschlag des BR zu § 1575 mit „insbesondere“ Beispielsfälle, der Gesetzesbeschluss zu § 1579 eine abschließende Aufzählung.

Abg. Dr. Lenz (Bergstraße) entgegnet, das seien doch zwei verschiedene Fälle. § 1576 des Gesetzesbeschlusses regele, wann ein geschiedener Ehegatte von dem anderen Unterhalt verlangen kann, während § 1571 des Anrufungsbegehrens vorsieht, wann ein Ehegatte nicht auf eine Erwerbstätigkeit verwiesen werden kann.

Nach dem Einwand von *Bundesminister Dr. Vogel* (BMJ), das sei ja gerade die Folge davon, dass es sich um spiegelverkehrte Systeme handele, wird auf Vorschlag von *Abg. Dr. Lenz* (Bergstraße) von einer weiteren Diskussion dieser Fragen abgesehen.

Auf eine entsprechende Frage des *Vorsitzenden* verweist *Bundesminister Dr. Vogel* (BMJ) nochmals auf die verteilte Vorlage unter „VII b“, die gestern Diskussionsgrundlage gewesen sei. Es handele sich nur um eine Anregung, die sich aus dem Gespräch ergab. Er könne auch mit der vom BT beschlossenen Fassung leben.

Die Frage von *Abg. Vogel* (Ennepetal), ob in den Gesprächen § 1576 Satz 1 BGB des Gesetzesbeschlusses zurückgestellt worden sei, wird von *Bundesminister Dr. Vogel* (BMJ) bejaht.

Bundesminister Dr. Vogel (BMJ) fährt sodann fort, in diesem Zusammenhang sei auch die negative Billigkeitsklausel erörtert worden. In den Gesprächen habe sich aber dann eine weitgehende Annäherung an folgende Feststellung vollzogen: Die vom BR in § 1575 BGB vorgeschlagene negative Billigkeitsklausel wird mit einer Generalklausel umschrieben, nach der ein Unterhaltsanspruch nicht besteht, soweit die Inanspruchnahme des Verpflichteten grob unbillig wäre; es werden unter „insbesondere“ vier Beispielsfälle genannt.

Die vom BT beschlossene negative Billigkeitsklausel des § 1579 BGB enthält eine abschließende Aufzählung und in seinem Absatz 1 Nr. 4 auch eine Generalklausel; es heiße da: „ein anderer Grund vorliegt, der ebenso schwer wiegt wie die in den Nummern 1 bis 3 aufgeführten Gründe“.

In dem Gespräch sei man sich darüber einig geworden, dass die beiden Generalklauseln nicht genau deckungsgleich sind. Die Generalklausel des § 1579 Abs. 1 Nr. 4 BGB des Gesetzesbeschlusses sei etwas enger. Aber was von der Billigkeitsklausel des BR noch erfasst bzw. durch § 1579 Abs. 1 Nr. 4 BGB i.d.F. des Gesetzesbeschlusses nicht abgedeckt wird, erschien als eine marginale Größe; denn die Beispiele, die gebildet wurden, die wirklich gravierenden Fälle, werden durch § 1579 Abs. 1 Nr. 4 BGB i.d.F. des Gesetzesbeschlusses voll abgedeckt.

Abg. Dr. Lenz (Bergstraße) betont nochmals, das vom BR zum Unterhaltsrecht vorgeschlagene System sei s.E. erheblich besser als das des Gesetzesbeschlusses. Aber in den Gesprächen habe man nicht auf dem Anrufungsbegehren bestanden – unter dem Vorbehalt einer Gesamteinigung –, weil man der Auffassung sei, dass bei den gegebenen Mehrheitsverhältnissen die Grundkonzeption des Gesetzesbeschlusses nicht geändert werde. Deswegen wolle man sich auf bestimmte Punkte beschränken, bei denen aus der Sicht von seiner Seite eine Korrektur erforderlich ist. Es müsse sich zeigen, inwieweit man sich hier einigen könne. Erst dann könne in der nächsten Sitzung eine Entscheidung darüber getroffen werden, ob das Anrufungsbegehren des BR in diesem Punkt aufgenommen wird.

Minister Dr. Hillermeier wirft die Frage auf, ob es sinnvoll ist, in § 1576 Satz 1 BGB i.d.F. des Gesetzesbeschlusses die Formulierung „in den ehelichen Lebensverhältnissen liegenden“ bestehen zu lassen. Es ergäben sich große Schwierigkeiten, im Einzelnen nachzuweisen, ob Umstände vorliegen, die in den ehelichen Lebensverhältnissen liegen. Es sei die Frage, ob man diese Formulierung streichen könne.

Bundesminister Dr. Vogel (BMJ) entgegnet, diese Frage sei Gegenstand des wiederholten Gesprächs zwischen Abg. Dr. Lenz (Bergstraße) und ihm gewesen. Kollege Lenz wollte klären lassen, ob seine Argumentation zutrifft, dass selbst im Anrufungsbegehren des BR eine solche Formulierung enthalten ist.

Abg. Vogel (Ennepetal) erwidert, unbeschadet der Frage, ob eine solche Formulierung auch im Anrufungsbegehren enthalten ist, müsse man überlegen, ob diese in § 1576 Satz 1 BGB i.d.F. des Gesetzesbeschlusses wirklich praktikabel und deshalb vernünftig ist. Es gehe also vor allem um die Frage, ob eine solche Formulierung hier nicht in der Praxis zu Schwierigkeiten führt, die es geraten erscheinen lassen, den Bezug auf die ehelichen Lebensverhältnisse an dieser Stelle herauszulassen. Man werde in fast keinem Fall den Nachweis führen können, dass die schwerwiegenden Gründe in den ehelichen Lebensverhältnissen liegen, ja sogar ausschließlich darin liegen müssen. Dadurch werde die Anwendbarkeit dieser Vorschrift auf ein Minimum herabgesetzt. Außerdem komme man nach § 1576 Satz 1 BGB i.d.F. des Gesetzesbeschlusses bei der Prüfung, ob grob unbillig oder nicht, zu der Berücksichtigung der Belange beider Ehegatten. Er meine, dass es von daher eigentlich unproblematisch sein sollte, die Worte „in den ehelichen Lebensverhältnissen liegenden“ zu streichen. Auch § 1576 Satz 2 nehme noch einmal auf die Ehe Bezug. Von daher sei der Zusammenhang zur Ehe hergestellt, ohne dass diese großen in der Praxis vorhandenen Beweisschwierigkeiten dabei eintreten.

Bundesminister Dr. Vogel (BMJ) bemerkt, aus dieser Argumentation ergebe sich, dass die Deckungsgleichheit zwischen dem Anrufungsbegehren und dem Gesetzesbeschluss in diesem Punkt nicht mehr bestritten wird. – Es werde also jetzt darüber verhandelt, was noch nicht einmal vom BR selbst verlangt worden ist und was Anhänger des Zerrüttungsprinzips nicht wollen können: dass auf dem Wege über die Versagung oder Zuerkennung des Unterhalts Verschuldenselemente wieder hineingeraten. Die Hauptbarriere dagegen sei § 1576 Satz 2 BGB. Wenn der Satz 2 zumindest in der Fassung der Vorlage „VII b“ gebilligt werde, dann sei das Tor für die Verschuldenselemente geschlossen; denn Umstände, die zum Scheitern der Ehe geführt haben, können dann nicht herangezogen werden. Wenn das so ist und wenn die andere Seite darauf einen sehr großen Wert legt, dann erinnere er daran, dass man sich mit demselben Problem ja schon beschäftigt habe, nämlich bei den Gesprächen über die Versagung des Versorgungsausgleichs. Da sei es die Frage der Adjektive „wirtschaftliche Verhältnisse, persönliche Verhältnisse“ gewesen. Abg. Höcherl habe dann vorgeschlagen, überhaupt nur von Verhältnissen zu reden, also weder auf wirtschaftliche noch auf persönliche Verhältnisse abzustellen. Es sei nun abzuwägen – das gelte jetzt mehr für die Kollegen auf seiner Seite – ob man mit der Sicherheit des Satzes 2, als Barriere vor Verschuldenselementen und mit der Streichung der Formulierung in Satz 1 „in den ehelichen Lebensverhältnissen liegenden“ leben kann.

Abg. Dr. Lenz (Bergstraße) erklärt, wenn für § 1576 BGB eine Einigung auf dieser Basis möglich wäre, wie der Bundesminister der Justiz es hier vorgetragen hat, dann könnte seine Seite trotz schwerer Bedenken wohl einverstanden sein.

Der *Vorsitzende* stellt fest, dass dieses Ergebnis als Basis für die weitere Besprechung angesehen werden kann.

Auf den Hinweis von *Abg. Vogel* (Ennepetal), dass damit die Diskussion über die negative Billigkeitsklausel noch nicht abgeschlossen sei, bemerkt *Abg. Dr. Lenz* (Bergstraße), in den Gesprächen sei man sich darüber einig gewesen, dass die Unterschiede zwischen § 1575 BGB des Anrufungsbegehrens und § 1579 BGB des Gesetzesbeschlusses nicht welterschütternd seien.

Bundesminister Dr. Vogel (BMJ) betont, hier müsse er wirklich bei allem Willen zur Verständigung darum bitten, es bei der vom BT beschlossenen Fassung des § 1579 BGB zu belassen. Die in § 1576 Satz 1 BGB des Gesetzesbeschlusses in Aussicht genommene Streichung hinsichtlich der ehelichen Lebensverhältnisse sei ein ganz erhebliches Zugeständnis; das müsse man sich einmal deutlich machen. –

§ 1575 Abs. 1 Satz 1 BGB des Anrufungsbegehrens laute wie folgt: „Ein Unterhaltsanspruch besteht nicht, soweit die Inanspruchnahme des Verpflichteten groß unbillig wäre."

§ 1579 Abs. 1 Nr. 4 BGB des Gesetzesbeschlusses laute wie folgt: „Ein Unterhaltsanspruch besteht nicht, soweit die Inanspruchnahme des Verpflichteten grob unbillig wäre, weil 4. ein anderer Grund vorliegt, - das kann jeder Grund sein – der ebenso schwer wiegt wie die in den Nummern 1 bis 3 aufgeführten Gründe." – Für die Praxis sei der Unterschied wirklich minimal.

Abg. Vogel (Ennepetal) entgegnet, wenn dem vorgelegten § 1576 Satz 2 BGB zugestimmt werde, dann sei das ein ganz erhebliches Zugeständnis seiner Seite. – Was in § 1579 BGB des Gesetzesbeschlusses bzw. in § 1575 des Anrufungsbegehrens stehe, sei ja nichts anderes als eine Konkretisierung des allgemeinen geltenden § 242 BGB. § 1579 BGB des Gesetzesbeschlusses würde als Sondervorschrift den § 242 BGB in seiner Anwendbarkeit einschränken. Es sei die Frage, ob das sinnvoll und berechtigt ist und ob das überhaupt in Zusammenhang gebracht werden kann mit der Frage: Hier soll das Schuldprinzip auf irgendeine Weise wieder eingeführt werden. Er sei persönlich der Auffassung, ohne den § 1579 BGB des Gesetzesbeschlusses würde uneingeschränkt § 242 BGB anwendbar sein; durch die Anwendung des § 242 BGB würde all das abgedeckt werden, was im Vorschlag des BR zu § 1575 BGB steht. Er wäre eher bereit, den § 1579 BGB des Gesetzesbeschlusses ersatzlos zu streichen unter Klarstellung, dass dann der § 242 BGB gilt.

Abg. Kleinert wendet ein, gerade der Hinweis auf § 242 BGB zeige, dass der BT mit dem beschlossenen § 1579 BGB etwas sehr Gutes getan habe im Hinblick auf die Rechtssicherheit. Man soll sich niemals in das „Schlammbad von Treu und Glauben begeben" sei s.E. ein sehr beherzigenswerter Satz zu § 242 BGB. Solange es irgend geht, sollte man die Dinge etwas mehr konkretisieren. Das sei in so einem komplexen Bereich zugegebenermaßen schwer, aber in dem vom BT beschlossenen § 1579 BGB doch recht gut gelungen; selbst die Auffangklausel des Absatzes 1 Nummer 4 sei durch den Hinweis auf die vorangegangenen Beispiele noch einigermaßen konkretisiert. Man müsste sich doch einig sein in dem Bemühen um eine Vorschrift, die soweit wie möglich Klarheit schafft und zu einer gleichmäßigen Rechtsprechung führt.

Auf die Feststellung des *Vorsitzenden*, dass damit die Meinungen ausgetauscht sind, bemerkt *Abg. Vogel* (Ennepetal), man sollte es im Augenblick bei dem Austausch dieser Meinungen belassen.

Minister Dr. Hillermeier ist der Auffassung, dass keine grundsätzlichen Bedenken bestünden.

... Zu Art. 1 Nr. 17 (§ 1568 BGB), Art. 6 Nr. 24 (§ 616 ZO) vgl. aaO. Ziff. VI

Abg. Dr. Lenz (Bergstraße) wirft die Frage auf, ob es im Hinblick auf die weiteren Gespräche nicht möglich wäre, in der verteilten Vorlage „VI" (vgl. die Anlage 3 zu diesem Kurzprotokoll) in § 1568 Abs. 2 BGB eine Frist von fünf Jahren vorzusehen. Es würde dadurch ja nicht ausgeschlossen, dass dieser Frist in der nächsten Sitzung widersprochen werden kann.

Abg. Jahn (Marburg) erklärt, die Zahl „5" gelte als eingefügt für den Fall einer Gesamteinigung.

Abg. Dr. Lenz (Bergstraße) entgegnet, dass alle heute vorgesehenen Vorschläge unter dem Vorbehalt der Gesamteinigung stehen ...

(Schluss der Sitzung: 15.25 Uhr)

Anlage 2

§ 1565. (1) Eine Ehe kann geschieden werden, wenn sie gescheitert ist. Die Ehe ist gescheitert, wenn die Lebensgemeinschaft der Ehegatten nicht mehr besteht und nicht erwartet werden kann, dass die Ehegatten sie wiederherstellen.

(2) Hat die Ehe nicht mindestens ein Jahr bestanden, kann sie nur geschieden werden, wenn die Fortsetzung der Ehe für den Antragsteller aus Gründen, die in der Person des anderen Ehegatten liegen, eine unzumutbare Härte darstellen würde.

Anlage 3

§ 1568. (1) Die Ehe soll nicht geschieden werden, obwohl sie gescheitert ist, wenn und solange die Aufrechterhaltung der Ehe im Interesse der aus der Ehe hervorgegangenen minderjährigen Kinder aus besonderen Gründen ausnahmsweise notwendig ist oder wenn und solange die Scheidung für den Antragsgegner, der sie ablehnt, aufgrund außergewöhnlicher Umstände eine so schwere Härte darstellen würde, dass die Aufrechterhaltung der Ehe auch unter Berücksichtigung der Belange des Antragstellers ausnahmsweise geboten erscheint.

(2) Abs. 1 ist nicht anzuwenden, wenn die Ehegatten länger als ... Jahre getrennt leben.

Anlage 4 (positive Billigkeitsklausel)

§ 1576 Satz 2. Schwerwiegende Gründe dürfen nicht allein deswegen berücksichtigt werden, weil sie zum Scheitern der Ehe geführt haben.

II. Kurzprotokoll der Sitzung vom 7.4.1976

Vorsitz: Dr. h.c., Dr.-Ing. E. H. Möller

Anwesend waren vom Bundestag: Abg. Dürr, Abg. Höcherl, Abg. Jahn (Marburg), Abg. Junghans, Abg. Kleinert, Abg. Dr. Lenz (Bergstraße), Abg. Dr. h.c. Dr.-Ing. E. H. Möller, Abg. Russe, Abg. Dr. Schäfer (Tübingen), Abg. Vogel (Ennepetal), Abg. Windelen -zeitw.–, Abg. Dr. Häfele –zeitw.–

vom Bundesrat: Staatssekretär Dr. Mahler, Baden-Württemberg, Minister Dr. Hillermeier, Bayern, Bürgermeister Oxfort, Berlin, Senator Willms, Bremen, Senator Steinert –zeitw.–, Hamburg, Minister Dr. Günther, Hessen, Minister Hasselmann, Niedersachsen, Minister Dr. Posser, Nordrhein-Westfalen, Minister Gaddum, Rheinland-Pfalz, Minister Dr. Wicklmayr, Saarland, Minister Dr. Schwarz –zeitw.–, Schleswig-Holstein

von der Bundesregierung: Bundesminister Dr. Vogel BMJ, Parlamentarischer Staatssekretär Buschfort, BMA, Staatssekretär Dr. Hartkopf, BMI

... 1. Zu Ziffer 1 der Arbeitsunterlage (vgl. die Ziffern III und VI des Anrufungsbegehrens)

Minister Dr. Hillermeier weist darauf hin, dass § 1565 Abs. 2 BGB nach der Arbeitsunterlage folgende Fassung erhalten soll: „(2) Hat die Ehe nicht mindestens ein Jahr bestanden, kann sie nur geschieden werden, wenn die Fortsetzung der Ehe für den Antragsteller aus Gründen, die in der Person des anderen Ehegatten liegen, eine unzumutbare Härte darstellen würde."

Hier ergebe sich die folgende Frage: Dieser Wortlaut stelle nur auf das erste Jahr seit Eheschließung ab, gegenüber der anderen Meinung, die auch er vertrete, dass das erste Jahr nach der Trennung der Inhalt dieser Bestimmung sein sollte.

Abg. Dürr entgegnet, in der letzten Sitzung habe kein Zweifel darüber bestanden, dass das erste Jahr ab der Eheschließung gemeint war; niemand habe eine andere Meinung vertreten. Schon die Einführung eines relativen Scheidungsverbots für die Dauer des ersten Ehejahres in § 1565 Abs. 2 BGB sei von seiner Seite nicht gerade mit Begeisterung aufgenommen worden. Aber damit sollte ein Beitrag zur Einigung geleistet werden. Darüber hinaus nun auf das erste Jahr nach der Trennung abzustellen – das könnte auch im 30. Ehejahr sein –, werde von seiner Seite nicht akzeptiert.

Abg. Dr. Lenz (Bergstraße) legt dar, er stimme mit Abg. Dürr insofern völlig überein, als auch seine Seite sich an dem Vorschlag, der auf das erste Jahr seit der Eheschließung abstellt, nicht begeistern konnte. Im ersten Jahr nach der Eheschließung werde ein Bruchteil an Ehen geschieden, der unter einem Prozent liegt. Dies als Konzession anzubieten, sei eine freundliche Geste, aber ohne Substanz. In der Besprechung am vorigen Dienstag, an der u.a. die Abg. Jahn (Marburg), Metzger, Kleinert und der Bundesjustizminister teilgenommen hätten, sei darauf hingewiesen worden, dass auf seiner Seite das erste Jahr seit der Eheschließung auf keine Gegenliebe stößt, sondern dass ein Jahr seit der Trennung vorzusehen ist. Wenn er noch einmal auf diese Frage zurückkomme, dann bitte er persönlich um Nachsicht, dass er seinen Irrtum nicht schon in der letzten Sitzung bemerkt habe.

Bundesminister Dr. Vogel (BMJ) führt aus, alle seine bisherigen Bemerkungen statistischer und sachlicher Art hätten sich auf das erste Ehejahr bezogen. Die 0,27% geschiedener Ehen gelten nur für das erste Ehejahr. Für das erste Trennungsjahr seien die Prozentzahlen natürlich erheblich höher.

Darauf hinzuweisen sei auch, dass insbesondere der Arbeitskreis bei Prälat Wöste dieses Karenzjahr nach der Eheschließung ganz besonders stark in den Vordergrund gerückt und gesagt hat, das sei für die dortige Betrachtung ein ganz entscheidender Gesichtspunkt. Das stehe im Widerspruch zu der von Abg. Lenz (Bergstraße) vertretenen Meinung, dass dieser Bestimmung keine Bedeutung zukomme. Was nun den von Minister Dr. Hillermeier wieder aufgenommenen Vorschlag angeht, so müsse er ganz deutlich sagen, dass dadurch für ein Trennungsjahr ohne Rücksicht auf die vorangegangene Dauer der Ehe praktisch das Verschuldensprinzip wieder in Kraft gesetzt würde; denn dann müsse derjenige, der vor Ablauf des ersten Jahre nach der Trennung geschieden werden will, nicht nur beweisen, dass die Ehe zerrüttet und gescheitert ist, sondern er muss auch noch Umstände in der Person und in dem Verhalten des anderen nachweisen. Das heißt, für ein Jahr werde das Verschuldensprinzip wieder in Geltung gesetzt.

Abg. Vogel (Ennepetal) ist der Meinung, dass man versuchen sollte, so Reizvokabeln wie „Da wird das Verschuldensprinzip wieder eingeführt" draußen vorzulassen. Wer sich ernsthaft damit beschäftigt, könne das nicht ernsthaft behaupten. Das helfe s.E. überhaupt nicht weiter.

Für sich persönlich müsse er sagen, dass er in der letzten Sitzung nach dem vorausgegangenen internen Vorgespräch davon ausgegangen sei, hier ist in § 1565 Abs. 2 das erste Jahr der Trennung gemeint. Das habe er in der Tat als eine faire Kompromissgrundlage angesehen. Er sei sehr überrascht gewesen, als er hinterher hörte, dass das nur das erste Jahr nach Eheschließung sein soll. Das sei erheblich weniger und komme erheblich weniger dem entgegen, was von seiner Seite vorgeschlagen worden war. Darüber sollte man wirklich ernsthaft nochmals sprechen. Er sei nicht der Auffassung, dass man sich hier bereits auseinanderreden sollte; das sei jedenfalls nicht die Absicht auf seiner Seite. Zu dem Hinweis von Abg. Dürr, dass das Abstellen auf das erste Ehejahr auf seiner Seite keine Begeisterung ausgelöst habe, müsse er sagen, wenn man dazu die einzelnen Margen sehe, dann werde das Ganze auf seiner Seite außerordentlich schwierig. 0,27% seien – das sage er ganz offen- aus seiner Sicht überhaupt kein Zugeständnis. Dieses sog. Pflichtjahr könne man nach seiner Auffassung ohnehin sparen.

Wichtig sei aus der Sicht seiner Seite, dass man für denjenigen, der von sich aus die Ehe einseitig zerstört, eine Frist einsetzt, während der er sich nicht durchsetzen und die sofortige Scheidung der Ehe erzwingen kann; das sei ein Jahr. Seine Seite habe natürlich gesagt: drei Jahre. Er wäre sehr dankbar, wenn darüber noch ein bisschen ernsthafter geredet werden könnte.

Abg. Dr. Lenz (Bergstraße) betont ebenfalls, dass niemand auf seiner Seite daran denke, das Verschuldensprinzip wieder einzuführen; das sei eine ausgestandene Sache.

Er möchte auf folgenden Gesichtspunkt hinweisen. Alle seien sich doch darüber einig – gerade der Bundesjustizminister habe das immer wieder betont –, dass ein Scheidungsrecht geschaffen werden soll, wo möglichst wenig schmutzige Wäsche gewaschen wird. Bei einer unbefristeten Generalklausel werde der Scheidungswillige – so fürchte er – überhaupt nicht auf die angebotene streitfreie oder relativ streitfreie Frist eingehen, sondern er wird sagen: Wozu brauche ich eigentlich ein Jahr zu warten, ich kann die Scheidung aus dem Generaltatbestand sofort bekommen. Damit laufe die hier gefundene Fristenregelung, welche die Sache vereinfacht und möglichst streitfrei stellen sollte, weitgehend leer. Werde aber mindestens eine Frist vorgesehen, die es dem aus der Ehe strebenden Teil angelegen sein lässt, sich mit dem anderen entsprechend zu einigen, dann werde eine Scheidung nach § 1566 Abs. 1 BGB erfolgen. Das liege durchaus in der Intention, die gemeinsam immer verfolgt worden ist. Wenn man die Scheidung aus dem Streit mit der Erhebung gegenseitiger Vorwürfe möglichst heraushalten wolle, sei das eine Schonfrist, die dieses Ziel erreichbarer macht, als wenn an dem in der letzten Sitzung vorgelegten Text festgehalten wird.

Abg. Dürr entgegnet, wenn er die eingeschränkte Scheidung während des ersten Ehejahres für nicht schön hielt, dann nicht im Zusammenhang mit den 0,27%, sondern im Zusammenhang mit einer Äußerung, die Professor Hirschmann in einem Gespräch machte. Er sagte: Es gibt tragische Fälle, in denen zwei zum Standesamt gegangen sind, die sich nie hätten heiraten sollen. Die sollen möglichst bald wieder auseinander kommen. – Mit den 0,27% sollte deshalb hier nicht argumentiert werden.

Zu dem heutigen Vorschlag: eingeschränkte Scheidungsmöglichkeit im ersten Jahr der Heimtrennung, sei er der Meinung, dass das im Zusammenhang mit den Aussetzungsmöglichkeiten des § 614 ZPO i.d.F. des Art. 6 Nr. 24 des Gesetzes gesehen werden müsse. Je kürzer die Heimtrennung ist, desto schwerer werde ein Richter davon zu überzeugen sein, dass diese Ehe zerrüttet ist. Ist z.B. der Mann zu seiner Freundin weggezogen, dann werde der Richter davon ausgehen, dass nach aller Erfahrung sich erst nach einiger Zeit klären wird, ob der Ehemann nicht bald reumütig zu seiner Ehegemahlin zurückkehrt. Das heißt also, hier wird der Richter von der Möglichkeit der Aussetzung von Amts wegen in sehr vielen Fällen Gebrauch machen. Diese Aussetzungsmöglichkeit, die ja gegenüber dem Regierungsentwurf in den BT-Ausschussberatungen noch etwas erweitert wurde, sei für ihn das Ventil, das dem Einzelfall angepasst Gerechtigkeit bringt. Die Formalisierung des heutigen Vorschlags gefalle ihm dagegen gar nicht.

Abg. Jahn (Marburg) wirft die Frage nach dem rechtspolitischen Grund und Ziel der Überlegung zu diesem Vorschlag auf. Beabsichtige man sozusagen ein Strafjahr für diejenigen einzuführen, die ein Jahr getrennt leben und dann die Scheidung wollen? Man müsse das Ganze doch im Zusammenhang sehen. Für die Härtefälle habe man die Härteklausel des § 1568 BGB, der, wenn man sich hier verständigen könne, gegenüber den Ausgangsvorstellungen des Regierungsentwurfs bzw. des Gesetzesbeschlusses eine erhebliche Ausweitung erfahren wird. Wie Kollege Dürr mit Recht gesagt habe, gebe § 614 ZPO die Möglichkeit der Aussetzung um ein Jahr. Es gebe also bereits zwei Möglichkeiten, um den individuellen Problemen, die sich ergeben können und denen durch den heutigen Vorschlag – was er jetzt einmal unterstelle – offenbar generell vorgebeugt werden soll, in angemessener Weise Rechnung zu tragen, sei es auf die eine, sei es auf die andere Weise.

Beide Möglichkeiten können ja auch tatsächlich im Laufe des Verfahrens nebeneinander eine Rolle spielen. Was also soll zusätzlich jetzt noch einmal dieses eine zwingende Jahr, das doch praktisch bedeutet, dass das eine Jahr Getrenntleben auf zwei Jahre erhöht und damit die Grundkonzeption in einer Weise verändert wird, die er nicht einzusehen vermag. Er wolle jetzt gar nicht auf die wahrhaft mühseligen Gespräche in seiner Fraktion zu der Frage eingehen, was hier noch geht oder nicht geht.

Bundesminister Dr. Vogel (BMJ) erklärt, wenn er das Wort „Verschuldensprinzip" gebraucht habe, dann nicht in dem Sinne, ein Reizwort einzuführen. Er glaube, dass sein bisheriger Beitrag bei diesen Verhandlungen ihn gegen diese Vermutung schütze. Es sei eine abgekürzte Bezeichnung dafür gewesen, dass personale Elemente, Ursachenelemente, Elemente, die auf eine Schuld hinauslaufen, auf diese Weise neuerdings relevant werden.

Zu den 0,27% sei zu bemerken, dass es doch öfters Sachverhalte gebe, die zwar praktisch keine besondere Rolle spielen, dass aber prinzipielle Erwägungen eine Regelung bedeutsam machen; das sei hier genau der Punkt. S.E. könne man doch das Aufeinanderzubewegen ohnehin nicht so quantifizieren, dass es in Bruchteilen von Prozenten auszudrücken ist. Hier gehe es um eine Frage von prinzipieller Bedeutung. Deswegen habe das Zugeständnis für diejenigen, die von einem anderen Standpunkt ausgehen, erhebliches Gewicht. Das werde ja umgekehrt für die Darlegung der anderen Seite auch nicht bestritten.

Das Problem, das mit diesem heutigen Vorschlag gelöst werden soll, habe der Gesetzesbeschluss mit der mühsam erarbeiteten Fassung des § 614 ZPO lösen wollen. Deswegen sei dort die Aussetzungsmöglichkeit von einem Jahr vorgesehen; das sei ja genau das Jahr, von dem jetzt hier die Rede ist. Der Richter habe nach § 614 ZPO bereits eine einjährige Aussetzungsmöglichkeit, sogar gegen den Widerspruch des Antragstellers. Deshalb wäre es doch das allermindeste gewesen, dass man gleichzeitig vorgeschlagen hätte, die Regelung des § 614 ZPO durch die heute vorgeschlagene Regelung zu ersetzen. Aber beides nebeneinander für das gleiche Problem, das halte er aus rechtssystematischen Gründen für bedenklich; denn das, was zur Aussetzung auf Dauer eines Jahres Anlass geben könnte, würde durch die jetzt vorgelegte Fassung in eine verbindliche Regel umgemünzt. Wenn man diesem Vorschlag überhaupt näher treten wolle, müsse er sehr deutlich so artikuliert werden, dass er anstelle der § 614-ZPO-Regelung jedenfalls für die Fälle treten soll, in denen die Ehegatten noch nicht ein Jahr getrennt leben.

Minister Dr. Günther [Hessen] verweist auf den Ausgangspunkt der Erörterungen, nämlich dass überhaupt keine Frist in § 1565 BGB des Gesetzesbeschlusses vorgesehen war. Dann habe man in der letzten Sitzung dem § 1565 BGB diesen Absatz 2 angefügt, der davon ausgeht, dass die Ehe grundsätzlich ein Jahr bestanden hat. Zu dem Anrufungsbegehren unter Ziffer V zu § 1567 a BGB habe der BR selbst vorgeschlagen, dass die Ehe nur geschieden werden darf, wenn sie mindestens ein Jahr bestanden hat. Der Gedanke, dass ein Jahr die Mindestzeit sein soll, werde also in dem Anrufungsbegehren des BR formuliert. Wie komme man denn nun heute dazu, in dieses System so einzugreifen, dass eine zusätzliche Jahrestrennung eingeführt werden soll, und wie komme man dann mit § 1566 BGB des Gesetzesbeschlusses zurecht? § 1566 Abs. 1 BGB gebe die Möglichkeit, dass eine Ehe nach einem Jahr Trennung geschieden werden darf – das gelte sogar als unwiderlegbar – wenn beide Ehegatten mit der Scheidung einverstanden sind. Das heißt doch wohl: Wenn nur ein Ehegatte meint, dass die Ehe zerrüttet wäre, dann ist es zulässig und möglich, dass der andere Ehegatte das Gegenteil beweist. Er sehe einfach auch aus rechtssystematischen Gründen in dem heute vorgelegten Vorschlag eine neue Idee, die in den Rahmen der bisherigen Überlegungen zu §§ 1565 bis 1567 BGB und insbesondere auch in das Anrufungsbegehren unter Ziffer V zu § 1567 a BGB nicht hineinpasst.

Abg. Vogel (Ennepetal) legt dar, er verkenne gar nicht einen gewissen Zusammenhang des hier erörterten Problems mit der in § 614 ZPO getroffenen Regelung. Trotzdem lasse sich beides nicht so miteinander vergleichen, dass man sagen kann, der heutige Vorschlag zu § 1565 Abs. 2 müsse unbedingt eine Änderung des § 614 ZPO zur Folge haben.

Da nach dem rechtspolitischen Sinn gefragt worden ist, sei ein kurzer Rückblick auf die Entstehungsgeschichte dieser Ehescheidungsrechtsreform angebracht. Unter anderem sei bei der Beratung auf dem Deutschen Juristentag 1970 – er würde sagen: bisher am konsequentesten – die Frage der Fristen angesprochen und auch in Vorschläge gekleidet worden. Die Vorschläge gingen dahin: überhaupt nur Fristenscheidung, weil man das ganze Verfahren glätten wollte. Dann sei im Gesetzesbeschluss nach den Vorstellungen der Regierungskoalition im Hinblick auf die Verlängerungsmöglichkeiten der Fristen die Konsequenz gezogen worden, indem vorgesehen wurde: bei einer dreijährigen Trennung der Ehegatten Unwiderleglichkeit der Zerrüttungsvermutung; bei einer einjährigen Trennung der Ehegatten Unwiderleglichkeit der Zerrüttungsvermutung bei unstreitiger Scheidung. Das heißt, dadurch würde die Frist, was die Verlängerungsmöglichkeit angeht, abgeschottet. Der Vorschlag, der heute gemacht werde, sei der Versuch, sich vom Zwang, sich an die Fristen zu halten, zur anderen Seite hin abzuschotten, indem die Möglichkeit, vor Ablauf der Frist zur Scheidung zu kommen, auch eingeschränkt werde. Er halte das für eine konsequente Weiterführung des Gedankens des Zerrüttungsprinzips und bitte, es auch einmal von daher zu sehen. Man müsse es nicht immer nur von der Seite sehen, da werde ein Schlupfloch gelassen für die Härtefälle, denen man die Frist nicht zumuten kann, das sei der böse Versuch, das Verschuldensprinzip durch die Hintertür wieder einzuführen. Er glaube, dass alle wollen, dass die Ehescheidungsprozesse als solche nicht wie bisher zum großen „Aufwasch“ zwischen den Ehegatten führen sollen. Wenn es vor Ablauf der Fristen mit den entsprechenden Fristenvermutungen zu einem Scheidungsverfahren komme, dann müsse in jedem Fall die Zerrüttung dargelegt und bewiesen werden, was zwangsläufig den „Aufwasch“ mit sich bringt, und zwar auch hinsichtlich des subjektiven Verhaltens der Ehegatten. Wenn man das abschotte, soweit das möglich ist, erspare man den Gerichten solche Verfahren. Auch von daher bekomme die jetzt vorgeschlagene Einjahresfrist ihren besonderen Sinn. Nun sei eingewandt worden, wenn während dieses Jahres diese Bestimmung Anwendung finden soll, dann dürfe insoweit § 614 ZPO nicht greifen, d.h. im Grunde genommen, wenn die Ausnahme vorliegt, bei der dann noch geschieden werden kann, darf § 614 ZPO nicht angewendet werden. S.E. könnte man darüber reden. Das wäre eine gewisse Konsequenz, wenn man bei der Zulassung der Ausnahmemöglichkeit dann sage: Dann kann man aber im Grunde genommen für das, was man hier zulassen muss, weil die Ausnahmevoraussetzungen vorliegen, nicht auch noch die Aussetzungsmöglichkeit des § 614 ZPO beibehalten, die im Ermessen des Richters liegt. Das treffe nur für diesen wirklich sehr schmalen Anwendungsbereich zu. Er meine, dass man darüber vernünftig miteinander reden könnte, wenn man bereit sei, sich diesem Gedanken nicht so zu verschließen, wie das hier bisher den Anschein habe. S.E. wäre es i.S. des ganzen Gesetzes, wenn man stärker auf die Fristen abstellen würde, um dadurch dafür zu sorgen, dass von daher die echte Erleichterung für die Scheidungsverfahren geschaffen werde.

Abg. Dr. Lenz (Bergstraße) macht geltend, dass der von ihm in die Debatte eingeführte Gesichtspunkt bisher nicht widerlegt worden sei; das betrachte er als ein positives Zeichen. – Was nun den § 614 ZPO anbelange, so habe er diesen immer als eine dem Art. 6 GG konforme Anweisung an das Gericht verstanden, das Scheidungsverfahren im Sinne des Schutzes der noch bestehenden Ehe auszugestalten. Das ergebe sich auch aus dem Duktus des Absatzes 2 ganz klar und deutlich. In dem Gedanken, der sich in den Worten ausdrückt: „wenn ... Aussicht auf Fortsetzung der Ehe besteht", sei das s.E. enthalten. Das Gericht muss die ihm übertragene Vollmacht im Sinne der Aufrechterhaltung der Ehe ausüben. Das sei eine absolut grundgesetzkonforme Ausgestaltung dieses Verfahrens.

Ferner heiße es in § 614 Abs. 2 ZPO „oder die Aussetzung aus anderen Gründen billig erscheint". Nun würde er in Übereinstimmung mit Kollegen Vogel (Ennepetal) zugeben, dass man nicht zweimal denselben Grund für die Benutzung ein und derselben Sache verwenden darf. Wer also unter Berufung darauf, dass der andere Teil die Ehe zerrüttet habe, die Scheidung verweigert, der könne nicht nachher noch einmal die Möglichkeit nach § 614 Abs. 2 ZPO in Anspruch nehmen. Das wäre eine nicht im Sinne dieser Vorschrift liegende Ausnutzung dieser Vorschrift. Ob man aber deshalb diese Vorschrift ändern müsse, sei s.E. sehr fraglich; denn die Möglichkeit der Aussetzung stehe im freien Ermessen des Gerichts, von dem vernünftigerweise ein gesetzeskonformer Gebrauch zu machen ist.

Wenn man sich aber über diese Frage relativ einig sei, bitte er die Frage zu erwägen, ob es nicht doch vernünftig wäre, die Frist ins materielle Recht hineinzuschreiben als Muss-Bestimmung anstatt als Ermächtigungsbestimmung für das Gericht. Damit komme er an seinen Ausgangspunkt zurück. Wenn man das tue, bekomme man möglicherweise die gegen den Willen eines Ehegatten betriebene Scheidung, die gravierendsten Fälle also, die notwendigerweise streitig sind, wo notwendigerweise Sachverhalte vorgetragen und bestritten werden, hinüber in die Fristenregelung, wo es dann nur noch darum geht, ob die Frist abgelaufen ist. S.E. werde damit vom Standpunkt der vernünftigen Abwicklung der Verfahren her zwei Fliegen mit einer Klappe geschlagen: Man gebe demjenigen nicht das Scheidungsrecht sofort, der es missbräuchlich eigentlich einseitig anwendet, und auf der anderen Seite werde das Ziel erreicht, dass möglichst viele Verfahren ohne Sachstreit entschieden werden können. Das liege eigentlich s.E. genau in der Intention der von allen gewollten Gesetzgebung.

Abg. Höcherl ist der Auffassung, dass diese Streitfrage etwas tiefer angesetzt werden sollte. In § 1353 Abs. 1 BGB des Gesetzesbeschlusses werde sehr feierlich festgestellt: „Die Ehe wird auf Lebenszeit geschlossen". Hernach, wenn es um die materiellen Bestimmungen im Scheidungsbereich geht, werde dieser Grundsatz wieder verlassen. S.E. sei der Vorschlag von Kollege Lenz in der Verbindung von § 614 ZPO mit den anderen zur Diskussion stehenden Bestimmungen ein Lösungsvorschlag. Er habe den Eindruck gehabt, dass die andere Seite selbst solche Andeutungen mit dem Hinweis auf § 614 ZPO gemacht habe.

Nach dem Einwand von *Bundesminister Dr. Vogel* (BMJ), er habe gar keine Andeutungen gemacht, sondern nur auf eine logische Schwäche der Vorschläge hingewiesen, fährt *Abg. Höcherl* fort, man wolle doch mit dieser ganzen Regelung auch eine gewisse Wirkung erzeugen. Eine Ehescheidung sei ein sehr wichtiger und entscheidender Vorgang. Den Beteiligten müsse zum Bewusstsein gebracht werden, dass sie gewisse Lösungsmöglichkeiten nur nach einer gewissen Zeit haben. Das sei eine Folge des feierlichen Textes von § 1353 Abs. 1 Satz 1 BGB des Gesetzesbeschlusses, zu dem aber die Bestimmungen des Scheidungsverfahrens im Widerspruch stehen; das eine passe nicht so ganz zum anderen. Es müsse ins Bewusstsein der Ehegatten, auch der jungen Eheschließenden gebracht werden, dass es gewisse Fristen für eine Scheidung gibt, dass hierfür wichtige und harte Gründe und Umstände vorliegen müssen, dass man sich nicht so ohne weiteres auf eine solche Gemeinschaft einlassen kann, in der Hoffnung: die ist ja wieder leicht zu lösen. Das werde durch den Gesetzesbeschluss sehr leicht gemacht, was s.E. nicht dem Institut der Ehe entspricht.

Minister Dr. Hillermeier bemerkt zu den Ausführungen von Minister Dr. Günther, dass hier eine gewisse Widersprüchlichkeit zu dem Anrufungsbegehren des BR unter Ziffer V vorliege, das sei s.E. nicht der Fall, und zwar deshalb nicht, weil man ja beim Anrufungsbegehren unter Ziffer V natürlich auch die beim Anrufungsbegehren unter Ziffer III vorgeschlagene Formulierung des § 1565 BGB mit sehen müsse, die auf das Fehlverhalten des anderen abgestellt sei. Die im Absatz 1 Satz 2 vorgesehene Generalklausel „wenn dem Antragsteller die Fortsetzung der Ehe aus Gründen, die in der Person des anderen Ehegatten oder in dessen Lebensbereich liegen, nicht zuzumuten ist" sei doch nicht mehr im Gespräch, sondern die vom BT beschlossene Fassung soll aufrechterhalten werden. Dann habe natürlich die Diskussion hier schon einen Sinn, weil doch dem Prinzip nach – vereinfacht formuliert – die Möglichkeit der Verstoßung aufrechterhalten bleibt.

Abg. Jahn (Marburg) führt aus, auf den Deutschen Juristentag 1970 könne man sich überzeugend doch nur berufen, wenn man das ganze System, das dort empfohlen worden ist, zugrunde legt. Davon könne ja wohl keine Rede sein, auch nicht bei dem Gesetzesbeschluss des BT. Im Zusammenhang mit dem heute gemachten Vorschlag von einer Vereinfachung zu sprechen, scheine ihm etwas verwegen zu sein. Denn schon die in der letzten Sitzung vorgesehene Formulierung des § 1565 Abs. 2 BGB sei ja höchst problematisch: Die Ehe „kann nur geschieden werden, wenn die Fortsetzung der Ehe für den Antragsteller aus Gründen, die in der Person des anderen Ehegatten liegen, eine unzumutbare Härte darstellen würde". Dies sei ein großer Streitpunkt und werde die Phantasie aller Anwälte enorm beflügeln, zu umfassenden Schriftsätzen führen und das Gericht ohnehin schon in die Schwierigkeit bringen, ob denn eigentlich nun diese Voraussetzungen des § 1565 Abs. 2 BGB vorliegen. Dieses generell auszuweiten, führe doch zu folgender Situation: Man habe erstens ein Jahr Trennung, zweitens ein Jahr Scheidungsverbot.

Abg. Vogel (Ennepetal) wirft ein, hier scheine ein Missverständnis vorzuliegen.

Auf die Frage von *Bundesminister Dr. Vogel* (BMJ), ob das Karenzjahr wegfalle, antwortet *Abg. Dr. Lenz* (Bergstraße), das würde doch konsumiert durch den neuen Vorschlag.

Abg. Jahn (Marburg) fährt fort, er könne das im Augenblick nur so darstellen, wie er es nach dem, was gesagt worden ist, verstanden habe. Er würde deshalb um die schriftliche Vorlage entsprechender Formulierungen bitten. Nach dem, was hier gesagt worden ist, bedeute dies: Ein Jahr Trennung, ein Jahr Scheidungsverbot, und dann komme noch § 614 ZPO dazu; das mache drei Jahre. Er halte dieses nicht für einen ernsthaft geeigneten Vorschlag, um hier zu einer Verständigung zu kommen, es sei denn – das wäre jedenfalls ein Angebot, über das er bereit wäre, sich noch einmal den Kopf zu zerbrechen –, man ließe erstens § 614 ZPO insoweit wegfallen, und zweitens – das sei nämlich ein weiteres Problem dabei – wenn eine Beschränkung der Härteklausel auf maximal drei Jahre in Betracht käme.

Abg. Dürr ist der Auffassung, dass der von der anderen Seite gemachte Vorschlag seinem Wortlaut und Sinn nach auch für einverständliche Scheidungen gelten würde. Die Folge sei, dass in der Praxis das Gericht so angelogen wird, wie es bisher bei Konventionalscheidungen auch angelogen wurde. Wenn zwei Ehegatten auseinander wollen, einverstanden sind, und die gesetzlichen Bestimmungen sind nicht gerade vernünftig, dann werden sie durch Lügen unterlaufen. Das sei eine Erfahrung seit Jahrzehnten. Welche Wirkung der Vorschlag habe, wolle er an einem Beispiel aus der Praxis zeigen; zwei Ehepaare haben Partnertausch seit drei oder vier Jahren. Heimtrennung hat nicht stattgefunden. Jetzt wollen sie ihre Verhältnisse durch Ehescheidung in Ordnung bringen. Nach dem neuen Vorschlag müssten sie noch ein Jahr Heimtrennung vorweisen. S.E. reiche dieses Beispiel schon, um zu zeigen, dass dieser Vorschlag für die Erfordernisse der Praxis mehr als problematisch ist. Der weitere Gesichtspunkt gegen diesen Vorschlag sei ihm viel wichtiger. Er habe etwas, auch im Interesse der minderjährigen Kinder, gegen lange Zeiten, wo ohne Beteiligung des Gerichts zwischen den streitenden Ehegatten ein Privatkrieg geführt wird, aus prozesstaktischen Gründen Vorkommnisse aus der Ehe zwecks Verwertung in Schriftsätzen schriftlich festgehalten werden. Das sei die mieseste Situation, die er sich überhaupt denken könne in einem Partnerschaftsverhältnis, insbesondere dann, wenn Kinder vorhanden sind. Wenn dieser Vorschlag durchgehe, würde diese Situation in jeden Ehescheidungsrechtsstreit fast zwangsweise eingeführt.

Den § 614 ZPO wolle er nicht im Zusammenhang mit Art. 6 GG hochstilisieren. § 614 ZPO habe doch den guten Sinn, deutlich zu sagen: Der Zerrüttungsnachweis ist dem Gericht nicht erbracht, wenn einer der Ehepartner fortissimo erklärt „Ich will nicht mehr!“. Das reiche zur Überzeugung des Richters, dass die Ehe zerrüttet ist, nicht aus. Deshalb sei in § 614 ZPO eine flexible Regelung vorgesehen. Wenn der Vorschlag mit § 614 ZPO zusammenpassen solle, müsste man erstens in § 614 ZPO die anderen Gründe streichen, weil es sonst auf jeden Fall eine Kumulierung geben könnte; zweitens müsste man in § 614 ZPO einen Satz einfügen: „Nach einem Jahr kann gegen den Willen eines Ehegatten nicht mehr ausgesetzt werden“; drittens käme – wie Kollege Jahn schon gesagt habe – eine Beschränkung der Härteklausel auf maximal drei Jahre dazu. Dann passe der Vorschlag und § 614 ZPO einigermaßen zusammen. Wenn man das aber mache, dann würde in § 614 ZPO die erwünschte Flexibilität in einer Weise eingeschränkt, dass er ein untaugliches Instrument wäre. Von § 614 ZPO halte er im Rahmen des Scheidungsverfahrens sehr viel, von dem Vorschlag aus den geschilderten Gründen nichts.

Bürgermeister Oxfort wirft die Frage auf, welchen Sinn die Einfügung einer solchen materiellen Frist habe. Das Prinzip könne doch nicht sein, dass man sagt: Wenn eine Ehe tatsächlich zerrüttet ist, dann darf sie nicht geschieden werden, bevor eine Frist von einem Jahr abgelaufen ist. Er erkenne in einer solchen Regelung keinen Sinn. Die Einjahresfrist könne doch nur einen Sinn haben, wenn das Gericht zu der Auffassung kommt, dass nach dem, was die Parteien bisher vorgetragen haben und was möglicherweise an Beweisen erhoben ist, die Ehe eventuell noch gerettet werden kann, das Gericht also nicht der Überzeugung ist, die Ehe sei zerrüttet. Die Wartefrist könne also doch nur in der Hoffnung in das Gesetz aufgenommen werden, sie werde dazu beitragen, die Ehe zu erhalten. Dann aber sei es eine Frage, die auf das „Wie" abstellt, nicht auf das Materielle selbst. Das heißt, es sei in der Tat eine Vorschrift, die ins Prozessrecht gehört und nicht ins materielle Recht; denn es gebe keinen überzeugenden rechtspolitischen Grund, warum eine materielle Wartefrist bestehen kann. Eine Wartefrist könne doch immer nur verlangt werden – vor allem von einem Jahr; ein anderer Sinn ist gar nicht erkennbar –, weil man sagt: Bis dahin können die Ehegatten wieder zusammenkommen. Dies sei der typische Grund, warum man etwas Derartiges im Prozessrecht und nicht im materiellen Recht regelt.

Schließlich sei ihm noch ein geschäftsordnungsmäßiger Hinweis erlaubt: Nun schon fast eine Stunde werde diese eine Vorschrift diskutiert. Nach seiner Kenntnis sei die heutige Sitzung zeitlich sehr beschränkt, so dass man unter Umständen heute nicht weiterkomme, wenn man sich in dieser Frage nicht einige.

Abg. Kleinert legt dar, es sei inzwischen schon mehrfach darauf hingewiesen worden, welche Bedeutung gerade für die Erhaltung der Ehe – dieses Ziel werde doch mit all diesen Bestimmungen, soweit das möglich ist, in diesem Rahmen angestrebt – die Regelung in § 614 ZPO hat. Auch unter Berücksichtigung der vorgetragenen Begründung für diesen sehr neuen, sehr überraschenden Vorschlag könne er nicht verstehen, warum dieser starren Regelung mit einer Frist von einem Jahr – Abg. Dürr habe das deutlich gesagt, und er sehe das genauso aus der Gerichtspraxis – der Vorzug gegeben werden sollte, gegenüber der Möglichkeit im Bereich des § 614 ZPO, nämlich dem Richter noch Gestaltungsfreiheit zu lassen, Einwirkungsmöglichkeiten der verschiedensten Art zu geben, die sich hinter der Ausübung seines Ermessens verbergen. Es müsse doch das gemeinsame Interesse aller sein, dem Gericht hier noch Möglichkeiten zu lassen und es nicht immer mehr einzusperren in ein völlig starres Gebäude von Fristen der verschiedensten Art, die dann gar keine Möglichkeiten mehr geben, das Notwendige zu tun, um unter Umständen doch noch eine Ehe zu retten. Diese Möglichkeit einschließlich der Möglichkeit einer vernünftigeren Gestaltung der schließlich doch notwendig werdenden Scheidung ergebe sich aus § 614 ZPO. Wenn man das, was er allerdings kompensatorisch für unerlässlich halte, dem jetzigen Vorschlag opferte, wäre das mit Sicherheit von der Praxis der Gerichte und von der Praxis derartiger zukünftiger Prozesse her gesehen eine ehefeindliche Änderung des Gesetzesvorhabens und keineswegs eine Verbesserung im Sinne dessen, was man für die Aufrechterhaltung der Ehe da, wo es irgend geht, noch tun wolle. Deshalb wolle er noch einmal auf die Fülle der Möglichkeiten hinweisen, die § 614 ZPO gibt, einerseits zur Erhaltung von Ehen, andererseits zu einer vernünftigeren und elastischeren Gestaltung der Scheidungen. Das sollte nicht durch eine starre Regelung ersetzt werden, welche die Möglichkeit der Gerichte weiter einschränkt.

Schließlich wolle er noch darauf hinweisen, welche Schwierigkeiten er in seiner Fraktion mit all dem gehabt habe, was in der letzten Sitzung des VA bereits vorbesprochen worden ist. Er sehe geradezu dramatische Schwierigkeiten bei seinen Freunden, wenn er etwa für den hier heute vorgebrachten Vorschlag um Verständnis werben sollte.

Auf den Einwand von *Abg. Vogel* (Ennepetal), diese Schwierigkeiten hätten alle, antwortet *Abg. Kleinert,* das sei jetzt um so schwieriger, da man sich ja vorher wirklich sehr ausführlich unterhalten habe und gerade in der Frage der Jahresfrist, die schon einen gewissen dogmatischen Einbruch bedeutet, ganz klare Worte gesprochen worden waren. Deshalb sei dieser Vorschlag nach dem Gang und dem Stand der Verhandlungen höchst überraschend gekommen.

Minister Dr. Günther [Hessen] hält eine baldige Verständigung zu diesem Punkt für dringend notwendig. Das Hauptziel seines Vorschlags wäre, den § 1565 BGB in der Kompromissformulierung der letzten Sitzung zu übernehmen. Auf die Bedeutung des § 614 ZPO wolle er gar nicht eingehen; die bereits gemachten Ausführungen hierzu könne er nur unterstreichen; diese Bestimmung sollte man nicht auflösen und ins materielle Recht übertragen.

Zu den Ausführungen von Minister Dr. Hillermeier sei zu bemerken, dass das Anrufungsbegehren unter Ziffer III wieder aufgegriffen wird durch das Anrufungsbegehren unter Ziffer V, das fast in vollem Wortlaut in § 1565 Abs. 2 BGB i.d.F. der Arbeitsunterlage übernommen würde. Rechtspolitisch sei der Ausgangspunkt doch der gewesen: Die Ehe soll, unmittelbar nachdem sie geschlossen wurde, nicht gleich wieder aufgelöst werden können; die Ehepartner sollen wenigstens einmal während eines vertretbaren Zeitraums, - der mit einem Jahr bemessen würde – doch versuchen, ob sie miteinander auskommen können. Diese Formulierung wurde fast wörtlich aus dem Anrufungsbegehren unter Ziffer V übernommen, nämlich nur dann wird die Jahresfrist unterschritten – das ist ein Ausnahmefall –, wenn die Fortsetzung der Ehe für den Antragsteller aus Gründen, die in der Person des anderen liegen, eine unzumutbare Härte darstellen würde. An dieser Stelle sollte man sich darüber klar werden, ob das als Kompromiss akzeptiert werden kann. Wenn das nicht der Fall ist, mache er hilfsweise geltend, die Härteklausel des § 1568 BGB in die weiteren Überlegungen mit einzubeziehen. Dann müsse man an die in mühsamen Vorbesprechungen gefundene Fünfjahresfrist herangehen. Er betone ausdrücklich: Das sei nur eine hilfsweise Anregung.

Abg. Dr. Lenz (Bergstraße) bemerkt, er sei darüber erstaunt, dass Kollege Kleinert von einem neuen Vorschlag gesprochen habe; dieser sei ihm doch vor mehr als einer Woche übergeben worden; neu sei er also nicht.

Zu den Ausführungen von Minister Dr. Günther sei zu bemerken, der von Minister Dr. Hillermeier vorgetragene Vorschlag konsumiere doch das eine Jahr nach der Hochzeit automatisch. Infolgedessen sei das keine Abweichung von dem Petitum, sondern das umschließe es. Weiterhin sehe er keinerlei sachlichen Zusammenhang mit der drei- oder fünfjährigen Frist im Zusammenhang mit der Härteklausel des § 1568 BGB; da gebe es keinen Zusammenhang.

Die in dem heutigen Vorschlag enthaltene einjährige Frist entspreche dem einen Jahr, das bei der einverständlichen Scheidung vorgesehen ist. Es handele sich sozusagen um ein Sicherheitsjahr, damit nicht die gesamten Fristenbestimmungen leer laufen, damit sich nicht diejenigen, die wegen eines anderen Partners aus der Ehe herausstreben, unter Berufung auf diesen neuen Partner ohne Rücksicht auf jede Trennungsfrist sofort, sozusagen ohne Kündigungsfrist, davonmachen können und dabei den Segen des Gesetzgebers und des Gerichts haben. Nur, wenn man dieses Loch verstopfe, werde die Frist nach § 1566 BGB – ein Jahr bei einverständlichem Scheidungsantrag – überhaupt eine praktische Bedeutung bekommen. Anderenfalls sei zu befürchten, dass wirklich ein wesentliches Ziel der Reform verfehlt werde. Wie bereits gesagt, werde dann der Normalfall nicht die Scheidung im beiderseitigen Einverständnis und nicht die Scheidung nach dreijähriger Trennung, sondern die Scheidung aus dem Generaltatbestand sein, d.h. die streitige Scheidung in der – wie immer gesagt werde – schmutzige Wäsche gewaschen wird. Mit dem heute gemachten Vorschlag werde dieses Loch zugemacht und der Reformzweck des Gesetzes sehr viel besser erreicht.

Er wolle jetzt nicht allzu sehr auf den gegenseitigen Schwierigkeiten herumreiten, aber doch darauf hinweisen, dass sowohl in den öffentlichen, als auch in den vertraulichen Beratungen nie ein Zweifel daran gelassen wurde, dass das für seine Seite eine ganz wichtige Frage ist. Es sei ein entscheidender Punkt; daran wolle er gar keinen Zweifel lassen. Er fürchte, die vorliegende Härteklausel des § 1568 BGB mit der zweimaligen Wiederholung des Wortes „ausnahmsweise“ decke den Fall, den er im Auge habe – das sei der Normalfall: geschieden wegen neuen Partners –, nicht. Deswegen müsse hier eine Regelung gefunden werden.

Abg. Vogel (Ennepetal) erklärt, er wolle einen formulierten Vorschlag machen, den er im Augenblick nur vorlesen könne. Dabei habe er im Ohr, was Kollege Jahn gesagt hat: Das Pflichtjahr – wenn man es so abgekürzt bezeichnen kann – und dann noch das eine Jahr Scheidungsverbot und dann noch § 614 ZPO, das sei ein bisschen zuviel.

Nach dem Einwand von *Abg. Jahn* (Marburg), das sei nicht „ein bisschen“, sondern das sei zuviel, fährt *Abg. Vogel* (Ennepetal) fort, das Pflichtjahr mit dem einen Jahr Scheidungsverbot lasse sich verbinden, wenn § 1565 Abs. 2 BGB i.d.F. der Arbeitsunterlage aufgrund der letzten Sitzung durch folgende Fassung ersetzt werde: „(2) Vor Ablauf der in § 1566 Abs. 2 genannten Frist – das sei die Frist von einem Jahr Trennung für die Zerrüttungsvermutung bei einverständlichem Scheidungsbegehren – darf jedoch die Ehe nur geschieden werden, wenn die Fortsetzung der Ehe für den Antragsteller aus Gründen, die in der Person des anderen Ehegatten liegen, eine unzumutbare Härte darstellen würde, es sei denn, beide Ehegatten beantragen die Scheidung oder der Antragsgegner stimmt der Scheidung zu.“

Die Einschränkung dieser Vorschrift liege darin, dass in dem Fall, wo die Ehegatten in dem Scheidungsbegehren übereinstimmen, dieses Scheidungsverbot nicht besteht.

Bundesminister Dr. Vogel (BMJ) bemerkt, das sei sehr kompliziert!

Abg. Vogel (Ennepetal) erwidert, dieser Vorschlag sei überhaupt nicht kompliziert. Es handele sich um eine völlig normale Gesetzesformulierung, wie man sie auch in anderen Gesetzen vorfinde. Dieser Vorschlag würde eine daran anschließende gewisse Korrektur in § 614 ZPO nötig machen.

Abg. Dr. Lenz (Bergstraße) hält eine solche Korrektur nicht für notwendig im Hinblick auf die freie Ermessensentscheidung des Gerichts nach § 614 ZPO.

Minister Dr. Hillermeier entgegnet, mit einer solchen Korrektur könnte der von Abg. Dürr vorgebrachte Fall geregelt werden.

Bundesminister Dr. Vogel (BMJ) führt aus, abgesehen von dem allseitigen Bestreben, zu einer Verständigung zu kommen, müsse man doch auch die Systematik und die Rechtslogik des Gesetzes im Auge behalten. Es gehe hier, wie das Kollege Vogel bei der letzten Sitzung ausgeführt hat, um den Grundgedanken des § 242 BGB. Der liege allen diesen Erwägungen zugrunde. Es gehe darum, dass unter besonderen Voraussetzungen gescheiterte Ehen dennoch nicht geschieden werden sollten. Auch bei dem jetzt erörterten Fall habe man es mit gescheiterten Ehen zu tun; denn wenn die Ehe nicht gescheitert wäre, dürfte sie ohnehin auch aus dem Grundtatbestand nicht geschieden werden. Für den Grundgedanken des § 242 BGB, dem man sich beiderseits genähert hat, stünden jetzt folgende Instrumente zur Verfügung, wobei er dieses Eheschutzjahr des § 1565 BGB, das, wie er schon ausführte, ein Institutionenschutzjahr ist, beiseite lasse: Erstens die Härteklausel des § 1568 BGB auf die Dauer von fünf Jahren. Diese Härteklausel greife natürlich auch schon Platz bei den Fällen im ersten Trennungsjahr. Die Härteklausel wirke ja nicht erst vom dritten Trennungsjahr an, sondern sie wirke vom ersten Trennungstage an. Also ein Teil der hier erörterten Fälle sei bereits durch die allgemeine Härteklausel erfasst. Der Unterschied bestehe nur darin, dass in der allgemeinen Härteklausel von einer „so schweren Härte" gesprochen werde, während hier einfach von einer „unzumutbaren Härte" die Rede ist. Es werde also, wenn man dem Vorschlag folge, der gleiche Sachverhalt mit zwei aus § 242 BGB abgeleiteten Klauseln überlagert, die gescheiterten Ehen dem Recht nach bestehen zu lassen. Für den gleichen Sachverhalt hat der Gesetzesbeschluss aber noch eine weitere Vorkehrung getroffen, nämlich für einen Zeitraum von dreieinhalb Trennungsjahren. Für diesen Zeitraum gebe es die richterliche Aussetzungsbefugnis, die an viel niedrigere Voraussetzungen anknüpfe, als man es hier tun wolle, nämlich wie man in § 614 Abs. 2 ZPO nachlesen könne: „oder die Aussetzung aus anderen Gründen billig erscheint". Für diesen hier in Rede stehenden Fall habe man also außer der Fünfjahreshärteklausel auch noch die Generalklausel, die ja viel weitergeht und sagt „oder die Aussetzung aus anderen Gründen billig erscheint", mit einer Frist von dreieinhalb Jahren Trennungszeit. Unterhalb der Dreijahresgrenze kann das Gericht die Ehescheidung ein Jahr lang aussetzen, und oberhalb der Dreijahresgrenze – das interessiert hier nicht, weil ja von der Einjahresgrenze die Rede ist – kann das Gericht noch ein halbes Jahr aussetzen.

Er bitte um Nachsicht, es sei keine Verschärfung, wenn er sage, dass das rechtssystematisch irgendwie so zusammengefügt werden muss, dass das in der Rechtsanwendung auch noch verständlich wird. Da sehe er eigentlich nur einen Weg, der darin besteht, dass man dieses Institutionenjahr aufgibt, weil das ein völlig anderer Rechtsgedanke ist, der hier Platz greift, und zweitens, wenn man sich für die materiellrechtliche Lösung entscheidet, dass man insoweit § 614 ZPO aufgibt und die anderen Gründe aus § 614 ZPO herausnimmt. Sonst wird das für die Anwendung des Rechts tatsächlich zu unlösbaren Komplikationen führen.

Die verlesene Formulierung des § 1565 Abs. 2 BGB sei schon aus einem formellen Grund noch einmal zu überprüfen. Man könne nicht gut in § 1565 Abs. 2 auf einen erst folgenden Paragraphen verweisen. Man müsste wohl sagen „Leben die Ehegatten noch nicht ein Jahr getrennt ...“.

Minister Dr. Posser [NRW] weist in Anknüpfung an die Darlegungen von Minister Dr. Günther darauf hin, dass zu Beginn der heutigen Sitzung von einem Missverständnis gesprochen wurde, weil davon ausgegangen worden sei, dass die einjährige Frist nicht bezogen sei auf die Mindestdauer einer Ehe, sondern auf die Mindestdauer der Trennung der Ehegatten. Dies könne aber nicht richtig sein. In der letzten Sitzung des VA sei aus dem Anrufungsbegehren des BR unter Ziffer V der Vorschlag zu § 1567 a BGB übernommen worden in den § 1565 Abs. 2 BGB i.d.F. der Arbeitsunterlage. Um jeden Zweifel auszuschließen, was der BR mit § 1567 a BGB wollte, lese er die Begründung hierzu vor: „Das Zerrüttungsprinzip erfordert für den Regelfall, dass die Ehe eine gewisse Mindestzeit bestanden hat, weil eine eben erst begonnene Ehe meist nicht in wenigen Tagen unheilbar zerrüttet sein kann. Zumindest wird die Ehe eine gewisse Zeit bestanden haben müssen, um eine sichere Feststellung darüber treffen zu können, ob die Ehe unheilbar zerrüttet ist. Auch muss vorschnellen Scheidungsanträgen entgegengewirkt werden, die unter dem Eindruck von Anfangsschwierigkeiten in der Ehe gestellt werden. Eine Ausnahme vom Erfordernis der Mindestdauer einer Ehe“ – nicht von der Mindestdauer der Trennung – „ist nur dann erforderlich, wenn die Fortsetzung der Ehe bis zur Erreichung der Mindestdauer für den Antragsteller eine unzumutbare Härte bedeuten würde.“

Danach sei an dem Willen des Gesetzgebungsorgans Bundesrat, nämlich Mindestdauer des Bestehens einer Ehe von einem Jahr und nicht Mindestdauer der Trennung von einem Jahr, überhaupt kein Zweifel möglich, weder nach dem Wortlaut noch nach der offiziellen Begründung zu dem Anrufungsbegehren. Ein solches Anrufungsbegehren wäre völlig unlogisch und unsinnig gewesen, wenn es um die Dauer der Trennung gegangen wäre und nicht um die Dauer der Ehe; dann hätte man dieses Anrufungsbegehren überhaupt nicht gebraucht, denn wenn die Dauer der Trennung von einem Jahr gegeben sein muss, ist das andere damit konsumiert.

Insofern verstehe er überhaupt nicht, wieso dann von einem Missverständnis gesprochen werden kann. Der BR hatte sich keineswegs geirrt; er wollte die junge Ehe im ersten Jahr ihres Bestehens schützen.

Minister Dr. Wicklmayr [Saarland] erwidert, es gebe doch zwei unterschiedliche Anrufungsbegehren. Das eine sieht ein generelles Karenzjahr vor mit den rechtspolitischen Motiven, wie sie eben dargestellt worden sind; das ist das Anrufungsbegehren unter Ziffer V. Nach dem zweiten Anrufungsbegehren soll auch während des ersten Jahres der Trennung nicht geschieden werden, wenn gewisse Gründe dafür sprechen. Das werde im Anrufungsbegehren unter Ziffer III in § 1565 Abs. 1 Satz 2 vorgeschlagen. Infolgedessen könne nicht von einer Unlogik beider Wünsche gesprochen werden, sondern es könne nur die Frage gestellt werden, ob beide Vorschriften nebeneinander unter Hinzunahme der ZPO-Vorschrift notwendig und sinnvoll sind. Aber es könne sicherlich nicht bezweifelt werden, dass es sie von Anfang an beide mit unterschiedlichen rechtspolitischen Motivationen als Anrufungsbegehren gegeben hat.

Auf den Einwand von *Minister Dr. Posser* [NRW], das sei doch überflüssig, antwortet *Minister Dr. Wicklmayr*, das sei eine ganz andere Frage. Zunächst sei aber zu dem heute vorgeschlagenen § 1565 Abs. 2 BGB gesagt worden, er wäre unlogisch und würde neue Sachverhalte einführen. Die Frage sei in der Tat – eine Frage, über die man sich unterhalten kann und soll –, ob es richtig ist, beide Vorschriften zu haben, aber es werde damit keineswegs jetzt etwas Neues vorgeschlagen.

Minister Dr. Posser entgegnet, beide Vorschriften nebeneinander sei doch nicht sinnvoll. Selbst wenn sich die Eheleute am Hochzeitstag trennen, müssten sie nach dem heutigen Vorschlag ein Jahr getrennt leben. Dann brauche man doch nicht noch eine Vorschrift, dass die Ehe im ersten Jahr ihres Bestehens nicht geschieden werden kann.

Abg. Vogel (Ennepetal) wirft ein, darüber könne man sprechen.

Minister Dr. Wicklmayr wendet ein, wenn eine Ehe, die mehrere Jahre bestanden hat, nicht einvernehmlich geschieden werden kann, dann wäre nach dem von seiner Seite vorgeschlagenen § 1565 Abs. 2 zu sagen: Es soll nicht sofort, sondern erst nach einjähriger Trennung geschieden werden, es sei denn, die Fortsetzung der Ehe wäre eine unbillige Härte für den Antragsteller aus Gründen, die in der Person des anderen Ehegatten liegen. Der Einwand von Minister Dr. Posser sei nur für das erste Ehejahr, aber schon nicht mehr für das zweite und die folgenden Ehejahre berechtigt.

Abg. Dürr hält es für möglich, dass bei dem Anrufungsbegehren unter Ziffer III in der Begründung unter Buchstabe b ein Denkfehler oder zumindest ein Misstrauen vorliege. Er vermute, es liege ein Misstrauen vor, dass dann nämlich, wenn im Prozess ein Ehemann erklärt, er habe die feste Absicht, die Ehe zum Scheitern zu bringen, der Familienrichter dann auch sofort die Ehe scheiden werde. Diese Gleichsetzung der Äußerung des Willens des Antragstellers, die Ehe scheitern zu lassen, mit der richterlichen Feststellung, die Ehe sei gescheitert, mache er nicht mit. Wenn der scheidungswillige Ehemann etwa seit 14 Tagen mit seiner Freundin zusammenlebt, dann werde der Familienrichter deswegen nicht schon annehmen, dass jetzt kein Rückweg mehr in Frage kommt und diese Ehe total gescheitert ist. Der Richter werde vielmehr die Klage abweisen oder das Verfahren auf Scheidung nach § 614 ZPO aussetzen. Das sei doch der ganz normale Verlauf von solchen Ehescheidungsprozessen.

Er müsse nochmals betonen, dass der Zustand eines Privatkriegs und der Materialsammlung der streitenden Ehegatten möglichst vermieden werden müsse. Deshalb sei ihm die flexible Regelung des § 614 ZPO viel lieber, unter anderem auch deshalb, weil gegen den Aussetzungsbeschluss des § 614 ZPO kein Rechtsmittel gegeben ist. Nach dem von Abg. Vogel (Ennepetal) verlesenen § 1565 Abs. 2 BGB würden die Instanzgerichte mit Rechtsmitteln überzogen werden; daran habe er nicht den geringsten Zweifel.

Abg. Vogel (Ennepetal) legt dar, mit den Ausführungen des Bundesjustizministers sei er sehr einverstanden, dass man sich auf die hergebrachten Grundsätze der Rechtslogik und der Rechtssystematik besinne und diese zur Grundlage der gesamten Entscheidung machen soll. Dazu müsse er sagen: Es passe in die Rechtssystematik des BGB überhaupt nicht hinein, unwiderlegliche Vermutungen an tatsächliches Verhalten zu knüpfen. Es passe in die Systematik überhaupt nicht hinein und widerspreche der Rechtslogik, eine Härteklausel, die ihrem Wesen nach unbefristet sein muss, zu befristen. Er weise nicht deshalb darauf hin, weil er die Beratungen erschweren wolle, sondern weil er darlegen wolle: Wir bewegen uns im Rahmen von Überlegungen, die man mit den Gesetzen der Logik nicht voll einfangen kann. Das möchte er vorausschicken. Wenn darüber Einverständnis bestehe, dann sollte über Sachen vernünftig geredet werden, wo man mit der Logik und der Systematik nicht ganz zurande kommt. Der von ihm verlesene Text des § 1565 Abs. 2 liege nunmehr allen Mitgliedern vor. Ob es in die Systematik passt, dass man sich in einer Vorschrift auf eine spätere Vorschrift beruft, wolle er jetzt einmal dahingestellt sein lassen. Das scheine ihm jedenfalls kein unüberwindbares Hindernis zu sein.

Die Frage sei, ob man sich hier auf diesen Vorschlag einigen könne, ohne eine, wie er meine, allzu hinderliche Scheidungsbremse einzuführen. Man müsse sich doch dessen bewusst sein, dass man mit diesem Vorschlag die einverständliche Scheidung einführe. Er sei bisher davon ausgegangen, dass der Gesetzesbeschluss des BT selbstverständlich die einverständliche Scheidung vom ersten Tage der Eheschließung an möglich macht, wenn nach der Überzeugung des Gerichts die Ehe gescheitert ist. Dieses eine Jahr habe doch lediglich die Funktion, eine unwiderlegliche Vermutung an den Tatbestand der Trennung zu knüpfen.

Abg. Jahn (Marburg) erwidert, was dieser Vorschlag wolle, sei eine Einschränkung der Generalklausel. Für eine Einschränkung der Generalklausel sehe der Gesetzesbeschluss jetzt schon zwei Möglichkeiten vor: Erstens gebe es die Regelung in § 614 ZPO, die nach der Argumentation der Antragsteller bisher nicht zur Disposition steht; zweitens gebe es den § 1568 BGB. Die in der letzten Sitzung erörterten Vorschläge, wie sie sich aus der Arbeitsunterlage ergeben, seien nach dem bisherigen Verfahren eine Regelung, die nicht so ganz einfach ist, aber über die man sich verständigen könnte. Wenn jetzt die andere Seite ihr Bemühen, den § 1565 BGB einzuschränken, ernsthaft weiter betreiben wolle, dann müsse zunächst geklärt werden, ob dies kumulativ zu § 614 ZPO und zur Neufassung der Härteklausel des § 1568 BGB, auf fünf Jahre befristet, hinzutreten soll. Wenn dieses die Absicht sei, dann müsse er leider sagen: Auf dieser Basis sehe er keine Möglichkeit einer Verständigung. Umgekehrt ausgedrückt – das hätte er vielleicht zuerst sagen sollen -: Wenn man in eine ernsthafte Diskussion über diese Form der Einschränkung des § 1565 BGB mit einer Härteklausel eintreten wolle, müsse das geklärt werden und durch entsprechende Vorschläge ein Weg eröffnet werden, die sowohl den § 614 ZPO als auch den § 1568 BGB betreffen. Anderenfalls sehe er keine Manövrierfähigkeit auf seiner Seite. Die Kumulation aller drei Dinge gehe nicht.

Abg. Dr. Lenz (Bergstraße) entgegnet, einen Sachzusammenhang mit § 1568 BGB sehe er nicht, allenfalls einen politischen Zusammenhang; darüber lasse er mit sich reden. Es habe auch keinen Sinn, in der Diskussion zu § 1568 BGB auf die Fünfjahresfrist zurückzukommen; das führe nicht weiter. Der Hinweis von Abg. Jahn (Marburg), es sollten von seiner Seite Vorschläge zu § 614 ZPO gemacht werden, verwundere ihn. Von seiner Seite sei § 614 ZPO nicht angezogen worden. Auch bei der Vorbesprechung über den heutigen Vorschlag zum § 1565 Abs. 2 BGB sei § 614 ZPO von Abg. Jahn (Marburg) nicht angezogen worden; das sei erst heute vorgetragen worden. S.E. wäre es keine unzumutbare Angelegenheit, wenn diejenigen, die meinen, dass § 614 ZPO geändert werden müsste, auch den entsprechenden Vorschlag dazu machen.

Minister Dr. Wicklmayr legt dar, bei § 1568 Abs. 1 BGB der Arbeitsunterlage in dem zweiten Halbsatz „auf Grund außergewöhnlicher Umstände eine so schwere Härte darstellen würde ..." gebe es sicherlich Berührungspunkte mit dem jetzt vorgeschlagenen § 1565 Abs. 2 BGB. Dass solche Berührungspunkte zu der ZPO-Vorschrift bestehen, sehe er auch. Insofern komme es sehr darauf an, wie der Gesamtkomplex dieser drei Fragen geregelt werden kann. Da müsse man aber sehen, dass bei § 1568 BGB i.d.F. der Arbeitsunterlage die allgemeine Härteklausel in einer Weise eingeschränkt ist – „aus besonderen Gründen", „ausnahmsweise", „auf Grund außergewöhnlicher Umstände" –, dass sie natürlich gegenüber der Vorschrift des § 1565 Abs. 2 BGB eine viel geringere Rolle spielt, als dies vom Bundesjustizminister sichtbar gemacht wird. Das sei ja in der Tat wohl weitgehend eine Frage der Ausgestaltung der Härteklausel in § 1568 BGB. Er sehe durchaus diese Zusammenhänge.

Abg. Höcherl macht folgenden Verfahrensvorschlag: Der VA sollte seine Beratungen zu diesem Punkt mit der Anmerkung abbrechen, dass hierzu der Vorschlag von Minister Dr. Hillermeier vorliegt. Der VA sollte sich den nächsten Punkten zuwenden; s.E. könne man nicht eineinhalb Stunden über diesen Punkt streiten und zwar im Hinblick darauf, dass es noch erheblich umfangreichere Fragen gibt, die noch offen sind.

Der Vorsitzende weist darauf hin, dass auf der Rednerliste noch der Bundesjustizminister Dr. Vogel und Abg. Jahn (Marburg) stehen, mit denen die Rednerliste als abgeschlossen gelte, wenn der Vorschlag von Abg. Höcherl akzeptiert werde. Anschließend an deren Ausführungen wäre dann § 1568 BGB aufzurufen.

Der VA ist mit diesem Verfahren einverstanden.

Bundesminister Dr. Vogel (BMJ) führt aus, die Verknüpfung mit § 614 ZPO habe es stets gegeben. Auf der Seite 3 der vorliegenden Arbeitsunterlage für die heutige Sitzung des VA könne man diese Verknüpfung erkennen. Sein konkreter Vorschlag würde lauten, dass man den Absatz 2 des § 1565 BGB wie folgt fasst: „Leben die Ehegatten noch nicht ein Jahr getrennt, so kann die Ehe nur geschieden werden, wenn, ...". Im Übrigen dann unveränderter Text der Arbeitsunterlage.

Er schlage weiter vor, in § 614 Abs. 2 ZPO die Worte zu streichen „oder die Aussetzung aus anderen Gründen billig erscheint". Ob man dem Vorschlag von Abg. Vogel (Ennepetal) zu § 1565 Abs. 2 BGB folgend den Halbsatz „es sei denn, beide Ehegatten beantragen die Scheidung oder der Antragsgegner stimmt der Scheidung zu" übernehmen wolle, sei eine weitere Frage. Er müsse fairer Weise sagen, dass das über das vorliegende Konzept ein Stück hinausgeht.

Abg. Vogel (Ennepetal) wirft ein, das sei aber in der vom Bundesjustizminister vertretenen Richtung der Fall.

Abg. Jahn (Marburg) betont, er könne mit diesem Vorschlag in dieser Form nicht ohne weiteres einverstanden sein. Sein Vorschlag sei: Wenn der VA auf den § 1565 Abs. 2 BGB in der vorgeschlagenen Form eingehen soll, müsse klargestellt werden, dass in diesen Fällen die Anwendung des § 614 ZPO und des § 1568 BGB ausgeschlossen ist.

Bundesminister Dr. Vogel (BMJ) bemerkt, es gebe hier keine unterschiedliche Auffassung: denn § 614 ZPO soll ja entsprechend geändert werden. Im Übrigen: Der Ausschluss von § 1568 BGB ergebe sich ohne weiteres deswegen, weil die Anforderungen an § 1565 Abs. 2 BGB niedriger seien als die Anforderungen an § 1568 BGB.

Abg. Jahn (Marburg) betont, dies müsse noch klargestellt werden. Er könnte dann damit einverstanden sein mit dem Vorbehalt, dass die Änderungen schriftlich vorliegen und nachher in einer kurzen Sitzungspause noch einmal besprochen werden können.

Der *Vorsitzende* ruft sodann § *1568 BGB* i.d.F. der Arbeitsunterlage auf.

Minister Dr. Hillermeier [Bayern] führt aus, zu § 1568 BGB liege eine Fassung vor (vgl. die Anlage zu diesem Kurzprotokoll unter Ziff. 1 S. 2/3), die substantiell den § 1568 i.d.F. des Anrufungsbegehrens dahin verändert, dass in seinem Absatz 1 weitere einschränkende Formulierungen gebracht werden: „aus besonderen Gründen", „ausnahmsweise" und „außergewöhnlicher Umstände"; das sei eigentlich eine Verdoppelung des Anrufungsbegehrens.

Den wesentlichen Punkt enthalte § 1568 Abs. 2. Da nicht auf eine unbefristete Härteklausel abgestellt wird, könne wohl aufgrund der Beratungen in der letzten Sitzung angenommen werden, dass die Härteklausel nicht anzuwenden ist, wenn die Ehegatten länger als fünf Jahre getrennt leben.

Seine Meinung nach nochmaligem Überdenken der Gesamtsituation unter Berücksichtigung der Nichtannahme des Anrufungsbegehrens zu § 1565 BGB und zu § 1566 BGB wolle er wie folgt zum Ausdruck bringen: Es sei zwar einleuchtend, dass die in der Arbeitsunterlage enthaltene Formulierung der Härteklausel eine bedeutende Verbesserung darstellt, weil Kindesinteresse und wirtschaftliche Gründe eine Berücksichtigung finden können, dass allerdings bedeutende Einschränkungen vorgenommen worden sind durch die eben zitierten Formulierungen. Was er bei allem Verständnis für die Zugeständnisse der anderen Seite und bei Würdigung dieser Zugeständnisse noch nicht einsehen könne, sei dies, dass man es nicht um des Prinzips willen, sondern um der Logik willen nicht bei der Unbefristetheit belässt; denn auch bei der Unbefristetheit würde, wenn Härte nicht mehr vorliegt, unter den einschränkenden Formulierungen, die sowieso schon gegeben sind, diese Härteklausel nicht ad infinitum eine Scheidung der Ehe verhindern.

Insofern meine er, dass es den Gesetzen der normalen Logik folgend mit der Unbefristetheit sein Bewenden haben könnte und eigentlich haben müsste. Eine Härte ist nun einmal eine Härte und könne nicht vom Ablauf bestimmter Jahre, auch wenn sich damit vielleicht Härten wirtschaftlicher Art und Kindesinteressen in gewisser Weise abschleifen, abhängig gemacht werden.

Minister Dr. Wicklmayr erklärt, dass sich für ihn die entscheidende Frage für ein vermittlungsfähiges Gesamtpaket bei dieser Härteklausel stellt. Der zentrale Punkt dürfte hier liegen, nicht in dem, was bisher – das sei sicherlich auch wichtig - behandelt wurde. Er wolle auch nicht die starke Einschränkung der Härteklausel in § 1568 Abs. 1 aufgreifen, die sicherlich ihre Bedeutung hat; darüber müsse noch gesprochen werden. Der entscheidende Punkt sei wohl die Befristung dieser Härteklausel. Diese Frage sei gestern wegen ihrer Bedeutung nochmals im Kabinett seines Landes besprochen worden. Hier werde kein logischer und kein vertretbarer Grund gesehen, warum eine Härteklausel ihre Wirkung einbüßen soll nach einem gewissen Zeitablauf; das sei sinnwidrig und unlogisch. Natürlich könne die Zeit eine Fülle von Härten beseitigen. Aber damit sei dann auch die Härteklausel in diesen Fällen ausgeräumt. In den Fällen, in denen die Zeit ihre heilende Wirkung nicht hat und die Härte weiter besteht, sei kein logischer Grund erkennbar, wenn man das Prinzip einmal anerkannt hat – das geschehe ja –, eine willkürliche Zäsur nach fünf Jahren zu ziehen. Er räume ein, dass nur noch ein minimaler Prozentsatz von Fällen übrig bleibt; das sei durchaus möglich. Aber selbst dieses quantitative Denken rechtfertige es nicht, bestehende Härten einfach deshalb ungeregelt zu lassen. Hier liege – wie gesagt – die entscheidende und zentrale Frage. Es gebe für ihn keine erkennbare logische Begründung, von einer Befristung dieser Härteklausel auszugehen. Er glaube sagen zu können, dass diesem Punkt von seinem Land zentrale Bedeutung beigemessen wird. Das sei wichtig für die Beurteilung des Gesamtpakets und auch für die Flexibilität in anderen Fragen.

Abg. Jahn (Marburg) legt dar, heute Morgen werde gern von Logik und Systematik gesprochen; er wolle das hier nicht im Einzelnen aufgreifen. Aber worin die Logik bestehen soll, eine Ehe aufrecht zu erhalten, obwohl sie gescheitert ist, sei ihm offenbar so schwer zugänglich wie umgekehrt dem Kollegen Wicklmayr aus seiner Sicht eine zeitliche Begrenzung eines solchen Zustands. Er müsse noch einmal an die sehr klaren und präzisen Aussagen erinnern, die zum Beispiel in der Eherechtskommission zu dem Tatbestand der Trennung und des daraus folgenden Scheiterns gemacht worden sind. Dort sei sehr viel härter, als das irgendwo in der Begründung des Regierungsentwurfs oder in den Beratungen des BT-Ausschusses gesagt wurde, zum Ausdruck gebracht worden: Wenn eine Ehe eine bestimmte Zeit getrennt ist, dann ist sie gescheitert. Daran sei nach allen Erfahrungen und allen wissenschaftlichen Bewertungen gar nichts zu deuteln. Eine Ehe trotzdem aufrecht zu erhalten, könne dann nur bedeuten, dass man etwas tut, was man eigentlich überhaupt nicht rechtfertigen kann. Das sei die Grundposition.

Auf die Aussage, hier sei ein außerordentlich weites Entgegenkommen der anderen Seite gezeigt worden, erwidere er: Dieses ist der schwierigste Punkt auch auf seiner Seite gewesen; denn die Härteklausel in der Fassung des Gesetzesbeschlusses sei das Äußerste gewesen, was in seiner Fraktion durchsetzbar war. Bekanntlich sei der Regierungsentwurf ursprünglich weiter gegangen. Wenn man hier zu einer Einigung kommen wolle, müsse man berücksichtigen, dass jetzt schon in die Härteklausel des § 1568 BGB i.d.F. der Arbeitsunterlage auf Grund der letzten Sitzung Elemente hineingekommen sind, die als Gründe für eine Härte überhaupt anzuerkennen seine Fraktion sich mit guten Gründen bisher verwahrt habe. Er wolle die Debatte hier nicht wieder aufleben lassen über die Frage, wem das eigentlich nützt, Kinder in einer gescheiterten Ehe zu belassen. Das sei eine so problematische Sache und gehe so sehr gegen seine Überzeugung, aber auch gegen jede Lebenserfahrung, dass man seines Erachtens nur mit der Bemerkung, dies sei ein großes Zugeständnis, der tatsächlichen Problematik, die sich dahinter verbirgt, überhaupt nicht gerecht wird. Diesen Zustand hinzunehmen und ihn als Begründung dafür anzuerkennen, dass eine – obwohl gescheiterte – Ehe aufrecht erhalten wird, dies nun aber auch noch auf unbestimmte Zeit in das Ermessen des Gerichts zu stellen, sei mehr, als hier billigerweise erwartet werden kann. Er wolle auch nicht die Debatte über die zeitlichen Berechnungen beleben, die hier angestellt worden sind. Er müsse sagen: Er habe von seinen Freunden den klaren Auftrag, hinsichtlich der Frist keinesfalls über den Zeitraum von vier Jahren hinauszugehen. Er sei bereit, hier auch noch einiges auf seine Kappe zu nehmen. Aber es sei nicht durchsetzbar, von dieser äußersten Grenze von fünf Jahren abzugehen. Es sei vertane Zeit – er bitte um Entschuldigung, wenn er das so sage; es klinge unfreundlicher, als es gemeint sei –, wenn man sich über die Frage der Befristung der Härteklausel weiter in dieser Form unterhalte; das könne nicht weiterführen.

Bundesminister Dr. Vogel (BMJ) weist noch einmal darauf hin, dass es ein uralter Rechtsgedanke in allen Rechtsordnungen ist, dass Zeitablauf die Bewertung eines Sachverhalts verändert. Ansprüche verjähren, Ansprüche verwirken, die Verfolgung schwerer und schwerster Straftaten verjährt nach dem geltenden Recht bereits nach fünf Jahren. Es sei dem Recht fremd, dass ein Sachverhalt bis ans Lebensende ohne Rücksicht auf den Zeitablauf immer gleich bewertet werden muss. Das Gesetz selber arbeite mit zeitlichen Entwicklungen. Überall gebe es Fristen, um deutlich zu machen, dass der Zeitablauf relevant ist und die Sachlage verändert. Er glaube, man könne nicht in einem Punkt diesen allgemeinen Rechtsgedanken generell beiseite schieben. Zum vorliegenden Text noch eine Bemerkung. Wenn in Absatz 2 die Befristung vorgesehen wird, dann sei es nicht logisch, in Absatz 1 die Worte „und solange" stehen zu lassen, denn der Richter muss feststellen, ob die Voraussetzungen gegeben sind – dann wird nicht geschieden –, oder ob die Voraussetzungen nicht gegeben sind – dann wird geschieden -. Die Worte „solange" haben dann in Absatz 1 ihren Sinn verloren, wenn in Absatz 2 die Fünfjahresfrist steht.

Abg. Kleinert betont, so unlogisch sei das nun auch wieder nicht, zu sagen: An irgendeinem Punkt ist das, was überhaupt für die Einführung einer Härteklausel sprechen kann, so weit abgeschwächt, und zwar mit Zeitablauf – Zeitablauf ist an sich etwas sehr Logisches –, dass die Aufrechterhaltung einer Härteklausel nicht mehr zu verantworten ist. Dazu sei in den Vorgesprächen das Wort von der sanften Landung gebraucht worden, dass nämlich naturgemäß mit weiterem Zeitablauf nach einer solchen Auseinandersetzung diese Gründe immer schwächer werden, gegen Null gehen, und deshalb eine Zäsur, über deren Zeitpunkt man noch nicht einig geworden ist, auch logisch sein könnte.

Dann habe er noch Bedenken vorzutragen, und zwar einfach wegen der Klarheit der zu treffenden Bestimmungen, an der allen mit Sicherheit gelegen ist. Man sei sich ja einig darüber gewesen, dass keinesfalls in diese Härteklausel ein Element des Verschuldens eingeführt werden soll, das zur Scheidung geführt hat. Es sei, nachdem alle früheren Hinweise auf das, was eine besondere Härte darstellen könnte, weggefallen sind, von Einzelnen die Möglichkeit gesehen worden, zur Feststellung der Härte auch das Verhalten des einen Ehepartners vor der Scheidung heranzuziehen. Das sei sicherlich von allen nicht so gemeint worden. Deswegen würde er vorschlagen, in der Alternative „oder wenn und solange die Scheidung für den Antragsgegner, der sie ablehnt ..." zu sagen „wenn nach der Scheidung für den Antragsgegner, der sie ablehnt ...". Damit soll klargestellt werden, dass die Härte in dem liegt, was nach der Scheidung in der Situation folgt, dass aber die Härte nicht hergeleitet werden kann aus dem früheren Verhalten eines Ehepartners. Er wäre andererseits auch damit einverstanden, statt dieser Umstellung im Text den an anderer Stelle bereits verwendeten Text zur Klarstellung zu benutzen und einfach den Satz anzufügen, dass Umstände, die in dem Verhalten vor der Eheschließung liegen, bei der Feststellung, ob es sich um eine Härte handelt, nicht herangezogen werden können. Die Formulierung finde sich ja bei der Unterhaltsverpflichtung, die man hier genauso heranziehen könnte.

Abg. Dürr bemerkt, er habe sich bei den Beratungen des Eherechts immer bemüht, bei jedem Paragraphen sich selbst dreierlei zu fragen: Erstens: Wirkt die Vorschrift eheerhaltend? Zweitens: Wirkt sie wenigstens eheheilend? Drittens: Wirkt sie bloß scheidungserschwerend, ohne irgendein Positivum dabei zu haben?

Zur Zeit sei man bei der dritten Frage. Da war der erste Punkt der Vorschlag der anderen Seite zu § 1565 Abs. 2 BGB –, der nichts anderes als eine Scheidungserschwerung enthalte. Hilfreich sei auch die jetzt vertretene Auffassung nicht; er bitte die andere Seite, das mit zu beachten. Demgegenüber könne s.E. § 614 ZPO eheerhaltend oder bei Schwierigkeiten eheheilend wirken; diese Bestimmung sei ihm viel lieber.

Abg. Höcherl führt aus, er habe sehr viel Verständnis für die Ausführungen von Minister Dr. Hillermeier und von Minister Dr. Wicklmayr. Aber man habe in sehr umständlichen und schwierigen Verhandlungen den Wunsch erkennen lassen, aufeinander zuzugehen; man sei bereits zu Formulierungen gekommen. Er meine, wenn es keinen Zweifel mehr gibt – dafür sprechen wohl die Ausführungen von Kollegen Jahn –, dass die Fünfjahresfrist die Mindestfrist sein soll, dann gehe es jetzt nur noch um den ersten Absatz des § 1568 BGB. Dieser erste Absatz werde als Härteklausel angesprochen. Es gehöre schon sehr viel Optimismus dazu, diese vielen Einschränkungen als Härteklausel anzusehen. Wenn man das etwas begradige, könnte er sich vorstellen, dass man einen wesentlichen Fortschritt machen könnte. Ihm gehe es vor allem um den zweiten Halbsatz des ersten Absatzes. Da heiße es „auf Grund außergewöhnlicher Umstände“, das sei ja schon etwas. Die nächste Steigerung heiße „eine so schwere Härte“. Dann komme die dritte Potenz: „ausnahmsweise“. Er meine, schon vom gesetzeshygienischen Standpunkt aus sei das keine Art, drei derartige Steigerungen einzubauen. Er möchte vorschlagen, eine Steigerung, maximal zwei Steigerungen vorzusehen. Das würde auch den strengsten Anforderungen genügen müssen. Aber dreimal werde fast ein Verbot für den Richter ausgesprochen, die Härteklausel anzuwenden. Wenn die fünf Jahre akzeptiert werden – das sei wohl der Fall –, dann sollte eine Begradigung des Absatzes 1 vorgenommen werden, damit man zu einer Verständigung komme.

Die Frage von *Abg. Jahn* (Marburg), ob das Wort „ausnahmsweise“ gestrichen werden soll, bejaht *Abg. Höcherl,* und zwar an beiden Stellen.

Bundesminister Dr. Vogel (BMJ) wendet ein, das Wort „ausnahmsweise“ sollte nicht bei der Kinderklausel, sondern bei der allgemeinen Klausel auf Seite 3 der Arbeitsunterlage gestrichen werden.

Minister Gaddum [Rheinland-Pfalz] ist der Auffassung, dass beide Vorstellungen, sowohl diejenige, die von vornherein gar keine Härteklausel vorsah, als auch diejenige, die diese Härteklausel einfügen will, in sich eine geschlossene Logik haben. Einen gewissen Bruch habe es gegeben – da gebe er Minister Dr. Wicklmayr Recht – als vorgeschlagen wurde, die Härteklausel zu begrenzen. Wenn eine Härte wegen des zeitlichen Ablaufs nicht mehr vorliegt, dann kann die Härteklausel nicht mehr zum Zuge kommen. Von daher sei ihre Begrenzung nicht notwendig, weil die Härte nicht mehr da ist und sie nicht mehr zum Zuge kommt.

Auf den Einwand von *Bundesminister Dr. Vogel* (BMJ), anders sei es gerade im Steuerrecht, entgegnet *Minister Gaddum,* hier sei der Spielraum für den Richter größer, und zwar ganz gewollt größer, als er es im Steuerrecht ist. Im Steuerrecht gebe es einen viel engeren Spielraum auch für die Anwendung des Rechts, als man hier wolle. S.E. seien deswegen die beiden Rechtsbereiche nicht ohne weiteres vergleichbar.

In der Regelung, wie sie in der Arbeitsunterlage für § 1568 BGB vorgeschlagen werde, sehe er einen Kompromiss, wie er aus dem VA herauskommen kann. Er nehme – er sage das ganz offen – eine auch von ihm durchaus gesehene Unlogik in Kauf, weil er der Meinung sei, dies sei eine typische Aufgabe des VA, solche Dinge um des erzielten Ergebnisses willen zu akzeptieren und mit zu tragen. Die in § 1568 Abs. 2 vorzusehende

Fünfjahresregelung scheine ihm ein Weg zu sein, den er mitgehen könne. Er würde aber den Vorschlag von Abg. Höcherl zu § 1568 Abs. 1 unterstützen.

Minister Dr. Wicklmayr erklärt, er sei sich natürlich bewusst, dass nach dem jetzigen Diskussionsstand seine Ausführungen kaum noch große Bedeutung haben. Zunächst möchte er in Erinnerung rufen, dass diese Härteklausel ein gewisser Auffangtatbestand sein soll, für Konzessionen, die von seiner Seite gemacht worden seien. Zu erinnern sei an die Frage der Widerlegbarkeit der Zerrüttungsvermutung, die zunächst selbst im Regierungsentwurf bei dreijähriger Trennung der Ehegatten enthalten war und erst im BT als unwiderlegbare Vermutung ausgestaltet worden it. Es sei deshalb eigentlich gar kein so großes Verlangen des BR gewesen, wenn er die Wiedereinführung der widerlegbaren Vermutung vorschlug. Dieses Anrufungsbegehren sei aufgegeben worden. Durch das Anrufungsbegehren des BR zur Generalklausel sollte eine „Verstoßen-Scheidung" grundsätzlich ausgeschlossen werden. Das sei jetzt ebenfalls reduziert, wenn dem Vorschlag, wie er sich abzeichnet, gefolgt werde und zwar praktisch auf ein Jahr. – Als letztes wolle der darauf hinweisen, dass es Sachverhalte gibt, die nicht der Verjährung unterliegen. Das gelte doch für den Grundsatz von Treu und Glauben nach § 242 BGB. Es sei doch gar nicht zu bestreiten, dass man sich hier in diesem Bereich sehr stark bewege.

Auf den Einwand von *Bundesminister Dr. Vogel* (BMJ), Verwirkung sei ja gerade eine Folge des § 242 BGB, entgegnet *Minister Dr. Wicklmayr*, hier sei nicht der Gedanke der Verwirkung enthalten. Verwirkung setze ein eigenes Verhalten voraus. Hier gehe es um die Verjährung, und die sei nicht aus § 242 BGB entwickelt. Gegen Treu und Glauben verstoßende Sachverhalte und sittenwidrige Sachverhalte unterliegen der Verwirkung nicht.

Abg. Dr. Lenz (Bergstraße) bemerkt, auch er wolle keine automatische Fünfjahresfrist. Wenn die Härte nicht mehr besteht, dann soll die Anwendung der Härteklausel entfallen. Das komme durch die Worte „und solange" zum Ausdruck.

Der Vorschlag von Abg. Kleinert stelle eine noch weitergehende Einschränkung des § 1568 BGB über die bereits zitierten Einschränkungen hinaus dar. S.E. sei das kein gangbarer Weg. § 614 ZPO i.d.F. des Gesetzesbeschlusses gebe dem Richter die Möglichkeit zu einer sachgerechten und billigen Gestaltung des Verfahrens, er sei aber kein Ersatz für materielle Bestimmungen. Er würde sich dagegen wehren, diese Möglichkeiten des Richters einzuengen. Das sei bei den Unwiderlegbarkeitsklauseln der Fall und sollte auf diese leider unvermeidbaren Ausnahmen beschränkt bleiben. § 614 ZPO sollte deshalb unverändert bestehen bleiben.

Abg. Jahn (Marburg) erinnert noch einmal daran, dass die vorliegende Formulierung des § 1568 BGB fast wörtlich Vorschläge übernommen hat, die in den Vorgesprächen gemacht worden sind. Trotzdem könnte er sich vorstellen, dass auf eines der beiden „ausnahmsweise" verzichtet werde, wenn dafür der Vorschlag von Kollegen Kleinert akzeptiert werden könnte.

Auf die Frage von *Minister Dr. Wicklmayr* nach dem rechtspolitischen Motiv, warum Unzuträglichkeiten, die vor der Scheidung liegen, unberücksichtigt bleiben sollen, antwortet *Abg. Kleinert*, es soll verhindert werden, dass die Härte aus einem Verhalten vor der Scheidung abgeleitet und damit das Verschuldensprinzip wieder eingeführt wird.

Bundesminister Dr. Vogel (BMJ) regt an, doch noch einmal das „und solange“ zu überdenken. Das stamme aus der Zeit, in der keine Befristung der Härteklausel vorgesehen war. Jetzt sei eine Befristung von fünf Jahren vorgesehen. Innerhalb des Fünfjahreszeitraumes müsse der Richter prüfen, ob die Voraussetzungen für die Härteklausel vorliegen. Der Richter könne doch nicht ein Urteil erlassen: „Ich scheide solange nicht, bis ...“.

Den Ausführungen von Kollege Höcherl zu § 1568 Abs. 1 BGB i.d.F. der Arbeitsunterlage halte er zunächst entgegen, dass „auf Grund außergewöhnlicher Umstände“ und „eine so schwere Härte“ natürlich eine Einheit sind. Das seien ja nicht zwei Elemente, sondern eine Einheit. Allerdings sei bei dieser Einheit der Satzteil entscheidend „eine so schwere Härte“. Die vorhergehende Beschreibung, worauf diese so schwere Härte beruht, sei demgegenüber von untergeordneter Bedeutung.

Weiterhin wolle er doch davor warnen, bei der Kinderklausel „ausnahmsweise“ stehen zu lassen und bei der allgemeinen Klausel zu streichen. Daraus würden bei der Auslegung Folgerungen gezogen werden, was keiner wolle. Wenn man schon etwas streichen wolle, dann besser „auf Grund außergewöhnlicher Umstände“ als „ausnahmsweise“. Dann hieße es „eine so schwere Härte darstellen würde, dass ... ausnahmsweise ...“.

Ferner gebe er noch Folgendes zu bedenken. Die Diskussion kehre immer wieder zu § 614 ZPO zurück, und zwar aus gutem Grund. § 614 ZPO mit der Befugnis des Richters, ein Jahr lang auszusetzen, wenn ihm aus irgendwelchen Gründen das billig erscheint, stamme aus einer Zeit, in der es weder die Fünfjahresfrist noch die jetzt neu zur Erörterung stehende Einjahresfrist gegeben hat. Das sollte ja im Gesetzesbeschluss des BT mit dieser Generalermächtigung des Richters, die übrigens weiterreicht als die Härteklausel, erledigt werden. Wenn man jetzt die materielle Lösung findet und die Härtegesichtspunkte ins materielle Recht schreibt, müsse doch die Folgerung gezogen werden, dass die weitere Ermächtigung des Richters in § 614 ZPO, die genau dieselben Tatbestände trifft, entfällt. S.E. wäre eine solche Änderung für die Verständigung hilfreich. Die Bewegungsfreiheit des Richters werde ja größer, weil er dann materielles Recht mit auslegungsbedürftigen Rechtsbegriffen habe.

Abg. Vogel (Ennepetal) führt aus, der Vorschlag von Kollegen Kleinert sei diskutabler als die Begründung, die er für diesen Vorschlag gegeben habe. Die Intention der Härteklausel sei doch nicht darauf ausgerichtet, dass die Scheidung als solche eine Härte darstellt, sondern auf den durch die Scheidung bewirkten Zustand.

Zu der Frage, ob die Worte „und solange“ überflüssig seien, sei anzumerken, die Befristung auf fünf Jahre bedeute ja nicht, dass in jedem Fall die Fünfjahresfrist ausgeschöpft werden muss, sondern es könnte ja auch eine niedrigere Frist in Betracht kommen, solange eben die Härte vorliegt. Wenn die Härte vor Ablauf der fünf Jahre weggefallen ist, dann kann geschieden werden. In den allermeisten Fällen wird die Härte vor Ablauf der fünf Jahre weggefallen sein. Deshalb habe das „und solange“ durchaus seinen Sinn.

Nun sei vorgeschlagen worden, statt des Wortes „ausnahmsweise“ die Worte „auf Grund außergewöhnlicher Umstände“ zu streichen. S.E. sollte man auch darüber reden können.

Abg. Dr. Lenz (Bergstraße) bemerkt, er wolle noch einmal auf § 614 ZPO zurückkommen. Abg. Jahn (Marburg) und der Bundesjustizminister hätten dargelegt, dass den

Vorschlägen zu § 1565 Abs. 2 und § 1568 BGB dann näher getreten werden könne, wenn auch § 614 ZPO entsprechend geändert werde, damit derselbe Tatbestand nicht doppelt geregelt werde. Wenn das das Anliegen sei, könne ihm Rechnung getragen werden.

Bundesminister Dr. Vogel (BMJ) weist darauf hin, dass das Motiv für die Worte „oder die Aussetzung aus anderen Gründen billig erscheint" in § 614 Abs. 2 Satz 1 ZPO ja gerade die beiden Fälle waren, die in der Härteklausel ins materielle Recht eingefügt worden sind. Der Fall, dass das Gericht das Verfahren auf Scheidung von Amts wegen aussetzen soll, wenn nach seiner freien Überzeugung Aussicht auf Fortsetzung der Ehe besteht, bleibe in § 614 Abs. 2 Satz 1 ZPO erhalten. Das sei ja der Fall, dass der Richter nicht sicher weiß, ob die Ehe gescheitert ist oder nicht. Wenn die Ehe aber gescheitert ist, dann gebe es wirklich nur noch die Gründe der Härteklausel, die gescheiterte Ehe dem Rechte nach noch weiter bestehen zu lassen. Er glaube, die Verständigung würde sehr erleichtert werden, wenn in § 614 Abs. 2 Satz 1 ZPO die genannten Worte in der zweiten Alternative gestrichen würden.

Der *Vorsitzende* bemerkt, dann müsste der Änderungsvorschlag zu § 1568 BGB noch vorliegen, der im Augenblick geschrieben werde. Der Text des Vorschlags von Abg. Vogel (Ennepetal) zu § 1565 Abs. 2 BGB liege jetzt vor. Nach Vorlage dieser Texte sollte die Sitzung für eine interne Besprechung unterbrochen werden. Der Text zu § 1568 BGB, der im Augenblick fotokopiert werde, könnte in die Besprechungen nachgereicht werden.

(Unterbrechung der Sitzung von 12.20 Uhr bis 12.45 Uhr)

Nach Wiedereröffnung der Sitzung durch den *Vorsitzenden* führt *Abg. Höcherl* aus, nach der Besprechung seien sie der Meinung, dass der neue Text zu § 1568 BGB insoweit erträglicher ist, als entsprechend dem Vorschlag des Bundesjustizministers in Absatz 1 die Worte „auf Grund außergewöhnlicher Umstände" zu streichen sind. Ganz unmöglich sei hingegen der Vorschlag von Abg. Kleinert, der in den neuen Text des § 1568 Abs. 1 BGB übernommen wurde; danach sollen nur Umstände berücksichtigt werden, die nach der Scheidung liegen. Das sei eine Änderung gegenüber der Arbeitsunterlage, die zu Schwierigkeiten führe und das ganze Unternehmen gefährden könnte. Er glaube, dass die Arbeitsunterlage unter Streichung der Worte „auf Grund außergewöhnlicher Umstände" in Absatz 1 und einer Frist von fünf Jahren in Absatz 2 vielleicht einen vernünftigen und brauchbaren Kompromiss abgebe.

Zu § 1565 BGB werde vorgeschlagen, dem Absatz 2 die folgenden Worte anzufügen: „, es sei denn, beide Ehegatten beantragen die Scheidung oder der andere Ehegatte stimmt der Scheidung zu." Das wäre vielleicht eine Verständigungsmöglichkeit.

Bei § 614 ZPO werde auf den Vorschlag von Kollegen Dr. Lenz zurückgegriffen. Die aus der Entstehungsgeschichte heraus vorgetragenen Bedenken des Bundesjustizministers sollen abgedeckt werden.

Abg. Dr. Lenz (Bergstraße) schlägt demgemäß vor, die 2. Alternative in § 614 Abs. 2 Satz 1 ZPO wie folgt zu fassen: „oder die Aussetzung aus anderen als den in §§ 1565 und 1568 des Bürgerlichen Gesetzbuches genannten Gründen ...".

Zur Begründung verweise er auf den zweiten Bericht und Antrag in BT-Drucks. 7/4361, wo auf Seite 64 ausgeführt werde: „Der Ausschuss hat darauf verzichtet, die Fälle, in denen die Aussetzung aus anderen Gründen billig erscheint, enumerativ oder auch nur beispielhaft aufzuführen. Er will die Auslegung dieser Bestimmung, die für die Entwicklung einer von den Bürgern als gerecht anzuerkennenden gerichtlichen Scheidungspraxis von erheblicher Bedeutung ist, den Gerichten überlassen. Sie sind am ehesten in der Lage, aus den Erfahrungen und den Erfordernissen der Praxis heraus die Fallgestaltungen herauszuarbeiten, bei denen die Bestimmung angewendet werden sollte." Soweit also die Tatbestände bereits durch den § 1565 Abs. 2 und § 1568 BGB abgedeckt werden, sei das hier nicht noch einmal notwendig. Im Übrigen aber soll der weite Anwendungsbereich des § 614 ZPO, den der BT beschlossen hat, bestehen bleiben.

Abg. Jahn (Marburg) entgegnet, das sehe nicht gut aus! Zu § 1568 BGB könne seine Seite der Streichung der Worte „auf Grund außergewöhnlicher Umstände" nur zustimmen, wenn man sich auf die Einbeziehung des Vorschlags von Kollegen Kleinert verständigen könne. Wenn dies nicht möglich sei, bitte er, es bei der Fassung des § 1568 BGB zu belassen, die in der letzten Sitzung verabredet wurde und die aus der Arbeitsunterlage ersichtlich sei.

Bei § 1565 BGB gebe es eine Korrespondenz zu § 614 Abs. 2 Satz 1 ZPO. Danach müssten die Worte „oder die Aussetzung aus anderen Gründen billig erscheint" gestrichen werden. Dann könnte § 1565 Abs. 2 BGB in der heute morgen erarbeiteten Fassung hier akzeptiert werden. Bei § 1565 BGB sei zu erwägen – das sei aber auf seiner Seite kein Dollpunkt –, ob es nicht vernünftig wäre, in Absatz 2 den letzten Halbsatz zu streichen. Das sei eine sehr problematische Formulierung; er wolle das jetzt nicht im Einzelnen ausführen.

Der *Vorsitzende* stellt fest, dass der zu § 1565 Abs. 2 BGB zuletzt vorgeschlagene Halbsatz nicht aufrechterhalten wird.

Der *Vorsitzende* weist sodann darauf hin, dass zu § 614 Abs. 2 Satz 1 ZPO zwei Vorschläge vorliegen, nämlich entsprechend dem Vorschlag des Bundesjustizministers die zweite Alternative zu streichen, der Vorschlag von Abg. Dr. Lenz (Bergstraße) wolle sie ändern.

Abg. Jahn (Marburg) führt aus, die jetzt mit dem Vorschlag der anderen Seite neu in die Debatte eingeführte Einschränkung – er akzeptiere, dass Abg. Dr. Lenz (Bergstraße) an diesem Punkt eine andere Auffassung habe; de facto stellt es sich für seine Seite so dar –, bedeute eine weitere wesentliche Veränderung zu Lasten seiner Seite. Er wisse nicht, wie er dafür die Zustimmung seiner Fraktion bekommen soll. Aus der Bereitschaft, hier zu einem Kompromiss zu kommen, dürfe man sich keine falsche Vorstellung machen, auch nicht über die Schwierigkeiten, die sich bei der Diskussion dieses Punktes in seinem Bereich ergeben werden. Das Risiko, keine Zustimmung zu finden, müsse er unter Einschätzung der Diskussion der letzten Tage in seinem eigenen Bereich als außerordentlich hoch ansehen.

Er sei bereit, auf den Vorschlag zu § 1565 Abs. 2 BGB einzugehen, wenn ihm das Argument des § 614 ZPO nicht genommen werde. Das geschehe aber mit dem Vorschlag von Abg. Dr. Lenz (Bergstraße). Er müsse darauf bestehen, dass korrespondierend zu § 1565 Abs. 2 BGB in der jetzt vorliegenden Fassung § 614 ZPO – wie von seiner Seite vorgeschlagen – angepasst werde. Anderenfalls bitte er zu überlegen, ob nicht von der jetzt vorliegenden Änderung des § 1565 Abs. 2 BGB abgesehen und die Fassung der Arbeitsunterlage akzeptiert werden sollte, die in der letzten Sitzung für eine Verständigung verabredet war.

Bundesminister Dr. Vogel (BMJ) weist darauf hin, dass die Abstände zwischen den beiderseits vertretenen Auffassungen, nachdem über § 1565 Abs. 2 BGB offenbar eine Annäherung erzielt ist, bei nüchterner Prüfung denkbar gering seien. Bei § 614 ZPO sei das, was nach Anwendung des neuen materiellen Rechts noch bleiben würde, ohne Bedeutung und ohne Belang. § 614 Abs. 2 ZPO i.d.F. des Gesetzesbeschlusses gebe dem Richter die Aussetzungsbefugnis in zweierlei Richtung: Einmal in Richtung der Eheerhaltung, zum anderen dann, wenn er zu dem Ergebnis gekommen ist, dass die Ehe gescheitert ist. Die eheerhaltende Aussetzungsbefugnis werde durch die vorgeschlagene Streichung der zweiten Alternative in keiner Weise berührt, bleibe sogar noch über die dreijährige Trennungszeit erhalten. Selbst dann, wenn die Eheleute schon fünf oder neun Jahre getrennt waren, könne noch ein halbes Jahr zum Zweck der Eheerhaltung und Eheberatung ausgesetzt werden. Alle, denen es um Eheerhaltung geht, seien hier also voll befriedigt.

Für den Fall, dass es um eine gescheiterte Ehe geht, habe man doch jetzt vernünftige materiellrechtliche Regelungen über die Aufrechterhaltung einer gescheiterten Ehe wegen Härte miteinander erarbeitet. Warum soll denn über diese Regelungen hinaus im Verfahrensrecht dem Richter noch eine zusätzliche Vollmacht in Richtung auf gescheiterte Ehen gegeben werden? In Anbetracht dieses sachlichen Gehalts der Kontroverse bitte er darum, dass man in § 614 Abs. 2 Satz 1 ZPO die zweite Alternative ersatzlos streicht, weil durch das materielle Recht vernünftig geregelt.

Was § 1568 BGB angeht, ändere auch die von Abg. Kleinert vorgeschlagene Fassung doch gar nichts an der Tatsache, dass die Härte, auf Grund deren die zerrüttete und gescheiterte Ehe dem Rechte nach bestehen bleiben soll, selbstverständlich nach der Scheidung liegen muss. Der Härtetatbestand, der hier beschrieben werde, sei doch ein Tatbestand, der nach Rechtskraft des Urteils vorläge, wenn geschieden würde. Diese Formulierung sage doch gar nichts darüber, aus welchen Umständen diese nach dem Urteil liegende Härte hergeleitet wird; er gehe noch einen Schritt weiter: auch in zeitlicher Hinsicht nicht. Er würde wirklich bitten, dass man sich hier nicht an einem Scheinwiderspruch verhake. Auch die andere Seite sage doch: Die Härte muss im Zeitpunkt des Urteils und danach vorliegen, wenn keine Härte mehr vorhanden ist und diese nur in der Vergangenheit liegt, soll die zerrüttete Ehe geschieden werden. Es müsse also doch immer um eine Härte gehen, die in die Zukunft vom Scheidungsurteil an für eine bestimmte Frist vorliegt.

Minister Dr. Hillermeier [Bayern] entgegnet, man müsse doch einräumen, dass zumindest die Formulierung mit dem Einschluss „nach der Scheidung“ auch eine andere Auslegung zuließe. Durch die Kumulation „nach der Scheidung ... eine so schwere Härte entstehen würde“ sei nicht auszuschließen, dass im Wege der Auslegung gesagt werden könnte: Das sind offensichtlich nur Dinge, die ab einem bestimmten Zeitpunkt virulent werden.

Bundesminister Dr. Vogel (BMJ) bemerkt, wenn es ihm möglich wäre, würde er die Frage aufwerfen, ob man hier nicht statt „entstehen würde“ sagen könnte „vorliegen würde“. S.E. sollte man sich doch nicht über Dinge streiten, die rechtlich gar kein Gewicht haben. Entweder liege die Härte im Zeitpunkt der rechtskräftigen Entscheidung vor, oder sie liege nicht vor.

Abg. Dr. Lenz (Bergstraße) erwidert, bevor seine Seite sich auf diese neue, noch nicht durchleuchtete Bestimmung des § 1568 BGB einlasse, über deren Interpretation hier unterschiedliche Aussagen gemacht werden, ziehe er es vor, zu dem auf Grund der letzten Sitzung vorgelegten § 1568 BGB i.d.F. der Arbeitsunterlage zurückzukehren.

Zu § 614 ZPO nehme er die Stellungnahme von Abg. Jahn (Marburg) zu seinem Vorschlag als eine Tatsachenbehauptung hin und ziehe sie nicht in Zweifel. Er verstehe es aber trotzdem nicht. Er sei jedoch bereit, dem Petitum von Abg. Jahn (Marburg) nachzugeben, nämlich korrespondierend zu § 1565 Abs. 2 und § 1568 BGB in § 614 Abs. 2 Satz 1 ZPO die 2. Alternative zu streichen. Im Übrigen bleibe ja bestehen, was der BT-Rechtsausschuss hierzu mit Recht in seinem Bericht gesagt habe: Die Gerichte sind am ehesten in der Lage, aus den Erfahrungen und Erfordernissen der Praxis heraus die Fallgestaltungen herauszuarbeiten, bei denen die Bestimmung angewendet werden sollte.

Auf die Frage des *Vorsitzenden,* ob dann abgestimmt werden könnte, antwortet *Abg. Jahn* (Marburg), nach dem Verlauf der bisherigen Beratung wisse man nicht, was heute noch alles auf den Tisch kommt. Die Frage, ob man sich auf Abstimmungen einlassen könne, hänge davon ab, ob man am Ende zu der Überzeugung kommt: Hier ist ein Kompromiss gefunden worden, der von allen Seiten getragen wird. Man müsse nach dem Verlauf der bisherigen Diskussion erst einmal sehen, ob man mit den anderen Punkten in angemessener Weise fertig wird. Er schlage deshalb vor, die Besprechung der einzelnen Punkte fortzusetzen, am Schluss einzeln und dann noch einmal insgesamt über die einzelnen Positionen abzustimmen.

Abg. Höcherl erklärt sein Einverständnis mit diesem Vorschlag.

Bundesminister Dr. Vogel (BMJ) bemerkt, nach dem Stand der bisherigen Beratung könne doch folgendes Ergebnis festgestellt werden: Bei § 1565 BGB ist der Absatz 2 akzeptiert „Leben die Ehegatten noch nicht ein Jahr getrennt, so kann die Ehe nur geschieden werden, wenn" bis „darstellen würde"; der zur Anfügung vorgesehene Satzteil entfällt. Bei § 1568 BGB verbleibt es bei der auf Grund der letzten Sitzung verabredeten Fassung, wie sie in der Arbeitsunterlage vorliegt. In Absatz 2 werden fünf Jahre eingesetzt.

In § 614 Abs. 2 Satz 1 ZPO wird die zweite Alternative gestrichen.

2. Zu Ziffer 2 der Arbeitsunterlage: Unterhaltsregelung (vgl. Ziffer VI des Anrufungsbegehrens)

Minister Dr. Hillermeier führt aus, hier sei nach längerer Diskussion in der letzten Sitzung festgestellt worden, es bei der vom BT beschlossenen Gesamtkonzeption zu belassen. Bei § 1576 BGB bestand die Bereitschaft, in Satz 1 die Worte „in den ehelichen Lebensverhältnissen liegenden" zu streichen. Auf Grund eines Vorschlags des Bundesjustizministers soll Satz 2 wie folgt gefasst werden: „Schwerwiegende Gründe dürfen nicht allein deswegen berücksichtigt werden, weil sie zum Scheitern der Ehe geführt haben." In der Vorbesprechung habe eine Meinungsabklärung über die Bedeutung der vorgeschlagenen Formulierung des Satzes 2 stattgefunden, vor allen Dingen im Zusammenhang mit dieser Vorschrift. Vielleicht könnte darüber noch ein Wort gesagt werden.

Bundesminister Dr. Vogel (BMJ) bemerkt, die Erklärung sei relativ einfach. Auf seiner Seite habe man sich für die Fassung des Gesetzesbeschlusses ausgesprochen, da heiße es einfach und ziemlich lapidar: „Umstände, die zum Scheitern der Ehe geführt haben, sind dabei nicht zu berücksichtigen.“ Dann sei von anderer Seite der Wunsch geäußert worden, das etwas weniger stringent zu fassen. Aber wenn der Fassung des Gesetzesbeschlusses in Satz 2 der Vorzug gegeben werden sollte, würde dem nicht widersprochen werden.

Abg. Dr. Lenz (Bergstraße) entgegnet, der Satz 2 des § 1576 BGB i.d.F. des Gesetzesbeschlusses sei nicht akzeptabel. Hingegen sei er bereit, die ihm zwar unverständliche Fassung des Vorschlags zu akzeptieren, aber nicht als Berufungsfall dafür, dass sie an anderen Stellen auch vorgesehen werden müsste. Die vorgeschlagene Fassung halte er nicht für sachdienlich, aber wenn sie der Einigung diene, sei er damit einverstanden. Die vorgeschlagene Fassung dürfte jedoch nicht – wie gesagt – zu einem Berufungsfall werden, denn bei den fraglichen anderen Fällen passe dieser Satz überhaupt nicht.

Abg. Vogel (Ennepetal) wirft die Frage auf, ob durch den neu gefassten Satz 2 des § 1576 BGB sichergestellt sei, dass alles in die Erwägung über die Unterhaltsgewährung einbezogen werden kann, gleichgültig, woran es lag, dass lediglich das ausgeschlossen ist, was die andere Seite als „Rückgriff auf das Schuldprinzip“ bezeichnen würde. Das heißt, dass ausgeschlossen ist, ausschließlich auf die Umstände zurückzugreifen, die zum Scheitern der Ehe geführt haben, was wiederum nicht ausschließt, dass im Kontext mit anderen Bestimmungen auf diese Umstände natürlich zurückgegriffen werden kann.

Bundesminister Dr. Vogel (BMJ) erklärt, dem sei voll zuzustimmen. Das sei der Sinn des Satzes 2 in der Fassung des Gesetzesbeschlusses; das sei auch der Sinn des auf Wunsch der anderen Seite hin anders formulierten Textes.

Nachdem Kollege Lenz den Berufungsfall angesprochen habe, müsse er darauf verweisen, dass bei § 1587 c BGB – den habe Kollege Lenz wohl unausgesprochen im Auge – bei der Versagung des Versorgungsausgleichs in der Tat – das sei auch in den langen Gesprächen immer wieder gesagt worden – die Ausgangslage genau die gleiche ist. Auch bei der Frage, ob der Versorgungsausgleich versagt werden soll oder nicht, soll eben nicht auf Gründe zurückgegriffen werden können, die der Kollege Vogel eben definiert und umrissen hat. Die Situation sei doch in beiden Fällen die gleiche, dass einem geschiedenen Ehepartner materielle Nachteile entstehen: Einmal bekommt er keinen Unterhalt, obwohl er ihm eigentlich zustünde, und einmal bekommt er keinen Versorgungsausgleich, obwohl der ihm eigentlich zustünde. In beiden Fällen sollte der Rückgriff auf die von Kollegen Vogel richtig umschriebenen Schuldelemente ausgeschlossen werden.

Abg. Dr. Lenz (Bergstraße) entgegnet, die beiden Fälle seien in der Tat nicht vergleichbar. Bei § 1576 BGB handele es sich um die Frage, was an Unterhalt verlangt werden kann; bei § 1587 c BGB handele es sich um die Frage, in welchen Fällen ausnahmsweise ein Versorgungsausgleich nicht stattfindet. § 1576 BGB könne deshalb kein Berufungsfall für § 1587 c BGB sein. Bei § 1587 c BGB sei es nicht möglich, diese Klausel anzufügen. Auch bei den ersten Besprechungen, in denen die Vorschläge zu § 1587 c BGB vorgelegen haben, sei eine derartige Ergänzung von dem Bundesjustizminister nicht verlangt worden; diese sei erst in der Besprechung am vergangenen Mittwoch nachgeschoben worden.

Abg. Vogel (Ennepetal) schlägt vor, diese Frage bei § 1587 c BGB zu besprechen.

Der *Vorsitzende* stellt das Einverständnis des VA mit diesem Vorschlag fest.

Minister Dr. Hillermeier [Bayern verweist auf den vom BR vorgeschlagenen § 1586 a BGB unter Ziffer VII Buchst. f des Anrufungsbegehrens, der in der Arbeitsunterlage nicht aufgeführt sei. Es gehe um eine an sich unpolitische Entscheidung, nämlich die Frage, ob nicht eine Subsidiarität bei dem Wiederaufleben eines Unterhaltsanspruchs gegen einen früheren Ehepartner zugrunde gelegt werden müsste, um spätere Schwierigkeiten zu vermeiden, ob anteilige oder gesamtschuldnerische Haftung notwendig ist. Er stelle zur Diskussion, dem § 1586 a BGB folgenden Absatz anzufügen: „(2) Der Ehegatte der später aufgelösten Ehe haftet vor dem Ehegatten der früher aufgelösten Ehe." Es handelt sich darum, sonst zu erwartende Komplikationen bei der Frage der Heranziehung der verschiedenen Ehepartner auszuschalten und zu diesem Zweck die Haftung zu staffeln. Sonst haften sie gesamtschuldnerisch, oder es gibt große Schwierigkeiten, in welcher Weise die Haftung überhaupt eingreift.

Bundesminister Dr. Vogel (BMJ) bemerkt, gegen die Anfügung dieses Absatzes 2 an den vom BT beschlossenen § 1586 a BGB bestünden keine Bedenken.

Der *Vorsitzende* stellt fest, dass der VA diesem Antrag von *Minister Dr. Hillermeier* zustimmt und dass darüber nicht nochmals abgestimmt werden muss ...

... *11. Zu Art. 1 Nr. 15 und 34 (§§ 1509, 2335 BGB): vgl. aaO. Ziff. XIV*

Bundesminister Dr. Vogel (BMJ) führt aus, dieses Anrufungsbegehren habe bei den Gesprächen eine erhebliche Rolle gespielt. Seine Freunde und er seien immer noch der Meinung, dass es eigentlich dafür keinen vernünftigen Grund gibt, dass man einem Ehegatten die Möglichkeit offen lässt, statt auf Scheidung zu klagen, dem anderen Ehegatten den Pflichtteil zu entziehen, obwohl er auf Scheidung klagen könnte und damit Erfolg hätte. Auch mit Beispielen und Gründen sei eine solche Bestimmung schwer zu belegen. Hier bestünden wohl die größten Schwierigkeiten, diesem Anrufungsbegehren näher zu treten.

Abg. Dr. Lenz (Bergstraße) entgegnet, eine Begründung sei hier gar nicht so schwer zu finden. Nach dem Gesetzesbeschluss müsse ein Erblasser sich scheiden lassen, wenn er den Pflichtteil entziehen will. Das heißt, aus einem rein materiellen Grund müsse er eine Scheidung herbeiführen, die er aus anderen Gründen an sich ablehnt. Das sei nicht gerechtfertigt. Für den Erblasser sollte die Möglichkeit bestehen, wenn er die Scheidung aus irgendwelchen hier nicht nachzuprüfenden Gründen ablehnt, den Pflichtteil dennoch entziehen zu können, wenn die Scheidungsvoraussetzungen gegeben sind.

Abg. Jahn (Marburg) bemerkt, man müsse sich doch über die Folge einer solchen Bestimmung im Klaren sein. Nach dem Tode des Erblassers würden dann Prozesse geführt werden, in denen es um die Frage geht, ob die Ehe gescheitert sei. Der Streit werde dann von denen geführt werden, die es eigentlich gar nichts angeht und die ihn unter völlig falschen Voraussetzungen und Vorzeichen führen. Es gehe dann nämlich im Grunde genommen überhaupt nicht mehr um die Frage: Hätte diese Ehe eigentlich geschieden werden müssen oder nicht?, sondern allein um die Frage, ob der andere Ehegatte seinen Erbteil bekommen soll oder nicht; dieser Streit werde um so erbitterter geführt, je größer das Erbteil ist. Die Frage sei, ob man das wirklich wolle.

Abg. Dr. Lenz (Bergstraße) erwidert, von „wollen“ könne gar keine Rede sein. Abgesehen davon, dass die Anwendungsbreite der Vorschrift ohnehin relativ gering sein wird, wäre es unter Abwägung aller Gesichtspunkte immer noch besser, diesen Rechtsstreit unter den Erben führen zu lassen, als den Erblasser zu zwingen, sich wegen der gemeinsamen Kinder nicht scheiden zu lassen.

Abg. Kleinert wendet sich ebenfalls gegen das Anrufungsbegehren, das zu einer recht skurrilen Entwicklung führen könnte. Man sollte doch einmal aus rechtsästhetischen Gründen davon Abstand nehmen, diesen posthumen Scheidungsprozess hier einzuführen, nur um besonders abwegigen Erwägungen von Erblassern, die andere Möglichkeiten nicht ausnutzen, entgegenzukommen.

Minister Dr. Wicklmayr verweist auf die geltenden §§ 2333, 2334 BGB; in den dort genannten schwerwiegenden Fällen sei die Entziehung des Pflichtteils eines Abkömmlings und die Entziehung des Elternpflichtteils geregelt. Auch hier seien diese posthumen Prozesse nicht zu vermeiden und für die Gerichte nicht neu. Es sei nicht einzusehen, warum ausgerechnet die in § 2335 BGB geregelte Entziehung des Ehegattenpflichtteils beim Vorliegen der Voraussetzungen für die Scheidung ersatzlos gestrichen werden soll.

Abg. Jahn (Marburg) entgegnet, entscheidend sei doch, dass in den von Minister Dr. Wicklmayr genannten Fällen schwerwiegender Art die Möglichkeit des Pflichtteilsentzugs ohnehin gegeben ist. Die Frage sei doch, ob dann noch für die vermutlich auch nicht so häufigen Fälle eine Vorschrift über die Entziehung des Ehegattenpflichtteils, abgestellt auf das Vorliegen von Ehescheidungsvoraussetzungen, so gewichtig ist, dass sie weiter bestehen müsste, eine – wie gesagt – höchst problematische Bestimmung. Es sei also auch eine Frage nach dem Stellenwert dieses Anrufungsbegehrens.

Bundesminister Dr. Vogel (BMJ) gibt zu erwägen, ob im Hinblick auf die weiteren Anrufungsbegehren dieses Problem nicht bis zur nächsten Sitzung zurückgestellt und überlegt werden sollte, ob die Entziehung des Ehegattenpflichtteils von dem Vorliegen der Voraussetzungen für die Scheidung der Ehe zu lösen ist – da liege nämlich das Problem – und ob man zu einer ähnlichen Regelung kommen kann, wie sie beispielsweise für die Entziehung des Pflichtteils eines Abkömmlings gilt.

Abg. Dr. Lenz (Bergstraße) hält dies für einen sachdienlichen Vorschlag. Das BMJ sollte gebeten werden, eine solche Formulierung vorzulegen, über die dann in der nächsten Sitzung entschieden werden könnte.

Der *Vorsitzende* stellt das Einvernehmen des VA mit diesem Vorschlag fest ...

Abg. Lenz (Bergstraße) führt aus, er habe sich schon vorhin bei § 1576 BGB anzumerken erlaubt, dass ihm die vorgeschlagene Fassung des Satzes 2 schlechterdings unverständlich erscheine. Aber vielleicht gibt es einen Weg zur Einigung. Der Parallelfall sei nämlich nicht die positive Billigkeitsklausel des § 1576 BGB, sondern die negative Billigkeitsklausel beim Unterhalt in § 1579 Abs. 1 Nr. 4 BGB: „Ein Unterhaltsanspruch besteht nicht, soweit die Inanspruchnahme des Verpflichteten grob unbillig wäre, weil ... 4. ein anderer Grund vorliegt, der ebenso schwer wiegt, wie die in den Nummern 1 bis 3 aufgeführten Gründe.“ Hier passe die Parallele. Wenn man sich einigen könnte, diese Vorschrift auf den Versorgungsausgleich anzuwenden, dann wäre – das möchte er deutlich sagen – das Petitum seiner Seite in diesem Punkt zwar nicht erfüllt, aber sie könnten mit diesem Text wenigstens leben. Das würde bedeuten, dass der wortgleiche Text bei

§ 1587 c BGB an der gleichen Stelle angehängt werden müsste. Damit hätte man zwei absolut parallele Vorschriften. Da es der Bundestagsmehrheit möglich war, das beim Unterhalt zu akzeptieren, sollte es möglich sein, das auch beim Versorgungsausgleich zu akzeptieren.

Bundesminister Dr. Vogel (BMJ) entgegnet, das sei ein ganz neuer und überraschender Vorschlag, dessen Tragweite er momentan nicht völlig übersehe. Er wisse aus der Entstehungsgeschichte, dass bei § 1579 BGB die Nummer 4 unter gleichzeitiger Streichung einer Unterhaltsbestimmung eingefügt wurde, die bei § 1587 c BGB unter Nr. 3 noch steht. Es stelle sich dann die Frage, ob Abg. Dr. Lenz (Bergstraße) so weit gehen würde, dass man bei § 1587 c BGB die Nummer 3 streicht und sie durch die Formulierung ersetzt: „Soweit ein Grund vorliegt, der ebenso schwer wiegt wie die in den Nummern 1 und 2 aufgeführten Gründe." Aber er könne das im Moment nicht völlig ausloten. Er bitte deshalb dieses Thema einen Augenblick zurückzustellen, damit es von seinen Mitarbeitern geprüft werden kann. Vielleicht könne man es in die Schlussvereinbarung aufnehmen.

Der *Vorsitzende* stellt das Einverständnis des VA mit diesem Vorschlag fest ...

9. Zu Ziffer 9 der Arbeitsunterlage (vgl. Ziffer XIV des Anrufungsbegehrens)

Minister Dr. Hillermeier [Bayern] führt aus, bei diesem Anrufungsbegehren gehe es um die Beibehaltung des § 2335 BGB betr. Entziehung des Ehegattenpflichtteils. In der letzten Sitzung sei das BMJ gebeten worden, für § 2335 BGB eine Fassung mit Aufzählung der Entziehungsgründe entsprechend § 2333 BGB vorzulegen. Eine solche Fassung liege vor; sie laute wie folgt:

„*§ 2335.* Der Erblasser kann dem Ehegatten den Pflichtteil entziehen:

1. wenn der Ehegatte dem Erblasser oder einem Abkömmling des Erblassers nach dem Leben trachtet;

2. wenn der Ehegatte sich einer vorsätzlichen körperlichen Misshandlung des Erblassers schuldig macht;

3. wenn der Ehegatte sich eines Verbrechens oder eines schweren vorsätzlichen Vergehens gegen den Erblasser schuldig macht;

4. wenn der Ehegatte die ihm dem Erblasser gegenüber gesetzlich obliegende Unterhaltspflicht böswillig verletzt."

Diese Fassung scheine ihm ausreichend zu sein.

Bundesminister Dr. Vogel (BMJ) bemerkt, die vorliegende Fassung entspricht dem § 2333 BGB mit einer Ausnahme: Den „ehrlosen oder unsittlichen Lebenswandel" habe man nicht aufgenommen, weil das überholt erschien.

Der *Vorsitzende* stellt fest, dass der VA dem vorliegenden § 2335 BGB *zustimmt.* ...

... *3. Zu Abschnitt A Ziffer 1 der Arbeitsunterlage*

Der Vorsitzende weist darauf hin, dass nach dem letzten Stand der Beratungen dem § 1565 BGB i.d.F. des Gesetzesbeschlusses des BT folgender Absatz 2 angefügt werden soll, den er zur Abstimmung aufrufe: „(2) Leben die Ehegatten noch nicht ein Jahr getrennt, so kann die Ehe nur geschieden werden, wenn die Fortsetzung der Ehe für den Antragsteller aus Gründen, die in der Person des anderen Ehegatten liegen, eine unzumutbare Härte darstellen würde.“ Der VA beschließt einstimmig, § 1565 Abs. 2 in dieser Fassung *anzunehmen.*

Der *Vorsitzende* fährt fort, dass nunmehr gemäß dem vorhin im Zusammenhang mit § 1565 Abs. 2 BGB verabredeten Verfahren über folgenden Vorschlag abzustimmen ist: In § 614 Abs. 2 Satz 1 ZPO werden am Ende die Worte „oder die Aussetzung aus anderen Gründen billig erscheint“ gestrichen.

Der VA beschließt bei 3 Stimmenthaltungen, diesen Vorschlag zu § 614 Abs. 2 Satz 1 ZPO *anzunehmen.*

Der *Vorsitzende* weist sodann darauf hin, dass jetzt über § 1568 BGB i.d.F. der Arbeitsunterlage mit der Maßgabe abzustimmen ist, dass in Absatz 2 die Zahl „fünf“ eingesetzt wird.

Der VA beschließt gegen 2 Stimmen, § 1568 in dieser Fassung *anzunehmen.*

Der *Vorsitzende* bemerkt, dass die in der Arbeitsunterlage auf Seite 3 wiedergegebene Fassung des § 614 ZPO nicht zur Abstimmung zu bringen ist.

4. Zu Abschnitt A Ziffer 2 der Arbeitsunterlage (vgl. Ziffer VII des Anrufungsbegehrens)

Auf eine entsprechende Frage von *Minister Dr. Günther* stellt *Abg. Jahn* (Marburg) klar, dass man sich wie folgt einigen wollte:

- In § 1576 Satz 1 BGB i.d.F. des Gesetzesbeschlusses werden die Worte „in den ehelichen Lebensverhältnissen liegenden“ gestrichen.
- § 1576 Satz 2 BGB wird wie folgt gefasst: „Schwerwiegende Gründe dürfen nicht allein deswegen berücksichtigt werden, weil sie zum Scheitern der Ehe geführt haben.“

Der VA beschließt bei 2 Stimmenthaltungen, diese Änderung des § 1576 BGB *anzunehmen.*

Anlage: Arbeitsunterlage für die nächste Sitzung des Vermittlungsausschusses am 7.4.1976

Der VA hat die Anrufungsbegehren des BR zunächst nur erörtert. Beschlüsse wurden noch nicht gefasst; die Beschlussfassung soll erst in der nächsten Sitzung am 7.4.1976 erfolgen.

A. Erstes Gesetz zur Reform des Ehe- und Familienrechts (1. EheRG)

1. Zu den §§ 1565, 1566, 1568 BGB und § 614 ZPO

Vom BM der Justiz wurde zu § 1565 BGB folgende Formulierung vorgelegt: „*§ 1565.* (1) Eine Ehe kann geschieden werden, wenn sie gescheitert ist. Die Ehe ist gescheitert, wenn die Lebensgemeinschaft der Ehegatten nicht mehr besteht und nicht erwartet werden kann, dass die Ehegatten sie wiederherstellen.

(2) Hat die Ehe nicht mindestens ein Jahr bestanden, kann sie nur geschieden werden, wenn die Fortsetzung der Ehe für den Antragsteller aus Gründen, die in der Person des anderen Ehegatten liegen, eine unzumutbare Härte darstellen würde."

Zu § 1566 schlug der BM der Justiz vor, es bezüglich der Unwiderlegbarkeit der Vermutung (vgl. hierzu Ziff. IV des Anrufungsbegehrens) bei der vom BT beschlossenen Fassung des § 1566 Abs. 2 BGB zu belassen (damit bliebe § 1566 BGB insgesamt unverändert wie nach der BT-Fassung).

Im Zusammenhang mit diesen Vorschlägen wurde für die Härteklausel des § 1568 BGB *vom* BM der Justiz *folgende Fassung vorgelegt:*

„*§ 1568.* (1) Die Ehe soll nicht geschieden werden, obwohl sie gescheitert ist, wenn und solange die Aufrechterhaltung der Ehe im Interesse der aus der Ehe hervorgegangenen minderjährigen Kinder aus besonderen Gründen ausnahmsweise notwendig ist oder wenn und solange die Scheidung für den Antragsgegner, der sie ablehnt, auf Grund außergewöhnlicher Umstände eine so schwere Härte darstellen würde, dass die Aufrechterhaltung der Ehe auch unter Berücksichtigung der Belange des Antragstellers ausnahmsweise geboten erscheint.

(2) Abs. 1 ist nicht anzuwenden, wenn die Ehegatten länger als ... Jahre getrennt leben."

Es zeichnete sich in der Diskussion eine Bereitschaft ab, diesen Vorschlägen zu folgen.

Hinsichtlich der in § 1568 Abs. 2 BGB (s. oben) offen gelassenen Frist wurde am Schluss der Sitzung die Bereitschaft ersichtlich, in dieser Vorschrift „5 Jahre" einzusetzen, falls man im VA zu einer Gesamteinigung kommt.

Bei Annahme obiger Vorschläge wäre der Vorschlag des BR auf Einfügung eines neuen § 1567 a (vgl. Ziff. V des Anrufungsbegehrens) erledigt.

In diesem Zusammenhang wurde vom BM der Justiz vorgeschlagen, § 614 ZPO wie folgt zu fassen:

„*§ 614.* (2) ... Leben die Ehegatten länger als ein Jahr getrennt, so darf das Verfahren nicht gegen den Widerspruch beider Ehegatten, leben die Ehegatten länger als drei Jahre getrennt, so darf das Verfahren nicht gegen den Widerspruch des Klägers ausgesetzt werden.

(3) ...

(4) Die Aussetzung darf nur einmal wiederholt werden. Sie darf insgesamt die Dauer von einem Jahr nicht überschreiten."

Dieser letztere Vorschlag fand keine Unterstützung.

2. Zur Unterhaltsregelung (vgl. Ziff. VII des Anrufungsbegehrens)

In der Diskussion zeigte sich die Tendenz, hinsichtlich der Gesamtkonzeption der Unterhaltsregelung von der vom BT beschlossenen Fassung (§§ 1569 ff. BGB) – und nicht von der vom BR vorgeschlagenen Fassung – auszugehen.

Es bestand weitgehende Bereitschaft, in § 1576 BGB (der BT-Fassung) in Satz 1 die Worte, „in den ehelichen Lebensverhältnissen liegenden" zu streichen sowie Satz 2 (auf Grund eines Vorschlags des BM der Justiz) wie folgt zu fassen: „Schwerwiegende Gründe dürfen nicht allein deswegen berücksichtigt werden, weil sie zum Scheitern der Ehe geführt haben."

In diesem Zusammenhang wurde auch die Formulierung der negativen Billigkeitsklausel des § 1579 Abs. 1 Nr. 4 BGB der BT-Fassung (vgl. hierzu § 1575 Abs. 1 Satz 1 BGB nach dem Vorschlag des BR) erörtert. Nach eingehender Diskussion zeichnete sich die Bereitschaft ab, es insoweit bei der BT-Fassung zu § 1579 BGB zu belassen.

G. Abschließende Beratung des Bundestages und des Bundesrates

I. Beschlüsse des Vermittlungsausschusses

... II. Zu Art. 1 Nr. 17 (§§ 1565, 1568 BGB)

a) Zu Artikel 1 Nr. 17 (§ 1565 BGB)

Der bisherige Inhalt des § 1565 wird Absatz 1. Es wird folgender Absatz 2 eingefügt: „(2) Leben die Ehegatten noch nicht ein Jahr getrennt, so kann die Ehe nur geschieden werden, wenn die Fortsetzung der Ehe für den Antragsteller aus Gründen, die in der Person des anderen Ehegatten liegen, eine unzumutbare Härte darstellen würde."

b) Zu Artikel 1 Nr. 17 (§ 1568 BGB)

§ 1568 wird wie folgt gefasst: „*§ 1568.* (1) Die Ehe soll nicht geschieden werden, obwohl sie gescheitert ist, wenn und solange die Aufrechterhaltung der Ehe im Interesse der aus der Ehe hervorgegangenen minderjährigen Kinder aus besonderen Gründen ausnahmsweise notwendig ist oder wenn und solange die Scheidung für den Antragsgegner, der sie ablehnt, auf Grund außergewöhnlicher Umstände eine so schwere Härte darstellen würde, dass die Aufrechterhaltung der Ehe auch unter Berücksichtigung der Belange des Antragstellers ausnahmsweise geboten erscheint.

2) Absatz 1 ist nicht anzuwenden, wenn die Ehegatten länger als fünf Jahre getrennt leben."

III. Zu Artikel 1 Nr. 17 (§§ 1576, 1586 a BGB)

a) In § 1576 Satz 1 werden die Worte „„ in den ehelichen Lebensverhältnissen liegenden" gestrichen.

b) § 1576 Satz 2 wird wie folgt gefasst: „Schwerwiegende Gründe dürfen nicht allein deswegen berücksichtigt werden, weil sie zum Scheitern der Ehe geführt haben."

c) Der bisherige Inhalt des § 1586 a wird Absatz 1. Es wird folgender Absatz 2 angefügt: „(2) Der Ehegatte der später aufgelösten Ehe haftet vor dem Ehegatten der früher aufgelösten Ehe."

VII. Zu Artikel 1 Nr. 15 und 34 (§§ 1509, 2335 BGB)

a) Nummer 15 wird wie folgt gefasst: ‚15. In § 1509 wird nach Satz 1 folgender Satz eingefügt: „Das Gleiche gilt, wenn der Ehegatte auf Aufhebung der Ehe zu klagen berechtigt ist und die Klage erhoben hat.“

b) Nummer 34 wird wie folgt gefasst: ‚34. § 2335 erhält folgende Fassung:

„*§ 2335.* Der Erblasser kann dem Ehegatten den Pflichtteil entziehen:

1. wenn der Ehegatte dem Erblasser oder einem Abkömmling des Erblassers nach dem Leben trachtet;

2. wenn der Ehegatte sich einer vorsätzlichen körperlichen Misshandlung des Erblassers schuldig macht;

3. wenn der Ehegatte sich eines Verbrechens oder eines schweren vorsätzlichen Vergehens gegen den Erblasser schuldig macht;

4. wenn der Ehegatte die ihm dem Erblasser gegenüber gesetzlich obliegende Unterhaltspflicht böswillig verletzt.“

II. Annahme der Beschlüsse durch den Bundestag am 8.4.1976

Einstimmig gegen zwei Enthaltungen (Protokoll des Bundestags, S. 16407-16412; *Redner:* Jahn, Dr. Emmerlich, Dr. Lenz, Engelhard).

III. Annahme der Beschlüsse durch den Bundesrat am 9.4.1976

Gegen die Stimmen von Bayern und des Saarlandes (Protokolle des Bundesrates, 1976, S. 128-136; *Redner:* Schwarz, Wicklmayr, Günther, Dr. Seidl, Theisen und Vogel als Bundesminister der Justiz).

H. Text des 1. EheRG vom 14.6.1976 (§§ 1564-1586 b) und die Änderungen durch das Gesetz vom 20.2.1986 zur Änderung unterhaltsrechtlicher, verfahrensrechtlicher und anderer Vorschriften

Siebenter Titel. Scheidung der Ehe

I. Scheidungsgründe

§ 1564. Eine Ehe kann nur durch gerichtliches Urteil auf Antrag eines oder beider Ehegatten geschieden werden. Die Ehe ist mit der Rechtskraft des Urteils aufgelöst. Die Voraussetzungen, unter denen die Scheidung begehrt werden kann, ergeben sich aus den folgenden Vorschriften.

§ 1565. (1) Eine Ehe kann geschieden werden, wenn sie gescheitert ist. Die Ehe ist gescheitert, wenn die Lebensgemeinschaft der Ehegatten nicht mehr besteht und nicht erwartet werden kann, dass die Ehegatten sie wiederherstellen.

(2) Leben die Ehegatten noch nicht ein Jahr getrennt, so kann die Ehe nur geschieden werden, wenn die Fortsetzung der Ehe für den Antragsteller aus Gründen, die in der Person des anderen Ehegatten liegen, eine unzumutbare Härte darstellen würde.

§ 1566. (1) Es wird unwiderlegbar vermutet, dass die Ehe gescheitert ist, wenn die Ehegatten seit einem Jahr getrennt leben und beide Ehegatten die Scheidung beantragen oder der Antragsgegner der Scheidung zustimmt.

(2) Es wird unwiderlegbar vermutet, dass die Ehe gescheitert ist, wenn die Ehegatten seit drei Jahren getrennt leben.

§ 1567. (1) Die Ehegatten leben getrennt, wenn zwischen ihnen keine häusliche Gemeinschaft besteht und ein Ehegatte sie erkennbar nicht herstellen will, weil er die eheliche Lebensgemeinschaft ablehnt. Die häusliche Gemeinschaft besteht auch dann nicht mehr, wenn die Ehegatten innerhalb der ehelichen Wohnung getrennt leben.

(2) Ein Zusammenleben über kürzere Zeit, das der Versöhnung der Ehegatten dienen soll, unterbricht oder hemmt die in § 1566 bestimmten Fristen nicht.

§ 1568. (1) Die Ehe soll nicht geschieden werden, obwohl sie gescheitert ist, wenn und solange die Aufrechterhaltung der Ehe im Interesse der aus der Ehe hervorgegangenen minderjährigen Kinder aus besonderen Gründen ausnahmsweise notwendig ist oder wenn und solange die Scheidung für den Antragsgegner, der sie ablehnt, auf Grund außergewöhnlicher Umstände eine so schwere Härte darstellen würde, dass die Aufrechterhaltung der Ehe auch unter Berücksichtigung der Belange des Antragstellers ausnahmsweise geboten erscheint.

(2) Absatz 1 ist nicht anzuwenden, wenn die Ehegatten länger als fünf Jahre getrennt leben.

II. Unterhalt des geschiedenen Ehegatten

1. Grundsatz

§ 1569. Kann ein Ehegatte nach der Scheidung nicht selbst für seinen Unterhalt sorgen, so hat er gegen den anderen Ehegatten einen Anspruch auf Unterhalt nach den folgenden Vorschriften.

2. Unterhaltsberechtigung

§ 1570. Ein geschiedener Ehegatte kann von dem anderen Unterhalt verlangen, solange und soweit von ihm wegen der Pflege oder Erziehung eines gemeinschaftlichen Kindes eine Erwerbstätigkeit nicht erwartet werden kann.

§ 1571. Ein geschiedener Ehegatte kann von dem anderen Unterhalt verlangen, soweit von ihm im Zeitpunkt

1. der Scheidung,
2. der Beendigung der Pflege oder Erziehung eines gemeinschaftlichen Kindes oder
3. des Wegfalls der Voraussetzungen für einen Unterhaltsanspruch nach den §§ 1572 und 1573

wegen seines Alters eine Erwerbstätigkeit nicht mehr erwartet werden kann.

§ 1572. Ein geschiedener Ehegatte kann von dem anderen Unterhalt verlangen, solange und soweit von ihm vom Zeitpunkt

1. der Scheidung,
2. der Beendigung der Pflege oder Erziehung eines gemeinschaftlichen Kindes,
3. der Beendigung der Ausbildung, Fortbildung oder Umschulung oder
4. des Wegfalls der Voraussetzungen für einen Unterhaltsanspruch nach § 1573

an wegen Krankheit oder anderer Gebrechen oder Schwäche seiner körperlichen oder geistigen Kräfte eine Erwerbstätigkeit nicht erwartet werden kann.

§ 1573. (1) Soweit ein geschiedener Ehegatte keinen Unterhaltsanspruch nach den §§ 1570 bis 1572 hat, kann er gleichwohl Unterhalt verlangen, solange und soweit er nach der Scheidung keine angemessene Erwerbstätigkeit zu finden vermag.

(2) Reichen die Einkünfte aus einer angemessenen Erwerbstätigkeit zum vollen Unterhalt (§ 1578) nicht aus, kann er, soweit er nicht bereits einen Unterhaltsanspruch nach den §§ 1570 bis 1572 hat, den Unterschiedsbetrag zwischen den Einkünften und dem vollen Unterhalt verlangen.

(3) Absätze 1 und 2 gelten entsprechend, wenn Unterhalt nach den §§ 1570 bis 1572, 1575 zu gewähren war, die Voraussetzungen dieser Vorschriften aber entfallen sind.

(4) Der geschiedene Ehegatte kann auch dann Unterhalt verlangen, wenn die Einkünfte aus einer angemessenen Erwerbstätigkeit wegfallen, weil es ihm trotz seiner Bemühungen nicht gelungen war, den Unterhalt durch die Erwerbstätigkeit nach der Scheidung nachhaltig zu sichern. War es ihm gelungen, den Unterhalt teilweise nachhaltig zu sichern, so kann er den Unterschiedsbetrag zwischen dem nachhaltig gesicherten und dem vollen Unterhalt verlangen.

§ 1574. (1) Der geschiedene Ehegatte braucht nur eine ihm angemessene Erwerbstätigkeit auszuüben.

(2) Angemessen ist eine Erwerbstätigkeit, die der Ausbildung, den Fähigkeiten, dem Lebensalter und dem Gesundheitszustand des geschiedenen Ehegatten sowie den ehelichen Lebensverhältnissen entspricht, bei den ehelichen Lebensverhältnissen sind die Dauer der Ehe und die Dauer der Pflege oder Erziehung eines gemeinschaftlichen Kindes zu berücksichtigen.

(3) Soweit es zur Aufnahme einer angemessenen Erwerbstätigkeit erforderlich ist, obliegt es dem geschiedenen Ehegatten, sich ausbilden, fortbilden oder umschulen zu lassen, wenn ein erfolgreicher Abschluss der Ausbildung zu erwarten ist.

§ 1575. (1) Ein geschiedener Ehegatte, der in Erwartung der Ehe oder während der Ehe eine Schul- oder Berufsausbildung nicht aufgenommen oder abgebrochen hat, kann von dem anderen Ehegatten Unterhalt verlangen, wenn er diese oder eine entsprechende Ausbildung sobald wie möglich aufnimmt, um eine angemessene Erwerbstätigkeit, die den Unterhalt nachhaltig sichert, zu erlangen und der erfolgreiche Abschluss der Ausbildung zu erwarten ist. Der Anspruch besteht längstens für die Zeit, in der eine solche Ausbildung im Allgemeinen abgeschlossen wird; dabei sind ehebedingte Verzögerungen der Ausbildung zu berücksichtigen.

(2) Entsprechendes gilt, wenn sich der geschiedene Ehegatte fortbilden oder umschulen lässt, um Nachteile auszugleichen, die durch die Ehe eingetreten sind.

(3) Verlangt der geschiedene Ehegatte nach Beendigung der Ausbildung, Fortbildung oder Umschulung Unterhalt nach § 1573, so bleibt bei der Bestimmung der ihm angemessenen Erwerbstätigkeit (§ 1574 Abs. 2) der erreichte höhere Ausbildungsstand außer Betracht.

§ 1576. Ein geschiedener Ehegatte kann von dem anderen Unterhalt verlangen, soweit und solange von ihm aus sonstigen schwerwiegenden Gründen eine Erwerbstätigkeit nicht erwartet werden kann und die Versagung von Unterhalt unter Berücksichtigung der Belange beider Ehegatten grob unbillig wäre. Schwerwiegende Gründe dürfen nicht allein deswegen berücksichtigt werden, weil sie zum Scheitern der Ehe geführt haben.

§ 1577. (1) Der geschiedene Ehegatte kann den Unterhalt nach den §§ 1570 bis 1573, 1575 und 1576 nicht verlangen, solange und soweit er sich aus seinen Einkünften und seinem Vermögen selbst unterhalten kann.

(2) Einkünfte sind nicht anzurechnen, soweit der Verpflichtete nicht den vollen Unterhalt (§ 1578) leistet. Einkünfte, die den vollen Unterhalt übersteigen, sind insoweit anzurechnen, als dies unter Berücksichtigung der beiderseitigen wirtschaftlichen Verhältnisse der Billigkeit entspricht.

(3) Den Stamm des Vermögens braucht der Berechtigte nicht zu verwerten, soweit die Verwertung unwirtschaftlich oder unter Berücksichtigung der beiderseitigen wirtschaftlichen Verhältnisse unbillig wäre.

(4) War zum Zeitpunkt der Ehescheidung zu erwarten, dass der Unterhalt des Berechtigten aus seinem Vermögen nachhaltig gesichert sein würde, fällt das Vermögen aber später weg, so besteht kein Anspruch auf Unterhalt. Dies gilt nicht, wenn im Zeitpunkt des Vermögenswegfalls von dem Ehegatten wegen der Pflege oder Erziehung eines gemeinschaftlichen Kindes eine Erwerbstätigkeit nicht erwartet werden kann.

§ 1578. (1) Das Maß des Unterhalts bestimmt sich nach den ehelichen Lebensverhältnissen. Der Unterhalt umfasst den gesamten Lebensbedarf.

(2) Zum Lebensbedarf gehören auch die Kosten einer angemessenen Versicherung für den Fall der Krankheit sowie die Kosten einer Schul- oder Berufsausbildung, einer Fortbildung oder einer Umschulung nach den §§ 1574. 1575.

(3) Hat der geschiedene Ehegatte einen Unterhaltsanspruch nach den §§ 1570 bis 1573 oder § 1576, so gehören zum Lebensbedarf auch die Kosten einer angemessenen Versicherung für den Fall des Alters sowie der Berufs- oder Erwerbsunfähigkeit.

§ 1579. (1) Ein Unterhaltsanspruch besteht nicht, soweit die Inanspruchnahme des Verpflichteten grob unbillig wäre, weil

1. die Ehe von kurzer Dauer war; der Ehedauer steht die Zeit gleich, in welcher der Berechtigte wegen der Pflege oder Erziehung eines gemeinschaftlichen Kindes nach § 1570 Unterhalt verlangen konnte,

2. der Berechtigte sich eines Verbrechens oder eines schweren vorsätzlichen Vergehens gegen den Verpflichteten oder einen nahen Angehörigen des Verpflichteten schuldig gemacht hat,

3. der Berechtigte seine Bedürftigkeit mutwillig herbeigeführt hat oder

4. ein anderer Grund vorliegt, der ebenso schwer wiegt wie die in den Nummern 1 bis 3 aufgeführten Gründe.

(2) Absatz 1 gilt nicht, solange und soweit von dem Berechtigten wegen der Pflege oder Erziehung eines gemeinschaftlichen Kindes eine Erwerbstätigkeit nicht erwartet werden kann.

§ 1580. Die geschiedenen Ehegatten sind einander verpflichtet, auf Verlangen über ihre Einkünfte und ihr Vermögen Auskunft zu erteilen. § 1605 ist entsprechend anzuwenden.

3. Leistungsfähigkeit und Rangfolge

§ 1581. Ist der Verpflichtete nach seinen Erwerbs- und Vermögensverhältnissen unter Berücksichtigung seiner sonstigen Verpflichtungen außerstande, ohne Gefährdung des eigenen angemessenen Unterhalts dem Berechtigten Unterhalt zu gewähren, so braucht er nur insoweit Unterhalt zu leisten, als es mit Rücksicht auf die Bedürfnisse und die Erwerbs- und Vermögensverhältnisse der geschiedenen Ehegatten der Billigkeit entspricht. Den Stamm des Vermögens braucht er nicht zu verwerten, soweit die Verwertung unwirtschaftlich oder unter Berücksichtigung der beiderseitigen wirtschaftlichen Verhältnisse unbillig wäre.

§ 1582. (1) Bei Ermittlung des Unterhalts des geschiedenen Ehegatten geht im Falle des § 1581 der geschiedene Ehegatte einem neuen Ehegatten vor, wenn dieser nicht bei entsprechender Anwendung der §§ 1569 bis 1574, § 1576 und des § 1577 Abs. 1 unterhaltsberechtigt wäre. Hätte der neue Ehegatte nach diesen Vorschriften einen Unterhaltsanspruch, geht ihm der geschiedene Ehegatte gleichwohl vor, wenn er nach § 1570 oder nach § 1576 unterhaltsberechtigt ist oder die Ehe mit dem geschiedenen Ehegatten von langer Dauer war. Der Ehedauer steht die Zeit gleich, in der Ein Ehegatte wegen der Pflege oder Erziehung eines gemeinschaftlichen Kindes nach § 1570 unterhaltsberechtigt war.

(2) § 1609 bleibt im Übrigen unberührt.

§ 1583. Lebt der Verpflichtete im Falle der Wiederheirat mit seinem neuen Ehegatten im Güterstand der Gütergemeinschaft, so ist § 1604 entsprechend anzuwenden.

§ 1584. Der unterhaltspflichtige geschiedene Ehegatte haftet vor den Verwandten des Berechtigten. Soweit jedoch der Verpflichtete nicht leistungsfähig ist, haften die Verwandten vor dem geschiedenen Ehegatten. § 1607 Abs. 2 ist entsprechend anzuwenden.

4. Gestaltung des Unterhaltsanspruchs

§ 1585. (1) Der laufende Unterhalt ist durch Zahlung einer Geldrente zu gewähren. Die Rente ist monatlich im Voraus zu entrichten. Der Verpflichtete schuldet den vollen Monatsbetrag auch dann, wenn der Unterhaltsanspruch im Laufe des Monats durch Wiederheirat oder Tod des Berechtigten erlischt.

(2) Statt der Rente kann der Berechtigte eine Abfindung im Kapital verlangen, wenn ein wichtiger Grund vorliegt und der Verpflichtete dadurch nicht unbillig belastet wird.

§ 1585 a. (1) Der Verpflichtete hat auf Verlangen Sicherheit zu leisten. Die Verpflichtung, Sicherheit zu leisten, entfällt, wenn kein Grund zu der Annahme besteht, dass die Unterhaltsleistung gefährdet ist oder wenn der Verpflichtete durch die Sicherheitsleistung unbillig belastet würde. Der Betrag, für den Sicherheit zu leisten ist, soll den einfachen Jahresbetrag der Unterhaltsrente nicht übersteigen, sofern nicht nach den besonderen Umständen des Falles eine höhere Sicherheitsleistung angemessen erscheint.

(2) Die Art der Sicherheitsleistung bestimmt sich nach den Umständen; die Beschränkung des § 232 gilt nicht.

§ 1585 b. (1) Wegen eines Sonderbedarfs (§ 1613 Abs. 2) kann der Berechtigte Unterhalt für die Vergangenheit verlangen.

(2) Im Übrigen kann der Berechtigte für die Vergangenheit Erfüllung oder Schadensersatz wegen Nichterfüllung erst von der Zeit an fordern, in der der Unterhaltspflichtige in Verzug gekommen oder der Unterhaltsanspruch rechtshängig geworden ist.

(3) Für eine mehr als ein Jahr vor der Rechtshängigkeit liegende Zeit kann Erfüllung oder Schadensersatz wegen Nichterfüllung nur verlangt werden, wenn anzunehmen ist, dass der Verpflichtete sich der Leistung absichtlich entzogen hat.

§ 1585 c. Die Ehegatten können über die Unterhaltspflicht für die Zeit nach der Scheidung Vereinbarungen treffen.

5. Ende des Unterhaltsanspruchs

§ 1586. (1) Der Unterhaltsanspruch erlischt mit der Wiederheirat oder dem Tod des Berechtigten.

(2) Ansprüche auf Erfüllung oder Schadensersatz wegen Nichterfüllung für die Vergangenheit bleiben bestehen. Das Gleiche gilt für den Anspruch auf den zur Zeit der Wiederheirat oder des Todes fälligen Monatsbetrag.

§ 1586 a. (1) Geht ein geschiedener Ehegatte eine neue Ehe ein und wird die Ehe wieder aufgelöst, so kann er von dem früheren Ehegatten Unterhalt nach § 1570 verlangen, wenn er ein Kind aus der früheren Ehe zu pflegen oder zu erziehen hat. Ist die Pflege

oder Erziehung beendet, so kann er Unterhalt nach den §§ 1571 bis 1573, 1575 verlangen.

(2) Der Ehegatte der später aufgelösten Ehe haftet vor dem Ehegatten der früher aufgelösten Ehe.

§ 1586 b. (1) Mit dem Tod des Verpflichteten geht die Unterhaltspflicht auf den Erben als Nachlassverbindlichkeit über. Die Beschränkungen nach § 1581 fallen wag. Der Erbe haftet jedoch nicht über einen Betrag hinaus, der dem Pflichtteil entspricht, welcher dem Berechtigten zustände, wenn die Ehe nicht geschieden worden wäre.

(2) Für die Berechnung des Pflichtteils bleiben Besonderheiten auf Grund des Güterstandes, in dem die geschiedenen Ehegatten gelebt haben, außer Betracht.

28. *§ 1671* wird wie folgt gefasst: „*§ 1671.* (1) Wird die Ehe der Eltern geschieden, so bestimmt das Familiengericht, welchem Elternteil die elterliche Gewalt über ein gemeinschaftliches Kind zustehen soll.

(2) Von einem gemeinsamen Vorschlag der Eltern soll das Familiengericht nur abweichen, wenn dies zum Wohle des Kindes erforderlich ist.

(3) Haben die Eltern keinen Vorschlag gemacht oder billigt das Familiengericht ihren Vorschlag nicht, so trifft es die Regelung, die unter Berücksichtigung der gesamten Verhältnisse dem Wohle des Kindes am besten entspricht.

(4) Die elterliche Gewalt soll in der Regel einem Elternteil übertragen werden. Erfordert es das Wohl des Kindes, so kann einem Elternteil die Sorge für die Person, dem anderen die Sorge für das Vermögen des Kindes übertragen werden.

(5) Das Familiengericht kann die Sorge für die Person und das Vermögen des Kindes einem Vormund oder Pfleger übertragen, wenn dies erforderlich ist, um eine Gefahr für das geistige oder leibliche Wohl oder für das Vermögen des Kindes abzuwenden.

(6) Die vorstehenden Vorschriften gelten entsprechend, wenn die Ehe der Eltern für nichtig erklärt oder aufgehoben worden ist. Haben die Eltern innerhalb von zwei Monaten nach Rechtskraft des Urteils, durch das die Ehe für nichtig erklärt oder aufgehoben worden ist, keinen Vorschlag gemacht, so trifft das Familiengericht die Regelung, die unter Berücksichtigung der gesamten Verhältnisse dem Wohle des Kindes am besten entspricht."

29. *§ 1672* wird wie folgt gefasst: „*§ 1672.* Leben die Eltern nicht nur vorübergehend getrennt, so bestimmt das Familiengericht, welchem Elternteil die elterliche Gewalt über ein gemeinschaftliches Kind zustehen soll. Das Gericht entscheidet nur auf Antrag eines Elternteils. Die Vorschriften des § 1671 Abs. 2 bis 4 gelten entsprechend."

43. *§ 1933* erhält folgende Fassung: „*§ 1933.* Das Erbrecht des überlebenden Ehegatten sowie das Recht auf den Voraus ist ausgeschlossen, wenn zur Zeit des Todes des Erblassers die Voraussetzungen für die Scheidung der Ehe gegeben waren und der Erblasser die Scheidung beantragt oder ihr zugestimmt hatte. Das Gleiche gilt, wenn der Erblasser auf Aufhebung der Ehe zu klagen berechtigt war und die Klage erhoben hatte. In diesen Fällen ist der Ehegatte nach Maßgabe der §§ 1569 bis 1586 b unterhaltsberechtigt."

44. *§ 2077* wird wie folgt geändert:

a) Absatz 1 Satz 2 erhält folgende Fassung: „Der Auflösung der Ehe steht es gleich, wenn zur Zeit des Todes des Erblassers die Voraussetzungen für die Scheidung der Ehe gegeben waren und der Erblasser die Scheidung beantragt oder ihr zugestimmt hatte."

b) An Absatz 1 wird nach Satz 2 folgender Satz 3 angefügt: „Das Gleiche gilt, wenn der Erblasser zur Zeit seines Todes auf Aufhebung der Ehe zu klagen berechtigt war und die Klage erhoben hatte.“

45. *§ 2268 Abs. 2* erhält folgende Fassung: „(2) Wird die Ehe vor dem Tode eines der Ehegatten aufgelöst oder liegen die Voraussetzungen des § 2077 Abs. 1 Satz 2 oder 3 vor, so bleiben die Verfügungen insoweit wirksam, als anzunehmen ist, dass sie auch für diesen Fall getroffen sein würden.“

46. In *§ 2331 a Abs. 2 Satz 2* zweiter Halbsatz wird das Wort „Vormundschaftsgerichts“ durch das Wort „Familiengerichts“ ersetzt.

47. *§ 2335* erhält folgende Fassung:

„*§ 2335.* Der Erblasser kann dem Ehegatten den Pflichtteil entziehen:

1. wenn der Ehegatte dem Erblasser oder einem Abkömmling des Erblassers nach dem Leben trachtet;

2. wenn der Ehegatte sich einer vorsätzlichen körperlichen Misshandlung des Erblassers schuldig macht;

3. wenn der Ehegatte sich eines Verbrechens oder eines schweren vorsätzlichen Vergehens gegen den Erblasser schuldig macht;

4. wenn der Ehegatte die ihm dem Erblasser gegenüber gesetzlich obliegende Unterhaltspflicht böswillig verletzt.“

Unterhaltsrechtsänderungsgesetz vom 20.2.1986

...4. *§ 1568 Abs. 2* wird aufgehoben.

5. Dem *§ 1573* wird nach Absatz 4 angefügt:

„(5) Die Unterhaltsansprüche nach Absatz 1 bis 4 können zeitlich begrenzt werden, soweit insbesondere unter Berücksichtigung der Dauer der Ehe sowie der Gestaltung von Haushaltsführung und Erwerbstätigkeit ein zeitlich unbegrenzter Unterhaltsanspruch unbillig wäre; dies gilt in der Regel nicht, wenn der Unterhaltsberechtigte nicht nur vorübergehend ein gemeinschaftliches Kind allein oder überwiegend betreut hat oder betreut. Die Zeit der Kindesbetreuung steht der Ehedauer gleich.“

6. In *§ 1578 Abs. 1* wird

a) nach Satz 1 eingefügt:

„Die Bemessung des Unterhaltsanspruchs nach den ehelichen Lebensverhältnissen kann zeitlich begrenzt und danach auf den angemessenen Lebensbedarf abgestellt werden, soweit insbesondere unter Berücksichtigung der Dauer der Ehe sowie der Gestaltung von Haushaltsführung und Erwerbstätigkeit eine zeitlich unbegrenzte Bemessung nach Satz 1 unbillig wäre; dies gilt in der Regel nicht, wenn der Unterhaltsberechtigte nicht nur vorübergehend ein gemeinschaftliches Kind allein oder überwiegend betreut hat oder betreut. Die Zeit der Kindesbetreuung steht der Ehedauer gleich.“,

b) der bisherige Satz 2 zu Satz 4.

7. § 1579 wird wie folgt gefasst:

„*§ 1579.* Ein Unterhaltsanspruch ist zu versagen, herabzusetzen oder zeitlich zu begrenzen, soweit die Inanspruchnahme des Verpflichteten, auch unter Wahrung der Belange eines dem Berechtigten zur Pflege oder Erziehung anvertrauten gemeinschaftlichen Kindes grob unbillig wäre, weil

1. die Ehe von kurzer Dauer war; der Ehedauer steht die Zeit gleich, in welcher der Berechtigte wegen der Pflege oder Erziehung eines gemeinschaftlichen Kindes nach § 1570 Unterhalt verlangen konnte,

2. der Berechtigte sich eines Verbrechens oder eines schweren vorsätzlichen Vergehens gegen den Verpflichteten oder einen nahen Angehörigen des Verpflichteten schuldig gemacht hat,

3. der Berechtigte seine Bedürftigkeit mutwillig herbeigeführt hat,

4. der Berechtigte sich über schwerwiegende Vermögensinteressen des Verpflichteten mutwillig hinweggesetzt hat,

5. der Berechtigte vor der Trennung längere Zeit hindurch seine Pflicht, zum Familienunterhalt beizutragen, gröblich verletzt hat,

6. dem Berechtigten ein offensichtlich schwerwiegendes, eindeutig bei ihm liegendes Fehlverhalten gegen den Verpflichteten zur Last fällt oder

7. ein anderer Grund vorliegt, der ebenso schwer wiegt wie die in den Nummern 1 bis 6 aufgeführten Gründe."

Anhang I: *Putting Asunder*: Ein Scheidungsgesetz für die heutige Gesellschaft. Der Bericht einer Gruppe, die vom Erzbischof von Canterbury im Januar 1964 berufen wurde*

Vorwort

Die Ereignisse, die zum Zustandekommen dieser Studie führten, sind auf Seite 4 und 5 [S. 265 f.] erläutert. Ich berief die Gruppe, die zum größten Teil, aber nicht ausschließlich, aus Mitgliedern der Anglikanischen Kirche gebildet wurde, in der Hoffnung herauszufinden, ob eine neue Art Scheidungsrecht entwickelt werden könnte, das von den, äußerst unbefriedigenden Zügen des gegenwärtigen Rechts frei sein und dennoch die Stellung der Ehe in der Gemeinschaft nicht schwächen würde. Für einige Zeit hat es eine Kluft gegeben zwischen der Praxis des Staates und den Grundsätzen der christlichen Ehe, wie sie von der Kirche, der ich angehöre, vertreten werden. Auch wenn die Gesetzgebung den in diesem Bericht vorgeschlagenen Richtschnuren folgen sollte, glaube ich, dass die Kirchen immer noch ihre eigene seelsorgerische Ordnung aufrechterhalten würden.

Ich bin sicher, dass viele, die diesen Bericht lesen, meine Dankbarkeit für jene teilen, die auf meine Bitte hin ihre Aufgabe mit solcher Gründlichkeit erledigen. Ich hoffe, dass er zu einer umfassenden Erörterung der aufgeworfenen Streitfragen führen wird.

Michael Cantuar

Bericht an Euer Gnaden den Lord Erzbischof von Canterbury

Möge es Euer Gnaden gefallen: Wir, die Unterzeichnenden, wurden im Januar 1964 von Euer Gnaden beauftragt, das englische Scheidungsrecht kritisch zu überprüfen, und „in Anbetracht der unterschiedlichen Einstellung von Kirche und Staat gegenüber einer weiteren Heirat eines Geschiedenen, dessen früherer Ehepartner noch lebt, zu überlegen, ob die Einbeziehung irgendeines neuen Grundsatzes oder Verfahrens im Recht des Staates wahrscheinlich

---

* Putting Assunder. A Divorce Law for Contemporary Society. The Report of a Group by the Archbishop of Canterbury in January 1964, London 1966. Übersetzt von Joachim Götz 1966/67 (Anlage zu den Protokollen der Eherechtskommission des BMJ). – Die Vornamen und die Geburtsdaten der unter (1) aufgeführten Kommissionsmitglieder sind vom Hrsg. hinzugefügt worden. Kurzbiographien finden sich für die meisten Mitglieder im engl. Who is Who von 1967 und 1981 (hier für MacRae und für Pond). Zu Mortimer ist auch zu verweisen auf die Biographie in: Oxford Dictionary of National Biographie, Bd. 39, 2004, S. 389 f. Zur Biographie von Lady Oppenheimer vgl. deren Biographie im Internet. Über Quentin Edwards und Joan Rubinstein waren keine biographischen Daten auffindbar.

1. gerechter und als größere Hilfe für den Bestand der Ehe und das Glück aller Beteiligten (auch der Kinder) wirken würde als zur Zeit, und

2. in solcher Weise, dass nichts geschieht, um die die Einstellung der Paare zur Ehe als lebenslanger Verbindung zu untergraben."

Wir möchten nun wie folgt berichten.

Robert Exon:
J.N.D. Anderson
G.B. Bentley
Colville of Culross
Devlin
G.R. Dunstan
Quentin Edwards
D.G. MacRae
Helen Oppenheimer
H.J. Phillimore
D.A. Pond
Joan Rubinstein

Einleitung. Mitgliedschaft

(1) Als die Gruppe im Januar 1964 berufen wurde, bestand sie aus folgenden Mitgliedern:
The Right Reverend *Robert Cecil Mortimer* (1902-1976), D.D. Erzbischof von Exeter (Vorsitzender),
Professor *James Norman Dalrympl Anderson*, O.B.B., L.L.D., Direktor des Instituts of Advanced Legal Studies an der Universität London,
The Reverend *Geoffrey Bryan Bentley* (geb. 1909), Canon of Windsor,
The Viscount *John Mark Alexander Colville of Culrose* (geb. 1933), Barrister-at-law, Präsident des National Council for the Unmarried Mother and her Child,
The Right Honourable The *Lord William Anthony Devlin* (geb. 1928), Lord of Appeal,
The Reverend *Gordon Reginald Dunstan* (geb. 1917), Minor Canon Westminster Abbey,
Quentin Edwards, Bsq., Barrister-at-law,
Professor *Donald Gunn MacRae* (geb. 1921), Professor der Soziologie an der Universität London,
Lady *Helen Oppenheimer*, B.Phil., Schriftstellerin über christliche Ethik,
The Honourable Mr. Justice *Henry Joceline Phillimore* (geb. 1910), O.B.E., a Justice of the High Court of Justice,
Desmond Arthur Pond (geb. 1918), Esq., M.D., F.R.C.P., D.P.M., Psychiater am University College Hospital und Maudsley Hospital,
Miss *Joan S. Rubinstein*, Partnerin einer Firma Londoner Rechtsanwälte,
The Right Honourable *Edward Short* (geb. 1912), Mitglied des Parlaments for Newcastle upon Tyne Central (der im Oktober 1964 zum Parliamentary Secretary to the Treasury and Government Chief Whip ernannt wurde).

(2) M.G.V. Harrison, Esq., Barrister-at-law wurde im Juni 1964 zum Honorary Secretary ernannt. Im November desselben Jahres trat Mr. Short zurück, nachdem er zum Government Chief Whip ernannt worden war. Die dadurch entstandene freie Stelle wurde im März 1965 von *A.J. Irvine* Esq., Q.C., Mitglied des Parliament for Liverpool, Edge Hill, eingenommen, der jedoch nur bei einer Zusammenkunft anwesend sein konnte, bevor auch er im November dieses Jahres zurücktrat. Die öffentlichen Pflichten von Lord Devlin hinderten ihn daran, zu mehr als einer Zusammenkunft zu kommen. Die Protokolle der

Gruppe und alle anderen Papiere wurden ihm jedoch zugesandt, und er half der Gruppe dadurch, dass er sich über den Entwurf des Berichts kritisch äußerte. Wegen Krankheit und anderer unglücklicher Umstände konnte Professor MacRae zu den späteren Zusammenkünften nicht kommen, oder Anhang F rechtzeitig für die Annahme durch die Gruppe fertig stellen.

Zusammenkünfte: (3) Die gesamte Gruppe traf sich achtzehn Mal zwischen Mai 1964 und März 1966, ein Mal in der London School of Economics, ansonsten im Institute of Advanced Legal Studies. Acht der Zusammenkünfte erstreckten sich über zwei Tage. Außerdem bereiteten drei Unterkomitees – ein theologisches, juristisches und soziologisches – Material für unsere Diskussion und zur Aufnahme in den Bericht vor.

Unterlagen: (4) Die Namen derjenigen, die uns Bericht erstatten, und der Körperschaften, die schriftliches Material einreichten, werden in Anhang G wiedergegeben. Außerdem erhielten wir viele Briefe, die über persönliche Erfahrungen berichten.

(5) Wir möchten unsere Dankbarkeit gegenüber Mr. Justice Selby vom Supreme Court of New South Wales, der High Commission von Neu-Seeland, der belgischen Botschaft und dem Church Informationn Office zum Ausdruck bringen, gegenüber Professor Anderson dafür, dass er das Institut of Advanced Legal Studies für unsere Zusammenkünfte verfügbar gemacht hat, und gegenüber all denjenigen die uns geholfen haben dadurch, dass sie gekommen sind, um Bericht zu erstatten, oder auf andere Weise.

1. Unsere Richtlinien und ihr Hintergrund

(6) Die Scheidung ist ein gefährliches Thema für Vertreter der Kirche. Alles, was sie darüber sagen, muss als Anzeichen einer Änderung der kirchlichen Ansichten über die Ehe interpretiert werden. Wir müssen deshalb von Anfang an so deutlich als möglich herausstellen, nicht nur, was das Thema dieser Arbeit ist, sondern auch, was es nicht ist. Ein Zitat aus einem früheren Bericht über Ehe und Scheidung liefert die benötigte Abgrenzung:

Wir müssen uns mit den Verhältnissen beschäftigen, denen die Kirche in England heute gegenübersteht. Ein doppeltes Problem gilt es zu lösen. Denn was immer in früheren Zeiten der Fall gewesen sein mag, so müssen wir heute nicht nur überlegen, was die Kirche von ihren eigenen Mitgliedern verlangen muss, sondern auch, was nach der Ansicht der Kirche das Recht des Landes im 20. Jahrhundert sein sollte.

Diese beiden Seiten der Pflicht der Kirche müssen sorgfältig unterschieden werden.[1]

So haben 1935 die Joint Committees on Church and Marriage die Aufgabe beschrieben, die Convocations ihnen gestellt hatten, und wir möchten den Satz, den wir kursiv gedruckt haben, ganz dick mit der dunkelrotesten Tinte unterstreichen. Jeder, der im Namen der Kirche spricht und diese eben gemachte Unterscheidung nicht beachtet, riskiert missverstanden zu werden sowohl innerhalb der Kirche als auch in der Gesellschaft über-

1 *The Church and Marriage* (1935) pp. The Joint Committees, deren Bericht dies ist, wurden berufen, um die Folgerungen, die sich aus der Entschließung 11 der Lambeth Conference von 1930 ergeben, zu untersuchen.

haupt. Wie die Lehre Christi über die Ehe innerhalb der Christlichen Kirche interpretiert und angewandt werden sollte ist die Frage; was die Kirche in Bezug auf weltliche Ehe- und Scheidungsgesetze tun sollte, ist eine ganz andere Frage. Das kann gar nicht oft genug wiederholt werden.

(7) Unsere eigenen Leitgedanken machen es völlig klar, dass wir uns nur mit der zweiten Frage beschäftigen. Wir haben deshalb unsere Aufmerksamkeit allein auf das staatliche Recht gerichtet, um zu sehen, ob es irgendeine Verbesserung oder Reform dieses Rechts gibt, die wir im Interesse der ganzen Nation empfehlen können. Wir haben uns nicht mit der Ehedoktrin und Lehre der Anglikanischen Kirche beschäftigt, und weder machen wir, noch deuten wir irgendeine diesbezügliche Empfehlung an.

(8) Die Ereignisse, die zur Berufung der Studiengruppe durch den Erzbischof führten, bestätigen ein solches Verständnis unserer Aufgabe. 1951 brachte Mrs. Eirene White eine Gesetzesvorlage im Unterhaus ein, durch die ein neuer Scheidungsgrund zu den bereits bestehenden hinzugefügt werden sollte. Ihr Vorschlag ging dahin, die Scheidung zu begehren, ohne eine Eheverfehlung des anderen beweisen zu müssen, wenn die Gatten sieben Jahre lang voneinander getrennt gelebt hatten und keinerlei Hoffnung bestand, dass sie versöhnt werden könnten. Nach der zweiten Lesung zog Mrs. White die Vorlage zurück, da die Regierung das Versprechen abgegeben hatte, dass eine königliche Kommission (Royal Commission) berufen werden würde. Die Berufung geschah im gleichen Jahr und nachdem die Kommission den Grundsatz, der dem Vorschlag von Mrs. White zu Grunde lag, sorgfältig geprüft hatte (und den die Kommission Zerrüttungsprinzip nannte – doctrine of the breakdown of marriage – im Gegensatz zum hergebrachten Verschuldungsprinzip – doctrine of the matrimonial offence –), berichtete sie 1955, dass neun ihrer Mitglieder es befürworteten, dem Gesetz einen „Scheidungsgrund wegen Getrenntlebens – ground of separation –“ hinzuzufügen, und neun dagegen waren, während eines, Lord Walker, den Begriff der Eheverfehlung überhaupt aus dem Gesetz verbannt und statt dessen den Begriff der Zerrüttung eingeführt sehen wollte.[2]

Daraufhin wurde im Jahre 1963 der wesentliche Teil von Mrs. Whites Vorschlag durch Herrn Leo Abse nochmals im Unterhaus eingebracht. Seine Vorlage enthielt auch Maßnahmen, die die Versöhnung fördern sollten, und, um deren Verabschiedung zu sichern, ließ er die umstrittenen Sätze allmählich fallen. Daraufhin brachte Lord Silkin im Oberhaus eine Ergänzungsvorlage ein, die in ihrer Wirkung diese Sätze wieder hergestellt hätte. Sie wurde jedoch abgelehnt. Im Verlauf einer wichtigen Debatte über diese Ergänzung, am 21. Juni 1963, ließ der Erzbischof zum ersten Male seine Absicht durchblicken, die gegenwärtige Studiengruppe zu bilden.[3] Indem er gegen den Antrag Stellung nahm,

---

2 *Bericht der Royal Commission on Marriage and Divorce* 1951-1955 (Comd. 9678) Kap. 2 und „Statement of his views by Lord Walker“ S. 340 f. Der allgemeinen Sitte folgend bezeichnen wir diese Kommission als die „Morton Commission“. Der Ausdruck „ground of separation“, den wir der Einfachheit halber benutzen ist dem Matrimonial Causes Act 1959 (Australia) entnommen S. 37 (1).

3 Vergleiche jedoch den letzten Satz der Erklärung, die vom Erzbischof zusammen mit den Erzbischöfen von York und Wales, dem Römisch Katholischen Erzbischof von Birmingham und dem Vorsitzenden und Generalsekretär des Free Church Federal

sagte er[4]: „My Lords, das soll nicht heißen, dass ich mit der gegenwärtigen Praxis der Scheidungsgerichte zufrieden bin. Wenn es möglich wäre, im Recht ein Prinzip der Zerrüttung der Ehe zu finden, das von jeglicher Spur des Gedankens einer beiderseitigen Übereinstimmung frei wäre, das dem Gesichtspunkt Rechnung tragen würde, dass Verfehlungen und nicht nur Wünsche Grundlage der Zerrüttung sind, und das von einem viel stärkeren Nachdruck auf ein vorhergehendes Versöhnungsverfahren beherrscht wäre, dann würde ich es gerne in Betracht ziehen. Ich werde einige meiner Kirchenbrüder bitten zu untersuchen, ob es möglich ist, an diesem Gedanken soziologisch und die Lehre betreffend zu arbeiten, um herauszufinden, ob sich irgend etwas ergibt."

Unsere Aufgabe bestand also darin nachzuforschen, ob wir dem Erzbischof, wenn er ihn für geeignet halten sollte, irgendeinen Grundsatz zur künftigen Erwägung durch die Gesetzgebung empfehlen können, durch den das staatliche Scheidungsrecht zu gerechteren Entscheidungen gelangen könnte, ohne der Festigkeit der Ehe oder der lebenslänglichen Natur des ehelichen Bündnisses Schaden zuzufügen und um so den unglücklichen Fällen abzuhelfen, die Mrs. White und Mr. Abse vorschwebten.

2. *Das Verhalten der Kirche zum weltlichen Eherecht*

(9) Wir sind uns dessen völlig bewusst, dass unsere Leitgedanken bei Menschen Unbehagen auslösen können sowohl in als auch außerhalb der Kirche. Einerseits gibt es, wie der Erzbischof im Oberhaus[5] sagte, jene, die geneigt sind anzunehmen, dass jeder Ratschlag über Eherechtsgesetzgebung, der dem Staat von der Kirche angeboten wird, der Natur der Sache nach einen Versuch darstellen muss, der ganzen Nation ein durch christlichen Glauben geformtes Gesetz aufzuzwingen, und sie können auf historische Beispiele hinweisen, in denen seitens der Kirche Druck ausgeübt wurde. Andererseits mag es sicher Kirchenmitglieder geben, die fürchten, dass die Kirche möglicherweise ihr Zeugnis der Lehre Christi bloßstellen kann, wenn sie sich mit dem Versuch beschäftigt, das Scheidungsrecht zu verbessern. Wieder andere mögen denken, dass ein zu scharfer Unterschied zwischen den Grundsätzen der Kirche einerseits und dem Recht des Staates andererseits gemacht wird, in Anbetracht dessen, dass beide immer noch eins sind beim Eintreten für die Einehe und die aufs ganze Leben gerichtete Zielsetzung des Ehebündnisses. Wir selbst halten solche Befürchtungen für unbegründet, aber um sie da, wo sie bestehen, zu beseitigen, haben wir es für richtig gehalten, Art und Grundlagen der Haltung der Kirche zum weltlichen Eherecht und die Berechtigung, die sie beanspruchen mag, dem Staat in dieser Angelegenheit Ratschläge anzubieten, sehr sorgfältig und gründlich zu untersuchen.

Council am 3. April 1963 abgegeben wurde: „Wir sind bemüht alle erdenklichen Maßnahmen zur Beseitigung von Härten, die die Grundlagen der Ehe nicht untergraben würden, zu prüfen".

4 Hansard CCL XCVIII col. 1547.

5 Hansard, ibid., cols. 1543 f.

(10) Die Geschichte der verschiedenen Auffassungen der Kirche über die jeweiligen Scheidungsgesetze der Staaten wird in einem Anhang dieser Studie kurz wiedergegeben.[6] In diesem Land ist ein weltliches Scheidungsrecht nur sehr langsam entstanden, und als es da war, wurde es keinesfalls allgemein als das anerkannt, was es war. Solange Ehebruch der einzige Grund war, durch den eine Ehe in gesetzlich zulässiger Weise aufgelöst werden konnte, mochte das Recht, wie unerträglich es auch für viele Kirchenangehörige gewesen sein mag, immer noch beanspruchen, mit einer Auslegungsweise der Lehre Christi, die unter Christen verbreitet war, in Einklang zu stehen, und jene, die diese Auslegungsweise akzeptieren, konnten immer noch von einem Recht der Ehe sprechen, das für die Kirche, ebenso wie für den Staat, galt. Erst als die gesetzlichen Scheidungsgründe derart vermehrt wurden, dass eine Berufung auf die Heilige Schrift nicht mehr in Betracht kam, wurde die ganze Säkularität des staatlichen Rechts unverkennbar. Heute ist es ganz und gar unmöglich, dass die Kirche das Eherecht des Landes als befriedigend für ihre eigenen Zwecke anerkennen könnte. Die Orthodoxen Kirchen des Ostens haben eine solche Anerkennung so weit getrieben als es irgend möglich war, - oft zu weit, nach der Ansicht der Westlichen Kirche – aber auch sie haben davor haltgemacht, den bürgerlichrechtlichen Scheidungsgrund der Geisteskrankheit[7] anzuerkennnen. In diesem Land zeigen sich die Vorbehalte der Anglikanischen Kirche in Bezug auf das weltliche Recht in der Verordnung des Kirchenparlaments, dass ein Scheidungsurteil keine der beiden Parteien berechtigen soll, sich mit kirchlichem Zeremoniell wieder zu verheiraten.[8] Was soll dann die Kirche über ein Ehegesetz sagen, das ihrer eigenen Überzeugung und Lehre widerspricht? Und was sollten eigentlich christliche Bürger tun, wenn Änderungen im Scheidungsrecht erörtert werden?

(11) Wenn Jesus seinen Schülern ausdrücklich ein neues Ehegesetz an Stelle des Mosaischen aufgegeben hätte, dem aus Gehorsam ihm gegenüber gehorcht werden müsste, so wären diese Fragen leichter zu beantworten gewesen, denn die Kirche wäre dann in der Lage gewesen zuzugeben, dass jene, die sich Jesus gegenüber nicht zum Gehorsam verpflichtet fühlen durch sein Gesetz nicht verbunden sind. Aber das tat er gerade nicht. Statt dessen wies er auf die Erschaffung des Menschen hin und erklärte, dass die lebenslängliche Verbindung von Mann und Frau in einem Fleisch[9] darin enthalten sei, damit wurde diese Art der Verbindung zur Richtigen erklärt, und zwar nicht nur für seine eigenen Schüler, sondern für die ganze Menschheit. Das ist es, was die Theologen später damit

---

6 Unten Anhang A.

7 Vergleiche *The Church and Marriage* 1935, Anhang II, S. 57.

8 Die Canterbury Form der 1938 beschlossenen Resolution lautet: „Die Kirche sollte das Gebrauchmachen von der kirchlichen Trauung bei solchen Personen nicht zulassen, bei denen ein früherer Partner noch lebt, um den Grundsatz der lebenslangen Bindung, der jeder ordnungsgemäß geschlossenen Ehe innewohnt und der in der kirchlichen Trauung aufs deutlichste zum Ausdruck kommt, aufrechtzuerhalten. (Smethurst and Wilson, *Acts of the Convocations of Canterbury and York* ([1948] S. 90 ff.) Diese Resolution wurde durch die ganze Synode von 1957 bestätigt und im förmlichen Verfahren zu einem Act of Convocation erklärt.

9 Markus 10, 2-12 Matthäus 19, 3-9.

meinten, wenn sie behaupteten, dass die lebenslängliche eheliche Gemeinschaft eine Regel des Naturrechts sei. Daher sahen sich die Christen folgender Frage gegenüber gestellt: Wenn nach der Lehre Christi jeder Mann, Christ oder Nichtchrist, der seine Frau verstößt und eine andere heiratet, Ehebruch begeht, was kann dann ein Anhänger Christi anderes tun, als jedes von den Menschen geschaffene Gesetz, das Scheidung und Wiederverheiratung vorsieht, abzulehnen? Wie kann ein Christ es mit seinem Glauben vereinbaren, beim Zustandekommen, der Ergänzung, oder der Ausführung eins solchen Gesetzes mitzuwirken? Es gibt tatsächlich einige Präzedenzfälle im christlichen Denken, in denen geleugnet wird, dass ein von Menschen geschaffenes Gesetz, das dem Naturgesetz widerstreitet, überhaupt ein echtes Gesetz ist. Zweifellos würden heute die meisten von uns T.A. Lacey zustimmen, „dass der allgemeine Sprachgebrauch diese feine Unterscheidung nicht zulässt“ und dass „man deshalb zugeben muss, dass menschliches Recht, das nicht ohne Grund so genannt wird, dem Naturrecht wiedersprechen kann“[10]. Muss aber nicht gerade ein derart widersprechendes Gesetz für ein schlechtes Gesetz gehalten werden? Haben denn nicht die Christen die Pflicht, darauf zu bestehen, dass ein Gesetz, das Scheidung und Wiederheirat vorsieht, nicht verbessert, sondern beseitigt werden muss?

(12) Wenn das wirklich die christliche Pflicht wäre, könnte die Kirche überhaupt keinen konstruktiven Beitrag liefern in den Fällen, in denen nicht die gesamte Beseitigung von Scheidung und Wiederheirat zur Debatte stünde – wie es heutzutage ist. Aber eine genauere Betrachtung dessen, was Jesus sagte, zeigt einen Weg durch die scheinbare Sackgasse: Als er die Zulässigkeit der Scheidung nach Mosaischem Gesetz erklärte, indem er sagte, „Um eures Herzens Härtigkeit willen hat Mose euch erlaubt, euch zu scheiden von eueren Frauen,“[11] verwarf er Mose nicht, sondern rechtfertigte ihn. Wo immer die Gesellschaft durch „Härtigkeit des Herzens“ gekennzeichnet wird, ist die Vorkehrung einer Scheidung zulässig. Aber was heißt „Härtigkeit des Herzens“? In der biblischen Psychologie bezeichnet das Wort „Herz“ nicht den Sitz der Neigungen, sondern den ganzen „inneren Menschen“ mit der Betonung mehr auf dem Verstehen und Bewusstsein als auf den Gefühlen. Deshalb bedeutet das Wort, das in den meisten der englischen Übersetzungen als „Härtigkeit des Herzens“ wiedergegeben wird, nicht zugleich Hartherzigkeit im Sinn des allgemeinen Sprachgebrauchs, sondern Unempfindlichkeit des Gewissens, Unfähigkeit den Willen des Schöpfers zu begreifen. Aus diesem Grund vermeidet die New English Bible die möglicherweise irreführende Übersetzung und gibt stattdessen die Umschreibung, „weil ihr so ungelehrig wart“. Oft ist solche Ungelehrigkeit tadelnswert, sie muss es aber nicht immer sein: Sie kann in der Geisteshaltung bestehen, die K.E. Kirk so treffend als „bewusste Ungläubigkeit“ beschrieb[12]. Es steht daher im Einklang mit dem, was Jesus sagte, wenn wir zugeben, dass die Gesetzgebung berechtigt ist, für die Scheidung Vorkehrungen zu treffen in einer Gesellschaft, die nicht als Ganzes durch den christlichen Glauben gekennzeichnet wird, in der viele, vielleicht die Mehrheit, die Wahrheit dessen, was er über die Ehe lehrte, nicht erkennen können.

---

10 Marriage in Church and State, ed. Mortimer (1947) S. 52.

11 Matthäus 19, 8 Markus 10, 5.

12 *Ignorance, Faith and Conformity* (1933) S. 47.

(13) Zu der Zeit, als die Grundsätze des Naturrechts und des menschlichen Rechts, die die Kirche übernommen hat, Gestalt annahmen, kann der Hinweis unseres Herrn auf die „Härtigkeit des Herzens" nicht als sehr erheblich für das Alltagsleben erschienen sein, denn jedermann war damals davon überzeugt, dass die christlichen Vorstellungen die Grundregeln und Institutionen der Gesellschaft kontrollieren sollten, und dass das Naturrecht, dem das menschliche Recht entsprechen sollte, das Naturrecht war, wie es von der christlichen Theologie verstanden wurde. Es wurde tatsächlich behauptet, dass die Gebote des Naturrechts, auch die lebenslange Dauer der Ehe, der menschlichen Erkenntnis zugänglich seien ohne die Hilfe des christlichen Glaubens. Es war üblich, rationale Beweise vorzutragen, die es vermieden, sich auf die Offenbarung zu berufen, aber das war eine in weitem Maße theoretische Übung: Denn so lange die Autorität der Theologie unbestritten galt, wurden die Beweise nicht sehr streng geprüft. Die Zeiten haben sich aber geändert und heute, da die christliche Theologie entthront worden ist, fehlt es nicht an Beweisen, dass die menschliche Vernunft, wenn man einmal die Voraussetzungen des Glaubens abzieht, nicht immer zu den Schlüssen gelangt, die die Theologen für unwiderlegbar hielten. Auch hält sie die „rationalen Beweisführungen" der Theologen keineswegs immer für sehr überzeugend. Tatsächlich ist Ungläubigkeit, bewusste oder weniger bewusste, weit verbreitet. Den Menschen einer modernen, säkularen Gesellschaft wird daher die Rede davon, dass Scheidung und Wiederheirat der Vernunft und den Naturgesetzen zuwiderlaufen, nicht als sehr sinnvoll erscheinen. Sogar wenn sie soweit gehen, das Bestehen eines solchen Gesetzes zuzugeben, werden sie wissen wollen, auf wessen Vernunft und wessen Rechtsauffassung man sich beruft, da ihre eigene Vernunft ihnen wirklich nicht sagt, dass Scheidung und Widerverheiratung Unrecht sind. Damit wird klar, dass „Härtigkeit des Herzens" oder „Ungläubigkeit" ein sehr realer Faktor ist, mit dem gerechnet werden muss. Die Christen sind gezwungen, zwischen jenen Regeln des Naturrechts zu unterscheiden, die allen Menschen guten Willens erkennbar sind, und jenen, die ihnen selbst klar erscheinen, aber nicht den anderen, und sie müssen zugeben, dass das Erfassen der letzteren in größerem Ausmaß dem Glauben verpflichtet ist und weniger der reinen Vernunft, als es die Theologen einst behaupteten. Die lebenslange Verpflichtung des Ehebündnisses scheint in die zweite Klasse zu fallen.

(14) Unter diesen Umständen ist es richtig, dass das Parlament für Scheidung und Wiederheirat Vorsorge treffen sollte. Eine solche Tätigkeit entspricht natürlicher Gerechtigkeit, da diese verlangt, dass das menschliche Recht nicht das tyrannische Aufzwingen eines fremden Kodex, sondern Ausdruck der eigenen Überzeugung der Gemeinschaft sein soll. Wenn die christliche Minderheit heute *per impossibele* die Macht hätte, der ganzen Nation ein Ehegesetz aufzuzwingen, das ihr, der Minderheit, genügen würde, so wäre der Gebrauch der Macht ungerecht und auch sozial zerstörerisch.

(15) Man hat auch erkannt, dass in einer modernen, pluralistischen Gesellschaft das Verständnis des menschlichen Rechts von demjenigen sehr verschieden ist, das zu der Zeit galt, als die herkömmliche Rechtstheologie formuliert wurde. Seitdem die Theologie ihre Vorherrschaft eingebüßt hat, sind die Gesetzgeber der Metaphysik gegenüber skeptisch gewesen, indem sie nämlich das Recht als etwas angesehen haben, das nur mit dem Empirischen zu tun hat – mit dem, was unabhängig von den verschiedenen menschlichen Religionen und Philosophieströmungen gilt. Heute ist man der Ansicht, dass solche Un-

fassbarkeiten, etwa dass die Ehegemeinschaft eines Mannes und einer Frau angeblich fortdauert, auch wenn alles irdische Leben aufgehört hat zu bestehen, mit dem Recht nichts zu tun haben. Wenn deshalb ein moderner Gerichtshof eine Ehe „auflöst“, fragt er nichts über *das vinculum matrimonii* im überlieferten, christlichen Sinn dieses Ausdrucks,[13] denn für ihn gibt es so etwas gar nicht. Was er beseitigt, ist das Bündel gesetzlicher Rechte und Pflichten, die den gesetzlichen Status der Ehe ausmachen.

(16) Für den Christen lässt die Existenz einer so verstandenen gesetzlichen Scheidung den übergesetzlichen Charakter der lebenslangen Ehegemeinschaft, die Jesus bestätigte, deutlich hervortreten. Die Ehegemeinschaft als „übergesetzlich“ bezeichnen, bedeutet nicht, die gezwungene und unnatürliche Interpretation seiner Worte anzunehmen, die sie zu einem „Ratschlag der Vollkommenheit“ oder einem „Ideal“ erklären hieße. Wenn das die einzige Alternative dazu wäre, seine Worte als „Gesetzgebung“ zu interpretieren, müsste man wohl das letztere vorziehen. Aber ein Gesetz des menschlichen Lebens, das in der Schöpfung mitenthalten ist, offenzulegen, ist nicht Gesetzgebung im herkömmlichen Sinn des Wortes, wir sind auch keineswegs verpflichtet anzunehmen, dass Jesus das, was er sagte, mit dem Wunsch aussprach, dass es in Rechtsnormen übertragen und ein Teil des normierten Rechts jeder Gesellschaft werden sollte. Schließlich waren seine Jünger zu jener Zeit und lange danach nicht in der Lage, die Gesetze der Gesellschaftsordnungen, in denen sie lebten, zu beeinflussen. Es konnte höchstens dazu kommen, dass die christliche Kirche für sich selbst eine seelsorgerische Ordnung entwickeln würde als Stütze für die Lehren des Herrn.[14] Jedoch verhinderte die Tatsache, dass jene Gesellschaftsordnungen diese Lehre gesetzlich nicht durchsetzten, in keiner Weise ihre Verwirklichung im Leben der Christen: Vielmehr vermehrte sie wahrscheinlich die Wirkung ihrer Anziehungskraft. Wie es F.D. Maurice einst sagte mit einem Hinweis auf Matthäus 5.32.

Wenn wir annehmen, dass unser Herr in diesem Text oder irgendeinem anderen das Mosaische Gesetz beiseite geschoben habe, und für die Christenheit einen neuen Kodex an dessen Stelle gesetzt habe, so entleeren wir alle Worte ihres Lebens, ihrer Macht, die sie über die Menschheit ausgeübt haben. Denn jene Worte – jene wenigen einfachen Worte – haben eine ungeheure Macht über die Menschheit ausgeübt, gerade weil sie nicht ein äußeres Verfahren verbessern, sondern jener inneren Erneuerung angehören, zu dessen Verwirklichung des Menschen Sohn in die Welt kam.[15]

Die christliche Regel lebenslänglicher Treue, die mit der inneren Erneuerung, von der Maurice sprach, eng verbunden ist, übersteigt jede gesetzliche oder auch sittliche Ordnung von Rechten und Pflichten. Das muss die Kirche vor allem lehren und durch ihre eigene seelsorgerische Ordnung fördern. Ob die Gesetze des Landes die Beseitigung der ge-

---

13 Wörtlich: „Band der Ehe“. Wir behalten die lateinische Ausdrucksweise hier deshalb bei, weil wir mit „Band der Ehe“ – Bond of marriage – üblicherweise das bezeichnen, was das Gericht beseitigt, während sich das vinculum matrimonii auf die nicht empirische Einheit bezieht, von der man glaubt, dass sie dadurch entsteht, dass Gott die Gatten in einem Fleisch vereint, und deren Beseitigung außerhalb menschlicher Macht steht. Vergleiche auch unten Anhang A.

14 Vergleiche auch Anhang A.

15 *Lincoln's Inn Sermons* II S. 304.

setzlichen Ehe vorsehen oder nicht, ist eine Frage, die, obwohl die keineswegs ohne Interesse für die Kirche ist, doch für jene von zweitrangiger Bedeutung ist, deren Treue zu Christus nicht vom menschlichen Recht abhängt.

(17) Es gibt deshalb nichts, was der Kirche verbieten könnte, die Gültigkeit eines weltlichen Scheidungsrechts innerhalb der säkularen Sphäre voll anzuerkennen. Daraus folgt, dass es richtig und angebracht ist für die Kirche, mit dem Staat zusammen zu arbeiten, und für Christen, mit weltlichen Humanisten und anderen, die Nichtchristen sind, ebenfalls zusammen zu arbeiten, um zu versuchen, das Scheidungsrecht so gerecht und so wenig schädlich für die Gesellschaft zu gestalten, als es irgend möglich ist. Da das Eherecht des Staates *ex hypothesi* keine Übertragung der Lehre Christi in Gesetzbegriffe sein soll, sondern eigentlich jene Härtigkeit des Herzens berücksichtigen soll, die Jesus selbst in Rechnung stellte, ist der Maßstab, nach dem es beurteilt wird, sicherlich nicht das kanonische Recht und die seelsorgerische Ordnung der Kirche selbst. Jeder Ratschlag, den die Kirche dem Staat anbietet, darf nicht auf Lehren beruhen, die nur Christen akzeptieren, sondern auf Voraussetzungen, die in der Nation als Ganzem weithin Anerkennung finden. Niemand sollte deshalb der Ansicht sein, dass Ratschläge der Kirche in dieser Sache unbedingt einen kirchlichen Versuch darstellen, die gesetzliche Durchsetzung spezifischer christlicher Grundsätze zu erreichen.

(18) Die einzigen christlichen Belange, die behauptet werden müssen, sind der Schutz der Schwachen und die Erhaltung und Stärkung jener Elemente im Recht, die eine dauerhafte Ehe und ein beständiges Familienleben begünstigen, und das sind Ziele, die keineswegs allein Christen für sozial wichtig halten. Im Übrigen ist die Kirche bereit, so hoffen und glauben wir, jede erdenkliche Maßnahme zur Verbesserung des Scheidungsrechts auf ihren Wert hin zu überprüfen. Die Joint Committees von 1935 haben drei negative Kriterien vorgeschlagen[16]: Vorschläge sollten nicht unterstützt werden,

a) wenn sie darauf abzielen, die Ehe zu einer zeitweiligen Verbindung zu machen,

b) wenn sie wahrscheinlich die Grundlagen des Familienlebens untergraben würden,

c) wenn sie es „für die Gesellschaft als Ganzes nicht leichter machen würden, letztlich das christliche Ideal zu akzeptieren."

Das dritte Kriterium mag vielleicht fraglich sein, nicht nur, weil es das Wort „Ideal" gebraucht, sondern auch weil es daran denken lässt, dass das christliche Interesse am Wohlergehen der Menschen als eigentlichen Beweggrund den letztlichen Sieg des Christentums haben muss. Das glauben wir aber nicht. Trotzdem ist hier etwas Richtiges daran. Wir brauchen nicht zu sagen, dass Christen auch weiterhin versuchen müssen, ihre Mitbürger, wo es nötig ist, durch Rat und Tat zu überzeugen, dass im Bezug auf die Ehe, die lebenslängliche Einehe das ist, was die menschliche Natur wirklich zu ihrer Erfüllung braucht, und wahrscheinlich werden sie bessere Erfolgsaussichten haben, wenn sie nicht den Eindruck erwecken, ihre Überzeugungen durch das Gesetz durchsetzen zu wollen, und wenn sie sich zugleich dem Zuschnitt eines Gesetzes gegenüber, das nach menschlichem Ermessen gut und gerecht ist, aufgeschlossen zeigen.

16 The Church and Marriage (1935) S. 32 (Resolution 10), S. 17.

(19) Wegen ihrer staatskirchenrechtlichen Verfassung hat die Anglikanische Kirche sowohl ein besonderes Interesse daran, was mit dem weltlichen Eherecht geschieht, als auch eine besondere Pflicht, sich mit der Verbesserung dieses Rechts zu befassen.

(20) Das besondere Interesse rührt von der Tatsache her, dass als Folge der gegenwärtig geltenden Form der Kirchenverfassung die Gesetze, die für die Anglikanische Kirche Geltung haben oder auf sie wirken, Teil des englischen Rechts sind. Daraus ergibt sich, dass Veränderungen im geschriebenen Gesetzesrecht ernstzunehmende Rückwirkungen auf das Verhältnis zwischen Staat und Kirche haben können, sogar in dem Umfang, dass der Kirche die gesetzliche Freiheit versagt wird, ihre eigene Lehre und Ordnung aufrecht zu erhalten[17]. Die Kirche muss deshalb immer darauf bedacht sein, dass jede im Eherecht erwogene Änderung nicht derart sein wird, als dass sie unnötigen Konfliktstoff zwischen sich und dem Staat schafft. Vor allem legt sie darauf Wert, dass nichts geschieht, was sie daran hindern könnte, zivile Eheschließungen für ihre eigenen Zwecke als gültig anzusehen.

(21) Die besondere Pflicht rührt von der Tatsache her, dass die Anglikanische Kirche zu einem gewissen Grad für den gegenwärtigen Stand des Eherechts verantwortlich zeichnen muss. Obwohl die Entwicklung dieses Rechtsgebiets inzwischen hundert Jahre lang in den Händen des Parlaments und des Obersten Gerichtshofs gelegen hat, und nicht der Kirche und des kirchlichen Gerichtshofes[18], so hat die Kirche dennoch, dadurch dass ihre Bischöfe im Oberhaus saßen und durch andere Mittel in jedem Stadium der Fortentwicklung ihren Einfluss ausgeübt, und sei es nur, um zu opponieren. Es können auch kaum Zweifel bestehen, dass, wenn das geltende Recht unbequeme Kompromisse enthält, diese teilweise auf dem Wunsch des Staates beruhen, nicht vermeidbaren Konfliktstoff

---

17 Obwohl der Matrimoniale Causes Act von 1857 vorsah, dass kein Gemeindepriester gezwungen werden durfte, die Ehe einer geschiedenen Person zu segnen, bestand er aber zum Beispiel darauf, dass jeder andere Geistliche, der in derselben Diözese zugelassen war, und der bereit war, zu amtieren, dies tun durfte, falls der Gemeindepriester sich weigern sollte. Wie einige der Bischöfe im Oberhaus ausführten, hieß das, die überlieferte Lehre der Kirche als reine Angelegenheit der Skrupel der Geistlichen behandeln und war der bischöflichen Ordnung der Kirche abträglich, indem Eindringlinge ermutigt wurden zu amtieren. Vergleiche A.R. Winnett, *Divorce and Remarriage in Anglicanism* (1956), S. 143 f. Der anstößige Teil der Regelung wurde durch den Matrimonial Causes Act von 1937 beseitigt. Vergleiche jedoch Randnummer 74 unten und Anhang C, Randnummer 23. Die Anglikanische Kirche darf in dieser Sache immer noch keinen Kanon aufstellen.

18 Der Matrimonial Causes Act von 1857 revolutionierte das Eherecht, indem er die Scheidung mit dem Recht der Wiederheirat einführte, und zur gleichen Zeit die Ehegerichtsbarkeit von den kirchlichen Gerichten auf ein neues Gericht „for Divorce and Matrimonial Causes" übertrug. Der Judicature Act von 1873 brachte eine weitere Übertragung der Gerichtsbarkeit, diesmal zum High Court of Justice. Vergleiche auch Anhang A unten.

mit der Kirche zu schaffen. Wenn aber, wie man viele sagen hört, das geltende Recht äußerst mangelhaft ist, heißt es für die Kirche nicht weniger als für den Staat, bei der Förderung von Reformen aktiv zu sein.

3. Der Verlauf unserer Erörterungen

(22) Nachdem wir das Verhältnis zwischen der Kirche und dem Eherecht des Staates einigermaßen ausführlich behandelt haben, wird es das Verständnis erleichtern, wenn wir jetzt einen Überblick geben über den Verlauf, den unsere Erörterungen nahmen; die wichtigsten Ergebnisse und die notwendigen Folgen dessen, was wir empfehlen, lassen wir aus, um sie später ausführlich darzulegen.

(23) Wir waren uns bald darüber einig, dass es keine Verbesserung wäre, sondern das Gegenteil, das Prinzip der Zerrüttung der ehelichen Gemeinschaft in das geltende Recht in Form eines zusätzlichen Scheidungsgrundes einzuführen. Und unsere Vorbehalte jeglichem derartigen Kompromiss gegenüber vermehrten und versteiften sich mit der Zeit[19]. Nach unserer Meinung ist es wirklich gut, dass die Vorlagen, die einen „Scheidungsgrund wegen Getrenntlebens (ground of separation)“ enthielten, das Gesetzbuch nicht erreichten.

(24) Nachdem wir das Hinzufügen neuer Scheidungsgründe zum geltenden Recht abgelehnt hatten, erkannten wir, dass wir eine Wahl zwischen Prinzipien würden treffen müssen. Es schien uns, dass Lord Hodson zweifellos recht hatte, als er in der bereits erwähnten Debatte sagte:[20] „Es gibt nur zwei Theorien über dieses Problem – nämlich, richten wir uns nach der Eheverfehlungs- oder der Zerrüttungstheorie? Darum geht der Streit.“

Zur Zeit der Morton Commission hat Lord Walker dieselben Alternativen gestellt, wie wir bereits erwähnt haben. Er sagte in seiner Minderheitsdarlegung, dass man entweder den Grundsatz der Eheverfehlung aufgeben und statt dessen das Zerrüttungsprinzip aufnehmen sollte, oder dass anderenfalls das Prinzip der Eheverfehlungen so streng als möglich aufrecht erhalten werden sollte, ohne neue Gründe hinzuzufügen, die damit unvereinbar wären.[21] Wir waren uns einig, dass diese Wahl getroffen werden musste.

(25) Der nächste Schritt bestand darin, das geltende Recht genauer zu betrachten und zu versuchen, eine weitere Frage von Lord Hodson zu beantworten:[22] Wollen wir das Ergebnis der Royal Commission akzeptieren, die etwa vier Jahre lang Sitzungen abhielt und sich abmühte und zu guter letzt zu dem Schluss kam, dass, wenn wir die Scheidung haben wollen, die Grundlage einer Scheidung die Eheverfehlung sein sollte?

Obwohl einige unserer Sachverständigen immer noch an das System der Eheverfehlung glaubten, ergab unsere diesbezügliche Untersuchung wenig zu seinen Gunsten und

---

19 Vergl. unten RN 69 und Anhang B RN 4, 11, 19 und 22.

20 Hansard, lec., cit., (a.a.O.) col. 1538.

21 *Bericht* (Cmd. 9678) S. 341.

22 Hansard n.a.O..

überhaupt nichts, das uns seine Verewigung[23] wünschen ließ. Was uns von größter Bedeutung schien, war die Entdeckung, dass in der Praxis die Gerichte schon ein beachtliches Stück Wegs gegangen sind, dass sie Urteile, die sich theoretisch auf die Eheverfehlung gründen, in etwas umwandeln, was im Grunde genommen Urteile über den Zustand der fraglichen Ehen sind.[24] Wir kamen zu dem Ergebnis, dass sich die Rechtspraxis Hand in Hand mit der Einstellung der Gesellschaft dem Begriff der Zerrüttung der Ehe nähert, ohne Rücksicht auf die dem Gesetz zu Grunde liegende Theorie.

(26) Wir mussten dann entscheiden, ob diese Bestrebung zu begrüßen sei oder nicht. Verschiedene Fragen verlangten eine Antwort. War es eine Bewegung in Richtung auf die „Konsensualscheidung“ hin? Enthielt sie eine Verschlechterung der allgemeine Wertschätzung der Ehe? War sie ein Zeichen dafür, dass das Begreifen des Ehebündnisses als lebenslänglichem schwächer wurde? Würde sie, wenn sie fortbestand, die Dauerhaftigkeit des Familienlebens untergraben? Und so weiter. Wir werden später etwas über diese und ähnliche Fragen zu sagen haben. Hier muss es genügen, zwei Folgerungen festzuhalten. Erstens, dass wir keinen Grund zur Annahme fanden, dass der Grundsatz der Zerrüttung der Ehe die „Konsensualscheidung“ im ablehnenden Sinn dieses Wortes[25] begünstigen würde, zweitens schien uns der Begriff der Ehe, von dem das Zerrüttungsprinzip ausgeht, einer fürs ganze Leben eingegangenen Verbindung weder abträglich noch mit ihr unvereinbar zu sein[26]. Wir waren sogar überzeugt, dass ein auf dem Zerrüttungsgrundsatz beruhendes Scheidungsgesetz nicht nur mit den Realitäten besser in Einklang stehen würde als das geltende Recht, sondern auch den Vorzug hätte, die Scheidung deutlich als das zu zeigen, was sie in Wirklichkeit ist – nicht ein Lob für eheliche Tugend auf der einen Seite und eine Strafe für eheliche Pflichtvergessenheit auf der anderen, nicht ein Sieg für einen Gatten und das Gegenteil für den anderen, sondern eine Niederlage für beide, ein Misslingen des ehelichen „Zwei in Eins Seins“, in das beide Teile desselben unentrinnbar zusammen verstrickt sind, wie ungleich auch immer ihre Verantwortlichkeit sein mag.[27] So gelangten wir zu unserer ersten und grundlegenden Empfehlung: dass der Grundsatz der Zerrüttung der Ehegemeinschaft durchwegs als Grundlage jeglicher Scheidung an die Stelle der Eheverfehlung treten sollte.

(27) Der Rest unserer Arbeit bestand darin, sicher zu stellen, dass die Substituierung praktizierbar wäre und, sollte sie vorgenommen werden, zu prüfen, welche notwendigen Veränderungen sie in Gesetz und Praxis nach sich ziehen würde. Wiederum soll an diesem Punkt nur die allerkürzeste Darstellung der Fragen gegeben werden, auf die wir trafen.

(28) Vor allem: Ist die Zerrüttung eine der Beurteilung zugängliche Streitfrage? Einer oder zwei derjenigen, die so nett waren, uns ihr Wissen und ihre Erfahrung zur Verfügung zu stellen, hegten Zweifel, aber in der Mehrzahl wurde uns gesagt, dass ein Richter es nicht übermäßig schwierig fände, nach der Beweisaufnahme zu entscheiden, ob unter den

---

23 Vgl. unten Kap. 4.

24 Vgl. unten RN 49 ff.

25 Vgl. unten RN 59 u. auch RN Anhang B 47 f. und Anhang B RN 5f.

26 Vergl. unten RN 54, 60.

27 Vergl. unten RN 62.

obwaltenden Umständen eine gewisse Wahrscheinlichkeit bestünde, oder nicht, dass das gemeinsame Leben wieder aufgenommen würde.[28] Die Handlungen und das Verhalten, die nach geltendem Recht Eheverfehlungen darstellen, wären immer noch als Beweise für die Zerrüttung verfügbar, obwohl sie nicht mehr per se Scheidungsgründe wären: Darüber hinaus könnte das Gericht andere Tatsachen berücksichtigen, die zur Zeit als irrelevant behandelt werden. An diesem Punkt wurde uns jedoch klar, dass es nicht ausreichen würde, die Grundlagen des Gesetzes zu ändern ohne gleichzeitige Änderung des gerichtlichen Verfahrens. Denn wenn das Verfahren so bleiben würde, wie es ist, könnte die Veränderung der Grundlagen die Scheidung erleichtern, statt die Urteile vernünftiger, gerechter und differenzierter zu machen.[29] Die Änderung des Verfahrensrechts ist daher eine der unerlässlichen Voraussetzungen einer Neufassung des materiellen Rechts. Man kann vom Gericht nicht erwarten, zu richtigen Ergebnissen über den Zustand der ehelichen Beziehungen zu gelangen, es sei denn, dass das geltende anklägerische Verfahren aufgegeben und stattdessen etwas wie das Amtsermittlungsverfahren eingeführt wird.[30] Es bedürfte außerdem geeigneter Maßnahmen, die sicherstellen, dass alle bedeutungsvollen Tatsachen und zu berücksichtigenden Beweggründe zur Kenntnis des Gerichts gelangen würden. Zu diesem Zweck bedürfte es weiterer Beamten, um es zu unterstützen.[31] Könnte das ohne vermehrte Kosten erreicht werden? Offenbar nicht. Als wir jedoch später die Verschmelzung der Scheidungs- und der Ergänzungsverfahren in einem einzigen Prozess mit einer einzigen Folge von Schriftsätzen erörterten, (und das empfehlen wir) fanden wir Grund zur Annahme, dass erhöhte Ausgaben in einer Richtung durch Einsparungen in einer anderen merklich ausgeglichen würden.[32] Wie dem auch sein mag, wir sind der Ansicht, dass die Gesellschaft, da sie ohne Scheidungsmöglichkeit nun einmal nicht auskommt, bereit sein sollte, dafür zu zahlen, dass diese Möglichkeit in denkbar bester Weise gehandhabt wird.

(29) Zweitens erlaubt das Zerrüttungsprinzip notwendigerweise jedem Beteiligten zu klagen. Wie jene, die gegen Mrs. White und Mr. Abse opponierten, klar erkannten, könnte es deshalb in einigen Fällen geschehen, dass ein Gatte, der etwas begangen hätte, was das geltende Recht als Eheverfehlung behandeln würde, aus seiner eigenen Missetat Vorteil ziehen könnte und die Ehe gegen den Willen des anderen Gatten – der keine solche Verfehlung begangen hatte – geschieden bekommen. Darf man das zulassen?

Eines war zumindest klar: Es wäre ungerecht, wenn man erlaubt, dass das Zerrüttungsprinzip in solchen Fällen unbeschränkt zur Anwendung kommt, es sei denn, die Gesetzgebung hätte vorher Maßnahmen ergriffen, die sicherstellen, dass unschuldige Beklagte und Kinder durch den Erlass eines Urteils nicht in wirtschaftlicher oder sozialer Hinsicht benachteiligt würden.[33] Dies halten wir für eine weitere, unerlässliche Voraussetzung einer Reform des Scheidungsrechts. Wir sind überhaupt der Ansicht, dass die

---

28 Vergl. unten RN 62.

29 Vergl. unten RN 84.

30 Vergl. unten RN 84 – 8.

31 Vergl. unten RN 89.

32 Vergl. auch Anhang C, RN 14.

33 Vergl. unten RN 64.

wirtschaftliche Stellung der Ehefrauen nach der Scheidung erhöhten Schutz verlangt, ganz abgesehen von der Frage, ob man das Zerrüttungsprinzip einführen soll.[34] Wir empfehlen, dass dem Gericht die Befugnis zustehen sollte, neben der Festsetzung des Unterhalts auch einen Teil der Pension- und Versicherungsansprüche zu übertragen, wann immer es dies für angebracht halten würde. Und es sollte die Pflicht haben, kein Urteil zu erlassen, soweit und solange es mit den Vorkehrungen nicht zufrieden ist, die für den beklagten Gatten und alle Kinder der Ehe getroffen worden sind.[35] Wir schlagen außerdem vor, dass die Möglichkeit irgendeiner Form gemeinschaftlichen Eigentums untersucht werden sollte.

Wie wir sehen, würde das alles aber nur einen Teil der Schwierigkeiten beseitigen. Angenommen, die wirtschaftlichen Probleme wären gelöst, würde nicht die Auflösung der Ehe gegen den eigenen Willen, auf die Klage eines Partners hin, der sich schlecht aufgeführt hatte, in sich selbst ein Unrecht darstellen, das vom Gesetz nicht zugelassen werden sollte? Diese Frage kostete uns manche sorgenvolle Überlegung und führte zu häufig erneuerten Diskussionen. Wir fanden, dass Neu-Seeland den Versuch gemacht hat, Urteile wegen „gewisser Trennungsgründe“ zu untersagen, wenn die ursprüngliche Trennung auf das Verhalten des Klägers zurückzuführen war und der Beklagte die Scheidung nicht wollte.[36] Das schien uns unvereinbar mit dem Zerrüttungsprinzip und dem öffentlichen Interesse daran, leere gesetzliche Bindungen zu beseitigen, von dem dieses Prinzip ausgeht.[37] Wir stimmten eher mit der australischen Ansicht überein, dass allein die fehlende Bereitschaft des Beklagen nicht genügen sollte, die Beseitigung einer offensichtlich zerrütteten Ehe zu verhindern.[38] Trotzdem sahen wir hier mögliche Ungerechtigkeiten, die nicht einfach mit einem Achselzucken abgetan werden konnten. Wir kamen schließlich zu folgendem Ergebnis: Die Scheidung ist ein drastischer, chirurgischer Eingriff, das unnatürliche Trennen dessen, was einig und unteilbar sein sollte. Als solches muss es Schmerz und Verlust verursachen und dauernde Narben hinterlassen. Wer verlangt, dass ein Scheidungsgesetz nicht zulässt, dass irgendjemand verletzt wird, fordert das Unmögliche.

Das Gesetz und die Gerichte sehen sich vor die Aufgabe gestellt zu versuchen, die ausgleichende Gerechtigkeit in Fällen aufrechtzuerhalten, die gerade ihrer Natur nach völlig gerechte Lösungen ausschließen. Wenn also, wie das heutzutage unter verantwortungsbewussten Menschen weithin vertreten wird, das öffentliche Interesse als allgemeine Regel verlangt, dass leere gesetzliche Bindungen beseitigt und *de facto* Verbindungen und ihre Nachkommenschaft legitimiert werden sollen, so muss das gegenüber dem Unrecht, das ein schuldlos Beklagter durch den Verlust des Ehestandes erleiden mag, in die Waagschalen geworfen werden. Als wir dieses Unrecht untersuchten, fanden wir außerdem Grund zur Annahme, dass es, obwohl zweifellos schwerwiegend, vielleicht doch nicht ganz so schwer sein würde, wie behauptet worden ist, und auch nicht ganz von der

---

34 Ibid. und Anhang C, RN 37 Lady Summerskil, Hansard. loc. cit. cols. 1561 f.

35 Vergl. unten RN 64.

36 Matrimonial Proceedings Act (NZ), S. 29 (2) vergl. auch Anhang B.

37 Vergl. unten RN 54.

38 Vergl. unten RN 65 und Anhang B RN 17.

Art, die gemeinhin angenommen wird.[39] Andererseits sahen wir, dass es Fälle geben könnte, in denen ein abscheuliches Verhalten auf Seiten des Klägers das Unrecht über die Grenzen des Erträglichen verschlimmerte, wodurch das Gewicht des öffentlichen Interesses von einer Seite der Waage auf die andere überwechseln würde. Als notwendige Sicherheitsvorkehrung empfehlen wir deshalb, dass das Gericht, selbst wenn es überzeugt wäre, dass die fragliche Ehe zerrüttet ist, verpflichtet sein müsste, die Klage abzuweisen, wenn es der Ansicht sein sollte, dass insgesamt gesehen wegen Verhaltens des Klägers ein Urteil dem öffentlichen Interesse zuwiderlaufen würde.[40]

(30) Eine dritte Frage, die sich uns stellte, war Folgende: Wie würden Unterhalt und Gerichtskosten bestimmt werden, wenn das Scheidungsverfahren aufhören sollte, auf Eheverfehlungen abzustellen? Wir erkannten, dass das Gericht für diese Zwecke immer noch das Verhalten der Gatten berücksichtigen müsste und ihre Verantwortlichkeit für die Zerrüttung der Ehegemeinschaft vergleichsweise abschätzen müsste.[41] Dieses wertende Urteil wäre aber verschieden von dem Urteil über den Zustand der ehelichen Gemeinschaft. In Wirklichkeit müsste eine Reihe von Entscheidungen getroffen werden. Ob die Ehegemeinschaft zerrüttet war, würde die Erste sein. Danach, in Fällen, in denen die Zerrüttung zur Gewissheit des Gerichts bewiesen worden war, müsste das Verhalten der Parteien überprüft und eine Schätzung über die jeweilige Verantwortlichkeit für die Zerrüttung aufgestellt werden. Dann käme die Anwendung dieser Schätzung auf den Unterhalt etc., und die Frage, ob ein Urteil trotz erwiesener Zerrüttung dennoch verweigert werden sollte, weil es dem öffentlichen Interesse zuwiderlaufen würde, sei es auf Grund des gesamten Verhaltens des Klägers, oder weil die Vorsorge für den abhängigen Gatten und die Kinder nicht zufriedenstellend wäre.

(31) Neben der Erörterung des Prinzips, auf dem die Scheidung beruhen sollte und den dazugehörigen Nebenfragen, wandten wir unsere Aufmerksamkeit schon sehr früh dem Problemkreis der Versöhnung zu. Er erschien uns als Vorzug des Zerrüttungsprinzips, dass es stillschweigend die Überzeugung des Gerichts voraussetzt, dass von Versuchen, die Parteien zu versöhnen, nichts mehr erhofft werden kann. Erst dann darf es die Zerrüttung als erwiesen ansehen. Mit anderen Worten: Das Urteil, dass eine Ehe endgültig zerrüttet ist, setzt notwendiger Weise entweder echte, aber schließlich erfolglose Versöhnungsversuche voraus, oder aber die Überzeugung des Gerichts, dass unter den gegebenen Umständen keine derartigen Versuche erwartet werden können. Wir möchten uns deshalb jenen anschließen, die bereits darauf bestehen, dass den Versöhnungsstellen mehr finanzielle Hilfe gewährt werden sollte, besonders für den Zweck, mit der Verbesserung der Schulung und des geistigen Rüstzeugs des Personals fortzufahren.[42] Was die Rolle des Gerichte bei der Versöhnung anbetrifft, so gaben uns jene Leute mit praktischer Erfahrung, die so nett waren, uns in dieser Sache zu helfen, ausnahmslos den Rat, dass die Anwendung von Zwang alles vereiteln würde. Wir empfehlen daher nicht, dass das Versöhnungsverfahren in das gerichtliche System eingebaut werden sollte, sondern dass die

39 Vergl. unten RN 65.

40 Vergl. unten RN 66.

41 Vergl. unten RN 91 und Anhang C RN 32 und 46.

42 Vergl. Anhang E.

Gerichte die Befugnis haben sollten, ja sogar die Pflicht, Sitzungen zu vertagen, wenn sie nicht überzeugt wären, dass die Möglichkeiten der Versöhnung ausgeschöpft worden waren.[43]

(32) Das sind in etwa die wichtigsten Dinge, die wir erörterten, der Verlauf, den unsere Überlegungen nahmen und die grundsätzlichen Ergebnisse, zu denen wir kamen. Bevor wir dazu übergehen, die Einzelheiten hinzuzufügen, ist es der Mühe wert, zu untersuchen, inwieweit unsere Ergebnisse mit unseren Leitsätzen und den vom Erzbischof in seiner Rede im Oberhaus erwähnten *Desiderata* zusammenpassen.[44]

Wir haben nicht – und wir hoffen, wir haben darüber keinen Raum für Zweifel gelassen, irgendein neues Prinzip oder Verfahren gefunden, das in unseren Augen mit Nutzen in das Gefüge des geltenden Rechts „eingebaut" werden könnte. Was wir empfehlen, ist die Einführung eines neuen Prinzips an Stelle des Geltenden.

Nach dieser Substituierung würde das Gesetz, so glauben wir, zu gerechteren Ergebnissen führen und mit größerer Wirkung zum Bestand der Ehe und des Glückes aller Beteiligten, der Kinder eingeschlossen, beitragen als das geltende Recht, natürlich immer unter der Voraussetzung, dass die notwendigen Schutzmassnahmen getroffen, und die nötigen prozessrechtlichen Änderungen vorgenommen worden sind.

Wir glauben auch, dass das neue Prinzip die Aussöhnung mehr in den Vordergrund rücken würde, ganz besonders, wenn die Vorkehrung für die Vertagung, die wir vorschlagen, angenommen würde.

Was die Frage betrifft, ob ein auf der Zerrüttung der Ehe beruhendes System von jeglicher Spur eines Konsenses frei sein würde, so möchten wir zu bedenken geben, dass kein befriedigendes Scheidungssystem den Konsens in dem Sinne, dass beide Parteien die Auflösung ihrer Ehe wollen, ausschließen könnte oder sollte. Aber wir sind zuversichtlich, dass das, was wir vorschlagen, nicht die „Konsensualscheidung" in dem Sinne enthalten würde, dass die Scheidung automatisch gewährt wird auf den Beweis hin, dass sich die Parteien in diesem Wunsch einig sind. Die Gerichte würden sich sicherlich nicht nur mit „Wünschen" zu beschäftigen haben, sondern mit „Verfehlungen" und allen anderen erheblichen Tatsachen im Werdegang der Ehen. Handlungen und Verhaltensweisen, die heutzutage „Eheverfehlungen" darstellen, würden, wenn sie sich in jenem Werdegang zeigen sollten, einen wichtigen Teil der in Betracht gezogenen Beweismittel ausmachen. Der Unterschied zum gegenwärtigen Stand der Dinge bestünde darin, dass der Beweis einer begangenen Verfehlung nicht von Rechts wegen zu einem Scheidungsurteil führen müsste, da ja das Gericht immer noch der Ansicht sein könnte, dass die Ehe nicht unheilbar zerrüttet sei. Andererseits wäre es möglich, die Zerrüttung mit Rücksicht auf die Ereignisse während der Ehe festzustellen, ohne beweisen zu müssen, dass das Verhalten eines der Ehegatten unter einen einer Liste von Gründen fällt. Und sollte ein Urteil gefällt werden, würden die beiden Parteien das Gericht nicht mehr jeweils als „schuldig" und „unschuldig" etikettiert verlassen, mit all der Bitterkeit der Gegenklage, zu der das führen kann.

---

43 Vergl. unten RN 76.

44 Vergl. oben RN 8.

Wir sind deshalb überzeugt, dass das von uns empfohlene Prinzip (in der tatsächlichen bestehenden Gesellschaft) gerechter als jedes andere wirken und den Kriterien, die der Erzbischof dargelegt hat, genügen würde.

(33) Noch ein Punkt sollte erwähnt werden. In seiner Rede im Oberhaus lenkte der Erzbischof die Aufmerksamkeit auf die Frage, ob die Rechtsnachteile, die gegenwärtig mit der Unehelichkeit der Geburt verbunden sind – was häufig zu Gunsten der Hinzufügung eines „Scheidungsgrundes wegen Getrenntlebens" zum Scheidungsrecht vorgebracht worden war – unbedingt aufrechterhalten werden müssen?[45] Wir hatten ursprünglich deshalb vor, einige Untersuchungen über die Natur dieser Rechtsnachteile und ihrer Ursachen anzustellen. Aber als wir erfuhren, dass das „Board for Social Responsibility of the Church Assembly" die Sache aufgegriffen hatte, hielten wir es für besser, selbst nicht weiter damit fortzufahren. Der Bericht des Ausschusses wurde im Januar 1966 unter dem Titel *Fatherless by Law?* veröffentlicht.

4. Das geltende Recht

(34) Wir müssen nun versuchen, das zu erhärten, was im letzten Kapitel gesagt wurde, wobei wir sowohl unsere Empfehlungen als auch die Argumente, durch die wir sie unterstützen möchten, breiter darlegen. Wir betrachten zunächst das Scheidungsrecht wie es jetzt ist, dann das neue, grundlegende Prinzip, das wir eingeführt sehen möchten und schließlich die sich daraus ergebenden Änderungen im materiellen und formellen Recht, die, wie wir glauben, die Aufnahme des Prinzips nach sich ziehen würde. Natürlich gab es noch andere Dinge, die in unseren Diskussionen auftauchten, und einige von ihnen sind im Bericht oder im Anhang erwähnt. Aber zum überwiegenden Teil beschränken wir uns im eigentlichen Bericht darauf, unsere grundsätzliche Empfehlung zu entwickeln und darzulegen, was daraus folgt.

Die Doktrin der Eheverfehlung

(35) Die Morton Kommission kennzeichnete den Grundsatz, nach dem die Scheidung gegenwärtig zugelassen wird, wie folgt:[46]

Sowohl in England als auch in Schottland beruht das geltende Scheidungsrecht auf dem, was der Einfachheit halber Grundsatz der Eheverfehlungen genannt wird. Gewisse Handlungen, (die man als Eheverfehlungen bezeichnet) werden also ganz oder gar unvereinbar angesehen mit den Verpflichtungen, die man durch die Ehe übernommen hat. Die Verwirklichung einer dieser Handlungen durch eine Partei gibt der anderen Partei die Möglichkeit, die Ehe durch Scheidung beenden zu lassen. Mit einer Ausnahme (derjenigen der Geisteskrankheit, für die besondere Überlegungen gelten) stimmen alle gegenwär-

---

45 Hansard loc. cit.

46 Bericht (Cmd. 9678) Randnummer 56.

tigen Scheidungsgründe mit diesem Prinzip überein, indem sie an ein Verhalten schwerwiegender Natur anknüpfen, das die Grundlagen der Ehe gefährdet.

Alle werden zugeben, dass dies die Theorie der Angelegenheit [of the matter] ist.

(36) Als die Morton Kommission tagte, wurde in den seitens der Anglikanischen Kirche eingereichten Unterlagen am Vorschlag von Mrs. Eirene White scharfe Kritik geübt und der Grundsatz der Eheverfehlung nochmals bestätigt.[47] Die Kommission ging darauf ein, indem sie dem damaligen Erzbischof von Canterbury gewisse „Fragen und Thesen" vorlegte, die auf Kritiken an der Einstellung der Kirche beruhten, und die der Kommission mitgeteilt worden waren.[48] Es ist bemerkenswert, dass eine der in diesem Dokument aufgestellten Behauptungen die war, dass die Anglikanische Kirche „der Auffassung verpflichtet sei, die die Scheidung als Hilfe für den Gatten ansieht, gegen den eine Eheverfehlung begangen worden ist".[49] In seiner Erwiderung wies der Erzbischof darauf hin, dass es sich bei der Scheidung und den Gründen, nach denen die Scheidung gewährt werde, um eine Schöpfung des säkularen Rechts handle und nicht der Kirche, die nur geistliche Hilfe gegen Eheverfehlungen vorsehe. Aber er widersprach nicht ausdrücklich der Behauptung, die gemacht worden war.[50] Ihr muss aber widersprochen werden, weil die Ansicht weitverbreitet scheint, dass die Anglikanische Kirche irgendwie durch ihre eigenen Grundsätze gehalten sei, die Eheverfehlung als einzig zulässige Grundlage einer Auflösung der gesetzlichen Ehegemeinschaft zu verteidigen. Zu einer gewissen Zeit könnte dieser Glaube teilweise berechtigt gewesen sein, da damals viele Christen der Überzeugung waren, dass die Heilige Schrift ausdrücklich die Scheidung wegen Ehebruchs, und allein deswegen, zulasse. Und Ehebruch ist eine Eheverfehlung. Trotzdem hat die Anglikanische Kirche als solche diese Lesart der Schrift nie bestätigt, und sie tut das auch heute nicht.

(37) Es ist natürlich wahr, dass der Begriff der Eheverfehlung vom allgemeinen Eherecht der westlichen Christenheit herrührt, das sich entwickelte, während der Kirche die alleinige Gerichtshoheit über die Ehe zustand.[51] Er wurde geradewegs aus dem kanonischen Recht der Anglikanischen Kirche herausgenommen, als der Staat die Ehegerichtsbarkeit in diesem Lande übernahm. Aber im kanonischen Recht stand der Begriff im Zusammenhang mit dem Gesuch um Scheidung a thoro et mensa, das heißt einer Trennung von Tisch und Bett, nicht aber der Beseitigung der Ehe. Letzteres war den kirchlichen Gerichten unbekannt.[52] Die Kirchenlehrer hatten nie daran gedacht, dass dieser Begriff in den Dienst der Ehescheidung im modernen Sinne gezwungen werden könnte. Da die Anglikanische Kirche aber, wie wir oben gesagt haben,[53] an der Entwicklung des weltlichen

---

47 The Church and Marriage (1954) Anhang A, S. 15. Dieses Buch darf nicht mit dem Bericht des Convocation Joint Committes von 1935 verwechselt werden, der denselben Titel trägt. Vergl. auch unten Anhang A.

48 Op. cit. S. 35 ff.

49 Ebenda S. 35 f.

50 Ebenda S. 41.

51 Vgl. unten Anhang A 6f.

52 Constitutiens and Canons Ecclesiastical 1604 cc 106 f.

53 RN 21.

Scheidungsrechts beteiligt war, kann sie nicht alle Verantwortung für die Form, die dieses Recht annahm, in Abrede stellen; aber sie ist weit davon entfernt, dazu gehalten zu sein, diese Form als sakrosankt zu behandeln. Sie ist völlig frei, auch andere Scheidungsgrundlagen auf ihre Vorzüge hin zu untersuchen unter der Voraussetzung, dass den oben in Randnummer 18 erwähnten Kriterien Rechnung getragen wird. Der schlagendste Beweis dieser Freiheit ist die Berufung dieser Gruppe [d.h. der Kommission].

Die Funktion der Doktrin im Trennungsverfahren

(38) Was auch immer mit dem Scheidungsrecht geschehen mag, es wird doch immer notwendig sein, für Schutz und Hilfe eines Ehegatten zu sorgen, der in einer Art und Weise behandelt wird, die mit ehelichen Pflichten völlig unvereinbar ist. Mit anderen Worten muss die unmittelbare Hilfe einer gesetzlichen Trennung irgendeiner Art weiterhin verfügbar sein. Gerade deshalb wollen wir klarstellen, dass unsere Kritik an der Rolle, die die Eheverfehlung in Scheidungsprozessen spielt, nicht für ihre Rolle in Trennungsverfahren gilt. Hier bleibt die Eheverfehlung, wie früher in Prozessen um Scheidung a thoro et mensa vor den kirchlichen Gerichten, die einzig geeignete und sogar unerlässliche Grundlage für das Recht, denn hier geht es um die gerichtliche Prüfung einer Klage, die von einem Ehegatten gegen den anderen erhoben wird.[54]

Die Doktrin im Scheidungsverfahren

(39) Die Kritik an der Rolle der Eheverfehlung im Scheidungsverfahren hat sich in letzter Zeit auf das Versagen des Rechts, in einer besonderen Art von Fällen, Hilfe zu leisten, konzentriert – nämlich der Art von Fällen, in denen ein Gatte, der vom anderen Gatten getrennt gelebt und mit einer dritten Partei eine Reihe von Jahren zusammengewohnt hat, die außereheliche Verbindung und deren Kinder legitimieren will, der aber daran gehindert wird, weil ihm ein Klagegrund fehlt und weil der andere Gatte nichts unternehmen will. Es wird gesagt, es sei wirklichkeitsfremd, den Kindern der außerehelichen Verbindung gegenüber ungerecht, und es widerspreche auch den Interessen der Gesellschaft, jene, deren gemeinsames Leben unweigerlich zu Ende gegangen ist, weiterhin Mann und Frau zu nennen, während einer bestehenden Gemeinschaft, die fest und dauerhaft zu sein verspricht, der Name Ehe verweigert wird. Obwohl wir zugeben, dass hier ein soziales Übel liegt, das nach Abhilfe verlangt, so glauben wir doch nicht, da hoffnungslose [hard] Fälle schlechtes Recht schaffen, dass dies der Punkt ist, an dem wir ansetzen sollten, das Prinzip der Eheverfehlung zu untersuchen. Wir haben deshalb die Art und Weise, in der das Prinzip wirkt, in einem viel größeren Bereich untersucht, und wir haben herausgefunden, dass es beachtlichen Einwänden ausgesetzt ist, nicht nur aus sittlichen und rechtlichen Gründen sondern ebenso aus sozialen und psychologischen. Wir werden diese Einwände in sechs Abschnitten darstellen.

(40)(a) Die zur Zeit geltende gesetzliche Doktrin verpflichtet die Gerichte [zu] einer oberflächlichen Vorstellung über das Verhältnis zwischen Mann und Frau. Vom sittlichen

54 Vgl. auch unten Anhang C, RN 27.

Standpunkt aus, stellt allein die Tatsache, dass ein Gatte, wie es die Morton Commission ausdrückt, etwas getan hat, „was mit den bei der Heirat übernommenen Pflichten ganz und gar unvereinbar ist“, für sich genommen noch keinen Grund dar, die Ehe aufzulösen. Es gibt alle möglichen anderen Wege, auf denen die Situation, die (angenommen) durch einen Ehebruch geschaffen wurde, von den zwei betroffenen Personen gemeistert werden kann. In Wirklichkeit ist das also nur dann ein Scheidungsgrund, wenn es ihnen nicht gelingt, damit auf irgendeinem jener anderen Wege zu Streich zu kommen [den Fall abzuschließen], und das heißt, dass nicht die Eheverfehlung für sich allein der Grund sein sollte, eine Ehe zu beseitigen, sondern nur das endgültige Versagen des Verhältnisses zwischen den beiden, den darauf lastenden Druck zu tragen. Wenn man die Sache vom psychologischen Standpunkt her betrachtet, kann man ebenso sagen, dass die Handlungen, die als Eheverfehlungen zählen und von denen allein das Gericht Kenntnis nehmen kann, in der Regel nicht die grundlegenden Ursachen ehelichen Versagens sind: Ihr Verhältnis zum Versagen ist viel verwickelter. Oft können sie viel eher Symptome als Ursachen sein. Unter dem geltenden Recht werden sie oft als Möglichkeit eines Fluchtweges aus den Problemen persönlicher Verhältnisse ergriffen. Daher appelliert die Konzentration richterlicher Aufmerksamkeit auf gesetzlich bestimmte Gründe an ein falsches Wertempfinden und versieht Handlungen mit zweifelhafter Objektivität, deren wahre Bedeutung ziemlich unterschiedlich ist, entsprechend den sehr verschiedenen Qualitäten ehelicher Beziehungen, die ihren Rahmen bilden.[55]

Oberflächlichkeit wohnt wahrscheinlich jedem Gesetz inne, das eine Anzahl gleichwertiger Scheidungs“gründe“ definiert und aufzählt. Das ist ein Grund, weshalb es nicht genügen wird, die Zerrüttung der Ehegemeinschaft in einen solchen Grund zu verwandeln und an die vorhandene Liste anzufügen. Wenn das neue Prinzip in jener Form in das Gesetz eingeführt werden sollte, wären die Gerichte ganz sicherlich versucht, ein oberflächliches Übereinstimmen der Verhältnisse der Parteien und des wörtlich formulierten Grundes anzunehmen und danach zu verfahren, anstatt die Frage der Zerrüttung zu untersuchen.[56]

(41)(b) Das klägerische Verfahren, welches das geltende Recht enthält, ist nicht weniger oberflächlich und von der ehelichen Wirklichkeit nicht weniger weit entfernt. Wenn die Parteien darin übereinstimmen, dass es für ihr Problem keine andere Lösung als die Scheidung gibt, dürfen sie das dem Gericht nicht sagen. Sie müssen behaupten, dass das Vergehen des einen derart ist, dass der andere gezwungen ist, um Hilfe nachzusuchen. Das führt dazu, dass die Anwälte nur allzu vertraut werden mit der Situation, in der der eine oder andere Teil einer Ehe, dem Ehe und Partner unerträglich geworden sind, sich erkundigt, in welche Gruppe von Eheverfehlungen sein Fall subsumiert werden kann. Manchmal kann eine passende Verfehlung aus der Ehegeschichte zusammengezaubert werden, manchmal, wenn die Beteiligten nicht zu ängstlich sind, wird eine erfunden. In jedem Fall wird das Recht zum Narren gehalten. Die völlige Absurdität wird mit der Möglichkeit erreicht, dass ein Gericht ein Urteil verweigern kann, weil auf beiden Seiten Verfehlungen vorliegen. In der Praxis wird diese Quintessenz der Überspanntheit zweifel-

---

55 Vergl. auch unten Anhang D, RN 8.

56 Cf. Anhang B RN 11.

los durch die Ausübung des gerichtlichen Ermessens, oder durch den Ausweg, beiden Parteien ein Urteil zu gewähren, leidlich gut bemäntelt. Trotzdem gehört sie logisch ganz zum klägerischen System.

(42)(c) Die Notwendigkeit, die Verfahren dieses Systems gebrauchen zu müssen, um das zu erreichen, was die Parteien in vielen Fällen gleichgültig wie, zu erreichen gewillt sind, kann das Recht nur in Verruf bringen, wobei zugleich die Ehrlichen bestraft werden. Es kann die Gatten dazu ermutigen, Verfehlungen zu begehen, oder das Verhalten ihrer Partner in das Licht einer Verfehlung zu rücken oder in heimlichem Einverständnis zusammenzuwirken, um das zu erreichen, was sie wollen. Sogar wenn die Parteien übereingekommen sind, getrennt zu leben, können sie immer noch ein böswilliges Verlassen beweisen, wenn sie ihre Karten richtig ausspielen: Sofern man Juristen findet, die die wenigen, sorgfältig formulierten Briefe aufsetzen, wird der Fall anstandslos durchgehen. Bei solchen Gelegenheiten, ja immer da, wo eine Eheverfehlung benutzt werden kann, um die von den Parteien übereinstimmend erstrebte Scheidung zu erlangen, lässt das Gesetz in Wirklichkeit die Konsensualscheidungen zu, da ja das Gericht verpflichtet ist, ein Urteil, ohne weitere Nachforschung über den tatsächlichen Zustand der Ehe, zu erlassen, wenn nur die Verfehlung bewiesen ist, und jedes heimliche Zusammenwirken erfolgreich verborgen wurde.

(43)(d) Obwohl in der Praxis manchmal auf beiderseitig gleiches Verschulden erkannt wird, verlangt die innere Logik der Eheverfehlung, dass das Gericht den einen für schuldig und den anderen für schuldlos erklärt. Nur auf die Verfehlung bezogen, auf die sich die Klage stützt, sind diese Ausdrücke völlig zutreffend. Aber es ist praktisch unmöglich die weitere Folgerung auszuschließen, dass der Gatte, der bei der in Frage stehenden Eheverfehlung für schuldig befunden wurde, deshalb allgemein als verantwortlich für die Zerrüttung der Ehe angesehen wird. Und das kann wirklich sehr weit davon entfernt sein, der „schuldigen" Person gerecht zu werden, und ebenso weit davon, die Vielschichtigkeit der Faktoren anzuerkennen, die die Scheidungsklage heraufbeschwören. Nimmt man die vielen Fälle dazu, in denen das Ermessen des Gerichts zugunsten eines Klägers, der eine Verfehlung begangen hat, ausgeübt wird und die Unterscheidung zwischen Schuld und Schuldlosigkeit erscheint völlig albern.

Es handelt sich auch nicht nur darum, dass einem ungerechterweise die Verantwortung für etwas aufgebürdet wird, woran zuallermeist beide Gatten teilhaben. Aus der Zeit, als viele Christen glaubten, dass ein Ehegatte, der einen Ehebruch begangen hatte, im geistlichen Sinne „tot" und damit rechtlos sei, blieb die Auffassung bestehen, dass der schuldige Teil einer Scheidung anders behandelt werden sollte als der Schuldlose. Mehr als nur ein Versuch ist gemacht worden, um den schuldigen Teil als zur Wiederheirat unfähig zu erklären. Diese Art Vorurteil ist noch nicht ganz verschwunden, obwohl es schon viel schwächer ist als bisher. Eine Meinungsumfrage über die allgemeine Einstellung zur Scheidung im Jahre 1965 ergab, dass die Mehrheit immer noch eine „schlechte Meinung" über „den schuldigen Teil" einer Scheidung wegen Eheverfehlung hatte, obwohl neunzig Prozent die Scheidung mit der Möglichkeit, dass jeder Teil nach siebenjähriger Trennung klagen kann, unterstützen[57].

---

57 National Opinion Poll, wiedergegeben in Daily Sketch 18. Oktober 1965.

Eine solche Unterscheidung mutet seltsam an angesichts der Art und Weise, in der viele Scheidungen erreicht werden, aber ihr rechtliches Fortbestehen trägt dazu bei, das Unrecht des gegenwärtigen Systems zu verschlimmern.

(44)(e) Ein weiterer Punkt, den es zu erwähnen gilt, ist der, dass die geltenden Scheidungsgründe miteinander unvereinbar sind; wenn das sittliche Prinzip, das der Doktrin der Eheverfehlung zu Grunde liegt, richtig ist und aufrecht erhalten werden muss, wie viele Verteidiger des geltenden Rechts betont haben, dann muss die Scheidung wegen Geisteskrankheit eines Gatten sicherlich unsittlich sein, denn Geisteskrankheit ist keine Verfehlung, sondern ein Gebrechen. Wenn es dagegen sittlich richtig ist, die Scheidung in den Fällen zu gewähren, in denen das gemeinsame Leben aufgehört hat zu bestehen durch Umstände, die außerhalb der Kontrolle jeder Partei liegen, dann ist es schwer einzusehen, warum das Gesetz die Urteile vom Begehen einer Eheverfehlung abhängig machen sollte, außer in einem Fall. Die beiden Auffassungen passen einfach nicht zueinander. Dieselbe Kritik würde zutreffen, wenn das Zerrüttungsprinzip ins geltende Recht in der Form eines zusätzlichen Grundes eingeimpft würde. Wenn die Gerechtigkeit erfordert, dass die Scheidung nur als Hilfe für einen verletzten Teil zuzulassen ist, dann wäre es falsch, sie da zuzulassen, wo keine gesetzlich anerkannte Verletzung zugefügt worden ist, oder wo die Klage von dem verletzenden Teil erhoben wird. Wenn es dagegen sittlich richtig ist, Ehen zu beseitigen, sobald sie unheilbar zerrüttet sind und nur dann, so muss es falsch sein, die Scheidung auf Grund einer erwiesenermaßen begangenen Verfehlung zuzulassen ohne weitere Untersuchungen über den tatsächlichen Zustand der Ehegemeinschaft.

(45)(f) Im Lichte dessen, was gesagt worden ist, kann die traurige Lage jener, deren Not Anlass für die von Mrs. White und Mr. Abse eingebrachten Vorlagen war, nicht nur als ein „schwerer Fall" angesehen werden, der Mitgefühl verlangt, sondern als Ergebnis eines allgemeinen unbefriedigenden Gesetzes. Alle Richter und Juristen, die uns berichteten, waren sich darin einig, dass das derzeit geltende Recht unbefriedigend ist, (wie sehr sie sich auch im Hinblick auf die anzuwendenden Hilfsmaßnahmen unterschieden). Wir sind keineswegs überzeugt, dass die gegenwärtigen Vorschriften ein Zeugnis der Unverletzbarkeit der Ehe sind, oder dass sie das allgemeine Ansehen der Ehe in irgendeiner bemerkenswerten Weise aufrechterhalten, oder dass diese Vorschriften als Stützpfeiler der Sittlichkeit unersetzlich wären, sei es in dem engeren Bereich ehelicher und sexueller Beziehungen, oder in dem weiteren Bereich, der die Aspekte der Wahrhaftigkeit, der Heiligkeit der Eide und der Lauterkeit beruflicher Praxis einschließt. Als Teil des sozialen Mechanismus hat sich das gegenwärtige System nicht nur von seinen sittlichen und rechtsförmlichen Grundlagen gelöst, sondern es ist ganz einfach untauglich.

5. *Eine neue Grundlage für die Scheidung*

(46) Wenn sich das auf der Eheverfehlung beruhende Recht in der Praxis auch als noch so unbefriedigend erwiesen hat, so muss doch immer noch gezeigt werden, dass die Übernahme einer anderen Grundlage die Lage verbessern würde. Schließlich wäre es denkbar, dass die einzige Alternative zur Bratpfanne das Feuer sein könnte, und dann wäre es sicherer, bei der Bratpfanne zu bleiben. Was uns anbetrifft, so sind wir mit Lord Hodson

der Ansicht, dass „es über dieses Problem überhaupt nur zwei Theorien gibt“[58] und mit Lord Walker, dass von den beiden die Zerrüttung der Ehe bei weitem die bessere ist.[59] Trotzdem geben wir zu, dass es gegenüber dem Zerrüttungsprinzip Einwände gibt, die sorgfältig überprüft werden müssen. Bevor wir aber mit ihrer Erörterung beginnen, sollten wir uns noch ein drittes Prinzip ansehen, das einige bemerkenswerte Fürsprecher hat, nämlich das des gegenseitigen Einverständnisses.

Die einverständliche Scheidung

(47) Zum Beispiel machte der Präsident der Divorce Division (Scheidungsgericht) im Jahre 1965 den Vorschlag, dass das Gesetz erweitert werden solle und die Konsensualscheidung in Fällen zulassen, in denen die Parteien einig waren im Wunsch der Beseitigung ihrer Ehe. Dabei fügte er jedoch die Einschränkung hinzu, dass Ehepaare mit Kindern (sagen wir) unter sechzehn oder siebzehn Jahren auf keinen Fall geschieden werden dürfen. Wo nicht beide Gatten die Scheidung wünschten, sollte die Klage wegen einer Eheverfehlung immer noch zur Verfügung stehen.[60] Eine ähnliche Kombination der Konsensualscheidung mit der Scheidung wegen bestimmter Verfehlungen findet sich in Belgien.[61] Dort ist jedoch die erforderliche Übereinstimmung nicht einfach diejenige der Gatten. Das Einverständnis der Vertreter der durch die Ehe miteinander verbundenen Familien wird auch noch verlangt. Vielleicht kann man es so ausdrücken, dass das belgische Recht die Ehegatten in dieser Sache so behandelt, als ob sie Minderjährige seien. Davon abgesehen, zeigt es das wesentliche Merkmal der Konsensualscheidung dadurch, dass eine Handlung der Parteien von der Art, die die Ehe ins Leben gerufen hat, auch genügt, sie zu beseitigen. Dabei besteht die einzige Aufgabe der Vertreter des Gesetzes beide Male darin, darauf zu achten, dass die vorgeschriebenen Formalitäten eingehalten werden, und dass die Handlung in solcher Weise registriert wird, dass ihre rechtlichen Folgen gesichert sind.

(48) Der verhängnisvolle Mangel des Konsensualprinzips liegt nicht darin, dass beide Parteien sich im Wunsch nach Scheidung einig sind, (dass die Gatten sich darüber häufig einig sind, ist eine Tatsache, die ein wirklichkeitsnahes Gesetz in Rechnung stellen muss), sondern dass es die Ehe absolut dem gemeinsamen Willen der Parteien unterwirft und aus ihr im Wesentlichen einen privaten Vertrag macht. Da es dem Gericht, das die Gemeinschaft vertritt, keine wirksame Rolle an der Scheidung gibt, erkennt es im Grunde genommen das Interesse der Gemeinschaft am Bestand der Ehe nicht an. Außerdem: Wenn das Bündnis, das die Ehe in Gang setzt durch die beiderseitige Übereinkunft widerrufbar sein soll, kann sein Zweck nicht gut als lebenslang bezeichnet werden. Die Institution der Scheidung kann mit einem lebenslangen Zweck nur vereinbart werden, wenn die Scheidung von einer Instanz abhängt, die vom Willen der Parteien unabhängig ist. Deshalb

58 Vergl. oben RN 24.

59 Bericht (Cmd. 9678, S. 34 of.).

60 Rt. Hon. Sir Jocelyn Simon in „The seven pillers of divorce reform“ eine Botschaft an die West Midlands Regional Conference of the Law Society. 1. Mai 1965.

61 Vergl. unten Anhang B RN 21.

müssen wir die Konsensualscheidung aufs Schärfste ablehnen. Die Auflösung der Ehe erfordert eigentlich immer eine wirkliche Ausübung richterlichen Urteilsvermögens durch das Gericht, das im Namen der Gemeinschaft handelt.

Tendenzen, die sich in der gegenwärtigen Wirkungsweise des Gesetzes abzeichnen

(49) Wir glauben, dass ein Anhaltspunkt für die neue Grundlage, nach der wir suchen, sich bereits aus den Veränderungen ergibt, die in der Auslegung und Handhabung des geltenden Rechts sichtbar werden. Es ist zum Beispiel lehrreich zu sehen, wie das Gericht das ihm eingeräumte Ermessen in den Fällen ausübt, in denen ein Kläger seinen oder ihren eigenen Ehebruch offenbart.[62] Die Gesichtspunkte, denen das Gericht in dieser Sache heutzutage Rechnung tragen soll, sind zahlreich und umfassend.[63] In Wirklichkeit berücksichtigen sie die Belange aller Beteiligten – der Prozessparteien, des Partners des Klägers beim Ehebruch, besonders, wenn ein Wunsch zur Heirat besteht, der betroffenen Kinder (aus der Ehe oder der ehebrecherischen Verbindung) und überhaupt der Gemeinschaft. Auch wenn kein Urteil erlassen werden sollte, erwartet man vom Gericht, dass es zu irgendeinem Ergebnis über die Aussichten einer Versöhnung kommt. Auf diese Weise weitet sich das Urteil über eine Verfehlung in eine Ausübung distributiver Gerechtigkeit und erfordert demzufolge, dass das Gericht seine Aufgabe in seiner Erforschung und Beurteilung der Erfordernisse der gesamten Fallgestaltung sehen sollte. Die Praxis, auf beiderseitiges Verschulden zu erkennen, ist ein Versuch, Gerechtigkeit zu üben im Hinblick auf diese gesamte Fallgestaltung.

(50) Eine weitere bedeutungsvolle Entwicklung liegt im Bedeutungswandel des Begriffes der „Grausamkeit", wie er von den Gerichten aufrechterhalten wird. Neuere Urteile im Oberhaus haben eine Meinung bestärkt, die seit dem Ende des letzten Krieges immer stärker geworden ist. Nämlich, dass nicht die Gesinnung des Beklagten das Wesen der Grausamkeit ausmacht, sondern ganz einfach das durch das Verhalten des Beklagten verursachte Entstehen einer Lage, bei der man nicht erwarten darf, dass der Kläger sie erträgt.[64] Dass das Verhalten des Beklagten nicht absichtlich grausam sein muss, wird nachdrücklich betont durch das Urteil, dass gegen eine Klage, die Grausamkeit geltend macht, Geisteskrankheit keine Verteidigung sei.[65] Man könne das Prinzip, das dieser Entwicklung zu Grunde liegt, „das Prinzip der untragbaren Situation" nennen. Es ist eines, das die Theorie der Eheverfehlung bis zur Unkenntlichkeit verändern könnte.

---

62 Im Durchschnitt wird das Gericht in etwa 30 % aller Fälle um Ausübung der in seinem Ermessen stehenden Befugnisse ersucht. Man hat uns gesagt, dass die Fälle, in denen dies abgelehnt wird, „verhältnismäßig wenige" sind.

63 Vergl. Rayden on Divorce (EdIX) 279.

64 Gollins v. Gollins (1963) 3 W.L.R. 176; (1963) 2 All E.R. 966; and Williams vs. Williams (1963) 3 W.L.R. 215, (1963) 2 ALL E.R. 994. Cf.L. Neville Brown „Cruelty without culpability or divorce without fault", 26 M.L.R. (No. 6) 625.

65 In diesem Punkt hat Williams vs. Williams tatsächlich eine Empfehlung der Morton Commission erfüllt (Bericht RN 256).

(51) Dasselbe Prinzip kann herangezogen werden, um die logische Grundlage der Geisteskrankheit als Scheidungsgrund zu erklären. Geisteskrankheit war nie eine Eheverfehlung. Das Prinzip, das sie ursprünglich verkörpern sollte, war offenbar das der „Zweckverfehlung (frustration)". Wie die Gorell Kommission[66] darlegte, führt die Geisteskrankheit eines Ehegatten dazu, dass die Zwecke, deretwegen die Ehegemeinschaft geschaffen wurde, „fürderhin völlig vereitelt" sind. Aber was die Ehe anbetrifft, so findet das Zweckverfehlungsprinzip im englischen Recht keine sichere Stütze. Der Scheidungsgrund sollte deshalb eher etwa als „untragbare Lage" bezeichnet werden, die zu ertragen der andere Gatte, nach der Auffassung der Allgemeinheit, nicht verpflichtet sein sollte.

(52) Es ist jedoch gefährlich, diese Vorstellung zu weit zu treiben. Wenn man sagt, dass Geisteskrankheit keine Verteidigung gegen eine Klage sei, die sich auf Grausamkeit stützt, heißt das in Wirklichkeit, dass ein Verhalten, das von geistiger Verwirrung herrührt, eine Eheverfehlung darstellen kann. Und von da ist es nur ein kurzer Schritt dazu, die Geisteskrankheit selbst als Verfehlung zu behandeln. Es liegt deshalb klar zu Tage, dass das Prinzip der untragbaren Lage und der Grundsatz der Eheverfehlung miteinander unvereinbar sind. Wenn also die neuerliche Entwicklung in der Handhabung der Scheidung begrüßt werden soll – und soweit sie eine Verlagerung des Interesses von bestimmten Einzelhandlungen auf die gesamte Lage, die durch eheliches Versagen geschaffen wurde, erkennen lässt, muss sie unserer Ansicht nach begrüßt werden, - dann ist es umso besser je früher sie sich von der Doktrin der Eheverfehlung befreit.

Die Doktrin der Zerrüttung der Ehegemeinschaft

(53) In der Praxis löst sich das Recht also davon, die Scheidung auf ein Untersuchungsergebnis zu stützen, das nur die Pflichtvergessenheit einer der Parteien betrifft, und steuert darauf zu, sie auf ein Untersuchungsergebnis zu stützen, das den Zustand des Eheverhältnisses und die Anforderungen distributiver Gerechtigkeit im Auge hat. Mit anderen Worten, es tastet sich zum Zerrüttungsprinzip hin. Unserer Auffassung nach ist das eine Bewegung weg von der Oberflächlichkeit hin in Richtung auf einen ernsthaften Versuch, sowohl den Verwicklungen der ehelichen Verhältnisse selbst gerecht zu werden als auch den Interessen anderer Personen, auf die das Verhalten der Ehegatten eingewirkt haben kann. Der soziale Zusammenhang der Familie wird damit anerkannt. Wir empfehlen deshalb, dass die Entwicklung sobald als möglich vollendet wird, indem ganz offen das Zerrüttungsprinzip an Stelle des Verschuldensprinzip eingeführt wird.

(54) Die Sicht der Ehe, die dem Zerrüttungsprinzip zu Grunde liegt, wurde von Lord Walker folgendermaßen beschrieben:[67] „Die wahre Bedeutung der Ehe, wie ich sie verstehe, liegt im lebenslangen Beieinandersein im Heim der Familie. Wenn aber die Aussicht auf fortdauerndes Zusammenleben weggefallen ist, so scheint die richtige Auffassung im Hinblick auf die Bedeutung der Ehe zu fordern, dass das gesetzliche Band beseitigt werden sollte. Jede sinnentlehrte Bindung fügt der Gemeinschaft und dem Ideal der Ehe – da leere Bindungen sich häufen – immer größeren Schaden zu."

---

66 Royal Commission of Divorce and Matrimonial Causes, 1912.

67 *Bericht* (Cmd. 9678 S. 341).

Es kann keinen Zweifel geben, dass sich diese Auffassung dem Gewissen Vieler anempfiehlt. Der allgemeine Sprachgebrauch über die Ehe und ihre Auflösung bestätigt das. Es ist zumindest ebenso üblich, eine Ehe als „gestrandet“, „in Schwierigkeiten geraten“, „zerrüttet“ oder „fehlgeschlagen“ zu bezeichnen, als Worte zu gebrauchen, die sich auf Verfehlungen eines Gatten gegenüber dem anderen beziehen. Tatsächlich zeigt die Gesellschaft mehr Verständnis für die Verteilung der Verantwortlichkeit, als es das Recht tut, mit seinem Erfordernis, dass ein Teil für schuldig befunden werden muss. Es ist auch ganz deutlich, dass die Auffassung von Lord Walker über die wahre Bedeutung der Ehe von einer großen Zahl ernster und gewissenhafter Menschen sowohl in diesem Land als auch in anderen geteilt wird.[68] Sie sind sich darüber klar, dass die Ehe fürs Leben geschlossen wird, aber wenn eine spezielle Ehe unheilbar zerrüttet ist, so dass das gemeinsame Leben, das nach ihrer Ansicht das Wesen der Ehe ausmacht, unverkennbar und unwiderruflich zu Ende gegangen ist, so sehen sie das fortbestehende gesetzliche Band als leer und bedeutungslos an. Wenn sie eine Reform des Rechts fordern, so wollen sie keine „leichte Scheidung“, sondern dass das Recht dem erfahrungsgemäßen Stand der Dinge Rechnung trägt und dass dem Gericht die Befugnis erteilt werden sollte, das *de jure* als erledigt zu erklären, was in ihren Augen schon *de facto* erledigt ist. Man könnte sogar sagen, dass ihnen ein Begriff „plötzlich eintretender Nichtigkeit“ der Ehe vorschwebt. Wir wollen einige Sätze vom Bericht der Gorell Kommission entlehnen[69]: „Wenn unvermutet Ereignisse über die Ehe hereingebrochen sind, die das gemeinsame Leben tatsächlich beendet haben“, so dass „der Zweck der Eheschließung vereitelt wird“, vertreten manche die Auffassung, dass das tatsächliche Band aufgehört habe zu bestehen, und dass „die Beseitigung des gesetzlichen Bandes folgen solle“. Diese Sicht der Angelegenheit ist nicht die, die von Christen als solchen eingenommen wird. Aber sie erscheint uns nicht als unwürdige oder gar unpassende Vorstellung, auf die sich das Recht einer säkularen Gesellschaft nicht stützen könnte.

(55) Wir haben mehr als einen möglichen Namen für das Prinzip, das wir empfehlen wollen, erörtert. Einige von uns möchten lieber vom Fehlschlagen einer Ehe sprechen, andere, die darauf bedacht sind, die Aufmerksamkeit auf die Bedeutung der Ehe in der Gesellschaft zu lenken, möchten noch, soweit dies möglich ist, den Begriff einer zerrütteten Ehe, „die aufgehört hat, einem brauchbaren Zweck zu dienen“, hineinbringen. Aber es hat sich insgesamt als das Beste erwiesen, den Ausdruck „Zerrüttung der Ehe“ zu gebrauchen, da er schon gebräuchlich und geläufig ist. Schließlich ist nicht der Name wichtig, sondern wichtig ist, wie wir die Frage, oder die Fragen bestimmen, über die die Gerichte entscheiden müssten, wenn das Recht geändert werden sollte. Unserer Meinung nach wäre die Erste und grundlegende Frage folgende: Ergibt sich aus der gerichtlichen Untersuchung ein derartiges Versagen des ehelichen Verhältnisses oder ergeben sich Umstände, die diesem Verhältnis derart widrig sind, dass keine begründete Hoffnung mehr besteht, dass die Gatten je wieder als Mann und Frau zu gegenseitigem Trost und gegenseitiger Hilfe zusammen leben werden? Das stimmt mit Lord Walker's Definition einer zerrütteten Ehe überein als „einer [Ehe], in der Tatsachen und Umstände auf die Lebensverhältnisse

---

68 Vergl. unten Anhang B, RN 7 und 27.

69 *Bericht* 1912 (Cmd. 6478).

der Parteien in derart widriger Weise wirken, dass es unwahrscheinlich ist, dass ein durchschnittlicher Ehemann und eine durchschnittliche Ehefrau je wieder ein gemeinsames Leben aufnehmen würden"[70]. Das anfallende Beweismaterial, das vom Gericht geprüft werden müsste, wären alle erheblichen Tatsachen aus dem Werdegang der Ehe, auch jene Handlungen und Verhältnisse, die das geltende Recht für sich schon als Scheidungsgründe ansieht. Das Gericht würde dann die Ehe auflösen soweit, und nur soweit, es seiner Überzeugung nach falsch wäre, die rechtliche Existenz eines Verhältnisses zu behaupten, dessen tatsächliches Wiederaufleben außerhalb aller Wahrscheinlichkeit liegen würde. Dabei müssten sowohl die Interessen der Gemeinschaft als auch die der unmittelbar Betroffenen berücksichtigt werden.

(56) Falls die Parteien erwiesenermaßen eine beträchtliche Zeit getrennt gelebt haben, wäre das ein wichtiger Umstand, aber nicht schon per se ein schlüssiger Beweis der Zerrüttung. Wie Lord Walker ausführt:[71] „Man kann von einer Ehe nicht sagen, dass sie unheilbar zerrüttet sei, nur weil die Parteien früher einmal übereingekommen waren, getrennt zu leben und das auch weiterhin tun wollen, denn diese Zustimmung kann zurückgenommen werden und die Ansichten können sich ändern. Was die Hoffnung auf Versöhnung wirklich ausschließt, ist vielmehr der Charakter der Handlungen, die von den Parteien jeweils begangen wurden, und der Umstände, die auf ihr Leben einwirken."

Andererseits würde die Tatsache, dass die Gatten immer noch unter einem Dach leben, für sich genommen die Zerrüttung noch nicht entscheidend widerlegen. Von Bedeutung wäre die wahre Natur der ehelichen Beziehungen, und hier könnte sich der Begriff der „un-ertragbaren Situation" zweifellos als nützlich erweisen.[72]

(57) Wir brauchen kaum zu erwähnen, dass die Interessen der Kinder einer Ehe, von der behauptet wird, sie sei zerrüttet, uns sehr beschäftigt haben. Es ist ab und zu vorgeschlagen worden[73], dass für Ehegatten mit Kindern im schulpflichtigen Alter überhaupt keine Scheidung möglich sein sollte. Wir halten es jedoch nicht für gerecht, dass es ein Scheidungsrecht für solche mit Kindern und eines für solche ohne Kinder geben sollte. Wenn es das tatsächlich gäbe, so wäre es keineswegs undenkbar, dass jedenfalls in einigen Ehen die Niederkunft verhindert werden könnte aus dem Wunsch nach einer Scheidung, oder übereilt werden könnte, aus dem Wunsch heraus, die Scheidung zu vermeiden. Davon abgesehen ist es auch nicht erwiesen, was für Kinder das Schlimmere ist – mit Eltern zu leben, die miteinander zerstritten sind, oder nach der Scheidung in die Obhut eines Elternteils gegeben zu werden. Wir haben sicher keinen Grund zur Annahme, dass es auf jeden Fall zum Nutzen der Kinder wäre, mit Eltern zu leben, denen ihretwegen die Scheidung versagt worden ist. Wir möchten deshalb empfehlen, dass die Befugnis des Gerichts, darauf zu bestehen, dass für die Kinder befriedigende Vorkehrungen getroffen werden,

---

70 Loc. cit. S. 340. In diesem Abschnitt ist die Wendung „ein durchschnittlicher Ehemann und eine durchschnittliche Ehefrau" nicht befriedigend. In jedem einzelnen Fall muss das Verhältnis zwischen *diesem* Ehemann und *dieser* Ehefrau geprüft werden.

71 Ebenda.

72 Vergl. jedoch Anhang D RN 9 f.

73 Zum Beispiel von Sir Jocely Simon, vergl. oben RN 47.

beibehalten und nach Möglichkeit noch verstärkt werden sollte[74], und dass das Gericht die Pflicht haben sollte, in jedem Fall das Jugendamt der entsprechenden lokalen Behörde von jeder Anordnung über die Obhut der Kinder zu benachrichtigen. Wir halten es für wichtig, dass die Gerichte eine größere Verantwortung dafür übernehmen, dass sichergestellt wird, dass die Anstalten, die für die Obhut der Kinder und ihren Unterhalt getroffen worden sind, auch tatsächlich durchgeführt werden.

(58) Es gibt noch gewisse andere Sicherungsvorkehrungen, die wir empfehlen möchten, aber ihre Notwendigkeit wird deutlicher werden, wenn wir einige der Einwände, die gegen das Zerrüttungsprinzip erhoben worden sind, erörtert haben.

Erwiderung auf einige Einwände

(a) *Dass das Zerrüttungsprinzip die „Konsensualscheidung" mit sich bringe.*

(59) Das war einer der Einwände, der in der Morton Commission gemacht wurde[75] und der oft wiederholt wird. Es wird vorgebracht, dass Mann und Frau übereinkommen könnten, sich zu trennen, und dass sich beide darüber einig sind, dass der eine oder andere, sobald die Trennung lang genug gedauert hätte, um eine Zerrüttung geltend machen zu können, eine unwidersprochene Scheidungsklage erheben sollte, die das Gericht dann wohl kaum abweisen würde. Hier scheinen die Gedanken etwas durcheinander zu gehen. Wie wir oben in Randnummer 48 dargelegt haben, besteht das wesentliche Merkmal der „Konsensualscheidung" darin, dass die Ehe als privater Vertrag angesehen wird, der durch den gemeinsamen Willen der Parteien selbst beendet werden kann, ohne jegliche wirkungsvolle Einflussnahme durch die Gemeinschaft. Das Zerrüttungsprinzip dagegen, jedenfalls in der Form, die uns vorschwebt, erfordert, dass das Gericht entscheidet, ob eine Ehe aufgelöst werden soll oder nicht. Es ist daher grundsätzlich unvereinbar mit der „Konsensualscheidung". Wenn es zur Grundlage des Scheidungsrechts gemacht würde, wäre der gemeinsame Wunsch der Parteien nach Scheidung kein Hindernis und könnte sich sogar zu Gunsten eines Urteils auswirken; aber keinesfalls würde ein solches Einvernehmen für sich genommen genügen, um die Scheidung herbeizuführen. Es wäre immer nötig, dass das Gericht über die Frage der Zerrüttung auf Grund der Beweisergebnisse urteilt. Und das Gericht hätte die Pflicht, trotz der ausdrücklichen Übereinkunft der Parteien ein Urteil zu verweigern, wenn es nicht davon überzeugt sein sollte, dass die Ehe tatsächlich zerrüttet ist.

Was den besonders genannten Fall anbetrifft, (einverständliche Trennung mit dem Ziel die Scheidung zu erreichen) so trifft eines ganz sicher zu: Wenn die Zerrüttung in das Recht in Form eines fest umrissenen „Scheidungsgrundes wegen Getrenntlebens" mit ei-

---

74 Matrimonial Causes Act 1965, S. 33. Wenn unser Vorschlag (oben RN 29, unten RN 64), dass das Gericht kein vorläufiges Scheidungsurteil erlassen sollte, soweit es nicht mit den für den Unterhalt des beklagten Gatten und die Kinder der Ehe getroffenen Vorkehrungen zufrieden ist, angenommen werden sollte, würde die bestehende Sicherung zu einer zweiten Verteidigungsstellung gegen Ungerechtigkeit werden.

75 *Bericht* (Cmd. 9678), RN 69.

ner entsprechend festgelegten erforderlichen Trennungszeit[76] aufgenommen würde, so könnten die Parteien, die sich verstehen, eine Scheidung in ziemlich ähnlicher Weise arrangieren, wie einige heutzutage das böswillige Verlassen arrangieren.[77] Aber das wäre kein Beweis dafür, dass die Konsensualscheidung dem Zerrüttungsprinzip irgendwie mehr eigen ist als dem Prinzip der Eheverfehlung, wie der allgemein übliche Missbrauch zeigt. Außerdem wäre eine „arrangierte" Trennung nicht notwendig unvereinbar mit echter Zerrüttung der fraglichen Ehe, wohingegen das arrangierte böswillige Verlassen mit einer echten Eheverfehlung unvereinbar ist. Wenn also irgendjemand glaubt, dass hier ein Beweis für die Überlegenheit des Verschuldensprinzips gegenüber dem Zerrüttungsprinzip liege, so täuscht er sich gewaltig.

Wenn außerdem noch alle besonderen, wörtlich formulierten „Gründe"[78] abgeschafft werden würden, - und genau das empfehlen wir – könnten die Parteien nicht im Voraus beraten werden, wie das heute der Fall ist, welche tatsächlichen Beweise sie dem Gericht vor allem unterbreiten müssen. Es besteht deshalb begründete Hoffnung, dass ein „Arrangement" erheblich schwieriger zu bewerkstelligen wäre.

(b) *Dass das Zerrüttungsprinzip eigentlich mit dem Verständnis der Ehe als lebenslang unvereinbar sei.*

(60) Die meisten derjenigen, die diesen Einwand erheben, scheinen ihn auf die missverstandene Voraussetzung über die Konsensualscheidung, die wir soeben erörtert haben, zu gründen. Er kann aber auch selbständig geltend gemacht werden. Das geltende Recht, was auch immer seine Fehler sein mögen, kann so dargestellt werden, als bestehe es darauf, dass die Ehe bestimmt sei, das ganze Leben zu dauern, in sie könne nur eingegriffen werden durch das Gewähren angemessener Hilfe für einen verletzten Ehegatten, wenn die Gerechtigkeit es erfordere. Dagegen könnte ein Gesetz, das auf der Zerrüttung beruht, so dargestellt werden, als mache es die Ehe im Wesentlichen „vergänglich". Würde es deshalb nicht den lebenslangen Zweck beeinträchtigen, der bislang bei der Eheschließung verlangt wurde? Von denen, die sich einer Ehe nähern, könnte man nicht länger erwarten, dass sie die Ehegemeinschaft als unauflösbar ansehen, es sei denn, eine Partei verhalte sich in untragbarer Weise (oder würde verrückt), sondern diese Menschen wären dazu aufgefordert, die Ehe als eine Verbindung anzusehen, die eines natürlichen Todes sterben kann, ohne dass irgendein schwerwiegender Fehler auf einer der beiden Seiten begangen worden ist. Würde das nicht aus jeder Ehe eine Versuchsehe machen?

Unserer Meinung nach würde die Gesetzesänderung, die wir empfehlen, sehr geringe Auswirkungen auf das allgemeine Verständnis der Ehe haben, da die Auffassung, dass die Ehe vergänglich sei, schon weithin vertreten wird und von der Entwicklung in der Handhabung des geltenden Rechts ermutigt wird. Es ist zudem ziemlich bekannt, dass nur wenige, die ihre Ehe unerträglich finden, die Scheidung nicht erlangen können. Trotz alledem glauben wir, dass die große Mehrheit derjenigen, die heiraten, ihre Ehe fürs ganze

---

76 Vergl. z. Beispiel das australische Recht (vgl. unten Anhang B).

77 Vergl. oben RN 42.

78 Das heißt Gründe der in section 1 des Matrimonial Causes Act von 1965 aufgezählten Art, von denen jeder für sich ein Scheidungsurteil rechtfertigt.

Leben schließen wollen. Die gesetzliche Definition der Ehe[79] ist heute nicht bedeutungslos und es scheint auch höchst unwahrscheinlich, dass die Einführung des Zerrüttungsprinzips sie bedeutungslos machen würde. Zugleich muss darauf hingewiesen werden, dass Unterlagen über die Reflexwirkungen des Scheidungsrechts auf die Einstellung derjenigen, die eine Ehe eingehen, praktisch nicht zu erhalten sind. Im Ganzen scheint es, dass Labilität in der Ehe meistens von Umständen herrührt, die sich in der Kindheit ausgewirkt haben, bevor die betreffenden Personen überhaupt bewusst mit dem Scheidungsrecht in Berührung kamen, und die entweder nicht erkannt oder die im späteren Leben nicht erfolgreich gemeistert worden sind.[80]

(c) *Dass die Einführung des Zerrüttungsprinzips die Zahl der Scheidungen erhöhen würde.*

(61) Hier ist wiederum schwer zu sehen, auf welche Unterlagen eine zuverlässige Prognose gestützt werden kann. Das System, das wir vorschlagen, würde es einigen Personen, die nach geltendem Recht keine Scheidung erlangen können, außer indem sie zu fragwürdigen Auswegen Zuflucht nehmen, ermöglichen, sie auf gesetzliche Weise zu bekommen, und es würde andere, die gegenwärtig Scheidungen deshalb nicht bekommen können, weil ihre Ehepartner nicht einwilligen, in die Lage versetzen, sich gegen den Willen jener Gatten scheiden zu lassen. Zunächst würde man daher einen Anstieg in der Zahl der erlassenen Urteile erwarten. Andererseits wurden unter dem gegenwärtigen System mit dem oberflächlichen Grund irgendeiner Eheverfehlung Scheidungen erwirkt, die nicht erreichbar gewesen wären, wenn die Zerrüttung hätte bewiesen werden müssen. Zudem mag die Existenz des Ausschlusses durch Fristablauf (bar of delay)[81], soweit es um Eheverfehlungen geht, manche, die sich mit ihrer Ehe nicht zufrieden fühlen, ermutigen, sofort zu handeln, solange sie noch einen Klagegrund haben, wohingegen unter dem empfohlenen System die Notwendigkeit, die Zerrüttung darzulegen, sie eher veranlassen könnte zu warten. Leider können uns die australischen Statistiken hier nichts helfen, sowohl weil die Scheidung wegen Getrenntlebens nicht lange genug zur Verfügung gestanden hat, um ein endgültiges Bild erscheinen zu lassen, als auch weil in Australien dieser Grund einfach zur Liste der Eheverfehlungen hinzugefügt wurde.[82] Folglich scheint es eine reine Vermutung zu sein, ob die Zahl der Scheidungsurteile auf lange Sicht zunehmen würde oder nicht. Nach unserer Meinung ist jedoch das rein rechnerische Ergebnis der Sache nicht von primärer Bedeutung. Am meisten kommt es darauf an, dass wenn es Scheidungen geben soll, sie in Fällen gewährt werden sollten, in denen es den Gatten offensichtlich nicht gelungen ist, die Probleme ihres Verhältnisses auf irgendeine andere

79 D.i. „die freiwillige" Verbindung von einem Mann und einer Frau fürs Leben mit Ausschluss aller anderen, *vergl. Bericht* (Cmd 9678) RN 36.

80 Vergl. Anhang D RN 13.

81 Matrimonial Causes Act v. 1965 S. 5 (4) (c) (1): „Das Gericht kann eine Scheidungsklage abweisen, wenn sich der Kläger seiner Meinung nach beim Erheben oder Verfolgen der Klage einer ungebührlichen Verzögerung schuldig gemacht hat" – der Grund dafür ist darin zu sehen, dass die Verzögerung zu dem Verdacht Anlass gibt, dass die behauptete Verfehlung mit Einwilligung geschehen ist.

82 Hinsichtlich der tatsächlichen australischen Zahlen vergl. Anhang B, RN 21.

Weise zu lösen, und nicht in Fällen, in denen überhaupt nur eine Eheverfehlung, deren Bedeutung oberflächlich sein mag, bewiesen worden ist.

(d) *Dass die Streitfrage der Zerrüttung in Wirklichkeit nicht beurteilt werden könne.*

(62) Die Unterlagen, die wir erhalten haben, lassen erkennen, dass die Richter abgeneigt wären, Vorhersagen über die Zukunft von Ehen machen zu müssen. Aber in Wirklichkeit erfordert eine Beurteilung der Zerrüttung kein größeres Maß an Vorhersage als (zum Beispiel) das Urteil, dass das erwiesene Verhalten eines Gatten im Falle seiner Fortsetzung die Gesundheit des anderen Gatten beeinträchtigen würde. In beiden Fällen ist es eine gegenwärtige Wahrscheinlichkeit, die eingeschätzt werden muss. Wir sind dessen sicher, dass es einem Gericht möglich sein würde, über die Wahrscheinlichkeit, ob ein gemeinsames Leben wieder aufgenommen wird, zu entscheiden, nachdem es den Werdegang der Ehegemeinschaft, die für ihr Misslingen geltend gemachten Gründe, (in umstrittenen Fällen auch die Gründe, die von der anderen Seite vorgebracht werden) und die Anstrengungen, die gemacht – oder nicht gemacht – worden sind, um die Versöhnung herbeizuführen, untersucht hat. Das ist genau das, was ein Richter nach geltendem Recht entscheiden muss, wenn er darum ersucht wird, eine Klage während der ersten drei Jahre der Ehe zuzulassen.[83] Auch könnte es kaum schwieriger sein zu entscheiden, ob Hoffnung auf Versöhnung besteht, als es jetzt ist, wenn entschieden werden muss, welche, wenn überhaupt eine, der beiden Parteien des böswilligen Verlassens schuldig ist, sofern die Entscheidung, wie so oft, vom Geschick der taktischen Manöver der Parteien abhängt.

Wir erkennen ohne weiteres an, dass eine neue Einstellung und neue Verfahrensmethoden erforderlich sein werden. Wir werden diese später in diesem Bericht erörtern.[84]

(e) *Dass es äußerst ungerecht wäre, die Scheidung gegen den Willen eines unschuldigen Gatten zuzulassen.*

(63) Der schwerwiegendste Einwand gegenüber früheren Vorschlägen, die Scheidung nach siebenjähriger Trennung auf Klage jeder Partei hin zu gestatten, wurde von neun Mitgliedern der Morton Kommission folgendermaßen umrissen: „Einem Mann oder einer Frau das Recht zu verleihen, sich von einem Ehegatten scheiden zu lassen, der, *ex hyothesi*, keine anerkannte Eheverfehlung begangen hat, und der die Scheidung nicht will, würde auf eine schwere Ungerechtigkeit hinauslaufen. Das würde zum Beispiel einem Mann, der einen Ehebruch begangen hat, oder seiner Frau gegenüber grausam gewesen ist, erlauben, sie zu verlassen und sich später von ihr gegen ihren Willen scheiden zu lassen. Das würde ein Prinzip verletzen, das im Recht fest begründet ist, nämlich, dass es niemandem gestattet sein soll, aus eigenem Unrechttun Vorteil zu ziehen. Der Frau würde eine Scheidung aufgezwungen. Sie könnte religiöse oder gewissensmässige Einwände gegenüber der Scheidung haben. Auf jeden Fall, gleich welcher Art ihr Einwand auch sein mag, ob mehr oder weniger achtbar, hatte sie doch von der Voraussetzung ausgehend geheiratet, dass sie den Status der Ehefrau ihr Leben lang behalten würde mit allem was das an Ansehen in der Gemeinschaft, Unterhaltsrechten und anderen finanziellen Rechten in

83 Matrimonial Causes Act v. 1965 S. 2 (2): „der Richter soll ... die Frage berücksichtigen, ob eine begründete Wahrscheinlichkeit für eine Versöhnung zwischen den Parteien innerhalb der bestimmten Zeitspanne besteht".

84 6. Kapitel und unten Anhang C.

sich schließt, sofern sie ihrem Mann keinen Grund geben würde, sich scheiden zu lassen ... Da ist der Fall der langen und glücklichen Ehe, die durch die Vernarrtheit des Ehemannes in eine jüngere Frau zerbrochen ist, der Fall der Frau, die von ihrem Mann mit abscheulicher Grausamkeit behandelt wird, bevor er sie verlässt, der Fall des verlassenen Ehemannes, der mit einer jungen Familie, die er aufziehen muss, zurückgelassen worden ist. Wenn in derartigen Fällen der verletzte Ehegatte nicht geschieden werden will, so wäre es widerlich, das fühlen wir, die Möglichkeit zu erwägen, diesem Gatten eine Scheidung aufzuzwingen."[85]

Kurz und gut, es wurde behauptet, dass die Reformer sich auf dem besten Weg befinden, einen noch schlimmeren Fall zu schaffen, wenn sie versuchten, eine gesetzgeberische Regelung zu schaffen für den „schlimmen Fall" eines Gatten, der mit einer dritten Partei zusammen wohnt und vielleicht eine Familie hat und dennoch diese Gemeinschaft und ihre Nachkommenschaft nicht legitimieren kann, auf Grund der Weigerung des anderen Ehegatten einzuwilligen. Soweit sich dies gegen den Vorschlag richtet, der bestehenden Liste von Eheverfehlungen einen neuen „Grund wegen Getrenntlebens" anzufügen, erscheint uns dieser Einwand unwiderlegbar. Unsere eigenen Empfehlungen beschäftigen sich aber nicht mit irgendeinem „schlimmen Fall", sondern mit einer Änderung des ganzen Prinzips, auf dem das Recht beruht. Trotzdem bringt unsere Empfehlung die Möglichkeit mit sich, dass ein Gatte, der eine Eheverfehlung begangen hat, gegen den Willen des verletzten Gatten die Scheidung erwirken kann. Ist das gerecht?

(64) Die behauptete Ungerechtigkeit gegenüber einem schuldlosen und widersprechendem Gatten ist eine zweifache, und es ist wichtig, die beiden Elemente zu unterscheiden. Auf der einen Seite ist der wirtschaftliche Verlust – oder er kann da sein –, auf der anderen Seite der Verlust an Stand und Ansehen. Drittens kommt noch die Möglichkeit, dass ein Kläger aus seinem eigenem Unrechttun Vorteil ziehen kann, in Betracht.

Wir wollen den ersten Einwand, der sich auf den wirtschaftlichen Verlust stützt, näher ins Auge fassen: Man sagt – und die Tatsachen können nicht geleugnet werden –, dass eine Frau infolge der Scheidung die Versicherungsansprüche und jede Pensionsberechtigung verliert, die mit der Arbeit ihres Mannes verbunden ist, dass sie überhaupt keine Entschädigung enthält für die Jahre, während derer sie in beachtlichem Maße, indem sie eine Karriere aufgab, zum Aufstieg ihres Mannes beigetragen haben mag, und dass sie möglicherweise nicht nur das eheliche Heim verlieren, sondern Schwierigkeiten haben mag, eine auch nur unzureichende Unterkunft für sich und irgendwelche Kinder, die ihrer Obhut oder Pflege überantwortet sind, zu finden. Wäre es nicht unerträglich, fragen die Gegner des Zerrüttungsprinzips, wenn eine unschuldige Ehefrau in dieser Art und Weise auf die Klage eines untreuen Ehemannes hin beraubt werden könnte? Ganz und gar untragbar meinen wir. Insoweit stimmen wir mit dem überein, was die Einwendenden sagen. Aber wir müssen auch darauf hinweisen, dass in diesem Einwand, wie er gemeinhin vorgebracht wird, allgemeine Gesichtspunkte großenteils außer Acht gelassen werden. Wenn eine Frau, deren Ehe unter den genannten Umständen geschieden worden ist, wirtschaftliche Verluste der beschriebenen Art erleidet, so rührt das nicht von einer Ursache her, die gerade einem auf dem Zerrüttungsprinzip beruhenden Gesetz eigen ist. Es ist vielmehr

---

85 *Bericht* (Cmd 9678) RN 69 (XV), (XV III).

deshalb so, weil, wie die Dinge stehen, die Scheidung als solche geeignet ist, auf die wirtschaftliche und finanzielle Stellung der Frauen ungünstiger zu wirken als auf die ihrer Ehemänner. Wenn heutzutage eine unschuldige Frau beabsichtigt, Scheidungsklage wegen einer Eheverfehlung, die ihr Mann begangen hat, zu erheben, so wird sie sich die Folgen sehr ernsthaft überlegen müssen, bevor sie den Prozess beginnt. Gerade deshalb halten es die Gegner des Zerrüttungsprinzips für ihre Zwecke für geeigneter, uns das Bild einer unschuldigen Ehefrau vorzumalen, die auf die Klage eines unwürdigen Ehemannes hin beraubt worden ist, als die Aufmerksamkeit auf Fälle hinzulenken, in denen die Rollen der beiden Geschlechter vertauscht sein könnten.

Der Kern der Sache liegt darin, dass nicht zuerst und vor allem das Zerrüttungsprinzip die richtige Zielscheibe für die Opponierenden ist, sondern das bestehende System, das so oft zulässt, dass sich die Scheidung zum vergleichsweisen Nachteil der Frau auswirkt. Hier sollte die Reform beginnen. Nur wenn sich die Ungleichheit der Geschlechter im Hinblick auf Eigentum, Rente, Versicherung etc. als nicht überwindbar erweisen sollte, würde sie einen andauernden Einwand dagegen darstellen, dass ein ungetreuer Ehemann klagen darf. Die erste Empfehlung, die deshalb gemacht werden muss, ist die, dass der Anspruch der Frau auf einen angemessenen Anteil an den Versicherungsleistungen und der Rente ihres Ehemannes anerkannt und geschützt werden sollte, und dass die Fragen des Eigentums, des Unterhalts und der Durchsetzung der Unterhaltsansprüche auf Verbesserungsmöglichkeiten hin untersucht werden sollten. Wir machen später in diesem Bericht im Anhang einige Vorschläge über die Unterhaltspflicht und darüber, wie sich das Zerrüttungsprinzip auf sie auswirken würde[86]. Wir glauben, dass die Einführung gemeinschaftlichen Eigentums[87] in irgendeiner Form viel tun würde, um Ungerechtigkeiten zu verhindern.

Wir meinen, dass, soweit die gegenwärtigen Ungleichheiten erfolgreich beseitigt würden, das wirtschaftliche Argument dagegen, dass dem für die Zerrüttung der Ehe verantwortlichen Teil ein Klagerecht zugestanden wird, zur Bedeutungslosigkeit reduziert würde. Andererseits sind auch wir, wie gesagt, der Ansicht, dass es untragbar wäre, den für die Zerrüttung verantwortlichen Teil klagen zu lassen, solange die wirtschaftlichen und finanziellen Rechte des anderen Teils und die Rechte irgendwelcher Kinder der Ehe nicht genügend geschützt wären. Unsere Empfehlung des Zerrüttungsprinzips hängt deshalb davon ab, dass dieser Schutz gewährleistet ist. In diesem Zusammenhang halten wir es für äußerst wichtig, dass hier die Sicherung eines absoluten Scheidungsausschlusses bestehen sollte, wonach das Gericht die Pflicht haben würde, ein Scheidungsbegehren zurückzuweisen, solange es nicht davon überzeugt wäre, dass die Vorschläge betreffs Eigentum, Pension und Unterhalt gerecht sind. Diese Sicherungsvorkehrung würde in allen Fällen wirken, um Urteile zu verhindern, die Not und Bedrängnis verursachen könnten, die die

86 Unten RN 91-94 und Anhang C, RN 31-38.

87 Das entspricht nicht unserer Gütergemeinschaft (community of goods) Langenscheidt: Enzyklopädisches Wörterbuch 1962 Teil 1 1. Band S. 278 community Bedeutung Nr. 9 u. 10 [der Übersetzer].

Gerechtigkeit verletzen und dem öffentlichen Interesse zuwiderlaufen würden, sie würde besondere Bedeutung haben unter den Umständen, die wir gerade erörtern.[88]

(65) Der Verlust des ehelichen Standes ist von ganz anderer Art. Hier ist keine Entschädigung möglich, und wir möchten keinesfalls die Wunde bagatellisieren, die ein treuer Ehegatte davontragen könnte, wenn ihm das Recht seine Unterstützung versagt. Ein derart im Stich gelassener Mensch könnte wohl zu der Überzeugung gelangen, dass das Gericht, indem es ein Urteil erließ und die Wünsche des Klägers erfüllte, die Übeltat des Klägers unterstützt habe. Man kann deshalb ohne weiteres den allgemeinen Widerwillen verstehen, der die gesetzgebende Körperschaft von Neu-Seeland nötigte, einen absoluten Scheidungsausschluss für die Fälle einzuführen, in denen der Klage widersprochen wurde und das Gericht der Ansicht war, „dass die Trennung auf dem unrechtmäßigen Handeln oder Verhalten des Klägers beruhe".[89] Obwohl wir das verstehen, können wir jedoch nicht zustimmen. Die Gesellschaft kann nicht beides haben. Wenn man sich allgemein darüber einig ist, dass das öffentliche Interesse die Beseitigung „leerer" gesetzlicher Ehebindungen verlangt, dann haben die australischen Gerichte sicher recht, wenn sie behaupten, „dass allein die Tatsache, dass eine Frau nicht geschieden werden will und gegen den Verlust ihres gesellschaftlichen Standes als Ehefrau Einspruch erhebt, den Erlass des Urteils nicht hart und niederdrückend für sie machen würde."[90]

Trotzdem bleibt das Gefühl, dass es hart *ist*, und wir können nicht behaupten, herausgefunden zu haben, wie man dieses Empfinden völlig vertreiben kann. Der Kern des Problems liegt unserer Ansicht nach darin, dass Wunden nicht vermieden werden können, wenn eine Ehe ein schlimmes Ende nimmt. Schließlich ist die Scheidung das unnatürliche Auseinanderreißen dessen, was einig und unteilbar sein sollte, und der sich daraus ergebende Schmerz muss einen treuen Ehegatten schärfer treffen als einen untreuen. Aber auch hier sollten Übertreibungen vermieden werden. In der Art von Fällen, die wir gerade erörtern, ist der wirkliche Schaden schon verursacht worden, bevor die Klage erhoben wird. Das gemeinsame Leben der Gatten ist schon unwiderruflich zu Ende gegangen. Wenn deshalb ein Gericht, nachdem es sich von der Tatsache der Zerrüttung überzeugt hat, beschließt, dass die gesetzliche Bezeichnung Ehe entzogen werden sollte, so verschlechtert sich die tatsächliche Lage im Sinne des irdischen Lebens sicherlich nicht besonders, unter der Voraussetzung natürlich, dass angemessener Unterhalt und so weiter sichergestellt sind. Wenn es auf der anderen Seite um die Kinder einer illegalen Verbindung geht, so wird ihr Los möglicherweise verbessert. Was jene anbetrifft, deren Weigerung, die Ehe scheiden zu lassen, von der Überzeugung herrührt, dass sie ihren Gatten unwiderruflich und fürs ganze Leben verbunden sind, so würden diese durch das Vorgehen des Gerichts nicht daran gehindert, die Treue zu bewahren. Das Gericht hätte den Komplex gesetzlicher Rechte und Pflichten beseitigt, es hätte sich nicht, wie wir gesehen haben, mit irgendeinem tiefer liegenden Band beschäftigt. Manchmal könnte die rechtliche Freiheit zur Wiederheirat eine Quelle der Versuchung sein, gegen sein Gewissen zu

---

88 Vergl. auch unten RN 92.

89 Vergl. unten Anhang B, RN 8.

90 *McDonald v. McDonald* (1964-65) N.S.W.R. 701, vergl. unten Anhang B, RN 15-17.

verstoßen, aber das ist keine ungewöhnliche Erfahrung für einen Christen oder sonst jemanden, dessen Gewissen Ansprüche stellt, die von der Gesellschaft, in der er lebt, nicht anerkannt werden. Und für jene, die von der tatsächlichen Unauflösbarkeit der Ehe überzeugt sind, würde die empfohlene Gesetzesänderung zumindest einen Vorteil haben: Ein verlassener Gatte stünde nicht weiterhin unter dem schmerzlichen Druck, den anderen „freizulassen".

Wie schon oben erwähnt wurde, halten auch wir den Vorwurf der Ungerechtigkeit für unwiderlegbar, wenn sich ein Fall der geschilderten Art ereignen sollte als Konsequenz dessen, dass den Eheverfehlungsgründen ein „Scheidungsgrund wegen Getrenntlebens" hinzugefügt worden wäre. Denn die Eheverfehlungsgrundlage des größten Teils des Scheidungsrechts würde es beinahe unmöglich machen, zu behaupten, das Gericht sei nicht über die falsche Seite hergefallen, wenn es auf Antrag des schuldigen Teils hin ein Urteil erlassen hat. Solange wir gewohnheitsmäßig fortfahren, die Scheidungsklage unter dem Blickpunkt eines verletzenden und eines verletzten Teils zu sehen, muss ein derart erlassenes Urteil untragbar erscheinen. Wenn jedoch der Grundsatz des ganzen Gesetzes geändert würde, wobei die Zerrüttung die Eheverfehlung ersetzen würde, so wäre die Lage völlig verändert. Dann würden wir lernen, nicht in Begriffen „schuldiger" und „unschuldiger" Parteien zu denken, sondern des Zustandes der ehelichen Beziehungen. Die Gerichte würden untersuchen, ob das eheliche Verhältnis „lebendig" oder „tot" ist, und nicht vor allem ob A die B verletzt hat, oder ob B den A verletzt hat. Hier wäre deshalb die Tatsache bedeutungslos, dass der Antrag von jemandem gestellt worden war, der unter einem völlig anderen Rechtssystem für den schuldigen Teil gehalten worden wäre. Wenn das Gericht nach der Beweiserhebung entscheiden würde, dass das Eheverhältnis „tot" sei, und daraufhin die gesetzliche Bezeichnung Ehe und den dazugehörigen Komplex von Rechten und Pflichten annullieren würde, so würde es nicht ein Urteil zu Gunsten des Klägers erlassen, oder sein oder ihr Verhalten gutheißen, sondern einfach der Feststellung einer Tatsache Ausdruck verleihen. Um dasselbe nochmals anders auszudrücken: Die einzige Erwiderung auf die Behauptung, dass eine Ehegemeinschaft „tot" sei, ist der Beweis, dass sie es nicht ist. Die Widerlegung kann nicht durch einen Hinweis auf die jeweiligen Verdienste der Parteien erreicht werden. In dieser Hinsicht ähneln die Verfahren auf der Grundlage der Zerrüttung der Ehe den Nichtigkeitsverfahren. Wenn es dem Gegner daher nicht gelingt, die Behauptung zu widerlegen, dass der Bruch unmöglich geheilt werden könne, so können die jeweiligen Verdienste der Parteien den Richter nicht davon abhalten, die Ehe für „unwirksam" im rechtlichen Sinne zu erklären.

Andererseits würde das Verhalten in der Ehe und die vergleichsweisen Verdienste der beiden Parteien aus anderen Gründen in Betracht gezogen werden müssen, sofern die Tatsache der Zerrüttung festgestellt worden wäre. Das Gericht müsste dann ein wertendes Urteil fällen, und dieses Urteil wäre nicht nur für die Kostentragung von Bedeutung und für die Gewährung von Unterhaltsansprüchen, sondern auch für die sich hier erhebende Frage, ob Umstände vorliegen, die das Gericht verpflichten, das Scheidungsbegehren trotz des Fehlschlagens der Ehe zurückzuweisen. Wir haben oben empfohlen, dass ein Urteil zurückgehalten werden sollte, wenn es dem Kläger in solchen Fällen, wie wir sie gerade erörtern, nicht gelingen sollte, das Gericht betreffs Unterhalt für den Beklagten und alle Kinder der Ehe zufrieden zu stellen. Im nächsten Abschnitt werden wir außerdem noch vorschlagen, [dass] das abscheuliche Verhalten auf Seiten des Klägers einen Ausschluss des Scheidungsrechts darstellen sollte. Diese beiden Hindernisse würden im Namen des öffentlichen Interesses eingreifen trotz der Tatsache, dass die Zerrüttung zur Überzeugung des Gerichts bewiesen worden ist, und würden so Schutz für einen unschuldigen Ehegatten und wichtige Sicherungen gegen Missbrauch abgeben. Wir möchten jedoch aus den erwähnten Gründen keinen Scheidungsausschluss in der Art des Neuseeländischen, noch halten wir es für klug, dem australischen Beispiel zu folgen, und von dem Gericht zu verlangen, dass es entscheidet, ob der Erlass eines Urteils „unter den besonderen Umständen dieses Falles für den Beklagten hart und niederdrückend wäre".[91] Die Unbilligkeit gegenüber einem Beklagten sollte unserem Dafürhalten nach unter der Rubrik des öffentlichen Interesses in Betracht gezogen werden.

(66) Wir kommen jetzt zu dem Einwand, dass man dem Kläger gestatten würde, den Rechtsgrundsatz, dass „niemand aus seinem eigenen Unrechttun Vorteil ziehen darf",[92] zu verhöhnen, wenn man einem Gatten, der sich abscheulich benommen hat, erlaubt, erfolgreich auf Scheidung zu klagen gegen einen Gatten, der sich anständig aufgeführt hat. Es ist ein fundamentales Prinzip, dass ein Gerichtshof einer Prozesspartei nicht gestatten darf, einen Verstoß gegen das Gesetz, der von ihr selbst begangen wurde, als Teil ihres Anspruchs oder ihrer Verteidigung geltend zu machen oder anzuführen. Es ist weiterhin anerkannt, dass jemand, der zum Gericht kommt, um Hilfe gegen eine Rechtsverletzung zu erwirken, selbst mit sauberen Händen kommen muss. Deshalb stellt im geltenden Scheidungsrecht der Ehebruch des Klägers ein Hindernis gegen ein Scheidungsbegehren seinerseits dar, es sei denn, das Gericht übt sein Ermessen zu seinen Gunsten aus. Wie könnte aber das Gesetz einem ehebrecherischen Kläger erlauben, nicht nur gegen das Begehren eines nicht des Ehebruchs schuldigen Gatten durchzudringen, sondern gelegentlich sogar den eigenen Ehebruch als Beweis zugunsten seiner Klage anzuführen?

Die erste Antwort auf diesen Einwand ist die, dass unter dem System des Scheidungsrechts, das wir ins Auge fassen, ein Kläger nicht der Abhilfe wegen oder um ein Recht geltend zu machen, zu Gericht kommen würde; er würde kommen um das Gericht zu bitten, über den Zustand seiner Ehe ein Urteil abzugeben – etwas ganz Anderes. Man kann hier wieder die Ähnlichkeit zu den Nichtigkeitsprozessen anführen, in denen durch eine Eheverfehlung auf Seiten des Klägers auch kein Hindernis entsteht. Bei der Scheidung wegen Zerrüttung würde sich das Gericht, wie im Nichtigkeitsverfahren, nicht mit „Schuld" oder „Schuldlosigkeit" beschäftigen, sondern den Zustand der in Frage stehenden Ehe beurteilen, und wenn ein Urteil erlassen werden sollte, so würde es sich nicht „gegen" den Beklagten richten, sondern vielmehr „gegen" die weitere gesetzliche Anerkennung der Ehe. Wenn man ein Gerichtsurteil einmal nicht als Schuldspruch nach einem

91 Vergl. Anhang B, RN 16.

92 „No man can take advantage of his own wrong" Das ist die anerkannte Übersetzung von *Nullus commodum capere potest de injuria sua propria* (C.Litt. 158b) Ähnliche Maximen sind: „He who comes into equity must come with clean hands" (Wer Gerechtigkeit will, muss mit sauberen Händen kommen), „He who seek's equity must do equity" (Wer Gerechtigkeit will, muss gerecht sein) [Anmerkung des Übersetzers].

Prozess, sondern als Ergebnis einer Untersuchung ansieht, nicht als eine Rechtsposition, die von einem Prozessierenden auf Kosten des anderen errungen wurde, sondern als richterliche Anerkennung des Standes einer Angelegenheit mit einer daraus folgenden Neubestimmung der Lage, so ist es offenbar, dass die Maxime „Niemand darf aus seinem eigenen Unrecht Nutzen ziehen" in diesem Bereich keine allgemeine Anwendung findet. Auch lässt sich feststellen, dass der Grundsatz unter dem geltenden Recht nicht ausnahmslos angewandt wird, weil nämlich die Ausübung richterlichen Ermessens im Interesse distributiver Gerechtigkeit oft einem Kläger zum Sieg verhilft, der keineswegs mit sauberen Händen gekommen ist. Trotzdem müssen wir nach dem Gesagten anerkennen, dass es Fälle geben könnte, in denen unser Gefühl für Gerechtigkeit und Anstand zu Recht verletzt wäre, wenn ein Urteil gegen den Willen des Beklagten erlassen würde. Fälle, in denen der Kläger nicht nur offenbar für das Aufhören des gemeinsamen Lebens verantwortlich ist, sondern die Pflichten der Ehe lauthals verhöhnt und den anderen Teil abscheulich behandelt hat. Die Morten Commission führt zur Verdeutlichung beispielsweise einen Ehemann an, der seine Frau mit furchtbarer Grausamkeit behandelt, bevor er sie verlässt. In solchen Fällen würde es – grob gesprochen – einfach nicht angehen, den Kläger mit einem blauen Auge davon kommen zu lassen. Der Erlass eines Urteils widerspräche dem öffentlichen Interesse, denn es würde das Vertrauen in die Rechtspflege erschüttern und Zweifel am Vorhandensein staatlichen Interesses an der Ehe erwecken. Das wären Fälle, in denen die Interessen der Gesellschaft daran, „leere" gesetzliche Bande abzuschaffen, durch andere Erwägungen von grundlegender Bedeutung übertroffen würden. Wie wir im vorherigen Abschnitt gesagt haben, halten wir deshalb eine Sicherungsvorkehrung für notwendig; und wir empfehlen, dass das Gericht verpflichtet sein sollte, ein Scheidungsbegehren trotz erwiesener Zerrüttung zurückzuweisen, wenn ein Urteil dem öffentlichen Interesse an Gerechtigkeit und dem Interesse am Schutz der Institution Ehe zuwiderlaufen würde. Dieser absolute Scheidungsrechtsausschluss, den wir vorschlagen, unterscheidet sich von demjenigen, den das neuseeländische Recht für bestimmte Fälle vorsieht, dadurch, dass nicht einfach nur die Verantwortlichkeit des Klägers für die Zerrüttung, sondern sein oder ihr Verhalten im Allgemeinen vom Gericht berücksichtigt werden müsste.[93] Er unterscheidet sich vom australischen Scheidungsverbot darin, dass er die Aufmerksamkeit des Gerichts nicht auf alternative Erwägungen lenkt, (entweder auf den Schutz des Beklagten oder das öffentliche Interesse),[94] sondern auf das öffentliche Interesse, dass die Erwägung mitumfasst, dass ein Beklagter nicht unbillig behandelt werden sollte. Wenn der Gegner ebenfalls den Wunsch nach Scheidung äußern sollte, und die Scheidung im Interesse aller betroffenen Kinder zu liegen schiene, so wären diese Erwägungen bei der Bestimmung des öffentlichen Interesses gegenüber dem Verhalten des Klägers in Ansatz zu bringen.

Diese Regelung würde Einiges tun, um die Gewissenlosen in dem Glauben zu entmutigen, dass böswilliges Verlassen und das Eingehen einer illegalen Verbindung im Lauf der Zeit automatisch ein Scheidungsurteil herbeiführen würden.

93 Vergl. Anhang B, RN 8-10.

94 Ebenda RN 16.

(f) *Dass die Einführung des Zerrüttungsprinzips die Sicherheit der Frauen und Mütter bedrohen würde.*

(67) Wie Lady Summerskill das Oberhaus erinnerte (obwohl nicht mit so vielen Worten), muss man bei der Erörterung einer Reform des Scheidungsrechts den Fall der nicht mehr so jungen Frau, das umherschweifende Auge und die statistisch wesentliche Sekretärin - oder einen anderen derartigen Vogel im Auge behalten.[95] Wir haben Dreiecksverhältnisse dieser Art nie ganz außer Acht gelassen, und wir wissen den Hinweis der edlen Frau zu schätzen, dass für eine Frau und Mutter Beständigkeit der Ehe, einzig und allein die Sicherheit ihres Heims und ihrer Familie vor dem Auseinanderbrechen bedeutet, ohne Rücksicht auf das, was der Soziologe darunter verstehen mag! Es erhebt sich deshalb die Frage, ob die Einführung des von uns empfohlenen Prinzips mit der damit verbundenen Möglichkeit jeder Partei, Klage zu erheben, die Beständigkeit in diesem sehr persönlichen Sinn beeinträchtigen würde? Zur Zeit kann[96] eine Frau von der Voraussetzung ausgehend heiraten, dass sie sich darauf verlassen kann, den Stand einer Ehefrau ihr Leben lang zu behalten, sofern sie nicht eine Verfehlung begeht, die ihrem Mann einen Scheidungsgrund liefert (oder, natürlich, sofern sie verrückt wird), aber unter der vorgeschlagenen gesetzlichen Regelung hätte sie keine Garantie, dass sie, nachdem sie aufgehört hat, für ihren Mann sexuell anziehend zu sein, sich nicht geschieden finden könnte ohne ersichtlichen eigenen Fehler, um einer jüngeren Nachfolgerin Platz zu machen. Würde zudem nicht das Wissen, dass eine Klage eingereicht werden kann, einen polygyn veranlagten Ehemann dazu ermutigen, Seitensprünge zu machen und eine Frau dazu geneigt, „ja“ zu sagen?

Die Sicherungen, die wir empfehlen, würden Einiges tun, diese Ermutigung zu dämpfen. Jene, die erwogen hätten einen gemeinsamen Hausstand zu gründen, müssten vorsichtig sein, um nicht den Scheidungsausschluss des öffentlichen Interesses[97] auf sich zu ziehen und müssten auch ernsthaft überlegen, ob der Ehemann finanziell in der Lage ist, für seine Frau und seine Kinder in einem vom Gericht als genügend erachteten Ausmaß zu sorgen.[98] Es kann aber nicht geleugnet werden, dass die Möglichkeit einer verlassenen Frau, an ihrem gesetzlichen Status festzuhalten, unter der vorgeschlagenen Regelung weniger gesichert wäre als jetzt. Wiederum kann die Gesellschaft nicht Beides zugleich haben. Das heute allgemein gültige Verständnis der Ehe verlangt, dass jede „leere“ gesetzliche Bindung, die nicht von einem tatsächlichen Zusammenleben getragen wird, der Annullierung unterworfen sein sollte. Daraus folgt, dass das Einzige, was „Beständigkeit“ (in dem hier gebrauchten Sinn) garantiert, eine gesunde Ehegemeinschaft ist. Wäre das wirklich so schlimm? Einige Sätze, die der Attorney General (Bundesanwalt) von Australien geschrieben hat, sind hier äußerst sachdienlich:[99]

---

95 Hansard, 10c cit., cols. 1567-8.

96 Vergl. den Morton Report RN 69 (XV).

97 Oben RN 64.

98 Oben RN 64.

99 Sydney Law Review (1961) III.3.417. Das im Zitat erwähnte Gesetz ist der Commonwealth of Australia Matrimonial Causes Act von 1959.

„Die wörtliche‘ Formulierung einer Eheverfehlung durch das Gesetz leistet in Wirklichkeit einen doppelten Dienst, von dem ein Aspekt sehr leicht übersehen wird. In Wahrheit bestimmt eine derartige Formulierung den Bereich der Verhaltensweisen, die im ehelichen Sinn schuldlos bleiben. Auf der anderen Seite bezeichnet sie jene Handlungen, die als schuldig im ehelichen Sinn getadelt werden können. Aber die Aufgabe, die Peripherie für den Bereich der Schuldlosigkeit festzulegen, ist wahrscheinlich die Wichtigere und die am wenigsten Beachtete. Wie gemein und unannehmbar das Verhalten für das sittliche Empfinden auch immer sein mag, so ist es doch „unschuldig“, wenn es nicht die durch die wörtliche Formulierung ehelicher Schuld festgelegte Peripherie durchdringt. Der künstliche Charakter dieser Bereiche der Schuldlosigkeit darf in keiner Erörterung über den Wechsel grundsätzlicher Einsicht, den das Gesetz von 1959 darstellt, außer Acht gelassen werden.“

Offenbar ist es auf keinen Fall wünschenswert, dass sich die Ehegatten einfach deshalb sicher fühlen, weil sie nicht außerhalb der Peripherie des Bereichs der Schuldlosigkeit umherschweifen. Wenn das Zerrüttungsprinzip, indem es solche Sicherheit bedroht, sie dazu veranlassen würde, positive Schritte zu unternehmen, um die ehelichen Beziehungen in Takt zu halten, so wäre schon viel gewonnen.

Auf jeden Fall ist die Befugnis, seinen eigenen gesetzlichen Status beizubehalten, nicht gleichbedeutend mit der Sicherheit des ehelichen Heims und der Familie vor dem Auseinanderbrechen. Wie wir schon in einem etwas anderen Zusammenhang gesagt haben, kann das Los des verlassenen Partners im Sinne des menschlichen Lebens nur durch das Beibehalten des gesetzlichen *Status quo* nicht wesentlich verbessert werden, sobald sich ein Ehemann (oder eine Ehefrau, was das betrifft) so weit von der ursprünglichen Ehegemeinschaft gelöst hat, dass er einen neuen Haushalt beginnt mit der Absicht, dass dieser für dauernd sein soll.[100] Der wirkliche Schaden ist schon verursacht worden. Andererseits ist es nicht richtig zu behaupten, wie das im Morton Report geschehen ist,[101] dass „die Vernarrtheit eines Ehemanns in eine jüngere Frau eine lange und glückliche Ehe mehr bedrohen würde,“ als es derzeit geschieht, wenn das Zerrüttungsprinzip eingeführt werden sollte. Unter dem vorgeschlagenen System stünde es der Ehefrau nicht wie jetzt offen, sich von ihrem Mann wegen des Ehebruchs sofort scheiden zu lassen, und die Tatsache, dass die Zerrüttung bewiesen werden müsste, könnte gerade die Wartezeit nötig machen, die es dem Mann ermöglichen könnte, über die Vernarrtheit hinwegzukommen.

(68) Unserer Ansicht nach macht die obige Erörterung zwei Dinge deutlich: Dass die Wahl zwischen dem Grundsatz der Eheverfehlung und dem Grundsatz der Ehezerrüttung nach allem eine Wahl zwischen zwei Übeln bleibt, und dass der Versuch, die beiden Prinzipien in einem Scheidungsgesetz zu vereinen, ganz sicher die schlechtesten Eigenschaften beider zur Geltung gelangen lassen würde. Obwohl wir glauben, dass die Erwiderungen, die wir auf die wichtigsten Einwände gegen das Zerrüttungsprinzip gegeben haben, einiges Gewicht haben, so behaupten wir deshalb noch lange nicht, dass die Annahme dieses neuen Prinzips ein neues Zeitalter der Rechtschaffenheit und des Friedens beginnen lassen würde. Wir sind im Gegenteil der Überzeugung, dass etwas so Unnatürliches

100 Vergl. oben RN 65.
101 RN 69 (XVII).

wie die Scheidung notwendigerweise schlimme Folgen mit sich bringen muss, die kein denkbares menschliches Gesetz verhüten könnte. Wir erheben deshalb nur den bescheidenen Anspruch, dass von den der gegenwärtigen Gesellschaft verfügbaren Alternativen, ein auf dem Zerrüttungsprinzip beruhendes Gesetz bei weitem das geringere Übel wäre. Was den Versuch anbetrifft, die beiden Prinzipien zu vereinen, so wird es angebracht sein, die Einwände im folgenden Abschnitt zusammenzustellen, obwohl diese schon in verschiedentlichen Zusammenhängen offenbar geworden sind.

Weshalb das Zerrüttungsprinzip nicht in ein Gesetz, das auf der Eheverfehlung beruht, eingeführt werden darf

(69) Wir können drei Haupteinwände dagegen anführen, dass das Zerrüttungsprinzip auf einen wörtlich formulierten „Grund" reduziert wird, und es in das geltende Recht Schulter an Schulter mit den „Gründen", die Eheverfehlungen definieren, eingeführt wird.

(a) *Die gegenseitige Unvereinbarkeit der beiden Prinzipien wäre völlig offenbar.*

Das geltende Recht geht beinahe durchwegs von der Voraussetzung aus, dass die Scheidung als gerechte Hilfe für einen unschuldigen Gatten angesehen werden sollte, gegen den vom anderen Gatten eine Verfehlung begangen worden ist. Wenn nun in dieses Gesetz eine weitere Klausel eingefügt werden sollte, die es einem schuldigen Gatten ermöglichen würde, erfolgreich gegen den Willen eines Schuldlosen zu klagen, so würde der ganze Zusammenhang die Ergänzung als ungerecht erscheinen lassen.[102] Und wie könnte es die Gesetzgebende Körperschaft rechtfertigen, dass sie Gründe beibehält, die von der Verwirklichung besonderer Verfehlungen abhängen, auf Grund deren nur verletzte Parteien klagen können, und die überhaupt keinen Beweis der Zerrüttung erfordern, wenn sie umgekehrt zu dem Schluss käme, dass es rechtens und richtig sei, die Scheidung auf die Klage jeder der beiden Parteien hin und ohne Beweis einer besonderen Verfehlung zu gewähren, sofern – aber auch nur sofern eine Ehe erwiesenermaßen unheilbar zerrüttet ist?[103] Eine Regelwidrigkeit dieser Art ist im australischen Recht offenbar, das in einer Klausel sowohl eine fünfjährige Trennung fordert, als auch den Beweis, „dass keine vernünftige Wahrscheinlichkeit für die Wiederaufnahme des gemeinsamen Lebens besteht".[104] In einer anderen Norm sieht es jedoch eine zweijährige Trennung als ausreichenden Grund an (vorausgesetzt, dass diese durch das böswillige Verlassen des Beklagten verursacht wurde), ohne einen Beweis zu fordern, dass die Wiederaufnahme des gemeinsamen Lebens unwahrscheinlich ist.[105]

(b) *Die von wörtlich formulierten Gründen untrennbare Oberflächlichkeit würde dazu führen, das Zerrüttungsprinzip unwirksam zu machen.*

Einer der Gründe, weshalb wir das Zerrüttungsprinzip empfehlen, ist der, dass es den Gerichten die Möglichkeit geben würde, sich mit den tatsächlichen Gegebenheiten des ehelichen Verhältnisses zu befassen, anstatt sich auf Oberflächlichkeiten konzentrieren zu

---

102 Vergl. oben RN 44, 63, 65.

103 Vergl. oben RN 44.

104 Matrimonial Causes Act 1959 (Aust) S. 28 (m).

105 Ebenda S. 28 (b).

müssen.[106] Wenn das Prinzip aber in das Gesetz in Form eines weiteren, wörtlich formulierten Grundes eingeführt werden sollte (wie der australische „Scheidungsgrund wegen Getrenntlebens – ground separation“), so ginge der erhoffte Vorteil verloren. Es würde die unvermeidbare Tendenz bestehen, die durch das Beweisergebnis offenbarten Umstände mit der wörtlichen Formel zu vergleichen, und wenn sie zu passen scheinen, und kein Scheidungsausschlussgrund eingreifen würde, ein Urteil zu erlassen ohne jegliche echte Untersuchung der Frage der Zerrüttung.[107] Mit anderen Worten: Wahrscheinlich würden die innere Einstellung und das Verfahren, die der Verhandlung von Eheverfehlungen eigen sind, auf Fälle ausgedehnt, die sich um den neuen „Grund“ drehen. Es gibt dafür einige Anzeichen in Sir Stanley Burbury's Bemerkungen zum australischen Recht.[108] Wir meinen, dass die Untersuchung der Frage der Zerrüttung eine neue Einstellung und neue Verfahrensmethoden erfordert, und dass es höchst unwahrscheinlich ist, dass diese von den Gerichten gehörig entwickelt würden, wenn das Zerrüttungsprinzip nicht das ganze Scheidungsrecht durchdringen würde. Außerdem würde das reine Hinzufügen eines neuen „Grundes“ nichts tun, um den von Sir Garfield Barwick erwähnten besonderen Aspekt der Oberflächlichkeit abzuhelfen, nämlich „der künstlichen Bestimmung des Verhaltensbereichs, der im ehelichen Sinn schuldlos bleibt“. Denn diese Oberflächlichkeit ist in der wörtlichen Formulierung von „Gründen“ mitinbegriffen.[109] Wenn andererseits das ganze Recht auf das Zerrüttungsprinzip gestützt werden sollte, würde diese künstliche Abgrenzung verschwinden.

(c) *Das Hinzufügen eines neuen Grundes, der das Zerrüttungsprinzip verkörpert, würde die Scheidung leichter erreichbar machen, ohne wirklich das Gesetz zu verbessern.*

Wie gesagt, besteht kein Grund zu der Annahme, dass die völlige Substituierung der Zerrüttung anstelle der Eheverfehlung auf weite Sicht die Scheidung erleichtern könnte, oder die Zahl der Scheidungsurteile in beträchtlichem Maß erhöhen würde,[110] aber das bloße Hinzufügen eines „Scheidungsgrundes wegen Getrenntlebens“ würde beides tun, da es die Scheidung da verfügbar machen würde, wo sie es jetzt nicht ist, dabei aber die jetzt bestehenden Möglichkeiten unberührt lassen würde. Die Einführung des Zerrüttungsprinzip in der Form eines neuen wörtlich formulierten „Grundes“ würde das Recht nicht reformieren. Es würde das geltende Recht nur uferlos machen und eine letzte Zuflucht für Kläger schaffen, die herausgefunden hätte, dass sie mit keinem anderen „Grund“ Erfolg haben würden. Man wird an F.E. Smith's Rat für Diplomaten, die über Rechtspositionen verhandeln, erinnert: „Wenn sich kein anderes Argument anbietet, versuch es mit dem Naturrecht!“[111] Der stillschweigend enthaltene Ratschlag eines gemischten Scheidungsgesetzes für Leute, die sich von der Ehe befreien wollen, könnte gut werden [passen]. „Wenn sich kein anderer Grund anbietet, versuch es mit der Zerrüttung der Ehe.“ Wenn die für den Beweis der Zerrüttung erforderliche Trennungszeit auf sieben Jahre festgesetzt

---

106 Vergl. oben RN 40 f.

107 Vergl. oben RN 40 und unten Anhang B, RN 11.

108 „Family Law“ (1963) 36 A.L.J. – 288, vergl. unten Anhang B, RN 18.

109 Vergl. oben RN 67.

110 Vergl. oben RN 61.

111 International Law Ed. VI (1937) S. 7 f.

werden sollte, so wäre die Zuflucht zum „Scheidungsgrund wegen Getrenntlebens" nicht besonders attraktiv. Aber wie die Mitglieder der Morton Commission andeuteten[112], würde wahrscheinlich bald genug Druck entstehen, dass die Zeitspanne verkürzt werde. Und warum nicht? Denn die Zerrüttung der Ehe, wie auch ehrwürdiges Alter „ist nicht etwas, das durch die Dauer der Zeit zustande kommt, noch etwas, das durch die Zahl der Jahre gemessen wird (... is not that which standeth in length of time, nor than is measured by number of years)".

Unserer Meinung nach sollte deshalb das Zerrüttungsprinzip auf keinen Fall in das geltende Recht in Form eines zusätzlichen „Grundes" eingeführt werden. Will man der vollkommenen Substituierung, die wir empfehlen, nicht folgen, so ist es besser, das Recht fest auf die Eheverfehlung gegründet zu lassen und zu erwägen, wie seine Anwendung verbessert werden könnte, als eine kleine, aber giftige Dosis eines unvereinbaren Prinzips einzuspritzen. Wenn der konservative Kurs eingeschlagen werden sollte, so würde sich das Problem erheben, was man im Hinblick auf den Scheidungsgrund wegen Geisteskrankheit und die gegenwärtige Interpretation der Grausamkeit[113] unternehmen soll? Denn der Begriff der untragbaren Situation, könnte, wenn man ihn außer Kontrolle geraten lässt, die Eheverfehlung leicht in etwas verwandeln, das weder Fisch, Fleisch noch Geflügel ist, sondern nur ein Bückling (red herring).

Die Zerrüttung aus der Sicht der Kirche

(70) Wir haben gesagt, dass die Übernahme der Zerrüttungsdoktrin an Stelle derjenigen der Eheverfehlung nach unserem Dafürhalten auf den Status der Ehe oder die lebenslange Zielsetzung des Ehebündnisses nicht ungünstig wirken würde.[114] Wenn die Kirche heutzutage berechtigt ist, die Zivilehe als in lebenslanger Absicht geschlossen und damit für christliche Zwecke grundsätzlich als gültig anzusehen, dann würde unserer Ansicht nach auch die von uns empfohlene Änderung nichts tun, um diese Berechtigung zu zerstören.

Aus der Sicht der Kirche wäre es eine positive Verbesserung, wenn das Gesetz die Oberflächlichkeit, die sich aus der Konzentration auf Wortformeln ergibt, beseitigen würde und den tatsächlichen Gegebenheiten des ehelichen Verhältnisses näher käme. Beim Zerrüttungsprinzip wäre es nicht mehr notwendig, willkürlich herausgegriffenen Handlungsweisen künstlich erhöhte Bedeutung zu verleihen, oder die Fiktion zu postulieren, dass in Scheidungsverfahren die Interessen der anderen zuwider laufen.[115] Stattdessen müsste der tatsächliche Zustand der ehelichen Beziehungen untersucht werden, und wenn beide Parteien übereingekommen wären, dass die Scheidung die einzige Lösung ihrer Probleme sei, so wäre das kein mögliches Hindernis gegen ihre Zulässigkeit. All das sollte es für Mann und Frau leichter machen in derart wesentlichen Fragen wie Unterhalt und Vorsorge für Kinder ihrer Ehe zu einer Übereinkunft zu gelangen, bevor sie zu Gericht kommen. Wenn daraufhin ein Urteil erlassen worden wäre, so wäre es nicht „zu Gunsten"

112 *Bericht* (Cmd. 9678) RN 69 (xxi).

113 Vergl. oben RN 50-52.

114 Vergl. oben RN 60.

115 Vergl. oben RN 40 f. und unten Anhang D, RN 8.

einer der beiden Parteien erlassen worden. Zweifellos würde es immer noch Fälle geben, in denen die Parteien das Urteil einfach als Triumph für die eine und als Niederlage für die andere ansehen müssten, aber die Begriffe des Gewinnens und Verlierens wie jene der Schuldlosigkeit und der Schuld wären für das Gesetz nicht mehr wesentlich. Ein Urteil wäre grundsätzlich die gesetzliche Anerkennung eines unglücklichen Versagens, in das beide Parteien zusammen verstrickt sind, wie ungleich auch immer ihre Verantwortlichkeit gewesen sein mag. Auf lange Sicht könnte dieses Prinzip die Wirkung haben, die allgemeine Einstellung gegenüber der Scheidung sehr beträchtlich zu verändern.

(72) Wir sind zudem der Überzeugung, dass das Zerrüttungsprinzip die weltliche Scheidung in gewisser Hinsicht weniger verletzend für das christliche Empfinden machen könnte, als es jetzt der Fall ist. Unter dem geltenden Recht bleibt der Eindruck, dass der Staat sich eine Machtbefugnis anmaßt, die, wenigstens gemäß der von der Anglikanischen Kirche ererbten westlichen Tradition, dem Menschen nicht zusteht, nämlich die Macht, eine gültig vollzogene Ehe aufzulösen und das zu trennen, was (so glauben die Christen) Gott eins gemacht hat. Wie wir schon erwähnt haben, trifft es zu, dass alles, was der Staat beansprucht, die Befugnis ist, gesetzliche Rechte und Pflichten, die mit der Ehe verbunden sind, zu annullieren, da er von irgendeinem tiefer gelegenen Band (vinculum) keine Kenntnis nimmt.[116] Trotzdem ist es schwierig bei dem derzeit geltenden System den unangenehmen Eindruck zu vertreiben. Bei einem auf dem Zerrüttungsprinzip beruhenden System könnte das, was das Scheidungsrecht tut, weniger störend sein. Es würde zu einem Kläger nicht mehr scheinbar sagen: „Wir ermächtigen Dich, Deinen Partner fortzuschicken, weil er oder sie diese oder jene Verfehlung begangen hat", sondern es würde eher scheinbar sagen: „Wir haben als Untersuchungsergebnis gefunden, dass diese Ehegemeinschaft sich derart unwiederbringlich zersetzt hat, dass sie nicht mehr länger geeignet scheint, rechtliche Anerkennung zu genießen; deshalb wird die Anerkennung entzogen." Das wäre ganz gewiss ein Gewinn.

(73) Zugleich sollte die Möglichkeit, dass Christen, die die Scheidung weder gewünscht haben noch in irgendeiner erkennbaren Weise zur Zerrüttung ihrer Ehen beigetragen haben, ihre Ehe trotzdem auf die Klage ihres Partners hin aufgelöst finden könnten, die christliche Gemeinschaft an ihre Pflicht erinnern, für ihre Mitglieder zu sorgen. Es ist nicht unsere Aufgabe, diesbezüglich irgendwelche Empfehlungen zu machen, aber es wäre offenbar ein Beispiel von Unverantwortlichkeit, wenn die Kirche die Art Gesetzgebung, die wir empfehlen, unterstützen sollte, ohne zugleich auf Mittel und Wege zu sinnen, durch die die christliche Gemeinschaft den Personen, deren Ehen gegen ihren Willen aufgelöst worden sind, Trost und Hilfe geben könnte.

(74) Noch etwas sollte erwähnt werden. Eine objektive und unvoreingenommene Einstellung gegenüber der säkularen Scheidungsgesetzgebung hängt, was die Anglikaner anbetrifft, von der Gewissheit ab, dass diese Gesetzgebung die Freiheit der Kirche die Ehen ihrer eigenen Glieder ihren kirchlichen Grundsätzen und Regeln entsprechend zu behandeln, nicht beeinträchtigt. Oder mit den Worten einer Resolution der Convocations:[117] „Es ist von Bedeutung, dass die Freiheit der Kirche in der Ausübung ihrer kirchlichen

---

116 Vergl. oben RN 15 und unten Anhang A, RN 6.

117 Smethurst and Wilson. *Acts of Convocation of Canterbury and York* (1948), S. 93.

Ämter in allen die Scheidung betreffenden Gesetzen vollständig gesichert sein sollte, und dass die Kirche insbesondere frei sein sollte, (1) die Benutzung ihrer Gebäude für eine Eheschließung zu untersagen, wenn eine der Parteien einen früheren noch lebenden Ehepartner hat, und (2) ihre eigenen Vorschriften zu erlassen, was die Zulassung solcher Personen zu den Sakramenten und anderen Privilegien der Kirche anbetrifft."

Mit anderen Worten: Der Anglikanischen Kirche muss in diesen Fragen dieselbe Freiheit gewährleistet werden, wie sie anderen christlichen Gemeinschaften zusteht. Hier bedürfte es einer teilweisen Änderung des bestehenden Verhältnisses zwischen Kirche und Staat.[118]

6. *Änderungen, die daraus folgen würden*

(75) Obwohl unsere Richtlinien nur verlangen, dass wir uns mit Grundsätzen beschäftigen, so schienen uns gewisse Fragen, die sich daraus ergeben könnten, dass die Zerrüttung der Ehe zur Grundlage der Scheidung gemacht würde und die Folgen, die das nach sich ziehen könnte, doch zu wichtig zu sein, um darüber hinwegzugehen. Wir beschränken uns, soweit es irgend möglich ist, auf die Fragen, die aufs engste mit unserer grundlegenden Empfehlung verbunden sind.

Versöhnung

(76) Im Gegensatz zur Eheverfehlungsdoktrin, die dem Gericht nicht erlaubt, eine Versöhnung überhaupt zu erwägen, ist es im Zerrüttungsprinzip stillschweigend mitinbegriffen, dass ein Scheidungsurteil nicht zu Recht erlassen werden kann, solange begründete Hoffnung besteht, dass die Parteien versöhnt werden können. Der Erlass eines Urteils auf dieser Grundlage setzt daher entweder echte, aber erfolglose Bemühungen der Parteien, sich zu versöhnen, voraus oder aber die Überzeugung der Gerichte, dass solche Versuche unter den Umständen dieses besonderen Falles nur vergebens sein würden. Nachdem die Eheberatung heutzutage eine wertvolle und anerkannte soziale Hilfe geworden ist, könnte das Versäumnis, von ihr Gebrauch zu machen, dafür sprechen, die Ernsthaftigkeit der Versuche der Parteien in Frage zu stellen. Gewährsleute, die aus ihrer Erfahrung sprachen, haben uns jedoch aufs Eindringlichste geschildert, dass es den eigentlichen Zweck der Versöhnungsstellen illusorisch machen würde, wenn man die Zufluchtnahme zu ihnen erzwingt, da Hilfe kaum wirksam ist, wenn sie nicht freiwillig gesucht wird.[119] Lord Devlin sucht macht diesen Vorbehalt: „Die Empfehlungen in Kapitel 1-5 werden offenbar wichtige prozessuale Änderungen verlangen. Ich konnte an deren Erörterung nicht teilnehmen und fühle mich ohne diesen Vorteil nicht imstande, mich hinter alle in Kapitel 6 gemachten Vorschläge zu stellen."

---

118 Vergl. auch Anhang C, RN 23.

119 Vergl. unten Anhang B.

Wir empfehlen deshalb nicht, dass dem Gericht die Verpflichtung auferlegt werden sollte, selbst die Versöhnung zu versuchen, oder dass es den Gang zu Beratungsstellen erzwingen sollte, sondern dass es die Pflicht haben sollte nachzuforschen, welche Versöhnungsversuche gemacht worden sind (es sei denn die Art des Falles wäre derart, dass dies vergebens wäre) und das Recht, die Sitzungen zu vertagen, wenn es nicht davon überzeugt wäre, dass die Möglichkeiten einer Versöhnung erschöpft sind.[120] Wir glauben, dass dies die Parteien ermutigen würde von Eheberatungsstellen oder Hilfe anderer Art Gebrauch zu machen, bevor sie zu Gericht kommen, vorausgesetzt natürlich, dass das bestehende Vertrauen in die Geheimhaltung solcher Beratung vom Gericht geschützt würde, und in einigen Fällen könnte die Vertagung selbst Zeit für weitergehende Gedanken schaffen.

(77) Als natürliche Folge dessen, was gerade gesagt worden ist, möchten wir aufs Eindringlichste empfehlen, die Versöhnungsstellen derart zu erweitern und zu verbessern, dass sie allen erdenklichen Forderungen, die an sie gestellt werden, genügen können, und ihre Entwicklung in großzügiger Weise zu unterstützen. Einen Bericht über die Unterlagen, die wir erhalten haben und die Meinungen, die wir uns über diese Angelegenheit gebildet haben, findet sich im Anhang.[121]

(78) Wir empfehlen auch, dass der bestehende Ausschluss von Klagen innerhalb drei Jahren nach der Eheschließung beibehalten werden sollte.[122] Im Licht der Zerrüttungsdoktrin könnten jedoch die Voraussetzungen des dem Richter eingeräumten Ermessens, Ausnahmen von dieser Regel zuzulassen, teilweise erneuter Überprüfung bedürfen. Angesichts dessen wäre eher Trennung als Scheidung das Heilmittel für Schwierigkeiten während der ersten drei Jahre.[123] Wir schlagen dagegen eine Änderung der gegenwärtigen Regelung vor, dass spätere Scheidungsklagen auch „auf Ereignisse gestützt werden können, die vor dem Verstreichen der drei Jahre geschehen sind."

(79) Wir können keine Originalität beanspruchen bei der Behauptung, dass wir die Versöhnung als eine Angelegenheit von äußerster Wichtigkeit ansehen, aber die Anforderungen der Zerrüttungsdoktrin verleihen dem besonderen Nachdruck, was sonst als Plattheit abgetan werden könnte. Wir glauben, dass es falsch wäre, nach dieser Doktrin zu verfahren, wenn die Gesetzesreform die eben in Randnummer 76 vorgeschlagene Regelung oder irgend eine andere Vorkehrung ähnlicher Zielsetzung und Wirkung nicht enthalten würde; denn das Gericht könnte eine Ehe nicht zu Recht für unheilbar zerrüttet erklären, wenn es sich nicht selbst davon überzeugt hätte, dass keine begründete Aussicht auf Versöhnung besteht.

Beweis der Zerrüttung

(80) Wenn das Zerrüttungsprinzip eingeführt werden sollte, würden alle wörtlich formulierten Scheidungs-"Gründe" verschwinden. Die Handlungen und Umstände, die in den

---

120 Vergl. die australische Regelung im Gesetz von 1959, S. 14.

121 Anhang E.

122 Matrimonial Causes Act v. 1965, S. 2.

123 Vergl. Anhang C S. 4.

bestehenden „Gründen“ bestimmt sind, müssen dann zusammen mit anderen bedeutsamen Tatsachen, die sich aus dem Werdegang der Ehe ergeben, als Beweis für die Zerrüttung gewürdigt werden. Im Zusammenhang der Ehegemeinschaft als Ganzem gesehen, würden sie die zufällige Bedeutung verlieren, die gegenwärtig von ihrer Isolierung und wörtlichen Formulierung herrührt, und ihre wahre Bedeutung wäre dann deutlicher.[124] Ein Ehebruch zum Beispiel müsste nicht mehr als unabhängiger und, für sich genommen, ausreichender Grund für die Auflösung einer Ehe angesehen werden. Seine Bedeutung würde von der Rolle bestimmt, die er tatsächlich im Verhältnis zwischen Ehemann und der betroffenen Ehefrau gespielt hat.

(81) Vom Ausgangspunkt des geltenden Rechts her gesehen, ist das Eindringen des Grundes der unheilbaren Geisteskrankheit in eine Liste von Verfehlungen für das Gewissen ziemlich beunruhigend, besonders im Hinblick auf die heute geläufige Tendenz, die Geisteskrankheit der Grausamkeit, so wie sie neuerdings interpretiert wird,[125] anzugleichen. Man hat uns auch darauf hingewiesen, dass die Unheilbarkeit beim Fortschritt der Medizin ein Begriff geworden ist, der vorsichtig gehandhabt werden muss, während andererseits viele derjenigen, deren geistige Verfassung sie für ein eheliches Leben untauglich macht, heutzutage lange Zeitspannen außerhalb der Heilanstalt verbringen können.

Wenn das Prinzip, das wir empfehlen, angenommen werden sollte, so würde der Beweis der geistigen Verwirrung eines Ehegatten natürlich neben den anderen Beweisen, die sich auf die Frage der Zerrüttung beziehen, seinen Platz einnehmen, und in vielen Fällen wäre zweifellos das Prinzip der untragbaren Lage von Bedeutung. Diese ist natürlich kein objektives Maß. Das Gericht müsste prüfen, nicht was für den einsichtigen Gatten, sondern was für diesen besonderen, betroffenen Gatten als untragbar angesehen werden sollte und, da die geistige Verwirrung für sich genommen kein Scheidungsrecht mehr geben würde, könnte das Gericht den Interessen aller Beteiligten, auch denen des kranken Gatten, Rechnung tragen und die Grundsätze distributiver Gerechtigkeit zum Tragen bringen. Es darf angedeutet werden, dass dies ein Fall ist, in dem ein Gericht zu Recht prüfen dürfte, ob die Ehe „aufgehört hat, einem sinnvollen Zweck zu dienen“.[126]

(82) In dem Gesetz, das uns vorschwebt, würde es natürlich keinen „Scheidungsgrund wegen Getrenntlebens“ geben, sondern der Beweis, dass die Ehegatten getrennt gelebt haben, würde sich auf die Frage der Zerrüttung beziehen. Wir meinen, dass es vom Richter her gesehen vernünftig wäre, in Fällen, in denen die Trennung als Hauptbeweis vorgebracht wird, das Zeugnis zu verlangen, dass die Trennung beträchtliche Zeit – etwa drei Jahre – gedauert hat, bevor er den Erlass eines Urteils in Betracht zieht, und sogar dann müsste er sich Lord Walkers Warnung merken, dass man eine Ehe nicht allein deshalb als unheilbar zerrüttet bezeichnen kann, weil die Gatten getrennt gelebt haben.[127] Um Versöhnungsversuche nicht zu erschweren, sollte nicht auf ununterbrochener Trennung bestanden werden. Es sollte genügen, wenn sich die Summe der Trennungszeiten auf das Minimum der für erforderlich gehaltenen Zeit beläuft. Man kann der Ansicht sein, dass

124 Vergl. oben RN 40, cf. Anhang D RN 8.

125 Gesetz v. 1965, S. 1(a) (IV). Oben RN 50-52.

126 Vergl. oben RN 55.

127 Vergl. oben RN 56.

die Einführung eines Zeitelements etwas ungeschickt ist, besonders in Anbetracht dessen, was oben in Abschnitt 69 (c) gesagt wurde, aber es scheint uns, dass irgendeine solche Sicherung nötig ist, sobald man sich auf die Tatsache der Trennung als hauptsächlichen Beweis stützt. Wo neben der Trennung noch andere überzeugende Beweise vorgebracht werden, ist die Sicherung nicht vonnöten. Wir sind uns dessen bewusst, dass Fälle, in denen die Gatten noch unter einem Dach leben (one roof cases) Schwierigkeiten bereiten würden. Aber das tun sie jetzt auch.

(83) Wir sind der Meinung, dass die „vorsätzliche" Weigerung, die Ehe zu vollziehen als Beweis im Hinblick auf die Zerrüttung zulässig sein sollte. Wir empfehlen deshalb, dass in Anbetracht dessen, was über dieses Thema von der „Archbishops Commission on Nullity und der Morton Commission" gesagt worden ist, die vorsätzliche Weigerung aufhören sollte, ein Grund für die Aufhebung einer Ehe zu sein und für die Scheidung bedeutsam werden sollte.[128]

Ein neues Verfahren

(84) Wir sind uns darüber im Klaren, dass eine Reform der Gerichte und ihres Verfahrens voraussichtlich ein sehr viel schwierigeres Unternehmen sein wird als die Ergänzung des materiellen Rechts. Wir möchten aber klarstellen, dass das, was wir im Hinblick auf das materielle Recht empfehlen, als von gewissen prozessualen Änderungen abhängig angesehen werden muss. Denn wir glauben, dass es die Scheidung leichter erhältlich machen hieße, ohne irgendwelche ausgleichende Vorteile, wenn man das Gesetz ändert, dabei aber die Art und Weise seiner Anwendung so lässt, wie sie jetzt ist. Wesentlich ist vor allem, das gerichtliche Verfahren zur Erforschung des tatsächlichen Zustandes einer Ehe geeignet zu machen, statt zur Bestimmung der Schuld oder Schuldlosigkeit einer Person, der die Begehung einer Verfehlung vorgeworfen wird. Bei einem auf die Zerrüttung gestützten Gesetz würde die gerichtliche Prüfung eines Scheidungsfalles in gewisser Hinsicht einer Leichenschau ähnlich werden, weil nämlich ihr Zweck die richterliche Untersuchung der angegebenen Tatsachen und Gründe des „Todes" der Ehegemeinschaft sein würde. Es müsste dem Gericht deshalb ermöglicht werden, tatsächlich zu erforschen, welche Versöhnungsversuche gemacht worden sind, die Durchführbarkeit weiterer Versuche, die Handlungen, Ereignisse und Umstände, die angeblich die Ehe zerstört haben, die Wahrheit der gemachten Aussagen (besonders in unwidersprochenen Fällen) und alle Angelegenheiten, die sich auf die Bestimmung des öffentlichen Interesses beziehen.

(85) Um das Gericht in die Lage zu versetzen, sich die für erforderlich gehaltenen Informationen zu beschaffen, müssen die Verhandlungen erheblich ausgedehnt werden. Die Klageschrift sollte die hervorstechendsten Merkmale des Werdegangs der fraglichen Ehe enthalten, die für ihr Fehlschlagen angeführten Gründe, Versuche, die gemacht worden sind, um die Versöhnung herbeizuführen, und alle vorgeschlagenen Abmachungen über das Sorgerecht für die Kinder, über die Verwendung des Eigentums und über den Unterhalt im Allgemeinen. Zugleich sollte jede mit der anderen Partei über diese Fragen getroffene Vereinbarung offenbart werden. Wenn der Kläger das Gericht über die Tatsachen in-

128 Vergl. unten, Anhang C RN 24-26.

formiert, die es kennen muss, wird er in vielen Fällen gezwungen sein, seine oder ihre eigenen ehelichen Pflichtvergessenheiten zuzugeben. Obwohl es wirklichkeitsfremd wäre, hier unveränderliche Offenheit zu erwarten, so sollte doch das, was offenbart würde, dem Gericht helfen, sich ein Bild von der Ehe zu machen und vielleicht auch zu erkennen, wo ein weiteres Nachforschen nötig sein könnte. Wenn das Eingeständnis einen Ehebruch mit einer anderen Person enthielt, die der Kläger benennen könnte, so dürfte diese Mitteilung in einer vertraulichen Erklärung gemacht werden, die behandelt würde, wie ein discretion statement[129] jetzt behandelt wird. Das wirft die Frage der Zustellung an eine dritte benannte Partei auf. Wenn dafür keine Vorsorge getroffen werden sollte, wäre die Möglichkeit zu intervenieren versagt, und nicht nur würden Personen, die zu Recht für Kosten oder Schadensersatz verantwortlich sind, straffrei ausgehen, sondern eine Person, deren Ehebruch mit einem der Gatten wesentlich zur Zerrüttung der Ehe beigetragen hat, wäre besser daran, falls der ehebrecherische Gatte klagen würde, als wenn es der andere tun würde – eine Regelwidrigkeit, die deutlich wenn auch nicht ganz zutreffend als „a co-respondent's charter (Freibrief des Mitbeklagten)" bezeichnet worden ist.[130]

(86) Offensichtlich würde es dem Gericht helfen, wenn es den Bericht des Beklagten, ebenso wie den des Klägers bekommen könnte; aber es ist gleichermaßen offenbar, dass es eine Belastung und auch zu teuer wäre, darauf zu bestehen, dass ausnahmslos in jedem Fall eine Erwiderung eingereicht wird. Wir machen weiter unter dem Vorschlag, dass es im Ermessen des Gerichts stehen sollte, gelegentlich die Anwesenheit beider Parteien zu verlangen.[131] Davon abgesehen, muss unserer Meinung nach den Ehegatten, die mit den von ihren Partnern in Gang gebrachten Verfahren überhaupt nichts zu tun haben wollen, das Recht gewährt werden, passiv zu bleiben. Wir schlagen deshalb vor, dass man von jedem Beklagten, der im Verfahren irgendeine Initiative ergreifen will, sei es um die Zerrüttung zu bestreiten oder nicht, verlangt, dass er nach Erhalt einer Kopie der Klageschrift eine Erklärung abgibt, in der er das Gericht über seine oder ihre Einstellung zu den vom Kläger vor Gericht geltend gemachten Gründen informiert. Die Form oder die Formen, die diese Erklärung annehmen könnte, sollen im Anhang erörtert werden.[132] Manchmal müsste es eine volle Verteidigung als Antwort auf die Klage sein, manchmal nicht. Sie würde in keinem Fall den Charakter einer Widerklage im Sinne des geltenden Rechts haben, weil Urteile, die auf der Grundlage der Zerrüttung ergehen, nie zu Gunsten der einen oder anderen Partei sein würden.

---

129 Eine Partei reicht einen Schriftsatz (das discretion statement) ein, in dem das Gericht gebeten wird, sein Ermessen zu ihren Gunsten auszuüben trotz des eingestandenen Ehebruchs der Partei. Der Schriftsatz muss die begangenen Ehebruchshandlungen und die Darstellung der Tatsachen enthalten, die das Gericht kennen muss, um sein Ermessen ausüben zu können. (Der Übersetzer) – Vergl. Earl Jowett / Clifford Walsh: The Dictionary of English Law Band 1, A-H London „Sweet and Maxwell Lim. 1959 unter „discretionary".

130 Vergl. noch Anhang C, RN 13.

131 Vergl. unten RN 88.

132 Anhang C, RN 9 f.

(87) Es ist äußerst wünschenswert, dass alle Angelegenheiten, die zwischen Mann und Frau anstehen, in einem einzigen Verfahren erledigt werden. Die gegenwärtige Aufsplitterung dessen, was im Wesentlichen ein Problem ist, vor mehreren Gerichtshöfen ist eine Verschwendung von Zeit und Geld und schafft Entrüstung und Erbitterung. Die Vereinheitlichung des Verfahrens zusammen mit dem Abschluss mehr vorbereitender Arbeit vor dem eigentlichen Verfahren würden es auch für das Gericht erheblich leichter machen, seine Pflicht in den Angelegenheiten zu erfüllen, mit denen es völlig einverstanden sein sollte, bevor es ein Urteil erlässt. Wir schlagen vor, dass die Klage und jede Erwiderung, die vom Beklagten gemacht wird alles umfassen sollte, was die Parteien zu irgendeinem Zeitpunkt des Verfahrens aufwerfen wollen, auch Fragen des Eigentums, Unterhalts und der Zukunft aller Kinder der Ehe.[133]

(88) Grundsätzlich scheint es angebracht, das sowohl der Ehemann, als auch die Frau beim Verfahren über das rechtliche Aufhören ihrer Ehe anwesend sein sollten und es würde dem Gericht helfen, wenn sie beide da wären, um gehört zu werden. Es würde aber zweifellos als Belastung empfunden, wenn ihre Gegenwart vom Gesetz ausnahmslos verlangt würde. Zudem würden die Kosten steigen, Verzögerungen würden eintreten, und in einigen Fällen gäbe es keine Möglichkeit, die Erfüllung durchzusetzen. Wir empfehlen deshalb, dass die Anwesenheit beider Parteien unterstützt werden sollte, aber dass sie nur erzwungen werden sollte, wenn es das Gericht für nötig hielte – zum Beispiel in Fällen, in denen Kinder unter sechzehn vorhanden sind, oder der Unterhalt und die Verfügung über das Eigentum strittig sind. Der Richter sollte die Befugnis haben, einen Fall zu vertagen, um die Anwesenheit einer nicht anwesenden Partei sicherzustellen.

Gerichtsbeamte

(89) Obwohl ein Scheidungsverfahren gemäss dem Prinzip, das wir empfehlen, in gewisser Hinsicht einer gerichtlichen Untersuchung ähnlich wäre, so würde es doch dem Ethos des englischen Rechts zuwiderlaufen, von den Richtern zu verlangen, als Inquisitor aufzutreten. Wenn das Gericht aber im Besitz der bedeutungsvollen Tatsachen sein soll, braucht es Hilfe. Es steht mit unserem grundsätzlichen Vorschlag in Einklang, wenn wir empfehlen, dass zumindest in unwidersprochenen Fällen das öffentliche Interesse am Bestand der Ehe durch einen Anwalt vertreten wird, dem defensor vinculi des römisch-kanonischen Rechts, der die Beweise prüfen könnte und alle Überlegungen, die sich aus seiner Pflicht ergeben, die Ehe als solche zu schützen[134], zur Kenntnis des Gerichts bringen müsste. Aber die Kosten, die das verursachen würde, machen jeden derartigen Vorschlag utopisch. Außer der Betonung der Wichtigkeit einer Vermutung zu Gunsten der Ehe und einer Unterstützung durch die Anwaltschaft empfehlen wir deshalb noch, dass für eine jederzeit mögliche Intervention eines Anwalts, der das öffentliche Interesse oder die Interessen der Kinder der Familie vertritt, Vorsorge getroffen wird. Wir sind zudem der Überzeugung, dass als Teil einer sofortigen prozessualen Reform Schritte unternom-

---

133 Vergl. auch Anhang C, RN 8 und Fußnote.

134 Der Verteidiger des Ehebundes erscheint in Prozessen über die Gültigkeit der Ehe und ist eine lebende Verkörperung der Vermutung zugunsten der Ehe.

men werden sollten, um ein Gremium von Beamten zu schaffen (der Name „forensic social workers“ ist vorgeschlagen worden), die dem Gericht in mancherlei Hinsicht helfen könnten. Diese Beamten würden auf Ersuchen die Echtheit der Versöhnungsversuche verifizieren, sie könnten die Zuverlässigkeit von Angaben, die dem Gericht gemacht worden sind, und alle anderen Angelegenheiten, über die das Gericht informiert zu sein wünschte, untersuchen. Außerdem könnten sie über die Verhältnisse der Kinder der Familie berichten, oder auch die Wirkung der Vereinbarungen überwachen, die in Bezug auf das Sorgerecht und den Unterhalt getroffen worden sind.[135]

Der Schutz der Kinder

(90) Obwohl eine Änderung des Grundsatzes des Scheidungsrechts für sich genommen auf die Obhut und Sorge für die Kinder der Ehe keinen Einfluss hätte, möchten wir dennoch die Befugnis und Pflichten des Gerichts, den Schutz der Kinder sicherzustellen, etwas erweitert sehen. Eine Empfehlung, die wir schon in anderem Zusammenhang gemacht haben – dass das Gericht kein Scheidungsurteil erlassen soll, soweit es mit den vorgeschlagenen Maßnahmen für den beklagten Gatten und die Kinder nicht zufrieden ist – würde das Gesetz in dieser Hinsicht stärken. Das Gericht hat schon jetzt die Pflicht, den Erlass eines rechtskräftigen Ehescheidungsurteils (decree absolute)[136] abzulehnen, bis es überzeugt ist, dass die Vorkehrungen, die für die Obhut und Erziehung aller Kinder unter sechzehn Jahren getroffen worden sind, die unter diesen Umständen denkbar Besten sind.[137] Die oben erwähnte Anwesenheit beider Parteien sollte die Vereinbarung solcher Vorkehrungen erleichtern.[138] Zusätzlich empfehlen wir:

a) dass dem Gericht vor der Verhandlung ein Bericht unterbreitet werden sollte, falls das Sorgerecht der Kinder strittig ist – in unstreitigen Fällen, falls die Kinder nicht in der Obhut des Klägers sind. (Unser Vorschlag über die „forensic social worker's“ wäre hier von Bedeutung),

b) dass das Gericht verpflichtet sein sollte, wenn es das Sorgerecht einer der Parteien zuspricht, das Jugendamt der lokalen Behörde, in deren Bereich die Partei ihren Wohnsitz hat, zu benachrichtigen. Diese Pflicht bestünde neben der bereits vorhandenen Befugnis,

---

135 Vergl. noch Anhang C, RN 15-17.

136 „decree nisi“ ist das vorläufige noch nicht rechtskräftige Scheidungsurteil, das erst mit Ablauf von drei Monaten auf Antrag einer Partei durch gerichtliche Verfügung „absolute“ wird, soweit nicht das Gericht eine kürzere Frist setzt. (der Übersetzer) – vergl. dazu Erdsiek-Dietl, Wörterbuch für Recht, Wirtschaft und Politik (1964) 1. Teil A-K Eng.-Deutsch Otto Meissners Verlag unter „decree“.

137 Matrimonial Causes Act 1965 S. 33. Unter gewissen Umständen kann das Gericht einen Vorschlag akzeptieren, dass die Angelegenheit innerhalb eines bestimmten Zeitraums von dem Zeitpunkt ab, indem das Urteil für rechtskräftig erklärt wird, vor Gericht gebracht wird.

138 RN 88.

ein Kind der Obhut einer lokalen Behörde oder einer unabhängigen Person zu überantworten,[139]

c) dass das Gericht einen größeren Einfluss haben sollte, darüber zu wachen, dass die für die Kinder getroffenen Anordnungen auch tatsächlich durchgeführt werden, oder geändert, um veränderten Verhältnissen gerecht zu werden.

Unterhalt

(91) Das Sorgerecht für Kinder wird nicht mehr, wie es manchmal geschah, vor allem durch den Hinweis auf Schuldlosigkeit und Schuld der Parteien bestimmt, sondern durch den Schluss, zu dem das Gericht im Hinblick auf das Wohl des Kindes gelangt. Deshalb würde, wie gesagt, das Sorgerecht durch die Einführung der Zerrüttung der Ehegemeinschaft an Stelle der Eheverfehlung nicht direkt betroffen werden. Dagegen müsste der Unterhalt, der gegenwärtig in weitem Maße durch die Feststellung „schuldig" oder „unschuldig" bestimmt wird,[140] irgendeinem unabhängigen Prinzip entsprechend, umgeformt werden, wenn die Eheverfehlung aus dem Gesetz verschwinden sollte. Unserer Meinung nach würde die Loslösung des Unterhalts von den Begriffen der Schuld und Schuldlosigkeit einige Bitterkeit aus dem Scheidungsprozess entfernen; aber daraus folgt nicht, dass bei der Festsetzung des zu gewährenden Unterhalts dem Verhalten der Gatten in der Ehe, wie es sich aus dem Beweis der Zerrüttung ergibt, alle Bedeutung versagt werden sollte. In diesem Zusammenhang müssten noch wertende Urteile gefällt werden. Wir meinen, dass es dem Gericht überlassen bleiben sollte, eine Unterhaltspflicht aufzuerlegen unter Berücksichtigung teils der Bedürftigkeit, teils der Mittel und teils des Verhaltens der Gatten während der Ehe.[141]

(92) Wie wir bemerkt haben, wirkt sich die Scheidung gern [is apt] ungünstiger auf die wirtschaftliche Lage einer Frau aus als auf die des Ehemannes. Das ist ein Problem, das ganz abgesehen von jeder Änderung der Grundlage des Gesetzes Beachtung verlangt.[142] Aber da die Annahme der Zerrüttung als Grundlage, indem sie einem treulosen Ehemann erlaubt, zu klagen, das Unrecht, das Ehefrauen erleiden mögen, ganz unerträglich klar machen würde, haben wir uns verpflichtet gefühlt zu überlegen, was zur Verbesserung der Lage getan werden könnte. Von unseren Empfehlungen sind folgende für diese Frage von Bedeutung:

a) dass die Möglichkeit, gemeinschaftliches Eigentum einzuführen, untersucht werden sollte,

b) dass das Gericht ermächtigt werden sollte, einer Frau unter gewissen Umständen alle, oder einen Teil der Pensions- und Versicherungszuwendungen zuzusprechen, die ihr zugestanden hätten, wenn die Ehe nicht zerbrochen wäre. Dabei müsste ein angemessenes Verhältnis zwischen dem übertragenen Anteil und der Zeit, in der die Ehe tatsächlich bestanden hat, beachtet werden,

---

139 Vergl. Children and Young Persons Act 1963, S. 1 und Anhang C unten RN 42.

140 Vergl. aber unten Anhang C, RN 32.

141 Vergl. noch Anhang C unten, RN 31-38.

142 Vergl. oben RN 64.

c) dass das Gericht die Pflicht haben sollte, kein Urteil zu erlassen, wenn es nicht überzeugt ist, dass die für den beklagten Ehegatten und alle Kinder der Ehe getroffenen Vorkehrungen der Billigkeit entsprechen.

Wir sind uns dessen bewusst, dass die letzte Vorkehrung unter Umständen die Möglichkeit, eine ehebrecherische Verbindung zu legitimieren, von der Fähigkeit und dem Willen des Klägers abhängig machen könnte, für den Unterhalt zweier Haushalte einen entsprechenden Beitrag zu leisten. Das, meinen wir, muss akzeptiert werden, da die Erfüllung unentrinnbarer Verpflichtungen, die sich aus der ursprünglichen Ehe ergeben, auf dem Spiele steht. Wenn die Gesellschaft sukzessive Polygamie haben will, dann muss die Regel gelten, dass ein Mann nicht mehr Frauen erwerben darf, als er unterhalten kann. Wie die Dinge liegen, schafft die sukzessive Polyandrie, obwohl sie nicht selten ist, nicht so häufig finanzielle Probleme.

(93) Zwar sind in der Praxis die Gewichte normalerweise zu Ungunsten der Frau verschoben. Das geltende Unterhaltungsrecht ist aber Ehemännern gegenüber möglicherweise ebenso unbillig. Die Verpflichtung einer Frau, ihrem früheren Ehemann oder den Kindern Unterhalt zu gewähren, ist gegenwärtig auf die Scheidung wegen Geisteskrankheit des Ehemanns beschränkt und, nach dem Ermessen des Gerichts, auf Fälle, in denen die Frau, als schuldige Partei, wesentliches eigenes Vermögen hat. Wir sind der Meinung, dass angesichts der sozialen Veränderungen und der erhöhten Fähigkeit der Frauen, Geld zu verdienen, die Möglichkeit geprüft werden sollte, ein Prinzip der Gegenseitigkeit festzusetzen, wonach jeder Gatte die Pflicht haben würde, dem anderen und allen Kindern der Ehe Unterhalt zu gewähren den Mitteln und Umständen des Falles entsprechend. Ebenso sollten Ehemänner und Frauen, was die Kosten anbetrifft, auf eine gleiche Grundlage gestellt werden.

(94) Wenn die Gegenseitigkeit festgesetzt worden wäre, müssten die Bedürfnisse aller Kinder einer zu scheidenden Ehe grundsätzlich als erstes zu Lasten aller verfügbaren Aktiva gehen, mit dem Ziel, es ihnen zu ermöglichen, mit einem möglichst gleichen Maß an Chancen aufzuwachsen, wie sie sie gehabt hätten, wenn die Ehe nicht zerbrochen wäre. Zu diesem Zweck wäre es unter gewissen Umständen nötig, einem Ehegatten, auf Grund seiner Eigenschaft als Sorgeberechtigter der Kinder, einen Unterhaltsbetrag in einer Höhe zu gewähren, die sonst nicht angemessen wäre, denn die Sorge für die Kinder sollte immer entsprechende Vorkehrungen für die Person einschließen, der sie anvertraut werden. Das Gericht sollte auch, wie das schon heute geschieht, die Bedürfnisse von Kindern einer illegalen Verbindung einer der beiden Parteien berücksichtigen, aber nicht zum Preis einer Ungerechtigkeit gegenüber den Kindern der Ehe.

Die Durchsetzung des Unterhalts

(95) Wie nur zu gut bekannt ist, strotzt die Durchsetzung des Unterhalts vor Schwierigkeiten. Man hat uns vorgeschlagen, dass der Staat vermittels des National Assistance Boards die volle Verantwortung für die Unterstützung geschiedener und getrennt lebender Ehefrauen und ihrer Kinder übernehmen und von den Ehemännern und Vätern das wieder holen sollte, was er könnte. Es ist zwar nicht schwierig, ein Eingreifen des Staates zu rechtfertigen, das sicherstellen soll, dass niemand unter einem gewissen Mindestlebens-

standard und ein Mindestmaß an Chancen sinkt; es ist aber sehr viel schwerer, eine derart weite Ausdehnung des Prinzips, wie diese hier, zu verteidigen. Ein anderer Vorschlag, der durchführbar werden sollte, wonach periodische Unterhaltszahlungen über das Gericht geleistet würde. Sollte es dann zur Zahlungseinstellung kommen, so könnte das Vollstreckungsverfahren von den Gerichten selbst eingeleitet werden, womit eine beträchtliche Last von den Frauen genommen würde, die gegenwärtig in vielen Fällen ein ums andere Mal die Initiative ergreifen müssen.

Ausschluss eines Scheidungsurteils

(96) Wir hoffen, wir haben unsere Überzeugung unmissverständlich zum Ausdruck gebracht, dass das Gericht unter gewissen Umständen verpflichtet sein sollte, ein Scheidungsbegehren abzulehnen, trotz der Überzeugung, dass die Ehe unheilbar zerrüttet ist. Der Einfachheit halber wiederholen wir hier die Sicherungen, die schon in den entsprechenden Zusammenhängen erwähnt worden sind. Das Gericht sollte den Erlass eines Urteils verweigern:

a) wo der vorgeschlagene Unterhalt nach Ansicht des Gerichts dem beklagten Gatten, oder den Kindern der Familie gegenüber nicht gerecht wäre;

b) wo sich das Verhalten des Klägers im Hinblick auf die Ehe als derart darstellt, dass der Erlass eines Urteils nach Ansicht des Gerichts dem öffentlichen Interesse zuwiderlaufen würde.

Dieser Ausschluss des Scheidungsrechts bestünde zusätzlich zu der bereits vorhandenen Pflicht des Gerichts, kein rechtskräftiges Urteil zu erlassen, wenn es nicht mit den Maßnahmen zufrieden ist, die für die Pflege und Erziehung eines noch nicht sechzehnjährigen Kindes der Ehe getroffen worden sind.

(97) Auch wenn das Zerrüttungsprinzip angenommen werden sollte, würde das Verbot der Kollusion bleiben, aber seine Reichweite wäre eingeschränkt, da gegen die Zusammenarbeit der Parteien bei der Scheidung, oder gegen eine Übereinkunft in verschiedenen Dingen, bevor der Fall zu Gericht käme, nichts einzuwenden wäre. Es sollte aber unserer Ansicht nach Vorsorge dafür getroffen werden, dass jeder Handel oder Kompromiss, oder jede Übereinkunft, die mit dem Prozess zusammenhängt, oder die Zukunft betrifft, dem Gericht voll und ganz offenbart werden muss. Die Kollusion wäre dann auf das Zusammenwirken in dem Bestreben, das Gericht zu täuschen, beschränkt. Als solches sollte sie wiederum als absoluter Scheidungsausschluss ausgestaltet werden. Ein relativer (vom Ermessen des Gerichts abhängiger) Ausschluss würde in den Fällen genügen, in denen eine der Parteien für sich allein versuchen sollte, das Gericht in einer Angelegenheit, die sich auf die Zerrüttung oder die Bestimmung des öffentlichen Interesses bezieht, zu hintergehen.[143]

(98) Die logische Grundlage des Scheidungsrechtsrechtsausschlusses kann wie folgt dargelegt werden: Ex hypothesi liegt es im öffentlichen Interesse, dass jeder Ehe, die empirisch aufgehört hat zu bestehen, grundsätzlich die rechtliche Anerkennung entzogen werden sollte. Aber dasselbe öffentliche Interesse fordert, dass immer da Ausnahmen ge-

143 Vergl. noch Anhang C, RN 18-20.

macht werden, wo die Beseitigung der Ehe das Recht in Verruf bringen würde. Das Recht darf nicht so erscheinen, als füge es unverdientes Unrecht zu, als pflichte es abscheulichem Verhalten in der Ehe bei, als habe es Nachsicht beim Umgehen deutlicher Verpflichtungen, oder als versage es dem Institut der Ehe seinen Schutz. Ebenso wenig darf es scheinbar Versuche zulassen, es durch Täuschung zu vereiteln. Die Vorenthaltung seines Scheidungsurteils ist die einzige Sanktion, die das Scheidungsgericht anwenden kann, um das Recht vor dem Anschein, so etwas zuzulassen zu bewahren.

Vertagung

(99) Außer den eben erwähnten Sicherungen haben wir noch empfohlen, dass das Gericht die Befugnis, und in einigen Fällen die Pflicht haben sollte, eine Sitzung zu vertagen –

a) im Interesse der Versöhnung, wenn es mit den bisher gemachten Versuchen nicht zufrieden ist; oder,

b) um die Anwesenheit beider Parteien sicherzustellen, wann immer das für nötig gehalten werden sollte, besonders in Fällen, in denen Kinder unter sechzehn Jahren zu berücksichtigen sind, oder in denen es Streit gibt über den Unterhalt, oder die Aufteilung des Vermögens.

Die Zukunft der Scheidungsgerichte

(100) Die vorhergehenden Empfehlungen, Vorschläge und Stellungnahmen sind für das Scheidungsgericht, wie wir es kennen, von Bedeutung. Einige dieser Empfehlungen sind unserer Ansicht nach so notwendig, dass wir das Zerrüttungsprinzip nicht weiterhin befürworten könnten, wenn sie nicht im Wesentlichen in die Tat umgesetzt würden. Das sind Folgende:

a) dass das Gericht das Recht und die Pflicht haben sollte, zu vertagen, wenn es nicht überzeugt ist, dass die Möglichkeiten einer Versöhnung erschöpft sind;

b) dass alle wörtlich formulierten Scheidungsgründe aus dem Gesetz verschwinden sollten, und es dem Gericht überlassen bliebe, die Zerrüttung zu untersuchen;

c) dass das anklägerische Verfahren durch ein Verfahren ersetzt werden sollte, das eine Erforschung der tatsächlichen Lage der Ehegemeinschaft ermöglicht;

d) dass Mittel und Wege ersonnen werden sollten, um sicherzustellen, dass alle erheblichen Auskünfte und Überlegungen zur Kenntnis des Gerichts gelangen;

e) dass unverzüglich Schritte unternommen werden sollten, um die vom Gericht benötigten Beamten zu bekommen;

f) dass das Gericht die Befugnis haben sollte, einer Frau in jedem dementsprechenden Fall einen angemessenen Anteil an den ihrem Ehemann zustehenden Pensions- und Versicherungszuwendungen zuzusprechen;

g) dass das Misslingen, das Gericht in Sachen Vorsorge für den beklagten Ehegatten und die Kinder der Ehe (was eine Angelegenheit öffentlichen Interesses ist) zufriedenzustellen, ein absoluter Scheidungsurteilsausschluss sein sollte;

h) dass ein Scheidungsbegehren zurückgewiesen werden sollte, wenn der Erlass eines Urteils dem öffentlichen Interesse wegen des Verhaltens des Klägers zuwiderlaufen würde;

i) dass ein Urteil nie zugunsten einer der beiden Parteien erlassen werden sollte, sondern in seinem Inhalt ein Totenschein für die fragliche Ehe sein sollte.

Den bereits erwähnten muss noch ein weiterer Ausschluss hinzugefügt werden. Es besteht eine ziemlich deutliche Tendenz, die zweifellos durch Rücksichten auf die Gerichtskosten und die Zeit der Richter verursacht wurde, eine zu scharfe Unterscheidung zwischen umstrittenen und unumstrittenen Prozessen zu machen, und eine unterschiedliche Behandlung dieser beiden Klassen zu begünstigen, so dass die letztere billiger und schneller erledigt wird als die andere. Das müsste abgestellt werden; denn wenn die Pflicht des Gerichts, wie wir gesagt haben, darin bestünde, den tatsächlichen Zustand der Ehen zu erforschen und zugleich immer das öffentliche Interesse am Bestand der Ehe zu berücksichtigen, so könnte ein unumstrittener Fall gelegentlich größere Sorgfalt und richterliche Geschicklichkeit erfordern, als einer, der umstritten ist. Darüber hinaus würde es den mit der Einführung des Zerrüttungsprinzips verfolgten Zweck in weitem Maße vereiteln, wenn dadurch, dass die beiden Klassen verschieden behandelt würden, die Leute den Eindruck erhielten, dass unumstrittene Fälle in den Augen des Gesetzes weniger wichtig seien als jene, die umstritten sind, und dass die unumstrittenen deshalb aller Wahrscheinlichkeit nach automatisch und ohne ernsthafte Erforschung des Bestehens der behaupteten Zerrüttung durchgehen würden.

(101) Deshalb können wir es auch nicht billigen, wenn man für die unumstrittenen Fälle die county courts[144] zuständig machen will. Wie die Morton Commission und das Denning Committe, so stimmen auch wir den Worten der Gorell Commission von 1912 zu:[145] „Der Ernst von Scheidungs- und anderen Ehesachen, die sich nun einmal auf das Familienleben, den Status der Parteien, die Belange der Kinder und das Interesse des Staates am sittlichen und sozialen Wohlergehen seiner Bürger auswirken, lässt es wünschenswert erscheinen, nach Möglichkeit dafür zu sorgen, dass diese Fälle auch bei den ärmsten Leuten von den höheren Gerichten des Landes entschieden werden, durch die Anwesenheit der Anwaltschaft unterstützt, die wir als von großer Bedeutung in Scheidungs- und Ehesachen ansahen, sowohl im Interesse der Parteien als auch im öffentlichen Interesse."

Wir fürchten auch, dass die Zuweisung der Scheidungsgerichtsbarkeit an die county courts dazu führen könnte, tiefgreifendere Reformen zu erschweren, die schließlich doch für wünschenswert gehalten werden könnten.

(102) Unter der Voraussetzung, dass der Vorbehalt (caveat) im Hinblick auf unumstrittene Fälle beachtet würde, und die oben erwähnten Veränderungen vorgenommen würden, glauben wir, dass die Gerichte in ihrer jetzigen Verfassung ein Scheidungsgesetz,

---

144 Gericht für Straf- und Zivilsachen geringerer Bedeutung; Berufungsinstanz für Urteile des „justice of the peace" (der Übersetzer) – vergl. dazu Erdsiek-Dietl, a.a.O., S. 116 unter „court".

145 Bericht 1912 (Cmd 6478), RN 106; Bericht 1951-55 (Cmd 9678), RN 748-51 und Bericht (Cmd. 7024).

das auf dem Zerrüttungsprinzip beruht, handhaben könnten. Wir schlagen aber trotzdem vor, dass Überlegungen angestellt werden sollten über die Möglichkeit, die Gerichte in eine Form umzugießen, die spezifischer für Verhöre in Familien- und Ehesachen zugeschnitten wäre. Im Anhang hat ein Mitglied der Gruppe eine Skizze entworfen, wie diese Form möglicherweise aussehen könnte.[146] Da das ein sehr umfangreiches und schwieriges Thema ist, und eines, das außerhalb der uns gestellten Aufgabe liegt, machen wir keine Empfehlungen, sondern lenken lediglich die Aufmerksamkeiten auf ein Projekt, das sicherlich in Angriff genommen werden könnte.

Nachwort

(103) Christen, die in einer säkularen und pluralistischen Gesellschaft leben, sehen sich zunehmend gezwungen, mit ihren Mitbürgern zusammenzutreffen und zusammenzuarbeiten und zwar nicht auf irgend einer spezifisch christlichen Grundlage des Glaubens und der sittlichen Anschauungen, sondern auf irgendeiner anderen Grundlage, die in der Gesellschaft als Ganzem weithin Anerkennung genießt. Um das zu tun, was von ihnen verlangt wird, müssen sie die Kunst erlernen und ausüben, sich an die Stelle eines säkularen Menschen zu setzen und die Erfordernisse des Rechten und Guten durch seine Augen zu sehen. Das kann ein aufreibendes und aufregendes Unterfangen sein, wie wir in unserer Studie über die Scheidung herausgefunden haben, aber eines, dessen Wirkung auf die betroffenen Christen seltsam sein mag. Er kann von der früher fremden geistigen Welt, die er betreten hat, so in Anspruch genommen werden, sich so sehr daran gewöhnt haben, dass er schließlich von ihren Begriffen beherrscht und von ihrer Logik gefangen gehalten wird. Kurzum, während er sich in dieser Welt befindet, hört er auf, als Christ zu denken und vergisst ganz und gar die Möglichkeit eines christlichen Beitrags, der den Horizont dieser Welt erweitern könnte. Es tut uns deshalb am Ende unseres Untertauchens in das weltliche Scheidungsrecht gut, uns einige Worte von T.A. Lacey, die im Anhang zitiert werden,[147] ins Gedächtnis zu rufen. Im Hinblick auf die Pflicht eines Christen für die Verbesserung des staatlichen Rechts einzutreten, sagte er: „Wenn er das tut, hat er kein Recht, das beiseitezuschieben, was er als Christ gelernt hat, und nur in seiner Eigenschaft als Bürger und rein natürlicher Mensch zu handeln. Eine derartige Teilung der Persönlichkeit ist untragbar ... Er muss ... seine christliche Einsicht dazu benutzen festzustellen, was im natürlichen Sinne gerecht ist.“

Es ist nicht unsere Sache zu beurteilen, ob uns während unseres Aufenthaltes in der Welt der säkularen Scheidung die Gnade widerfahren ist, irgendeinen Strahl christlicher Einsicht wiederzuspiegeln oder zurückzuwerfen; aber wir müssen bekennen, dass wir jene Welt ganz besonders unzugänglich für jeden spezifisch christlichen Beitrag gefunden haben. Was das Scheidungsrecht anbetrifft, so ist es schwer zu sehen, was als gute Nachricht zählen könnte. Deshalb muss der Beitrag vielleicht woanders geleistet werden. Ein Schlüssel zu dem Wo kann in einem Satz liegen, der in einem anderen der Anhangstücke auftaucht: „Die Scheidung ist nur eine der möglichen Lösungen für die Lage einer Ehe,

---

146 Zweiter Teil von Anhang C.

147 Anhang D, RN 7 cf. RN 40 oben.

die als unerträglich empfunden wird".[148] Es ist sicher möglich, dass Christen bei der Suche nach anderen und besseren „Lösungen" etwas eigenes anzubieten haben sollten. Für einige, vielleicht viele, mag der Ruf lauten, sich aufzumachen, um denen zu helfen, deren Ehen in Gefahr sind; alle sind dazu aufgerufen, ihrer jeweiligen Art entsprechend, die gute Nachricht zu vermitteln, dass die menschlichen Beziehungen nicht ein geschlossenes System sind, sondern der Einwirkung des Göttlichen offen stehen.

Appendixes [nicht übersetzt]

A Historical retrospect: the attitude of the Church to civil divorce laws
B The law of divorce in some other countries [Belgien, Neuseeland, Australien, Ungarn]
C Further observations on the law and the courts
D Psychological considerations
E Matrimonial reconciliation
F Sociological considerations, by Professor Donald MacRae
G Evidence received

148 Anhang D, RN 7 cf. RN 40 oben.

Anhang II: Protokoll der 9. Sitzung vom 12.-14.2.1970 der Eherechtskommission des Bundesministeriums der Justiz (Schlussabstimmung über die Thesen)

...III. Schlussabstimmung über die erarbeiteten Thesen zum Ehescheidungsrecht und zum Unterhaltsrecht

A. Schlussabstimmung über die Thesen zum Ehescheidungsrecht

These 1: Prof. Dr. Müller-Freienfels: Er halte die vorgesehene Fassung des Satzes 2 der These 1 nicht für glücklich. Denn eine Ehe könne nicht nur durch richterliche Entscheidung, sondern auch durch den Tod eines Ehegatten aufgelöst werden.

Der Vorsitzende: Er schlage vor, den Satz 2 der These 1 wie folgt neu zu formulieren: „Sie kann nur durch den Richter geschieden werden."

Abstimmung über den Satz 1 der These 1 mit folgendem Wortlaut: *„Die Ehe ist auf Lebenszeit angelegt."*

Zustimmung: Prof. Dr. Beitzke, Partikel, Prof. Dr. Mauz, Dr. Schwarzhaupt, Prof. Dr. Bosch, Prof. Dr. Hirschmann, Wilkens, Wüstenberg, Dr. Klemm, Dr. Cuny, Dr. Fettweis, Dr. Diemer-Nicolaus, Hirsch, Dr. Rebmann.

Ablehnung: Prof. Dr. Pross, Prof. Dr. Müller-Freienfels.

Enthaltung: Keine.

Abstimmung über den Satz 2 der These 1 mit folgendem Wortlaut: *„Sie kann nur durch den Richter geschieden werden."* Die *Kommission* stimmt diesem Satz einstimmig zu.

These 2: Prof. Dr. Hirschmann: Im *Satz 2* des ersten Absatzes solle es statt „die Wiederherstellung einer ehegemäßen Lebensgemeinschaft" besser heißen „die Wiederherstellung einer der Ehe gemäßen Lebensgemeinschaft".

Abstimmung über den ersten Absatz der These 2 mit folgendem Wortlaut: *„Einer Reform des Ehescheidungsrechts ist das Zerrüttungsprinzip zugrunde zu legen. Dies bedeutet, dass eine Ehe nur geschieden werden kann, wenn sie gescheitert ist, also die Wiederherstellung einer der Ehe gemäßen Lebensgemeinschaft nicht mehr erwartet werden kann."*

Die *Kommission* stimmt diesem ersten Absatz der These 2 einstimmig zu.

Abstimmung über den Absatz 2 der These 2 mit folgendem Wortlaut: *„Besondere Tatbestände für die Scheidung wegen Geisteskrankheit oder wegen anderer Krankheiten sind in das Gesetz nicht aufzunehmen."*

Zustimmung: Alle Kommissionsmitglieder bis auf zwei Enthaltungen.

Ablehnung: Keine.

Enthaltung: Prof. Dr. Bosch, Wüstenberg.

These 3: Der *Vorsitzende:* Zur These 3 Absatz 1 Satz 2 hat *Prof. Dr. Beitzke* im Schreiben vom 20.1.1970 vorgeschlagen, den Satz 2 zu streichen. Er sei der Auffassung, man solle von der einjährigen Mindestdauer der Ehe keine Ausnahme mehr zulassen.

MinR Partikel: Sie halte die Schaffung einer Ausnahmemöglichkeit für nötig. Beispielsweise könne einem Ehegatten nicht zugemutet werden, ein Jahr lang mit der Scheidungsklage zu warten, wenn der andere ihm etwa nach dem Leben getrachtet habe.

Prof. Dr. Bosch: Es bedürfe der Klarstellung, ob die Jahresfrist des Satzes 1 eine Zulässigkeitsvoraussetzung für die Erhebung der Klage oder eine materielle Voraussetzung für die Scheidung der Ehe sein solle, die erst im Zeitpunkt der letzten mündlichen Verhandlung erfüllt zu sein brauche.

Abstimmung über die Frage, ob die Ehescheidung überhaupt von einer einjährigen Mindestdauer der Ehe abhängig gemacht werden solle.

Für die Mindestfrist von einem Jahr: Alle Kommissionsmitglieder bis auf drei Gegenstimmen.

Gegen die Mindestfrist: Partikel, Prof. Dr. Mauz, Dr. Rebmann.

Enthaltung: Keine.

BRi Wüstenberg: Die Jahresfrist könne sinnvoller Weise nur als materielle Voraussetzung für die Scheidung angesehen werden, so dass eine vor Ablauf dieser Frist erhobene Klage als unbegründet, nicht als unzulässig abzuweisen sei. Denn man könne niemanden hindern, die Ehescheidungsklage beispielsweise schon zwei Wochen nach der Eheschließung zu erheben.

Der *Vorsitzende:* Er schlage vor, im Satz 1 der These 3 das Wort „begehrt" durch das Wort „ausgesprochen" zu ersetzen.

Prof. Dr. Bosch: Das Ehescheidungsverfahren solle seiner Auffassung nach erst anhängig gemacht werden können, wenn die Ehe mindestens ein Jahr bestanden habe.

BMin a.D. Dr. Schwarzhaupt: Sie halte es dem Vorschlag des Vorsitzenden entsprechend für richtiger, dass die Ehescheidung nur ausgesprochen werden dürfe, wenn die Ehe ein Jahr bestanden habe.

Abstimmung über den Vorschlag von Prof. Dr. Bosch, wonach das Ehescheidungsverfahren erst sollte anhängig gemacht werden können, wenn die Ehe ein Jahr lang bestanden hat.

Zustimmung: 5 Stimmen.

Ablehnung: 10 Stimmen. (Das Abstimmungsergebnis ist namentlich nicht festgestellt worden.)

Enthaltung: 1 Stimme.

Abstimmung über den Antrag des *Vorsitzenden,* wonach die Scheidung nur sollte ausgesprochen werden dürfen, wenn die Ehe mindestens ein Jahr lang bestanden habe.

Zustimmung: Prof. Dr. Müller-Freienfels, Prof. Dr. Beitzke, Dr. Schwarzhaupt, Bender, Wüstenberg, Dr. Klemm, Dr. Fettweis, Dr. Diemer-Nicolaus, Prof. Dr. Pross.

Ablehnung: Partikel, Prof. Dr. Mauz.

Enthaltung: Dr. Cuny, Hirsch, Wilkens, Prof. Dr. Hirschmann, Prof. Dr. Bosch.

Abg. Dr. Diemer-Nicolaus: Der Richter habe in jedem Falle die Möglichkeit, eine vor Ablauf der Jahresfrist erhobene Klage entweder als unbegründet abzuweisen oder bei Vorliegen wichtiger Gründe das Verfahren auszusetzen.

RA Dr. Fettweis: Eine vor Ablauf der Jahresfrist erhobene Klage müsse grundsätzlich sofort abgewiesen werden, es sei denn, dass ein besonderer Aussetzungsgrund vorliege, wie etwa die Geisteskrankheit eines Ehegatten oder Ähnliches.

SenPräs. Bender: Der Richter werde in jedem Falle ermitteln müssen, ob ein Ausnahmefall, der die Aussetzung des Verfahrens rechtfertige, gegeben sei. Auch er halte es für richtig, den ersten Satz der These 3 so zu formulieren, dass die Ehescheidung nur ausgesprochen werden könne, wenn die Ehe mindestens ein Jahr bestanden habe.

Der *Vorsitzende* stellt fest, dass der Satz 1 der These 3 mit dem Wortlaut: *„Die Ehescheidung kann nur ausgesprochen werden, wenn die Ehe mindestens ein Jahr bestanden hat"*, durch die vorangegangene Abstimmung von der Kommission mit 9 Ja-Stimmen, 2 Gegenstimmen und 5 Enthaltungen angenommen worden ist.

Diskussion über den Vorschlag von Prof. Dr. Beitzke, den Satz 2 des ersten Absatzes der These 3 ersatzlos zu streichen.

Prof. Dr. Beitzke: Er verweise auf seine hierzu im Schreiben vom 27. Jan. 1970 gegebene Begründung und wiederhole seine Besorgnis, die Praxis könne ähnlich wie beim Erlass des Sühneversuchs die vorgesehene Ausnahmeregelung zur Regel werden lassen.

BRi Wüstenberg: Dem sei insoweit zuzustimmen, als man einen gewissen Missbrauch der Ausnahmevorschrift in der Praxis wohl nicht werde verhindern können. Man könne die Gefahr eines Missbrauchs aber dadurch einschränken, dass man im Gesetz eine Formulierung wähle, die klarer zum Ausdruck bringe, dass die Ausnahme nur dann durchgreifen solle, wenn es für den klagenden Ehegatten unzumutbar wäre, an der Ehe länger festzuhalten.

Abg. Dr. Diemer-Nicolaus: Ihr erscheine der Satz 1 der These 3 überhaupt nur tragbar, wenn die in Satz 2 vorgesehene Ausnahmemöglichkeit bestehen bleibe. An sich sei sogar der Satz 1 der These 3 entbehrlich. Denn bei den Gerichten bestehe ohnehin wenig Neigung, eine Ehe, die nur kurze Zeit bestanden habe, zu scheiden. Der Satz 1 habe nur die Bedeutung einer Absichtserklärung, dass die Kommission grundsätzlich nicht für eine allzu leichte Scheidungsmöglichkeit sei.

BMin a.D. Dr. Schwarzhaupt: Die Jahresfrist sei kurz genug und daher eine Ausnahmemöglichkeit nicht erforderlich. Sinn der Jahresfrist sei es vor allem, zu verhindern, dass schon vor Ablauf der Jahresfrist eine Wiederheirat ermöglicht werde. Das Getrenntleben der Eheleute jedenfalls könne durch die Jahresfrist nicht verhindert werden.

Dr. Dorffel: Die Zulassung von Ausnahmemöglichkeiten von der Einhaltung der Jahresfrist sei zu empfehlen. Am Beispiel des *französischen* Eherechts, das bisher eine entsprechende Ausnahmemöglichkeit nicht vorgesehen habe, habe sich gezeigt, dass binnen weniger Jahre das Erfordernis der Einhaltung der Jahresfrist in der Praxis vollkommen diskreditiert worden sei; dieses Erfordernis habe alsbald nach allgemeinem Konsens wieder gestrichen werden müssen, weil es allgemein als untragbar angesehen worden sei. Im *englischen* Recht, das von vornherein eine Ausnahmemöglichkeit vorgesehen habe, habe die Erfahrung gezeigt, dass sehr wohl Fälle vorkämen, in denen von der Ausnahmemöglichkeit Gebrauch gemacht werden müsse, beispielsweise dann, wenn der Ehemann wenige Wochen nach der Eheschließung als Mörder verurteilt werde.

Prof. Dr. Müller-Freienfels: Ein Ausnahmefall werde auch bei Anordnung dauernder Sicherungsverwahrung für einen Ehegatten anzunehmen sein. Deshalb sei in allen modernen Ehegesetzen, beispielsweise auch im *holländischen,* eine Ausnahmeklausel vorgesehen.

RA Dr. Fettweis: Ein Beispiel dafür, dass eine schnelle Scheidung erforderlich werde, sei der Fall, dass die Auswanderung eines Ehegatten unmittelbar bevorstehe. Die Gefahr eines Missbrauchs der Ausnahmeklausel durch die Rechtsprechung erscheine ihr gering.

SenPräs. Bender: Auch seiner Auffassung nach sei ein Missbrauch der Ausnahmeklausel durch die Praxis nicht zu befürchten.

Abstimmung über den Antrag von Prof. Dr. Beitzke, den Satz 2 des ersten Absatzes der These 3 zu streichen.

Zustimmung: Prof. Dr. Beitzke, Prof. Dr. Bosch.

Ablehnung und damit Zustimmung zum Satz 2 des Absatzes 1 mit folgendem Wortlaut: *„Eine Ausnahme davon soll zulässig sein, wenn es einem Ehegatten aus schwerwiegenden Gründen nicht zugemutet werden kann, bis zum Ablauf der Frist in der Ehe gebunden zu bleiben."*: Prof. Dr. Müller-Freienfels, Prof. Dr. Hirschmann, Wilkens, Wüstenberg, Dr. Klemm, Dr. Cuny, Dr. Fettweis, Dr. Diemer-Nicolaus, Hirsch, Prof. Dr. Pross, Dr. Rebmann.

Enthaltung: Partikel, Prof. Dr. Mauz, Dr. Schwarzhaupt.

Abstimmung über den Absatz 2 der These 3 mit folgendem Wortlaut: *„Neben dem gesetzlichen Scheidungsverbot im ersten Ehejahr soll dem Richter allgemein die Möglichkeit gegeben werden, ein Ehescheidungsverfahren auf bestimmte Zeit auszusetzen."*

Zustimmung: Alle Kommissionsmitglieder bis auf 2 Enthaltungen.

Ablehnung: Keine.

Enthaltung: Partikel, Prof. Dr. Mauz.

These 4: Diskussion über die im verfahrensrechtlichen Gutachten von SenPräs. Bender aufgeworfene Frage, ob es nicht sinnvoll sei, auch der Scheidungsmöglichkeit nach der Generalklausel eine Jahresfrist vorzuschalten, oder aber das Problem verfahrensrechtlich zu lösen durch eine längere Einlassungsfrist von etwa 4 oder 6 Wochen und einen längeren Zeitraum zwischen dem ersten Verhandlungstermin und dem Ausspruch der Scheidung.

Prof. Dr. Müller-Freienfels: Entsprechend der in Skandinavien gemachten Erfahrungen sei vorauszusehen, dass die Mehrheit der Scheidungen über die Generalklausel angestrebt werden würde, falls die Scheidungsmöglichkeit über die Generalklausel nicht ebenso wie die einverständliche Scheidung davon abhängig gemacht werde, dass die Ehegatten schon seit mehr als einem Jahr getrennt gelebt hätten. Denn scheidungswillige Eheleute streben erfahrungsgemäß auf dem schnellsten Wege auseinander und würden deshalb alles unternehmen, die Einhaltung der einjährigen Frist, in der die häusliche Gemeinschaft der Ehegatten aufgehoben sein müsse, zu umgehen. Eine Ausnahme von der Einhaltung der Jahresfrist könne allerdings zugelassen werden.

Prof. Dr. Bosch: Es bestehe die Gefahr, dass Eheleute zur Herbeiführung einer raschen einverständlichen Scheidung ohne Wahrung der einjährigen Trennungsfrist wie in den bisherigen so genannten vereinfachten Scheidungsverfahren vereinbarte Zerrüttungstatbestände vortragen bzw. vorschwindeln würden, um auf die Generalklausel auszuweichen. Damit würde die für eine einverständliche Scheidung vorgesehene Jahresfrist des Getrenntlebens praktisch außer Kraft gesetzt.

OLG-Rätin Dr. Cuny: Die Jahresfrist, vor deren Ablauf die Scheidung nicht ausgesprochen werden könne, erscheine ausreichend. Sie halte es nicht für richtig, dass eine Ehe grundsätzlich nur nach einjährigem Getrenntleben der Ehegatten geschieden werden könne. Der Gefahr, dass scheidungswillige Eheleute auf die Generalklausel auswichen, um die für die einverständliche Scheidung erforderliche Voraussetzung des einjährigen Getrenntlebens zu umgehen, könne man in der von SenPräs. Bender aufgezeigten Weise durch Festlegung einer längeren Einlassungsfrist, einer längeren Frist zwischen dem ersten und zweiten Termin, sowie der Möglichkeit der Aussetzung des Verfahrens bis zu einem Jahr begegnen. Da sich das gesamte Verfahren dann in jedem Falle über mehr als ein Jahr hinziehe, sei zu erwarten, dass die Mehrheit der zunächst streitigen Scheidungen später in einverständliche Scheidungen auslaufen würde. Die Eheleute hätten die Wahl, entweder ein Jahr Getrenntleben abzuwarten und dann ohne weitere Ermittlungen des Gerichts über die Zerrüttung ihrer Ehe die einverständliche Scheidung herbeizuführen, oder ein mit Aufregungen und Ärger bei den Ermittlungen der ehelichen Privatangelegenheiten verbundenes streitiges Scheidungsverfahren aufzunehmen, bei dem ohnehin damit zu rechnen sei, dass es sich auch über länger als ein Jahr hinziehe. Vor diese Wahl gestellt würde sich die Mehrheit der Scheidungswilligen zweifellos für die einverständliche Scheidung entscheiden.

Der *Vorsitzende:* Es sei untragbar, wenn eine Ehescheidung in jedem Falle nur unter der Voraussetzung möglich sei, dass die Eheleute ein Jahr getrennt gelebt hätten. Besonders unter den Wohnverhältnissen in den Großstädten sei ein Getrenntleben der Eheleute oft gar nicht möglich.

SenPräs. Bender: Wenn die Kommission Wert darauf lege, dass die Mehrheit der einverständlichen Scheidungen nicht über die Generalklausel, sondern über die hierfür vorgesehene Bestimmung abgewickelt würde, so dürfe die einverständliche Scheidung nicht mit mehr Erschwernissen verbunden werden als die Scheidung über die Generalklausel. Andernfalls würden 90% der Konventionalscheidungen über den einfacheren Weg der Generalklausel laufen. Er rege an, in beiden Verfahren eine gleiche Frist - gegebenenfalls eine kürzere von einem halben Jahr – vorzusehen.

Der *Vorsitzende:* Mit einer einverständlichen Scheidung über die Generalklausel sei ein weiterer Nachteil verbunden. Denn bei der streitigen Zerrüttungsscheidung müsse auch über die Scheidungsfolgen der Richter entscheiden, während die Folgeentscheidungen bei der Konventionalscheidung nach These 5 a eher in der Hand der Parteien lägen.

SenPräs. Bender: Ein Gericht werde aus Gründen der Praktikabilität auch bei einer streitigen Zerrüttungsscheidung hinsichtlich der Scheidungsfolgen keine streitige Entscheidung fällen, wenn die Parteien über die Scheidungsfolgen einig seien.

Prof. Dr. Müller-Freienfels: Auch er halte es für richtig, für die Scheidung nach der Generalklausel eine Frist vorzusehen. Sonst entstehe leicht die Gefahr, dass bei einer einverständlichen Scheidung über die Generalklausel von den Parteien Zerrüttungstatbestände vorgetäuscht würden. Insbesondere die *skandinavischen* Erfahrungen hätten gezeigt, dass auch für die Scheidung nach der Generalklausel die gleiche Trennungszeit vorausgesetzt werden müsse wie für die einverständliche Scheidung, weil es andernfalls nicht zu vermeiden sei, dass die einverständlichen Scheidungen über die geringere Anforderungen stellende Generalklausel abgewickelt würden. Die vorauszusetzende Trennungszeit von einem Jahr sollte jedoch verkürzt werden. Statistische Erhebungen in Stuttgart hätten ergeben, dass die durchschnittliche Dauer der Trennungszeit bei Ehescheidungen bisher erheblich unter einem Jahr liege.

RA Dr. Fettweis: Falls auch für die Scheidungsmöglichkeit nach der Generalklausel eine einjährige Trennungszeit vorausgesetzt werden solle, werde man auch für die Generalklausel eine Ausnahmemöglichkeit schaffen müssen.

Dr. Dopffel: Besonders in England habe sich gezeigt, dass eine obligatorische Trennungsfrist unerwünschte Konsequenzen haben könne. Vor allem in minderbemittelten Kreisen ergebe sich das Problem der Trennung unter demselben Dach oder sogar in der gleichen Wohnung. Es sei zu befürchten, dass hinsichtlich der Trennungsvoraussetzungen die gleichen Prozesslügen vorgetragen würden wie heute im sogenannten vereinfachten Scheidungsverfahren hinsichtlich der vereinbarten Eheverfehlungen.

BRi Wüstenberg: Die einjährige Trennungszeit müsse jedenfalls unmittelbar vor der Scheidung liegen. Denn es gehe nicht an, dass die Parteien auf eine mehrere Jahre zurückliegende Trennungszeit zurückgriffen. Allerdings sollte der Lauf der Frist nicht durch eine vorübergehende Versöhnung und ein vorübergehendes Zusammenleben der Parteien gehemmt oder unterbrochen werden.

Prof. Dr. Müller-Freienfels: Eine vorübergehende Versöhnungszeit sollte den Lauf der Frist dann nicht hemmen, wenn die Versöhnung nicht länger als etwa drei Monate dauere.

Abg. Dr. Diemer-Nicolaus: Es sei nicht erforderlich, die einjährige Trennung in allen Fällen obligatorisch zu machen. Auch heute noch gingen die jungen Menschen die Ehe in der Absicht ein, ein Leben lang zusammenzubleiben. Nur in den wenigsten Fällen werde es deshalb schon im ersten Jahr zur Scheidung kommen. Eine obligatorische Trennungsfrist sei zumindest dann entbehrlich, wenn man ohnehin davon wieder eine Ausnahme zulassen wolle.

Der *Vorsitzende:* Nach der Statistik machten die Ehescheidungen im ersten Ehejahr nur 2,5% der Gesamtscheidungen aus.

Abstimmung über den Vorschlag, die Scheidung über die Generalklausel der These 4 erst nach Ablauf einer bestimmten materiell rechtlichen Frist des Getrenntlebens zuzulassen:

Zustimmung: Prof. Dr. Müller-Freienfels, Prof. Dr. Bosch, Prof. Dr. Hirschmann, Wüstenberg, Hirsch.

Ablehnung: Partikel, Prof. Dr. Mauz, Dr. Schwarzhaupt, Wilkens, Dr. Klemm, Dr. Cuny, Dr. Fettweis, Dr. Diemer-Nicolaus, Prof. Dr. Pross, Dr. Rebmann.

Enthaltung: Prof. Dr. Beitzke.

BRi Wüstenberg: Der Einleitungshalbsatz zur These 4 sollte anders gefasst werden. Statt „Die Ehescheidung kann begehrt werden, ...“ sollte es lauten „Die Ehe kann geschieden werden, ...“.

Prof. Dr. Hirschmann: Zur Klarstellung sollte im letzten Halbsatz der These 4 statt „die Wiederherstellung einer ihr gemäßen Lebensgemeinschaft“ formuliert werden: „die Wiederherstellung einer der Ehe gemäßen Lebensgemeinschaft“.

Abstimmung über die *These 4* mit folgendem Wortlaut: *„Die Ehe kann geschieden werden, wenn die Ehe gescheitert ist, also die Wiederherstellung einer der Ehe gemäßen Lebensgemeinschaft nicht mehr erwartet werden kann."*

Zustimmung: Prof. Dr. Müller-Freienfels, Partikel, Prof. Dr. Mauz, Dr. Schwarzhaupt, Wilkens, Wüstenberg, Dr. Klemm, Dr. Cuny, Dr. Fettweis, Dr. Diemer-Nicolaus, Hirsch, Prof. Dr. Pross, Dr. Rebmann.

Ablehnung: Keine.

Enthaltung: Prof. Dr. Beitzke, Prof. Dr. Bosch, Prof. Dr. Hirschmann.

These 5: Der *Vorsitzende:* Auf Anregung von Herrn Prof. Dr. Müller-Freienfels sei beim Landgericht Stuttgart eine statistische Erhebung durchgeführt worden. Diese Untersuchung, bei der die Konventionalscheidungen in einem Zeitraum von einem Vierteljahr beim Landgericht Stuttgart ausgewertet worden seien, habe das Ziel gehabt, festzustellen, wie lange die Ehegatten vor einer Konventionalscheidung im Zeitpunkt der letzten mündlichen Verhandlung durchschnittlich getrennt gelebt hätten. Es seien 283 Konventionalscheidungen ausgewertet worden. Dabei hätten sich ausgehend vom Zeitpunkt der letzten mündlichen Verhandlung folgende Trennungszeiten ergeben: In 27% der Fälle hätten die Ehegatten überhaupt nicht getrennt gelebt; in 48% der Fälle hätten sie bis zu einem Jahr lang; in 15% der Fälle ein bis zwei Jahre lang; in 4% der Fälle zwei bis drei Jahre lang und in 6% der Fälle mehr als drei Jahre lang getrennt gelebt. In den 137 Fällen, in denen die Trennungszeit weniger als ein Jahr betragen habe, habe die Trennungszeit in der Hälfte der Fälle unter einem Vierteljahr gelegen, und zwar in 29 Fällen bei 0 bis 1 Monat, in 25 Fällen bei 1 bis 3 Monaten und in 18 Fällen bei 2 bis 3 Monaten. Die durchschnittliche Prozessdauer habe zwei Monate betragen. In rund 20% aller erfassten Fälle sei die Trennung erst mit der Erhebung der Scheidungsklage oder während des Prozesses erfolgt.

Ausgehend von diesem statistischen Ergebnis halte er die in These 5 vorgesehene Frist von einem Jahr für etwas lang.

Prof. Dr. Müller-Freienfels: Diese statistische Erhebung sei nicht repräsentativ, weil ihr ausschließlich eine großstädtische Bevölkerung zugrunde liege. Er rege an, eine ähnliche Erhebung in einem ländlichen Landgerichtsbezirk – etwa in Bayern - durchführen zu lassen.

Abg. Dr. Diemer-Nicolaus: Die Statistik sei zwar recht interessant, man könne aber nur schwerlich Schlüsse daraus ziehen, weil man die Gründe nicht kenne, warum die Eheleute getrennt gelebt hätten, oder warum sie – etwa der beengten räumlichen Wohnverhältnisse wegen – gerade nicht getrennt gelebt hätten. Es sei auch zu erwarten, dass die Ehegatten sich künftig, wenn die einverständliche Scheidung von einem einjährigen Getrenntleben abhängig gemacht werde, eher zum Getrenntleben entschließen würden, als sie es bei der jetzigen Rechtslage täten. Da die Gründe des Getrenntlebens bei Konventionalscheidungen regelmäßig eben nicht bekannt würden, erschiene ihr eine weitere statistische Erhebung über die durchschnittliche Dauer des Getrenntlebens entbehrlich.

Abstimmung über den Vorschlag von Herrn Prof. Dr. Müller-Freienfels, die in These 5 Buchstabe a vorgesehene einjährige Trennungsfrist zu verkürzen:

Zustimmung: Prof. Dr. Müller-Freienfels, Dr. Cuny.

Ablehnung und zugleich Zustimmung zur Beibehaltung der Jahresfrist: Prof. Dr. Beitzke, Partikel, Prof. Dr. Mauz, Dr. Schwarzhaupt, Wilkens, Prof. Dr. Bosch, Wüstenberg, Dr. Klemm, Dr. Fettweis, Dr. Diemer-Nicolaus, Hirsch, Prof. Dr. Pross, Dr. Rebmann.

Enthaltung: Prof. Dr. Hirschmann.

Diskussion über den Vorschlag von Herrn Prof. Dr. Schlosser, eine Konventionalscheidung nicht nur dann zuzulassen, wenn beide Ehegatten die Scheidung ausdrücklich begehren, sondern auch dann, wenn der andere Ehegatte dem Scheidungsbegehren des auf Scheidung klagenden Ehegatten zustimme.

Der *Vorsitzende:* Der These 5 a müsste dann der Halbsatz angefügt werden: „...oder der eine Ehegatte dem Scheidungsbegehren des anderen zustimmt."

Abg. Dr. Diemer-Nicolaus: Sie befürworte diesen Vorschlag, weil es allein darauf ankomme, dass beide Ehegatten übereinstimmend der Meinung seien, dass ihre Ehe geschieden werden sollte. Es sei nicht erforderlich, dass beide Ehegatten ausdrücklich die Scheidung beantragten, vielmehr könne die Zustimmung des einen Ehegatten ausreichen.

Prof. Dr. Schlosser: Einer der Ehegatten könne möglicherweise aus religiösen Gründen Hemmnisse haben, die Scheidung ausdrücklich zu beantragen. Außerdem sei der Übergang von einem streitigen zum einverständlichen Ehescheidungsverfahren leichter, wenn der Ehegatte, der sich bisher einer Scheidung widersetzt habe, lediglich zuzustimmen brauche, ohne die Scheidung seinerseits ausdrücklich beantragen zu müssen.

OLG-Rätin Dr. Cuny: Aus psychologischen Gründen halte auch sie die Zustimmung des einen Ehegatten zur Scheidung für ausreichend. Denn in der Regel sei der Zerrüttungsprozess bei einem Ehegatten schneller vorangegangen als beim anderen. Der andere sehe dann meist entweder sofort oder im Laufe des Scheidungsverfahrens ein, dass ein Festhalten an der Ehe keinen Sinn mehr habe, und entschließe sich, sich der Scheidung nicht länger zu widersetzen. In solchen Fällen müsse seine Zustimmung zur Scheidung genügen.

Prof. Dr. Müller-Freienfels: Für eine einverständliche Scheidung müsse es sogar ausreichen, wenn der eine Ehegatte zwar nicht zustimme, dem Scheidungsbegehren des anderen aber auch nicht widerspreche.

Abg. Hirsch: Er schlage vor, das Wort „Zustimmung" durch das Wort „Einverständnis" zu ersetzen. Dadurch werde sowohl die ausdrückliche Zustimmung zur Scheidung als auch der Fall erfasst, dass eine Partei lediglich erkläre, sie widerspreche der Scheidung nicht. Eine irgendwie aktive Erklärung auch des beklagten Teils müsse aber gefordert werden. Das bloße Stillschweigen reiche für die in These 5 a begründete Vermutung der Zerrüttung der Ehe nicht aus.

MinR Partikel: Ein aktives Mitwirken des beklagten Ehegatten sei ohnehin schon deshalb notwendig, weil eine einverständliche Scheidung voraussetze, dass die Parteien über die Nebenfolgen der Scheidung eine Einigung herbeigeführt hätten.

BRi Wüstenberg: Eine positive Zustimmung des anderen Ehegatten sollte verlangt werden.

Prof. Dr. Müller-Freienfels: Zur Erleichterung der Herbeiführung einer einverständlichen Scheidung müsse es seiner Ansicht nach doch ausreichen, wenn ein Ehegatte zwar seine ausdrückliche Zustimmung nicht erteile, wohl aber erkläre, dass er der Scheidung nicht widerspreche. Auch im *englischen* Recht gelte ein solcher Fall als einverständliche Scheidung.

Prof. Dr. Beitzke: In der ausdrücklichen Vereinbarung über die Nebenfolgen liege noch keine „Zustimmung" zur Scheidung. Für eine einverständliche Scheidung halte er es aber für ausreichend, wenn der eine Ehegatte dem Scheidungsbegehren des anderen nicht widerspreche.

OLG-Rätin Dr. Cuny: Sie stimme der von Herrn Prof. Dr. Beitzke vertretenen Auffassung zu, weil das Nichtmehrwidersprechen eines beklagten Ehegatten in den weitaus meisten Fällen seiner psychologischen Situation entspreche.

Abg. Dr. Diemer-Nicolaus: Der beklagte Ehegatte lasse oft, ohne innerlich mit der Scheidung einverstanden zu sein, seinen Widerspruch lediglich deshalb fallen, weil er einsehe, dass ein Festhalten an der Ehe keinen Zweck mehr habe. Das sollte aber für eine einverständliche Scheidung ausreichen.

MinR Partikel: Nur bei ausdrücklicher Zustimmung auch des beklagten Ehegatten sei die in These 5 a aufgestellte Vermutung der Zerrüttung der Ehe gerechtfertigt.

OKirchR Wilkens: Es dürften nicht zu geringe Anforderungen an die Vermutung der Zerrüttung der Ehe gestellt werden. Nur wenn beide Parteien die Scheidung positiv begehrten, rechtfertige sich die Vermutung, dass die Ehe tatsächlich zerrüttet sei.

BMin a.D. Dr. Schwarzhaupt: Eine Konventionalscheidung setze eine echte Konvention voraus. Dazu sei wenigstens eine positive Zustimmungserklärung notwendig. Die Zerrüttung der Ehe könne sonst nicht vermutet, sondern müsse bewiesen werden.

BRi Wüstenberg: Ein reines Schweigen könne die Vermutung der Zerrüttung der Ehe nie rechtfertigen; andererseits reiche die Zustimmung des Beklagten zur Scheidung dafür aber aus.

Abg. Dr. Diemer-Nicolaus: Zur Erleichterung des wünschenswerten Übergangs von einer streitigen Scheidung in eine Konventionalscheidung sollte der mangelnde Widerspruch des anderen Ehegatten für eine Konventionalscheidung gleichwohl als genügend angesehen werden. Denn es bestehe die Gefahr, dass sonst der Übergang zur Konventionalscheidung erschwert werde, weil etwa eine Ehefrau zwar bereit sei, der Scheidung nicht zu widersprechen, sich aus psychologischen Gründen nicht dazu durchringen könne, eine ausdrückliche Zustimmungserklärung abzugeben.

Prof. Dr. Mauz: Eine ausdrückliche Zustimmungserklärung des beklagten Ehegatten sei erforderlich. Denn das Ziel der neuen Scheidungskonzeption sei es, dass die Eheleute, wenn ihre Ehe gescheitert sei, miteinander zu der Überzeugung gelangten, die Scheidung ihrer Ehe sei vor allem auch im Interesse ihrer Kinder die beste Lösung.

Prof. Dr. Müller-Freienfels: Eine Einigung über die Nebenfolgen der Scheidung sei ohnehin Voraussetzung für eine Konventionalscheidung. Darin liege eine ausreichende Sicherung. Er stelle an Herrn Prof. Dr. Hirschmann die Frage, ob es für einen gläubigen Katholiken leichter sei, in der entscheidenden Frage der Ehescheidung nichts zu sagen, aber gleichwohl bei der Regelung der Nebenfolgen der Scheidung mitzuwirken, oder der Scheidung zuzustimmen, und ob es ihn andererseits in einen Gewissenskonflikt bringe, wenn er seine Zustimmung zur Scheidung ausdrücklich erkläre?

Prof. Dr. Hirschmann: Wenn ein gläubiger Katholik lediglich erkläre, er widerspreche der Scheidung nicht, dann sei er im Grunde mit der Scheidung nicht einverstanden und dann betrachte er aus seiner Sicht die Ehe nicht als zerrüttet.

Abstimmung über Absatz 1 Buchstabe a der These 5 mit folgendem Wortlaut: „a) die häusliche Gemeinschaft der Ehegatten seit mehr als einem Jahr aufgehoben ist und beide Ehegatten die Scheidung begehren, oder der eine Ehegatte dem Scheidungsbegehren des anderen nicht widerspricht,".

Zustimmung: Prof. Dr. Müller-Freienfels, Prof. Dr. Beitzke, Dr. Cuny, Dr. Diemer-Nicolaus, Prof. Dr. Pross.

Ablehnung: Sämtliche übrigen Kommissionsmitglieder.

Enthaltung: Keine.

Abstimmung über Absatz 1 Buchstabe a der These 5 mit folgendem Wortlaut: „a) die häusliche Gemeinschaft der Ehegatten seit mehr als einem Jahr aufgehoben ist und beide Ehegatten die Scheidung begehren oder der eine Ehegatte dem Scheidungsbegehren des anderen zustimmt,".

Zustimmung: Partikel, Prof. Dr. Mauz, Dr. Schwarzhaupt, Prof. Dr. Müller-Freienfels, Wüstenberg, Dr. Klemm, Dr. Cuny, Dr. Fettweis, Dr. Diemer-Nicolaus, Hirsch, Prof. Dr. Pross, Dr. Rebmann.

Ablehnung: Keine.

Enthaltung: Prof. Dr. Beitzke, Prof. Dr. Hirschmann, Wilkens.

BRi Wüstenberg: Der Eingangssatz des Absatzes 1 der These 5 sollte dahin geändert werden, dass anstelle des Wortes „anzunehmen" das Wort „vermuten" trete. Die Fassung „es ist anzunehmen, dass die Ehe gescheitert ist, ..." begründe eine *unwiderlegliche* Vermutung. Er halte es aber mit dem in Artikel 6 des Grundgesetzes verankerten Leitbild der Ehe nicht für vereinbar, den Tatbestand einer unwiderleglichen Zerrüttungsvermutung zu begründen. Denn das würde bedeuten, dass den Ehegatten das Recht eingeräumt werde, über den Bestand ihrer Ehe zu verfügen. In der Fassung der These müsse zum Ausdruck kommen, dass nur eine *widerlegbare* Vermutung gemeint sein könne. Das könne dadurch geschehen, dass man anstelle des Wortes „anzunehmen" das Wort „vermuten" setze. Erforderlich sei die richterliche Feststellung, dass die Ehe zerrüttet sei. Zwar werde ein Richter in der Regel nicht umhinkommen, die Zerrüttung der Ehe festzustellen, wenn beide Parteien übereinstimmend Zerrüttungstatbestände vortrügen. Obwohl die richterliche Feststellung der Zerrüttung der Ehe in einem solchen Falle fast nur noch formellen Charakter habe, gehe es aber nicht an, den Richter durch eine unwiderlegbare Vermutung zu binden, und damit den Parteien zu verstehen zu geben, dass sie die Scheidung der Ehe manipulieren könnten. Bei einer widerlegbaren Vermutung bleibe die Ehe jedenfalls im Prinzip unverfügbar.

Abg. Dr. Diemer-Nicolaus: Die Fassung „Es ist zu vermuten, dass die Ehe gescheitert ist, ..." schließe es nicht aus, dass der Richter doch wieder ermitteln müsse, welche Gründe im Einzelnen zur Scheidung der Ehe geführt hätten. Zur Feststellung der Zerrüttungsursachen würden somit die gleichen Ermittlungen erforderlich wie nach dem geltenden Scheidungsrecht für die Feststellung des Verschuldens. Gleichzeitig entstehe damit auch wieder die Gefahr, dass die Zerrüttungsursachen von den Parteien, die über die Scheidung einig seien, manipuliert würden.

Abg. Hirsch: Der Begriff „anzunehmen" sei zu weich. Da die Kommission beschlossen habe, in der These 5 eine unwiderlegbare Vermutung zu begründen, solle in These 5 auch deutlich zum Ausdruck kommen, dass unter den dort genannten Voraussetzungen unwiderlegbar vermutet werde, dass die Ehe gescheitert sei. Im Übrigen sei er der Meinung, dass ein Richter nicht feststellen könne, eine Ehe sei nicht zerrüttet, wenn beide Ehepartner darüber einig seien, dass ihre Ehe zerrüttet sei.

Prof. Dr. Beitzke: Für das Verfahren sei es von entscheidender Bedeutung, ob eine widerlegbare oder eine unwiderlegbare Vermutung begründet werde. Wenn nur eine widerlegbare Vermutung geschaffen werde, müsse der Richter, da nicht die Verhandlungs-, sondern die Amtsmaxime gelte, von Amts wegen ermitteln, ob diese Vermutung widerlegbar sei. Damit verliere die Vermutung in der Praxis jegliche Bedeutung. Er halte es für richtig, in der Fassung der These 5 eindeutig klarzulegen, dass es sich um eine unwiderlegliche Vermutung handele.

Prof. Dr. Bosin: Der Auffassung von Herrn BRi Wüstenberg sei zwar im Grundsatz zuzustimmen. Er schlage aber für den Fall, dass es bei dem Wort „anzunehmen" bleibe, vor, einen Satz hinzuzufügen, aus dem hervorgehe, dass der Richter in Ausnahmefällen befugt sei, die Zerrüttung der Ehe nachzuprüfen.

OLG-Rätin Dr. Cuny: § 48 des geltenden Ehegesetzes habe bereits eine einverständliche Scheidung vorgesehen. Denn gemäß § 48 könne die Ehe nach dreijähriger Aufhebung der häuslichen Gemeinschaft geschieden werden, wenn die Ehe zerrüttet sei. Sie könne sich an keinen Fall der Praxis erinnern, dass ein Richter in die Prüfung der Zerrüttung der Ehe eingetreten sei, wenn die Ehegatten sich nach dreijähriger Trennung einverständlich hätten scheiden lassen wollen. Nach der bei Palandt-Lauterbach vertretenen Auffassung sei der Richter zwar verpflichtet, auch bei einer einverständlichen Scheidung die Zerrüttung der Ehe zu prüfen. Die Praxis habe dies aber als rein formales Erfordernis betrachtet. In der neuen Eherechtskonzeption sollten die Unstimmigkeiten zwischen Gesetz und Scheidungspraxis bereinigt werden. Deshalb stimme sie der Auffassung von Herrn Abg. Hirsch zu, in der Fassung der These 5 zum Ausdruck zu bringen, dass es sich um eine unwiderlegbare Vermutung handele.

Abstimmung über den Antrag von Herrn Abg. Hirsch, den Eingangssatz des ersten Absatzes der These 5 wie folgt zu fassen: *„Unwiderlegbare Vermutung des Scheiterns der Ehe:* Es wird unwiderlegbar vermutet, dass die Ehe gescheitert ist, wenn ...".

Zustimmung: Prof. Dr. Müller-Freienfels, Prof. Dr. Beitzke, Partikel, Prof. Dr. Mauz, Dr. Schwarzhaupt, Dr. Cuny, Dr. Klemm, Dr. Fettweis, Dr. Diemer-Nicolaus, Hirsch, Prof. Dr. Pross, Dr. Rebmann.

Ablehnung: Wüstenberg, Prof. Dr. Bosch, Wilkens, Prof. Dr. Hirschmann.

Enthaltung: Keine.

OKirchR Wilkens: Die Formulierung „wird unwiderlegbar vermutet" erscheine ihm zu plakativ, zu demonstrativ und zu reformistisch. Wenn die Formulierung „es ist anzunehmen" das Gleiche besagt, so sollte man es bei dieser Formulierung belassen.

Der Vorsitzende: Er schlage vor, in der Begründung klarzustellen, dass der Richter nach Auffassung der Kommission nicht befugt sein solle, die Zerrüttung der Ehe zu überprüfen.

Prof. Dr. Mauz: Das Wort „anzunehmen" halte er sprachpsychologisch für besser, wenn es dasselbe besage wie „wird unwiderlegbar vermutet".

Der *Vorsitzende* lässt darüber abstimmen, ob die letzte Abstimmung wiederholt werden solle. Neun Mitglieder stimmten für eine Wiederholung der letzten Abstimmung.

Abstimmung über den Eingangssatz des ersten Absatzes der These 5 mit folgendem Wortlaut: „*Vermutung des Scheiterns der Ehe.* Es ist anzunehmen, dass die Ehe gescheitert ist, wenn ...“.

Zustimmung: Prof. Dr. Müller-Freienfels, Prof. Dr. Beitzke, Partikel, Prof. Dr. Mauz, Dr. Schwarzhaupt, Wilkens, Dr. Klemm, Dr. Cuny, Dr. Fettweis, Dr. Diemer-Nicolaus, Hirsch, Prof. Dr. Pross, Dr. Rebmann.

Ablehnung: Wüstenberg, Prof. Dr. Hirschmann, Prof. Dr. Bosch.

Enthaltung: Keine.

Der *Vorsitzende:* In der Begründung solle ausgeführt werden, dass es sich um eine unwiderlegbare Vermutung handele. Ebenfalls in die Begründung solle der ursprünglich vorgesehene letzte Satz des 3. Absatzes der These 5: „Er ist jedoch nicht befugt, zu prüfen, ob die Ehe zerrüttet ist“ aufgenommen werden.

Prof. Dr. Müller-Freienfels und *OLG-Rätin Dr. Cuny:* Sie beantragen, die in Buchstabe b des ersten Absatzes der These 5 vorgesehene Frist von fünf auf vier Jahre zu verkürzen.

Abstimmung über den Antrag von Herrn Prof. Dr. Müller-Freienfels und Frau Dr. Cuny, in der These 5 Absatz 1 Buchstabe b die vorgesehene Frist von fünf auf vier Jahre zu verkürzen.

Zustimmung: Prof. Dr. Müller-Freienfels, Partikel, Prof. Dr. Mauz, Dr. Cuny, Dr. Diemer-Nicolaus, Hirsch, Prof. Dr. Pross.

Ablehnung und damit Zustimmung zur Beibehaltung der fünfjährigen Frist und folgender Fassung des Buchstaben b im ersten Absatz der These 5: „b) die häusliche Gemeinschaft der Ehegatten seit mehr als fünf Jahren aufgehoben ist.“: Dr. Schwarzhaupt, Prof. Dr. Bosch, Prof. Dr. Hirschmann, Wilkens, Wüstenberg, Dr. Klemm, Dr. Fettweis, Dr. Rebmann.

Enthaltung: Prof. Dr. Beitzke.

Abstimmung über den Absatz 2 der These 5 mit folgendem Wortlaut: „Der Beginn dieser Fristen soll nicht von einer Registrierung abhängen. Ein Zusammenleben über kürzere Zeit, das der Versöhnung dienen soll, unterbricht oder hemmt diese Fristen nicht.“

Zustimmung: Prof. Dr. Müller-Freienfels, Prof. Dr. Beitzke, Partikel, Prof. Dr. Mauz, Dr. Schwarzhaupt, Wilkens, Wüstenberg, Dr. Klemm, Dr. Cuny, Dr. Fettweis, Dr. Diemer-Nicolaus, Hirsch, Prof. Dr. Pross, Dr. Rebmann.

Ablehnung: Prof. Dr. Bosch.

Enthaltung: Prof. Dr. Hirschmann.

Diskussion über Absatz 3 der These 5

Abg. Dr. Diemer-Nicolaus und *BMin a.D. Dr. Schwarzhaupt:* Absatz 3 der These 5 müsse nunmehr angepasst werden, nachdem in Absatz 1 der Halbsatz Buchstabe 5 a dahin geändert worden sei, dass auf der Seite des beklagten Ehegatten die Zustimmung zur Scheidung ausreiche. Die Anhörung müsse sich deshalb darauf erstrecken, ob entweder beide ernstlich die Scheidung begehrten, oder zumindest ein Ehegatte dem Scheidungsbegehren des anderen zustimme.

Prof. Dr. Mauz: Es sollte geprüft werden, ob der Absatz 3 der These überhaupt erforderlich sei.

RA Dr. Fettweis: Sie halte den Absatz 3 für erforderlich, weil sonst die Gefahr bestehe, dass ein Ehepartner im Ehescheidungsverfahren bei der Entscheidung über die Scheidungsfolgen „überfahren“ werde.

Prof. Dr. Schlosser: Die im Absatz 3 der These 5 vorgesehene richterliche Anhörung sei eine geeignete Basis für den Beginn eines Versöhnungsgesprächs mit den Parteien. Der Richter könne nach einer solchen Anhörung der Parteien entscheiden, ob der Fall vor einer Eheberatungsstelle oder einer sonstigen noch zu schaffenden Schlichtungsstelle nochmals verhandelt werden solle, bevor der Scheidungsrechtsstreit weiter betrieben werde.

Abg. Hirsch: Zweck der in Absatz 3 der These 5 vorgesehenen richterlichen Anhörung sei es, dem Richter durch ein persönliches Gespräch mit den Parteien die Überzeugung zu verschaffen, ob beide Ehepartner die Scheidung ernstlich wollten. Andernfalls bestehe die Gefahr, dass der Rechtsanwalt, der den Ehemann vertrete, die Ehefrau, die an sich die Scheidung gar nicht wünsche, zu sich bestelle und sie zur Scheidung überrede. Wenn dann noch ein mit dem ersten Anwalt befreundeter zweiter Anwalt mit der Vertretung der Ehefrau beauftragt werde, könne es leicht geschehen, dass die bei der Frau immer noch vorhandenen Bedenken gegen eine Scheidung ihrer Ehe übergangen würden. Nur eine persönliche Anhörung könne dem Richter die Überzeugung verschaffen, ob beide Ehegatten ernstlich zur Scheidung entschlossen seien.

OLG-Rätin Dr. Cuny: Die in Absatz 2 der These 5 vorgesehene persönliche Anhörung der Parteien sei auch erforderlich, um zu vermeiden, dass die einverständliche Scheidung die Optik einer bloßen Registrierung bekomme.

BRi Wüstenberg: Es müsse dem Richter aber freigestellt bleiben, auch dann, wenn er die Ernstlichkeit des Scheidungsbegehrens beider Ehegatten festgestellt habe, noch einen Sühneversuch zu unternehmen.

Abg. Hirsch: Gerade weil eine bloße Registrierungsscheidung vermieden werden solle, müssten einige Umstände vom Richter tatsächlich ermittelt werden, nämlich die Frage, ob eine einjährige Trennung vorliege und ob beide Ehegatten ernstlich die Scheidung wollten. Beide Feststellungen, die eine Beweisaufnahme erforderlich machen könnten, seien die Voraussetzung dafür, dass die Zerrüttung der Ehe vermutet werden könne.

Der *Vorsitzende:* Der Konsensus der Ehegatten sei praktisch der Ersatz für die Prüfung der Zerrüttung. Erforderlich sei daher eine sorgfältige Prüfung, ob der Konsensus echt und ernstlich sei.

OKirchR Wilkens: Auch um des Amtes und der Würde des Richters willen sei die in Absatz 3 der These 5 vorgesehene persönliche Anhörung der Parteien notwendig. Sonst bestehe die Gefahr, dass der Richter zum bloßen Urkundsbeamten erniedrigt werde. Auch müsse gewährleistet sein, dass noch während des Ehescheidungsverfahrens Änderungen in der persönlichen Einstellung beider Ehegatten zur Scheidung beachtet würden. Denn die Frage der Zerrüttung der Ehe hänge wesentlich auch noch von der Fortentwicklung des Verhältnisses beider Ehegatten während des Scheidungsverfahrens ab.

BMin a.D. Dr. Schwarzhaupt: Der Richter müsse in bestimmten Einzelfällen, wenn er eine Versöhnung der Parteien für wahrscheinlich halte, die Möglichkeit haben, die Entscheidung durch zeitlich begrenzte Aussetzung des Verfahrens aufzuschieben, um später einen erneuten Versöhnungsversuch zu machen. Die endgültige Einigkeit beider Parteien über die Scheidung ihrer Ehe müsse bis zur letzten mündlichen Verhandlung fortbestehen.

Abg. Dr. Diemer-Nicolaus: Der Richter müsse zwar in jedem Stadium des Verfahrens berechtigt sein, einen Versöhnungsversuch zu unternehmen. Schon bei der Prüfung der Ernstlichkeit der Zustimmung des beklagten Ehegatten zur Scheidung werde sich aber in aller Regel zeigen, ob noch irgendeine Möglichkeit zur Rettung der Ehe bestehe. Wenn der Richter bei dieser Prüfung zu dem Ergebnis gelange, die Zustimmungserklärung des beklagten Ehegatten sei wirklich ernstlich gemeint, dann müsse er auch ohne weitere Hinauszögerung des Verfahrens entscheiden. Nur wenn er Bedenken hinsichtlich der Ernstlichkeit der Zustimmungserklärung habe, dürfe er das Verfahren aussetzen und weitere Versöhnungsversuche unternehmen.

MinR Partikel: Auch sie halte es für erforderlich, dass ein Richter entscheiden müsse, wenn er die Ernsthaftigkeit der Zustimmungserklärung festgestellt habe. Für eine Aussetzung des Verfahrens dürfe dann kein Raum mehr bleiben. Sonst trete das Problem der so genannten „Scheidungsgeographie" wieder auf mit dem Ergebnis, dass weniger scheidungsfreudige Richter die Aussetzung des Verfahrens zur Regel werden ließen mit der Begründung, die Ernstlichkeit des Scheidungsbegehrens müsse nach einem halben Jahr noch mal überprüft werden. Bei der Prüfung der Ernstlichkeit der Zustimmungserklärung komme es im Wesentlichen nur darauf an, ob ein Ehegatte etwa unter Täuschung, Drohung oder Zwang seine Zustimmung erteilt habe.

Der *Vorsitzende:* Bei der in Absatz 3 der These 5 vorgesehenen Anhörung habe der Richter also zu prüfen, ob die Parteien ein Jahr lang getrennt gelebt hätten, ob die erforderlichen Vereinbarungen über die Nebenfolgen vorliegen, ob beide Parteien ernstlich und wohlüberlegt die Scheidung begehrten und ob die Zustimmungserklärung frei von Willensmängeln irgendwelcher Art erteilt sei. Wenn diese Voraussetzungen erfüllt seien, sei für eine Aussetzung des Verfahrens kein Raum mehr. Er schlage vor, den letzten Halbsatz des dritten Absatzes der These 5 wie folgt zu fassen: „... auch darüber, ob beide ernstlich die Scheidung begehren oder der eine ernstlich dem Scheidungsbegehren des anderen zustimmt."

RA Dr. Fettweis: Da die Gefahr bestehe, dass einzelne Gerichte von der Möglichkeit einer Aussetzung des Verfahrens zu weitgehenden Gebrauch machten, sei es erforderlich, den Parteien ein Rechtsmittel gegen den Aussetzungsbeschluss einzuräumen.

Prof. Dr. Beitzke: Die jeweiligen Worte „ernstlich" sollten gestrichen werden. Die Ehescheidung sei ernst genug, so dass ein besonderer Hinweis auf die Ernstlichkeit entbehrlich sei.

Prof. Dr. Mauz: Nach der vorgeschlagenen Fassung der These sehe es so aus, als würden einem Ehegatten nicht ernst gemeinte Zustimmungserklärungen unterstellt.

MinR Partikel: In der Fassung des Absatzes 3 der These 5 solle lediglich zum Ausdruck kommen, dass eine wirksame, von Willensmängeln freie Zustimmungserklärung vorliegen müsse.

Prof. Dr. Beitzke: Selbstverständlich könnten nur wirksame Zustimmungserklärungen erheblich sein. Das brauche nicht noch ausdrücklich gesagt zu werden.

Prof. Dr. Müller-Freienfels: Nach § 118 BGB sei eine nicht ernst gemeinte Willenserklärung nichtig.

Der *Vorsitzende:* Durch das Wort „ernstlich" solle nur ein Merkposten für die Prüfungspflicht des Richters gesetzt werden, damit der Richter nicht nur die Anträge entgegennehme, sondern die Parteien auch persönlich darüber anhöre, ob sie wirklich geschieden werden wollten.

Abstimmung über den Antrag, Absatz 3 der These 5 ersatzlos zu streichen: *Die Kommission* lehnte eine Streichung des Absatzes 3 einstimmig ab.

Abstimmung über den Antrag, in Absatz 3 der These 5 jeweils die Worte „ernstlich" zu streichen.

Zustimmung: Prof. Dr. Müller-Freienfels, Prof. Dr. Beitzke, Partikel, Prof. Dr. Mauz, Dr. Diemer-Nicolaus, Hirsch, Prof. Dr. Pross.

Ablehnung: Dr. Schwarzhaupt, Prof. Dr. Bosch, Prof. Dr. Hirschmann, Wilkens, Wüstenberg, Dr. Klemm, Dr. Cuny, Dr. Fettweis, Dr. Rebmann.

Enthaltung: Keine.

Prof. Dr. Hirschmann: In der Begründung der These sollte erläutert werden, was mit dem Wort „ernstlich" gemeint sei.

Abstimmung über den Absatz 3 der These 5 mit folgendem Wortlaut: „Der Richter hat in diesen Fällen die Ehegatten darüber anzuhören, wie lange die häusliche Gemeinschaft aufgehoben ist, im Falle des Buchstaben a) auch darüber, ob beide ernstlich die Scheidung begehren oder der eine ernstlich dem Scheidungsbegehren des anderen zustimmt."

Zustimmung: Alle Kommissionsmitglieder bis auf eine Stimmenthaltung.

Ablehnung: Keine.

Enthaltung: Prof. Dr. Beitzke.

[Die These 5 lautet: *„Vermutung des Scheiterns der Ehe. Es ist anzunehmen, dass die Ehe gescheitert ist, wenn*

a) die häusliche Gemeinschaft der Ehegatten seit mehr als einem Jahr aufgehoben ist und beide Ehegatten die Scheidung begehren oder der eine Ehegatte dem Scheidungsbegehren des anderen zustimmt,

b) die häusliche Gemeinschaft der Ehegatten seit mehr als fünf Jahren aufgehoben ist.

Der Beginn dieser Fristen soll nicht von einer Registrierung abhängen. Ein Zusammenleben über kürzere Zeit, das der Versöhnung dienen soll, unterbricht oder hemmt diese Fristen nicht.

Der Richter hat in diesen Fällen die Ehegatten darüber anzuhören, wie lange die häusliche Gemeinschaft aufgehoben ist, im Falle des Buchst. a) auch darüber, ob beide ernstlich die Scheidung begehren oder der eine ernstlich dem Scheidungsbegehren des anderen zustimmt."]

Weitere Abstimmungen zum Inhalt der These 4 und 5

Der *Vorsitzende* stellt die Frage zur Abstimmung, ob die Generalklausel der These 4 durch Angabe eines Katalogs schwerer Eheverfehlungen konkretisiert werden solle.

Die *Kommission* stimmt einstimmig gegen die Aufnahme eines Katalogs in die These 4.

Der *Vorsitzende* stellt die weitere Frage zur Abstimmung, ob die Generalklausel in der These 4 durch Angabe eines Standards konkretisiert werden solle.

Die *Kommission* stimmt einstimmig gegen die Konkretisierung der Generalklausel durch einen Standard.

Der *Vorsitzende* bittet ferner um Abstimmung über die Frage, ob in einer besonderen These gesagt werden solle, dass ein förmliches Widerspruchsrecht eines Ehegatten, wie es der § 48 Abs. 2 des Ehegesetzes bisher vorgesehen habe, künftig nicht mehr gegeben sein solle, oder ob es genüge, dies in der Begründung festzustellen.

Die *Kommission* stimmt einstimmig dafür, lediglich in der Begründung zu den Scheidungsthesen auszuführen, dass ein förmliches Widerspruchsrecht nicht mehr bestehe.

These 6: Der *Vorsitzende:* Der erste Satz des Absatzes a) der These 6 sei neu zu fassen, nachdem sich die Kommission dafür ausgesprochen habe, eine Konventionalscheidung nicht nur auf beiderseitigen Antrag, sondern auch dann zuzulassen, wenn der beklagte Ehegatte lediglich zustimme. Er schlage vor, im ersten Satz die Worte „... auf beiderseitigen Antrag nach einjähriger Aufhebung der häuslichen Gemeinschaft ..." durch die Worte: „nach These 5 a" zu ersetzen. Ferner sollte im ersten Halbsatz des ersten Satzes das Wort „beantragt" ersetzt werden durch das Wort „ausgesprochen".

Prof. Dr. Schlosser und *SenPräs. Bender:* Im Absatz a) der These 5 sei in den Katalog der von den Parteien selbst zu regelnden Nebenfolgen der Ehescheidung auch der Zugewinnausgleich aufzunehmen.

RA Dr. Fettweis: Sie halte eine Einbeziehung des Zugewinnausgleichs und der vermögensrechtlichen Auseinandersetzung in die Scheidungsfolgen, über die die Parteien notwendigerweise eine Einigung erzielt haben müssten, bevor sie eine einverständliche Scheidung erreichen können, nicht für zweckmäßig. Die vermögensrechtliche Auseinandersetzung sei in der Mehrzahl der Fälle so schwierig, dass man nicht von vornherein eine Einigung der Parteien hierüber zur Voraussetzung einer einverständlichen Scheidung machen könne. Sonst werde eine einverständliche Ehescheidung erheblich verzögert.

Prof. Dr. Beitzke: Wenn überhaupt, so könne nicht allein der Zugewinnausgleich, sondern es müsste die gesamte vermögensrechtliche Auseinandersetzung in die von den Parteien selbst zu regelnden Nebenfolgen aufgenommen werden. Da gefordert werde, dass die Parteien ihren Entschluss zur Scheidung reiflich und ernsthaft überlegt hätten, könne man auch verlangen, dass sie alle mit der Scheidung zusammenhängenden Konsequenzen, wie insbesondere auch die vermögensrechtliche Auseinandersetzung, reiflich durchdacht hätten. Je komplizierter sich die vermögensrechtliche Auseinandersetzung im Einzelfall gestalte, desto notwendiger sei es, dass die Parteien diese Konsequenz bei ihrem Entschluss zur Scheidung bedacht hätten. Deshalb sollte seiner Ansicht nach die Konventionalscheidung auch von einer vorherigen Einigung der Parteien über die vermögensrechtliche Auseinandersetzung abhängig sein. Es sei zu befürchten, dass die Parteien andernfalls bei ihrem Entschluss zur Scheidung oft von falschen Voraussetzungen ausgingen, dass beispielsweise der Mann annehme, er brauche seiner Frau keinen Zugewinnausgleich mehr zu leisten, während die Frau etwa irrtümlich die Vorstellung habe, sie könne im Falle der Scheidung mit erheblichen Ausgleichszahlungen rechnen. Auch für die erforderliche Vereinbarung der Unterhaltsleistungen komme es für die Frage der Bedürftigkeit darauf an, welche Ausgleichszuwendungen ein Ehegatte im Falle der Scheidung erlangen werde.

Prof. Dr. Müller-Freienfels: Der Zugewinnausgleich mache bei den Konventionalscheidungen nur in seltenen Fällen Schwierigkeiten. Er schlage vor, für eine Konventionalscheidung zwar grundsätzlich auch eine Einigung der Parteien über die vermögensrechtliche Auseinandersetzung zu verlangen, dem Richter aber die Möglichkeit einzuräumen, schwierige vermögensrechtliche Auseinandersetzungen einem späteren Verfahren vorzubehalten.

BRi Wüstenberg: Er halte es ebenfalls für richtig, bei der Konventionalscheidung grundsätzlich auch eine Einigung der Parteien über die vermögensrechtliche Auseinandersetzung zu verlangen. Man sollte jedoch von diesem Grundsatz Ausnahmemöglichkeiten vorsehen. Bei einer streitigen Ehescheidung werde es hingegen häufiger angezeigt sein, die langwierige vermögensrechtliche Auseinandersetzung vom eigentlichen Ehescheidungsverfahren abzutrennen.

Abg. Dr. Diemer-Nicolaus: Es sei zu empfehlen, bei den Nebenfolgen der Ehescheidung zu unterscheiden zwischen solchen, die notwendig sogleich mit der Scheidung geregelt werden müssten und solchen, die lediglich geregelt werden sollten. Notwendig geregelt werden müssten die Fragen der Unterhaltsleistung der geschiedenen Eheleute untereinander und gegenüber den Kindern, der Zuordnung der Kinder, das Verkehrsrecht, der Zuweisung der Ehewohnung und der Teilung des Hausrats. Für die güterrechtliche Auseinandersetzung der Ehegatten reiche eine Sollvorschrift aus, um das Ehescheidungsverfahren nicht zu lange zu blockieren.

Der *Vorsitzende:* Er schlage vor, im Anschluss an den ersten Satz des Absatzes a) der These 6 und vor dem bisherigen zweiten Satz, wonach die Vereinbarung der Bestätigung durch den Richter bedürfe, den Satz einzufügen: „Die Vereinbarung soll grundsätzlich auch die vermögensrechtliche Auseinandersetzung der Ehegatten regeln."

Prof. Dr. Bosch: Er halte im ersten Satz der These 6 a eine Änderung des Wortes „beantragt" in „ausgesprochen" nicht für richtig. Seines Erachtens müsse die Vereinbarung über die Scheidungsfolgen bereits bei Klageerhebung vorliegen. Wenn man aber nur den Ausspruch der Scheidung von einer vorherigen Vereinbarung der Ehegatten über die Nebenfolgen abhängig mache, so ermögliche man es, dass die Vereinbarung erst während des Scheidungsverfahrens zustande komme. Die Einigung der Parteien über die Nebenfolgen der Scheidung sollte aber zu einer Verfahrensvoraussetzung ausgestaltet werden.

Prof. Dr. Schlosser: Er rege an, im ersten Satz der These 6 a hinter den Worten „und über die Verteilung des Hausrats" die Worte „sowie über die Verfahrenskosten" einzufügen. Dies sei vor allem deshalb notwendig, damit in einem einverständlichen Scheidungsverfahren nicht nur der Verfahrenskosten wegen streitig entscheiden werden müsse. Er empfehle außerdem, im letzten Satz des ersten Absatzes die Worte „die Vereinbarung" durch das Wort „Sie" zu ersetzen.

Prof. Dr. Bosch: In der These 6 a sei als Voraussetzung für den Anspruch einer einverständlichen Scheidung auch zu verlangen, dass die Eltern den Unterhaltsanspruch des Kindes selbst geregelt hätten.

MinR Partikel: Dies könne schon deshalb nicht vorausgesetzt werden, weil die Eltern über den Unterhaltsanspruch des Kindes nicht verfügen könnten.

Prof. Dr. Bosch: Dann müsse für jedes Kind ein Pfleger bestellt werden und die Kinder, vertreten durch den Pfleger in das Ehescheidungsverfahren mit einbezogen werden, so dass auch im Ehescheidungsverfahren mit Wirkung für und gegen die Kinder eine Regelung des Unterhalts der Kinder herbeigeführt werden könne.

Abg. Dr. Diemer-Nicolaus: Erfahrungsgemäß hielten sich Ehegatten, wenn sie eine Unterhaltsvereinbarung für die Kinder getroffen hätten, auch an ihre Verpflichtungen, so dass ein eigener Vollstreckungstitel der Kinder gegen die Eltern entbehrlich sei. Es würde eine nicht mehr vertretbare Komplizierung des ohnehin komplexen Verfahrens bedeuten, wenn auch noch die Kinder, vertreten durch einen Pfleger, in das Ehescheidungsverfahren einbezogen würden. Durch die vorgesehene Einführung eines Regelunterhalts auch für die ehelichen Kinder seien die Interessen der Kinder an einer möglichst schnellen Unterhaltsregelung zunächst gewahrt, wenn auch nachträglich noch eine Erhöhung des Regelunterhalts erforderlich werden könne.

BMin a.D. Dr. Schwarzhaupt: Sie halte zwar für die Regelung des Unterhalts die Hinzuziehung eines Pflegers für die Kinder für zweckmäßig. Ein solches Verfahren dürfe aber nicht obligatorisch vorgeschrieben und zur Voraussetzung für eine einverständliche Scheidung gemacht werden.

RA Dr. Fettweis: Die Einbeziehung eines für jedes Kind bestellten Pflegers in den Ehescheidungsprozess erscheine ihr nicht praktikabel. In der Praxis werde es kaum möglich sein, geeignete Pfleger zu finden, die bereit seien, verantwortungsvoll im Ehescheidungsrechtsstreit mitzuarbeiten und sich in die familiären Schwierigkeiten einzuarbeiten.

Abstimmung über den Absatz a) der These 6 mit folgendem Wortlaut: *„a) Die Ehescheidung nach These 5 a darf nur ausgesprochen werden, wenn die Ehegatten eine Vereinbarung über den Unterhalt für sich und die Kinder, über die Zuordnung der Kinder und das Verkehrsrecht, über die Zuweisung der Ehewohnung und über die Verteilung des Hausrats, sowie über die Verfahrenskosten vorlegen. Die Vereinbarung soll grundsätzlich auch die vermögensrechtliche Auseinandersetzung der Ehegatten regeln. Sie bedarf der Bestätigung durch den Richter.“*

Zustimmung: Alle Kommissionsmitglieder.

BRi Wüstenberg: Er schlage als Überschrift der These 6 vor: „Regelung der Scheidungsfolgen“ anstelle von „Regelung der Nebenfolgen“.

Die *Kommission* beschließt als Überschrift der These 6 einstimmig: „Regelung der Scheidungsfolgen“.

These 6, Abs. b): OLG-Rätin Dr. Cuny: Sie rege an, im ersten Satz des Absatzes 1 die Worte „auf Antrag“ zu streichen. Ihrer Ansicht nach müsse auch ohne Antrag der Parteien über die Scheidungsfolgen entschieden werden. Denn nach der Scheidungsrechtskonzeption der Kommission solle keine Ehe, gleichgültig ob einverständlich oder über die Generalklausel, geschieden werden, ohne dass gleichzeitig die entscheidenden Nebenfolgen der Scheidung entweder durch Parteivereinbarung oder durch richterliche Entscheidung geregelt würden. Der rechtspolitische Sinn dieser Forderung sei es, sämtliche mit der Scheidung zusammenhängende Probleme in einem einheitlichen Verfahren zu erledigen, damit mit dem Scheidungsurteil der Rechtsfrieden wiederhergestellt werden könne. Es müsse vermieden werden, dass in einem späteren Unterhaltsprozess der gesamte in der Ehe angesammelte Giftstoff zum Schaden der Kinder wieder aufgerührt werde.

Der *Vorsitzende:* Die Kommission habe seinerzeit die Worte „auf Antrag“ in den Text der These aufgenommen, um diejenigen Eheleute nicht formell zu einer Unterhaltsregelung zu zwingen, die keine Unterhaltsansprüche gegeneinander geltend machen wollten.

RA Dr. Fettweis: In den Fällen, in denen ein Ehegatte gegen den anderen keine Unterhaltsansprüche geltend machen wolle, müsse eine entsprechende Feststellung in die Vereinbarung über die Nebenfolgen aufgenommen werden. Es sei aber auch an den Fall zu denken, dass ein Ehegatte zwar zunächst versuchen wolle, für seinen Lebensunterhalt selbst zu sorgen, dass ihm dies aber nach einer gewissen Zeit nicht mehr gelinge. In einem solchen Falle müsse er auf Unterhaltsansprüche gegen den anderen Ehegatten zurückkommen können. Hierzu könne jedoch im Zeitpunkt der Scheidung noch keine Vereinbarung getroffen werden.

Abstimmung über den Antrag von Frau OLG-Rätin Dr. Cuny, im ersten Satz des zweiten Absatzes der These 6 die Worte „auf Antrag“ zu streichen:

Zustimmung: Alle Kommissionsmitglieder bis auf eine Gegenstimme.

Ablehnung: Dr. Fettweis.

Enthaltung: Keine.

Prof. Dr. Beitzke: Nach Streichung der Worte „auf Antrag“ sei aber eine Ausnahmeklausel aufzunehmen, wonach der Richter befugt sei, die Entscheidung über einzelne Scheidungsnebenfolgen aus dem einheitlichen Scheidungsverfahren auszuklammern, wenn die Regelung dieser einzelnen Scheidungsfolgen sehr schwierig sei und eine besondere Beweisaufnahme erfordere. Eine derartige Ausnahmemöglichkeit sei erforderlich, um die Entscheidung über die übrigen Scheidungsfolgen nicht zu lange hinauszuzögern.

Abg. Hirsch: Es sei wünschenswert, wenn auch die Vermögensauseinandersetzungen im Übrigen gleichzeitig im Scheidungsverfahren geregelt werden könnten. Dies könne allerdings nur auf Antrag geschehen. Er rege an, dem Absatz b) der These 6 einen entsprechenden Zusatz anzufügen.

BMin a.D. Dr. Schwarzhaupt: Es bedeute praktisch einen Akzent zugunsten der Scheidung über die Generalklausel, wenn die Konventionalscheidung durch das Erfordernis der gleichzeitigen Regelung sämtlicher Scheidungsfolgen erschwert werde. In den Fällen, in denen eine Einigung der Parteien über die Nebenfolgen der Scheidung schwierig sei, werde die Neigung bestehen, die Scheidung über die Generalklausel herbeizuführen mit dem Ergebnis, dass die Auseinandersetzung über die Nebenfolgen der Scheidung dann erfahrungsgemäß besonders streitig geführt würden. Diese Erschwerungen stünden aber der Absicht der Kommission, die Konventionalscheidung zu begünstigen, entgegen.

Der *Vorsitzende:* Seiner Ansicht nach sei nicht zu befürchten, dass die Ehepartner deshalb auf die Scheidung über die Generalklausel auswichen, weil sie den Schwierigkeiten bei der Regelung der Nebenfolgen entgehen wollten. Denn auch das Verfahren der streitigen Scheidung nach der Generalklausel sei obligatorisch mit der gleichzeitigen streitigen Regelung der Scheidungsnebenfolgen verknüpft worden. Die streitige Regelung der Scheidungsfolgen sei nicht leichter als eine einverständliche.

OLG-Rätin Dr. Cuny: Sie schlage vor, in Absatz b) der These 6 im ersten Satz nach den Worten „in allen übrigen Fällen“ den Nebensatz einzuschieben „sofern die Parteien sich nicht einigen“. Denn es sei auch in einer streitigen Scheidung durchaus denkbar, dass sich die Parteien, nachdem der Prozessstoff weitgehend geklärt sei, über einzelne Scheidungsfolgen, wie beispielsweise den Unterhalt, die Zuordnung der Kinder oder die Verteilung des Hausrats einigten. In solchen Fällen bedürfe es einer Entscheidung des Richters nicht mehr. Er habe die Vereinbarung lediglich noch zu bestätigen.

Prof. Dr. Beitzke: Unter Berücksichtigung des Vorschlags von Frau Dr. Cuny schlage er folgende Fassung des ersten Halbsatzes in Absatz b) der These 6 vor: „In allen übrigen Fällen entscheidet der mit der Ehe befasste Richter – soweit er nicht eine Vereinbarung der Ehegatten über die Scheidungsfolgen bestätigt – auch über die Zuordnung der Kinder ...".

Der *Vorsitzende:* Dem ersten Satz des Absatzes b) der These 6 sollte der Halbsatz „sowie auf Antrag auch über die vermögensrechtliche Auseinandersetzung der Ehegatten" angefügt werden, nachdem die Kommission beschlossen habe, der mit der Ehescheidung befasste Richter solle auf besonderen Antrag der Parteien auch über die vermögensrechtliche Auseinandersetzung der Ehegatten entscheiden.

MinDgt. Dr. von Spreckelsen: Es müsse klargestellt werden, dass nach Abs. b) der These 6 nicht die eigenen Unterhaltsansprüche der am Verfahren selbst überhaupt nicht beteiligten Kinder geregelt werden sollten, sondern dass die Vereinbarung lediglich im Verhältnis der Ehegatten zueinander festlege, in welcher Weise die gemeinsame Unterhaltsverpflichtung der Ehegatten gegenüber den Kindern unter den beiden Ehegatten geregelt werden solle.

Der *Vorsitzende:* Zur Klarstellung schlage er folgende Fassung vor: „... über den Unterhalt für die Ehegatten und die Kinder ...". Er rege weiter an, im zweiten Satz des Absatzes b) der These 6 durch Einschieben des Wortes „grundsätzlich" zum Ausdruck zu bringen, dass der Richter berechtigt sein solle, einzelne schwierige Komplexe der Scheidungsfolgen aus dem Scheidungsverfahren auszuklammern.

Prof. Dr. Schlosser: Die Möglichkeit, einzelne Komplexe der Scheidungsfolgen aus dem Scheidungsverfahren selbst auszuklammern, werde zweckmäßigerweise später bei der Behandlung der verfahrensrechtlichen Probleme geregelt.

SenPräs. Bender: Nach dem letzten Satz des Absatzes b) der These 6 solle die Regelung von Einzelheiten ohnehin den verfahrensrechtlichen Thesen vorbehalten bleiben.

Abg. Dr. Diemer-Nicolaus: Das Wort „grundsätzlich" bedeute eine zu starke Aufweichung des Prinzips, wonach der Richter stets gleichzeitig mit der Scheidung auch über die Scheidungsfolgen entscheiden solle. In einer besonderen Ausnahmebestimmung müsse daher genau festgelegt werden, unter welchen Voraussetzungen der Richter befugt sei, einzelne Komplexe der Scheidungsfolgen aus dem Verfahren auszuklammern.

OLG-Rätin Dr. Cuny: Nach dem neuen schweizerischen Ehescheidungsrecht könnten von sämtlichen Scheidungsnebenfolgen nur die Regelung des Zugewinns aus dem Scheidungsverfahren ausgeklammert werden. Auch sie halte es für bedenklich, das Prinzip der einheitlichen Entscheidung durch Einfügung des Wortes „grundsätzlich" aufzuweichen.

Der *Vorsitzende:* Er schlage nunmehr vor, in die These 6 keinen besonderen Satz für die Ausnahmemöglichkeit aufzunehmen, jedoch in der Begründung der These auszuführen, dass die Möglichkeit einer Ausklammerung schwieriger Komplexe der Scheidungsnebenfolgen in den verfahrensrechtlichen Bestimmungen geschaffen werden solle.

Abstimmung über den *Absatz b) der These 6* mit folgendem Wortlaut: *„In allen übrigen Fällen entscheidet der mit der Ehescheidung befasste Richter – soweit er nicht eine*

Vereinbarung der Ehegatten über die Scheidungsfolgen bestätigt – auch über die Zuordnung der Kinder und das Verkehrsrecht, über den Unterhalt für die Ehegatten und die Kinder, über die Zuweisung der Ehewohnung und die Verteilung des Hausrats, sowie auf Antrag auch über die vermögensrechtliche Auseinandersetzung der Ehegatten.

Über die Ehescheidung und die Scheidungsfolgen hat der Richter gleichzeitig zu entscheiden. Die Einzelheiten hierzu werden in den verfahrensrechtlichen Thesen behandelt."

Sämtliche Kommissionsmitglieder stimmen der These einstimmig zu.

[Die These 6 lautet: „*Regelung der Scheidungsfolgen: a) Die Ehescheidung nach These 5 Absatz 1 Buchst. a) darf nur ausgesprochen werden, wenn die Ehegatten eine Vereinbarung über den Unterhalt für sich und die Kinder, über die Zuordnung der Kinder und das Verkehrsrecht, über die Zuweisung der Ehewohnung und über die Verteilung des Hausrats sowie über die Verfahrenskosten vorlegen. Die Vereinbarung soll grundsätzlich auch die vermögensrechtliche Auseinandersetzung der Ehegatten regeln. Sie bedarf der Bestätigung durch den Richter.*

b) In allen übrigen Fällen entscheidet der mit der Ehescheidung befasste Richter – soweit er nicht eine Vereinbarung der Ehegatten über die Scheidungsfolgen bestätigt – auch über die Zuordnung der Kinder und das Verkehrsrecht, über den Unterhalt für die Ehegatten und die Kinder, über die Zuweisung der Ehewohnung und die Verteilung des Hausrats sowie auf Antrag auch über die vermögensrechtliche Auseinandersetzung der Ehegatten.

c) Über die Ehescheidung und die Scheidungsfolgen hat der Richter gleichzeitig zu entscheiden. Die Einzelheiten hierzu werden in den verfahrensrechtlichen Thesen behandelt."]

These 7: Abstimmung über die immaterielle Härteklausel nach These 7 mit folgendem Wortlaut: „*Härteklausel.* Die Ehe soll gegen den Willen des anderen Ehegatten nicht geschieden werden, wenn die Scheidung a) im Hinblick auf die besonderen persönlichen Verhältnisse der Ehegatten für ihn außergewöhnlich hart und unbillig wäre, oder ...".

Zustimmung: Dr. Schwarzhaupt, Prof. Dr. Bosch, Prof. Dr. Hirschmann, Wilkens, Wüstenberg, Klemm, Dr. Cuny, Dr. Fettweis, Dr. Rebmann.

Ablehnung: Prof. Dr. Müller-Freienfels, Partikel, Prof. Dr. Mauz, Dr. Diemer-Nicolaus, Hirsch, Prof. Dr. Pross.

Enthaltung: Prof. Dr. Beitzke.

Prof. Dr. Bosch: Die materielle Härteklausel nach These 7 b halte er insoweit für bedenklich, als eine Ehe auch dann, wenn die Scheidung objektiv schwerwiegende wirtschaftliche Härten für einen Ehegatten oder die gemeinschaftlichen Kinder zur Folge hat, geschieden werden könne, sofern sich der andere Ehegatte nicht auf die Härteklausel berufe. Damit könne ein Ehegatte darüber disponieren, ob als Folge der Scheidung schwerwiegende wirtschaftliche Härten für ihn und die gemeinschaftlichen ehelichen Kinder entstehen sollten oder nicht. Besser erscheine ihm die Regelung in § 48 Abs. 3 des geltenden Ehegesetzes, wonach es auf den Widerspruch des einen Ehegatten nicht ankomme, sondern das wohlverstandene Interesse eines oder mehrerer minderjähriger Kinder von Amts wegen zu berücksichtigen sei.

Der *Vorsitzende* Die Worte „gegen den Willen des anderen Ehegatten" seien seinerzeit nur deshalb in die These aufgenommen worden, weil klargestellt werden sollte, dass dies nicht für den Fall der Konventionalscheidung gelte.

Prof. Dr. Beitzke: Als schwerwiegende wirtschaftliche Härte im Sinne von Buchstabe b) der These 7 komme praktisch nur der Unterhaltsanspruch einer zweiten Ehefrau in Betracht, denn Unterhaltsansprüche etwaiger weiterer Kinder müssten eheliche Kinder ohnehin auch bei Aufrechterhaltung der Ehe gegen sich gelten lassen. Auch die Unterhaltsansprüche nichtehelicher Kinder schmälerten die zum Unterhalt der ehelichen Kinder zur Verfügung stehenden Mittel. Durch die Zulassung der Konventionalscheidung werde aber die Möglichkeit der Wiederverheiratung des unterhaltsverpflichteten Ehegatten eröffnet mit der Konsequenz, dass dadurch Unterhaltsansprüche einer zweiten Ehefrau entstehen könnten. Da die Ehegatten auch bei einer Konventionalscheidung über die finanziellen Nachteile der Kinder, die mit einer Wiederverheiratung verbunden seien, verfügen könnten, sei es nur logisch, ihnen diese Verfügungsmöglichkeit auch im Falle der streitigen Scheidung einzuräumen.

BMin a.D. Dr. Schwarzhaupt: Sie halte es für richtig, im ersten Satz der These 7 die Worte „gegen den Willen des anderen Ehegatten" zu belassen, da die Härteklausel im Falle einer Konventionalscheidung ohnehin nicht gelte.

BRi Wüstenberg: Auch für die Konventionalscheidung sei es nicht unbedeutsam, ob die Scheidung schwerwiegende wirtschaftliche Härten für einen Ehegatten oder für die gemeinschaftlichen ehelichen Kinder zur Folge hätten. Denn dies habe der Richter bei der Frage zu prüfen, ob er die von den Parteien vorgeschlagene Regelung der Nebenfolgen der Scheidung bestätigen könne. Bei der Entscheidung über die Bestätigung der Vereinbarung müssten auch die Belange der Kinder unabhängig von der Einstellung der Eltern berücksichtigt werden.

Abg. Dr. Diemer-Nicolaus: Die Härteklausel der These 7 betreffe nur den Fall der streitigen Scheidung und sei bei einverständlicher Scheidung nicht anwendbar. Sie halte es nicht für notwendig, die wirtschaftliche Härteklausel nach These 7 b auch auf den Fall auszudehnen, dass die Scheidung wirtschaftliche Härten für die Kinder zur Folge hätte, denn wirtschaftliche Nachteile, die dadurch entständen, dass weitere unterhaltsberechtigte Kinder hinzukämen, könnten auch durch Aufrechterhaltung der Ehe nicht ausgeschlossen werden.

Der *Vorsitzende:* Durch die Scheidung könnten sich besondere wirtschaftliche Härten für die Kinder doch daraus ergeben, dass sich der Ehemann einer neuen Frau und damit einer neuen Familie zuwende und sich um seine Kinder aus der früheren Ehe nicht mehr kümmere. Der Nachteil sei dann besonders schwerwiegend, wenn etwa auch die Mutter durch Krankheit gehindert sei, ihrerseits ausreichend für die Kinder zu sorgen.

Abg. Dr. Diemer-Nicolaus: Für die ehelichen Kinder könne es sich viel nachteiliger auswirken, wenn die Ehe nicht geschieden werde und sie unter den ständig streitenden Ehegatten aufwachsen müssten.

Abstimmung über den Änderungsvorschlag von Prof. Dr. Bosch, im ersten Satz der These 7 die Worte „gegen den Willen des anderen Ehegatten" zu streichen:

Zustimmung: Prof. Dr. Bosch

Ablehnung: Prof. Dr. Müller-Freienfels, Partikel, Prof. Dr. Mauz, Dr. Schwarzhaupt, Prof. Dr. Hirschmann, Wilkens, Wüstenberg, Dr. Klemm, Dr. Cuny, Dr. Fettweis, Dr. Diemer-Nicolaus, Hirsch, Prof. Dr. Pross, Dr. Rebmann.

Enthaltung: Prof. Dr. Beitzke.

Abstimmung über die materielle Härteklausel nach These 7 Buchstabe b mit folgendem Wortlaut: „b) schwerwiegende wirtschaftliche Härten für ihn oder die gemeinschaftlichen ehelichen Kinder zur Folge hätte,".

Zustimmung: Dr. Schwarzhaupt, Prof. Dr. Bosch, Prof. Dr. Hirschmann, Wilkens, Wüstenberg, Dr. Klemm, Dr. Fettweis, Dr. Diemer-Nicolaus, Dr. Rebmann.

Ablehnung: Prof. Dr. Müller-Freienfels, Partikel, Prof. Dr. Mauz, Dr. Cuny, Hirsch, Prof. Dr. Pross.

Enthaltung: Prof. Dr. Beitzke.

Abstimmung über den Antrag, in der materiellen Härteklausel nach These 7 b die Worte „oder für die gemeinschaftlichen ehelichen Kinder" zu streichen:

Zustimmung: Prof. Dr. Müller-Freienfels, Partikel, Prof. Dr. Mauz, Dr. Cuny, Dr. Diemer-Nicolaus, Hirsch, Prof. Dr. Pross.

Ablehnung: Dr. Schwarzhaupt, Prof. Dr. Bosch, Prof. Dr. Hirschmann, Wilkens, Wüstenberg, Dr. Klemm, Dr. Fettweis, Dr. Rebmann.

Enthaltung: Prof. Dr. Beitzke.

Der *Vorsitzende* stellt fest, dass nach diesem Abstimmungsergebnis die Mehrheit der Kommission den Absatz 1 der These 7 mit folgendem Wortlaut beschlossen habe:

„Härteklausel. Die Ehe soll gegen den Willen des anderen Ehegatten nicht geschieden werden, wenn die Scheidung

a) im Hinblick auf die besonderen persönlichen Verhältnisse der Ehegatten für ihn außergewöhnlich hart und unbillig wäre, oder

b) schwerwiegende wirtschaftliche Härten für ihn oder für die gemeinschaftlichen ehelichen Kinder zur Folge hätte,

so dass trotz des Scheiterns der Ehe es nicht gerechtfertigt wäre, die Ehe alsbald aufzulösen."

Abstimmung über den Satz 1 des zweiten Absatzes der These 7 mit folgendem Wortlaut: „Der Richter kann in diesen Fällen den Ausspruch der Scheidung auch zeitlich hinausschieben."

Zustimmung: Dr. Schwarzhaupt, Prof. Dr. Hirschmann, Wilkens, Wüstenberg, Dr. Klemm, Dr. Cuny, Dr. Fettweis, Hirsch, Dr. Rebmann.

Ablehnung: Prof. Dr. Müller-Freienfels, Partikel, Prof. Dr. Mauz, Dr. Diemer-Nicolaus, Prof. Dr. Pross.

Enthaltung: Prof. Dr. Beitzke, Prof. Dr. Bosch.

Diskussion über Satz 2 des letzten Absatzes der These 7.

BRi Wüstenberg: Er lehne eine zeitliche Beschränkung in der Anwendung der Härteklausel ab. Es könne Fälle geben, in denen die Verantwortung der Eheleute füreinander so stark sei, dass auch eine seit Jahren unheilbar zerrüttete Ehe aufrechterhalten werden müsse. Solange es nicht gelungen sei, die mit der Ehescheidung zusammenhängenden materiellen Fragen so zu regeln, dass der sozial schwächere Ehegatte stets so ausreichend gesichert sei, dass man ihn nach fünf Jahren seinem Schicksal überlassen könne, müsse es eine Härteklausel geben. Die Sorgen der älteren Ehefrauen, die – wie der Bundesminister der Justiz in seinem Referat vom 23. Januar 1970 ausgeführt habe – in den an ihn gerichteten Briefen zum Ausdruck kämen, seien nicht ganz unberechtigt. Zwar sei es richtig, dass in der überwiegenden Mehrzahl der Fälle, in denen die Ehegatten länger als fünf Jahre getrennt gelebt hätten, die Hoffnung der Ehefrauen, ihr Mann würde eines Tages zu ihnen zurückkehren, eine Illusion sei. In solchen Fällen müssten die Ehefrauen von der Utopie, ihre Ehe könne eines Tages wieder in Ordnung gebracht werden, geheilt werden. Es sei dann gut, klare Schritte zu tun, um dadurch die Frauen zu zwingen, den Realitäten ins Auge zu sehen und ein neues Leben auf einer realen Grundlage zu beginnen. Andererseits gebe es aber Fälle, beispielsweise wenn ein hoffnungslos schwerkranker Ehegatte vom anderen verlassen werde, in denen es unerträglich sei, wenn nun auch die Rechtsgemeinschaft diesen Ehepartner äußerlich von seiner Verantwortung entbinde. Sie könne ihn zwar nicht zwingen, sich wieder dem kranken Ehepartner zuzuwenden, sie solle ihm aber nicht auch noch das Recht geben, die Scheidung zu verlangen. Herr Bundesrichter Wüstenberg berichtet über einen beim 4. Zivilsenat des Bundesgerichtshofs anhängig gewesenen Fall, in dem eine Ehefrau zunächst lange Zeit geisteskrank gewesen, dann aber wieder gesund geworden sei. Sie habe unbedingt an der Ehe festhalten wollen, obwohl sie schon länger als fünf Jahre von ihrem Ehemann getrennt gelebt habe. In diesem Fall habe ein als Sachverständiger gehörter Psychiater ausgeführt, es sei zu befürchten, dass die Frau, falls sie geschieden werde, einen Rückfall in ihre Krankheit erleiden könne und wieder in die Anstalt eingewiesen werden müsse. Für solche zweifellos seltenen Fälle müsse die Möglichkeit einer Ausnahme von der absoluten Fünfjahresfrist geschaffen werden. Er sehe es als unerträglich an, wenn ein Gesetz ohne Einschränkung festlege, dass spätestens nach fünfjähriger Aufhebung der häuslichen Gemeinschaft jeder Ehegatte die Scheidung seiner Ehe erreichen könne. Auch um den Preis, dass wieder eine gewisse Unsicherheit in das neue Scheidungssystem hineinkomme, sei er dafür, in Ausnahmefällen auch langjährig zerrüttete Ehen aufrechtzuerhalten. Es sei nicht zu befürchten, dass die Praxis von einer solchen Ausnahmemöglichkeit einen zu weitgehenden Gebrauch machen werde.

Der *Vorsitzende:* Besonders bei der immateriellen Härteklausel könne man doch sagen, dass im Regelfall nach fünfjähriger Trennung die Verletzung der Gerechtigkeitserwartung überwunden und eine Scheidung deshalb nicht sehr unbillig sei. Bei der immateriellen Härteklausel erscheine daher eine Befristung nach der Erfahrung des Lebens durchaus gerechtfertigt. Eine unbefristete materielle Härteklausel führe zu dem unbilligen Ergebnis, dass ein reicher Mann sich eine Scheidung erlauben könne, der arme hingegen nicht. Es müsse abgewogen werden, einerseits das Anliegen, dass zerrüttete Ehen geschieden werden sollten, und andererseits das Bestreben, gewisse soziale Härten zu vermeiden, die mit einer Scheidung verbunden seien. In diesem Interessenkonflikt sei ein vertretbarer Kompromiss in der Befristung der Anwendbarkeit der Härteklausel zu finden.

Abg. Hirsch: Es sei nun einmal zwischen zwei Übeln abzuwägen. Denn es sei ein Übel, eine zerrüttete Ehe nur deshalb aufrechtzuerhalten, weil mit einer Scheidung wirtschaftliche Schwierigkeiten verbunden seien; ein anderes Übel sei es, eine Ehe gegen den Willen eines Ehegatten zu scheiden. Ihm erscheine die Aufrechterhaltung einer sinnlos gewordenen Ehe mit all den damit verbundenen Konsequenzen als das größere Übel.

Zwar sei nicht zu bestreiten, dass in der Volksüberzeugung, insbesondere bei den Ehefrauen, heute noch eine andere Meinung vorherrsche. Diese Meinung solle man aber zu ändern versuchen, indem man deutlich mache, dass die Aufrechterhaltung einer heillos zerrütteten Ehe auch der Ehefrau keine Vorteile, sondern lediglich neue Belastungen, ununterbrochenen Kummer und Sorgen bringe. Ein Ende mit Schrecken sei dann besser als ein Schrecken ohne Ende, das die Aufrechterhaltung der zerrütteten Ehe bedeute. Er halte daher eine endgültige Befristung der Anwendbarkeit der Härteklausel unbedingt für notwendig. Eine fünfjährige Frist halte er überdies für zu lang; vertretbar sei lediglich eine dreijährige Frist. Er beantrage daher, anstelle der in Satz 2 vorgesehenen fünfjährigen Frist eine dreijährige Frist festzulegen. Eine fünfjährige Frist würde praktisch bedeuten, dass ohnehin drei Jahre bis zur Scheidung vergingen. Wenn dann weiterhin fünf Jahre lang die Härteklausel anwendbar sei, bedeutet dies, dass eine zerrüttete Ehe acht Jahre lang künstlich aufrechterhalten werde.

MinR Partikel: Sie halte es für untragbar, eine ideelle oder materielle Härteklausel lebenslänglich anwendbar sein zu lassen. Sie könne auch keinen Sinn darin sehen, eine Ehe formell aufrechtzuerhalten, wenn sowieso nichts dagegen unternommen werden könne, dass ein Ehemann seine Frau verlasse und sich nicht mehr um sie kümmere. Auch der Ehepartner, der aus einer total zerrütteten Ehe herausstrebe, habe ein schutzwürdiges Recht darauf, nach einer bestimmten Zeit aus einer solchen Ehe entlassen zu werden.

Prof. Dr. Mauz: Vor einer zeitlich unbegrenzten Anwendbarkeit der Härteklausel müsse gewarnt werden. Denn dadurch werde eine Chronifizierung des Hasses und eine Versteinerung der primitiven und niedersten Gefühle begünstigt. Den Hass zu chronifizieren sei viel schlimmer als die Trennung selbst und die damit verbundenen ideellen oder materiellen Nöte. Aus seiner ärztlichen Erfahrung könne er sagen, dass ein solcher Hass, der durch künstliches Aufrechterhalten zerrütteter Ehen erzeugt werde, das Furchtbarste und Hässlichste sei, was ein Arzt erleben könne. Er empfehle, es bei der von der Kommission schon wiederholt diskutierten Fünfjahresfrist zu belassen.

Prof. Dr. Pross: In dem von Herrn Bundesrichter Wüstenberg geschilderten Fall könne sie nicht verstehen, warum es für eine Frau eine besondere Härte darstelle, die möglicherweise sogar mit gesundheitlichen Schädigungen, wie etwa bei einem Rückfall in einer Geisteskrankheit, verbunden sei, wenn eine nur noch formell bestehende Ehe geschieden werde, nachdem die Ehegatten ohnehin schon seit mehr als fünf Jahren getrennt gelebt hätten, und der Ehemann auch in Zukunft durch nichts gezwungen werden könne, zu seiner Ehefrau zurückzukehren. Die formelle Scheidung ändere an der faktischen Situation der Frau doch kaum etwas.

Prof. Dr. Mauz: Die von Herrn Bundesrichter Wüstenberg in dem genannten Fall geschilderte Auffassung des Psychotherapeuten halte er ärztlich für nicht vertretbar. Wenn die genannte Frau wirklich geisteskrank gewesen sei, dann sei die Geisteskrankheit in ihrem Verlauf endogen so festgelegt, dass die Frage, ob die Ehe geschieden werde oder nicht, keinen Einfluss haben könne auf Zeitpunkt, Dauer oder Ausgang der Geisteskrankheit.

RA Dr. Fettweis: Eine Überschreitung der Fünfjahresfrist durch die Dauer des Rechtsstreits sei in der Regel nicht zu befürchten. Denn der Ehegatte, der aus der Ehe hinausstrebe, könne die Scheidungsklage ohne weiteres schon früher, etwa nach zweijähriger Trennung der häuslichen Gemeinschaft, erheben. Die Fünfjahresfrist, in der die Härteklausel anwendbar sei, sei eine Höchstfrist, keine Mindestfrist. Es bestehe deshalb kein Anlass, die Fünfjahresfrist mit Rücksicht auf die zu erwartende Prozessdauer zu verkürzen.

BMin a.D. Dr. Schwarzhaupt: Sie habe Bedenken, die Anwendbarkeit der Härteklausel auf eine Höchstdauer von fünf Jahren zu begrenzen. Durch eine starre absolute Frist werde praktisch die Vermutung begründet, nach fünfjähriger Aufhebung der häuslichen Gemeinschaft sei eine materielle oder immaterielle Härte, die einer Scheidung der Ehe trotz ihres Scheiterns bisher entgegengestanden habe, in jedem Falle nicht mehr schwerwiegend genug. Der Zeitablauf allein aber könne kein hinreichendes Indiz für eine Milderung der Härtesituation sein.

OKirchR Wilkens: Zwar seien nur wenige extreme Einzelfälle denkbar, in denen die Anwendung der Härteklausel auch über die fünfjährige Frist hinaus in Betracht kommen könnte. Diese wenigen Sonderfälle dürfe man andererseits aber auch nicht nur quantitativ sehen. In jedem Falle komme es auf die Abwägung zweier Übel, nämlich der Aufrechterhaltung einer zerrütteten Ehe einerseits und der Scheidung einer Ehe gegen den Willen des an der Ehe festhaltenden Ehegatten andererseits an. Welches von beiden Übeln im Einzelfall das größere Leid bedeute, könne nur bei der Betrachtung des jeweiligen Einzelfalles entschieden werden. Deshalb erscheine es ihm nicht vertretbar, wenn das Gesetz von vornherein für jeden Einzelfall bestimme, dass nach fünfjähriger Aufhebung der häuslichen Gemeinschaft das größere Übel stets in der weiteren Aufrechterhaltung der zerrütteten Ehe gesehen werden müsse.

MinR Partikel: Bei der Entscheidung über die Dauer der Anwendbarkeit der Härteklausel sei zu berücksichtigen, dass die in These 7 geschaffene Härteklausel ohnehin nur im Fall einer Scheidung nach der Generalklausel der These 4 Anwendung finden könne. Wenn nämlich die Scheidungsklage erst erhoben werde, wenn gemäß These 5 Buchstabe b) nach fünfjähriger Aufhebung der häuslichen Gemeinschaft das Scheitern der Ehe schon unwiderlegt vermutet werde, so sei für die Anwendung der Härteklausel von vornherein kein Raum mehr.

Abg. Hirsch: Er nehme seinen Antrag, die Fünfjahresfrist in Absatz 2 der These 7 auf drei Jahre herabzusetzen, zurück, nachdem hinsichtlich der Auslegung der Fristbestimmung jetzt klargestellt sei, dass eine Ehe nach fünfjähriger Aufhebung der häuslichen Gemeinschaft geschieden werden könne, wenn rechtzeitig Klage erhoben werde.

OLG-Rätin Dr. Cuny: Dann stelle sie Antrag, die in Absatz 2 Satz 2 der These 7 vorgesehene Fünfjahresfrist auf vier Jahre herabzusetzen. Denn sie halte es nicht für vertretbar, die Härteklausel nach mehr als vierjähriger Aufhebung der häuslichen Gemeinschaft noch anzuwenden. Wenn es der Härteklausel überhaupt bedürfe, handele es sich um hochstreitige Scheidungsverfahren, die bei Entscheidung durch mehrere Instanzen erfahrungsgemäß mindestens drei Jahre dauerten.

Abstimmung über den Antrag von Herrn Bundesrichter Wüstenberg, den 2. Satz im 2. Absatz der These 7 ersatzlos zu streichen:

Zustimmung: Dr. Schwarzhaupt, Prof. Dr. Bosch, Prof. Dr. Hirschmann, Wilkens, Wüstenberg.

Ablehnung: Prof. Dr. Müller-Freienfels, Prof. Dr. Beitzke, Partikel, Prof. Dr. Mauz, Dr. Klemm, Dr. Cuny, Dr. Fettweis, Dr. Diemer-Nicolaus, Hirsch, Prof. Dr. Pross, Dr. Rebmann.

Enthaltung: Keine.

Abstimmung über den Antrag von Frau OLG-Rätin Dr. Cuny, in Absatz 2 Satz 2 der These 7 statt einer fünfjährigen eine vierjährige Frist vorzusehen:

Zustimmung: Prof. Dr. Müller-Freienfels, Partikel, Prof. Dr. Mauz, Dr. Cuny, Prof. Dr. Pross.

Ablehnung und damit Zustimmung zu folgender Fassung des 2. Satzes in Absatz 2 der These 7: „Die Anwendung der Härteklausel soll nach fünfjähriger Aufhebung der häuslichen Gemeinschaft der Ehegatten nicht mehr möglich sein.“: Dr. Schwarzhaupt, Prof. Dr. Bosch, Prof. Dr. Hirschmann, Wilkens, Wüstenberg, Dr. Klemm, Dr. Fettweis, Dr. Diemer-Nicolaus, Dr. Rebmann.

Enthaltung: Hirsch, Prof. Dr. Beitzke.

BRi Wüstenberg: Er stelle nunmehr den Antrag, in den Satz 2 des 2. Absatzes der These 7 nach den Worten „Die Anwendung der Härteklausel soll ...“ die Worte „grundsätzlich“ oder „in der Regel“ einzufügen.

Abstimmung über diesen Vorschlag:

Zustimmung: Wüstenberg, Prof. Dr. Bosch, Prof. Dr. Hirschmann, Wilkens.

Ablehnung: Prof. Dr. Müller-Freienfels, Prof. Dr. Beitzke, Partikel, Prof. Dr. Mauz, Dr. Klemm, Dr. Cuny, Dr. Fettweis, Dr. Diemer-Nicolaus, Hirsch, Prof. Dr. Pross, Dr. Rebmann.

Enthaltung: Dr. Schwarzhaupt.

Der *Vorsitzende* bittet um Abstimmung über die bereits in früheren Kommissionssitzungen erörterte Frage, ob eine besondere Vorschrift geschaffen werden solle, dass der Ehegatte, der an der Zerrüttung allein oder überwiegend schuldig sei, für eine bestimmte oder unbegrenzte Frist nicht berechtigt sein solle, die Scheidung zu verlangen.

Die *Kommission* stimmt einstimmig gegen die Schaffung einer solchen Vorschrift.

[Die These 7 lautet: *„Härteklausel. Die Ehe soll gegen den Willen des anderen Ehegatten nicht geschieden werden, wenn die Scheidung*

a) im Hinblick auf die besonderen persönlichen Verhältnisse der Ehegatten für ihn außergewöhnlich hart und unbillig wäre oder

b) schwerwiegende wirtschaftliche Härten für ihn oder für die gemeinsamen Kinder zur Folge hätte, so dass trotz des Scheiterns der Ehe es nicht gerechtfertigt wäre, die ehe alsbald aufzulösen.

Der Richter kann in diesen Fällen den Ausspruch der Scheidung auch zeitlich hinausschieben.

Die Anwendung der Härteklausel soll nach fünfjähriger Aufhebung der häuslichen Gemeinschaft der Ehegatten nicht mehr möglich sein.“]

These 8:

Abstimmung über *Absatz 1 der These 8* mit folgendem Wortlaut: *„Bemühungen um die Heilung zerrütteter Ehen – Eheberatung. Mit der Einführung des Zerrüttungsprinzips sollten verstärkte Bemühungen des Staates und der Gesellschaft zur Beratung vor Eingehung der Ehe und zur Festigung gefährdeter Ehen verbunden werden. Zu diesem Zweck* *sollten insbesondere die Ehe- und Familienberatung ausgebaut und das Angebot an Lebenshilfe unter Verwertung ausländischer Erfahrungen, z.B. mit den Familiengerichten und mit den Schlichtungsstellen des skandinavischen Rechts, erweitert werden."*

Zustimmung: Prof. Dr. Müller-Freienfels, Prof. Dr. Beitzke, Partikel, Prof. Dr. Mauz, Dr. Schwarzhaupt, Prof. Dr. Bosch, Prof. Dr. Hirschmann, Wilkens, Wüstenberg, Dr. Klemm, Dr. Cuny, Dr. Fettweis, Dr. Diemer-Nicolaus, Hirsch, Dr. Rebmann.

Ablehnung: Prof. Dr. Pross.

Enthaltung: Keine.

Abstimmung über *Absatz 2 der These 8* mit folgendem Wortlaut: *„Nach Auffassung der Kommission sollte darauf hingewirkt werden, dass die Ehegatten vor Einleitung eines Ehescheidungsverfahrens eine Eheberatungsstelle aufsuchen oder eine Einrichtung der freien Eheberatung in Anspruch nehmen. Außerdem sollte dem Richter im Ehescheidungsverfahren ausdrücklich die Befugnis gegeben werden, den Ehegatten zu empfehlen, eine Eheberatungsstelle aufzusuchen oder sich von anderen geeigneten Personen oder Stellen beraten zu lassen."*

Zustimmung: Prof. Dr. Müller-Freienfels, Prof. Dr. Beitzke, Partikel, Prof. Dr. Mauz, Dr. Schwarzhaupt, Prof. Dr. Bosch, Prof. Dr. Hirschmann, Wilkens, Wüstenberg, Dr. Klemm, Dr. Cuny, Dr. Fettweis, Hirsch, Dr. Rebmann.

Ablehnung: Prof. Dr. Pross.

Enthaltung: Dr. Diemer-Nicolaus.

Absatz 3 der These 8: Prof. Dr. Schlosser: Er rate davon ab, schon jetzt definitiv zu beschließen, die Eheberatung in keinem Falle dem Ehescheidungsverfahren obligatorisch vorzuschalten. Hierzu sollte man erst die in den Vereinigten Staaten mit der Eheberatung gemachten Erfahrungen kennen lernen. Ebenso wie in der Schweiz sei dort unter gewissen Voraussetzungen die Eheberatung vor Beginn des Ehescheidungsverfahrens obligatorisch.

Der *Vorsitzende:* Er halte die vorgeschlagene Fassung des Absatzes 3 für elastisch genug, um bestimmte Einzelfälle später noch näher zu regeln.

Abstimmung über den Absatz 3 der These 8 mit folgendem Wortlaut: „Die Eheberatung sollte jedoch dem Ehescheidungsverfahren nicht obligatorisch vorgeschaltet werden. Insbesondere sollte es nicht vorgeschrieben werden, dass bei der Einleitung eines Ehescheidungsverfahrens eine Bescheinigung über die Inanspruchnahme einer solchen Stelle oder Einrichtung vorzulegen ist."

Die *Kommission* stimmt diesem Absatz 3 einstimmig zu.

These 9: Abg. Hirsch: Er beantrage, im ersten Absatz den letzten Halbsatz dahin zu fassen, dass dem beklagten Ehegatten ein Rechtsanwalt nicht nur beigeordnet werden solle, sondern müsse.

Prof. Dr. Mauz: Im 2. Satz des 1. Absatzes könnten die Worte „als Sachwalter" als überflüssig gestrichen werden.

Abstimmung über *Absatz 1 der These 9* mit folgendem Wortlaut: *„Anwaltszwang – Anhörung der Ehegatten. Im künftigen Ehescheidungsverfahren ist für beide Ehegatten Anwaltszwang vorzusehen. Dem Ehegatten, der nicht die Scheidung beantragt hat und keinen Rechtsanwalt beauftragt, ist ein Rechtsanwalt vom Gericht von Amts wegen beizuordnen."*

Zustimmung: Alle Kommissionsmitglieder bis auf eine Stimmenthaltung.

Ablehnung: Keine.

Enthaltung: Partikel.

Abstimmung über *Absatz 2 der These 9* mit folgendem Wortlaut: *„Grundsätzlich sollen beide Parteien persönlich vor Gericht erscheinen und angehört werden, und zwar ohne Rücksicht darauf, ob es sich um eine streitige Ehescheidung oder um eine Ehescheidung auf beiderseitigen Antrag handelt."*

Zustimmung: Alle Kommissionsmitglieder.

These 10: Prof. Dr. Müller-Freienfels: Er beantrage, im Absatz a) der These 10 das Wort „entfallen" an die Stelle der Worte „werden durch die neue Scheidungskonzeption ersetzt" zu setzen.

Abstimmung über die *These 10* mit folgendem Wortlaut: *„Vorschriften, die durch die neue Scheidungskonzeption ersetzt werden oder wegfallen.*

a) Die §§ 42 bis 53 des Ehegesetzes sowie § 1353 Abs. 2 Satz 3 BGB entfallen;

b) die §§ 6 und 22 des Ehegesetzes werden dadurch gegenstandslos, dass der Ehebruch als besonderer Scheidungstatbestand wegfällt;

c) die §§ 55 Abs. 2 Satz 2 und 56 des Ehegesetzes entfallen als Folge des Wegfalls der Verschuldensscheidung. § 57 des Ehegesetzes sollte gestrichen werden."

Zustimmung: Alle Kommissionsmitglieder.

These 11: Prof. Dr. Beitzke: Er rege an, in Absatz 2 der These 11 auch auf die änderungsbedürftigen Vorschriften der §§ 17 und 18 der Ersten Durchführungsverordnung zum Ehegesetz hinzuweisen.

Der *Vorsitzende:* Er halte es für ausreichend, von den änderungsbedürftigen Vorschriften des Eherechts nur die grundlegenden in der These 11 anzuführen. Es könne dem Bundesministerium der Justiz überlassen bleiben, im Einzelnen festzustellen, welche sonstigen Nebenvorschriften geändert oder angepasst werden müssten.

Prof. Dr. Beitzke: Er halte es für zweckmäßig, im 2. Absatz der These 11 durch Einfügung der Worte „mindestens vorläufig" klarzustellen, dass die sofort erforderliche Änderung der wichtigsten Vorschriften einer Neuregelung der gesamten Fragen der Ehenichtigkeit und Eheanfechtung nicht vorgreifen sollten. Es müsse deutlich sein, dass es sich zunächst nur um eine provisorische Anpassung handele.

Abstimmung über die *These 11* mit folgendem Wortlaut: *„Nichtigkeit und Aufhebung der Ehe. Die Kommission wird die Frage, ob auch nach einer Reform des Ehescheidungsrechts zwischen Nichtigkeitsgründen und Aufhebungsgründen unterschieden werden soll, zu einem späteren Zeitpunkt prüfen."*

Unabhängig von dieser Prüfung müssen die Folgen der Nichtigkeit der Ehe und der Aufhebung der Ehe im Verhältnis der Ehegatten zueinander im Zusammenhang mit der Reform des Ehescheidungsrechts schon jetzt – mindestens vorläufig – geregelt werden, und zwar durch Änderung der §§ 26 und 37 des Ehegesetzes."

Zustimmung: Alle Kommissionsmitglieder.

These 12: OKirchR Wilkens: Er rege folgende Neufassung der Überschrift an: *„Keine Schuldprüfung bei der Regelung der Scheidungsfolgen"*.

Abstimmung über die *These 12* mit folgendem Wortlaut: *„Keine Schuldprüfung bei der Regelung der Scheidungsfolgen. Die Kommission wird zur Zuordnung der Kinder* *nach der Ehescheidung, zum Verkehrsrecht des nichtsorgeberechtigten Elternteils mit dem Kinde, zur Verteilung des Hausrats und zur Zuteilung der Ehewohnung nach der Scheidung zu einem späteren Zeitpunkt Vorschläge machen.*

Die Kommission ist jedoch schon jetzt der Auffassung, dass die Entscheidung über die Zuordnung der gemeinsamen Kinder nach der Ehescheidung allein nach dem Kindeswohl erfolgen darf. Eine Anknüpfung der Entscheidung an ein Verschulden an dem Scheitern der Ehe ist nicht sachgerecht. Dasselbe gilt für die übrigen Scheidungsfolgen.

§ 1671 Abs. 2 und Abs. 6 Satz 2 BGB sind deshalb zu streichen; § 1681 Abs. 2 Satz 3 BGB ist entsprechend zu modifizieren. Außerdem muss die Zweimonatsfrist des § 1671 Abs. 3 Satz 1 BGB im Hinblick auf die Vorschläge zur Regelung der Nebenfolgen der Scheidung in These 6 entfallen."

Zustimmung: Alle Kommissionsmitglieder bis auf eine Stimmenthaltung.

Ablehnung: Keine.

Enthaltung: Prof. Dr. Bosch.

These 13: Abstimmung über die *These 13* mit folgendem Wortlaut: *„Die Kommission ist der Auffassung, dass auch für die Kinder getrennt lebender oder geschiedener Eltern die unterhaltsrechtlichen Vorteile eingeführt werden sollten, die für die nichtehelichen Kinder in Form des Regelunterhalts ab 1. Juli 1970 in § 1615 f BGB vorgesehen sind."*

Die *Kommission* stimmt dieser These einstimmig zu.

B. Meinungsbildung der Kommission zur Verknüpfung der Reform des Ehescheidungsrechts mit einer gleichzeitigen Reform des Unterhaltsrechts und der sozialversicherungsrechtlichen Bestimmungen zur Alterssicherung der geschiedenen Ehefrau

... *Abstimmung* über den Antrag von Frau BMin a.D. Dr. Schwarzhaupt, das Ehescheidungsrecht im Sinne einer condictio sine qua non erst in Kraft treten zu lassen, wenn außer dem privatrechtlichen Unterhaltsrecht gleichzeitig auch ein gewisses Programm sozialversicherungsrechtlicher und versorgungsrechtlicher Neuregelungen in Kraft gesetzt würde:

Zustimmung: Dr. Schwarzhaupt, Prof. Dr. Bosch, Prof. Dr. Hirschmann, Wilkens, Wüstenberg, Dr. Cuny.

Ablehnung: Prof. Dr. Müller-Freienfels, Prof. Dr. Beitzke, Partikel, Prof. Dr. Mauz, Dr. Klemm, Dr. Fettweis, Dr. Diemer-Nicolaus, Hirsch, Dr. Rebmann.

Enthaltung: Prof. Dr. Pross.

C. Schlussabstimmung über die Thesen zum Unterhaltsrecht

Einleitung

Abstimmung über den ersten Absatz der Einleitung zu den Thesen zum Unterhaltsrecht mit folgendem Wortlaut: *„Die Reform des Ehescheidungsrechts erfordert eine Neuordnung der Regelungen zur wirtschaftlichen Sicherung des sozial schwächeren Ehegatten nach der Ehescheidung."*

Die *Kommission* stimmt diesem Absatz einstimmig zu.

Der *Vorsitzende:* Er rege an, dem zweiten Absatz der Einleitung einen Satz 2 des Inhalts anzufügen, dass die Neuregelung des privatrechtlichen Unterhaltsrechts zum gleichen Zeitpunkt in Kraft treten müsste wie die Neuregelung des Ehescheidungsrechts.

Verschiedene Kommissionsmitglieder: Sie hielten diesen Zusatz für entbehrlich, weil es sich von selbst verstehe, dass eine Neuregelung des Ehescheidungsrechts nicht ohne gleichzeitige Neuregelung des privatrechtlichen Unterhaltsrechts möglich sei.

Abstimmung über den *zweiten Absatz der Einleitung* mit folgendem Wortlaut: *„Deshalb kommt der Ausgestaltung des privatrechtlichen Unterhaltsrechts, auch dem Anspruch auf Hilfe zur beruflichen Eingliederung und Wiedereingliederung geschiedener Ehegatten, besondere Bedeutung zu."*

Die *Kommission* stimmt diesem Absatz einstimmig zu.

MinR Dr. Eckhardt: Zum Absatz 3 der Einleitung schlage er vor, im ersten Halbsatz das Wort „Reform" durch das Wort „Änderung" zu ersetzen. Denn es sei nicht vorgesehen, das Sozialversicherungsrecht, das Beamtenrecht und das Versorgungsrecht an Haupt und Gliedern zu reformieren; es solle vielmehr nur eine Änderung der sozialversicherungsrechtlichen Stellung der Ehefrau angestrebt werden. Er rege weiter an, den Satz 2 des dritten Absatzes klarer zu formulieren. Wenn von einer Umgestaltung der öffentlichrechtlichen Vorschriften auf dem Gebiet der Berufsausbildung und Berufsfortbildung sowie der beruflichen Umschulung die Rede sei, könne dies dahin missverstanden werden, dass eine Änderung des Berufsausbildungsgesetzes oder des Ausbildungsförderungsgesetzes sowie eine Verbesserung der finanziellen Hilfen hierzu beabsichtigt sei. Die Kommission wolle aber lediglich die derzeit bestehenden objektiven Beschränkungen, die eine berufliche Wiedereingliederung der geschiedenen Ehefrau erschweren, abbauen, und zwar insbesondere einzelne Bestimmungen im Hochschulgesetz und in den Förderungsgesetzen, die durch ihre Altersgrenzen Schranken enthielten. Zur Klarstellung schlage er folgende Fassung des 2. Satzes im Absatz 3 der Einleitung vor: „Auch müssen die öffentlich-rechtlichen Beschränkungen beseitigt werden, die es der geschiedenen Ehefrau erschweren oder sie daran hindern, eine ihren Fähigkeiten und Kenntnissen entsprechende berufliche Tätigkeit zu finden und auszuüben."

BMin a.D. Dr. Schwarzhaupt: Es komme weniger darauf an, Vorschriften zu beseitigen, als sie den Belangen geschiedener Ehefrauen anzupassen. Es sollte daher eine positive Formulierung gefunden werden.

Abg. Hirsch: Durch die Aufzählung der Gebiete Berufsausbildung und Berufsfortbildung sowie der beruflichen Umschulung dürfe nicht der Eindruck hervorgerufen werden, als handele es sich um eine abschließende Aufzählung. Denn auch verschiedene andere Gebiete seien betroffen, wie beispielsweise Bestimmungen im Universitätsrecht, die einen älteren Menschen daran hinderten, noch ein Examen zu machen, oder Vorschriften im Beamtenrecht, dass jemand von einem bestimmten Lebensalter an nicht mehr Beamter werden könne. Er empfehle daher, von einer Aufzählung der einschlägigen Gebiete abzusehen und sich mit einer Generalklausel zu begnügen. Folgende Formulierung des Satzes 2 erscheine ihm ausreichend: „Auch muss durch entsprechende Gestaltung der öffentlichrechtlichen Vorschriften auf dem Gebiet der beruflichen Eingliederung und Wiedereingliederung dem geschiedenen Ehegatten die Möglichkeit gegeben werden, eine seinen Fähigkeiten und Kenntnissen entsprechende berufliche Tätigkeit zu finden."

MinR Dr. Frandsen: Es gebe nur drei Bereiche, die eine Wiedereingliederung oder Eingliederung einer geschiedenen Ehefrau ins Berufsleben erschweren könnten, nämlich die reinen Bildungsvorschriften, die Zulassungsvorschriften und die Förderungsvorschriften, wie etwa das Ausbildungsförderungsgesetz. Darauf könne in der Begründung hingewiesen werden. Für die Einleitung aber genüge eine Generalklausel.

Abstimmung über den *Absatz 3 der Einleitung* mit folgendem Wortlaut: *„Im Zusammenhang mit der Neugestaltung des privatrechtlichen Unterhaltsrechts ist eine Änderung des Sozialversicherungsrechts, des Beamtenrechts und des Versorgungsrechts notwendig mit dem Ziel, eine auf eigenen Ansprüchen beruhende soziale Sicherung der Ehefrau zu schaffen. Auch muss durch entsprechende Gestaltung der öffentlich-rechtlichen Vorschriften auf dem Gebiet der beruflichen Eingliederung und Wiedereingliederung dem geschiedenen Ehegatten die Möglichkeit gegeben werden, eine seinen Fähigkeiten und Kenntnissen entsprechende berufliche Tätigkeit zu finden."*

Die *Kommission* stimmt dieser Fassung des Absatzes 3 einstimmig zu.

These 1: Der *Vorsitzende* stellt den von Herrn Prof. Dr. Beitzke im Schreiben vom 20. Januar 1970 gemachten Änderungsvorschlag zur These 1 zur Diskussion, der folgenden Wortlaut hat: *„1. Grundsätze für die Neuordnung.* a) Die Anknüpfung des Unterhaltsanspruchs nach der Scheidung an das Verschulden eines Ehegatten ist nicht sachgerecht und muss in Zukunft ohnehin entfallen, wenn die Scheidung auf Verschulden eines Ehegatten beseitigt wird. Unterhaltsansprüche ergeben sich allein aus der Unterhaltsbedürftigkeit des einen Ehegatten und der Leistungsfähigkeit des anderen Ehegatten; sie sind aber dadurch eingeschränkt, dass nach Auflösung der Ehe in erster Linie jeder Ehegatte in eigener Verantwortung nach besten Kräften für sich selbst zu sorgen hat. Die für den Fall einer gleichwohl bestehenden Bedürftigkeit anzunehmenden Unterhaltsansprüche rechtfertigen sich daraus, dass in Nachwirkung der Ehe eine wirtschaftliche Verantwortung der früheren Ehegatten füreinander besteht.

b) Dementsprechend kommt für den Unterhaltsanspruch in Nachwirkung der Ehe der regelmäßig auf der übereinstimmenden Entscheidung beider Ehegatten beruhenden Arbeitsteilung in der bisherigen Ehe besondere Bedeutung zu; auch muss der fortbestehenden gemeinsamen Verantwortung für die aus der geschiedenen Ehe hervorgegangenen Kinder Rechnung getragen werden."

Weiterhin verliest der Vorsitzende den von Frau BMin a.D. Dr. Schwarzhaupt in ihrem Schreiben vom 9. Februar 1970 gemachten Änderungsvorschlag zur These 1, der folgenden Wortlaut hat: „Die Anknüpfung des Unterhaltsanspruchs an das Verschulden wie im bisherigen Recht ist nicht sachgerecht und sollte wegfallen, wenn künftig kein Verschuldenstatbestand mehr als Scheidungsgrund festgestellt werden muss. Mit der Scheidung wird die Gemeinsamkeit der wirtschaftlichen Basis der Eheleute ausgelöst. Trotzdem werden sich oft als Nachwirkung der Ehe Unterhaltsansprüche des einen gegen den anderen ergeben. Sie setzen Leistungsfähigkeit des einen und Unterhaltsbedürftigkeit des anderen voraus. Unterhaltsbedürftigkeit nach Auflösung der Ehe liegt vor, wenn ein Ehegatte seinen Unterhalt nicht unter Umständen selbst verdienen kann, die ihm unter billiger Beurteilung der Gesamtverhältnisse zugemutet werden können. Dabei kommt der Arbeitsteilung in der bisherigen Ehe, die regelmäßig auf der übereinstimmenden Entscheidung beider Ehegatten beruht, besondere Bedeutung zu. Auch muss der fortbestehenden gemeinsamen Verantwortung für die aus der geschiedenen Ehe hervorgegangenen Kinder Rechnung getragen werden."

Der *Vorsitzende:* Ausgehend von beiden Vorschlägen empfehle er für den *Absatz a) der These 1* folgende Formulierung:

„1. Grundsätze für die Neuordnung. a) Die Anknüpfung des Unterhaltsanspruchs der Ehegatten nach der Scheidung an das Verschulden wie im bisherigen Recht ist nicht sachgerecht."

Die *Kommission* stimmt dieser Fassung einstimmig zu.

Der *Vorsitzende:* Zum zweiten Satz in der von Herrn Prof. Dr. Beitzke vorgeschlagenen Fassung des Absatzes a) der These 1 sei anzumerken, dass die Unterhaltsansprüche sich nicht aus der Unterhaltsbedürftigkeit eines Ehegatten, sondern aus ihrer Rechtsgrundlage ergäben, nämlich dem bisher in These 4 vorgeschlagenen Grundtatbestand. Die Unterhaltsbedürftigkeit sei nur eine weitere Voraussetzung dafür, dass überhaupt Unterhalt verlangt werden könne.

Prof. Dr. Beitzke: Dies sei ihm durchaus bewusst; eine neue Formulierung habe er nur deshalb gesucht, weil es ihn gestört habe, dass nach den bisherigen Beratungen der Grundtatbestand für die Unterhaltsansprüche erst als These 4 vorgesehen sei. Der Grundtatbestand gehöre jedoch als Grundsatz der Neuordnung des Unterhaltsrechts in die These 1.

Der *Vorsitzende:* Er rege an, den Grundtatbestand der Unterhaltsansprüche dem Vorschlag von Herrn Prof. Dr. Beitzke vom 20. Januar 1970 entsprechend in der zweiten These festzulegen und die Grundsätze für die Neuordnung des Unterhaltsrechts in der These 1 dem Grundtatbestand voranzustellen.

OLG-Rätin Dr. Cuny: Sie habe ebenso wie Herr Prof. Dr. Beitzke Bedenken gegen den bisher als These 4 vorgeschlagenen Grundtatbestand. Dort seien Regelungen als Grundtatbestand zusammengefasst, die eigentlich nicht zusammengehörten. Kernfrage des Unterhaltsanspruchs sei es, wann eine eigene Erwerbstätigkeit der geschiedenen Ehefrau zumutbar sei. Deshalb könne nur in den Fällen, in denen eine eigene Erwerbstätigkeit insbesondere mit Rücksicht auf die Inanspruchnahme der Frau durch die Kindererziehung nicht zumutbar sei, ihrer Ansicht nach ein Unterhaltsanspruch nach dem Grundtatbestand gegeben werden. Sonstige Unterhaltsansprüche, die noch zu gewähren seien, insbesondere als Übergangsregelung zur Wiedereingliederung der Frau in den Erwerbsprozess, beruhten hingegen nicht auf dem eigentlichen Grundtatbestand.

Der *Vorsitzende:* Die im Vorschlag von Frau Dr. Schwarzhaupt vom 9. Februar 1970 im vierten Satz gegebene Definition, wonach Unterhaltsbedürftigkeit nach Auflösung der Ehe vorliege, wenn ein Ehegatte seinen Unterhalt nicht unter Umständen selbst verdienen könne, die ihm unter billiger Beurteilung der Gesamtverhältnisse zugemutet werden könnten, erscheine ihm bedenklich.

BMin a.D. Dr. Schwarzhaupt: Eine solche Definition sei in der ersten These entbehrlich, wenn die Unterhaltsbedürftigkeit dem Vorschlag von Herrn Prof. Dr. Beitzke entsprechend im Grundtatbestand der These 2 definiert werde.

Der *Vorsitzende:* Wenn dieser Definitionssatz in der von Frau Dr. Schwarzhaupt vorgeschlagenen Fassung wegfalle, fehle aber der Anschluss an die folgende, seinerzeit von Frau Dr. Cuny formulierten und von Frau Dr. Schwarzhaupt übernommenen Sätze, wonach für die Unterhaltsverpflichtung der Ehegatten untereinander der Frage der Arbeitsteilung in der bisherigen Ehe besondere Bedeutung zukommen solle.

RA Dr. Fettweis: Man solle der etwas harten Formulierung im bisherigen Thesenvorschlag, wonach jeder Ehegatte nach der Scheidung in eigener Verantwortung nach besten Kräften für sich selbst zu sorgen habe, in jedem Falle den von Frau Dr. Schwarzhaupt formulierten Satz voranstellen: „Mit der Scheidung der Ehe wird die Gemeinsamkeit der wirtschaftlichen Basis der Ehegatten aufgelöst.“

BMin a.D. Dr. Schwarzhaupt: Für den Fall der Übernahme des von Frau Dr. Cuny vorgeschlagenen Satzes über die grundsätzliche Verpflichtung eines jeden Ehegatten, in eigener Verantwortung für sich selbst zu sorgen, sollte in den anschließenden Satz, nach dem in Nachwirkung der Ehe eine wirtschaftliche Verantwortung der früheren Ehegatten füreinander fortbestehe, aus der sich Unterhaltspflichten des einen für den anderen ergeben könnten, das Wort „oft“ eingefügt werden. Denn zumindest in der ersten Zeit nach Einführung eines neuen Eherechts werde die wirtschaftliche Verantwortung der Ehegatten füreinander nicht die Ausnahme, sondern die Regel darstellen.

Abg. Dr. Diemer-Nicolaus: Sie halte es für entbehrlich, das Wort „oft“ einzufügen. Denn die Fassung der These dürfe sich nicht an einer Übergangssituation orientieren. Wenn Unterhaltsansprüche in Nachwirkung der wirtschaftlichen Verantwortlichkeit der früheren Ehegatten füreinander anfangs auch häufiger gewährt werden müssten, werde dies in der weiteren Zukunft doch die Ausnahme darstellen, weil im Fortschreiten der gesellschaftlichen Entwicklung bei besserer Berufsausbildung der Wille der Frauen zur eigenen Berufstätigkeit zunehme und die Frauen deshalb in eigener Verantwortung eher für sich selbst sorgen könnten.

BMin a.D. Dr. Schwarzhaupt: Auch noch in Zukunft würden die Frauen, die längere Zeit für mehrere Kinder zu sorgen hätten, oft nicht in dem Maße berufstätig sein können, dass sie nach einer erfolgten Scheidung sogleich voll für sich selbst sorgen könnten. Oft werde deshalb zumindest ein Ausgleich nötig sein.

Prof. Dr. Müller-Freienfels: Er rege an, durch Einfügung des Wortes „durchaus“ stärker zu betonen, dass sich als Nachwirkung der Ehe Unterhaltsansprüche durchaus ergeben könnten.

OLG-Rätin Dr. Cuny: Sie schlage folgende Formulierung dieses Satzes vor: „Jedoch besteht in Nachwirkung der Ehe eine wirtschaftliche Verantwortung des einen Ehegatten gegenüber den wirtschaftlich schwächeren Ehegatten, aus der sich Unterhaltspflichten ergeben können.“

Prof. Dr. Bosch: Der von Frau Dr. Schwarzhaupt vorgeschlagene erste Satz im 2. Absatz der These 1, wonach mit der Scheidung der Ehe die Gemeinsamkeit der wirtschaftlichen Basis der Ehegatten aufgelöst werde, sei überflüssig, weil sich das von selbst verstehe. Der folgende Satz, wonach nunmehr jeder Ehegatte in eigener Verantwortung nach besten Kräften für sich selbst zu sorgen habe, reiche völlig aus. Für erforderlich halte er es aber, durch die Fassung des anschließenden dritten Satzes klar herauszustellen, dass neben der Eigenverantwortung eines jeden Ehegatten für sich selbst gleichzeitig die in Nachwirkung der Ehe fortwirkende wirtschaftliche Verantwortung des früheren Ehegatten bestehe.

OKirchR Wilkens: Der von Frau Dr. Schwarzhaupt vorgeschlagene erste Satz solle beibehalten werden, weil er – wenn auch sein Inhalt selbstverständlich sei – den folgenden Satz einleite und ihn in einem milderen Licht erscheinen lasse.

Abstimmung über den *Absatz b) der These 1* mit folgendem Wortlaut: *„b) Mit der Scheidung der Ehe wird die Gemeinsamkeit der wirtschaftlichen Basis der Ehegatten aufgelöst. Deshalb hat nunmehr jeder Ehegatte in eigener Verantwortung nach besten Kräften für sich selbst zu sorgen. Jedoch besteht in Nachwirkung der Ehe eine wirtschaftliche Verantwortung der früheren Ehegatten füreinander, aus der sich Unterhaltspflichten des einen für den anderen ergeben können. Dabei kommt der Arbeitsteilung in der bisherigen Ehe, die regelmäßig auf der übereinstimmenden Entscheidung beider Ehegatten beruht, besondere Bedeutung zu. Auch muss der fortbestehenden gemeinsamen Verantwortung für die aus der geschiedenen Ehe hervorgegangenen Kinder Rechnung getragen werden."*

Zustimmung: Prof. Dr. Müller-Freienfels, Prof. Dr. Beitzke, Prof. Dr. Mauz, Dr. Schwarzhaupt, Wilkens, Wüstenberg, Dr. Klemm, Dr. Cuny, Dr. Fettweis, Dr. Diemer-Nicolaus, Hirsch, Prof. Dr. Pross, Dr. Rebmann.

Ablehnung: Prof. Dr. Bosch, Prof. Dr. Hirschmann.

Enthaltung: Partikel.

These 2: Diskussion über den von Herrn Prof. Dr. Beitzke im Schreiben vom 20. Januar 1970 zur Fassung der These 2 gemachten Vorschlag, der folgenden Wortlaut hat: *„2. Unterhaltsbedürfigkeit.* Ein Ehegatte soll nach der Scheidung vom anderen Ehegatten Unterhalt verlangen können, wenn er sich weder aus einer zumutbaren Erwerbstätigkeit noch aus sonstigen Einkünften oder eigenem Vermögen – ganz oder teilweise – selbst unterhalten kann

a) wegen der Notwendigkeit der Erziehung und der Pflege eines oder mehrerer gemeinschaftlicher Kinder;

b) weil die Eingliederung oder Wiedereingliederung in das Erwerbsleben mit einem unzumutbaren körperlichen oder seelischen Kräfteaufwand verbunden wäre; hierbei ist auch das Lebensalter im Zeitpunkt der Ehescheidung und die Dauer der Ehe zu berücksichtigen;

c) wegen des im Zeitpunkt der Eheschließung bereits erreichten Alters oder wegen Krankheit; hierbei soll einer Ehefrau, die im Zeitpunkt der Ehescheidung das 55. Lebensjahr bereits erreicht hat, die Neuaufnahme oder Wiederaufnahme einer Erwerbstätigkeit nicht zugemutet werden;

d) wegen der Notwendigkeit der Erziehung oder Pflege von im bisherigen ehelichen Haushalt mit Zustimmung des anderen Ehegatten lebenden nahen Angehörigen;

e) oder aus sonstigen schwerwiegenden Gründen.

Hat ein Ehegatte nach der Ehescheidung eine Erwerbstätigkeit ausgeübt und ist er in der Folgezeit in öffentlich-rechtlichen Ansprüchen oder in privatrechtlichen Versorgungsansprüchen dadurch benachteiligt, dass er wegen der Ehe eine Erwerbstätigkeit oder eine Berufsausbildung nicht aufgenommen oder abgebrochen hat, so soll er Anspruch auf einen angemessenen Ausgleich haben. Dasselbe gilt für den Ehegatten, der zu einer zumutbaren Erwerbstätigkeit verpflichtet ist, eine solche Arbeit aber nicht finden kann."

Der *Vorsitzende:* Er schlage vor, der vorgeschlagenen These 2 die Überschrift „Grundtatbestand“ zu geben, und rege an, im ersten Satz der vorgeschlagenen Fassung nach den Worten „... verlangen können, wenn ...“ die Worte „und soweit“ einzufügen und dafür die Paranthese „- ganz oder teilweise –“ zu streichen. Ferner sollten im ersten Satz die Worte „oder eigenem Vermögen“ gestrichen werden. In der Begründung zur These 2 sollte hierzu näher erörtert werden, wann und unter welchen Voraussetzungen ein Ehegatte verpflichtet sei, eigenes Vermögen anzugreifen. Schließlich sollte im Abschnitt Buchst. a) der These 2 das Wort „und“ durch „oder“ ersetzt werden.

Dr. Dopffel: Im Abschnitt Buchst. c) müsse klargestellt werden, dass einem Ehegatten im Krankheitsfalle die Neuaufnahme oder Wiederaufnahme einer Erwerbstätigkeit ohne Rücksicht auf sein Alter nicht zugemutet werde, dass die Grenze des 55. Lebensjahres also nicht für den Fall der Krankheit gelte.

Prof. Dr. Beitzke: Eine Unterhaltsverpflichtung des Ehemannes müsse auch bestehen, wenn die Ehefrau erst nach dem Zeitpunkt der Scheidung durch Erkrankung erwerbsunfähig werde. Er beantrage, die Fassung des Abschnitts Buchst. c) entsprechend zu ändern. Der Anspruch bestehe allerdings nur dann, wenn die Ehefrau tatsächlich unterhaltsbedürftig sei, also nicht etwa von einer Krankenversicherung oder aus der Lohnfortzahlung im Krankheitsfalle hinreichend versorgt werde. Praktisch brauche der Mann also nur dann einzuspringen, wenn eine Ehefrau, die zwar erwerbstätig sein wolle, krank werde, bevor sie eine versicherungspflichtige Tätigkeit habe aufnehmen können.

Der *Vorsitzende:* Nach dem Ergebnis der bisherigen Beratungen sei der Abschnitt Buchst. d) so verstanden worden, dass nach dieser Vorschrift auch im Krankheitsfalle ein Unterhaltsanspruch nur dann entstehe, wenn die Erkrankung bereits im Zeitpunkt der Ehescheidung vorgelegen habe. Fälle einer späteren Erkrankung könnten nur über die Generalklausel nach Buchst. e) gelöst werden, die eine Unterhaltsverpflichtung des Ehemannes auch aus sonstigen schwerwiegenden Gründen vorsehe.

Abstimmung über den Vorschlag des Vorsitzenden, dass durch Erkrankung der Ehefrau ein Unterhaltsanspruch nach Buchst. c) der These 2 nur ausgelöst werden könne, wenn die Krankheit im Zeitpunkt der Ehescheidung bereits vorgelegen habe.

Zustimmung: Prof. Dr. Mauz, Partikel, Dr. Schwarzhaupt, Dr. Klemm, Dr. Cuny, Dr. Fettweis, Dr. Diemer-Nicolaus, Hirsch, Prof. Dr. Pross, Dr. Rebmann.

Ablehnung und damit Zustimmung zum Antrag von Prof. Dr. Beitzke: Prof. Dr. Beitzke, Prof. Dr. Bosch, Prof. Dr. Hirschmann, Wilkens, Wüstenberg.

Enthaltung: Prof. Dr. Müller-Freienfels.

Der *Vorsitzende* stellt fest, dass danach im Abschnitt c) der These 2 hinter den Worten „... oder wegen Krankheit“ die Worte „im Zeitpunkt der Ehescheidung“ einzufügen sind.

Abstimmung über die *These 2* mit folgendem Wortlaut: *„2. Grundtatbestand. Ein Ehegatte soll nach der Ehescheidung vom anderen Ehegatten Unterhalt verlangen können, wenn und soweit er sich weder aus einer zumutbaren Erwerbstätigkeit noch aus sonstigen Einkünften selbst unterhalten kann,*

a) wegen der Notwendigkeit der Erziehung oder Pflege eines oder mehrerer gemeinschaftlicher Kinder;

b) weil die Eingliederung oder Wiedereingliederung in das Erwerbsleben mit einem unzumutbaren körperlichen oder seelischen Kräfteaufwand verbunden wäre; hierbei ist auch das Lebensalter im Zeitpunkt der Entscheidung und die Dauer der Ehe zu berücksichtigen;

c) wegen des im Zeitpunkt der Ehescheidung bereits erreichten Alters oder wegen Krankheit im Zeitpunkt der Ehescheidung; hierbei soll einer Ehefrau, die im Zeitpunkt der Ehescheidung das 55. Lebensjahr bereits erreicht hat, die Neuaufnahme oder Wiederaufnahme einer Erwerbstätigkeit nicht zugemutet werden;

d) wegen der Notwendigkeit der Erziehung oder Pflege von im bisherigen ehelichen Haushalt mit Zustimmung des anderen Ehegatten lebenden Angehörigen;

e) oder aus sonstigen schwerwiegenden Gründen.

Hat ein Ehegatte nach der Ehescheidung eine Erwerbstätigkeit ausgeübt und ist er in der Folgezeit in öffentlich-rechtlichen Ansprüchen oder in privatrechtlichen Versorgungsansprüchen dadurch benachteiligt, dass er wegen der Ehe eine Erwerbstätigkeit oder eine Berufsausbildung nicht aufgenommen oder abgebrochen hat, so soll er Anspruch auf einen angemessenen Ausgleich haben. Dasselbe gilt für den Ehegatten, der zu einer zumutbaren Erwerbstätigkeit verpflichtet ist, eine solche aber nicht finden kann."

Zustimmung: Prof. Dr. Müller-Freienfels, Prof. Dr. Beitzke, Partikel, Dr. Schwarzhaupt, Wilkens, Wüstenberg, Dr. Klemm, Dr. Cuny, Dr. Fettweis, Dr. Diemer-Nicolaus, Hirsch, Prof. Dr. Pross, Dr. Rebmann.

Ablehnung: Prof. Dr. Bosch, Prof. Dr. Hirschmann.

Enthaltung: Prof. Dr. Mauz.

Der Vorsitzende stellt die einstimmige Auffassung der Kommission fest, dass durch diese beschlossene Fassung der These 2 die bisherigen Thesen 2 und 4 erledigt sind.

These 3: Diskussion über folgende, von Herrn Prof. Dr. Beitzke im Schreiben vom 20. Januar 1970 vorgeschlagene Fassung: *„Leistungsunfähigkeit des Verpflichteten. Bei Leistungsunfähigkeit des in Anspruch genommenen Ehegatten entfällt die Unterhaltspflicht; bei beschränkter Leistungsunfähigkeit mindert sich die Unterhaltspflicht entsprechend."*

BRi Wüstenberg: Er halte es für erforderlich, den Begriff der Leistungsfähigkeit näher zu erläutern, denn es müsse klargestellt werden, ob und inwieweit auch derjenige als leistungsunfähig anzusehen sei, der nur deshalb keinen weiteren Unterhalt leisten könne, weil er eine neue Familie gegründet habe und dieser unterhaltspflichtig sei. Es müsse geklärt werden, in welcher Weise die für Unterhaltszwecke zur Verfügung stehenden Mittel zwischen der geschiedenen Ehefrau und sonstigen Unterhaltsberechtigten aufgeteilt werden solle.

Der *Vorsitzende:* Nach dem Ergebnis der 8. Kommissionssitzung in München solle in der Begründung klargestellt werden, dass sich die Frage der Leistungsfähigkeit nach geltendem Recht beurteile. Die vorgesehene These 10 behandle die Rangfolge des Unterhaltsanspruchs. Die Kommission sei damals zu dem Ergebnis gelangt, dass der § 59 des Ehegesetzes mit der in den Thesen 10 und 12 vorgesehenen Modifizierung weiter gelten solle.

Abstimmung über die These 3 in der von Prof. Dr. Beitzke vorgeschlagenen Fassung:

Zustimmung: Alle Kommissionsmitglieder bis auf eine Stimmenthaltung.

Ablehnung: Keine.

Enthaltung: Prof. Dr. Bosch mit der Begründung, der Begriff der Leistungsfähigkeit sei noch nicht hinreichend geklärt.

These 4 (früher These 5): Der *Vorsitzende:* Im zweiten Absatz der These 4 müsse es statt Zimmer 4 Abs. 2 richtig lauten „These 2 Absatz 2".

Abstimmung über die *These 4* mit folgendem Wortlaut: *„Höhe des Unterhalts. Ausgangspunkt für die Höhe des Unterhalts sind die wirtschaftlichen Verhältnisse der Ehegatten im Zeitpunkt der Ehescheidung. Tritt in den Einkünften oder im Vermögen des Unterhaltspflichtigen eine wesentliche Änderung ein, so ist der Unterhalt neu festzusetzen, wenn und soweit es der Billigkeit entspricht.*

Der Ausgleich, der in den Fällen der These 2 Absatz 2 beansprucht werden kann, darf nicht höher sein als der Unterhalt nach Absatz 1."

Die *Kommission* stimmt dieser These einstimmig zu.

These 5 (früher These 6): Abstimmung über die *These 5* mit folgendem Wortlaut: *„Berufliche Ausbildung, Fortbildung und Umschulung. a) Muss ein Ehegatte eine berufliche Ausbildung, Fortbildung oder Umschulung durchführen, um nach der Ehescheidung eine zumutbare Erwerbstätigkeit zu finden, so soll der andere Ehegatte verpflichtet sein, ihm einen Unterhalt zu zahlen, der auch die hierfür erforderlichen Aufwendungen umfasst.*

b) Beabsichtigt ein Ehegatte nach der Scheidung, einen anderen Beruf zu ergreifen, der nicht seiner Ausbildung entspricht, so kann ihm eine Ausbildungshilfe zugesprochen werden, wenn dies der Billigkeit entspricht."

Die *Kommission* stimmt dieser Fassung der These 5 einstimmig zu.

These 6 (früher These 7): MinR Partikel: Die Fassung des Absatzes c) der These 6 lasse nicht deutlich genug erkennen, dass ein Ehegatte unter den dort genannten Voraussetzungen einen Unterhaltsanspruch nur dann haben könne, wenn er mit Rücksicht auf die konkrete Ehe eine Erwerbstätigkeit nicht aufgenommen oder wieder abgebrochen habe, nicht aber, wenn etwa ein junges Mädchen in Erwartung einer späteren Verheiratung von vornherein keine Erwerbstätigkeit begonnen habe.

Der *Vorsitzende:* Das gehe hinreichend deutlich aus den Worten „wegen der Ehe" hervor. Außerdem solle dies in der Begründung noch einmal ausdrücklich klargestellt werden.

Er rege ferner an, in Absatz b) der These 6 in der ersten Zeile zur Klarstellung das Wort „erwerbstätiger" zu streichen und dafür nach dem Wort „Ehegatte" den Relativsatz einzufügen „..., der während der Ehe erwerbstätig war". Statt „während der ersten zwei Jahre" sollte man dann besser sagen „in den ersten zwei Jahren".

BMin a.D. Dr. Schwarzhaupt: Sie beantrage im Absatz b) der These 6 die Zweijahresfrist durch eine Dreijahresfrist zu ersetzen, weil sie eine Übergangsfrist von nur zwei Jahren für zu kurz halte.

Der *Vorsitzende:* Im Falle des Absatzes b) der These 6 sei die Ehefrau während der ganzen Ehe erwerbstätig gewesen und habe eigenes Einkommen bezogen. Die Zweijahresfrist stelle eine Übergangsregelung nur dafür her, dass die wirtschaftlichen Verhältnisse beider Ehegatten mit Rücksicht auf das höhere Einkommen des Ehemannes im Zeitpunkt der Ehescheidung besser gewesen seien, als die wirtschaftliche Lage, die nunmehr für die Ehefrau allein aufgrund ihres eigenen Einkommens bestehen.

Abstimmung über den Antrag von Frau Dr. Schwarzkopf, in Absatz b) der These 6 die Zweijahresfrist durch eine Dreijahresfrist zu ersetzen: Die überwiegende Mehrheit der

Kommission stimmte gegen eine Dreijahresfrist und sprach sich für die Beibehaltung der bisher vorgesehenen Zweijahresfrist aus (das Abstimmungsverhältnis wurde namentlich nicht festgestellt).

OLG-Rätin Dr. Cuny: Sie könne der in Absatz c) der These 6 vorgesehenen Regelung nicht zustimmen, denn es sei nicht gerechtfertigt, einem Ehegatten allein das Konjunkturrisiko dafür aufzubürden, dass der andere Ehegatte mit Rücksicht auf die gegenwärtige wirtschaftliche Lage eine zumutbare Erwerbstätigkeit nicht finden könne.

Abg. Dr. Diemer-Nicolaus: Zwar sei ihr bekannt, dass sich der Juristinnenbund auf seiner Tagung in Travemünde ebenfalls gegen eine Regelung, wie sie von der Kommission in Absatz c) der These 6 vorgesehen sei, ausgesprochen habe. Gleichwohl halte sie diese Regelung für richtig, denn der Ehegatte, der länger im Erwerbsleben gestanden habe, sei auch bei einem Konjunkturrückgang in einer besseren Position. Das sei in der Regel der Mann. Daher rechtfertige es sich, überwiegend ihm das Konjunkturrisiko aufzuerlegen.

Abstimmung über *Absatz a) der These 6* mit folgendem Wortlaut: *„Umstellungsbeihilfe und Übergangsunterhalt. a) Nach der Ehescheidung soll ein Ehegatte von dem anderen Ehegatten eine Umstellungsbeihilfe verlangen können, wenn dies der Billigkeit entspricht. Die Umstellungsbeihilfe darf den den wirtschaftlichen Verhältnissen der Ehegatten im Zeitpunkt der Ehescheidung entsprechenden Unterhaltsbetrag für drei Monate nicht übersteigen."*

Die *Kommission* stimmt der Fassung dieses Absatzes a) einstimmig zu.

Abstimmung über *Absatz b) der These 6* mit folgendem Wortlaut: *„b) Erzielt der Ehegatte, der während der Ehe erwerbstätig war, in den ersten zwei Jahren nach der Ehescheidung nicht den vollen Unterhalt, der den wirtschaftlichen Verhältnissen der Ehegatten im Zeitpunkt der Ehescheidung entspricht, so soll er für diese Zeit einen entsprechenden Ausgleichsanspruch haben."*

Die *Kommission* stimmt dieser Fassung des Absatzes b) einstimmig zu.

Abstimmung über *Absatz c) Satz 1 und 2 der These 6* mit folgendem Wortlaut: *„c) Hat ein Ehegatte wegen der Ehe eine Erwerbstätigkeit nicht aufgenommen oder abgebrochen, so soll er solange einen den wirtschaftlichen Verhältnissen der Ehegatten im Zeitpunkt der Ehescheidung entsprechenden Unterhalt verlangen können, bis er durch eine zumutbare Erwerbstätigkeit sich selbst unterhalten kann, jedoch nicht länger als zwei Jahre nach der Ehescheidung. Hat er bis zu diesem Zeitpunkt eine zumutbare Erwerbstätigkeit nicht finden können, so soll die Unterhaltspflicht fortbestehen, wenn und soweit dies der Billigkeit entspricht."*

Zustimmung: Prof. Dr. Beitzke, Dr. Schwarzhaupt, Prof. Dr. Bosch, Prof. Dr. Hirschmann, Wilkens, Wüstenberg, Dr. Klemm, Dr. Fettweis, Dr. Diemer-Nicolaus, Hirsch, Dr. Rebmann.

Ablehnung: Prof. Dr. Müller-Freienfels, Partikel, Prof. Dr. Mauz, Dr. Cuny, Prof. Dr. Pross.

Enthaltung: Keine.

Abstimmung über den *3. Satz in Absatz c) der These 6* mit folgendem Wortlaut: *„Endet der Anspruch auf Übergangsunterhalt, so gilt These 2 Abs. 2 Satz 2."*

Zustimmung: Prof. Dr. Beitzke, Dr. Schwarzhaupt, Prof. Dr. Bosch, Prof. Dr. Hirschmann, Wilkens, Wüstenberg, Dr. Klemm, Dr. Fettweis, Dr. Diemer-Nicolaus, Hirsch, Rebmann.

Ablehnung: Prof. Dr. Müller-Freienfels, Partikel, Dr. Cuny, Prof. Dr. Pross.

These 7 (früher These 6): Abstimmung über *These 7* mit folgendem Wortlaut: *„Geringer Zuverdienst. Ein geringer Zuverdienst, den ein Unterhaltsberechtigter sich erwirbt, sollte nicht auf den Unterhalt angerechnet werden."* Die *Kommission* stimmt dieser Fassung der These 7 einstimmig zu.

These 8: Abstimmung über den *ersten Absatz der These 8* mit folgendem Wortlaut: *„Härteklausel. Ein Unterhaltsanspruch soll entfallen, wenn und soweit die Inanspruchnahme des anderen Ehegatten im Hinblick auf die besonderen persönlichen Verhältnisse der Ehegatten oder die kurze Dauer der Ehe außergewöhnlich hart und unbillig wäre."*

Die *Kommission* stimmt dieser Fassung des ersten Absatzes der These 8 einstimmig zu.

BRi Wüstenberg: Er habe Bedenken, ob die weitgehend auf Billigkeitsgesichtspunkte abstellende Härteklausel nach These 8 systematisch erforderlich sei, da schon im Grundtatbestand für den Unterhaltsanspruch Begriffe wie Bedürftigkeit, Leistungsfähigkeit und Unzumutbarkeit zu prüfen seien.

Der *Vorsitzende:* Absatz 2 der These 8 besage nur, dass einem an sich unterhaltsberechtigten Ehegatten, der mit Rücksicht auf die Härteklausel keinen Unterhalt bekommen würde, wenigstens für die Dauer eines Vierteljahres nach der Scheidung Unterhalt gewährt werden solle.

Prof. Dr. Bosch: Er halte es für richtiger, anstelle der starren für die ersten drei Monate auch der Scheidung geltenden Ausnahmevorschrift eine Bestimmung zu schaffen, die es dem Richter ermögliche, nach seinem Ermessen zu entscheiden, ob in den ersten drei Monaten Unterhalt gewährt werden solle oder nicht.

OLG-Rätin Dr. Cuny: Die Härteklausel nach These 8 Abs. 1 dürfe nur für die Umstellungsbeihilfe nach These 6 Abs. a) gelten. Auch bei kurzer Dauer einer Ehe sei es billig, die kleine Umstellungsbeihilfe für die Dauer von drei Monaten unter allen Umständen zu gewähren. Diese Möglichkeit dürfe durch die Härteklausel nicht ausgeschlossen werden.

BMin a.D. Dr. Schwarzhaupt: Ihres Erachtens sei die Ausnahmevorschrift in Absatz 2 der These 8 entbehrlich, weil der Gesichtspunkt der Billigkeit schon in den Worten „wenn und soweit die Inanspruchnahme des anderen Ehegatten ... unbillig wäre" enthalten sei. Der Richter werde bei seiner Billigkeitsentscheidung in Anwendung der Härteklausel in der Regel zu dem Ergebnis kommen, eine Gewährung von Unterhalt für die ersten drei Monate sei in keinem Falle außergewöhnlich hart und unbillig. Es sei jedenfalls systematisch unschön, von einer Billigkeitsentscheidung eine Ausnahme vorzusehen, weil dann der Eindruck entstehe, es solle für diesen Ausnahmefall eine unbillige Entscheidung getroffen werden.

OLG-Rätin Dr. Cuny: Sie schlage vor, im Absatz 2 der These 8 lediglich zu sagen, der Absatz 1 gelte nicht für den Fall der Gewährung einer Umstellungsbeihilfe nach These 6 Absatz a).

Abstimmung über die zunächst vorgesehene Fassung des Absatzes 2 der These 8 mit folgendem Wortlaut: *„Diese Härteklausel soll für die ersten drei Monate nach der Ehescheidung nicht eingreifen."*

Zustimmung: Partikel, Prof. Dr. Mauz, Dr. Schwarzhaupt, Wilkens, Wüstenberg, Dr. Klemm, Dr. Fettweis, Dr. Diemer-Nicolaus, Hirsch, Prof. Dr. Mauz.

Ablehnung: Prof. Dr. Müller-Freienfels, Dr. Cuny, Dr. Rebmann.

Enthaltung: Prof. Dr. Beitzke, Prof. Dr. Hirschmann, Prof. Dr. Bosch.

These 9 (früher These 10): Abstimmung über die *These 9* mit folgendem Wortlaut: *„Rang des Unterhaltsanspruchs. Der Unterhaltsanspruch des bedürftigen früheren Ehegatten soll im materiellen wie im Verfahrensrecht grundsätzlich den Vorrang vor dem Anspruch eines Ehegatten haben, mit dem der Verpflichtete nach der Scheidung eine neue Ehe eingegangen ist."*

Die *Kommission* stimmt dieser Fassung der These 9 einstimmig zu.

These 10 (früher These 11): Prof. Dr. Beitzke: Er halte in der These 10 eine nähere Erläuterung darüber für notwendig, wie die Sicherheitsleistung bei schlichten Lohnempfängern konkret durchgeführt werden solle, insbesondere, wenn man eine Unterrichtung des Arbeitgebers über die persönlichen Eheverhältnisse des Arbeitnehmers tunlichst vermeiden wolle und die richterliche Abtretung allgemein nicht gewünscht werde.

Der *Vorsitzende:* Nach dem Ergebnis der früheren Beratungen der Kommission sei vorgesehen gewesen, die Rechtsfigur der richterlichen Abtretung in die These 10 aufzunehmen. Man habe später davon abgesehen, weil in der Praxis eine richterliche Abtretung von Lohn- und Gehaltsansprüchen erwerbstätiger Ehepartner als Diskriminierung angesehen werden könne. In der Begründung zur These 10 solle aber ausgeführt werden, dass man durchaus daran denken könne, diese Rechtsfigur einzuführen, allerdings nur bei böswilligen Unterhaltsschuldnern. Es solle aber nicht schlechthin jeder Lohn- und Gehaltsempfänger unter das Damoklesschwert der richterlichen Abtretung gestellt werden.

Abg. Dr. Diemer-Nicolaus: Die vorgesehene Sicherheitsleistung könne dadurch erbracht werden, dass sich der Unterhaltsverpflichtete freiwillig gegenüber seinem Arbeitgeber dazu bereit erkläre, dass ein bestimmter Teil seines Einkommens an den Unterhaltsberechtigten unmittelbar ausgezahlt werde. Wenn er dies vermeiden wolle, könne er seiner Bank einen Dauerauftrag zur Überweisung der Unterhaltsrente erteilen. Falls der Unterhaltsverpflichtete diesen Dauerauftrag widerrufen sollte, sei für den Richter der Fall gegeben, mit anderen Maßnahmen einzugreifen.

RA Dr. Fettweis: Man solle nicht generell so einschneidende Maßnahmen wie eine Gehaltsabtretung vorsehen. Denn es dürfe nicht übersehen werden, dass 95% aller Unterhaltsschuldner ihre Verpflichtungen freiwillig erfüllten, wenn erst einmal ein Urteil vorliege. Lediglich ein kleiner Prozentsatz unsolider Existenzen, die ständig auch vor anderen Ansprüchen auf der Flucht seien, versuche sich ihrer Unterhaltsverpflichtung zu entziehen. In solchen Fällen – wie etwa häufig bei Vertretern – könne allerdings auch mit einer Gehaltsabtretung meist nichts erreicht werden.

Prof. Dr. Beitzke: Die Art und Weise, in der ein Unterhaltsverpflichteter Sicherheit leisten solle, müsse erläutert werden. Anderenfalls könne man nur auf die Vorschriften über die Sicherheitsleistung im allgemeinen Teil des BGB zurückgreifen. Diese seien aber auf schlichte Lohn- und Gehaltsempfänger kaum anwendbar.

Der *Vorsitzende:* Ihm erscheine es ausreichend, wenn die Kommission lediglich vorschlage, die Pflicht zur Sicherheitsleistung nicht auf den Fall der Unterhaltsgefährdung zu beschränken. Es könne der gesetzgeberischen Arbeit überlassen bleiben, Näheres über die Art der Sicherheitsleistung zu regeln. Denn die Kommission wolle nur zum Ausdruck bringen, der Unterhaltsanspruch müsse etwas mehr gesichert werden, als es im geltenden Recht bisher der Fall sei.

Prof. Dr. Bosch: Die Sicherheitsleistung könne auch durch Stellung eines Bürgen erbracht werden.

RA Dr. Fettweis: Eine recht wirksame Sicherheitsleistung sei der Abschluss einer Lebensversicherung. Der Verpflichtete müsse in diesem Falle jährlich die Prämienzahlungen nachweisen. Diese Art der Sicherheitsleistung sei auch bei schlichen Lohnempfängern möglich, die kein Vermögen hätten. Denn die laufenden Prämien könnten vom monatlichen Lohn aufgebracht werden.

Der *Vorsitzende:* Die hier erwähnten Arten der Sicherheitsleistung könnten in der Begründung zur These 10 dargelegt werden, so dass in der These selbst nähere Ausführungen zur Art der Sicherheitsleistung entbehrlich seien.

Abg. Dr. Diemer-Nicolaus: Sie halte es nicht für richtig, die Pflicht der Sicherheitsleistung auf den Fall der Unterhaltsgefährdung zu beschränken. Wenn die Unterhaltsgefährdung nämlich erst eingetreten sei, sei es für eine wirksame Sicherheitsleistung in der Regel schon zu spät.

Dr. Dopffel: Im angelsächsischen Recht, besonders in den USA habe man die Erfahrung gemacht, dass eine Sicherheitsleistung wenig sinnvoll sei, wenn weder Vermögen noch abtretbare Versicherungsansprüche vorhanden seien. Die in den USA unternommenen Versuche, Unterhaltsansprüche mit vollstreckbaren Urkunden, hohen Strafandrohungen oder durch sonstige einschneidende Maßnahmen zu sichern, hätten sich nicht bewährt. Sie erschwerten oft nur das berufliche Fortkommen des Unterhaltsverpflichteten.

Abstimmung über die *These 10* mit folgendem Wortlaut: *„Sicherheitsleistung. Die Pflicht zur Sicherheitsleistung soll nicht mehr auf den Fall der Unterhaltsgefährdung beschränkt werden. Für den Unterhalt soll der Verpflichtete auf Verlangen des Berechtigten Sicherheit leisten, es sei denn, dass ihm die Sicherheitsleistung nicht zugemutet werden kann."*

Zustimmung: Alle Kommissionsmitglieder bis auf eine Stimmenthaltung.

Ablehnung: Keine.

Enthaltung: Prof. Dr. Beitzke.

These 11: Prof. Dr. Beitzke: Wie er auf Seite 4 seines Schreibens vom 20. Januar 1970 bereits ausgeführt habe, halte er die Formulierung in These 11 für zu eng. Seiner Auffassung nach dürfe der Unterhaltsanspruch bei Wiederverheiratung des Unterhaltsberechtigten nicht erlöschen, sondern könne nur ruhen, solange als der Berechtigte Unterhaltsansprüche aus der zweiten Ehe und in Nachwirkung der zweiten Ehe habe. Denn solche Unterhaltsansprüche gingen in jedem Falle Unterhaltsansprüchen aus der früheren Ehe vor. Der Unterhaltsberechtigte sollte aber auf Unterhaltsansprüche aus der ersten Ehe zurückgreifen können, wenn er aus der zweiten Ehe oder ihrer Nachwirkung keinen Unterhalt erlangen könne. Er halte es für zu eng, wenn bei Wegfall jeglicher Unterhaltsansprüche aus der zweiten Ehe nur unter der besonderen Voraussetzung, dass Kinder aus der früheren Ehe zu betreuen seien, auf Unterhaltsansprüche aus der ersten Ehe zurückgegriffen werden könne. Der Ehegatte der ersten Ehe könne keinen Vorteil daraus ziehen, dass der andere Ehegatte wieder geheiratet habe, wenn sich aus dieser Wiederverheiratung keine Versorgung des anderen Ehegatten ergebe. Es gebe keinen Anspruch auf eine Wiederverheiratung und eine sich daraus ergebende Befreiung von der Unterhaltspflicht. Die enge Regelung in der These 11 werde möglicherweise eine Anzahl von in Betracht kommenden Wiederverheiratungen verhindern, weil diese keine lebenslängliche Versorgung gewährleisten und mit der Wiederverheiratung jede Chance verloren gehe, später einmal auf den Unterhaltsanspruch aus erster Ehe zurückzugreifen. Es könnte sich gerade zum Nachteil des unterhaltsverpflichteten Ehegatten erster Ehe auswirken, wenn eine Wiederverheiratung, die ihn wenigstens für einen bestimmten Zeitraum von der Unterhaltsverpflichtung befreien würde, aus diesen genannten Gründen unterbliebe.

Abg. Dr. Diemer-Nicolaus: Sie halte es nicht für vertretbar, Unterhaltsansprüche aus erster Ehe auch im Falle einer Wiederverheiratung weiter bestehen zu lassen, indem man sie nicht erlöschen, sondern mit der Möglichkeit eines späteren Wiederauflebens lediglich ruhen ließe. Es sei unerträglich, dass eine Frau durch mehrfache Wiederverheiratung ein nach Rangfolge gestaffeltes „Gesamtschuldverhältnis" auf Unterhalt gegen alle früheren Ehemänner erlangen könnte. Nur in dem Ausnahmefall, dass noch Kinder aus der ersten Ehe zu versorgen seien, dürfe auch nach einer Wiederverheiratung des Unterhaltsberechtigten ein Wiederaufleben des Unterhaltsanspruchs in Betracht kommen.

Prof. Dr. Beitzke: Wenn beispielsweise die geschiedene Ehefrau durch Betrug zur Eingehung einer zweiten Ehe verleitet worden sei, und die Ehe deswegen schon nach kurzer Zeit wieder aufgehoben werde, erscheine es ihm nicht gerechtfertigt, der Frau jede Möglichkeit zu versagen, auf ihre durch die Wiederverheiratung verlorenen Unterhaltsansprüche zurückzugreifen. Auch im Beamtenversorgungs- und Sozialversicherungsrecht, das ursprünglich für den Fall der Wiederverheiratung den Verlust aller Versorgungsansprüche vorgesehen habe, sei inzwischen eine Änderung eingetreten. Deshalb sollten auch die privatrechtlichen Unterhaltsansprüche nicht dem Trend der modernen Gesetzgebung entgegen mit der Wiederverheiratung erlöschen.

Dr. Dopffel: Es gebe zwar noch in vielen anderen Ländern die Regelung, dass Unterhaltsansprüche trotz Wiederverheiratung wiederaufleben könnten. Die Tendenz in der ausländischen Gesetzgebung gehe aber eindeutig dahin, diese Möglichkeit abzuschaffen. So sei es bereits in den Niederlanden, in England und in den Vereinigten Staaten geschehen. Wesentlicher Grund dafür seien weniger sachliche Unzuträglichkeiten als das allgemeine Empfinden der Unbilligkeit. Die Unterhaltsverpflichtungen müssten erlöschen, wenn – wie es in den USA formuliert worden sei – der Unterhaltsberechtigte sich ein zweites Lebensschicksal wähle. Man könne der Ehefrau nicht jedes Lebensrisiko abnehmen. Es sei nun einmal ein gewisses Risiko damit verbunden, wenn jemand ein zweites Mal heirate. Vom Grundsatz des Erlöschens aller Unterhaltsansprüche im Falle der Wiederverheiratung werde auch in den Vereinigten Staaten nur im Falle einer nichtigen Ehe eine Ausnahme gemacht.

Prof. Dr. Beitzke: Dann könne man auch im deutschen Recht Unbilligkeiten nur dadurch korrigieren, dass man wieder zur Nichtigerklärung der Ehe zurückkehre und die Aufhebung der Ehe mit Scheidungswirkung beseitige. Auf diese Weise könne im Falle des Ehebetruges auch das Problem des Wiederauflebens früherer Unterhaltsansprüche gelöst werden.

Prof. Dr. Müller-Freienfels: Auch er halte es für zweckmäßig, Ausnahmen vom Grundsatz des Erlöschens der Unterhaltsansprüche im Wiederverheiratungsfall bei den Nichtigkeitsfolgen zu regeln. In der neuen Eherechtskonzeption müsse sachlich getrennt werden zwischen Nichtigkeits- und Scheidungsfolgen. Beispielsweise gehe es nicht an, dass die Aufhebung einer Ehe wegen Ehebetrugs Scheidungswirkung habe, während eine reine Namensehe eine nichtige Ehe sei. Allerdings lehne er es ab, vom Grundsatz des Erlöschens der Unterhaltsansprüche im Falle der Wiederverheiratung eine Ausnahme zuzulassen. Man solle die in Nachwirkung der Ehescheidung sich ergebenden Unterhaltsansprüche nicht zu sehr steigern. Er halte es für systematisch richtiger, den hier in Rede stehenden Ausnahmefall dadurch zu regeln, dass man statt den Unterhaltsanspruch der Mutter wieder aufleben zu lassen, dem Kind, das der weiteren Erziehung durch die Mutter bedarf, einen eigenen höheren Unterhaltsanspruch gebe, durch den die Betreuung des Kindes durch die Mutter ermöglicht werde.

Abg. Dr. Diemer-Nicolaus: Man könne die Regelung bei den sozialrechtlichen Versorgungsansprüchen, die öffentliches Recht seien, nicht ohne weiteres vergleichen mit der Regelung der privatrechtlichen Unterhaltsansprüche. Sie halte es für untragbar, wenn geschiedene Ehemänner auch nach einer Wiederverheiratung der Frauen diesen gegenüber privatrechtlich weiter zur Unterhaltsleistung verpflichtet blieben.

MinR Partikel: Das gelte nicht nur für geschiedene Ehemänner, sondern unter Umständen auch für geschiedene Ehefrauen, wenn sie zur Unterhaltsleistung an den geschiedenen Ehemann verpflichtet seien.

RA Dr. Fettweis: In zwei Fällen aus ihrer Praxis habe sie den Eindruck gewonnen, dass es einer zum zweiten Mal verheirateten Frau nur deshalb nicht gelungen sei, voll in die neue Ehe hineinzuwachsen, weil sie sich stets von dem Gedanken habe leiten lassen, dass sie, falls auch die zweite Ehe scheitere, wieder einen Versorgungsanspruch aus erster Ehe haben würde. Eine Frau wähle mit einer Wiederheirat ein neues Leben. Darauf müsse sie sich voll und ganz umstellen.

BMin a.D. Dr. Schwarzhaupt: Wenn eine Frau mit ihrem Entschluss zur Wiederverheiratung ihr Leben umgestellt habe, müsse sie voll und ganz dafür einstehen. Auf die alte Basis ihrer früheren geschiedenen Ehe könne sie dann nicht mehr zurückgreifen.

Prof. Dr. Bosch: Abgesehen von dem Fall, dass nach der Wiederverheiratung einer geschiedenen Frau auch die zweite Ehe wiederum scheitere, könne sich für die Frau die Notwendigkeit, auf die erste Ehe zurückgreifen zu müssen, auch dann ergeben, wenn der zweite Ehemann frühzeitig versterbe und die Frau unversorgt zurücklasse. Es sei nicht einzusehen, warum der erste Ehemann mit der Wiederverheiratung seiner geschiedenen Frau von allen Verpflichtungen entbunden werden solle. Er sehe auch keinen überzeugenden Grund, warum nur im öffentlichen Sozialversorgungsrecht eine Rückgriffsmöglichkeit bestehen solle, im privatrechtlichen Unterhaltsrecht hingegen nicht. Wenn man die Möglichkeit des Wiederauflebens privatrechtlicher Unterhaltsansprüche gegen den ersten Ehemann nicht vorsehe, gebe man der geschiedenen Frau überdies einen Anreiz, zur Erhaltung ihrer bisherigen Ansprüche ihre zweite Verbindung nicht als Ehe zu legalisieren.

Prof. Dr. Beitzke: Falls man für die Scheidung am Erlöschen der Unterhaltsansprüche für den Fall der Wiederverheiratung festhalten wolle, dann müsse man aber zumindest in den Fällen der Eheaufhebung und der Ehenichtigkeit die Wiederherstellung des status quo ante gewähren.

Dr. Dopffel: Die Frage, ob die Eingehung einer neuen Ehe verhindert wäre, wenn eine Wiederverheiratung das Erlöschen der bisherigen Unterhaltsansprüche zur Folge habe, sei besonders in den USA eingehend erörtert worden. Aber man habe nicht feststellen können, dass Eheschließungen aus diesem Grunde unterblieben seien. Eine solche Gefahr werde leicht überschätzt.

OKirchR Wilkens: Es müsse klargestellt sein, dass ein Unterhaltsanspruch gegen den früheren Ehegatten auch in dem vorgesehenen Ausnahmefall jedenfalls nur dann bestehen könne, wenn die Frau aus ihrer zweiten Ehe Unterhaltsansprüche nicht realisieren könne.

Abstimmung über den *Absatz 1 der These 11* mit folgendem Wortlaut: *„Wiederverheiratung des Berechtigten. Der Unterhaltsanspruch soll bei Wiederverheiratung des Berechtigten erlöschen."*

Die *Kommission* stimmt dieser Fassung einstimmig zu.

Der *Vorsitzende:* Er habe gegen den Vorschlag von Herrn Prof. Dr. Müller-Freienfels, den im Absatz 2 der These 11 geregelten Ausnahmefall dadurch zu lösen, dass man den Kindern einen besonderen Unterhaltsanspruch einräume, systematisch Bedenken. Denn dann werde die Frage, ob einer geschiedenen Ehefrau auch für den Fall der Wiederverheiratung Unterhaltsansprüche zustehen sollten, verlagert auf das Problem der Unterhaltsansprüche der Kinder.

Prof. Dr. Müller-Freienfels: Bei dem in Absatz 2 der These 11 geregelten Ausnahmefall könne es sich nur um einen eigenen Unterhaltsanspruch der pflegebedürftigen Kinder, nicht aber um einen solchen der wiederverheirateten Ehefrau handeln. Auch im Nichtehelichenrecht habe die Mutter, die die nichtehelichen Kinder betreue, keinen eigenen Anspruch auf Unterhalt gegen den Erzeuger, sondern der Unterhaltsanspruch stehe nur den Kindern unmittelbar zu.

BRi Wüstenberg: In Absatz 2 der These 11 sei wohl der Fall gemeint, dass die Mutter selbst unterhaltsbedürftig sei, weil sie die aus der ersten Ehe hervorgegangenen Kinder betreuen müsse. Das sei eine reine Nachwirkung der ersten Ehe, so dass es auch dann zu rechtfertigen sei, der Ehefrau einen eigenen Unterhaltsanspruch zu geben, wenn man grundsätzlich der Meinung sei, eine Ehefrau müsse mit der Eingehung der neuen Ehe grundsätzlich die bisherigen Unterhaltsansprüche verlieren.

Prof. Dr. Bosch: Man könne das Problem, dass die Mutter wegen ihrer Pflicht zur Betreuung der Kinder nicht erwerbstätig sein könne und deshalb Unterhalt bedürfe, nicht durch einen eigenen Anspruch der Kinder lösen. Das würde bedeuten, dass man den Kindern einen Anspruch darauf gebe, eine Mutter für sich zur Pflege und Betreuung zu unterhalten. Für den Unterhaltsanspruch des Kindes müsse man dann von dem Betrag ausgehen, der erforderlich sei, um eine Mutter zu unterhalten. Ein solcher Betrag sei mit etwa 500 DM monatlich anzusetzen.

OLG-Rätin Dr. Cuny: Die gemeinsame Elternschaft als Nachwirkung der Ehe rechtfertige es, der Mutter einen eigenen Anspruch auf Unterhalt zu geben.

Prof. Dr. Beitzke: Die Lösung, den Kindern einen erhöhten Unterhaltsanspruch nur für den Fall zu geben, dass auch die zweite Ehe der Mutter scheitere, befriedige nicht. Denn während ihrer zweiten Ehe sei die Mutter nicht gehindert, ihre Kinder aus erster Ehe auch dann, wenn sie der Pflege und Betreuung durch die Mutter selbst bedürften, in ein Kinderheim abzugeben. Es sei nicht einzusehen, warum sich an der Situation der Kinder etwas ändern solle, wenn die zweite Ehe der Mutter schließlich auch geschieden werde.

Abg. Dr. Diemer-Nicolaus: Es gehe darum, der Mutter für den Fall einen Unterhaltsanspruch zu geben, dass sie nicht selbst erwerbstätig sein könne, weil sie Kinder aus ihrer ersten Ehe zu betreuen habe. Wenn eine eigene Erwerbstätigkeit mit der Betreuung ihrer Kinder vereinbar sei, stehe ihr ein solcher Unterhaltsanspruch nicht zu. Sie habe einen Unterhaltsanspruch gegen ihren ersten Ehemann auch nur dann, wenn sie von ihrem zweiten geschiedenen Ehemann ausreichenden Unterhalt nicht erlangen könne.

OLG-Rätin Dr. Cuny: Sie halte es nicht für richtig, dass der Ehemann der geschiedenen zweiten Ehe auch dann vorrangig vor dem Ehemann der geschiedenen ersten Ehe zur Unterhaltsleistung verpflichtet sein solle, wenn die Ehefrau nur deshalb nicht selbst berufstätig sein könne, weil sie Kinder aus ihrer ersten Ehe zu erziehen habe. Hier müsse die Elternschaft aus der ersten Ehe als die stärkere Nachwirkung angesehen werden, so dass der Unterhaltsanspruch der Ehefrau mit ihrer Wiederverheiratung nicht erlöschen sollte.

RA Dr. Fettweis: Zum Rangverhältnis der Unterhaltsansprüche gegen den ersten und gegen den zweiten Ehemann im Falle der These 11 Absatz 2 müsse klargestellt werden, dass eine Ehefrau gegen ihren Ehemann nach dem Grundtatbestand unabhängig davon einen Unterhaltsanspruch habe, ob sie gemeinschaftliche Kinder aus dieser Ehe oder aber Kinder aus einer früheren Ehe, die im gemeinsamen Haushalt lebten, zu erziehen habe.

MinR Partikel: Der zweite Ehemann wisse und nehme in Kauf, wenn er eine Frau mit mehreren Kindern heirate, dass diese nicht selbst erwerbstätig sein könne und deshalb unterhaltsbedürftig sei. Es bestehe kein Grund, ihn von seiner Verpflichtung zur Unterhaltung zu befreien.

Der *Vorsitzende:* In der Begründung zur These 11 müsse das Rangverhältnis der Unterhaltsansprüche gegen den ersten Ehemann nach These 2 Absatz a) und gegen den zweiten Ehemann nach These 11 Absatz 2 geklärt werden; in der These 11 Absatz 2 solle nach dem Ergebnis der Beratungen in München nur der Grundsatz ausgesprochen werden, dass der Vater und erste Ehemann jedenfalls dann vorrangig oder nachrangig zum Unterhalt verpflichtet bleiben solle, wenn die erste Ehefrau im Falle der Auflösung ihrer zweiten Ehe nur mit Rücksicht auf ihre Pflicht zur Erziehung der aus der ersten Ehe hervorgegangenen Kinder nicht berufstätig sein könne.

Abstimmung über den Antrag, den Absatz 2 der These 11 ersatzlos zu streichen.

Zustimmung: Prof. Dr. Müller-Freienfels, Prof. Dr. Beitzke, Partikel, Prof. Dr. Mauz, Dr. Schwarzhaupt, Prof. Dr. Hirsch, Prof. Dr. Pross.

Ablehnung: Prof. Dr. Bosch, Prof. Dr. Hirschmann, Wilkens, Wüstenberg, Dr. Klemm, Dr. Cuny, Dr. Fettweis, Dr. Diemer-Nicolaus, Dr. Rebmann.

Enthaltung: Keine.

Prof. Dr. Bosch: Er schlage zur Klarstellung der Rangfolge der Unterhaltsansprüche folgende Formulierung vor: „Wird die spätere Ehe aufgelöst, so sollte der Unterhaltsanspruch gegen den früheren Ehegatten wieder aufleben können vorbehaltlich der Prüfung der Ansprüche gegen den letzten Ehegatten, falls der Ehegatte Kinder aus einer früheren Ehe zu betreuen hat."

RA Dr. Fettweis: Zweckmäßigerweise füge man dem Absatz 2 der These 11 folgenden Satz an: „Dieser Unterhaltsanspruch geht dem Anspruch gegen den zweiten Ehegatten gemäß These 2 Absatz 1 Buchstabe d) vor."

Der *Vorsitzende:* In der Begründung müsse gesagt werden, dass bei der Regelung in Absatz 2 der These 11 nur an die Fälle gedacht sei, dass ausschließlich Kinder aus der ersten Ehe zu betreuen seien.

Abstimmung über den *Absatz 2 der These 11* mit folgendem Wortlaut: *„Wird die spätere Ehe aufgelöst, so sollte der Unterhaltsanspruch wieder aufleben, wenn der Ehegatte Kinder aus der früheren Ehe zu betreuen hat und diese Pflicht mit der Ausübung einer Erwerbstätigkeit nicht vereinbar ist. Dieser Unterhaltsanspruch geht dem Anspruch gegen den zweiten Ehegatten gemäß These 2 Absatz 1 Buchstabe d) vor."*

Zustimmung: Prof. Dr. Bosch, Prof. Dr. Hirschmann, Wilkens, Wüstenberg, Dr. Klemm, Dr. Cuny, Dr. Fettweis, Dr. Diemer-Nicolaus, Dr. Rebmann.

Ablehnung: Prof. Dr. Müller-Freienfels, Prof. Dr. Beitzke, Partikel, Prof. Dr. Mauz, Dr. Schwarzhaupt, Hirsch, Prof. Dr. Pross.

Enthaltung: Keine.

These 12 (früher These 13): Abstimmung über die These 12 mit folgendem Wortlaut: *„Änderung des § 1361 BGB. Der Übergang vom Verschuldens- zum Zerrüttungsprinzip sollte zum Anlass genommen werden, § 1361 BGB dahin zu ändern, dass bei der Gewährung von Unterhalt nicht mehr entscheidend auf die „Gründe der Trennung" abgestellt wird."*

Zustimmung: Alle Kommissionsmitglieder bis auf eine Stimmenthaltung.

Ablehnung: Keine.

Enthaltung: Prof. Dr. Bosch.

These 13 (früher These 14): Abstimmung über die *These 13* mit folgendem Wortlaut: *„Tod des Verpflichteten. Der Grundsatz, wonach mit dem Tod des Verpflichteten die Unterhaltspflicht auf den Erben übergeht (§ 70 EheG), soll beibehalten werden. Bei der Frage der Unterhaltsbedürftigkeit des Berechtigten sollten öffentlich-rechtliche Pensions- und Rentenansprüche und privatrechtliche Versorgungsansprüche berücksichtigt werden.*

Es sollte überlegt werden, ob man nicht dem verpflichteten Erben die Möglichkeit geben sollte, den Berechtigten durch eine Quote des Nachlasses abzufinden, die jeweils nicht höher sein sollte als der Erbteil einer Ehefrau."

Die *Kommission* stimmt dieser These einstimmig zu.

These 14 (früher These 15): Abstimmung über die *These 14* mit folgendem Wortlaut: *„Vollstreckung von Unterhaltsansprüchen. Bei der Vollstreckung von Unterhaltsansprüchen sollte dem wirtschaftlich schwachen Teil in stärkerem Maße als bisher staatliche Hilfe zuteil werden."*

Zustimmung: Alle Kommissionsmitglieder bis auf eine Stimmenthaltung.

Ablehnung: Keine.

Enthaltung: Prof. Dr. Mauz.

These 15 (früher These 16): Abstimmung über die *These 15* mit folgendem Wortlaut: „*§ 72 Ehegesetz.* § 72 des Ehegesetzes sollte gestrichen werden."

Zustimmung: Prof. Dr. Müller-Freienfels, Prof. Dr. Beitzke, Partikel, Prof. Dr. Mauz, Dr. Schwarzhaupt, Prof. Dr. Hirschmann, Dr. Klemm, Dr. Cuny, Dr. Fettweis, Dr. Diemer-Nicolaus, Hirsch, Prof. Dr. Pross, Dr. Rebmann.

Ablehnung: Keine.

Enthaltung: Prof. Dr. Bosch, Wüstenberg, Wilkens.

Quellenregister zu den §§ 1361, 1564-1586 b, 1671, 1672, 1933, 2277, 2268, 2279, 2335 BGB*

* Es sind ferner behandelt das Namensrecht S. XLVIII f., 17 f., 31, 43; die Besoldung des Familienrichters S. 39, 205; der Scheidungsverbund S. 16 ff., 45 f., 52 f., 55, 134, 338 ff., 343 ff. und der Unterhalt bei Getrenntleben der Ehegatten S. 86, 96 f., 165 f., 191. – Vgl. ferner die Einleitung S. XLVII ff. (nicht im Quellenteil berücksichtigte Bestimmungen des 1. EheRG).

Register der Redebeiträge der Bundestagsabgeordneten (Ausschussverhandlungen)

Die Quellentexte stammen aus der Bibliothek des Bundesrats (Teile B und E) und der Bibliothek des Bundesgerichtshofs (Teil C und Anhang I und II).

Danksagung

Für das Korrekturlesen danke ich Frau Dr. Elsbeth Lehmann-Jessen aus Wedel, für die Manuskriptbetreuung Frau Inge Baumann und Frau Melanie Bork.

RECHTSHISTORISCHE REIHE

Band 1 Studien zu den germanischen Volksrechten. Gedächtnisschrift für Wilhelm Ebel. Vorträge gehalten auf dem Fest-Symposion anläßlich des 70. Geburtstages von Wilhelm Ebel am 16. Juni 1978 in Göttingen. Götz Landwehr (Hrsg.) 1982.

Band 2 Hans Poeschel: Die Statuten der Banken, Sparkassen und Kreditgenossenschaften in Hamburg und Altona von 1710 bis 1889. 1978.

Band 3 Thomas Kolbeck: Juristenschwemmen, Untersuchungen über den juristischen Arbeitsmarkt im 19. und 20. Jahrhundert. 1978.

Band 4 Norbert Hempel: Richterleitbilder in der Weimarer Republik. 1978.

Band 5 Rolf Stratmann: Die Scheinbußen im mittelalterlichen Recht. 1978.

Band 6 Martin C. Lockert: Die niedersächsischen Stadtrechte zwischen Aller und Weser. Vorkommen und Verflechtungen. Eine Bestandsaufnahme. 1979.

Band 7 Joachim Rückert/Wolfgang Friedrich: Betriebliche Arbeiterausschüsse in Deutschland, Großbritannien und Frankreich im späten 19. und frühen 20. Jahrhundert. Eine vergleichende Studie zur Entwicklung des kollektiven Arbeitsrechts. 1979.

Band 8 Peter Bender: Die Rezeption des römischen Rechts im Urteil der deutschen Rechtswissenschaft. 1979.

Band 9 Friedrich Karl Alsdorf: Untersuchungen zur Rechtsgestalt und Teilung deutscher Ganerbenburgen. 1980.

Band 10 Dietmar Willoweit/Winfried Schich (Hrsg.): Studien zur Geschichte des sächsisch-magdeburgischen Rechts in Deutschland und Polen (Sammelband). 1980.

Band 11 Brigitte Hempel: Der Entwurf einer Polizeiordnung für das Herzogtum Sachsen-Lauenburg aus dem Jahre 1591. 1980.

Band 12 Klaus-Detlev Godau-Schüttke: Rechtsverwalter des Reiches. Staatssekretär Dr. Curt Joël. 1981.

Band 13 Rainer Polley: Anton Friedrich Justus Thibaut (AD 1772-1840) in seinen Selbstzeugnissen und Briefen. Teil 1: Abhandlung. Teil 2: Briefwechsel. Teil 3: Register zum Briefwechsel. 1982.

Band 14 Michael Wettengel: Der Streit um die Vogtei Kelkheim 1275-1276. Ein kanonischer Prozeß.1981.

Band 15 Otto Wilhelm Krause: Naturrechtler des sechzehnten Jahrhunderts. Ihre Bedeutung für die Entwicklung eines natürlichen Privatrechts. 1982.

Band 16 Helga Spindler: Von der Genossenschaft zur Betriebsgemeinschaft. Kritische Darstellung der Sozialrechtslehre Otto von Gierkes. 1982.

Band 17 Holger Otte: Gustav Radbruchs Kieler Jahre 1919 - 1926. 1982.

Band 18 Rüdiger Teuner: Die fuldische Ritterschaft 1510 - 1656. 1982.

Band 19 Gerhard Dilcher/Rudolf Hoke/Gian Savino Pene Vidari/Hans Winterberg (Hrsg.): Grundrechte im 19. Jahrhundert. 1982.

Band 20 Karl-Hans Schloßstein: Die westfälischen Fabrikengerichtsdeputationen - Vorbilder, Werdegang und Scheitern. 1982.

Band 21 Birger Schulz: Der Republikanische Richterbund (1921-1933). 1982.

Band 22 Engelbert Krause: Die gegenseitigen Unterhaltsansprüche zwischen Eltern und Kindern in der deutschen Privatrechtsgeschichte. 1982.

Band 23 Meent W. Francksen: Staatsrat und Gesetzgebung im Großherzogtum Berg (1806-1813). 1982.

Band 24 Gerd von Sonnleithner: Bearbeitung des Handelsrechts durch Ignaz von Sonnleithner in seinem "Leitfaden über das österreichische Handels- und Wechselrecht". 1982.

Band 25 Rudolf Palme: Rechts-, Wirtschafts- und Sozialgeschichte der inneralpinen Salzwerke bis zu deren Monopolisierung. 1983.

Band 26 Helen Bosshard: Pestalozzis Staats- und Rechtsverständnis und seine Stellung in der Aufklärung. 1983.

Band 27 Jens Jessen: Die Selbstzeugnisse der deutschen Juristen. Erinnerungen, Tagebücher und Briefe. Eine Bibliographie. 1983.

Band 28 Günter Martin Jensen: Das Domanium Waldeck. Die rechtliche Zuordnung eines Fürstenvermögens. 1984.

Band 29 Johann Heinrich Kumpf: Petitionsrecht und öffentliche Meinung im Entstehungsprozeß der Paulskirchenverfassung 1848/49. 1983.

Band 30 Sabine Frey: Rechtsschutz der Juden gegen Ausweisungen im 16. Jahrhundert. 1983.

Band 31 Dietrich Joswig: Die germanische Grundstücksübertragung. 1984.

Band 32 Andreas Baryli: Konzessionssystem contra Gewerbefreiheit. Zur Diskussion der österreichischen Gewerberechtsreform 1835 bis 1860. 1984.

Band 33 Gerhard Oberkofler: Studien zur Geschichte der österreichischen Rechtswissenschaft. 1984.

Band 34 Rudolf Lauda: Kaufmännische Gewohnheit und Burgrecht bei Notker dem Deutschen. Zum Verhältnis von literarischer Tradition und zeitgenössischer Realität in der frühmittelalterlichen Rhetorik. 1984.

Band 35 Jens Jensen: Die Ehescheidung des Bischofs Hans von Lübeck von Prinzessin Julia Felicitas von Württemberg-Weiltingen AD 1648-1653. Ein Beitrag zum protestantischen Ehescheidungsrecht im Zeitalter des beginnenden Absolutismus. 1984.

Band 36 Horst Schröder: Friedrich Karl von Savigny. Geschichte und Rechtsdenken beim Übergang vom Feudalismus zum Kapitalismus in Deutschland. 1984.

Band 37 Andreas Hatzung: Dogmengeschichtliche Grundlagen und Entstehung des zivilrechtlichen Notstands. 1984.

Band 38 Matthias Klasen: Das Billwerder Landrecht. Landrecht und Landgericht in den Hamburger Elbmarschen. 1985.

Band 39 Rainer Jamin: Aufbau, Tätigkeit und Verfahren der Auseinandersetzungsbehörden bei der Durchführung der preußischen Agrarreformen. 1985.

Band 40 Henry Winter: Teilschuld, Gesamtschuld und unechte Gesamtschuld. Zur Konzeption der §§ 420 ff. BGB - Ein Beitrag zur Entstehungsgeschichte des BGB. 1985.

Band 41 Hermann Eichler: Verfassungsbewegung in Amerika und Europa. 1985.

Band 42 Dagmar Bandemer: Heinrich Albert Zachariae. Rechtsdenken zwischen Restauration und Reformation. 1985.

Band 43 Eva-Christine Frentz: Das Hamburgische Admiralitätsgericht (1623-1811). Prozeß und Rechtsprechung. 1985.

Band 44 Karl Lillig: Rechtsetzung im Herzogtum Pfalz-Zweibrücken während des 18. Jahrhunderts. Ein Beitrag zur Geschichte der territorialen Rechtsbildung. 1985.

Band 45 Walter Weber: Die Entwicklung der Sparkassen zu selbständigen Anstalten des öffentlichen Rechts. Ein Beitrag zur Entwicklung des Anstaltsbegriffs im 19. Jahrhundert. 1985.

Band 46 Bärbel Baum: Der Stabreim im Recht. Vorkommen und Bedeutung des Stabreims in Antike und Mittelalter. 1986.

Band 47 Hans Popp: Die nationalsozialistische Sicht einiger Institute des Zivilprozeß- und Gerichtsverfassungsrechts. 1986.

Band 48 John Karl-Heinz Montag: Die Lehrdarstellung des Handelsrechts von Georg Friedrich von Martens bis Meno Pöhls. Die Wissenschaft des Handelsrechts im ersten Drittel des 19. Jahrhunderts. 1986.

Band 49 Volker D. Anhäusser: Das internationale Obligationenrecht in der höchstrichterlichen Rechtsprechung des 19. Jahrhunderts. 1986.

Band 50 Udo Beer: Die Juden, das Recht und die Republik. Verbandswesen und Rechtsschutz 1919-1933. 1986.

Band 51 Herbert Grziwotz: Der moderne Verfassungsbegriff und die "Römische Verfassung" in der deutschen Forschung des 19. und 20. Jahrhunderts. 1986.

Band 52 Ralf Conradi: Karl Friedrich Eichhorn als Staatsrechtslehrer. Seine Göttinger Vorlesung über "Das Staatsrecht der deutschen Bundesstaaten" nach einer Kollegmitschrift aus dem Wintersemester 1821/22. 1987.

Band 53 Dieter Dannreuther: Der Zivilprozeß als Gegenstand der Rechtspolitik im Deutschen Reich 1871 - 1945. Ein Beitrag zur Geschichte des Zivilprozeßrechts in Deutschland. 1987.

Band 54 Stephan Felix Pauly: Organisation, Geschichte und Praxis der Gesetzesauslegung des (Königlich) Preußischen Oberverwaltungsgerichtes 1875 - 1933. 1987.

Band 55 Rüdiger Schulz: Die Entstehung des Seerechts des Allgemeinen Deutschen Handelsgesetzbuches unter besonderer Berücksichtigung der Bestimmungen über die Reederei, den Schiffer und die Schiffsmannschaft. 1987.

Band 56 Reinhold Reis: Deutsches Privatrecht in den Weistümern der Zenten Schriesheim und Kirchheim. 1987.

Band 57 Jürgen Christoph: Die politischen Reichsamnestien 1918 - 1933. 1987.

Band 58 Gerhard Oberkofler/Eduard Rabofsky: Hans Kelsen im Kriegseinsatz der k.u.k.-Wehrmacht. Eine kritische Würdigung seiner militärtheoretischen Angebote. 1988.

Band 59 Arne Wulff: Staatssekretär Prof. Dr. Dr. h.c. Franz Schlegelberger. 1876-1970. 1991.

Band 60 Gerhard Köbler (Hrsg.): Wege europäischer Rechtsgeschichte. Karl Kroeschell zum 60. Geburtstag. 1987.

Band 61 Rüdiger Hütte: Der Gemeinschaftsgedanke in den Erbrechtsreformen des Dritten Reichs. 1988.

Band 62 Markus Göldner: Politische Symbole der europäischen Integration. Fahne, Hymne, Hauptstadt, Paß, Briefmarke, Auszeichnungen. 1988.

Band 63 Wolfgang Kröner: Freiheitsstrafe und Strafvollzug in den Herzogtümern Schleswig, Holstein und Lauenburg von 1700 bis 1864. 1988.

Band 64 Werner Gaile: Die Norder Theelacht. 1988.

Band 65 Karl v. Kempis: Andreas Gaill (1526 - 1587). Zum Leben und Werk eines Juristen der frühen Neuzeit. 1988.

Band 66 Wolf-Rüdiger Osburg: Die Verwaltung Hamburgs in der Franzosenzeit. 1811-1814. 1988.

Band 67 Christian Schudnagies: Hans Frank. Aufstieg und Fall des NS-Juristen und Generalgouverneurs. 1988.

Band 68 Otmar Jung: Senatspräsident Freymuth. Richter, Sozialdemokrat und Pazifist in der Weimarer Republik. Eine politische Biographie. 1989.

Band 69 Joachim Lohner: Das landeshauptmannschaftliche Gericht in Oberösterreich zu Beginn der Neuzeit. Eine Darstellung des oberösterreichischen Prozeßrechts am obersten Territorialgericht des Landes anhand der oberösterreichischen Landtafel.1989.

Band 70 Bernd Klemann: Rudolf von Jhering und die Historische Rechtsschule. 1989.

Band 71 Adalbert Langer: Männer um die österreichische Zivilprozeßordnung 1895. Zusammenspiel / Soziales Ziel. 1990.

Band 72 Robert-Dieter Klee: Die Landessuperintendentur Lauenburg. Ursprung und Entwicklung sowie Ende der Sonderstellung des Kirchenkreises Herzogtum Lauenburg durch die nordelbische Kirchenvereinigung. 1989.

Band 73 Heinrich Herrmann: Die Gehöferschaften im Bezirk Trier. 1989.

Band 74 Wilhelm Brauneder, Franz Baltzarek (Hrsg.): Modell einer neuen Wirtschaftsordnung. Wirtschaftsverwaltung in Österreich 1914 - 1918. 1991.

Band 75 Thomas Dreyer: Die "Assecuranz- und Haverey-Ordnung" der Freien und Hansestadt Hamburg von 1731. 1990.

Band 76 Bernhard Sendler: Die Rechtssprache in den süddeutschen Stadtrechtsreformationen. 1990.

Band 77 Brigitte Lehmann: Ehevereinbarungen im 19. und 20. Jahrhundert. 1990.

Band 78 Michael Sunnus: Der NS-Rechtswahrerbund (1928-1945). Zur Geschichte der nationalsozialistischen Juristenorganisation. 1990.

Band 79 Stefan Schulz: Die historische Entwicklung des Rechts an Bienen. (§§ 961 - 964 BGB). 1990.

Band 80 Gerhard Lingelbach, Heiner Lück (Hrsg.): Deutsches Recht zwischen Sachsenspiegel und Aufklärung. Rolf Lieberwirth zum 70. Geburtstag dargebracht von Schülern, Freunden und Kollegen, herausgegeben von Gerhard Lingelbach und Heiner Lück. 1991.

Band 81 Manfred Krohn: Die deutsche Justiz im Urteil der Nationalsozialisten 1920 - 1933. 1991.

Band 82 Angelika Kühn: Privilegierung nationaler Minderheiten im Wahlrecht der Bundesrepublik Deutschland und Schleswig-Holsteins. 1991.

Band 83 Georg Brun: Leben und Werk des Rechtshistorikers Heinrich Mitteis unter besonderer Berücksichtigung seines Verhältnisses zum Nationalsozialismus. 1991.

Band 84 Wolfgang Simon: Claudius Freiherr von Schwerin. Rechtshistoriker während dreier Epochen deutscher Geschichte. 1991.

Band 85 Friedrich-Carl Wachs: Das Verordnungswerk des Reichsdemobilmachungsamtes. Stabilisierender Faktor zu Beginn der Weimarer Republik. 1991.

Band 86 Jens-Uwe Petersen: Die Vorgeschichte und die Entstehung des Mieterschutzgesetzes von 1923 nebst der Anordnung für das Verfahren vor dem Mieteinigungsamt und der Beschwerdestelle. 1991.

Band 87 Ulrike Haibach: Familienrecht in der Rechtssprache. Die historische Entwicklung zentraler Ausdrücke des geltenden Familienrechts. 1991.

Band 88 Joern Christian Nissen: Die Beratungen des Seeversicherungsausschusses der Akademie für Deutsches Recht zu einem neuen Seeversicherungsgesetz (1934-1939). Ein Beitrag zur Entwicklung der allgemeinen Lehren des Seeversicherungsrechts unter besonderer Berücksichtigung des Handelsgesetzbuchs und der Allgemeinen Deutschen Seeversicherungs-Bedingungen 1919. 1991.

Band 89 Diethard Bühler: Die Entstehung der allgemeinen Vertragsschluß-Vorschriften im Allgemeinen Deutschen Handelsgesetzbuch (ADHGB) von 1861. Ein Beitrag zur Kodifikationsgeschichte des Privatrechts im 19. Jahrhundert. 1991.

Band 90 Gerhard Oberkofler: Die Vertreter des Römischen Rechts mit deutscher Unterrichtssprache an der Karls-Universität in Prag. Vom Vormärz bis 1945. 1991.

Band 91 Ulrich Andermann: Ritterliche Gewalt und bürgerliche Selbstbehauptung. Untersuchungen zur Kriminalisierung und Bekämpfung des spätmittelalterlichen Raubrittertums am Beispiel norddeutscher Hansestädte. 1991.

Band 92 Heinz Marcus Hanke: Luftkrieg und Zivilbevölkerung. Der kriegsvölkerrechtliche Schutz der Zivilbevölkerung gegen Luftbombardements von den Anfängen bis zum Ausbruch des Zweiten Weltkrieges. 1991.

Band 93 Kirsten Kraglund: Familien- und Erbrecht. Materielles Recht und Methoden der Rechtsanwendung in der Rechtsprechung des Oberappellationsgerichts der vier Freien Städte Deutschlands zu Lübeck. 1991.

Band 94 Reinhard Lorenz: Die politische und rechtliche Stellung des Proletariats in Preußen in der Zeit zwischen den Reformen und der Revolution 1848/49. 1991.

Band 95 Eric Hilgendorf: Die Entwicklungsgeschichte der parlamentarischen Redefreiheit in Deutschland. 1991.

Band 96 Hans J. Reiter: Die Handelsgesellschaft Villeroy & Boch von der Gründung 1836 bis zum Jahr 1878. 1992.

Band 97 Martin Johannes Heller: Reform der deutschen Rechtssprache im 18. Jahrhundert. 1992.

Band 98 Michael Kotulla: Die Tragweite der Grundrechte der revidierten preußischen Verfassung vom 31.01.1850. 1992.

Band 99 Michael Siefener: Hexerei im Spiegel der Rechtstheorie. Das crimen magiae in der Literatur von 1574 bis 1608. 1992.

Band 100 Andreas Ebert-Weidenfeller: Hamburgisches Kaufmannsrecht im 17. und 18. Jahrhundert. Die Rechtsprechung des Rates und des Reichskammergerichtes. 1992.

Band 101 Enno Bommel: Die Entstehung der Verwirkungslehre in der Krise des Positivismus. 1992.

Band 102 Ralph Steppacher: Die Berücksichtigung der bäuerlichen Postulate bei der Entstehung des ZGB und der Revision des OR. Ein Beitrag zur schweizerischen Kodifikationsgeschichte (1893 - 1912). 1992.

Band 103 Martin Fleckenstein: Die Todesstrafe im Werk Carl Joseph Anton Mittermaiers (1787 - 1867). Zur Entwicklungsgeschichte eines Werkbereichs und seiner Bedeutung für Theorie- und Methodenbildung. 1992.

Band 104 Jörn Eckert: Der Kampf um die Familienfideikommisse in Deutschland. Studien zum Absterben eines Rechtsinstitutes. 1992.

Band 105 Jörg Grotkopp: Beamtentum und Staatsformwechsel. Die Auswirkungen der Staatsformwechsel von 1918, 1933 und 1945 auf das Beamtenrecht und die personelle Zusammensetzung der deutschen Beamtenschaft. 1992.

Band 106 Andreas Rohde: Die Garantiehaftung des Vermieters und ihr Verhältnis zum Unmöglichkeitsrecht in dogmengeschichtlicher und modernrechtlicher Sicht. 1992.

Band 107 Tjark Siefke Kunstreich: Gesamtvertretung. Eine historisch-systematische Darstellung. 1992.

Band 108 Jürgen Krüger: Blindheit und Königtum. Die Blindheit des Königs Georg V. von Hannover als verfassungsrechtliches Problem. 1992.

Band 109 Wolfgang Putschek: Ständische Verfassung und autoritäre Verfassungspraxis in Österreich 1933-1938 mit Dokumentenanhang. Verfassung und Verfassungswirklichkeit. Mit einem Anhang: Denkschriften von Rechtsanwalt Dr. Erich Führer 1936/37. 1993.

Band 110 Klaus Hofmann: Die Verdrängung der Juden aus öffentlichem Dienst und selbständigen Berufen in Regensburg 1933-1939. 1993.

Band 111 Franz Kilger: Die Entwicklung des Telegraphenrechts im 19. Jahrhundert mit besonderer Berücksichtigung der technischen Entwicklung. Telegraphenrecht im 19. Jahrhundert. 1993.

Band 112 Wilhelm Brauneder (Hrsg.): Heiliges Römisches Reich und moderne Staatlichkeit. 1993.

Band 113 Thomas Heinrich: Das preußische Nichtehelichenrecht: Von der Aufklärung zur Reaktion. 1993.

Band 114 Gerald Kohl: Jagd und Revolution. Das Jagdrecht in den Jahren 1848 und 1849. 1993.

Band 115 Christian Schudnagies: Der Kriegs- oder Belagerungszustand im Deutschen Reich während des Ersten Weltkrieges. Eine Studie zur Entwicklung und Handhabung des deutschen Ausnahmezustandsrechts bis 1918. 1994.

Band 116 Elisabeth Bellmann: Die Internationale Kriminalistische Vereinigung (1889-1933). 1994.

Band 117 Julia Pfannkuch: Volksrichterausbildung in Sachsen 1945-1950. 1993.

Band 118 Jörg Offen: Von der Verwaltungsgemeinschaft des BGB von 1896 zur Zugewinngemeinschaft des Gleichberechtigungsgesetzes von 1957. 1994.

Band 119 Dorothee Kohlhas-Müller: Untersuchungen zur Rechtsstellung Theoderichs des Großen. 1995.

Band 120 Monika Rose: Das Gerichtswesen des Herzogtums Pfalz-Zweibrücken im 18. Jahrhundert. Ein Beitrag zur territorialen Gerichtsbarkeit im Alten Reich. 1994.

Band 121 Jörn Eckert / Hans Hattenhauer (Hrsg.): Bibel und Recht. Rechtshistorisches Kolloquium 9. - 13. Juni 1992 an der Christian-Albrechts-Universität zu Kiel. 1994.

Band 122 Robert Martin Mizia: Der Rechtsbegriff der Autonomie und die Begründung des Privatfürstenrechts in der deutschen Rechtswissenschaft des 19. Jahrhunderts. 1995.

Band 123 Walther Graf von Plettenberg: Das Fortleben des Liber Iudiciorum in Asturien/León (8. - 13. Jh.). 1994.

Band 124 Wolfgang Schulz: Das deutsche Börsengesetz. Die Entstehungsgeschichte und wirtschaftlichen Auswirkungen des Börsengesetzes von 1896. 1994.

Band 125 Frank Hagemann: Der Untersuchungsausschuß Freiheitlicher Juristen. 1949 – 1969. 1994.

Band 126 Andreas Rethmeier: "Nürnberger Rassegesetze" und Entrechtung der Juden im Zivilrecht. 1995.

Band 127 Edith Grether: Die Poesie der Throne. Die Juristen in der Fruchtbringenden Gesellschaft. 1995.

Band 128 Anna Bartels-Ishikawa: Der Lippische Thronfolgestreit. Eine Studie zu verfassungsrechtlichen Problemen des Deutschen Kaiserreiches im Spiegel der zeitgenössischen Staats. 1995.

Band 129 Jörg Schmidt: Otto Koellreutter 1883-1972. Sein Leben, sein Werk, seine Zeit. 1995.

Band 130 Christian Hattenhauer: Wahl und Krönung Franz II. AD 1792. Das Heilige Reich krönt seinen letzten Kaiser - Das Tagebuch des Reichsquartiermeisters Hieronymus Gottfried von Müller und Anlagen. 1995.

Band 131 Jutta v. der Decken: Das Seearbeitsrecht im Hamburger Stadtrecht von 1301 bis 1603. 1995.

Band 132 Detlev Schmidt: Die Reform des Rechts der Handelsvertreter von 1953. 1995.

Band 133 Gabi Roßdeutscher: Privatautonomie im Scheidungsrecht. Scheidungsbezogene Vereinbarungen in den letzten 200 Jahren. 1995.

Band 134 Harald Kahlenberg: Leben und Werk des Rechtshistorikers Walther Merk. Ein Beispiel für das Verhältnis von Rechtsgeschichte und Nationalsozialismus. 1995.

Band 135 Michael Steitz: Adelbert Düringer am Reichsgericht (1902-1915). Seine aktienrechtlichen Entscheidungen und sein Einfluß auf das Aktienrecht in Deutschland. 1995.

Band 136 Christian Becker: Beata Justorum Translatio. Juristen in schleswig-holsteinischen Leichenpredigten. 1996.

Band 137 Christoph Seiler: Vom Allgemeinen Landrecht zum Bürgerlichen Gesetzbuch. Dargestellt am Beispiel der höchstrichterlichen Judikatur zum kaufrechtlichen Sachmängelgewährleistungsrecht. 1996.

Band 138 Bernd Mayer: Die Vertrauensmännerausschüsse auf den preußischen Steinkohlegruben an der Saar. Entstehung und Wirken. Eine rechtshistorische Untersuchung. 1996.

Band 139 Rochus Scholl: Juden und Judenrecht im Herzogtum Pfalz-Zweibrücken. Ein Beitrag zur Rechtsgeschichte eines deutschen Kleinstaates am Ende des alten Reiches. 1996.

Band 140 Meike Bursch: Judentaufe und frühneuzeitliches Strafrecht. Die Verfahren gegen Christian Treu aus Weener/Ostfriesland 1720-1728. 1996.

Band 141 Markus Hillenbrand: Fürstliche Eheverträge. Gottorfer Hausrecht 1544 - 1773. 1996.

Band 142 Ulf Häder: Das gemeinschaftliche Oberappellationsgericht thüringischer Staaten in Jena. Ein Beitrag zur Geschichte des Gerichtswesens im 19. Jahrhundert. 1996.

Band 143 Andreas Bauer: Das Gnadenbitten in der Strafrechtspflege des 15. und 16. Jahrhunderts. Dargestellt unter besonderer Berücksichtigung von Quellen der Vorarlberger Gerichtsbezirke Feldkirch und des Hinteren Bregenzerwaldes. 1996.

Band 144 Christian Wirth: Der Jurist Johann Andreas Georg Friedrich Rebmann zwischen Revolution und Restauration. 1996.

Band 145 Stefanie Müller: Die Rechtsprechung des Hanseatischen Oberlandesgerichts zum persönlichen Eherecht in Hamburgischen Gerichtsfällen von 1879 -1900. 1996.

Band 146 Jean-Nicolas Morisset: Der Frachtvertrag in der *Ordonnance de la marine* von 1681. 1996.

Band 147 Dirk Lentfer: Die Glogauer Landesprivilegien des Andreas Gryphius von 1653. 1996.

Band 148 Wencke Mull: Die Haftung für Einsturzschäden nach den §§ 836-838 BGB in der Rechtsprechung des Reichsgerichts. 1996.

Band 149 Renate Zelger: Teufelsverträge. Märchen, Sage, Schwank, Legende im Spiegel der Rechtsgeschichte. 1996.

Band 150 Guido Kraß: Das Arrestverfahren in Frankfurt am Main im Spätmittelalter. 1996.

Band 151 F. Benedict Heyn: Die Entwicklung des Eisenbahnfrachtrechts von den Anfängen bis zur Einführung des Allgemeinen Deutschen Handelsgesetzbuches (ADHGB). 1996.

Band 152 Thomas Lang: Die Staats- und Verfassungslehre Carl Salomo Zachariaes. 1996.

Band 153 Michael Hebeis: Karl Anton von Martini (1726-1800). Leben und Werk. 1996.

Band 154 Gerald Hubert: Die Diskussion um die rechtliche Natur der Bizone in den Jahren 1947-1949. 1996.

Band 155 Christof Horn: Die Rechtsprechung des Reichsgerichts in Ehescheidungssachen der Jahre 1900 bis 1905. 1996.

Band 156 Hermann Nehlsen / Georg Brun (Hrsg.): Münchener rechtshistorische Studien zum Nationalsozialismus. 1996.

Band 157 Jan Otto Clemens Kehrberg: Die Entwicklung des Elektrizitätsrechts in Deutschland. Der Weg zum Energiewirtschaftsgesetz von 1935. 1997.

Band 158 Johannes Tradt: Der Religionsprozeß gegen den Zopfschulzen (1791-1799). Ein Beitrag zur protestantischen Lehrpflicht und Lehrzucht in Brandenburg-Preußen gegen Ende des 18. Jahrhunderts. 1997.

Band 159 Dietmar Olsen: Das kaufrechtliche Sachmängelgewährleistungsrecht des Code civil in der Rechtsprechung deutscher Gerichte im 19. Jahrhundert. Ein Beitrag zur Ablösung der Partikularrechte durch das BGB. 1997.

Band 160 Ulrich Bernhardt: Die Deutsche Akademie für Staats- und Rechtswissenschaft »Walter Ulbricht" 1948-1971. 1997.

Band 161 Claudia Susan Hoppe: Die Bürgschaft im Rechtsleben Hamburgs von 1600 bis 1900. 1997.

Band 162 Franz-Rudolf Ecker: Die Entwicklung des Bergrechts im Saarbrücker Steinkohlenrevier bis zum Ende des 18. Jahrhunderts. Ein Vergleich mit dem älteren deutschen Bergrecht. 1997.

Band 163 Anne Katrin Rückert: Politik und Privatrecht in der »konservativen Revolution". 1997.

Band 164 Gisbert Laube: Der Reichskunstwart. Geschichte einer Kulturbehörde 1919-1933. 1997.

Band 165 Nicolas Lührig: Die Diskussion über die Reform der Juristenausbildung von 1945 bis 1995. 1997.

Band 166 Regula Gerber Jenni: Die Emanzipation der mehrjährigen Frauenzimmer. Frauen im bernischen Privatrecht des 19. Jahrhunderts. 1997.

Band 167 Mischa A. Färber: Das gemeinschaftliche Testament in der höchstrichterlichen Rechtsprechung zum Allgemeinen Preußischen Landrecht und zum BGB. Ein Beitrag zur Ablösung der Partikularrechte durch das BGB. 1997.

Band 168 Catherine Antoinette Gasser: Philipp Lotmar 1850-1922. Professor der Universität Bern. Sein Engagement für das Schweizerische Arbeitsrecht. 1997.

Band 169 Lars Immisch: Der sozialistische Richter in der DDR und seine Unabhängigkeit. Der Versuch eines Rechtsvergleiches zum Unabhängigkeitsbegriff in der bundesdeutschen Rechtsordnung. 1997.

Band 170 Jessica Jacobi: Besitzschutz vor dem Reichskammergericht. Die friedenssichernde Funktion der Besitzschutzklagen am Reichskammergericht im 16. Jahrhundert, dargestellt anhand von Kameralisten. 1998.

Band 171 Ewald Hügemann: Die Geschichte des öffentlichen und privaten Mietpreisrechts vom Ersten Weltkrieg bis zum Gesetz zur Regelung der Miethöhe von 1974. 1998.

Band 172 Lutz Rentzow: Die Entstehungs- und Wirkungsgeschichte der Vernewerten Landesordnung für das Königreich Böhmen von 1627. 1998.

Band 173 Sabine Stürmer: Mühlenrecht im Herzogtum Pfalz-Zweibrücken während des 18. Jahrhunderts. Ein Beitrag zum Wirtschaftsrecht eines deutschen Kleinstaates im Alten Reich. 1998.

Band 174 Mario Bogisch: *Nemo testis in re sua*. Das Problem der Zeugnisfähigkeit bei der Anwendung der deutschen Zivilprozeßordnung von 1877. 1998.

Band 175 Rainer Oßwald: Pactane sunt servanda? Freiwilligkeit, Zwang und Unverbindlichkeitserklärungen im islamischen Vertragsrecht malikitischer Schule. 1998.

Band 176 Bettina Kern: Der preußische BGB-Entwurf von 1842. 1998.

Band 177 Inken Fuhrmann: Die Diskussion über die Einführung der fakultativen Zivilehe in Deutschland und Österreich seit Mitte des 19. Jahrhunderts. 1998.

Band 178 Annette Rieck: Der Heilige Ivo von Hélory (1247-1303). Advocatus pauperum und Patron der Juristen. 1998.

Band 179 Frank Bottenberg: Die Hamburgische Strafprozeßordnung von 1869. 1998.

Band 180 Matthias Krauß: Das kursächsische Postrecht von seinen Anfängen bis zum Ende des Alten Reichs. 1998.

Band 181 Torsten Schmidt: Die Entmündigung von den Anfängen des BGB bis zu ihrer Ablösung durch das Institut der Betreuung. 1998.

Band 182 Christian Nunn: Rudolf Müller-Erzbach. 1874-1959. Von der realen Methode über die Interessenjurisprudenz zum kausalen Rechtsdenken (Leben und Werk). 1998.

Band 183 Christian Ortloff: Das staatskirchenrechtliche System Wilhelm Traugott Krugs. Glaubens- und Gewissensfreiheit – eine Forderung der Vernunft. 1998.

Band 184 Christian Hattenhauer: Schuldenregulierung nach dem Westfälischen Frieden. Der sog. § *de indaganda* und seine Umsetzung im Jüngsten Reichsabschied (AD 1648 und 1654). 1998.

Band 185 Werner Schubert: Preußen im Vormärz. Die Verhandlungen der Provinziallandtage von Brandenburg, Pommern, Posen, Sachsen und Schlesien sowie – im Anhang – von Ostpreußen, Westfalen und der Rheinprovinz (1841-1845). 1998.

Band 186 Silvia Schumacher: Das Rechtsverhältnis zwischen Eltern und Kindern in der Privatrechtsgeschichte. 1999.

Band 187 Kai Sommer: Die Strafbarkeit der Homosexualität von der Kaiserzeit bis zum Nationalsozialismus. Eine Analyse der Straftatbestände im Strafgesetzbuch und in den Reformentwürfen (1871-1945). 1998.

Band 188 Jan Erik Backhaus: Volksrichterkarrieren in der DDR. 1999.

Band 189 Ralf Ruhnau: Die Fürstlich Thurn und Taxissche Privatgerichtsbarkeit in Regensburg. Ein Kuriosum der deutschen Rechtsgeschichte. 1999.

Band 190 Antonio Grilli: Die französische Justizorganisation am linken Rheinufer 1797-1803. 1999.

Band 191 Stephanie Kammerloher-Lis: Die Entstehung des Gesetzes über die religiöse Kindererziehung vom 15. Juli 1921. 1999.

Band 192 Jan Telp: Ausmerzung und Verrat. Zur Diskussion um Strafzwecke und Verbrechensbegriffe im Dritten Reich. 1999.

Band 193 Kurt von Pannwitz: Die Entstehung der Allgemeinen Deutschen Wechselordnung. Ein Beitrag zur Geschichte der Vereinheitlichung des deutschen Zivilrechts im 19. Jahrhundert. 1999.

Band 194 Sylvia Busch: Die Entstehung der Allgemeinen Gerichtsordnung für die Preussischen Staaten von 1793/95. Ein Beitrag zur Geschichte der Kodifikationsbewegung und der Reform des Zivilprozesses in Preußen im 18. Jahrhundert. 1999.

Band 195 Dirk Bieresborn: Klage und Klageerwiderung im deutschen und englischen Zivilprozeß. Eine rechtshistorische und rechtsvergleichende Untersuchung unter besonderer Berücksichtigung der Beeinflussung durch das römisch-kanonische Verfahren. 1999.

Band 196 Andreas Thier / Guido Pfeifer / Philipp Grzimek (Hrsg.): Kontinuitäten und Zäsuren in der Europäischen Rechtsgeschichte. Europäisches Forum Junger Rechtshistorikerinnen und Rechtshistoriker München 22.-24. Juli 1998. 1999.

Band 197 Franz Smola: Die Fürstlich Liechtenstein'sche Kunstsammlung. Rechtsfragen zur Verbringung der Sammlung von Wien nach Vaduz in den Jahren 1944/45. 1999.

Band 198 Frank Martin Krauss: Das geteilte Eigentum im 19. und 20. Jahrhundert. Eine Untersuchung zum Fortbestand des Teilungsgedankens. 1999.

Band 199 Matthias Frey: Die spanische Aktiengesellschaft im 18. Jahrhundert und unter dem Código de Comercio von 1829. 1999.

Band 200 Alexandra Gilde: Die Stellung der Frau im Reichsstrafgesetzbuch von 1870/71 und in den Reformentwürfen bis 1919 im Urteil der bürgerlichen Frauenbewegung. Eine Analyse ausgewählter Straftatbestände. 1999.

Band 201 Malte Dießelhorst / Arne Duncker: Hans Kohlhase. Die Geschichte einer Fehde in Sachsen und Brandenburg zur Zeit der Reformation. 1999.

Band 202 Jörg Hillmann: Territorialrechtliche Auseinandersetzungen der Herzöge von Sachsen-Lauenburg vor dem Reichskammergericht im 16. Jahrhundert. 1999.

Band 203 Carsten Engler: Die Kommanditgesellschaft (KG) und die stille Gesellschaft im Allgemeinen Deutschen Handelsgesetzbuch (ADHGB) von 1861. 1999.

Band 204 Vesta Hoffmann-Steudner: Die Rechtsprechung des Reichsgerichts zu dem Scheidungsgrund des § 49 EheG (EheG 1938) in den Jahren 1938-1945. 1999.

Band 205 Michaela Thiele: Die Auflösung von Arbeitsverhältnissen aufgrund Anfechtung und außerordentlicher Kündigung nach der Rechtsprechung des Reichsarbeitsgerichts (1927-1945). 2000.

Band 206 Peter Landau / Hermann Nehlsen / Mathias Schmoeckel (Hrsg.): Karl von Amira zum Gedächtnis. 1999.

Band 207 Marcus Flinder: Die Entstehungsgeschichte des Zivilgesetzbuches der DDR. 1999.

Band 208 Boris Franz Leo Bromm: Die Entstehungsgeschichte des Berufs des Handelsvertreters. Unter besonderer Berücksichtigung der Sozialgesetzgebung in den Jahren von 1871-1933. 2000.

Band 209 Winfried C. J. Eberstein: Das Tierschutzrecht in Deutschland bis zum Erlaß des Reichs-Tierschutzgesetzes vom 24. November 1933. Unter Berücksichtigung der Entwicklung in England. 1999.

Band 210 Patrick Deller: Der „nach dem Vertrage" vorausgesetzte Gebrauch (§ 459 Absatz 1 Satz 1 BGB). Eine kaufrechtliche Untersuchung unter Berücksichtigung rechtshistorischer wie rechtsvergleichender Grundlagen. 2000.

Band 211 Eckard Freiherr von Bodenhausen: Haftung des Geschäftsherrn für Verrichtungsgehilfen im Straßen- und Schienenverkehr. Eine Analyse der Entscheidungen des Reichsgerichts zu § 831 BGB (1900-1945). 2000.

Band 212 Birte Gast: Der Allgemeine Teil und das Schuldrecht des Bürgerlichen Gesetzbuchs im Urteil von Raymond Saleilles (1855-1912). 2000.

Band 213 Hansjörg Michael Huber: Koloniale Selbstverwaltung in Deutsch-Südwestafrika. Entstehung, Kodifizierung und Umsetzung. 2000.

Band 214 Ulf Björner: Die Verfassungsgerichtsbarkeit im Norddeutschen Bund und Deutschen Reich (1867-1918). Eine rechtshistorische Untersuchung über Gerichtsbarkeit im Spannungsfeld von Politik und Recht innerhalb der von Bismarck geschaffenen deutschen Bundesstaaten. 2000.

Band 215 Mathias Freiherr von Rosenberg: Friedrich Carl von Savigny (1779-1861) im Urteil seiner Zeit. 2000.

Band 216 Reinhard Binder-Kriegistein: Österreichisches Adelsrecht 1868-1918/19. Von der Ausgestaltung des Adelsrechts der cisleithanischen Reichshälfte bis zum Adelsaufhebungsgesetz der Republik unter besonderer Berücksichtigung des adeligen Namensrechts. 2000.

Band 217 Claudia-Regine Nerius: Johannes Lehmann-Hohenberg (1851-1925). Eine Studie zur völkischen Rechts- und Justizkritik im Deutschen Kaiserreich. 2000.

Band 218 Ludger Meuten: Die Erbfolgeordnung des Sachsenspiegels und des Magdeburger Rechts. Ein Beitrag zur Geschichte des sächsisch-magdeburgischen Rechts. 2000.

Band 219 Christoph Alexander von Wilcken: Die Reformbestrebungen zum Genossenschaftsgesetz in der Frühzeit der Bundesrepublik. Die Beratungen der Sachverständigenkommission zur Überprüfung des Genossenschaftsrechts 1954 bis 1958 und der Referentenentwurf von 1962. 2000.

Band 220 Verein Junger RechtshistorikerInnen Zürich (Hrsg.): ¿Rechtsgeschichte(n)? ¿Histoire(s) du droit? ¿Storia/storie del diritto? ¿Legal Histori(es)? Europäisches Forum Junger Rechtshistorikerinnen und Rechtshistoriker Zürich 28.-30. Mai 1999. 2000.

Band 221 Hans Christian Schüler: Die Entstehungsgeschichte der Bundesnotarordnung vom 24. Februar 1961. 2000.

Band 222 Nils-Eberhard Schramm: Die Vereinigung demokratischer Juristen (1949-1999). 2000.

Band 223 Silke Anke Torp: Das Rechtsverhältnis zwischen den Eltern und ihren Kindern. Dienstleistungspflicht, Aussteuer und Ausstattung. Eine Analyse der Rechtsprechung des Reichsgerichts und des Reichsarbeitsgerichts zu den Vorschriften der §§ 1616 bis 1625 des Bürgerlichen Gesetzbuches in der Zeit von 1900 bis 1945. 2000.

Band 224 Martin Jürgen Maaß: Die Geschichte des Eigentumsvorbehalts, insbesondere im 18. und 19. Jahrhundert. 2000.

Band 225 Stefanie Langer: Rechtswissenschaftliche Itinerarien. Lebenswege namhafter europäischer Juristen vom 11. bis zum 18. Jahrhundert. 2000.

Band 226 Ulrich Schmitz: Der Unterhaltsanspruch des nichtehelichen Kindes gegen seinen Erzeuger. Die rechtsgeschichtliche und dogmatische Entwicklung im deutschen Recht. 2000.

Band 227 Sebastian Günther: Friedrich Carl von Savigny als Grundherr. 2000.

Band 228 Henning Ibs: Hermann J. Held (1890-1963). Ein Kieler Gelehrtenleben in den Fängen der Zeitläufe. 2000.

Band 229 Matthias Rücker: Wirtschaftswerbung unter dem Nationalsozialismus. Rechtliche Ausgestaltung der Werbung und Tätigkeit des Werberats der deutschen Wirtschaft. 2000.

Band 230 Hendrik Sandmann: Die Entwicklung von Begriff und Inhalt des Wirtschaftchsrechts durch die Rechtswissenschaft in der Weimarer Republik. 2000.

Band 231 Sibylle Müller: Gibt es Menschenrechte bei Samuel Pufendorf? 2000.

Band 232 Karin Olechowski-Hrdlicka: Die gemeinsamen Angelegenheiten der Österreichisch-Ungarischen Monarchie. Vorgeschichte – Ausgleich 1867 – Staatsrechtliche Kontroversen. 2001.

Band 233 Johannes Mierau: Die juristischen Abschluß- und Diplomprüfungen in der SBZ/DDR. Ein Einblick in die Juristenausbildung im Sozialismus. 2001.

Band 234 Jörg Wolff (Hrsg.): Stillstand, Erneuerung und Kontinuität. Einsprüche zur Preußenforschung. 2001.

Band 235 Friedo Schröder: Die anwaltliche Tätigkeit während der nationalsozialistischen Herrschaft. Eine Analyse der anwaltlichen Argumentation in Zivilprozessen anhand der vorhandenen Prozeßakten der Landgerichte Frankenthal, Wiesbaden, Limburg und Frankfurt und der Handakten der *jüdischen Konsulenten* des OLG-Bezirks Frankfurt. 2001.

Band 236 Der Code pénal des Königreichs Westphalen von 1813 mit dem Code pénal von 1810 im Original und in deutscher Übersetzung. Herausgegeben und mit einer Einleitung versehen von Werner Schubert. 2001.

Band 237 Klaus Richter: Deutsches Kolonialrecht in Ostafrika 1885-1891. 2001.

Band 238 Kai von Lewinski: Deutschrechtliche Systembildung im 19. Jahrhundert. 2001.

Band 239 Alexander Herzog: Sittenwidrige Rechtsgeschäfte in der höchstrichterlichen Rechtsprechung aus den Jahren 1948-1965. 2001.

Band 240 Claudia Rönnau: Die Beratungen des Wasserrechtsausschusses der Akademie für Deutsches Recht zu einem Reichswassergesetz (1934-1941). Ein Beitrag zur Dogmatik der Begriffe *Gemeingebrauch* und *Sondergebrauch* in der Zeit des Nationalsozialismus. 2001.

Band 241 Momme Rohlack: Kriegsgesellschaften (1914-1918). Arten, Rechtsformen und Funktionen in der Kriegswirtschaft des Ersten Weltkrieges. 2001.

Band 242 Rolf Geyer: Der Gedanke des Verbraucherschutzes im Reichsrecht des Kaiserreichs und der Weimarer Republik (1871-1933). Eine Studie zur Geschichte des Verbraucherrechts in Deutschland. 2001.

Band 243 Felix Lorenz Benjamin Lehmann: Der Rote Adlerorden. Entstehung und rechtliche Grundlagen (1705-1918). 2002.

Band 244 Marc Ludwig: Der Pfändungsschutz für Lohneinkommen. Die Entstehungs- und Entwicklungsgeschichte der Vorschriften zum Schutz vor Lohnpfändung in Deutschland. 2001.

Band 245 Alexander Wachter: Dorfschule zwischen Pastor und Schulmeister. Zur Säkularisierung des niederhessischen Schulwesens im 19. Jahrhundert. 2001.

Band 246 Richard Scholz: Analyse der Entstehungsbedingungen der reichsgerichtlichen Aufwertungsrechtsprechung. Untersuchung unter besonderer Berücksichtigung der konservativen Geldpolitik der Reichsbank und der Inflationspolitik der Reichsregierung. 2001.

Band 247 Judith Laeverenz: Märchen und Recht. Eine Darstellung verschiedener Ansätze zur Erfassung des rechtlichen Gehalts der Märchen. 2001.

Band 248 Christina Schenk: Bestrebungen zur einheitlichen Regelung des Strafvollzugs in Deutschland von 1870 bis 1923. 2001.

Band 249 Nils Werner: Die Prozesse gegen die Landvolkbewegung in Schleswig-Holstein 1929/32. Ein Beitrag zur Justizkritik in der späten Weimarer Republik. 2001.

Band 250 Wolfgang Walter: Das Duell in Bayern. Ein Beitrag zur bayerischen Strafrechtsgeschichte. 2002.

Band 251 Jörn Eckert / Kjell Å. Modéer (Hrsg.): Geschichte und Perspektiven des Rechts im Ostseeraum. Erster Rechtshistorikertag im Ostseeraum 8.–12. März 2000. 2001.

Band 252 Jan Könighaus: Die Inauguration der Christian-Albrechts-Universität zu Kiel 1665. Symbolgehalt und rechtliche Bedeutung des Universitätszeremoniells. 2002.

Band 253 Andreas Görgen: Rechtssprache in der Frühen Neuzeit. Eine vergleichende Untersuchung der Fremdwortverwendung in Gesetzen des 16. und 17. Jahrhunderts. 2002.

Band 254 Ralf Schäfer: Die Rechtsstellung der Haigerlocher Juden im Fürstentum Hohenzollern-Sigmaringen von 1634-1850. Eine rechtsgeschichtliche Untersuchung. 2002.

Band 255 Regine Schmalhorst: Die Tierhalterhaftung im BGB von 1896. Die Entstehung und Änderung des § 833 BGB sowie eine Analyse der Rechtsprechung des Reichsgerichts bis 1908. 2002.

Band 256 Thomas Hense: Konrad Beyerle. Sein Wirken für Wissenschaft und Politik in Kaiserreich und Weimarer Republik. 2002.

Band 257 Christian Mahlmann: Die Strafrechtswissenschaft der DDR. Klassenkampftheorie und Verbrechenslehre. 2002.

Band 258 Henning Kahmann: Die Bankiers von Jacquier & Securius 1933–1945. Eine rechtshistorische Fallstudie zur "Arisierung" eines Berliner Bankhauses. Mit einem Geleitwort von John Kornblum. 2002.

Band 259 Volker Friedrich Drecktrah: Die Gerichtsbarkeit in den Herzogtümern Bremen und Verden und in der preußischen Landdrostei Stade von 1715 bis 1879. 2002.

Band 260 Andreas Klass: Standes- oder Leistungselite? Eine Untersuchung der Karrieren der Wetzlarer Anwälte des Reichskammergerichts (1693-1806). 2002.

Band 261 Wolfgang Eder: Das italienische Tribunale Speciale per la Difesa dello Stato und der deutsche Volksgerichtshof. Ein Vergleich zwischen zwei politischen Gerichtshöfen. 2002.

Band 262 Albrecht Cordes / Bernd Kannowski (Hrsg.): Rechtsbegriffe im Mittelalter. 2002.

Band 263 Thomas Hildebrandt: Die Brandenburgischen Provinziallandtage von 1841, 1843, und 1845 anhand ausgewählter Verhandlungsgegenstände. 2002.

Band 264 Jan Finzel: Georg Adam Struve (1619–1692) als Zivilrechtler. 2003.

Band 265 Björn Carsten Frenzel: Das Selbstverständis der Justiz nach 1945. Analyse der Rolle der Justiz unter Berücksichtigung der Reden zur *Wiedereröffnung* der Bundes- und Oberlandesgerichte. 2003.

Band 266 Nils Reichhelm: Die marxistisch-leninistische Staats- und Rechtstheorie Karl Polaks. 2003.

Band 267 Raik Schneider: Altrechtliche Personenzusammenschlüsse. Ihre Entwicklung unter besonderer Berücksichtigung des Rechts des Großherzogtums Sachsen-Weimar-Eisenach sowie der Herzogtümer Sachsen-Meiningen und Sachsen-Gotha. 2003.

Band 268 Anke Meier: Die Geschichte des deutschen Konkursrechts, insbesondere die Entstehung der Reichskonkursordnung von 1877. 2003.

Band 269 Stefan Jens Jordan: Leben und Werk des Tübinger Rechtsprofessors Wilhelm Gottlieb Tafinger 1760–1813. 2003.

Band 270 Stefanie Hubig: Die historische Entwicklung des § 23 ZPO. Zum Ursprung und Fortleben des Vermögensgerichtsstandes im deutschen Prozeßrecht des 19. Jahrhunderts. 2003.

Band 271 Michael G. Perband: Der Grundsatz der freien Beweiswürdigung im Zivilprozeß (§ 286 ZPO) in der Rechtsprechung des Reichsgerichts. 2003.

Band 272 Mathias Bouveret: Die Stellung des Staatsoberhauptes in der parlamentarischen Diskussion und Staatsrechtslehre von 1848 bis 1918. 2003.

Band 273 Barbara Széchényi: Rechtliche Grundlagen bayerischer Zensur im 19. Jahrhundert. 2003.

Band 274 Sylvia Scharfenberg: Die Entstehungsgeschichte des Beurkundungsgesetzes vom 28. August 1969. 2003.

Band 275 Urte Nesemann: Die schwedische Familiengesetzgebung von 1734 bis zu den Reformgesetzen von 1915 bis 1920 und deren Einfluss auf die Gesetzgebungsprojekte der Weimarer Republik. Unter besonderer Berücksichtigung der Rechtsstellung der Frau und des unehelichen Kindes. 2003.

Band 276 Alexandra Brück: Die Polizeiordnung Herzog Christians von Braunschweig-Lüneburg vom 6. Oktober 1618. 2003.

Band 277 Torsten Landwehr: Das Kommissionsgeschäft in Rechtswissenschaft, Gesetzgebung und Rechtspraxis vom 16. bis zum Ende des 18. Jahrhunderts. 2003.

Band 278 Tassilo Wilhelm Maria Englert: Deutsche und italienische Zivilrechtsgesetzgebung von 1933–1945. Parallelen in der Rechtsetzung und gegenseitige Beeinflussung unter besonderer Berücksichtigung des Familien- und Erbrechts. 2003.

Band 279 Tobias Prang: Der Schutz der Versicherungsnehmer bei der Auslegung von Versicherungsbedingungen durch das Reichsgericht. 2003.

Band 280 Thorsten Lieb: Privileg und Verwaltungsakt. Handlungsformen der öffentlichen Gewalt im 18. und 19. Jahrhundert. 2004.

Band 281 Michael Rühling: Das Ladenschlussgesetz vom 28. November 1956. Vorgeschichte, Entstehung des Gesetzes und weitere Entwicklung. 2004.

Band 282 Kathrin Nawotki: Die schleswigsche Deichstavengerechtigkeit. Vom 17. Jahrundert bis in die Gegenwart. Eine gewohnheitsrechtliche Superfizies an nordfriesischen Deichgrundstücken und ihre Entwicklung. 2004.

Band 283 Erik Nils Voigt: Die Gesetzgebungsgeschichte der militärischen Ehrenstrafen und der Offizierehrengerichtsbarkeit im preußischen und deutschen Heer von 1806 bis 1918. 2004.

Band 284 Dorothea Riedi Hunold: Die Einführung der allgemeinen Wechselfähigkeit in der Schweiz in der zweiten Hälfte des 19. Jahrhunderts. Unter besonderer Berücksichtigung der politischen, wirtschaftlichen und sozialen Verhältnisse. 2004.

Band 285 Thomas Gergen: Pratique juridique de la paix et trêve de Dieu à partir du concile de Charroux (989–1250). Juristische Praxis der Pax und Treuga Dei ausgehend vom Konzil von Charroux (989–1250). 2004.

Band 286 Kathrin Bethkenhagen: Die Entwicklung des Luftrechts bis zum Luftverkehrsgesetz von 1922. 2004.

Band 287 Heiko Lüpkes: Die Verbrechen der Diener des Staats im Allgemeinen Landrecht für die Preußischen Staaten von 1794 und ihre Entwicklung zu den Vergehen und Verbrechen im Amte im Strafgesetzbuch für die Preußischen Staaten von 1851. 2004.

Band 288 Mirco Peter Hirsch: Von der Erbbescheinigung des Preußischen Rechts zum Erbschein des Bürgerlichen Gesetzbuchs. 2004.

Band 289 Bettina Günther: Die Behandlung der Sittlichkeitsdelikte in den Policeyordnungen und der Spruchpraxis der Reichsstädte Frankfurt am Main und Nürnberg im 15. bis 17. Jahrhundert. 2004.

Band 290 Seunghyeon Seong: Der Begriff der *nicht gehörigen Erfüllung* aus dogmengeschichtlicher und rechtsvergleichender Sicht. 2004.

Band 291 Steffen-Werner Meyer: Bemühungen um ein Reichsgesetz gegen den Büchernachdruck. Anläßlich der Wahlkapitulation Leopolds II. aus dem Jahre 1790. 2004.

Band 292 Ulrich Löffler: Instrumentalisierte Vergangenheit? Die nationalsozialistische Vergangenheit als Argumentationsfigur in der Rechtsprechung des Bundesverfassungsgerichts. 2004.

Band 293 Norbert Koch: Die Entwicklung des deutschen privaten Immissionsschutzrechts seit Beginn der Industrialisierung. Unter besonderer Berücksichtigung des Einflusses der höchstrichterlichen Rechtsprechung. 2004.

Band 294 Julius Ludwig Pfeiffer: Das Tierschutzgesetz vom 24. Juli 1972. Die Geschichte des deutschen Tierschutzrechts von 1950 bis 1972. 2004.

Band 295 Bert-Hagen Strodthoff: Die richterliche Frage- und Erörterungspflicht im deutschen Zivilprozeß in historischer Perspektive. 2004.

Band 296 Tim Kannewurf: Die Höfeordnung vom 24. April 1947. Entstehungsgeschichte und Einordnung in die Entwicklung des Anerbenrechts. 2004.

Band 297 Steffi Heine: Die Methodendiskussion nach Inkrafttreten des Bürgerlichen Gesetzbuches und die Gründung des Vereins *Recht und Wirtschaft*. 2004.

Band 298 Anne Marlene Simon-Holtorf: Geschichte des Familienwahlrechts in Frankreich (1871 bis 1945). 2004.

Band 299 Jürgen Busch: Das Germanenbild der deutschen Rechtsgeschichte. Zwischen Wissenschaft und Ideologie. Mit einem Vorwort von Herwig Wolfram. 2004.

Band 300 Jan Kohlmann: Der Marsch zu den Gräbern von Karl und Rosa. Geschichte eines Gedenktages. 2004.

Band 301 Christian Rainer Schlicht: Die kumulative Schuldübernahme in der Rechtsprechung des Reichsgerichts und in der zeitgenössischen Literatur. 2004.

Band 302 Hans Peter Glöckner: Positive Vertragsverletzung. Die Geburt eines Rechtsinstituts. 2006.

Band 303 João Manuel Azevedo Alexandrino Fernandes: Die Theorie der Interpretation des Gesetzes bei Francisco Suárez. 2005.

Band 304 René Funk: Die Wahlprüfung der volksgewählten Abgeordneten der Volksvertretungen im Frühkonstitutionalismus. Eine Untersuchung der Wahlprüfung in den Kammern der Abgeordneten des Großherzogtums Baden, des Königreichs Württemberg und des Großherzogtums Hessen. 2005.

Band 305 Carolin O'Sullivan. Die Ahndung von Rechtsbrüchen der Seeleute im mittelalterlichen hamburgischen und hansischen Seerecht (1301–1482). 2005.

Band 306 Martin Jürgens: Staat und Reich bei Ernst Rudolf Huber. Sein Leben und Werk bis 1945 aus rechtsgeschichtlicher Sicht. 2005.

Band 307 Florian G. Dürselen: Franz Beyerle (1885–1977). Leben, Ära und Werk eines Rechtshistorikers. 2005.

Band 308 Kai Bandilla: Urheberrecht im Kaiserreich. Der Weg zum Gesetz betreffend das Urheberrecht an Werken der Literatur und Tonkunst vom 19. Juni 1901. 2005.

Band 309 Stefan Mieth: Die Entwicklung des Denkmalrechts in Preußen 1701–1947. 2005.

Band 310 Catharina Lodemann: Die Geschichte des französischen *acte de gouvernement*. 2005.

Band 311 Christina Wicke: Kodifikationsbestrebungen und Wissenschaft in Hessen-Darmstadt im vorkonstitutionellen Zeitalter. Zu der Beteiligung der Gießener Rechtsprofessoren an den Gesetzgebungsarbeiten in Hessen-Darmstadt in der Zeit zwischen 1769 und 1820. 2005.

Band 312 Christiane Chlosta: Nur dem Gesetz unterworfen? Eine rechtsgeschichtliche Untersuchung zu Idee und Wirklichkeit richterlicher Gesetzestreue unter besonderer Berücksichtigung der Aufwertungsrechtsprechung und des richterlichen Prüfungsrechts. 2005.

Band 313 Kathrin Dirr: Hoheitsrechtliche Streitigkeiten zwischen den Kölner Erzbischöfen und der Stadt Köln auf Grundlage reichskammergerichtlicher Verfahren des 16. und 17. Jahrhunderts. 2005.

Band 314 Michael Racky: Die Diskussion über Gewaltenteilung und Gewaltentrennung im Vormärz. 2005.

Band 315 Petra Thiemrodt: Die Entstehung des Staatshaftungsgesetzes der DDR. Eine Untersuchung auf der Grundlage von Materialien der DDR-Gesetzgebungsorgane mit zeitgeschichtlichen Bezügen. 2005.

Band 316 Julius F. Reiter: Entstehung und staatsrechtliche Theorie der italienischen *Carta del Lavoro*. 2005.

Band 317 André Book: Die Justizreform in der Frühzeit der Bundesrepublik. Die Beratungen der Kommission zur Vorbereitung einer Reform der Zivilgerichtsbarkeit in den Jahren 1955 bis 1961. 2005.

Band 318 Frank Zentz: Das amerikanische Strafverfahren als Element der Besatzungspolitik in Deutschland. Erziehung zur Demokratie durch den *Court of Appeals* 1948–1955. 2005.

Band 319 Friederike Quaisser: Mietrecht im 19. Jahrhundert. Ein Vergleich der mietrechtlichen Konzeptionen im Allgemeinen Landrecht für die Preußischen Staaten von 1794 und dem gemeinen Recht. 2005.

Band 320 Stefan Burghard: Professor Dr. Wilhelm Kahl – Leben zwischen Wissenschaft und Politik. 2005.

Band 321 Günter Baranowski: Die *Russkaja Pravda* – ein mittelalterliches Rechtsdenkmal. 2005.

Band 322 Christina Schneider: Die SS und „das Recht". Eine Untersuchung anhand ausgewählter Beispiele. 2005.

Band 323 Werner Schubert (Hrsg.): Zivilprozessreform in der Weimarer Zeit. Quellen zur Emminger-Zivilprozessverordnung vom 13.2.1924 und zu den Arbeiten der Zivilprozesskommission des Reichsjustizministeriums (1922–1930). Eingeleitet und herausgegeben von Werner Schubert. 2005.

Band 324 Felix Gaul: Der Jurist Rudolf Isay (1886–1956). Ein verantwortungsbewusster Vermittler im Spannungsfeld zwischen dynamischer Rechtsschöpfung, ökonomischem Wandel und technischem Fortschritt. 2005.

Band 325 Konstanze Braun: Dr. Otto Georg Thierack (1889–1946). 2005.

Band 326 Eckart Klein / Stefan Chr. Saar / Carola Schulze (Hrsg.): Zwischen Rechtsstaat und Diktatur. Deutsche Juristen im 20. Jahrhundert. 2006.

Band 327 Stefan Botor: Das *Berliner Sühneverfahren* – Die letzte Phase der Entnazifizierung. 2006.

Band 328 Andreas Köhler: Die Sorgerechtsregelungen bei Ehescheidung seit 1945. Scheidungsstrafe und verordnete Gemeinsamkeit. 2006.

Band 329 Lars Düwel: Die Nichtigkeit und Anfechtbarkeit der Ehe in der Rechtsprechung des Reichsgerichts zwischen 1900 und 1945. 2006.

Band 330 Katalin Polgar: Das Oberappellationsgericht der vier freien Städte Deutschlands (1820–1879) und seine Richterpersönlichkeiten. 2007.

Band 331 Julia Schweitzer: Schiffer und Schiffsmann in den Rôles d'Oléron und im Llibre del Consolat de Mar. Ein Vergleich zweier mittelalterlicher Seerechtsquellen. 2007.

Band 332 Diana-Catharina Kurtz: Das Institut der Adoption im preußischen Allgemeinen Landrecht und im französischen Code civil zwischen Rezeption römisch-rechtlicher Prinzipien und verändertem Familienverständnis. 2006.

Band 333 Dino Joakim Duderstadt: Spiel, Wette und Differenzgeschäft (§§ 762–764 BGB) in der Rechtsprechung des Reichsgerichts und in der zeitgenössischen Literatur. 2007.

Band 334 Ronald Hoffmann: Die Domänenfrage in Thüringen. Über die vermögensrechtlichen Auseinandersetzungen mit den ehemaligen Landesherren in Thüringen nach dem Ersten Weltkrieg. 2006.

Band 335 Joachim Windmüller: *Ohne Zwang kann der Humanismus nicht existieren...* – „Asoziale" in der DDR. 2006.

Band 336 Sven Christian Gläser: Die Mediatisierung der Grafschaft Wertheim. Der juristische Kampf eines kleinen Reichsstandes gegen den Verlust der Landesherrschaft und seine Folgen. 2006.

Band 337 Benjamin Schleyer: Friedrich Wilhelm Bornemann (1798–1864). Eine Juristenkarriere im Preußen des 19. Jahrhunderts. 2006.

Band 338 Die Reform des Ehescheidungsrechts von 1976. Quellen zum Ersten Gesetz vom 14.6.1976 zur Reform des Ehe- und Familienrechts (Parlamentarische Ausschussprotokolle – Anglikanische Denkschrift von 1966 zur Scheidungsrechtsreform – Schlussabstimmung 1969 in der Eherechtskommission des Bundesministeriums der Justiz). Eingeleitet und herausgegeben von Werner Schubert. 2006.

Band 339 Andreas Feld: Das Bayerische Gesetz zum Schutz des Eigentums an Erzeugnissen der Literatur und Kunst gegen Nachdruck vom 15.04.1840. Vorgeschichte und Zustandekommen. 2007.

Band 340 Bernd Wörner: Adelbert Düringers Einfluß als Richter am Reichsgericht in Leipzig auf dem Gebiet des Personengesellschaftsrechts. 2007.

Band 341 Jan Jelle Kähler: Französisches Zivilrecht und französische Justizverfassung in den Hansestädten Hamburg, Lübeck und Bremen (1806–1815). 2007.

Band 342 Jörn Eckert / Pia Letto-Vanamo / Kjell Å. Modéer (Hrsg.): Juristen im Ostseeraum. Dritter Rechtshistorikertag im Ostseeraum 20.–22. Mai 2004. 2007.

Band 343 Ferdinand von Weyhe: A.E. Wassermann. Eine rechtshistorische Fallstudie zur „Arisierung" zweier Privatbanken. 2007.

Band 344 Martin Klaus Römermann: Kündigungen und Kündigungsschutz im Franquismus. 2007.

Band 345 Thomas Hoffmann: Der Landrechtsentwurf David Hilchens von 1599. Ein livländisches Rechtszeugnis polnischer Herrschaft. 2007.

Band 346 Ingo Ullmann: Die rechtliche Behandlung holsteinischer Leibeigener um die Mitte des 18. Jahrhunderts. Dargestellt unter besonderer Berücksichtigung der Schmoeler Leibeigenschaftsprozesse von 1738 bis 1743 sowie von 1767 bis 1777. 2007.

Band 347 Petra Fischer-Langosch: Die Entstehungsgeschichte des Familiengesetzbuches der DDR von 1965. 2007.

Band 348 Lasse O. Johannsen: Die rechtliche Behandlung ausreisewilliger Staatsbürger in der DDR. 2007.

www.peterlang.de

Lars Düwel

Die Nichtigkeit und Anfechtbarkeit der Ehe in der Rechtsprechung des Reichsgerichts zwischen 1900 und 1945

Frankfurt am Main, Berlin, Bern, Bruxelles, New York, Oxford, Wien, 2006.
226 S., zahlr. Tab.
Rechtshistorische Reihe. Verantwortlicher Herausgeber: Werner Schubert.
Bd. 329
ISBN-10: 3-631-53884-7 / ISBN-13: 978-3-631-53884-5 · br. € 42.50*

Neben der Ehescheidung führte das BGB von 1896 als weitere Trennungsmöglichkeiten von Ehen die Nichtigkeit und Anfechtbarkeit der Ehe ein. Ab 1938 wurde die Anfechtbarkeit der Ehe durch die Aufhebbarkeit der Ehe ersetzt. Als Spiegelbild der jeweiligen religiösen, moralischen und politischen Anschauungen wird die Entwicklung dieser Rechtsinstitute vom Kaiserreich über die Weimarer Republik bis zur NS-Zeit anhand von über 200 Urteilen des Reichsgerichts dargestellt. Darüber hinaus wird auch die zeitgenössische Literatur analysiert. Im Mittelpunkt der Untersuchung steht die Eheanfechtung wegen Irrtums über persönliche Eigenschaften, der mit Abstand am häufigsten geltend gemachte Anfechtungsgrund. Die Arbeit wird abgerundet durch eine kurze Darstellung der Rechtsprechung des Bundesgerichtshofes und der aktuellen Gesetzesentwicklung.

Aus dem Inhalt: Die Entwicklung der Normen über die Nichtigkeit und Anfechtbarkeit der Ehe von der Entstehung des BGB bis zum Ehegesetz von 1938 · Das Recht der Nichtigkeit und Anfechtbarkeit der Ehe in der Rechtsprechung des Reichsgerichts · § 1333 BGB / § 37 EheG (Irrtum über persönliche Eigenschaften des anderen Ehegatten) · § 1334 BGB / § 38 EheG (arglistige Täuschung) · Überblick über die Entwicklung der Normen ab 1945 · Rechtsprechung des BGH

www.ingramcontent.com/pod-product-compliance
Ingram Content Group UK Ltd.
Pitfield, Milton Keynes, MK11 3LW, UK
UKHW021924290926
8980IPUK00016B/1437

9 783631 559093